湘潭县年鉴

XIANG TAN XIAN NIAN JIAN

2017

(总第21期)

湘 潭 县 人 民 政 府　主办
湘潭县年鉴编纂委员会　主编

方志出版社
Publishing House of Local Records

图书在版编目(CIP)数据

湘潭县年鉴. 2017 / 湘潭县年鉴编纂委员会编. --北京:方志出版社, 2017.10
ISBN 978-7-5144-2618-2

Ⅰ. ①湘… Ⅱ. ①湘… Ⅲ. ①湘潭县-2017-年鉴
Ⅳ. ①Z526.44

中国版本图书馆 CIP 数据核字(2017)第 260950 号

湘潭县年鉴(2017)

编　　者:湘潭县年鉴编纂委员会
责任编辑:齐　笑

出 版 人:冀祥德
出 版 者:方志出版社
地址　北京市朝阳区潘家园东里 9 号(国家方志馆 4 层)
邮编　100021
网址　http://www.fzph.org
发　　行:方志出版社发行中心
电话(010)67110500
经　　销:各地新华书店
印　　刷:湘潭市沁园春印刷中心

开　　本:889×1194　1/16
印　　张:21.75
字　　数:736 千字
版　　次:2017 年 10 月第 1 版　2017 年 10 月第 1 次印刷
印　　数:0001~1000 册

ISBN 978-7-5144-2618-2　　定 价:200.00 元

《湘潭县年鉴》编纂委员会

《湘潭县年鉴》编辑部

编辑说明

一、《湘潭县年鉴(2017)》坚持以马克思列宁主义、毛泽东思想、邓小平理论、“三个代表”重要思想、科学发展观、习近平新时代中国特色社会主义思想为指导,坚持辩证唯物主义和历史唯物主义的立场、观点和方法,全面、系统、真实地记载2016年湘潭县自然、政治、经济、文化、社会和生态文明建设等方面的基本情况,为各级政府和部门决策提供依据,为社会各界了解和研究湘潭县提供基本信息资料;为续修《湘潭县志》积累史料。

二、本卷年鉴为中编结构,分“类目”“分目”“条目”三个层次。部分涉及面较广的“分目”下增设“副分目”。2017年分卷首、百科、卷末三部分,共30个类目。其中,卷首设图片专辑、特载、大事记、综述4个类目;百科设中共湘潭县委员会、湘潭县人大常委会、湘潭县人民政府、政协湘潭县委员会、民主党派·工商联、社会团体、法治、国防建设、经济管理、建设·环保、重点工程建设·园区建设、农业、工业、交通·邮政·通信、商务·旅游、财政·税务、金融·证券·保险、教育·科技、文化·体育·传媒、卫生医疗·计划生育、社会民生、乡镇、人物·荣誉录、统计资料24个类目;卷末设附录、索引2个类目。除综合性类目分别置于首尾外,其余各类目按自然、政治、经济、文化、社会的顺序,依次排列。

三、为减少层次,避免交叉重复,《湘潭县年鉴》多数“类目”下不设“概述”,仅在“分目”或“副分目”下设“概况”作为第一条目,以对部门、单位期内情况进行综合性或概括性记述。

四、根据图书出版要求,条文中“亩”“公里”“公斤”都换算成“公顷”“千米”“千克”。为延续传统表述方式,书中保留了部分“亩”及“亩产”的单位表述方式。

五、本卷年鉴所载信息资料均由各部门、单位专人撰写,并经领导审阅,文中所用统计数据均由供稿单位审核。照片统一只注明供稿单位和作者,撰稿人随文署名,以示尊重其劳动成果并文责自负。“统计资料”由县统计局提供,凡因统计口径、方法、时间不同造成与条目中数据不一致时,均以《湘潭县2016年国民经济和社会发展统计公报》发布的数据为准。组织结构和负责人名录以2016年12月县政府机构改革确定新的领导班子为准,由各单位提供,经县委组织部审定。《湘潭县年鉴》编辑部对各部门、单位资料整理编辑,经2017年9月11日年鉴编纂委员会会议审核通过,具有权威性。

湘潭县行政区划图

湘潭市
岳塘区
雨湖区
湘潭县
易俗河镇
河口镇
杨嘉桥镇
石潭镇
云湖桥镇
花石镇
射埠镇
谭家山镇
中路铺镇
茶恩寺镇
锦石乡
排头乡
乌石镇
分水乡
韶山市
湘乡市
姜畲镇
长城乡
响水乡
鹤岭镇
银田镇
杨林乡
韶山乡
龙洞镇
东郊乡
育塅乡
泉塘镇
山枣镇
梅桥镇
栗山镇
白田镇
沪昆高速铁路
沪昆高速公路
韶山高速公路
长株潭城际铁路

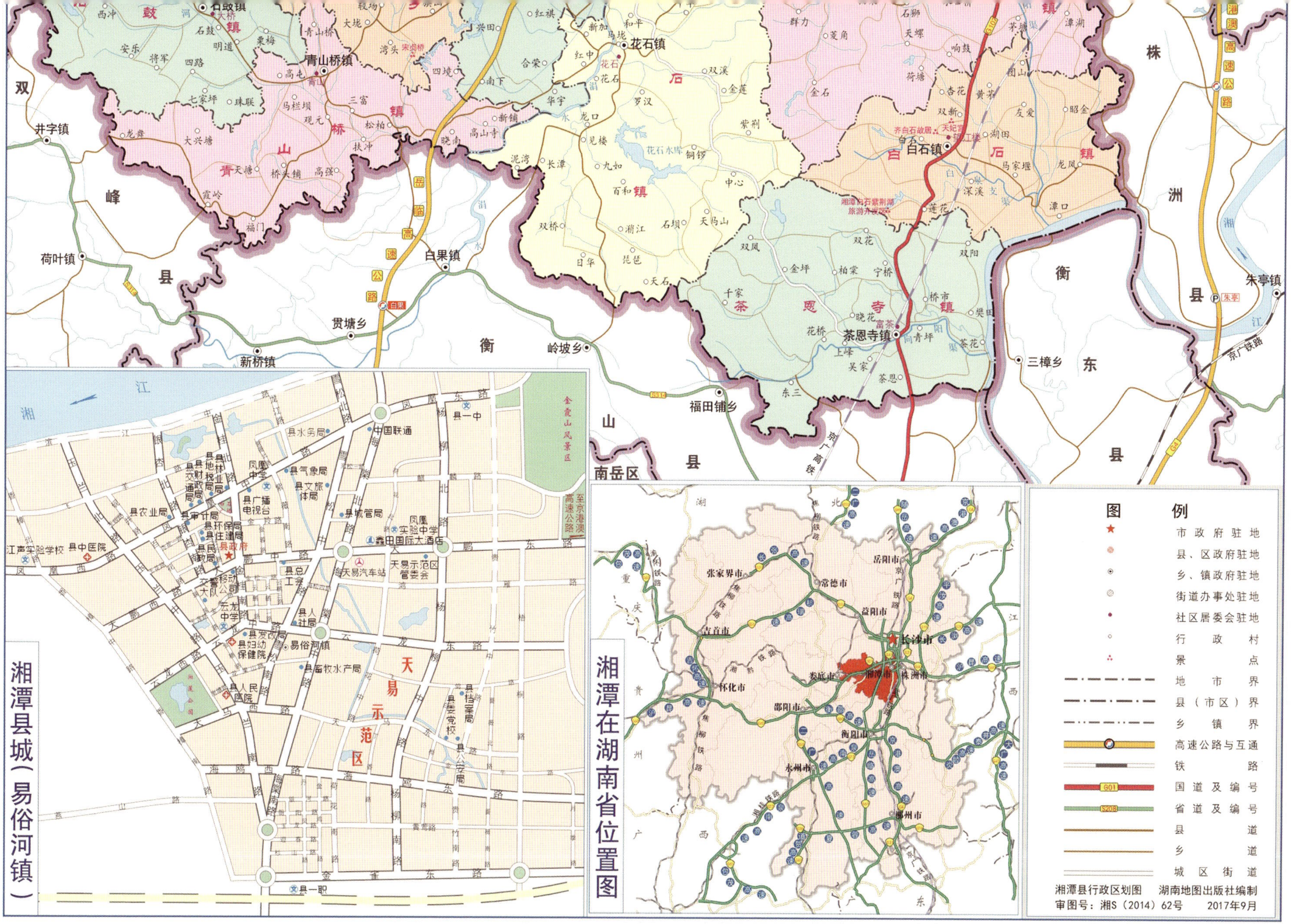
湘潭县城（易俗河镇）
湘潭在湖南省位置图
图例
市政府驻地
县、区政府驻地
乡、镇政府驻地
街道办事处驻地
社区居委会驻地
行政村
景点
地市界
县（市区）界
乡镇界
高速公路与互通
铁路
国道及编号
省道及编号
县道
乡道
城区街道
湘潭县行政区划图　湖南地图出版社编制
审图号：湘S（2014）62号　2017年9月
花石镇
青山桥镇
白石镇
茶恩寺镇
白果镇
井字镇
荷叶镇
贯塘乡
新桥镇
岭坡乡
福田铺乡
三樟乡
朱亭镇
南岳区
易俗河镇
长沙市
湘潭市
株洲市
衡阳市
岳阳市
常德市
益阳市
张家界市
吉首市
怀化市
邵阳市
娄底市
永州市
郴州市

重要荣誉称号

★中国湘莲之乡
★全国粮食生产先进县
★全国计划生育优质服务先进县
★全国科技进步先进县
★全国文化先进县
★全国绿化模范县
★全国生猪调出大县
★中国民间文化艺术之乡
★中国最具投资潜力特色示范县 200 强

★湖南省县域经济十强县
★湖南省文明县城
★湖南省全面小康经济强县
★湖南省特色县域经济重点县
★湖南省社会管理综合治理先进县
★湖南省安全生产先进县
★湖南省粮食生产标兵县
★湖南省新农村建设先进县
★湖南省人口与计划生育工作优秀单位
★湖南省旅游强县

数字湘潭县2016

全县总面积	2132.8 平方千米
全县总人口	97.84 万人
全县生产总值	364.3 亿元
其中：第一产业增加值	61.7 亿元
第二产业增加值	184.3 亿元
第三产业增加值	118.3 亿元
财政总收入	26.0 亿元
财政总支出	49.6 亿元
规模以上工业企业增加值	138.6 亿元
农林牧渔业总产值	105.6 亿元
固定资产投资	214.4 亿元
房地产开发投资	20.2 亿元
房屋建筑施工面积	200.6 万平方米
房屋建筑竣工面积	120.1 万平方米
社会消费品零售总额	83.6 亿元
进出口总额	2000 万美元
接待入境旅游人数	728.75 万人次
旅游收入	48.21 亿元
专利申请量	473 件
专利授权量	202 件
卫生机构数	805 个
医疗床位数	3519 张
城镇居民人均可支配收入	29927 元
农村居民人均可支配收入	15718 元
城镇居民人均消费支出	16534 元
农村居民人均消费支出	12427 元
参加城镇职工基本医疗保险人数	56802 人
参加城镇居民基本医疗保险人数	47542 人
参加新型农村合作医疗人数	763917 人
参加失业保险职工人数	23022 人
参加工伤保险职工人数	43649 人
参加生育保险职工人数	26695 人
参加企业单位养老保险人数	69973 人
参加机关事业单位养老保险人数	22281 人
参加新型农村养老保险人数	287252 人

2016 年 6 月 17 日，民政部救灾司副司长杨晓东（前排中）到湘潭县指导救灾工作

（彭圆　摄）

2016 年 6 月 26 日，水利部建管司副司长徐元明（左一）到湘潭县督查防洪风险隐患排查工作

（杨建　摄）

2016 年 6 月 16 日，省人大副主任、省总工会主席刘莲玉（前左）到湘潭县调研“一户一产业工人”培训工作

（龙蓉　摄）

2016 年 4 月 26 日，省政协副主席欧阳斌（前）到湘潭县隐山考察调研湖湘文化发展

（县政协　提供）

2016年4月12日，市委书记曹炯芳（前排左二）到湘潭县宏信创新产业园调研

（彭圆 摄）

2016年9月22日，市委副书记、市长谈文胜（右一）到青山桥皮鞋工业园调研

（龙显扬 摄）

2016 年 12 月 6 日，县委书记傅国平(右三)督查全县重点工程项目建设情况

（莫锦文　摄）

2016 年 12 月 14 日，县委副书记、县长段伟长(前左三)到花石镇调研湘莲市场民居风貌改造

（杨建　摄）

2016年5月20日晚，36集电视连续剧《彭德怀元帅》在中央电视台一台黄金时段首播。湘潭市、湘潭县全程参与这部历史题材长篇巨制的拍摄制作。据中央军委后勤保障部电视艺术中心统计，首播当晚，该部电视剧关注度0.5379%，市占率8.6122%，创同期收视率全国第一 （彭圆 摄）

2016年3月23日，全省美丽乡村建设暨领导办点示范工作座谈会在湘潭县举行

（彭圆 摄）

2016 年 8 月 1 日，县委、县政府在花石镇盐埠村举行八路军南下支队司令部遗址标识庆典

（莫锦文　摄）

2016 年 9 月 30 日，湘潭县在晓霞山革命烈士纪念园举行烈士纪念日公祭活动

（彭圆　摄）

2016 年 6 月 3 日,"欢乐潇湘"暨庆祝中国共产党成立 95 周年"红旗颂"大型群众合唱比赛湘潭县赛区激情唱响

（彭圆　摄）

2016 年 7 月 16 日,中国乌石红色旅游节暨湖南省乡村运动会在彭德怀元帅故里——乌石镇启动

（杨建　摄）

2016 年 11 月 15 日，全省皮鞋设计与制作职工职业技能竞赛在湘潭县皮鞋工业园——青山桥镇举行

（杨建　摄）

2016 年 4 月 15 日，环卫工人陈菊泉（左二）荣获“全国最美清洁环卫工”称号

（周锦慧　提供）

2016 年 2 月 22 日，湘潭县“庆新春 闹元宵”系列文体活动在白石广场举行

（杨建 摄）

2016 年 11 月 3 日，湘潭县第三届运动会广场舞比赛暨湘潭县第三届运动会闭幕式在白石广场举行

（莫锦文　摄）

2016年7月17日，湘潭·花石2016“赏荷之旅”暨“湘莲·湘潭特色产品展”活动在花石镇开幕

（莫锦文　摄）

2016 年 8 月 5 日晚，"欢乐潇湘·幸福湘潭"市级复赛湘潭县专场在彭德怀纪念馆上演

（杨建　摄）

2016 年 6 月 27 日，湘潭县举行“徒步紫荆河　相约梅林桥”2016 年湘潭首届“易俗河　梅林桥”毅行活动

（彭圆　摄）

2016 年 3 月 19 日，“游美丽梅林花海 登生态晓霞高峰”湘潭县乡村休闲一日游活动启动仪式在梅林桥镇举行

（莫锦文 摄）

2016 年 7 月 11 日，第二届湘潭美丽梅林“都市后花园”游园节暨首届“韵荷杯”跑骑半程马拉松赛在湘潭县美丽乡村——梅林桥举行

（杨建　摄）

2016 年 3 月 19 日，
“第二届无限风光在顶峰——石鼓·顶峰之旅”开幕
（莫锦文　摄）

2016 年 5 月 15 日，"采莲乡新茶，品红色文化"第二届乌石采茶之旅暨中国旅游日主题活动开幕

（龙蓉　摄）

湘潭县域经济发展驶入快车道　　(天易示范区　提供)

湘潭县县域经济发展的主战场——天易示范区(1) (天易示范区　提供)

湘潭县县域经济发展的主战场——天易示范区 (2)　(天易示范区　提供)

2016 年 11 月 23 日，湘潭县与美国梅斯基特市友城缔结工作交流会在湘潭县举行

（杨建　摄）

2016 年 7 月 7 日，湘潭天易农村商业银行股份有限公司开业典礼

（龙显扬　摄）

2016 年 7 月 11 日，康宁达携手康宁在天易示范区投资 2 亿元

（杨建　摄）

2016 年 9 月 8 日，湘潭县重大项目集中签约暨集中开工仪式在天易示范区举行

（杨建　摄）

2016 年 9 月 9 日，湘潭县人民政府与上海农商银行签约战略合作协议

（龙显扬　摄）

2016 年 11 月 10 日，湖南湘潭湘淮村镇银行开业

（龙显扬　摄）

县艺体馆　（县城市管理和行政执法局　提供）

廉租房——芙蓉小区　（杨红艳　摄）

金霞广场 (周铁东 摄)

滨江大道 (周铁东 摄)

湘江风光带　　　　　　　　　　（周铁东　摄）

涟水河古城段　　　　（周铁东　摄）

石鼓花海　　（周铁东　摄）

美丽梅林　　　　（杨柳　摄）

紫荆竹海　　（周铁东　摄）

彭德怀故居　　（文化旅游体育局　提供）

黎氏八骏故居（文化旅游体育局　提供）

金霞山龙兴寺　　（文化旅游体育局　提供）

周小舟故居　（文化旅游体育局　提供）

齐白石故居　（文化旅游体育局　提供）

五龙山大杰寺　（文化旅游体育局　提供）

濂溪书院　　（周铁东　摄）

尹氏宗祠　　（周铁东　摄）

胡安国墓　　（周铁东　摄）

晓霞山革命烈士陵园　　（周铁东　摄）

铜梁山　（周铁东　摄）

十八罗汉山（周铁东　摄）

金霞山　（周铁东　摄）

乌石峰　　（周铁东　摄）

晓霞山　　（周铁东　摄）

隐山　　（周铁东　摄）

目 录
CONTENTS

湘潭县人大常委会
XIANGTAN COUNTRY PEOPLE´S CONGRESS

湘潭县人民政府
THE PEOPLE´S GOVERNMENT OFXIANGTAN COUNTRY

政协湘潭县委员会
C.P.P.C.C XIANGTAN COUNTRY MUNICIPAL PARTY COMMITTEE

民主党派·工商联
DEMOCRATIC PARTY·ASSOCIATION OF INDUSTRY AND COMMERCE

社会团体
SOCIAL ORGANIZATIONS

法　治
RULE OF LAW

国防建设
NATIONAL DEFENSE

经济管理
ECONOMIC ADMINISTRATION

建设·环保
CONSTRUCTION AND ENVIRONMENTAL PROTECTION

重点工程建设·园区建设
CONSTRUCTION OF KEY PROJECTS AND ECONOMIC DEVELOPMENT ZONE

农　业
AGRICULTURE

工　业
INDUSTRY

交通·邮政·通信
TRANSPORTATION, POST OFFICE AND COMMUNICATION

商务·旅游
TRADE AND TOURISM

财政·税务
FINANCE AND TAXATION

金融·证券·保险
FINANCE, SEURITIES AND INSURANCE

教育·科技
EDUCATION, SCIENCE AND TECHNOLOGY

文化·体育·传媒
CULTURE, SPORTS AND MASS MEDIA

卫生医疗·计划生育
HEALTH, MEDICAL AND FAMILY PLANNING

社会民生
SOCIAL LIFE

乡 镇
VILLAGES AND TOWNS

人物·荣誉录
FIGURES AND HONOR DIRECTORY

统计资料
STATISTICAL DATA

附 录
APPENDIX

索 引
INDEX

励精图治 乘势而上
为挺进“全国百强县”而努力奋斗

——在中国共产党湘潭县第十二次代表大会上的报告

中共湘潭县委书记 傅国平

(2016 年 9 月 1 日)

一、过去五年工作回顾

过去五年，是湘潭县发展历程中极不平凡的五年，是应对重大挑战、经受重大考验、取得重大成就的五年。五年来，在省委、市委的正确领导下，县委深入贯彻中央、省市系列决策部署，认真落实“四个全面”战略布局，紧密团结和带领全县广大党员干部群众，奋力拼搏，克难攻坚，全面推进经济社会发展和党的建设，圆满完成了县第十一次党代会确定的各项目标任务。

过去五年，县域经济逆势奋进，综合实力显著提升。县委主动适应新常态，科学决策，积极应对，稳中求进，稳中有为，做到了总量与质量并重，速度与效益并举，推动了县域经济综合实力显著提升。五年来，全县 GDP、固定资产投资、财政总收入、社会消费品零售总额等主要经济指标均实现总量翻番；规模工业企业达到 206 家，规模工业增加值年均增长 18.7%，高新技术产业增加值占 GDP 比重从 2010 年的 9%提高到 2015 年的 19.4%。综合经济实力稳居全市第一，先后三次跻身全省县域经济十强，两次荣膺全省小康经济强县，全面小康总体实现程度达 89.2%，2016 年年底有望实现省达标认定。

过去五年，“一区多园”创新突破，湘潭天易强势崛起。坚持把园区作为县域经济发展的核心引擎，举全县之力推进天易示范区建设。这五年，天易示范区主要经济指标年均增长 30%以上，综合实力稳居省级园区第一方阵，先后获批省可持续发展试验区、省“两型”园区、省新型工业化产业示范基地、中国湘商十大最具投资价值园区。这五年，天易示范区签约项目 90 余个，先后引进碧桂园、珠江啤酒等一批国内 500 强龙头企业落户园区；实施重点基础设施项目 150 余个，天易大道、芙蓉大道等主次干道建成通车，金霞山城市公园、滨江风光带等配套设施日臻完善，一座产城融合、宜业宜居的天易新城坚实崛起。在天易示范区的引领辐射下，杨河工业园、青山皮鞋工业园、茶恩竹木工业园等乡镇园区茁壮成长，“一区三园”规模工业产值全县占比达 80%，“一区多园”模式成为全市示范，县域发展“一区支撑、多点发力”格局基本成型。

过去五年，三次产业转型升级，特色经济亮点纷呈。坚持以机制革新、产业转型引领“强工壮县”步伐，形成了以先进装备制造、食品医药、新材料为主导的新型产业体系。全县三次产业结构从 2010 年的 25.8:44.2:30 优化调整为 2015 年的 17.8:51.7:30.5，发展质量和效益明显提升。高新技术企业达到27家，实现高新技术产值218.6亿元，是2010年的4.8倍；万元GDP综合能耗五年累计下降25%。农业“接二（产）连三（产）”工程加速推进，新型农业经营主体不断发展壮大，先后涌现了以乌石、白石、花石、石鼓、中路铺、云湖桥等为代表的一批文化休闲旅游精品；强力推进“省特色县域经济重点县”建设，聚集了以湘莲、皮鞋、竹木、粮食、油茶为代表的地方特色产业基础。创新创业氛围日益浓厚，商贸物流、电子商务等产业繁荣发展，成为全省首批阿里巴巴“农村淘宝”县，一批新产业、新主体、新业态正在孕育生成。

过去五年，基础建设大举推进，城乡面貌大幅改观。五年来，按照“打开通道、拓展框架、着重配套、提升管理”的战略思路，累计投入基础建设资金200余亿元，武广大道、大鹏西路、涓水二桥、省道S313湘潭县段、韶茶干线、湘湘干线等一批重大交通基础设施项目建成通车；硬化农村公路2500余千米，大部分地区实现到组入户；潭衡高速晓南互通工程全面启动，县城14条街巷完成提质改造。创新城市管理，设施维护、环卫清扫实现市场化运作，成功取缔困扰县城多年的“跑跑车”，城区全面实现绿化提质、净化提标、亮化提档，连续三年顺利通过“省级文明县城”验收。五年来，城区面积由12平方千米扩大到20平方千米，常住人口由8万人增加到20万人。坚持“基础强镇、特色兴镇”，花石镇、石潭镇获评国家重点镇，易俗河镇获评全国宜居小镇，乌石镇、白石镇获评省特色镇，杨嘉桥镇、云湖桥镇、排头乡等小城镇建设稳步推进，谭家山矿区综合治理初见成效。农村环境卫生实现根本性改善，梅林桥美丽乡村示范片建设成效彰显，在全省形成示范。全县森林覆盖率达45%，成功创建“全国绿化模范县”。

过去五年，社会事业全面进步，民生福祉持续增进。始终把保障和改善民生摆在突出位置，累计实施民生实事项目206个，完成民生支出100亿元以上，占财政总支出的70%以上。千方百计促进群众增收，2015年，城乡居民收入分别达到2.77万元、1.45万元，为2010年的1.7倍、1.9倍。聚力打响“精准扶贫”攻坚战，贫困村基础设施明显改善，累计实现1.95万人减贫脱贫。在全省率先实施“五位一体”城乡医疗救助制度，建立城乡统一的居民养老保险制度，社会保障体系不断完善，保障标准不断提高。乡镇文体广场、农家书屋等基层文化阵地建设全面推进，县乡村三级公共文化服务体系初步形成。“欢乐潇湘·幸福莲乡”大型群众文艺活动深入人心，首届道德模范成功评选，参与筹拍的电视剧《彭德怀元帅》取得热烈反响。全县202所义务教育学校全部达到省级合格学校标准，高中教育综合评价连续18年蝉联全市第一。覆盖城乡的医疗卫生服务体系进一步健全，公立医院改革全面推进，人口计生工作连续保持“国优、省模”地位。全面加强党对政法工作的领导，“平安湘潭县”“法治湘潭县”建设取得新成效；在全省率先推行信访“四通工作法”，一批信访积案得到圆满化解；安全生产形势持续好转，先后四次荣获全省“安全生产先进县”荣誉；全县社会大局保持和谐稳定，人民群众安全感、获得感和幸福感逐年提升。

过去五年，从严治党坚决落实，党的建设全面加强。始终把加强党的自身建设作为提升执政能力、巩固执政基础的根本保证，充分发挥各级党组织的政治核心、思想引导、统揽全局、组织指导作用，推动了党务群团各条战线工作齐头并进、卓有成效。五年来，先后深入开展党的群众路线教育实践活动、“三严三实”专题教育及“两学一做”学习教育，驰而不息推进作风建设常态化；始终把严守政治纪律和政治规矩摆在首位，层层压实“两个责任”。积极推动纪检监察部门职能转变，坚持挺纪在前，持续开展“纠四风、治陋习”专项整治，始终保持惩治腐败高压态势，五年来共受理信访举报1183件，党纪政纪立案636件，移送司法机关46人，不敢腐的震慑作用得到发挥，不能腐、不想腐震慑效应初步显现。认真落实党建工作责任，实施基层党建“强基”“双创”工程，大力开展“连心惠民”行动，全县17个乡镇的党校、便民服务中心、党建工作站全部建成，“两新”组织党的建设得到全面加强。稳妥有序完成合村并镇工作，基层组织的凝聚力和战斗力大幅提升。始终坚持正确用人导向，注重在基层培养、锻炼及选拔干部，五年来提拔或重用干部344人，干部队伍结构得到优化、素质不断提升。建立党委（党组）意识形态工作责任制，加强党的最新理论成果宣传，建立健全网络舆情监测机制，网上舆论引导工作经验被《人民日报》重点推介。五年来，县委始终把坚持党的领导、人民当家做主和严格依法办事有机统一起来，积极推进社会主义民主政治建设，人大、政府、政协各司其职协力推动发展的合力进一步加强，各民主党派、工商联和无党派人士参政议政、民主监督作用进一步发挥，武装、人防、民族、宗教、对台、侨务、史志、档案、老龄、老干、文联、残联、科协、关协等工作不断巩固，工会、共青团、妇联等群团组织活动丰富、反响热烈，全县上下呈现出政通人和、心齐气顺的良好局面。

五年的历程饱含着奋斗的艰辛，五年的发展积累了宝贵的经验。回望五年，最核心的力量是党的领导、团结统一。县委充分发挥总揽全局、协调各方的核心作用，切实加强党对经济、政治、文化、社会和生态文明建设的领导，推进决策科学化、民主化、制度化，凝聚了推动县域发展的强大合力。正是坚持党的领导，团结各方力量，依靠人民群众，我们才战胜了历史罕见的旱涝灾害，抵御了经济下行的严重冲击，取得了经济建设的丰硕成果，奏响了富民强县的辉煌乐章。实践证明，只有发挥好党的领导核心作用，发展民主政治，才能集中群众智慧，汇聚磅礴力量。回望五年，最鲜明的主题是加快发展、科学发展。始终突出发展主题，高扬发展旗帜，以“现代壮县、幸福莲乡”引领方向，以“创一流、进百强”鼓舞斗志，以“强工壮县、惠农富民”积聚力量。五年来，从行政区划调整后的重新起航，到全省县域经济十强县的坚实崛起；从底子薄、人口多的基本县情，到全面建成小康社会的胜利在望，五年的砥砺前行启示我们，只有紧紧围绕发展中心不偏移、不停步，才能不断开创发展新局面。回望五年，最强劲的引擎是主攻园区、狠抓项目。始终把“强工壮县”作为主战略，把“一区多园”作为主阵地，把项目建设作为主抓手，强力推进“三十工程”“双百行动”，着力招大引强，加速投入扩张，优化发展环境，服务项目建设，推动了天易示范区阔步向前，乡镇园区茁壮成长，经济发展后劲显著增强。实践证明，抓发展，核心在园区，关键靠项目，只有收拢五指，集中发力，才能实现新的更大突破。回望五年，最持久的动力是改革创新、转型升级。我们不为陈规教条束缚，坚决落实上级重大改革事项，蹄疾步稳抓改革，扩权强镇、村级事务“松绑减负”、“阳光村务”管理等一大批改革亮点激发了蓬勃活力；我们不走粗放发展老路，持之以恒转方式、调结构，新型工业成为主导，高新企业快速成长，现代农业迅速壮大，经济发展质量和效益明显提升。实践证明，五年发展之路就是五年的改革、转型之路，深化改革就是县域发展的动力源泉。回望五年，最根本的宗旨是改善民生、造福百姓。始终把执政为民作为第一宗旨，把群众需要作为第一动力，把群众幸福作为第一追求，实施“惠农富民”措施，推进精准扶贫工作，全心办好民生实事，人民群众的幸福指数持续提升。实践证明，只要始终牢记宗旨意识，坚持为民谋利，就一定能够得到最广泛的拥护和支持。回望五年，最坚强的保障是正风肃纪、固本强基。五年来，县委始终自觉与中央、省委、市委保持高度一致，严格履行管党治党责任，时刻把纪律规矩挺在前面，坚定不移反腐倡廉，持之以恒改进作风，党心民心为之一振，党风民风为之一新；始终把抓好党建作为最大政绩，强化基层基础，树立正确导向，打造了一支忠诚、干净、有担当的党员干部队伍，营造了风清气正、干事创业的浓厚氛围。实践证明，只有全面落实从严治党要求，不断纯洁队伍，巩固堡垒，我们的力量才会无坚不摧，我们的事业才会无往不胜！

各位代表，同志们，成绩来之不易，经验弥足珍贵。五年来，我们先后荣获全国科技进步示范县、文化先进县、粮食生产标兵县、生猪调出大县、计划生育优质服务先进县、农村中医工作先进县、绿化模范县、民政工作先进县、中华诗词之乡；湖南省全面小康经济强县、特色县域经济重点县、文明县城、社会管理综合治理先进县、知识产权示范县、“芙蓉杯”水利建设竞赛先进县、新农村建设先进县、安全生产先进县、可持续发展试验区、旅游强县等系列荣誉。这是上级党委正确领导的结果，是承接历届县委奠定的工作基础，全县上下同舟共济、团结奋斗的结果，是各民主党派、各人民团体、社会各界人士信任支持的结果。在此，我谨代表县委，向所有关心、支持、参与湘潭县建设发展的同志们、朋友们，表示最衷心的感谢和最崇高的敬意！

回顾五年历程，我们既要看到成绩，也要清醒地认识不足：一是在党的建设上，基层基础仍然比较薄弱，加强党风廉政建设，加大反腐力度，提高党建工作科学化、标准化水平的任务仍然十分艰巨；二是在经济建设上，全县有效投资增长放缓，实体企业运行困难，经济发展的速度还不够快，质量还不够高；三是在社会建设与治理上，体制机制不够健全，设施设备不够完善，人民生活质量和公共服务水平有待进一步提升。存在的问题就是我们努力的焦点，必须落实到今后的工作中，切实加以解决。

二、未来五年工作谋划

当前湘潭县已经站在新的历史起点上，必须重新审视形势、审视自身，在把握形势中明确任务，在坚定目标中开创未来。

未来五年，大有可为的机遇必须牢牢抓住。随着省委“一核三极四带多点”战略的实施和长株潭城市轨道交通线的拉通，我县作为全省“一核”的重要组成部分和“京广高铁经济带”的重要地区，区位交通优势、生态和人文资源优势将更加凸显。同时，湘潭市“十三五”规划提出了“一核五城”的组团发展战略，其中天易新城、杨河新城均在我县境内，城市扩容提质必将迎来大好时机。这些重大战略和重大举措相互叠加，将给我县发展带来重大机遇和政策利好。只要我们充分利用发展条件，主动抢抓机遇，就可以大有作为、乘势而上。

未来五年，复杂严峻的挑战必须积极应对。国际国内经济形势复杂多变，经济下行压力仍然突出。我县经济总量不大、发展速度不快、传统产业质效不优、龙头企业和新兴产业培育步伐缓慢的现状依然客观存在，产业转型升级的任务仍然十分繁重和紧迫。周边县市区发展来势逼人，资金、项目、人才的争夺更加激烈。同时，随着经济增速放缓，劳动就业、社会保障、教育医疗等社会问题也会更加突出，统筹发展的任务更加艰巨。对此，我们一定要有强烈的危机感、紧迫感和责任感，始终突出问题导向，着力克难攻坚。

未来五年，率先发展的使命必须坚决担当。一代人有一代人的使命，一班人有一班人的责任。在纪念建党95周年大会上，习近平总书记告诫全党：“我们党‘进京赶考’这场历史性考试还没有结束。今天，我们党团结带领人民所做的一切工作，就是这场考试的继续。全党同志一定要不忘初心、继续前进。”过去五年，湘潭县各项事业取得了巨大成就，但这只是迈向更高平台的一小步。湘潭市“十三五”规划提出要在全省率先实现城乡统筹发展、率先建成两型社会示范区、率先全面建成小康社会、率先迈向基本现代化的宏伟目标，湘潭县作为伟人故里、人文大县、经济强县，要当仁不让地担当率先发展使命，责无旁贷地扛起率先发展重任。要充分发挥全县各级党组织的领导核心作用，发挥广大党员同志的先锋模范作用，以“县域兴衰、人人有责”的担当精神，以“不忘初心、继续前进”的昂扬斗志，团结带领全县人民群众，积极投身改革发展洪流，奋力推动湘潭县率先发展、再攀新高！

未来五年，全县工作的指导思想是：高举中国特色社会主义伟大旗帜，深入贯彻落实习近平总书记系列重要讲话精神，按照“四个全面”战略布局要求，牢固确立创新、协调、绿色、开放、共享五大发展理念，始终坚持以经济建设为中心不动摇，始终坚持“创一流、进百强”总体目标不动摇，始终坚持“强工壮县，惠农富民”战略举措不动摇，始终坚持党要管党、从严治党不动摇，着力打造“实力园区、智慧县城、特色城镇、美丽乡村”，全力创建“国家级经开区”，奋力开启更高水平的全面小康建设新征程！

今后五年，全县工作的核心目标是：坚定不移挺进“全国百强县”，毫不动摇创建“全国文明城市”。县域繁荣富强是全县人民的共同福祉，挺进“全国百强县”是莲乡人民的多年梦想。立足新起点，我们要保持“一张蓝图干到底”的韧劲，始终坚持发展这个硬道理，把全县人民的共同意志转化为推动发展的自觉行动，科学引领新常态，持续保持县域经济中高速增长，不断提升发展质量和效益，确保通过五年努力，县域经济综合实力跻身全省第一方阵，挺进全国百强行列。同时，要以挺进“全国百强县”为经济建设主抓手，以创建“全国文明城市”为精神文明建设主抓手，两手齐抓，点面结合，引领推动全县各个领域、各项事业创造一流工作业绩，创造更多共享成果，努力把湘潭县建设成更具实力、更富活力、更有魅力的富饶美丽幸福新莲乡，努力让全县人民生活更美好！

挺进“全国百强县”，创建“全国文明城市”，非一朝一夕之功，任务光荣而艰巨，一定要切实加强党对经济、政治、文化、社会和生态文明建设的领导，突出重点，把握关键，强力推进。今后五年的重点任务是：

——打造“实力园区”。创国家级经开区要靠实力竞争，乡镇工业园区做大做强要靠实力说话。坚定实施“一区多园”战略，突出创新驱动，突出产业集聚，突出效益优先，确保到2020年，天易示范区技工贸总收入达1100亿元，在全面建成“千亿园区”的基础上，成功挺进国家级经开区行列；确保乡镇工业园区总量翻番、实力倍增，把青山桥皮鞋工业园建成省级工业集中区，杨河工业园建成省级创新创业特色园区，把茶恩寺打造成中南地区最大的竹木产业园，把花石建成全国知名的湘莲产业园。

——打造“智慧县城”。“智慧县城”是城市建设管理迈入科学化、现代化水平的高级形态，是展示“精美莲乡”形象的重要窗口。要把“智慧”理念融入城市建设管理全过程，推行数字化管理、市场化机制，积极打造智慧政务、智慧产业、智慧民生，着力推进设施提质、管理提效、品质提档、环境提标，确保到2020年县城建成区面积达30平方千米以上，常住人口达30万人以上，市政基础设施、公共服务、城市功能健全完善，人民思想道德素质、科学文化素质、身体健康素质和社会文明程度显著提升，全面建成整洁整齐之城、畅通畅意之城、宜业宜居之城、精致精美之城，成功创建“全国文明城市”。

——打造“特色城镇”。按照“合理布局、错位发展、因地制宜、梯次推进”原则，完善基础设施，发展优势产业，增强积聚能力，打造特色城镇。确保到2020年，杨河新城建设初具规模，实现与易俗河城区连片融合；花石镇按照“湘莲之都、千年古镇”的定位，建成县域次中心，打造全省特色小城镇建设样板；把石潭镇、射埠镇、中路铺镇、青山桥镇建成具备较强集聚辐射能力的区域中心城镇；精心打造一批规模适度、特色鲜明的文化古镇、旅游名镇、农业强镇、工业重镇，全县逐步形成主次分明、多点支撑、自成体系的新型城镇发展格局。

——打造“美丽乡村”。“美丽乡村”建设是城乡统筹发展的基本要求，是建设美丽幸福家园的重要抓手。按照“立足全县抓提升、着眼全省建试点、面向全国争示范”的目标，推动美丽乡村建设由“以点为主”向“由点到面”的战略转换；统筹推进农业农村经济发展，拉长全面小康建设的农村短板，建立健全功能完善的农村公共服务体系，建立农村环境治理长效机制，引导和规范农村民居建设，使农村生产、生活、生态水平达到新高度。

今后五年的重点工作举措是：

1.始终突出改革创新，全力推动快速发展。改革的力度决定发展的速度。坚持把改革创新摆在战略全局的核心位置，以改革为动力，以创新为引领，促进县域经济持续快速健康发展。全面落实创新驱动战略，大力培育高新技术企业，加速成果转化应用，实现全县高新技术企业数量和高新技术产业产值“双倍增”。实施“大众创业、万众创新”行动计划，推动创新、创业、创意“三创”载体建设，加快构建创新工场、众创空间、供应链网络等多种类型的创业孵化服务平台，完善以企业为主体、市场为导向、人才为主力的创新创业体系。支持本土创业，加强园区企业横向交流合作，提高产业本地配套率。深化供给侧结构性改革，提高供给体系、质量和效率；深化行政体制改革，依法推进县城区设立街道办事处，提高服务城市的能力和水平；加快推进天易示范区管理体制和工作机制改革，让园区拥有更多的自主权，激发园区产业发展活力；推进行政审批制度改革，加快简政放权、扩权强镇步伐，不断提升行政效能；以深化土地制度改革为突破口，积极稳妥推进农村改革。推进就业保障、养老服务、基础教育、城乡医保统筹、住房、城市管理、食品、环保等领域“微改革”，持续释放改革红利。

2.始终突出“一区多园”，全力推动协调发展。坚定“强工壮县”战略，坚持“一区多园”路径，矢志不渝建设主阵地，打造县域经济核心增长极。继续举全县之力打造天易示范区，推动示范区新一轮转型发展、高端发展、创新发展。围绕“3+2”产业体系▲，加速产业集聚，积极探索“专业园、园中园”发展模式，着力建设“槟榔小镇”、食品医药产业园、新材料产业园、3D打印产业园、动力配件产业园、物流产业园等示范区“一镇五园”。确保到2020年，食品医药、新材料、先进装备制造三大产业产值均突破300亿元；确保通过几年努力，天易示范区阔步迈进“国字号”行列，形成与九华、高新“三足鼎立”的格局。突出效益优先原则，建立更加灵活的用工机制、更加高效的管理机制、更加明确的责任机制，充分激活天易示范区的平台优势、政策优势和内生动力。要不断完善“一区多园”发展模式，促进“一区”和“多园”统一管理、联动发展、相互融入，做到“一盘棋”谋划、“一张网”共建、“一体化”发展。要加强对“多园”发展规划的科学指导、统筹布局，加大政策、项目、融资、人才等方面的支持和倾斜，建立“一区”与“多园”之间的要素流动与人才互动机制，为“多园”发展注入活力。各乡镇工业园要发挥主观能动性，千方百计完善园区设施和配套功能，千方百计放大地理优势和产业优势，增强承载能力和造血功能，迅速形成新的经济增长点。

▲“3+2”产业体系：即大力发展先进装备制造业、农产品精深加工、现代服务业三大主导产业，重点培育节能环保产业、新材料产业两大战略产业。

3.始终突出项目建设，全力推动持续发展。今天的项目就是明天的效益；今天的投入就是明天的产出。坚持把项目建设作为稳增长、强后劲、惠民生的第一抓手和终极举措，做到无论何时，项目建设的热度不退、力度不减、进度不松。突出新型工业、特色农业、交通水利、生态建设、文化旅游、社会民生等重点领域，对接国家政策走向，加强重大项目的谋划、争取、运作和实施。重点推进长株潭城市轨道交通线、武广高铁—沪昆高铁城际干线、潭花复线等重大基础项目建设，促成美国康宁中国区生产基地、美国ADM动物营养项目等重大产业项目竣工投产。全力维护良好的项目建设环境，坚持依法征拆、强力控违，依法打击和排除各类干扰，推动项目快速有序实施。加快发展现代金融，优化金融环境，推动银政企对接，积极推广PPP等新型模式，引导社会资本更多地参与到项目建设上来，确保重大项目数量逐年增多、质量逐年增强、效益逐年提升。

4.始终突出招商引资，全力推动开放发展。坚持把招商引资作为经济发展的第一菜单，以大招商带动大投入，以大投入推动大开放，以大开放赢得大发展。实行全员招商，引导全民招商，壮大招商力量。加强与异地商会的合作，加强与县籍在外成功人士的联系，大力开展“请老乡、回故乡、建家乡”活动，拓宽招商信息渠道。探索委托招商、中介招商、飞地招商、园区合作共建等新型招商模式，开创精准招商新途径。强化要素保障，加强帮扶推动，构建优质高效的政务环境，树立亲商、稳商、安商的良好形象，营造“以商招商”的良好氛围。瞄准世界五百强、国内百强、行业十强、央企“招大引强”，围绕县域主导产业和优势行业“补链强链”，力争未来五年引进投资50亿元以上的重大项目3个以上，投资10亿元以上的项目20个以上；引进世界500强企业5家以上，中国500强企业10家以上。

5.始终突出特色产业，全力推动错位发展。突出以产业为支撑，以特色为出路，提升地方特色产业发展质效，增强县域经济核心竞争力。制定全县“一镇一品”工程指导规划，明确分阶段的发展目标和重点。以花石镇的湘莲、茶恩寺镇的南竹、射埠镇和中路铺镇的油茶为重点，通过高规格的规划引导、差异化的政策扶持、产业化的龙头带动，提升农业规模化、特色化、标准化水平，打造一批省级特色产业发展示范区。因地制宜支持杨嘉桥镇、石潭镇科学开发海泡石产业，支持锦石乡打造特色现代农业示范园，支持易俗河、河口等城郊乡镇发展果蔬种植，引导边远乡镇适养区发展生猪规模养殖，鼓励云湖桥、谭家山、分水、排头等乡镇依托自身资源，发展各具特色的优势产业，形成一镇一品、一片一品、错位发展的良好局面。推动农业“接二连三”，促进现代农业与二、三产业融合发展。用工业理念发展农业，促进粮食、生猪、湘莲、南竹、油茶等农产品精深加工，推进产业链和价值链建设，建立工商贸一体化、产供销一条龙的现代农业产业新体系。推进农业与旅游、教育、文化、健康、养老等产业以及“互联网+”的深度融合，积极发展创意农业、观光休闲、体验农业，重构农业发展新业态。着力实施“品牌战略”，建立农产品溯源体系，大力发展电子商务，加强特色农产品的品牌培育。完善全程社会化服务体系，扶持壮大新型农业经营主体，提升农村金融服务水平，为促进农业转型发展创造宽松环境。

6.始终突出全域旅游，全力推动绿色发展。坚持把全域旅游作为一个支柱产业、一项富民工程来抓，精准对接湘潭市全域旅游发展三年行动计划，高起点、高标准制定湘潭县全域旅游发展规划。按照“举红色旗、打文化牌、走生态路”的战略定位，以文化为灵魂，以旅游为载体，以市场化运行、链条式发展、项目化经营为路径，全力打造核心景区，合理布局红色旅游、历史人文、休闲度假、白石文化、美丽乡村等精品旅游线路，力争用五年左右时间，把乌石红色旅游风景区建成国家AAAAA级景区，白石文化生态旅游风景区、梅林桥都市后花园建成AAAA级景区，隐山湖湘文化源生态旅游风景区建成AAA级景区，把晓霞山—顶峰风景区建成省级“风景名胜区”，把石鼓、花石等乡镇打造成长株潭知名的乡村旅游目的地，加快实现“景点旅游”向“全域旅游”转变，成功创建全国休闲农业与乡村旅游示范县。加强景区基础设施及配套服务体系建设，逐步完善食、住、行、游、购、娱等旅游要素，加快旅游产品开发和包装，规范旅游景区的管理和服务，把旅游业打造成为全县重要的富民产业和新的经济增长点。青山绿水是最好的旅游景观。要全面加强生态保护和环境治理，深入推进两型社会建设，推进生产方式和生活方式的绿色化，努力建设人与自然和谐发展的绿色莲乡。

7.始终突出“精美莲乡”，全力推动内涵发展。坚持以创建“全国文明城市”和“省级园林城市”为目标，以“精美莲乡”建设为抓手，推动县域发展由外延扩张式向内涵提升式转变。实施“智慧县城”行动计划，把县城建设成为精美、精细、精致的宜居家园。以基础设施提标为重点，提质改造城区主次干道和背街小巷，拉通下摄司大桥，修建湘莲大道等十条城市干道，建成第二污水处理厂；以人居环境改善为目标，全面拉通滨江风光带，建成金霞山城市公园、紫荆湖生态公园、二桥桥头公园和文体广场，实现梅林桥“美丽乡村”示范片与滨江风光带的贯通，高标准开发白沙洲。根据区位、资源和产业特点，按照精美标准，提升城镇形象和品质，打造一批生活舒适的宜居型小城镇、产业集聚的宜业型小城镇、生态优美的宜游型小城镇。把美丽乡村建设作为打造“精美莲乡”的重要内容，建立健全农村环境综合整治长效机制，全域推进“美丽屋场”建设，将107沿线和乌石、白石、花石三大片区打造成“精美莲乡”建设样板。

8.始终突出惠农富民，全力推动共享发展。改善民生、造福百姓是我们践行党的宗旨的必然要求，人民对美好生活的向往就是我们的奋斗目标。要持续实施“惠农富民”系列举措，加大普惠性、基础性、兜底性民生建设，全面织密民生“保障网”。坚守耕地红线和粮食安全底线，稳固全省粮食生产标兵县地位。坚决落实各项强农惠农政策，加强涉农资金监督管理，着力减轻农民负担，促进农民持续增收。建立健全扩大就业、促进创业的支持扶助体系，努力让就业更充分、创业更便利。重视和推进矿区综合治理，改善沉陷区人民群众的生产生活条件。健全以养老保险、基本医疗、保障性住房和最低生活保障为重点的覆盖城乡所有居民的社会保障体系，积极发展社会福利、社会救济、优抚安置和社会救助等社会保障事业。大力发展文化事业和文化产业，着力挖掘湖湘文化、白石文化、湘莲文化、民俗文化等传统文化和特色文化内涵，不断提升公共文化服务水平。持续改善各级各类学校办学条件，整合扩大优质教育资源，整体提升办学水平和办学质量，打造独具品牌的教育集群，促进各级各类教育均衡发展。提升基层医疗服务水平，支持县人民医院创建三级医院，擦亮全国中医先进县招牌。提升计划生育服务管理水平，落实全面两孩政策，主动应对老龄化问题，加快养老服务体系建设，加强健康宣传教育，促进人口均衡发展。巩固广播电视公共服务体系，全面完成农村广播“村村响”工程。全力推进脱贫攻坚行动，探索产业扶贫等有效帮扶方式，确保28个省定贫困村全部提前实现“摘帽”退出，47950名贫困人口如期脱贫、稳定脱贫。要始终突出全面小康这个全局工作总抓手，着力补短板、提质量、抓关键，确保2016年年底提前达到省定小康县标准，并持续巩固提升小康建设成果，努力建设更高水平的全面小康社会。

9.始终突出平安创建，全力推动和谐发展。全面推进“法治湘潭县”建设，正确处理改革与法治的关系，扎实抓好依法行政、公正司法、全民守法等各项工作，争创“全国法治先进县”。积极支持司法体制改革，提高司法效能，维护公平正义。以最严标准和监管保障食品药品安全，着力推进食药“放心工程”，确保人民群众健康安全。坚决落实安全生产责任制，严厉打非、强力治违，有效预防和坚决遏制各类安全生产事故发生，全力创建省级“安全生产示范县”。深入推进“平安湘潭县”建设，建立“立体化”社会治安防控体系，加强社会治安重点整治，大力开展打黑除恶、整治“黄赌毒”等专项斗争，依法严厉打击各类违法犯罪活动；加强人民信访工作，依法规范信访秩序，稳妥处置各类突发性事件，坚决维护全县社会大局和谐稳定，全面提升群众安全感和满意度，全力创建“全省平安县”。

三、全面从严加强自身建设

各位代表，同志们，实现未来五年发展目标，关键在党，关键在人。坚持和完善党的领导，是党和国家的根本所在、命脉所在，是全县近4万名党员、1500余个党组织的职责所在、使命所在，更是百万莲乡人民的利益所在、期盼所在。全县各级党组织和广大党员同志，务必深入学习贯彻习近平总书记在建党95周年纪念大会上的重要讲话精神，毫不动摇地坚持党要管党、从严治党，毫不懈怠地以改革创新精神加强党的建设，毫不犹豫地做到对党忠诚、为党分忧、为党担责、为党尽责，毫不含糊地做到心中有党、心中有民、心中有责、心中有戒，绝不为任何风险所惧，绝不被任何干扰所惑，更加充满信心地团结带领全县人民，朝着挺进“全国百强县”的奋斗目标奋勇前进！未来五年，加强和改善党的领导，必须切实把握六个重点：

1.切实推进思想政治建设。思想政治建设是党的建设的灵魂。要始终坚定中国特色社会主义道路自信、理论自信、制度自信、文化自信，保持定力，不忘初心，不断增强政治意识、大局意识、核心意识、看齐意识。要坚定自觉地与党中央保持高度一致，把严守政治纪律和政治规矩摆在首位，以铁的信仰、铁的信念、铁的作风、铁的担当，贯彻落实中央和省委、市委重大决策部署，做到政令畅通、令行禁止。要强化科学理论武装，始终以习近平总书记系列重要讲话精神武装头脑、指导实践、推进工作。严格落实党管意识形态主体责任，健全完善意识形态领域情况分析研判、预警和处置机制，提高新形势下舆论引导能力，牢牢把握领导权、主导权和话语权。要加强传统与新兴宣传阵地建设，传播正能量、弘扬主旋律，大力培育和践行社会主义核心价值观。要始终坚持解放思想、实事求是，与时俱进，继承和弘扬“自强不息、敢为人先”的县域精神，大力营造鼓励创新、包容改革之风，保持敢想敢做、敢闯敢试之气，不为既有经验所束缚，不为常规眼光所局限，不为传统模式所制约，敢于冲破思维定式，打破发展瓶颈，突破路径依赖，以思想大解放推动县域大发展。

2.切实推进班子队伍建设。领导班子和干部队伍是实现发展目标的关键所在。要认真贯彻“好干部20字”标准，牢固树立重品行、重基层、重实绩的选人用人导向。选优配强各级领导班子，不断提高驾驭全局、应对复杂局面的能力，打造政治坚定、敢于担当、奋发有为、团结协作、群众公认的坚强领导集体。要加强党员干部队伍建设，坚持正确用人导向，始终把务实干事作为第一准则，始终把工作实绩作为首要标准，让有作为的干部有地位，让能吃苦的干部有甜头，不让老实人吃亏，不让投机者得利。要坚持在工作一线培养干部，在项目现场发现干部，在急难险重的关键时刻考察干部。加大干部轮岗、交流力度，重视和抓好党外干部、妇女干部、优秀年轻干部的选拔培养，优化干部队伍结构，不断激发干部队伍生机与活力。加大干部教育培训力度，提升广大党员干部队伍的整体素质。要强化干部监督和管理，完善干部交流、回避、任期制度，建立健全常态化的监督管理机制，确保权力规范运行，促进干部健康成长。要关心老干部，充分发挥老干部的积极作用。坚持党管人才原则，实施“人才强县”战略，畅通人才引进“绿色通道”，逐步解决各领域、各乡镇专业技术人才青黄不接的问题。

3.切实推进基层基础建设。党的根基在基层、活力在基层。要牢固树立大抓基层、重视基层的鲜明导向。坚持把抓好党建作为一切政绩的根本，层层压实、严格落实各级党委（党组）基层党建工作责任。深入开展“连心惠民”等党建主题活动，巩固建制村合并成果，创新党组织设置形式、工作方式和活动载体，统筹抓好“两新”组织党建工作，推进基层党建阵地标准化、队伍优质化、载体品牌化、制度规范化，把每个基层党组织打造成坚固的战斗堡垒。要不断完善村级组织规范化运行机制，加强村级财务监督，规范村级事务，持续整顿软弱涣散党组织，构建充满活力的基层治理体系。发展壮大村级集体经济，提升基层自我保障能力。健全完善乡镇分类考核体系和党内激励关怀机制，持续加大基础投入，改善基层工作条件，稳步提高基层待遇，进一步调动好、保护好广大基层干部的积极性、主动性和创造性，解决好基层干部的后顾之忧，让基层工作既有“干头”，又有“奔头”。

4.切实推进民主政治建设。要毫不动摇地坚持党的领导核心，充分发挥党的政治优势和组织优势。坚持党要管党，进一步强化县委总揽全局、协调各方的能力和权威。坚持民主集中制，探索扩大党内民主新方法，健全党委议事制度和决策机制，推进党务公开，保障党员民主权利。坚持和完善人民代表大会制度，支持县人大及其常委会依法履职，更好地体现人民意志、维护人民利益。坚持和完善中国共产党领导的多党合作和政治协商制度，发挥政协在社会主义协商民主中的重要渠道和专门机构作用，加强与民主党派、工商联、无党派和各界人士团结合作。坚持党管武装，加强国防后备力量建设，推动军民融合发展。认真做好民族、宗教、对台、侨务、老龄、老干和关心下一代等工作，增强群团组织的政治性、先进性和群众性，充分发挥好群团组织的桥梁和纽带作用，凝聚更加广泛的智慧和合力。

5.切实推进作风效能建设。作风建设关乎人心向背，关乎事业成败。要牢固树立作风建设永远在路上的理念，严格执行作风建设规定，盯紧重点领域、关键节点、重要问题，从严查处顶风违纪行为，持续用力，久久为功，推动形成作风建设常态化。加强制度建设，强化制度执行，严防“破窗效应”，用制度管权、按制度办事、靠制度管人。坚持“言必信、行必果”，持续开展执行力建设，强化决策部署落实情况的督查督办，坚决整治拖沓应付、消极怠工现象，坚决纠正“只要不出事、宁愿不干事”的庸人哲学。坚持一线工作法、问题导向法、时间节点法，整治“中梗阻”和“基层板结”问题，弘扬精益求精、专业专注、严谨细致的“工匠精神”，弘扬真抓实干、雷厉风行、勇于担当的工作作风，激发党员干部干事创业的“精气神”。要建立健全干事创业激励机制，坚持纠错与容错相结合，既集中整治怕事不敢为、懒政不想为、平庸不能为等“为官不为”问题，又旗帜鲜明地为作风优良、勇于担当的干部撑腰鼓劲，形成让能干事者有舞台、想干事者有机会、干成事者有地位的良好氛围。全县广大党员干部要在各自岗位上充分发挥主观能动性和模范带头作用，努力在精神面貌上斗志昂扬、引领一方，在加快发展上奋发有为、造福一方，在增进和谐上倾心尽力、安定一方，奋力担当县域改革发展稳定的先锋队和主力军！

6.切实推进党风廉政建设。要毫不懈怠地落实管党治党政治责任，把严的要求贯彻到党的建设全过程，坚决履行党风廉政建设党委主体责任和纪委监督责任，真正做到守土有责、守土负责、守土尽责。要推进全面从严治党向基层延伸，让人民群众更多地感受到反腐倡廉的实际成效。要以学习贯彻新修订的党纪条规为重点，坚持经常性教育与专题性教育相结合，正面教育与警示教育相结合，积极倡导廉政价值取向，筑牢党员干部拒腐防变的思想防线、道德防线和法纪防线。坚持标本兼治、综合治理、惩防并举、注重预防，深入推进惩治和预防腐败体系建设。运用好监督执纪“四种形态”，保持惩治腐败高压态势，做到有案必查、有腐必反，构建“不敢腐、不能腐、不想腐”的长效机制。全县广大党员干部要始终以党纪条规为准绳，以“讲政治、有信念，讲规矩、有纪律，讲道德、有品行，讲奉献、有作为”的标准，带头树立“忠诚、干净、有担当”的良好形象，努力营造更加山清水秀的政治生态！

各位代表、同志们，美好蓝图令人鼓舞，宏伟目标催人奋进。今后五年，新一届县委将和全县百万人民一道，在莲乡大地上唱响一曲乘势而上、激流勇进的奋斗之歌！我们坚信，有中央、省委、市委的坚强领导，有全体党代表的率先垂范，有全县共产党员的奋发进取，有广大干部群众的顽强拼搏，我们一定能实现“挺进全国百强县”的宏伟目标！让我们紧密团结在以习近平同志为总书记的党中央周围，同心同德，锐意进取，奋发有为，为开创更加灿烂的明天而努力奋斗！

湘潭县人民代表大会常务委员会工作报告

——2016年11月27日在湘潭县第十六届人民代表大会第一次会议上

县十五届人大常委会主任　黄忠德

本届以来主要工作回顾

本届以来，在县委的正确领导和上级人大常委会的有力指导下，县人大常委会深入贯彻落实党的十八大、十八届历次全会和习近平总书记系列重要讲话精神，主动适应新时势下加强和改进人大工作的新要求，坚持紧跟核心、紧扣中心、紧贴民心，认真行使宪法和法律赋予县级人大常委会的监督权、重大事项决定权和人事任免权，努力把握县级人大工作规律，不断完善工作机制，充分发挥代表作用，切实加强自身建设，全力提升了县乡人大工作水平，圆满完成了十五届人代会确定的各项目标任务，为推动基层民主法治建设、促进县域经济社会全面协调可持续发展做出了积极贡献。

一、围绕法律法规贯彻实施，组织开展法律监督

根据社情民意，常委会相继检查了《中华人民共和国人口与计划生育法》《中华人民共和国档案法》《中华人民共和国森林法》《中华人民共和国禁毒法》《中华人民共和国食品安全法》《中华人民共和国民办教育促进法》等11部法律贯彻实施情况，加强了对基层民主法治建设的监督，确保了国家法律在县域内的贯彻实施。如检查了《中华人民共和国人口与计划生育法》贯彻实施情况，督促完善了计生综治考核政策，集中征收了社会抚养费；检查了《中华人民共和国档案法》贯彻实施情况，督促政府保护和抢救了部分珍贵历史档案，收集整理了县城地下管网资料，搬迁建设了县档案馆；检查了《中华人民共和国森林法》贯彻实施情况，督促加大了对林业法律法规的宣传，巩固了造林绿化亮点，落实了林业政策，查处了涉林违法犯罪案件，特别是在开展林业执法过程中，依法对一起森林火灾案件犯罪嫌疑人绳之以法，达到了查处一起，震慑一片的社会效果；检查了《中华人民共和国民办教育促进法》贯彻实施情况，督促政府出台了促进民办教育发展的若干意见，开展了国有资产清理登记，提出了解决民办学校任教的公办教师身份和流动问题的办法。

常委会还按照《县人大常委会规范性文件备案审查办法》，从是否超越法定权限、是否有损公民、法人和其他组织的合法权益等五个方面的情形，对政府报送的规范性文件进行了审查，依法责成有关部门自行纠正了一件在制定程序不符合法律规定的文件。

二、围绕经济发展和民生改善，依法加强工作监督

常委会以《监督法》等法律法规为准绳，改进监督方式，加大监督力度，推动了县域发展，保障和改善了民生。

（一）加强对财政工作的监督。对财政工作进行监督，是连续两届常委会监督的重点。上届人大常委会主要推动了部门预算的常态化。本届以来，常委会着手纵深推进财政监督工作，启动并实施了全口径财政监督，将一般公共预算、县本级政府性基金预算、国有资本经营预算、社会保险基金预算四本预算编制情况纳入了财政监督范围；进一步理顺了财政监督机制，结合贯彻落实中发〔2015〕18号文件精神，分时段、分项目逐一列举了应由常委会或者人代会审查批准、报备的重要事项，同时对发挥审计监督作用提出了要求；加大了财经法规宣讲力度，邀请省人大常委会预工委领导为县委中心学习组成员讲授新《预算法》，提高了全县科级以上领导干部依法理财的意识和水平。

（二）加强对县域经济工作的监督。本届以来，相继以天易示范区、中小企业服务平台体系和乡镇工业园建设及招商引资、湘莲产业化发展等为对象开展监督，推动了县域经济又好又快发展。如通过听取和审议中小企业服务平台体系建设情况的报告，支持政府加强了对中小企业服务体系建设的组织领导，梳理了中小企业扶持政策，强化了对企业争资争项的指导和服务。通过听取和审议招商引资工作情况的报告，支持政府开展了招商突破年活动，调整了招商奖励政策和举措。通过听取和审议湘莲产业化发展情况的报告，支持政府制定了湘莲专项整治工作方案，完善了湘莲开发办公室、湘莲协会，并对“寸三莲”进行了品种提纯复壮和资源保护，给予了湘莲产业龙头企业资金扶持，加大了花石湘莲集散地基础设施建设力度。

（三）加强对民生工作的监督。着眼于与广大人民群众生活息息相关的就学、就医、环保等工作，根据日常工作中收集的社情民意，精挑细选，选取了涓水综合治理、金霞山公园建设和管理、医患纠纷调处、农村环境整治、县城管理、涉众型经济案件审理、农村公路建

设与养护等作为监督工作选题，解决了一批群众反映强烈的民生问题。如通过近四年对涓水流域综合治理议案的持续督办，助推政府编制了涓水保护与建设规划，争取了上级项目和资金支持，加强了沿线乡镇生态环境保护和河堤、水库除险加固工作。通过视察、专题询问、约谈部门负责人等方式对金霞山公园建设和管理实施强力监督，助推政府明确了建设和管理责任主体，解决了土地征收难题，加快了建设步伐；通过监督县城管理工作，助推政府进一步明确了县城管理机构成员单位职能职责，强化了执法处罚力度，提升了县城管理科学化水平；通过监督涉众型经济案件审理工作开展情况，助推法院建立和完善了案件移送、信息共享等工作机制，实施了案件公开审理、巡回审理，挽回了受害人部分经济损失；通过检查法律监督工作开展情况，助推检察院增强了法律监督意识，落实了法律监督措施，健全了法律监督工作机制。

常委会还按照年度工作安排，坚持突出少而精的原则，相继以“减少大气污染”“确保水产品质量安全”“走进基层、关注村级卫生室建设”“提高工作效率、促进司法公正”等为主题，组织开展“环保世纪行”“三湘农产品质量安全行”“三湘农民健康行”和“司法公正行”活动，解决了一批与群众生产生活息息相关的民生问题。

（四）加强对政府工作报告执行的监督。针对代表反映对《政府工作报告》年度执行情况不是很了解的状况，常委会在沿袭上届开展半年度“双过半”监督的基础上，通过调研和借鉴外地经验，新增了年底监督程序，即要求政府在年底集中走访代表时，围绕《政府工作报告》提出的总体目标、民生重点、实事工程等主要指标任务完成情况，向代表印发《政府工作报告》年度执行情况的报告。今年元月，在集中走访代表时，县政府严格对照在上次人代会上所作《政府工作报告》中所列主要条目，按工作任务、责任单位、完成情况3个主要项目，11大类、150项具体指标，逐一报告落实情况，受到了广大代表点赞。

三、围绕党的领导与依法履职相统一原则，认真做好重大事项决定和人事任免工作

常委会坚持立足当前、着眼长远，将人民群众的需求和县域经济社会发展实际有机统一起来，认真行使法律赋予的重大事项决定权，依法依程序做好人事任免工作，全力助推县域经济社会健康快速可持续发展。

（一）适时依法做出决定决议。本届以来，常委会共做出决定决议35个。重点在两个方面：一是立足于促进经济发展做出决定决议。近年来，随着县域经济社会飞速发展，资金不足已成为发展中的短板，多方募集资金是促进县域经济跨越赶超的现实需要。基于此，常委会在认真审视项目可行性的基础上，先后做出了批准向工商银行、建设银行、光大银行、农业发展银行等金融机构融资的决定，有力地缓解了项目建设中资金短缺的问题。二是立足于支持改革发展做出决定决议。常委会顺应全面深化改革的需要，适时就“十二五”规划部分指标调整、县信用联社改制、部分乡镇区划调整等工作做出决定决议，促进了县域改革的有序开展。如在审议批准“十二五”规划部分指标调整前，常委会组织专门调查组，对主客观因素进行认真调查，做出了相应的决议，实事求是地核准政府调减部分指标。

（二）切实加强和改进人事任免工作。本届以来，经常委会审议，先后决定和任免了国家机关工作人员260人次，其中决定任命副县长2名，决定代理县长1名。在人事任免工作中，注重把坚持党管干部原则和依法行使任免权有机结合，认真贯彻党委意图，充分发扬民主，严格依法办事。人事任免程序进一步完善和规范，坚持常委会会议召开之前听取情况报告制度，由提请机关和县委组织部将拟任免人员的情况向主任会议报告，让常委会主任会议成员领会组织意图，统一思想；坚持任前民意调查、法律考试、任职发言和常委会组成人员投票表决等程序，对应由常委会依法任免的对象进行任免。今年，常委会认真贯彻落实上级人大常委会有关工作要求，实施了新任国家机关工作人员就职前向宪法宣誓的制度，强化了新任人员的法律意识、公仆意识、责任意识和人大意识。

四、围绕提升人大工作实效，努力加强和改进代表工作

本届以来，常委会以贯彻落实中央9号文件和中发〔2015〕18号文件精神为契机，围绕充分发挥代表作用这个主题，不断改进代表工作方式，丰富代表活动内容，努力为代表履职提供服务。

（一）重视培训工作，提升代表履职能力。常委会通过组织代表集训、以会代训等方式，提升了广大代表履职能力，促进了人大工作更好地开展。2013年，以发挥代表示范引领作用为侧重点，首次分经济界和农业农村界组织全体代表集训，更好地搭建了代表横向交流平台；2014年，以提升代表履职能力为侧重点，组织全体代表和广大县乡人大工作者，以如何审议人代会期间工作报告等为重点内容的集训，并首次对参训人员进行法律知识测试。从2015年开始，常委会试行了以会代训提升代表履职能力，每次邀请10位左右的代表列席常委会会议。

（二）做好建议督办工作，提高代表对建议办理满意率。本届以来，常委会共收到代表建议1272件。对于收到的代表建议，常委会都及时进行整理分类，转交有关单位承办，并切实加大跟踪督办力度，提升了代表建议办理实效。实施了重点建议重点督办制度，修订了代表建议办理办法，更加注重从制度层面防范重答复、轻办理，代表不满意或者被满意现象。如2013年通过督办县城区新建小学的重点建议，推动建成了天易金霞小学，缓解了城区就学压力。2014年常委会在对代表进行建议办理满意度回访时，发现代表对一个部门办理的建议有一半不满意时，从六个方面分析了原因，并采取有效措施，督促该部门进行了认真整改。2015年通过建立“一府两院领导牵头领办、常委会分管领导牵头督办、各委室分工负责、代表积极参与、全社会共同关注”的代表建议“大督办”机制，有力地提升了建议解决率和代表满意率。

（三）丰富闭会期间代表活动，调动代表履职积极性。重点通过三条途径丰富闭会期间的代表活动：一是

以代表为主体开展工作评议。相继以学校周边环境治理、县城交通秩序治理、县城居民健身场所建设和管理为主题，组织开展了工作评议。在整个活动中，常委会负责组织协调，代表是评议主体力量。这样既调动了广大代表履职积极性，又促进了评议工作的高效开展。如2013年通过对学校周边环境治理的评议，提升了政府及社会各界对学校周边环境治理的工作认识，解决了评议调查中发现的县一中西围墙倒塌重建等16个突出问题；2014年通过对县城交通秩序治理的评议，督促县人民政府进一步明确了部门权责，加大了城区路网建设力度，完善了交通安全设施，组织了专项执法行动，实现了县城交通基础设施建设大提档和交通管理水平大提升的工作目标。2015年通过对县城居民健身场所建设和管理的评议，督促县人民政府加强了组织领导，完善了规章制度，加快了金霞山公园、文体广场、部分社区和小区健身场所建设步伐，方便了广大市民健身休闲。二是加强了与代表的日常联系。常委会努力创造条件，扩大代表对各项活动的参与，在专项工作调查、视察、座谈会、常委会会议等活动中，有计划地邀请代表参与，直接听取和吸收代表意见，提升了活动实效；定期向代表寄送《人民之友》《县人大常委会公报》《莲乡人大》等资料，督促“一府两院”将重大决策和重大事项及时向代表通报，保证了代表知情知政和监督权。

（四）精心组织县乡两级人大换届选举。按照中央和省市委要求，县乡两级人大换届选举工作提前至今年举行。常委会非常重视全县县乡两级人大换届选举工作。在年初制定工作要点时，明确提出了下半年主要工作任务是抓好县乡两级人大换届选举。在具体实施过程中，县人大常委会、县纪委、县委组织部、县委统战部以及各乡镇党委按照有关法律和政策要求，在县委的统一领导下，精心组织、周密安排、科学调度，认真抓好宣传发动、人员培训、选区划分、选民登记、酝酿确定候选人、投票选举等各个环节的工作。同时成立了指导督查组，全程负责督查指导全县各选区依法开展换届选举工作，及时研究解决带普遍性和倾向性的问题，保证了县乡两级人大换届选举依法有序进行。全县86万多名选民参加了选举投票，依法选举产生307名县人大代表和1341名乡镇人大代表。从整个选举过程和最终的选举结果来看，本次县乡两级人大代表换届选举风清气正，较好地实现了组织意图和人民意愿，实现了省市委在代表结构要求方面提出的“两升两降”的目标。

五、围绕提升服务保障水平，不断加强自身建设

本届以来，常委会注重抓领导班子自身建设，不断提高工作质量和效果，认真履行宪法和法律赋予的职责。

（一）加强学习宣传，努力扩大工作影响。在加强学习方面，常委会领导班子坚持参加县委中心组和县人大常委会机关组织的集中学习，及时领会时事政策理论和党在新时期的路线方针政策。此外，常委会还坚持结合调研、视察、执法检查和审议议题，组织领导班子和相关人员学习相应的法律法规和业务知识，提升了监督的针对性。在加强宣传方面，常委会坚持办好了机关内刊《莲乡人大》，展示了我县人大制度建设和人大工作实况；健全了宣传工作激励制度，调动了县乡人大工作者宣传推介人大工作的积极性，县乡人大工作者不断有理论或经验文章在《人民代表报》《人民之友》《湘潭日报》等报刊上刊发，相继获得了中国人大好新闻二等奖、湖南省人大理论文章评选三等奖、湘潭市人大新闻和调研文章评选一等奖等奖项，人大新闻宣传工作保持了全市人大系统领先地位。

（二）健全规章制度，严格依法依程序办事。一是健全完善制度。本届以来，常委会健全了9项工作制度，其中完善了6个工作制度，新建了3个工作制度；健全了13项机关内部管理制度，其中完善了6个内部管理制度，新建了7个内部管理制度，进一步规范了常委会工作开展，加强了机关内部管理。二是完善和理顺了监督机制。2015年6月中共中央下发中发〔2015〕18号文件后，常委会以高度的政治自觉，围绕促进政府工作报告落实、提升审计监督、深化财政监督、加强天易示范区财税和规划监督、促进审议意见交办函和主任会议建议书落实、规范对“两院”法律职务人员任免及任后监督等主题组织了专题调研，在将调研成果向县委专题汇报后，向“一府两院”发送了《关于贯彻落实中发〔2015〕18号文件精神、加强与“一府两院”工作联系的主任会议建议书》，进一步完善和理顺了监督机制。三是切实加强领导班子和机关作风建设。在县委的统一领导下，常委会领导班子以开展党的群众路线教育实践活动、三严三实专题教育、两学一做学习教育为契机，认真贯彻落实中央八项规定精神及作风建设的系列要求，保持了人大干部队伍良好的社会形象。

（三）坚持严格要求，注重对乡镇人大工作的指导和监督。

按照《中华人民共和国宪法》《中华人民共和国地方组织法》等法律法规关于上下级人大指导、监督关系的规定，县人大常委会下发了《关于进一步做好乡镇人大工作的意见》等文件，指导和监督乡镇人大健全工作机制，召开乡镇人代会和乡镇人大主席团会议，组织代表开展工作评议、视察等闭会期间活动，提升了乡镇人大工作水平。尤其是指导和支持乡镇创建人大代表活动室，全县17个乡镇已全面建好代表活动室，促进了人大代表依法履职。

我们认为，本届常委会履职行权比较积极，代表作用发挥比较充分，人大工作实效比较明显。这些成绩的取得，是中共湘潭县委正确领导的结果，是上级人大常委会精心指导的结果，是“一府两院”及相关部门支持配合的结果，是历届老领导和老同志关心支持的结果，是全县各级人大代表、人大工作者辛勤工作的结果，借此机会，我代表县十五届人大常委会，向关心支持湘潭县人大及其常委会工作的各级领导、各界人士表示衷心的感谢和崇高的敬意！

工作实践中的几点体会

各位代表，县人大常委会多年的工作实践，加深了我们对坚持和完善人民代表大会制度的认识，丰富了我们推动和提升县级人大工作的体会：

（一）坚持党的领导，是切实做好新形势下人大工

作的根本保证。常委会始终坚持党的领导，积极维护县委总揽全局、协调各方的领导核心地位，在思想上、政治上、行动上与中央和省市县委保持高度一致，坚持重大事项向县委请示或报告制度，认真贯彻县委的决策部署，通过法定程序把县委的意图转变为县人大及其常委会的决定决议。我们认为，只有坚持正确的政治方向，坚持党的领导和充分发扬民主、严格依法办事三者的有机统一，才能更好地发挥人大及其常委会的职能作用。

（二）坚持实事求是，是切实做好新形势下人大工作的根本前提。实事求是是党的优良传统，也是人大监督工作的根本前提。我们在议题的选定、审议意见交办和督办等重要监督环节中，坚持实事求是，注重从需要与可能的角度出发，充分考虑县域经济状况、被监督对象自身条件、工作难易程度与时限要求等诸多因素，将符合县域发展阶段实际、通过努力可以解决或改进的工作作为监督选题和审议意见，力求务实不做虚功，较好地促进了“一府两院”加强和改进工作。我们认为，人大工作只有坚持实事求是、顺势而为，统筹考虑各种因素，才能实现预期效果。

（三）坚持集体行权，是切实做好新形势下人大工作的根本原则。人大常委会工作的最大特点，就是认真贯彻民主集中制原则，坚持依法、依程序办事。我们遵循人大集体有权、个人无权的行权属性，充分发挥常委会集体在推进县域经济社会发展和民主法治建设中的职能作用。在工作谋划中，年初召开年度工作务虚会，听取大家对年度工作开展的意见和建议；年中召开半年度工作座谈会，及时查漏补缺；年末召开年终总结讲评会，总结成绩和不足。在具体工作实施中，努力调动常委会组成人员工作积极性，统一思想，凝聚共识，善于发挥常委会集体在履职行权中的积极作用。我们认为，只有坚持集思广益、博采众长，充分发挥全体组成人员履职积极性和创造性，才能不断提高常委会决策和监督的民主化、科学化水平。

（四）坚持以民为本，是切实做好新形势下人大工作的根本着力点。人大及其常委会由人民群众选举产生、对人民负责。离开人民群众的支持和参与，人大工作就会成为无源之水。在工作开展中，常委会牢固树立以人为本、执政为民的理念，把关注民生、反映民意、维护民利作为人大工作的根本出发点和落脚点，围绕人民群众最关心、最直接、最现实的就医、就学、环保等利益问题，开展调查研究，畅通人民群众的利益诉求渠道，让人民群众共享改革发展成果。我们认为，只有真正做到实现好、发展好、维护好最广大人民群众的根本利益，新形势下的人大工作才具有勃勃生机。

（五）坚持改革创新，是切实做好新形势下人大工作的根本动力。党的十八届三中全会提出，要“推动人民代表大会制度与时俱进”，“推进人民代表大会制度理论和实践创新”。这为地方各级人大及其常委会创新地方人大工作提供了坚强有力的理论指导和实践依据。在工作实践中，我们在坚持党的领导、遵守法律、把握原则、做好“规定动作”的基础上，与时俱进，不断探索创新具有县级人大常委会特色的“自选动作”，主动思改、主动作为，开展了十余项工作创新，有力地提升了人大工作实效。我们认为，改革创新不仅是经济社会发展的不竭动力，也是人大工作不断进步的源泉。

未来五年工作建议

各位代表，十八大以来，党中央就坚持和完善人民代表大会制度、发挥新形势下人大职能作用提出了新的更高的要求，赋予了人大更多的责任和担当。习近平总书记在全国人民代表大会成立60周年庆祝大会上发表了人大历史上具有里程碑意义的重要讲话，这是当前和今后一个时期人大工作的基本遵循。习近平总书记指出：“在中国实行人民代表大会制度，是中国人民在人类政治制度史上的伟大创造，是深刻总结近代以来中国政治生活惨痛教训得出的基本结论，是中国社会100多年激越变革、激荡发展的历史结果，是中国人民翻身作主、掌握自己命运的必然选择。”在新的奋斗征程上，我们必须充分发挥人民代表大会制度的根本政治制度作用，通过人民代表大会制度牢牢把国家和民族前途命运掌握在人民手中，这是时代赋予我们的光荣任务。

各位代表，县十六届人大常委会任期的五年，是全县上下紧紧围绕挺进“全国百强县”，创建“全国文明城市”主要目标的五年，做好人大工作责任重大，使命光荣。新一届县人大常委会应以党的十八大和十八届三中、四中、五中、六中全会精神为指导，按照习近平总书记的系列讲话精神，认真贯彻落实中发〔2015〕18号文件及省委26号文件要求，在县委的坚强领导下，围绕以经济建设为中心的发展主题和县十二次党代会提出的目标任务，依法履行宪法和法律赋予县级人大常委会的各项职权，不断加强县乡人大工作和建设，全力提升工作实效。

1.进一步加强和改进监督工作。一是加强对重大事项的监督。健全工作机制，加大对民主法治建设的重大措施以及县域经济社会发展总体规划、城镇建设、重大民生工程、精美莲乡建设等监督力度，使重大决策更加符合科学发展要求和县域实际。二是深入推进全口径财政预算决算审查监督。根据财政监督的时间节点要求，发挥好县人民代表大会和常委会在审查批准预算决算、预算调整等财政监督工作中的作用。进一步加强审计监督，对一些重复出现的问题，督促和支持县人民政府及其审计部门加大审计整改和问责力度，不断提升审计监督威慑力。三是加强对经济发展和民生保障方面的监督。牢牢抓住事关县域经济和社会发展的重大问题、重要事项，听取专项工作报告、开展执法检查和视察。通过运用跟踪督办和票决等手段，不断提高审议意见和视察建议落实率。加强对“十三五”规划实施情况的监督，届中评估“十三五”规划执行效果，促进经济运行质量的提高。加强规范性文件备案审查工作，维护人民群众合法权益。抓实抓好“环保世纪行”“三湘农产品质量安全行”“三湘农民健康行”“湘潭县司法公正行”工作。四是加强对县人民政府、县人民法院和县人民检察院（简称“一府两院”）工作报告执行情况的监督。“一府两院”每年都要在县人代会上作工作报告，并接受人大代表的审查。经人代会审查批准的工作报告既是“一府两院”的工作承诺，也是人民群众对“一府两院”的工作要求，必须继续采取措施跟踪督办。

2.进一步提升代表工作实效。一是加强代表履职能力建设。制定新任代表培训学习计划，采取丰富多彩的方式，认真组织代表学习培训，努力提升代表思想政治素质和履职能力；加强代表履职监督，健全代表述职制度，组织县乡人大代表定期向原选区选民报告履职情况，回答选民询问，接受选民监督；建立代表履职档案，记录代表履职情况，并逐步向社会公开；探索建立代表履职激励机制，建立健全不称职代表退出机制。二是提高代表建议办理质量。按照常委会代表建议办理办法，落实好代表建议“大督办”机制和重点建议、重点承办部门重点督办制度，切实提升问题解决率和代表满意率。三是丰富闭会期间代表活动。继续以代表为主体力量，组织开展工作评议，督促“一府两院”加强和改进工作；加强和改进代表对常委会活动的参与，在专项工作调研、执法检查等活动中提前向广大县人大代表发送通知，扩大代表参与常委会工作的广度和深度；邀请代表列席常委会会议，保障广大代表知情知政和监督权；进一步落实“三联”▲工作制度，畅通民意表达渠道。四是提升代表法纪意识。加强代表思想、作风和法纪教育，督促代表珍惜人民赋予的权力，严格依法执行职务，模范遵守宪法法律，自觉遵守社会公德。

▲“三联”：是指县人大常委会领导联系县代表小组，县人大常委会组成人员联系基层县人大代表，县人大代表联系所在选区和选民。

3.进一步加大自身建设力度。一是加强思想建设。坚持党的领导、人民当家做主、依法治国有机统一，自觉接受县委领导，主动向县委请示报告工作，牢牢把握人大工作正确政治方向。二是改进工作作风。进一步转变工作作风，深入开展调查研究，努力在保障民权、维护民利、解决民忧上下功夫；认真履行党风廉政建设“两个责任”，加强人大机关干部队伍建设，树立常委会机关的良好形象，以优良的精神风貌履行好各项职责。三是加强机关内部管理。认真落实常委会各项工作制度和常委会机关各项内部管理制度，切实提高制度执行力，进一步提升服务保障水平。

各位代表、同志们，县十五届人大及其常委会任期已经圆满结束，新一届县人大及其常委会即将选举产生，我们坚信，新一届县人大及其常委会，一定能够不辱使命、不负众望。让我们在中共湘潭县委的正确领导下，团结和凝聚全县广大人民群众的力量，锐意进取，开拓创新，扎实工作，为全面完成本次大会确定的各项任务，实现挺进“全国百强县”、创建“全国文明城市”的宏伟目标而努力奋斗！

湘潭县人民政府工作报告

——2016年11月26日在湘潭县第十六届人民代表大会第一次会议上

湘潭县人民政府代县长 段伟长

一、十五届政府工作回顾

2013年以来，十五届县人民政府在县委的坚强领导下，在县人大、县政协的监督支持下，紧紧围绕“现代壮县、幸福莲乡”主题，坚定实施“强工壮县、惠农富民”举措，较好地完成了县十五届人大一次会议确定的各项任务。

——坚持经济建设为中心，县域实力更加雄厚。地区生产总值由2012年的227.3亿元增加到2016年的360亿元（预计数，下同），地方财政总收入由17亿元增加到25.81亿元，固定资产投资由101.2亿元增加到213亿元，社会消费品零售总额由48.9亿元增加到83.5亿元，县域经济综合实力三次跻身全省十强。先后荣获全国科技进步示范县、文化先进县、粮食生产标兵县、生猪调出大县、计划生育优质服务先进县、农村中医工作先进县、绿化模范县、民政工作先进县、中华诗词之乡；湖南省全面小康经济强县、特色县域经济重点县、文明县城、“六五”普法先进县、社会管理综合治理先进县、“芙蓉杯”水利建设竞赛先进县、新农村建设先进县、安全生产先进县、知识产权示范县、可持续发展试验区、旅游强县等荣誉。

——坚持一区多园为引领，示范效应更加凸显。天易示范区主要经济指标年均增长20%以上，综合实力稳居省级以上园区第一方阵，先后获批省“两型”园区、省新型工业化产业示范基地、中国湘商十大最具投资价值园区。四年累计建成投运50个产业项目，先进装备制造、食品医药、新材料三大产业占园区规模工业总产值93%以上，食品医药产业突破百亿产值；累计批回建设用地760公顷，较好地保障了项目建设需求；累计实施重点基础设施项目150个，一座产城融合、宜业宜居的天易新城坚实崛起。实施“一区多园”战略，在天易示范区的引领下，乡镇工业园蓬勃发展。茶恩竹木工业园获批省现代农业特色产业园，青山皮鞋工业园积极创建省级工业集中区，“一区引领、多园支撑”的工业发展模式成为全市示范。

——坚持壮大产业为主线，发展基础更加坚实。三次产业结构比由20.8:50.6:28.6调整为17.5:50.5:32。农业经济质效并举。粮食总产量保持在75万吨以上，年出栏生猪200万头以上，市级以上农业产业化龙头企业达43家、特色农产品基地150个、市级以上农民合作示范社52家，农机装备水平连续十一年稳居全省前列。获得“省特色县域经济重点县”政策支持，农产品精深加工园初具规模，率先在县级建成省特色产品（湘莲）质量检测检验中心，培育湘莲、水稻、油茶、南竹特色基地86666.67公顷，建成农副产品加工业项目50个，新增规模以上农副产品精深加工企业10家，2016年农副产品加工业总产值240亿元。工业经济量质提升。规模工业企业由184家增加到218家，规模工业增加值由94.9亿元增加到139亿元。高新技术企业由9家增加到23家，高新技术产值由45.5亿元增加到260亿元。建成省、市工程技术研究中心7家、产业技术创新战略联盟1家，获得授权专利600余件。新增房屋建筑工程施工总承包一级企业1家。新增中国驰名商标3个，省著名商标、名牌产品16个（件）；煤矿、石膏矿全部关闭，小造纸、小水泥企业全面关停，万元GDP能耗下降20%。第三产业精彩纷呈。同丰·中央广场投入运营，“特色中国·湘潭县馆”电商平台上线，阿里巴巴“农村淘宝”进乡入村。梅林桥“都市后花园”开园，“观油菜”“采春茶”“赏荷花”“品脐橙”等主题乡村旅游深入推进。房地产交易博览会、青山桥鞋业联盟首届全国皮鞋订货会等活动成功举办。新增上海农商行湘潭县支行、长沙银行湘潭县支行、湘淮村镇银行等10家金融机构，县信用联社改制组建天易农商行，金融支撑实体经济的能力不断增强。

——坚持项目建设为抓手，发展后劲更加充沛。累计争取上级批复投资项目168个，到位国省资金30亿元以上；建设重点工程项目408个，完成投资567亿元。深入开展“招商突破年”等活动，签约项目310个，到位资金120亿元。ADM、海泡石科技等一批新进项目落地生根，文体公园、凯依克物流、动力配件产业园、子敬学校等一批重大项目加快推进，新向维、碧桂园、珠江啤酒、敏锐科技、五矿江南钢构、宏信创新创业园等一批产业项目竣工投运，芙蓉大道、湘莲大道、省道S313湘潭县段、千吨级码头等一批基础设施项目投入使用，天易金霞小学、艺体馆、天易生态水厂、金霞山城市公园一期、滨江风光带（金霞山至银杏路段）等一批民生项目顺利竣工。长株潭城际铁路规划途经我县，酒泉至湖南±800千伏特高压直流输电工程顺利实施。

——坚持城乡统筹为方向，人居环境更加优美。按照“打开通道、拓展框架、着重配套、提升管理”的思路，累计投入基础设施建设资金200亿元。武广大道、天易公路二期、杨柳路、梧桐路、黄莺路等城区主次干道建成通车，玉兰路、银杏路、大鹏路、海棠路等城区核心路段以及40条背街小巷全面提质。城市基础设施维护、环卫清扫实现市场化运作，城区全面实现绿化提质、净化提标、亮化提档，连续四年顺利通过“省级文明县城”验收。城区面积由12平方千米扩大到20平方千米，城市人口由8万增加到20万。坚持“基础强镇、特色兴镇”，花石、石潭获评国家重点镇，乌石、白石获评省特色镇，杨嘉桥、云湖桥、排头等小城镇建设稳步推进，谭家山矿区综合治理初见成效。农村交通设施大幅改善，硬化农村公路1500千米，潭衡高速晓南互通即将建成。梅林桥美丽乡村示范片成为全省典型。狠抓农村环境卫生整治，农村面貌实现根本性改善。大力推进生态建设，全县森林覆盖率达45%。

——坚持改善民生为根本，人民生活更加幸福。累计实施民生实事项目206个，完成教育、文化、体育、医疗卫生、社会保障和就业、住房保障等各类民生支出100亿元以上，占财政总支出70%以上。城乡居民收入分别达到2.99万元、1.58万元，为2012年的1.4倍、1.5倍。聚力“精准扶贫”，1.95万人实现脱贫，28个省定贫困村基础设施明显改善。在全省率先实施“五位一体”城乡医疗救助，率先推进困境儿童保障工作，建立了城乡统一的居民养老保险制度，社会保障体系不断完善，保障标准不断提高。全民健身中心、非遗保护中心、乡镇文体广场、农家书屋等基层文化阵地全面推进，县乡村三级公共文化服务体系初步形成。“欢乐潇湘·幸福湘潭·莲乡大舞台”大型群众文艺活动深入人心，首届道德模范评选影响广泛，参与筹拍的《彭德怀元帅》反响热烈。县一中入选全国百强中学，202所义务教育学校全部达到省级合格学校标准，23所公办幼儿园全面建成，高考本科上线人数、北大清华上线人数连续18年全市第一，教育已成为县域发展的金字招牌。覆盖城乡的医疗卫生服务体系进一步健全，中医院综合大楼投入使用，乡镇卫生院、村卫生室条件不断改善，人口计生工作连续保持“国优、省模”。“平安湘潭县”“法治湘潭县”建设取得新成效。在全省率先推行信访“四通工作法”，一批信访积案得到化解。安全生产形势持续好转，2016年获得省“安全生产示范县”。社会大局和谐稳定，群众安全感、获得感和幸福感逐年提升。

——坚持改革创新为路径，行政服务更加高效。积极推进政府机构、行政管理体制改革以及合村并镇工作，19个乡镇合并调整为17个，644个建制村合并调整为321个，顺利推进基层服务阵地提质改造。实施“先照后证”工商登记前置审批、“三证合一”“一照一码”登记制度。深入开展公立医院改革，全面实行基本药物制度。实施国库集中收付制度，推行全口径预算、财政资金绩效评价，积极推进PPP项目建设模式。加强审计监督，规范土地出让、政府采购、村级财务管理，财政资金使用绩效不断提升。深入推进行政审批改革，全面实施“两集中、两到位”工作机制，288项行政审批实现“一站式”办理，审批时限缩短2/3以上。全面推进农村土地确权登记、农业“三项补贴”改革。率先开展委托乡镇执法，“扩权强镇”经验在全市推广。累计办结人大代表建议1149件、政协委员提案406件，答复率、见面率、办结率均为100%，取得良好成效。深入开展党的群众路线教育实践活动和“三严三实”“两学一做”专题教育，着力整治“四风”突出问题，三公经费大幅下降，会议文件精简45%，议事协调机构减少55%，腾退办公用房8000平方米。

供销、移民、气象、烟草、史志、档案、人防、对台、侨务、人民武装、国防教育、民族宗教等工作进展顺利，消防、通信、邮政、供电、供水、供气等部门贡献突出，工会、共青团、妇联、残联、工商联、文联、侨联、计生协、红十字会、科协、关工委、老龄委以及各民主党派和其他社会团体工作不断加强。

各位代表，2016年，面对宏观经济持续下行，我们全力开展项目攻坚行动，保持了经济平稳健康发展；面对“6·15”特大洪灾，我们众志成城、抗洪救灾，最大限度的保障了群众生命财产安全。全县上下按照既定部署，扎实推进“融城、强园、兴业、凝心”四大战略，一以贯之实施“强工壮县、惠农富民”举措，认真抓好十件民生实事，全力建设精美莲乡，圆满完成精准扶贫任务，提前一年实现全面小康目标，较好完成了经济社会发展主要任务，实现了“十三五”良好开局。

在总结成绩的同时，我们还清醒地认识到前进道路上的困难和挑战。在产业发展方面：工业产业发展实力仍然不强，农业规模化和集约化程度仍然不高，第三产业影响力和竞争力仍然不大；在城乡统筹方面：农民增收基础还不牢固，农村公共服务体系还不完善，城乡发展一体化仍然任重道远；在民生建设方面：民生支出压力较大，群众诉求日趋多元，民生保障任务仍然繁重；在政府效能方面：行政审批改革推进不快，行政服务效能有待提升，经济发展环境仍然不优。所有这些，我们将在今后的工作中，以科学务实的态度、坚决有力的措施，切实加以解决。

二、经济发展面临的形势

当今世界，互联网广泛应用，全球一体化迅猛推进，新一轮科技革命和产业变革蓄势待发。国家深入实施创新驱动战略，大力推行供给侧结构性改革，鼓励大众创业、万众创新，国内经济在“L”形走势中曲折复苏。我县经济发展长期向好的基本面没有变，仍处于可以大有作为的重要战略机遇期，经济社会发展迈入了一个崭新的时代。

这是一个赛场竞技的时代。经济发展的本质是财富的转移，财富转移经历了以“强力”为保障的战场竞技、以“规则”为手段的赌场竞技，现已进入以“公平”为前提的赛场竞技阶段。竞争领域更加宽广，竞争机会更加均等，竞争方法更加多样。我们一定要紧紧盯住“挺进全国百强县、创建全国文明城市”的目标，坚持顶层战略与系统安排同步设计，优势产业与新兴产业同步壮大，综合实力与地方特色同步打造，五位一体与城乡统筹同步推进，居民幸福指数与绿色生态指数同步提高，自觉把2021年地方生产总值、地方公共财政收入和居民人均可支配收入分别达到500亿元、50亿元、5万元左右作为考核指标，铭记在心，紧抓在手，分解到人，落实到位。

这是一个潜量借智的时代。实现两大目标，必须跨越发展；实现跨越发展，必须借力借资借智。互联网迅猛发展，拉平了世界，拉近了距离，拉紧了产业，经济发展从传统的存量借力、增量借资向潜量借智转化。因地制宜策划项目，既能争取政策资金支持，又能撬动社会资本参与，市场潜力、资源潜力、环境潜力、人才潜力已成为发展优势。与排名靠后的全国百强县比较，我县在经济指数、产业发展、民生事业上存在较大差距，但2134平方千米的开发腹地、100万人口的智力资源、生态优良的自然环境，为加大基础设施投入、承接产业转移、扩大消费需求提供了坚强保障。只要我们坚持问题导向，瞄准差距短板，逐一研究对策，加大投入力度，加强引资引智，加快民生事业，我们一定能后发赶超、迎头跨越。

这是一个全域开拓的时代。随着发展基础的夯实，社会财富不断累积，发展路径经历了重点开发、轴线开发两个阶段后，全域开拓已经成为现实。全县经济形势和运行态势总体良好，经济韧性好、潜力足、回旋空间大，前期引进的一批优质产业项目逐步投产达效，新的增长动力正在加快形成。涌现了乌石、白石、花石、石鼓、云湖桥等一批文化休闲旅游热点，聚集了湘莲、皮革、竹木、粮食、油茶为代表的地方特色产业，孕育了智能智造、商贸物流、电子商务等一批新产业、新主体、新业态，打通了县城东南西北四个出口，构筑了千吨级码头、高速公路等为支撑的现代立体交通网络。我们必须高起点规划空间布局、高标准建设基础设施、高层次助推产业发展，以大手笔融资、急加速投入、大项目建设，推动经济大发展、城乡大开发、生态大改善。

这是一个多轮驱动的时代。从发展动力上分析，计划经济对应的是前轮拉动，纯粹市场经济对应的是后轮推动，中国特色社会主义市场经济对应的是多轮驱动。全民参与建设，发展成果共享，是当今时代的主要特征。我县作为湖湘文化发祥之地，百万莲乡人民有敢闯敢干、敢为人先的传统；作为湘江流域商贾宝地，百万莲乡人民有关注市场、研究经济的传统；作为湘中明珠农业重地，百万莲乡人民有耕读传家、务实肯干的传统。与排名靠后的全国百强县相比，我县城乡发展较为均衡，城乡收入差距较小，生态环境保护更优，全域旅游基础更好，三次产业融合更佳。只要我们尊重群众、发动群众、依靠群众、造福群众，领导干部身先示范、以上率下、负重加压、砥砺前行，带头解放思想、转变观念，推动镇域发展、培植财源，大力兴办实事、改善民生，全面依法行政、严格监管，就一定能打造更优良的环境，争取更广泛的支持，创造更美好的未来。

三、十六届政府工作谋划

十六届政府工作的指导思想：高举中国特色社会主义伟大旗帜，深入贯彻习近平总书记系列讲话精神，按照“四个全面”战略布局，牢固确立创新、协调、绿色、开放、共享五大发展理念，认真落实县第十二次党代会部署，突出以经济建设为中心，坚持“挺进全国百强县、创建全国文明城市”的总体目标，接棒“强工壮县、惠农富民”的发展举措，加快把天易示范区打造成国家级经济技术开发区，做强县域综合实力，奋力开启高水平、深层次、广认同的全面小康建设新征程，率先迈向基本现代化！

为实现总体目标，我们将实施“五大计划”，推动“五大战略”。

五大计划：

——产业发展计划。坚持把加快产业发展作为永恒主题，围绕收入抓项目建设，围绕产业抓链条延伸，围绕园区抓配套完善，围绕企业抓服务升级，形成突出特色、总体增效的产业振兴机制和因企施策、全程服务的惠企帮扶机制。

——县城提质计划。做好城市管理“加减法”，一手抓城区提质，一手抓违章整治。将沿江区域作为景区打造，重点加强亮化美化绿化工作，展现城市形象；增加公共绿地，建设风雨长廊、公共停车位等设施，体现人本关怀；重拳整治背街小巷违章建筑、违章广告，提高城市发展持续性、宜居性。

——村镇建设计划。以“精美莲乡”行动为统筹，按照“规划引领、产业优先、注重基础、特色鲜明”的理念，大力实施民居改造、环境整治，打造特色城镇，建设美丽乡村，扮靓美丽屋场，改善人居环境。

——城乡畅通计划。探索政府和社会资本合作模式，扩大交通、水利、能源和信息领域投资，加快构建内外联通、安全高效的现代基础设施体系。推动域内高速公路、省道、县道、农村公路建设提质，健全对外通畅、对内便捷的交通网络；加大涓水、涟水流域整治力度，加强水生态文明建设；加快第三轮农村电网改造；开展5G网络试点，实现4G网络全覆盖。

——素质提升计划。加快基层教育设施建设，提高义务教育水平，提升居民文化素质；加大基层卫生设施投入，改善医疗卫生条件，提升居民身体素质；完善基层文体设施，推进全民教育中心、文体创业产业园和名人名居等文化场所建设。

五大战略：

——推动一区多园规模化。天易示范区围绕“3+2”产业体系，加速产业集聚，积极探索“专业园、园中园”发展模式，着力建设农产品精深加工园、新材料产业园、3D打印产业园、动力配件产业园、物流产业园。到2021年力争食品医药、先进装备制造等主导产业产值突破600亿元。乡镇工业园区实现总量翻番、实力倍增，青山皮鞋工业园建成省级工业集中区，杨河工业园建成省级创新创业特色园，茶恩竹木园打造成中南地区最具规模的竹木产业园，花石产业园建成全国知名湘莲产业园。

鼓励中路铺、射埠、云湖桥等有条件的乡镇建设产业园区。实现园区规模工业增加值占比90%以上，打造“大众创业、万众创新”新平台。

——推动特色经济品牌化。突出以产业为支撑，以特色为出路，提升地方特色产业发展质效，增强县域经济核心竞争力。打造中国槟榔名城。以“期货源头、集团上市、打造品牌、推广全球”的总体思路，加强槟榔原果市场的对接，加强与科研院所合作，完善槟榔行业生产标准，形成完整的槟榔标准化体系。推进槟榔示范园建设，实施集团化运作，整合胖哥、小龙王、伍子醉等品牌，组建湘潭槟榔产业发展集团，推动槟榔企业A股上市融资。到2021年实现槟榔产业年产值300亿元以上。打造中国湘莲之乡。科学规划“寸三莲”种植，培育和推广优良品种，扩大生产规模，加强湘莲产业标准化建设，兴建仓储设施，完善物流体系，延长产业链条，加快产业发展，到2021年实现湘莲产业年产值200亿元以上，建成全国最大的湘莲生产和集散中心。打造中国海泡石高地。围绕2021年海泡石工业总产值50亿元以上的目标，建立海泡石新材料科研生产基地，科学有序开发海泡石资源，做强规模企业，提升产业效益，推动海泡石产业高端发展、规模发展，走出一条以龙头企业带动产业发展新路径。

——推动城乡建管统筹化。拓展天易新区。开发紫荆湖片区，向东与株洲对接，向南与梅林都市后花园相融；提质洛口古镇，加快棚户区改造，把“智慧”理念融入城市建设，推行数字化管理，打造智慧化产业，健全普惠化民生。到2021年县城建成区面积30平方千米以上，城市人口30万人以上，建设基础完善、功能齐备、文明和谐、生态秀美的天易新区。打造杨河新城。站在全域的角度，用战略的思维、世界的眼光，高标准、高起点定位杨河新城。用城市的标准规划杨河新城，用严格的规划指导项目建设，强化规划执法，严查违章建筑。实施一批基础设施项目，推进杨嘉桥连接线提质改造，加快西二环、武广大道、110千伏河口变电站及污水处理工程建设。建设特色新镇。整合资源，挖掘特色，建设一批中心城镇、文化古镇、旅游名镇、农业强镇、工业重镇，逐步形成主次分明、多点支撑、自成体系的新型城镇发展模式，推动城乡公交一体化、环卫管理统筹化、公共服务均等化，构建“共建、共富、共享”城乡统筹新格局。

——推动文化旅游全域化。按照“举红色旗、打文化牌、走生态路”的战略定位，以文化为灵魂，以旅游为载体，以市场化运行、链条式发展、公司化经营为路径，全力打造核心景区，合理布局红色旅游、历史人文、休闲度假、美丽乡村等精品旅游线路。到2021年，把乌石红色旅游风景区建成国家AAAAA级景区，白石文化旅游区、梅林桥都市后花园建成AAAA级景区，排头隐山湖湘文化源风景区建成AAA级景区，把石鼓、花石等乡镇打造成知名的乡村旅游目的地。加强景区基础设施及配套服务体系建设，逐步完善食、住、行、游、购、娱等旅游要素，加快旅游商品开发和包装，规范旅游景区管理和服务，推进“景点旅游”向“全域旅游”转变，把旅游业打造成为富民强县新引擎。

——推动社会保障普惠化。深入实施“惠农富民”系列举措，全面织密民生“保障网”。健全以养老保险、基本医疗、保障性住房等为重点的社会保障体系，积极发展以社会福利、社会救济、优抚安置等为重点的社会保障事业。完成义务教育学校标准化建设，整合扩大优质教育资源，整体提升办学水平，促进教育均衡发展，打造全国颇具影响的教育强县。加强安全生产应急管理，建立完善风险分级管控和隐患排查治理双重预防机制，坚决遏制各类安全生产事故。全面深化“法治湘潭县”建设，争创“全国法治先进县”。深入推进“平安湘潭县”建设，建立“立体化”社会治安防控体系，加强社会治安重点整治，大力开展打黑除恶、整治“黄赌毒”、打击非法集资等专项行动。加强信访工作，规范信访秩序。稳妥处置各类突发事件，坚决维护社会大局持续稳定，全面提升社会保障新水平。

四、2017年工作安排

2017年经济和社会发展主要目标是：完成GDP 400亿元，增长11%；完成财政总收入27.87亿元，增长8%；完成规模工业增加值160亿元，增长15%；完成固定资产投资262亿元，增长23%；完成社会消费品零售总额93.5亿元，增长12%；实现城乡居民人均可支配收入分别达到3.23万元、1.71万元，分别增长8%，8.5%；完成高新技术产值280亿元以上；实施重点项目100个以上，完成投资150亿元；实现城镇化率43%以上。

2017年，我们将紧紧围绕“挺进全国百强县、创建全国文明城市”总体目标，认真抓好“十大民生实事”，加强“六大工作举措”，努力推动县域经济社会持续健康稳定发展。

十大民生实事：

1.推进湘潭至花石城际公路——潭花复线建设。2.续建滨江风光带至涓水一桥，推进紫荆河梅林桥到湘江段环境提质和游步道建设。3.完成农村公路硬化和拓改任务500千米。4.完成100个村农村电网改造升级任务。5.启动涓水流域生态综合治理，完成水利工程建设1.3万处。6.完成高标准农田建设3.5万亩。7.改造危房1000户。8.完成17所标准化学校建设。9.扩建县人民医院，搬迁新建县妇幼保健院。10.建成金霞山公园和文体广场。

六大工作举措：

1.紧紧围绕产业拉动，加速强工壮县步伐，着力建设富强莲乡。坚定实施“一区多园”战略，推进一、二、三产业融合，加快新型工业、特色农业、现代服务业发展，做强镇域经济，多渠道培植财源，增强县级财政实力。以创建国家经开区为目标，大力发展新型工业。加快推进天易示范区积极创建国家级经济技术开发区，确保全年技工贸总收入增长12%以上，规模工业增加值增长16%以上，固定资产投资增长25%以上，财税总收入增长10%以上。加快推进动力配件产业园、海泡石产业园、瑞泰科技产业园、北汽大世汽车座椅生产基地等重大项目建设，确保凯依克物流、南方阀门、ADM等产业项目年内竣工投产。完善乡镇工业园与天易示范区协调发展格局，合力推进技术、人才、项目、资金等要素的流动和共享，加快发展杨河、青山皮鞋、茶恩竹木3个乡镇工业园，积极推进花石、中路铺、射埠、云湖桥等设立乡镇产业园，不断壮大“一区多园”规模，力争园区规模工业总产值占全县85%以上。以打造农业示范片为抓手，大力发展现代农业。以梅林桥美丽乡村示范片建设为引领，着力加快现代农业发展步伐，调整农业产业结构，提升农业综合效益。大力发展“智慧农业”，有序推广华绿模式，实现农业智能化决策、社会化服务、精准化种植、可视化管理、互联网营销。巩固粮食生产基础地位，严守耕地红线，大力推广良种良法和重金属污染耕地修复治理等新技术，推进机械化耕作，粮食种植面积稳定在106666.67公顷以上，总产量80万吨以上。推进养殖业规模化、生态化，加强动物检验检疫，建设病死动物无害化处理中心，全力创建“全国畜牧业绿色发展示范县”。按照“一乡一品”的原则，引导支持土地流转，扩大连片规模种植面积，打造花石–茶恩寺湘莲、茶恩寺–白石南竹、射埠–谭家山油茶、石鼓油菜、云湖桥脐橙、分水蜜柚、杨嘉桥羊鹿茶等特色品牌，鼓励企业和新型经营主体开展“三品一标”认证，加强国家地理标志产品的保护和推广，提升品牌价值。认真做好第三次全国农业普查工作。以推进旅游全域化为路径，大力发展第三产业。树立大旅游、全域化的理念，加快乌石—排头隐山景区、白石—晓霞山景区、石鼓顶峰景区、花石十八罗汉山景区、五龙山大杰寺景区和梅林桥示范片二期建设，完善旅游公共服务，提升停车场、游客服务中心、旅游厕所、标识标牌等旅游服务功能，积极创建“省级风景名胜区”。继续举办“无限风光在顶峰”“纪念彭德怀元帅”“夏季赏荷”等活动，加大旅游营销力度，力争全年接待游客800万人次以上，实现旅游综合收入50亿元以上。实施“互联网+”战略，大力发展电商产业，发挥“淘宝网·特色中国·湘潭县馆”、阿里巴巴农村淘宝等平台优势，发展电商直销、物流配送等新业态，畅通特色产品销售渠道。加快投融资平台建设，完善公司治理结构，做实投融资公司，增强国有独资公司持续发展能力。打击非法集资、金融诈骗等违法行为，防范金融风险，创建省级金融安全示范区。强化监管、规范秩序，努力提升房地产开发建设品质，加快消化商品房库存，加强物业服务管理制度创新，促进房地产市场平稳健康发展。

2.紧紧围绕龙头带动，打造精致精美城区，着力建设文明莲乡。扩大城区规模，提升城区品质，最大程度发挥天易示范区的龙头带动作用。提速城区建设。全面推动天易示范区99平方千米范围内“多规合一”工作。启动总部大楼建设，兴建第二污水处理厂，改造洛口古镇，续建滨江风光带，推进玉兰北路、凤凰西路、麒麟路、梧桐路等城市主干道提质，全面完成第三期背街小巷改造，完善城区水、电、气、管网等基础配套设施。加快紫荆湖片区开发，完成紫荆河梅林桥到湘江段环境提质和游步道建设。提高城市品质。加快建成区人性化改造步伐，开展机关单位“拆墙透绿增绿”行动，新建风雨长廊、公共停车位、自行车租赁系统等便民设施，亮化主要建筑、城市公园、城市干道、沿河地段等重要节点。完成凤凰东路、云龙东路、黄莺路两侧绿荫步道建设。推进文体广场、金霞山公园二期、天易市民广场以及五大桥、二大桥桥头公园等建设，新建一批公共绿地和街头小游园，创建“省级园林县城”。提升管理水平。着力夯实创建全国文明城市基础。完善环卫管理市场化机制，准确界定购买服务和部门单位责任包干范围，降低运营成本。加强社区和小区管理，开展规劝教化行动，严格实行“门前三包”，提高群众城市管理参与度，创新城市管理方式，推进县城管理电子监控化和数字化，突出整治违章违建、超限超载、乱贴乱画等问题，规范渣土运输、道路占破和临街门店经营管理等行为。

3.紧紧围绕多轮驱动，加大城乡统筹力度，着力建设精美莲乡。着眼全域、突出轴线、打造亮点，建设“基础完备、管理有序、环境秀美”的精美莲乡。优化空间布局。按照一个示范区（天易示范区）、两大风光带（涓水风光带、涟水风光带）、两大发展轴（107国道经济发展轴、潭衡西高速经济发展轴）和五大美丽乡村示范片（梅林示范片、白石示范片、花石示范片、石鼓示范片、乌石示范片）布局全域，整合土地利用、城乡建设、产业发展等规划，有序推进各类项目。建设特色村镇。启动涓水流域田、水、路、林、村综合整治，兴建防洪水利，开发后备耕地，建设湿地公园，完善基础设施。推进107国道经济带建设，整治谭家山矿区，建设中路铺“铺驿”文化名镇，做强白石文化艺术和茶恩寺竹木产业。依托潭衡西高速，加快杨河工业园和青山桥“中部鞋都”建设。建设花石湘莲产业重镇和石潭千年历史古镇。加快美丽乡村和美丽屋场建设，打造梅林桥、石鼓、乌石等精美片区。做好乡贤文化，做活名人文章，启动乌石镇乌石村（彭总故里村）、白石镇杏花村（齐白石故居村）、分水乡槐北村（陈鹏年故居村）、中路铺镇菱角村（黎氏八骏故居村）、云湖桥镇石井铺村（王闿运故居村）以及锦石乡碧泉村（碧泉书院所在村）等村落品质提升。加强环境整治。理顺县直部门和乡镇人民政府工作职责，加大违章建筑整治力度。规划局牵头负责认定违章建筑、下发处罚决定、安排拆违任务、开展工作考核；乡镇人民政府负责动态巡查、控制新增违章、组织拆违行动。以基层干部群众为主体，以G107线、沪昆高铁沿线为重点，开展“三化三拆”行动（美化、绿化、净化，拆破败空心房、拆违章建筑、拆私建围墙），实现整治一片、教化一方。深入推进农村环境综合整治，健全长效机制，巩固环境整治成果。

4.紧紧围绕全域联动，全面夯实基层基础，着力建设便捷莲乡。准确把握国家政策性资金投向，积极谋划一批项目进入国、省项目库，突出重点项目建设，实现基础大提质。加快基础设施建设。整合投入水利建设资金3亿元以上，推进城乡一体化供水系统，加强“五小”水利设施建设，全面完成水毁水损工程修复。启动100个以上村农村电网改造升级，积极争取新建城区两个110千伏变电站，改造升级天易变电站，全面开展用电秩序大整治，不断提升全县供电能力和水平。全面实施“十三五”交通规划，加快S337白马公路、杨嘉桥互通连接线等项目提质，推进醴娄高速公路、潭花复线、韶山至乌石旅游快速公路、天易公路三期等项目建设，完成湘莲大道和晓南互通建设以及公路危桥改造和客车校车通行线路安保工程等项目任务，构建便捷发达的交通网络。加快推进天然气进农村步伐，改善农村生产生活条件。加快智慧城市建设。围绕城乡智慧运转、企业智慧运营、生活智慧便捷、政府智慧服务，加强与央企、国企合作，完成智慧城市规划，完善顶层设计。理顺部门职能，认真开展人口信息、公共设施、资源资产等数据采集工作。推进移动通讯大楼建设，建设大数据中心。整合智慧交通、平安城市、地理信息等管理平台，加快软件开发，实现流程再造，提升管理效率。加快光网进村，实现光纤宽带覆盖所有行政村。加强互联网知识培训，提升智慧城市运用水平和能力，逐步实现硬件、标准、数据、平台、管理五个一体化。加快生态文明建设。实行最严格的环境保护，落实项目建设“三同时”制度。加强绿心地区的保护与合理开发，创建“两型综合示范片区”。加强谭家山、龙口、王家山等矿区综合治理。加大植树造林力度，新增营造林6666.67公顷以上，实现森林覆盖率46%以上。加快污水、垃圾集中处理场所建设，加强秸秆焚烧管控，规范畜禽粪便无害化处理，加大执法力度，严厉打击各类环境违法行为。

5.紧紧围绕民生推动，持续增进百姓福祉，着力建设幸福莲乡。始终把保障改善民生作为出发点和落脚点，不遗余力解民忧、谋福祉、促和谐。完善公共服务。健全公共文化服务体系，推进文体创意产业园、乡镇文体广场、村级综合文化服务中心建设，加大非物质文化遗产的保护传承和研究推广力度。深度挖掘湖湘文化，包装一批文化产业项目，筹划一批特色文化活动，丰富人民群众文化生活。坚持普教、职教并举，公办、民办并重，狠抓教育管理，提高教学质量，加大教育投入，逐步化解高中学校债务，推进全民教育中心、义务教育学校标准化建设，每个乡镇建成一所标准化初中或中心小学。加大教师招聘力度，实施义务教育学校校长、教师轮岗交流制度，鼓励教师到偏远农村任教，促进教育均衡发展。继续推进医药卫生体制改革，持续提升公共卫生服务水平，完成云湖桥、乌石卫生院数字化门诊和村级卫生室建设，推进县人民医院内科住院大楼及门诊医技综合楼、县妇幼保健院整体搬迁项目建设。强化计划生育国策意识，落实“全面二孩”政策。积极扶持中医药事业发展，完成“全国第四次中药普查工作”和“全国基层中医药工作先进单位”复评。提高民生保障。实施“人才强县”战略，加强人才引进和培养。落实积极就业政策，加大职业技能和创业培训力度，促进高质量创业就业。健全社会保障体系，提高城乡低保、农村五保、城乡医保救助保障能力。加大困难群体救助力度，关爱留守妇女儿童、空巢孤寡老人。加强养老体系和社会事务管理服务体系建设，推进社区居家养老服务。加大保障性住房建设力度，加快棚户区和农村危房改造步伐。扎实做好省、市、县重点民生实事。推进精准扶贫。巩固精准扶贫成果，严防返贫。继续采取教育帮扶、就业帮扶、产业帮扶、结对帮扶等举措，确保所有建档立卡贫困人口全部脱贫，全面完成脱贫攻坚任务。加大茶恩寺茶花村等省定贫困村建设支持力度，打造一批精准脱贫样板村。创新社会治理。加大分水、石鼓等偏远乡镇支持力度，推进射埠等乡镇综合服务平台建设，完成基层服务阵地提质改造任务。认真做好第十次村委会换届工作。严格落实安全生产责任，深化重点领域专项整治和企业安全生产标准化建设，强化乡镇“打非”和部门“治违”，加强食品药品安全监管，严查假冒伪劣产品，确保不发生较大及以上安全事故。成立湘潭县应急联动指挥中心，健全应急联动工作机制，提升应急反应处置能力。全面启动“七五”普法，完善法律援助制度，加强社区矫正和安置帮扶工作，加强社会综合治理，着力构建网格化管理格局。强化依法治访，着力源头预防，引导群众合理表达诉求。坚持警力下沉，优化派出所勤务运作机制，严厉打击违法犯罪，确保社会和谐稳定。

6.紧紧围绕改革促动，破解经济发展瓶颈，着力建设活力莲乡。把全面深化改革贯穿各个领域、各个环节、各个部门，释放发展活力，提升工作效率。深化重点领域改革。突出抓好供给侧结构性改革，着力形成新供给、释放新需求，形成经济增长新机制。抓好中央和省市下放权力的衔接落实，进一步精简审批事项，优化行政服务。实行政府网站集约化管理，加大政务公开力度，完善村级便民服务。扎实推进事业单位试点改革、供销体制改革等工作。理顺天易示范区与各部门的职责，完善项目入园、土地决策、规划评审等集体决策制度，示范区主要负责招商引资、项目建设、产业发展等工作，部门按会议决策限期办好法定手续。推进管理制度创新。全面实行“五证合一、一照一码”登记制度。落实城乡统一户籍制度，依法保障转户人员合法权益。推进乡镇财政预算标准化，全面加强部门整体支出预算绩效目标管理。加大项目资金整合力度，完善财政性资金对产业发展补贴方式，创新“政府主导+资本市场”运营模式，建立产业发展基金，助力企业发展。推进自然资源管理制度创新，整合不动产登记职能，扎实推进国家集体资产登记工作。拓展土地交易中心业务范围，完善国有建设用地、集体经营性建设用地、农村土地承包经营权、流转权、耕地占补平衡指标等交易制度。开展两项工作竞赛。乡镇作为项目建设主体，负责项目策划、项目管理、项目服务等工作，以项目数量、投资总量、建设质量为重点，开展项目建设竞赛活动。县直部门负责国省政策研究，并积极向上对接，以因素分配法为基准，开展争资争项竞赛。始终把招商引资作为经济建设的第一抓手，深入开展产业招商、以商招商、亲情招商等行动，完善招商引资奖励办法，推进全民招商、全域招商、全力招商，力争全年新引进项目40个以上，实现招商引资到位资金60亿元以上。

继续加强工会、共青团、妇女、儿童、残联、国防教育、民兵预备役、老龄、老干、侨务、侨联、对台、文联、工商联、档案、人防、史志、民族宗教、机关事务、科协、计生协、红十字会等工作，推动各项事业全面进步。

五、加强政府自身建设

发展的重任和人民的期待，要求我们不断提升引领发展的能力和水平。新一届政府一定做到面对困难有办法、面对挑战有担当、面对未来有行动，最大限度地为发展集聚正能量，贡献新智慧。

切实界定职权，打造有限政府。按照“小政府、大社会”的理念，围绕简政放权、放管结合、优化服务的目标，妥善处理市场与政府的关系，把该管的管好，不该管的放开。坚持县委统一领导，自觉接受人大的法律监督和政协的民主监督，严格履行好经济调节、市场监管、社会管理、公共服务、政务公开等职责。坚持政企分开，政事分开，深化行政管理体制改革，推动扁平化管理，稳妥推进事业单位改革，提高行政效率。坚持分级确权，厘清县乡职能，改县乡权限简单重复为合理交叉，通过权力的“放、管、接”，实现服务的“精、准、优”。

切实盯准目标，打造有为政府。加强宏观战略和国省政策研究，加快生产力布局，加大“十三五”规划实施力度，策划好项目、大项目，以项目建设助推经济发展。切实发挥财政性资金的放大效应和政府信誉的支撑作用，加快基础设施和民生项目建设步伐。改革审批制度，转变工作方式，拓展服务领域，提升服务效率。加强工作督查，加大行政问责力度。出台容错免责实施办法，划清失误与失职、敢为与乱为、为公与为私的界限，激发干部干事创业激情，营造敢于担当、宽容失误的良好氛围。

切实推行法治，打造有威政府。坚持“法定职责必须为，法无授权不可为”，推行依法行政。健全决策机制，规范决策程序，完善重大决策合法性审查和社会稳定风险评估机制。强化执法监管，严厉查处垄断市场、制假售假等违法犯罪行为，保护消费者合法权益，维护健康有序市场秩序。依法规范政府工作，坚持教育与打击并举，提升信访法治化水平。提高运用法治思维和法治方式推进工作的能力，强化政府权威，实现公平正义。

切实转变作风，打造有畏政府。严格执行“一准则一条例”，以权力瘦身为廉政强身，牢记人民群众的主人翁地位，对百姓常怀敬畏之心，以“如履薄冰，如临深渊”的心态，谨慎用权。全面落实党风廉政建设责任制和廉洁自律各项规定，严厉查处群众身边的不正之风和腐败问题，推进风清气正的政治生态建设。深入开展廉政文化宣传教育，加强反腐败舆论引导，使党员干部廉洁意识入脑入心，做到“心中有尺、心中有责、心中有戒”。

各位代表，我们已站在新的历史起点，挺进“全国百强县”、创建“全国文明城市”的使命光荣而艰巨。拼搏正当其时，圆梦适得其势。让我们在县委的坚强领导下，在县人大、县政协的监督支持下，紧紧团结全县人民，不忘初心，继续前行，把美好蓝图变成精彩画卷，为率先实现基本现代化而努力奋斗！

政协湘潭县第八届委员会常务委员会工作报告

——2016年11月25日在政协湘潭县第九届委员会第一次会议上

县政协主席　王惠芳

过去四年工作的回顾

八届一次会议以来，政协湘潭县第八届委员会常务委员会在中共湘潭县委的坚强领导下，高举中国特色社会主义伟大旗帜，深入贯彻落实中共十八大、十八届三中、四中、五中全会和习近平总书记系列重要讲话精神，紧紧围绕“四个全面”战略部署，树立创新、协调、绿色、开放、共享发展理念，坚持团结民主两大主题，紧紧围绕全县经济社会发展大局，切实履行政治协商、民主监督、参政议政职能，主动适应政协工作新要求，大力推进履职能力建设，充分发挥人民政协在社会主义协商民主中的重要渠道和专门机构的作用，为全县科学发展和社会和谐稳定做出了积极贡献。

一、围绕中心、认真履职，全力助推科学发展

常委会始终坚持围绕中心、服务大局，始终与县委县政府同心同向同行，为助推县域经济社会科学发展发挥了积极作用。

1.构建协商议政格局，增强协商议政实效。认真学习贯彻党的十八大以来关于加强社会主义协商民主建设的战略部署，深入贯彻落实中共中央办公厅印发的《关于加强人民政协协商民主建设的实施意见》的要求，制定协商计划、突出协商重点、规范协商程序、注重协商效果。在每次全会期间组织委员开展联组协商，着重就政府工作报告和国民经济及社会发展计划执行报告、财政预决算报告、县法院、县检察院等工作报告中事关全局的重大问题开展协商议政，提出意见建议；组织政协各参加单位、界别紧扣经济社会发展和人民群众关注的热点、难点问题举行大会参政议政发言32个，对发展我县高新技术产业、建设文化强县、打造宜居县城、关爱农村留守儿童、确保人饮水安全等问题提出意见建议。常委会组织对我县“十三五”规划纲要、促进教育资源均衡发展、规范村务管理、乡镇区划调整等工作开展12次专题协商；开展了针对城市管理、县域经济发展等35次对口协商；开展了加快农业产业化发展等7次界别协商，提出意见建议160余条，为县委县政府科学民主决策和工作开展提供了重要参考。

2.创新民主监督形式，加大民主监督力度。为推动县委县政府重大决策部署和重要工作的落实，常委会进一步强化了民主监督工作。建立了政协常委会民主评议提案办理工作制度，2013年以来，对27个单位的提案办理工作开展了民主评议，提出整改意见，促进提案承办单位提高了认识，增强了责任，推动了工作，使一些事关改革发展和人民群众普遍关注的问题得到了解决。创新民主监督方式，提高了民主监督的组织化程度，从2014年起建立了委派民主监督小组制度，先后委派67名委员分别进驻县财政局、县法院等18个单位，对各单位依法行政和事关人民群众切身利益问题的36个重点事项进行监督。委员们通过深入调研、实地视察，找准问题、分析原因，提出建议，并交办督促落实，促进了受派单位提高行政效能、改进工作作风和惠民政策的落实。常委会加强了对有关单位的工作视察，推动了各项工作的开展。四年来，对农村环境卫生综合整治、重点项目工程建设等工作开展了常委会专题视察8次；对国土管理工作、燃气管网建设、农村供电工作和行政审批改革等工作开展了专委会专题视察40余次，提出意见与建议400多条，其中，加强工业节能减排监管、加强对镇村的垃圾分类指导、均衡推进农村电网改造、打击非法集资、整合危房改造资金等建议得到了较好的落实。积极开展社情民意工作，《加强金霞山广场管理的建议》《加强沿江风光带管理的建议》等社情民意得到县政府及相关部门采纳落实，助推了管理长效机制的建立和落实，维护了市民公共活动场所的有序、舒适和整洁。

3.改进调查研究方法，提高建言献策质量。注重调研的针对性，精心选择与经济发展、民生改善紧密相关的重要课题，先后开展了推动县域经济转型升级、加快发展农村电子商务、加快社会养老事业发展等8个专题调研，分别形成了专题调研报告和建议案。在调研中，切实改进调查研究的方法，轻车简从，深入村组、学校、企业，吸收驻地委员参与调研，更好地掌握第一手材料和数据,更广泛听取人民群众的意见和呼声，召开专题协商会，提出意见、建议40多条，推动了我县工业发展规划(2015—2020年)编制和修订，促进了县委县政府《关于加快湘潭县高新技术产业发展的意见》《关于我县促进现代服务业发展的意见》《阳光村务管理实施办法》等政策文件的制定。各联工委组和界别围绕天易示范区发展、新农村建设、文明县城创建等工作，开展专题调研180余次，撰写调查报告110篇，积极参政议政、建

言献策。

4.完善提案工作机制，推动提案落到实处。八届一次会议以来，共收到提案445件，审查立案436件，及时交办相关单位。坚持主席、副主席领衔督办重点提案，县长、副县长阅批和牵头办理重要提案，专委会对口协商办理提案，提案委会同政府办加强经常性的督办和服务，推动提案办理工作；开展县政协常委会民主评议提案办理工作，强化提案承办单位办理责任；召开提案办理协商会40余次，将提案办理协商贯穿于提案办理的全过程。通过这一系列的举措，推动了提案的办理落实，办结率和见面率均为100%，委员对提案办理的满意率达98%以上，解决了一大批人民群众关注的热点难点问题。

二、把握主题、发挥优势，积极促进社会和谐

常委会始终把握团结和民主的主题，团结各界力量、汇集各方智慧，维护了县域和谐稳定的改革发展大局。

1.搭建平台，充分发挥委员主体作用。县人民政府定期向县政协常委会通报经济社会发展、重要工作开展情况；县委县政府重大决策和工作推进，各部门单位绩效考核、竞聘上岗、民主测评、作风建设等工作邀请委员参与监督，听取委员意见；县委县政府及相关职能部门积极落实、及时反馈政协建议案、提案、社情民意、意见与建议办理情况，做到了件件有回音，事事有着落。常委会加强了对联工委组的指导和督促，实现了联工委组工作有活力、活动有特色、履职有亮点。常委会和专委会注重扩大委员履职参与面，先后邀请委员200余人次参加调研视察、协商议政；进一步强化界别作用，丰富界别活动。通过形式多样、扎实有效的履职活动，广大委员的主体作用得到充分发挥，政协组织的凝聚力和工作活力不断增强。

2.加强联系联络，充分发挥桥梁和纽带作用。通过常委会议、界别座谈会、专委会对口协商、走访慰问等形式，保持了同各党派团体、社会各界和各阶层人士的经常性联系，畅通了民意表达渠道，营造了广纳群言、平等议事的民主氛围，更好地形成共识、凝聚力量；加强了海外联谊工作，走访慰问亲友代表300余人次，热情接待回乡探亲、观光、考察的港澳台同胞和海外侨胞10余批次，促进了港澳台同胞、海外侨胞和大陆的友好往来、经济合作及科技文化交流；加强了与民族宗教界人士的联系，积极引导民族宗教界委员开展各种履职和传播优秀传统文化等活动，促进了民族团结、宗教和睦。

3.发挥委员优势，积极为人民群众排忧解难。坚持在委员中开展“五个一”活动，增强了委员履职主动性和针对性，四年来，广大委员围绕经济社会发展提出建议意见1770条，提交提案445件，参与协调化解社会矛盾1000余起，为困难群众办实事1100余件，为薄弱学校建设、扶贫帮困等各项公益事业直接捐资600余万元。按照省市政协的部署，自2016年5月份起动员委员参与“帮助一个贫困孩子完成学业、结对一个贫困家庭增加收入、帮助贫困家庭一名成员解决就业”的“三个一”助力精准扶贫行动，委员们真心诚意与贫困户结对帮扶，积极为群众做好事、办实事，共有225名政协委员通过产业扶贫、捐资助学、帮助解决就业等方式扶助贫困户233户。

三、健全制度、严抓作风，不断加强自身建设

常委会始终坚持理论学习、健全制度、规范履职，严抓作风、提升能力，自身建设得到有效加强。

1.加强学习，夯实思想政治基础。通过集中学习、专题讲座、委组讨论、理论研讨等形式深入学习贯彻中共十八大和十八届三中、四中、五中全会精神，深入学习贯彻习近平总书记系列重要讲话精神，学习贯彻落实中央、省、市、县重大决策部署，深入学习新时期统一战线和人民政协理论，委员们进一步提高了对中国特色社会主义理论的认识、对社会主义协商民主的认识，深化了对人民政协性质的定位，坚定了走中国特色社会主义道路的信心，不断夯实了团结奋斗的共同思想政治基础。

2.加强制度建设，完善政协工作机制。完善出台了《常务委员会工作规则》《委员管理办法》《各专门委员会与县党政群有关部门对口协商和联系的制度》《联工委（组）考核办法》等12项工作制度和15项机关管理制度，认真落实到各项履职活动和日常管理中，推动了政协工作制度化、规范化、程序化建设，促进了政协工作生动活泼、规范有序、扎实有效。

3.深入持久改进作风，建设廉洁高效机关。深入贯彻落实中央八项规定精神、坚持不懈力戒“四风”，不断加强作风建设，提高政协机关服务能力，让委员满意、人民群众满意。深入开展党的群众路线教育实践活动，认真组织开展“三严三实”专题教育和“两学一做”学习教育，县政协领导班子和机关干部廉洁从政、履职为民的意识进一步牢固，作风建设长效机制进一步巩固完善。结合联系示范村、联系社区和千万帮扶工程，组织机关干部职工开展走访群众活动，结对帮扶困难群众，积极为基层服务，为人民群众解疑释惑、排忧解难。县政协党组强化了党风廉政建设主体责任，狠抓机关党的建设，始终坚持把党风廉政建设与履行政协职能、开展政协工作同研究、同部署、同推进、同检查，层层落实了党风廉政建设责任制和“一岗双责”的要求，做到了管人管事管作风相结合，推动全体机关干部从思想上重视、工作中贯彻、行动上落实党风廉政建设各项规定和要求。切实加强换届纪律宣传教育，确保政协换届风清气正。

4.加强宣传工作，扩大政协工作影响。坚持把政协宣传工作融入全县宣传工作大局，将县政协网站、《莲乡政协》工作刊物与县电视台、县网、县报等县内媒体有机结合，积极宣传政协知识，反映政协工作动态，展示政协履职成果和委员风采；以纪念县政协成立30周年为契机，开展了政协知识有奖竞赛活动，举办了“忠实履职·奉献莲乡”书画摄影展；《人民政协报》刊发《主动监督群众最关心的事》对我县政协委派民主监督小组工作进行了宣传报道，《湘声报》就我县政协履职工作和推进协商民主的探索与实践进行了专题报道；编印了县政协第八届委员会的履职成果汇编——《智汇莲乡》，编辑出版了第十六辑政协文史资料《湘绮楼联语校注》。通过多角度、多层次的宣传推介，丰富了政协的文化内涵，活跃了政协工作氛围，提升了我县政协工作的知名度和影响力。

各位委员、同志们：回顾四年来的工作，我们倍感欣慰和自豪。这些成绩的取得，是中共湘潭县委高度重

视、坚强领导的结果，是县人大、县政府、县人武部及各乡镇、部门大力支持、密切配合的结果，是政协各参加单位、全体委员和政协工作者忠实履职、积极奉献的结果。在此，我代表政协湘潭县第八届委员会常务委员会，向所有关心支持政协事业发展的各级领导、各位委员、各界人士、各位朋友致以衷心的感谢和崇高的敬意！

今后五年工作的建议

今后五年，我省“一核三极四带多点”、我市“一核五城”发展战略的实施，给我县带来了重大发展机遇；县第十二次党代会提出挺进“全国百强县”、创建“全国文明城市”的宏伟目标和全县人民生活更美好的殷切期盼赋予了人民政协光荣的使命和责任。为此，对今后五年的工作提出以下四点建议：

一、深入学习贯彻中共中央治国理政新理念新思想新战略，确保政协工作正确的政治方向

我们要高举中国特色社会主义伟大旗帜，深入学习贯彻以习近平同志为核心的中共中央治国理政新理念新思想新战略，紧紧围绕协调推进“四个全面”战略布局，学习领会和树立创新、协调、绿色、开放、共享的发展理念，认真学习贯彻落实中共中央关于发展社会主义协商民主的重大战略部署，切实把思想和行动统一到中央对形势的分析判断上来、统一到中央决策部署上来，在学习交流、理论研讨、履职尽责中不断巩固已有共识，凝聚新的共识，不断夯实走中国特色社会主义道路共同的思想政治基础。要坚持党的领导，充分发挥政协党组在政协工作中的核心作用，自觉将政协工作置于县委的坚强领导之下，在坚决维护县委领导核心和主动服务县委决策部署中赢得政协事业的新发展。

二、聚焦挺进“全国百强县”和创建“全国文明城市”宏伟目标，为建设富饶美丽幸福新莲乡履职尽责

我们要紧扣县第十二次党代会对未来五年工作提出的目标要求，聚焦挺进“全国百强县”和创建“全国文明城市”，围绕“十三五”规划实施、围绕打造实力园区、智慧县城、特色城镇、美丽乡村等重点任务开展履职活动。

要积极发挥政协人才库、智囊团的作用，围绕全县经济社会发展中的重要问题深入开展调查研究，坚持问题导向，真正把情况摸清、把原因找准、把建议提实，为县委政府民主科学决策建睿智之言、献务实之策。要充分发挥人民政协在社会主义协商民主中的重要渠道和专门机构作用，围绕县委县政府“三重一大”决策之前和决策执行中，组织开展好全会协商、专题协商、对口协商、界别协商和提案办理协商，为发展凝聚智慧、达成共识、形成合力。要不断提高民主监督水平，增强民主监督实效,将委员提案、专题视察评议、委派民主监督小组工作、反映社情民意等各种民主监督形式有机结合起来，着重对经济建设、创建全国文明城市的热点难点问题和县委政府决策部署的落实情况开展民主监督。继续开展常委会民主评议提案办理工作，继续推动主席、副主席领衔督办，县委县政府领导牵头办理，专委会对口联系办理，提案委全面跟踪督办和网上办理提案等措施，提高提案办理实效。继续加强社情民意工作，更好地反映群众诉求，推动民生改善。进一步完善县委县政府重大决策、重要工作协商通报制度，为政协参加单位和政协委员知情明政搭建平台、畅通渠道。进一步完善政协参政议政发言、建议案、意见与建议、提案、社情民意的交办、反馈、督查、落实等机制和制度，促进履职成果的转化。

三、坚持团结和民主主题，为改革发展稳定汇聚力量

我们要始终坚持团结民主的主题，努力发挥人民政协作为大团结大联合的爱国统一战线组织的作用，寻求最大公约数，团结的面越宽越好，团结的人越多越好。

要积极主动加强与各民主党派人士、工商联、人民团体和社会各界人士的联系交流，加强同党外知识分子、民族宗教代表人士、港澳台同胞和海外侨胞的团结联谊，密切与非公有制经济人士、新的社会阶层人士、出国和留学归国人员的联系沟通，最大限度地增进各界人士的共识、最大限度地凝聚全社会的力量。加强文史工作，进一步发挥其存史资政、团结育人的作用。

要始终坚持履职为民的思想理念，广大委员要深入界别群众和基层群众之中，倾听群众呼声，反映群众意见，多为改善民生献良策、办实事，多做雪中送炭、扶贫济困的工作，多做春风化雨、解疑释惑的工作，自觉做党的政策宣传者、县委政府决策的推动者、群众利益的维护者、社会和谐的促进者，让广大人民群众感到政协委员就在身边、人民政协离自己很近。

四、主动适应新形势新要求，加强人民政协的自身建设

我们要主动适应经济社会发展的新常态、政协工作的新形势新要求，大力加强自身建设。

不断加强政协常委会建设，着力增强政治把握能力、协商议政能力、群众工作能力、合作共事能力和开拓创新能力，不断增强政协组织的凝聚力和向心力。不断加强委员队伍建设，始终把加强思想引导同提高履职能力结合起来，加强委员政治理论学习和业务知识培训，帮助委员知情明政，支持委员履行职能，政协委员要做到不仅懂政协、会协商、善议政，而且守纪律、讲规矩、重品行。不断加强政协机关建设，以创建文明单位为抓手，巩固深化党的群众路线教育实践活动、“三严三实”专题教育和“两学一做”学习教育成果，严格遵守党的政治纪律、政治规矩以及廉洁自律、作风建设的各项规定，打造一支政治坚定、作风优良、学识丰富、业务熟练的政协工作者队伍，打造一个真诚服务委员、真心支持委员的“委员之家”。

各位委员，同志们：在“挺进全国百强县、创建全国文明城市”新的征程中，人民政协责任重大，使命光荣，大有可为，让我们紧密团结在以习近平总书记为核心的党中央周围，在中共湘潭县委的坚强领导下，团结一心、奋发有为、开拓创新，为建设富饶美丽幸福新莲乡而努力奋斗！

（责任编校　杨红艳）

大事记

1月

5日，市委副书记、市长胡伟林率市直有关部门负责人到谭家山镇调研矿区综合治理工作，实地调研原长岭煤矿、紫竹土地复垦及水利建设项目、湖南林泉山农林科技有限公司长塘村油茶苗基地，乘车观看长塘村“旱改水”项目、坪塘村土地复垦项目、榜塘村百亩沉陷田。市县领导杨广、谢振华、傅国平、周俊文等参加调研。

是日，湘潭县安全生产委员会召开2016年第一次全体会议，会议传达国务院安委会和湖南省政府安全生产工作精神。县委常委、常务副县长周俊文总结“十二五”期间全县的安全生产工作。县领导傅国平、唐正武、周俊文、刘铁强、黄铁华、陈卫兵、谭捍卫、韩伟、杨欣荣出席会议。

6日，湘潭县乡镇党委书记履行基层党建工作责任述职评议会召开，县领导谢振华、周艳希、周贤、谭何龙、唐剑恒、刘铁强、刘耀奇、张性宇、胡亚湘、赵新良出席会议。

7日，县委经济工作务虚会议召开。谢振华、傅国平、周艳希、唐正武、黄忠德、王惠芳、周俊文、谭何龙、唐剑恒、刘铁强、刘耀奇、张性宇、胡亚湘等县领导出席会议。

8日，湘潭市一医院组织由20余名技术骨干组成的专家服务队到乌石镇省定贫困村斑竹村开展“医疗扶贫”义诊活动，为全村群众免费看病200余人次。

11日，市委常委、副市长杨广率市环保局、市交通局、金侨集团、城建集团、市一医院等后盾单位和结对帮扶单位负责人到乌石镇安平村，开展“一进二访”现场办公，督促、指导该村精准扶贫工作，联合各帮扶单位在安平村设立“扶贫基金”50万元，用于精准扶贫。

18日，县委常委会“三严三实”专题民主生活会召开。湘潭市委书记、市人大常委会主任陈三新出席会议。县领导谢振华、傅国平、周艳希、唐正武、周贤、周俊文、谭何龙、唐剑恒、刘铁强、刘耀奇、张性宇、胡亚湘参加会议。县人大常委会主任黄忠德、县政协主席王惠芳列席会议。

20日，县委副书记周艳希到青山桥镇和坪村走访慰问困难对象。

25日，县委经济工作会议召开。县领导谢振华、傅国平、周艳希、唐正武、周贤、周俊文、谭何龙、唐剑恒、刘铁强、刘耀奇、胡亚湘等出席会议。

26日，湘潭县社会治安综合治理委员会全体会议召开。县领导傅国平、周艳希、唐剑恒、韩伟出席会议，县法院、县检察院等综治成员单位主要负责人参加会议。

是日，副市长吴小月到湘潭县检查春运安全工作，实地检查涓柞线内8.763千米的安保工程和易俗河镇新改造的程家桥。县领导傅国平、刘铁强及县交通局负责人陪同参加检查。

是日，湘潭县召开全县各界代表人士迎春座谈会。

27日，县委副书记周艳希走访慰问县级劳动模范、环卫工人楚厚资。

2月

1日，谢振华、傅国平、黄忠德、王惠芳、张性宇、谭何龙等县领导先后到湘潭县人武部、县消防大队、县武警中队、县光荣院、县军干所等地走访慰问。

3日，全县食品安全委员会成员单位工作会议召开。

4日，全县老干部代表迎春座谈会召开。

是日，湖南省农信担保公司湘潭县办事处揭牌成立。省农信担保公司董事长易跃进，县委副书记、县长傅国平为办事处揭牌。县领导周俊文、唐仁光参加揭牌仪式。

5日，县领导谢振华、王惠芳、谭何龙一行先后到湘潭县信访局、县交警大队、县人民医院、县牛头岭汽车站交通局驻站值班点看望慰问春节期间坚守一线的工作人员。

县领导周艳希、黄忠德、周俊文一行到湘潭县机要（保密）局、广电台、自来水公司、城管执法局等地，慰问广大一线工作者。

17日，县委副书记周艳希、副县长谭捍卫到分水乡督查调研乡镇建制村合并调整工作，县委办、民政局、分水乡、青山桥镇、石鼓镇、花石镇、排头乡、锦石乡负责人等参加座谈。

23—26日，政协湘潭县第八届委员会第四次会议召开。

24—27日，湘潭县第十五届人民代表大会第三次会议召开。

25日，湘潭县第十五届人民代表大会第四次会议在县委党校大礼堂召开，近300名县人大代表出席会议。

28日，县委副书记、县长、天易示范区管委会主任傅国平到天易示范区调度2016年重点项目建设工作。县领导唐正武、周俊文、杨欣荣、胡庚、罗义彬、荣虎成、唐争耀、蒋中军等相关负责人出席会议。

29日，湘潭县第十五届七次全体（扩大）会议暨廉政工作会议召开，傅国平、唐正武、周俊文、刘铁强、胡亚湘、韩炎、黄铁华、陈卫兵、谭捍卫、韩伟、唐仁光、宋小玲、杨欣荣、胡庚、罗义彬、荣虎成、唐争耀等县领导出席会议。

3月

11日，谢振华、黄忠德、周贤、刘铁强、张性宇、胡亚湘、欧建美、何晓春、赵国政、黄铁华、李西文、刘新玉、杨欣荣、罗义彬、杜孟洋等县领导到白石镇杏花村参加义务植树活动。

14日，湘潭县召开全面建成小康社会工作推进会。县领导谢振华、周艳希、谭何龙、刘铁强、黄铁华、陈卫兵、刘新玉等出席会议。

15日，省林业厅副厅长吴彦承一行到乌石镇检查指导春季造林及森林防火工作。副县级干部杜孟洋、市县林业局相关负责人等参加检查。

19日，2016年湘潭县油菜花节启动仪式分别在易俗河镇梅林桥美丽乡村示范片和石鼓顶峰举行，县委副书记周艳希，副县长陈卫兵、谭捍卫分别出席。

22日，全省美丽乡村建设暨领导办点示范工作座谈会在湘潭县举行。省农委副主任陈冬贵，各市州农委分管领导、新农村建设科科长，宁乡县、湘潭县、衡山县、湘阴县、赫山区党政分管领导、农业局长，浏阳市农业局局长，省领导办点建设美丽乡村示范片所在乡镇主要负责人和核心村党支部书记，县委书记谢振华、县人民政府副县长谭捍卫等参加会议。

29日，湖南省发改委督查组到湘潭县督查专项建设基金实施工作情况,实地查看湘江防洪生态治理项目、县艺体馆、宏信创新创业园、斯瑞摩科技有限公司新建年产1万吨高性能镁合金项目等地，详细了解各个项目的建设情况和资金落实情况，对湘潭县利用专项建设基金拉动重点领域投资工作给予肯定，提出下阶段工作的要求。县委常委、常务副县长周俊文，湘潭天易示范区党工委委员、管委会副主任唐争耀陪同参加督查。

4月

5日，全县创国家级社会管理与公共服务综合标准化试点工作动员暨培训大会召开。

7日，全县2016年度食安委扩大会议召开。

8日，全县应急管理工作会议召开。

10日，全国人大常委会副委员长、民进中央主席、中央社会主义学院院长严隽琪率民进中央调研组到湘潭县，调研湘潭县易俗河镇梅林桥美丽乡村示范片建设情况，民进中央副主席刘新成、朱永新，秘书长高友东随同参加。湖南省人大常委会副主任、民进湖南省委会主委谢勇，中共湖南省委统战部常务副部长谭平，湖南省扶贫办主任王志群，湘潭市县领导曹炯芳、谈文胜、李江南、陈忠红、杨真平、谢振华、傅国平、黄忠德、谭何龙、唐剑恒、韩伟、赵新良等参加调研。

11日，全县安监系统示范创建工作推进会在中路铺镇召开。会议主要任务是开展监管执法年活动，确保2016年省级安全生产示范县创建成功。县委常委、副县长刘铁强参加会议。

12日，湘潭市委书记曹炯芳一行到湘潭县调研。市县领导陈忠红、谢振华、傅国平、周艳希、唐正武、黄忠德、周贤、谭何龙、唐剑恒、刘耀奇参加调研或工作汇报会。

14日，湘潭县人民政府与韶山出入境检验检疫局举行出口湘莲质量安全和原产地保护示范区创建合作签约仪式。湖南省检验检疫局食品处副处长任文辉，县领导周俊文、唐仁光、黄高良，韶山检验检疫局局长冯晓丽等参加签约仪式。

是日，县委副书记周艳希率县信访局、县科协、县检察院、县农业局以及上海农商银行等单位负责人到青山桥镇和坪村召开现场办公会。

15日，湘潭县环卫工人陈菊泉第二次到北京，获得全国总工会授予“中国最美清洁工”的证书和奖状。

21日，湘潭县新任乡镇党政正职集中廉政谈话会召开。县领导谢振华、周艳希、周贤、胡亚湘出席会议。

25日，湘潭县召开推进平安建设暨提高群众满意度工作会议。县领导谢振华、周艳希、王惠芳、谭何龙、唐剑恒、刘铁强、刘耀奇、黄铁华、陈卫兵、谭捍卫、韩伟、宋小玲、李西文、杨欣荣等出席会议。

29日，县委副书记、县长傅国平到湘潭源远海泡石新材料股份有限公司及该公司位于杨嘉桥镇的鸿雁生产基地了解其科研、生产情况，并就加快推进湘潭县海泡石产业化发展进行现场办公。县领导唐正武、刘铁强、唐争耀等参加。

5月

5日，县委副书记周艳希到易俗河镇八角村和飞龙桥村走访慰问贫困母亲。

6日，湘潭县召开精准扶贫暨全面小康工作推进会，县领导谢振华、周俊文、谭何龙、刘铁强、刘耀奇、黄铁华、陈卫兵、韩伟、唐仁光、刘新玉出席会议。

是日，全县安全生产工作暨创建省级安全生产示范县再推进会议召开，会议由县委书记谢振华主持。省安监局副局长罗德龙，市安监局局长陈术贤，县领导周艳希、唐正武、黄忠德、王惠芳及机关单位、乡镇负责人等参加会议。

10日，全县消防工作会议召开。会议通报表彰2015年全县消防工作先进单位和先进个人。

16日，“黎氏八骏”后裔回乡，呼吁重建“黎氏故居”，申办“黎氏故居博物馆”，让子孙后代能够传承黎氏八兄弟求学报国的精神，释放“黎氏故居”的文化底蕴，带动当地文化旅游发展。

17日，长篇重大革命历史题材电视剧《彭德怀元帅》在北京人民大会堂举行首映新闻发布会，市委常委、市委秘书长陈忠红，市广播电视台台长唐文静，县领导刘耀奇、李日方出席发布会。

23日，县委副书记、县长傅国平一行在北京湖南大厦参加由湘潭市组织的“央企对接——湘潭市‘十三五’规划重大招商引资项目发布会”。湘潭县风电开发项目和瑞泰科技（湘潭）工业园项目在现场签约，总投资达20亿元。傅国平代表湘潭县人民政府与项目单位签约，县领导唐正武、唐仁光、唐争耀参加项目发布会。

是日，2016年防汛抢险应急演练活动在易俗河镇石羊水库举行，演练共设置渗漏险情抢护、坝下游坡脚滑坡抢护、抢筑溢洪道边墙、翻沙鼓水抢护4种险情7个演练课目。县领导尹明忠、谭捍卫、宋小玲现场观看演练。

是日，“义务教育发展基本均衡县”市级督导评估汇报会召开,义教均衡督导组相关专家听取汇报，副县长陈卫兵参加会议。

25日，全县打击非法加油经营行为工作会议召开。

29日，县长傅国平率有关部门负责人一行先后到潭花复线、二大桥桥头公园、滨江风光带、金霞山城市公园、五大桥桥头公园、动力配件园等地现场察看，调度县城“精美莲乡”重点工程建设，并提出下阶段工作的具体要求。县领导唐正武、周俊文、刘铁强、刘新玉、罗义彬、荣虎成、唐争耀、蒋中军和县国土局、规划局、交通局等部门负责人参加。

30日，湘潭县召开计划生育工作讲评推进会。县领导谢振华、周艳希、陈卫兵出席会议。

是日，湘潭县“精美莲乡”行动暨重点项目建设推进会召开。县领导谢振华、傅国平、周艳希、唐正武、黄忠德、王惠芳、周俊文、刘铁强、黄铁华、谭捍卫等出席会议。

6月

1日，市委副书记、市长谈文胜到湘潭县调研全域旅游工作。市县领导陈小山、肖克和、谢振华、傅国平、周俊文、陈卫兵参加调研。

是日，全县“安全生产月”活动启动仪式暨争创省级安全生产示范县誓师大会在韶力电气有限公司举行。县委常委、常务副县长周俊文在仪式上发言，市安监局局长陈术贤，县领导周俊文、欧建美、杨欣荣参加启动仪式。仪式结束后，与会人员还观摩韶力电气公司火灾事故应急演练。

是日，县委副书记周艳希到云龙国际幼儿园、易俗河镇第二中学走访慰问少年儿童。

2日，2016年“欢乐潇湘”暨庆祝中国共产党成立95周年“红旗颂”大型群众合唱比赛湘潭县赛区开幕。省文化厅党组副书记、副厅长禹新荣，市文体广新局党委书记、局长李冬平，县领导谢振华、傅国平、周艳希、唐正武、黄忠德、王惠芳等全体在家的县领导出席活动。

3日，全县惠农涉农资金专项整治行动工作推进会召开。

15日，县委书记谢振华紧急调度全县防汛工作。根据当前汛情及气象预报，依据《湖南省防汛应急预案》，湘潭县立即启动防汛Ⅲ级应急响应，紧急部署防汛相关工作。县领导周艳希、谭何龙、张性宇、韩伟、荣虎成和县交通、国土、气象、民政、教育、城管等县防指成员单位负责人参加会议。下午4点，全县防汛工作进入Ⅱ级应急响应。县委副书记、县长傅国平赴白石、锦石、排头等乡镇督查指导防汛抗灾工作，县领导尹明忠、陈卫兵参加督查。晚上市委副书记、市长谈文胜率市直有关部门负责人在排头乡召开现场会，指挥调度防汛救灾。

16日，全县防汛工作会商会召开。县委书记谢振华、县长傅国平分别在会上做讲话，县领导周艳希、唐正武、黄忠德、王惠芳、周俊文、谭何龙、唐剑恒、张性宇、陈卫兵、谭捍卫、韩伟、唐仁光、罗义彬参加会议。

17日，民政部救灾司副司长杨晓东一行到湘潭县指导救灾工作，深入受灾严重的锦石乡、射埠镇等地，了解灾害应急救助工作开展情况，并对救灾具体布置。市县领导严华、杨真平、谢振华、傅国平、谭捍卫等参加。

是日，市委副书记、市长谈文胜，副市长杨真平到湘潭县灾情较为严重的锦石乡看望慰问干部群众，检查指导防汛救灾工作。县领导谢振华、傅国平、唐正武、谭捍卫、胡庚等参加。

21日，市委副书记、市长谈文胜一行到湘潭天易示范区观摩重点项目，先后到湘潭县铝合金模板生产租赁及安装建设项目、武广大道道路工程及动力配件产业园等地视察。市县领导周放良、吴小月、杨真平、傅国平、唐正武、周俊文、杨欣荣、荣虎成、蒋中军参加。

28日，县委副书记周艳希，县委常委、县委办主任谭何龙一行率领《党代会工作报告》起草组成员到排头乡及中路铺镇调研。

29日，湘潭县落实基层党建“连心惠民”工程暨脱贫攻坚现场推进会召开，县领导谢振华、周艳希、周贤、谭何龙、谭捍卫、赵新良等出席会议。

30日，湘潭县纪念中国共产党成立95周年暨“七一”表彰大会召开，县领导谢振华、周艳希、黄忠德、王惠芳、周贤、周俊文、谭何龙、唐剑恒、刘铁强、刘耀奇、张性宇、胡亚湘等出席会议。

7月

1日，湘潭县召开安委会成员单

位第二次全体会议，县领导傅国平、唐正武、周俊文、刘铁强、陈卫兵、谭捍卫、韩伟、唐仁光、刘新玉、杨欣荣等出席会议。

4日，市委副书记、市长谈文胜在县委党校讲授“两学一做”学习教育专题党课，县委书记谢振华主持。全体县级领导，县直各部门、各乡镇主要负责人，部分村（社区）负责人参加学习。

是日，市委副书记、市长谈文胜一行到湘潭县涟水河石潭镇石潭大桥地段进行检查，部署防汛抗灾工作。市县领导杨真平、江鸣、谢振华、傅国平、黄铁华、谭捍卫参加督查。

7日，由湘潭县农村信用联社改组的湘潭天易农村商业银行股份有限公司正式挂牌开业。省联社副主任邓师辉，市委常委、副市长提名人选程蓓，县领导谢振华、傅国平、唐正武、黄忠德、王惠芳、周俊文、刘铁强、刘耀奇、唐仁光、胡庚等出席庆典仪式。

14日，县委副书记、县长傅国平到乌石镇就全域旅游发展及彭总故里建设召开现场办公会。县领导刘耀奇、陈卫兵、谭捍卫、李日方参加活动。

是日，县委副书记周艳希，团市委书记王利，县政协副主席、县环保局长刘新玉等到中路铺镇调研农村生活污水“智慧治水”示范工程，县整治办、中路铺镇负责人等参加调研。

16日，中国乌石（彭德怀元帅故里）红色旅游文化节暨湖南省乡村运动会在彭德怀纪念馆启动，湖南省体育总会专职副主席冯湘江，市县领导徐亚健、苏健全、周韶光、傅国平、周艳希、刘耀奇、陈卫兵、李日方参加启动仪式。

是日，全县安全生产大排查大管控大整治专项行动紧急会议召开，县领导傅国平、周俊文、韩伟、杨欣荣参加。

19日，湖南省人大常委会副主任陈君文率视察组一行到湘潭县视察农村饮水安全工程建设管理工作。省人大常委会党组成员、省人大农业与农村委员会主任委员李小平，省人大常委会联工委副主任刘文新，省水利厅党组副书记、副厅长钟再群，省财政厅副厅长郭秀宏，市县领导曹炯芳、李江南、彭子玉、杨真平、谢振华、傅国平、黄忠德、赵国政、谭捍卫等陪同参加视察。

27日，湘潭县领导干部大会召开，宣布省委、湘潭市委对湘潭县党政正职的调整决定：傅国平任湘潭县委书记，不再提名为湘潭县人民政府县长候选人；免去谢振华湘潭县县委书记职务，另有任用；段伟长提名为湘潭县人民政府县长候选人，不再提名为韶山市人民政府市长候选人。经市委研究同意，免去谢振华湘潭天易示范区党工委书记职务；傅国平任湘潭天易示范区党工委书记，免去其湘潭天易示范区管委会主任职务；段伟长任湘潭县委副书记，湘潭天易示范区党工委委员、管委会主任，免去其韶山市市委副书记职务。湘潭市委副书记严华主持会议，湘潭市委常委、组织部部长、统战部部长廖桂生宣读干部任免决定并介绍相关同志简历。县委全会全体委员、在职的副县级以上干部、乡镇党政正职、县直机关主要负责人参加会议。

28日，县委常委召开专题民主生活会。县领导傅国平、段伟长、周艳希、唐正武、黄忠德、王惠芳、周贤、谭何龙、唐剑恒、刘铁强、刘耀奇、张性宇、胡亚湘参加会议。

29日，县领导傅国平、黄忠德、王惠芳、谭何龙到县光荣院、武警中队及人武部等单位开展走访慰问。

8月

3日，湘潭县召开会议安排部署省级文明县城复查迎检工作，县委常委、宣传部长刘耀奇主持会议，县领导周艳希、谭何龙、唐剑恒、刘铁强、韩炎、何晓春、陈卫兵、韩伟、唐仁光、荣虎成出席会议。

5日，湘潭县第十五届人大常委会召开第27次会议。会议决定任命段伟长为县人民政府副县长、代理县长。县领导傅国平、段伟长、黄忠德、周贤、韩炎、欧建美、何晓春、赵国政、曾耀辉、韩德平等出席会议。

是日，县委书记傅国平率县安监局、住建局、交通局、交警大队、消防大队等部门负责人一行督查全县安全生产工作。县领导谭何龙、韩伟、杨欣荣参加督查。

是日晚，湘潭市2016年“欢乐潇湘·幸福湘潭”大型群众文艺会演市级复赛湘潭县专场在彭德怀纪念馆举行。湖南省文化厅党组副书记、副厅长禹新荣，湖南省文化厅公共文化处处长颜喜，县领导傅国平、黄忠德、谭何龙、刘耀奇、韩炎、陈卫兵、韩伟、李日方观看演出。

9日，湘潭县征求离退休老干部意见座谈会召开，听取离退休老干部代表对湘潭县县域发展、党风廉政建设和反腐败工作等方面所提出的意见建议。县领导傅国平、段伟长、周艳希、谭何龙、胡亚湘出席会议。

10日，湘潭县人武部党委第一书记任职大会召开，会议宣布县委书记傅国平任湘潭县人武部党委第一书记。湘潭军分区政治委员陈云龙、参谋长江鸣，县人武部部长尹明忠出席会议。

是日，湘潭县“两学一做”学习教育暨基层党建“连心惠民”工程调度会召开。县领导傅国平、周艳希、周贤、谭何龙出席会议。

是日，由台湾《联合报》上海驻点记者、联合报系旗下UDNTV记者、《人民日报》海外网专员组成的“大陆新发现”采访团到彭总故里乌石进行采访。省、市台办相关负责人进行全程陪同。

11日，湘潭县召开精准扶贫工作调度会，县领导傅国平、段伟长、谭何龙、赵国政、谭捍卫、宋小玲参加会议。

12日，湘潭县二季度农村环境卫生综合整治工作讲评会议召开。县领导段伟长、周艳希、赵国政、谭捍卫、宋小玲出席会议。

13日，市委常委、组织部部长、统战部部长廖桂生一行到湘潭县了解中共湘潭县第十二次党代会的筹备工作情况。县领导傅国平、周艳希、周贤、谭何龙、胡亚湘参加汇报会。

15日，全国政协委员、湘潭市政协副主席、湘潭大学副校长刘长庚教授带队到石潭镇商洽村庄调研，县委副书记周艳希、县政协副主席宋小玲、石潭镇党政班子参加商洽座谈会。

是日，北京绿十字创始人、总顾问孙君一行到锦石乡考察碧泉潭流域乡村旅游和美丽乡村建设，副县长陈卫兵以及县文体广新局、锦石乡等部门单位负责人参加考察。

19日，县委副书记周艳希率县整治办负责人等一行到花石镇、杨嘉桥镇督查部分村与镇居民集中区的环境卫生综合整治工作情况。

20日，县委副书记、代县长段伟长一行到乌石镇调研全域旅游工作。

23日，湘潭县领导班子成员到位见面会在县委常委会议室举行。市委常委、组织部部长、统战部部长廖桂生等出席会议。县委、县人大、县政府、县政协四大家领导班子成员继续提名人选和新提名人选，法检两长新提名人选及县人大、县政协正职不再继续提名人选出席会议。

24日，县委书记傅国平和县领导谭何龙、韩炎走访慰问湘潭县“金秋助学”对象。

25日，县委副书记周艳希到青山桥镇走访慰问“金秋助学”对象。

26日，全县安全生产警示约谈暨工作推进会召开。县委书记傅国平，县委副书记、代县长段伟长在会上分别作讲话。县领导周贤、黄高良及县安委办负责人参加会议。

27日，中共湘潭县委第十一届十次全体会议召开。县领导傅国平、段伟长、周艳希、周贤、谭何龙、刘耀奇、胡亚湘、李豪雄、陈卫兵、谭捍卫、尹明忠出席会议。县人大、政协部分领导班子成员及县纪委委员列席会议。

28日，中央电视台第七套农广天地栏目摄制组一行4人到石潭镇拍摄传统生油月饼制作、生产过程。

9月

1日，中共湘潭县第十二次代表大会第一次全体会议召开。会议由县委副书记周艳希主持。会上，傅国平代表中国共产党湘潭县第十一届委员会向大会作题为《励精图治乘势而上为挺进“全国百强县”而努力奋斗》的报告。胡亚湘代表中共湘潭县纪律检查委员会向大会作工作报告。大会执行主席傅国平、段伟长、周艳希、黄忠德、王惠芳、周贤、谭何龙、刘耀奇、胡亚湘、李豪雄、陈卫兵、谭捍卫、尹明忠在主席台前排就座。市委组织部副部长、市委驻湘潭县换届选举指导联络组组长李爱阳，市纪委常委、市委驻湘潭县换届风气督导组组长刘建明，离休后享受副师级待遇的同志，在正县职岗位上退休的同志，不是本次大会代表的县第十一届县委委员、候补委员、县纪委委员，不是本次大会代表的在职副县级以上领导干部，县直机关单位、乡镇、学校有关负责同志，各民主党派湘潭县支部负责人参加会议。

是日，傅国平参加第六代表团（易俗河镇、谭家山镇）的第二次会议，听取代表们对“两委”工作报告的审议意见。杨欣荣、贺玉良一同参加。

2日，各代表团第三次、第四次会议举行，傅国平、段伟长分别参加第六代表团（易俗河镇、谭家山镇）和第三代表团（花石镇、排头乡）的会议。其他县领导分别参加各代表团的会议。

3日，中共湘潭县第十二次代表大会第二次全体会议召开。会议通过大会选举办法，选举产生新一届县委委员、候补委员、县纪委委员和出席市党代会代表。

是日，中共湘潭县第十二次代表大会在圆满完成各项议程后，胜利闭幕。

是日，中共湘潭县委举行第十二届一次全体会议。全体县委委员、候补委员参加会议，县纪委委员列席会议。会议通过新一届县纪委第一次全会选举结果的报告。会议还选举产生新一届县委常委、新一届县委书记、副书记。傅国平、段伟长、周艳希、周贤、谭何龙、刘耀奇、胡亚湘、李豪雄、陈卫兵、谭捍卫、尹明忠当选为县委常委；傅国平当选为县委书记；段伟长、周艳希当选为副书记。

6日，湘潭县经济工作表彰奖励暨重点工作“百日攻坚”动员大会举行。县领导傅国平、段伟长、周艳希、黄忠德、王惠芳、周贤、刘耀奇、胡亚湘、李豪雄、陈卫兵、谭捍卫、唐剑恒、刘铁强等参加会议。

8日，湘潭县教育工作暨庆祝第32个教师节大会举行。县领导傅国平、段伟长、黄忠德、王惠芳、李豪雄、韩炎、黄铁华、李西文等参加会议。

是日，县委书记傅国平先后到县特殊学校和易俗河镇麦子石中学，慰问教师代表。县领导李豪雄、谭捍卫、黄铁华等一同参加慰问。

9日，县委书记傅国平就武广大道道路工程（株洲界—湘南路段）建设进行现场办公。县领导刘铁强、荣虎成、贺玉良等参加现场办公。

13日，全县举行全面建成小康社会推进工作讲评会。县委书记、县全面建成小康社会推进工作领导小组组长傅国平，县委副书记、代县长、县全面建成小康社会推进工作领导小组第一副组长段伟长，县委常委、县委办主任、副县长、县小康办主任谭捍卫在会上分别作讲话。县领导周贤、谭何龙、李豪雄、韩炎、胡自庚、黄铁华、彭世辉、唐仁光、杨欣荣、荣虎成、刘新玉、余清华等参加会议。

19日，全县校园及周边环境整治工作推进会召开。

21日，县委书记傅国平调研湘潭天易示范区重点工程项目。县领导周贤、谭捍卫、刘铁强、胡明伟、胡庚、罗义彬、唐争耀、贺玉良等参加调研。

22日，市委副书记、市长谈文胜到湘潭县调研农业农村工作和国家现代农业示范区建设，副市长杨真平、市政府秘书长杨英杰以及市发改、农业、旅游、商务等部门负责人，县领导傅国平、段伟长等参加调研活动。

26日，湘潭县举行文学艺术界联合会第七次代表大会，全县文学艺术界12个协会及基层文艺战线的200位代表参加。县领导傅国平、段伟长、周艳希、黄忠德、刘耀奇、胡亚湘、李豪雄、陈卫兵、谭捍卫、尹明忠、唐剑恒、韩炎、黄铁华、李西文、刘绵晖、李日方，市文联党组书记、常务副主席陈志光，市文联党组成员、副主席、秘书长李运启应邀出席大会。

是日，全省道路交通管理工作

创新(农村道路交通事故快处快赔工作)现场观摩会在湘潭县召开。省公安厅交管局局长唐国栋、政委杨能到会指导,县领导周贤、彭世辉到场观摩。唐国栋肯定湘潭县深入推进道路交通事故快处快赔改革工作。

是日,市委常委、常务副市长杨广率市环保局、市交通局、市水利局、金侨集团、城建集团、市一医院等后盾单位和结对帮扶单位负责人到乌石镇安平村现场办公推进精准扶贫工作。市政府秘书五科科长刘大可、湘潭县副县长候选人陈义及乌石镇负责人参加会议。

27日,湘潭县在河口镇举行森林火灾扑救演练。县领导陈义、杜孟洋,市森林防火指挥部相关负责人,各县(市)区林业局分管森林防火的主要负责人,17个乡镇分管林业的副乡镇长观摩演练。

29日,湘潭县乡镇党委书记会议召开,县委书记傅国平主持会议并安排部署下阶段精准扶贫和换届工作。县领导段伟长、周艳希、黄忠德、周贤、刘耀奇、胡亚湘、陈卫兵、谭捍卫、唐剑恒、陈义、贺玉良等参加会议。

30日,中共湘潭县委、县人民政府在县烈士纪念广场举行烈士纪念日公祭活动。县领导傅国平、段伟长、周艳希、黄忠德、谭捍卫、尹明忠、刘铁强等200余人参加活动。

10月

9日,县委副书记、代县长段伟长率教育局、国土局、交通局等部门负责人到县青少年素质教育基地建设开展现场办公。

是日,湘潭县举行"庆重阳"老干部视察活动。58名全县副县级及以上的离退休干部,县领导傅国平、段伟长、周艳希、黄忠德、王惠芳、周贤、刘耀奇、谭捍卫、唐剑恒、刘铁强等参加活动。

是日,县委书记傅国平到县财政局专题听取国税局、地税局、财政局、示范区投融资部等单位1—9月份以来的工作情况汇报。县领导段伟长、周贤、谭捍卫、刘铁强、胡自庚、胡庚参加会议。

10日,市委副书记赵文彬到湘潭县调研。县领导傅国平、周艳希、谭捍卫、陈义全程参加调研,县领导段伟长、黄忠德、王惠芳、周贤、谭何龙、刘耀奇、胡亚湘、李豪雄、陈卫兵、尹明忠、唐剑恒参加调研汇报会。

是日,湘潭市环保局和湘潭市电视台到乌石景泉中学开展"核心价值观在湘潭"青少年图书捐赠活动,捐赠弘扬核心价值观图书500套。市环保局局长苏国军、副调研员李建韶、湘潭广播电视台副台长易高吾、广告活动中心总经理刘金等出席仪式。

13日,县委书记傅国平调研县纪检监察工作,县领导刘耀奇、胡亚湘,县纪委监察局班子成员、县委巡察一、二、三组组长等参加会议。

是日,县委书记傅国平到县委组织部走访调研全县组织工作,县领导周艳希、刘耀奇、谭捍卫参加。

14日,县委书记傅国平到政法系统调研,县领导周艳希、谭何龙、谭捍卫、彭世辉一同参加。

19日,县委书记傅国平到县委宣传部调研,县领导周艳希、李豪雄、谭捍卫、李日方,县广电台、县文联等宣传系统各部门负责人参加调研座谈会。

20日,县委书记傅国平到花石镇调研当前开展的重点工作并现场督导人大换届选举工作。县领导谭捍卫、胡自庚参加。

是日,县委书记傅国平到县委统战部走访调研全县统战工作,县领导周艳希、陈卫兵、谭捍卫、刘绵晖参加。

21日,湘潭县三季度经济形势分析会召开,傅国平、段伟长、周艳希、周贤、刘铁强等县领导参加会议。

24日,湘潭县举行"彭老总回家!"——纪念红军长征胜利80周年暨彭德怀同志诞辰118周年之电视剧《彭德怀元帅》主创人员见面会活动。市县领导吴小月、傅国平、段伟长、周艳希参加活动。

是日,湘潭市委书记、市人大常委会主任曹炯芳会见电视剧《彭德怀元帅》联合出品人、编剧马继红等剧组主创人员。市县领导陈忠红、吴小月、傅国平、段伟长、周艳希、李日方等参加见面会。

26日,全县道路交通安全委员会第四季度工作例会暨道路交通安全迎检动员会召开。

是日,县委书记傅国平慰问一线环卫工人代表。

11月

1日,由省农委、省财政厅等相关人员组成的省第一轮特色县域经济重点县终期绩效评价考核组到湘潭县进行绩效评价。县领导傅国平、段伟长及有关部门负责人参加汇报会。

3日,县委副书记、代县长段伟长一行到交通局,专题听取2016年以来的交通建设项目情况,调度2017年全县交通建设项目计划。县领导唐仁光、胡自庚、贺玉良,县交通局、县公路局、天易示范区等有关负责人参加会议。

是日,湖南省安委办副主任、省安监局副局长罗德龙带队到湘潭县考核验收创建省级安全生产示范县。市政府党组成员、顾问、市安委会副主任夏国华,市安委办主任、市安监局局长陈术贤参加考核验收。县领导傅国平、段伟长、周艳希、周贤参加汇报会。

7日,县委经济工作务虚会议在韶山召开。县领导傅国平、段伟长、周艳希、黄忠德、王惠芳、周贤、谭何龙、刘耀奇、胡亚湘、李豪雄、陈卫兵、谭捍卫、唐剑恒、刘铁强等出席会议。

是日,全县今冬明春消防工作会议召开。

9日,县委副书记、代县长段伟长到彭德怀纪念馆调研,召开乌石、隐山旅游开发及涓江流域生态综合治理调研会,县领导荣虎成、刘新玉、李日方参加。

14日,湖南省2016年皮鞋设计与制作职工职业技能竞赛在天易示范区青山皮鞋工业园举行。湖南省总工会生产部部长、副巡视员王湘静,县委副书记周艳希为获得湖南省2016年皮鞋设计与制作职工职业技能竞赛制帮缝帮一等奖的选手颁奖。县领导韩炎、唐仁光，市、县总工会相关负责人到场观赛。

17 日，全县未成年人思想道德建设工作会议召开。

23 日—27 日，政协湘潭县第九届委员会第一次会议在泓熹大酒店召开。

24 日—29 日，湘潭县第十六届人民代表大会第一次会议召开。

30 日，党的十八届六中全会精神宣讲湘潭县报告会暨县委中心组第四季度集中（扩大）学习在县委党校举行。市委书记、市人大常委会主任曹炯芳作宣讲报告。市县领导吴小月、傅国平、周艳希、唐剑恒、刘铁强、周贤、谭何龙、刘耀奇、胡亚湘、李豪雄、陈卫兵、谭捍卫、尹明忠等参加学习。

是日，县委书记傅国平以一名普通党员的身份参加县委办联合二支部“两学一做”学习教育第四专题集中学习讨论会。县委常委、组织部部长刘耀奇出席。

12 月

5 日，县委书记傅国平到花石镇双溪村调研党建工作。

6 日，县委书记傅国平现场督查凤凰西路提质改造等重点工程项目建设。县领导刘铁强、谭捍卫、胡明伟、唐争耀、贺玉良一同参加。

10 日，第二届“‘橙’邀三湘客，领略乡村情”湘潭县云湖桥绿色生态休闲游活动在云湖桥镇行寅贤农业科技有限公司脐橙基地开幕。市县领导尚军辉、周艳希、黄铁华等出席开幕仪式。

15 日，彭德怀同志诞辰 120 周年筹备委员会主任办公会召开。县领导傅国平、段伟长、周艳希、周贤、刘耀奇、李豪雄、陈卫兵、谭捍卫、黄铁华、陈义、李日方出席会议，县文旅体局、县发改局、乌石镇负责人参加。

16 日，县委书记傅国平先后到河口镇、杨嘉桥镇、云湖桥镇等 10 个乡镇调研项目建设情况。县领导段伟长、周艳希、唐剑恒、刘铁强及全体县委常委、县人民政府副县长、各乡镇党委书记、相关部门负责人一同参加。

19 日，国家督学、广西教育学会幼儿教育专业委员会副秘书长、特级教师胡明一行到湘潭县，对湘潭县创建国家义务教育发展基本均衡县进行评估认定。市县领导苏健全、傅国平、段伟长、李豪雄、黄铁华等一同参加。

21 日，县委书记傅国平到花石镇集中宣讲党的十八届六中全会精神，县领导谭捍卫等参加。

22 日，体验科学——中国流动科技馆湖南巡展湘潭县站启动仪式在湘潭江声实验学校举行。湖南省科技馆副馆长罗巨进，市科协党组书记、主席涂敬阳，县领导周艳希、赵国政、唐仁光、何晓春及县科协、县教育局负责人等参加启动仪式。

23 日，县委书记、县长与返乡创业青年面对面交流活动举行。座谈会上，10 位返乡创业青年代表与大家分享自己的创业经验和心得，并就相关工作提出意见建议。县领导傅国平、段伟长、周艳希、陈义、唐争耀及相关部门负责人出席。

是日，在由湖南股权交易所与湖南省中小商贸流通企业服务中心联合举办的专场挂牌仪式上，湖南龙凤庄园生态农业有限公司成功登陆湖南股权交易优选板（Q 板）挂牌（302435HN）。

是日，白石镇齐白石文化旅游区通过市旅游局创建国家 AAA 级旅游景区专家组的检查验收，创建为国家 AAA 级旅游景区。

24 日，市领导谈文胜、杨广、阳建民等到湘潭县，就湘潭市人大以及“一府两院”的工作报告听取湘潭县籍市人大代表的意见和建议。县领导傅国平、段伟长、唐剑恒参加座谈会。

26 日，湘潭市“两学一做”学习教育暨抓党建促脱贫攻坚、“两新”组织党建工作推进会在湘潭县召开，市、县领导赵文彬、廖桂生、傅国平、周艳希、刘耀奇、胡明伟出席。

29 日，湘潭天易示范区工作汇报会召开。傅国平、段伟长、王成林、周贤、谭捍卫及示范区其他班子成员等县领导出席。

（责任编校　杨红艳）

综　述

概　况

【地理位置】　湘潭县位于湖南省中部偏东，湘江下游西岸，北纬27°20′00″~27°50′44″，东经112°25′30″~113°03′45″。东与株洲市天元区和株洲县相连，东南隔湘江与衡东县相望；南与衡山县接壤，西南与双峰县相邻；西与湘乡市接界，西北与韶山市毗连；北与宁乡县相接、与湘潭市雨湖区、岳塘区隔涟水、湘江相望。

【面积】　湘潭县自宋朝元符元年（1098）至民国时期，县域没有变化。1949年，县境跨湘江下游东西两岸，今湘潭市区、株洲市区全部及韶山市、株洲县大部分都属湘潭县统辖，全县面积为4586平方千米。中华人民共和国成立后，境域析置多变，析出划入相抵，总计减少面积2073.77平方千米。至1990年，全县面积为2512.23平方千米。1991年3月至1994年4月，县国土部门进行县域土地详查，详查后确定县域土地面积为2512.98平方千米。2009年7月1日，根据《湖南省民政厅关于将湘潭县响水乡成建制划归雨湖区管辖的批复》（湘民行发〔2009〕7号）文件规定，湘潭县响水乡成建制划归雨湖区管辖。行政区划调整后，湘潭县总面积2374平方千米。2010年11月20日，根据《湖南省民政厅关于将湘潭县响塘乡和姜畲镇成建制划归雨湖区管辖的批复》（湘民行发〔2010〕15号）文件规定，湘潭县响塘乡、姜畲镇成建制划归雨湖区管辖。行政区划调整后，湘潭县总面积为2132.8平方千米。

【资源】　①植被。县域内属中亚热带东部常绿阔叶林亚林带，按植被区系划分，属华中偏东亚系。过去对天然植被利用不当，致使现皆为次生植被或人工植被。次生植被的组成主要有壳斗科、樟科、山茶科等；人工植被的组成主要有用材林、油茶经济林及沼泽性水上植物等群落。地貌形态多样致使植被各具特色。县境内野生植物资源较为丰富，名目较多，主要有林木类、竹类、药用植物类、花卉类等数百个品种。②野生动物。县境内野生动物属亚热带林灌丛草地农田动物群，常见的野生动物有鼠、野兔等6个种；禽类有麻雀、野鸡等22个种；鳞类有鲤、鲢等40多个种；介类有龟、蟹等6个种；昆虫类有蜘蛛、蝉等46个种；无脊椎类有蜗牛、蚯蚓等6个种；脊椎爬行类有眼镜蛇、水蛇等14个种；两栖类有泥蛙、泽蛙等5个种。③矿产。县境内已探明的矿产资源主要有煤、锰、铅、磷、石膏、海泡石、矽砂、石灰石、铁、金、高岭土、白云石和矿泉水等。

【县治】　南朝梁天监年间（502—519年）立湘潭县，县治在湘江东岸今衡东县石湾一带。唐天宝八年（749年），县治移至洛口（今易俗河镇）。南宋年间（1127—1279年），移至今湘潭市雨湖区观湘门直街。1995年9月28日，移至易俗河镇至今。

【历史概况】　境内荆洲老虎坑、锦石乡堆子山发现大溪文化时期聚落遗址（属湘中四大大溪文化遗址），从这里收集的彩绘陶器等文物，证明早在距今5000年左右，县内先民已由狩猎、采集活动，进入畜牧、水稻生产阶段，形成定居。

商周时期，境内出土的文物较多，其中最珍贵最有代表性的是九华桂花村船形山出土的豕尊和青山桥镇高屯村老屋出土的窖藏尊、鼎、觯、铺、爵、钟等青铜器。青铜器的种类、形制和纹饰工艺，说明境内先民已用青铜制作生产工具，懂得酿造技艺，尚祀神饮酒和娱乐活动。

战国时期，县域属楚国。隶长沙郡。境内已使用铁制工具，饮食具“饭稻羹鱼”特点。秦灭楚，置临湘县，今县地属临湘县，隶长沙郡。

西汉，析临湘置湘南县（东汉为湘南侯国），治所在今花石镇，今县地分属湘南县和临湘县，隶长沙国。

三国吴太平二年（257年），分临湘立湘西县，治所在今石潭镇古城村。今县地分属湘南、湘西县，隶衡阳郡。晋，湘南、湘西隶属关系未变。南朝齐建元二年（480年），湘南县废。今县地分属湘西、湘乡、新康县。梁天监年间（502—519年），分阴山县立湘潭县，湘潭县始立，县地多在今衡东县境，治所在衡东石湾附近，隶湘东郡。

隋开皇九年（589年），湘潭县域扩大，将茶陵、攸水、阴山、建宁县并入，今株洲县凤凰山以北部分地域亦属湘潭县。衡山县域亦扩大，湘西、湘乡县、新康县部分并入。今县地属衡山县，隶潭州长沙郡。

唐天宝八年（749年），湘潭县大部划属衡山县，衡山县北部划属湘潭县，县治移至洛口（今易俗河镇），隶潭州。至此，县境初定，名地相符。是时，碧泉潭涌泉，利于灌溉。湘潭、易俗河等港口，利于船舶停靠。刘禹锡、杜甫等著名诗人，至此多有诗作，中原文化影响益深。

五代十国时期，县域属马殷楚国，隶潭州长沙府。易俗河商业发达，设置场馆。

宋代，湘潭县隶荆湖南路潭州。县人开采金矿，开垦山田，扩种水稻。株洲商业兴起，开征酒税。元符元年（1098年），湘潭县析出2乡、长沙县析出5乡置善化县。南宋，县治移至今湘潭市观湘门直街，设立学堂。崇安人胡安国从荆门移居县域，筑碧泉书堂讲学，撰成《春秋传》，创湖湘学派，开一代学风。

元贞元年（1295年），湘潭县升为州，隶湖广行省潭州路。元末，人民不堪重负，湘乡人易华据境内乌石寨起兵反抗。后为陈友谅农民起义军参政，抗衡朱元璋。

明初，朱元璋部将常遇春平湘潭，其部杀易华于乌石峰下，并大肆屠戮，全县幸存20053人。湘潭复降为县，隶长沙郡。此后，县民多从江西迁入，经过休养生息，人口渐繁。湘潭成为湘江交通枢纽，县治筑城，工商业发达，易俗河成为著名米市。

清顺治六年（1649年），清军入城，杀明督师大学士何腾蛟，并“以邑人多贰于圣朝”，下令“血洗县城”，全城幸存者不满百人。清康熙十三年（1674年），吴三桂反清，占领县城。清康熙十八年（1679年），清军复定湘潭，兵戎蹂躏，境荒田20余万亩。清咸丰四年（1854年），太平军袭占县城。曾国藩以侍郎督师专征东南，治兵衡阳，倚湘潭为饷源，其后筹饷皆取自湘潭，且大兴县城。自此，沿江十余里，商贸繁荣，城中街坊街总，楼宇整峻。时称天下第一壮县。

光绪三十一年（1905年），湘潭辟为寄港地，外国商品涌入，民族工业、手工业受到冲击。同时，县内效兴洋务，电话、电报事业始兴；株萍铁路、粤汉铁路长株、株渌段建成；西医随教会传入；废除书院，兴办学堂，数十名青年东渡日本留学，寻求救国救民之术。刘揆一与黄兴等创立华兴会，任副会长，曾代行总理职务。他与孙中山，黄兴同为同盟会三巨头，曾联络会党谋划反清起义。刘道一参加同盟会，参与领导萍浏醴起义，壮烈牺牲。武昌起义胜利后，湖南首先响应，10月27日，湘潭宣布反正。

民国三年（1914年），湘潭县隶湘江道。民国十一年（1922年）撤道，隶湖南省。民国二十七年（1938年），隶湖南省第一行政督察区。袁世凯窃国后，县人参与护国反袁运动。

民国八年（1919年）以后，受俄国十月革命和国内五四运动的影响，县人开始研究马克思主义，共产主义运动兴起。毛泽东创建湖南共产党早期组织，一批先进分子加入中国共产党。他们中多数人回县，深入工农群众，宣传马克思主义，建立中共湘潭县基层组织和中共湘潭地方执行委员会，领导湘潭工农运动。蒋介石发动“四一二”反革命政变后，许克祥在长沙发动“马日事变”，其部进驻湘潭，实行白色恐怖，全县共产党员、工农运动领导人及革命群众共200余人惨遭杀害。中共湘潭地方组织被迫转入秘密活动。

抗日战争开始后，国共两党实现第二次合作，中共湘潭县工作委员会建立，开展抗日救亡工作。1939年，“平江惨案”后，国共合作再度破裂，中共湘潭地方组织又被迫转入秘密活动。1944年6月17日，县城沦陷，日军在县境四处扫荡，到处奸淫、烧、杀和掳掠，全县死伤13万余人。1945年9月20日，日军向驻潭国民革命军缴械投降。抗日战争胜利后，蒋介石发动反人民的内战，县政府强令抓丁充当内战炮灰。奇征异科，日重一日，地租加重，社会黑暗，官吏贪婪。加之滥发纸币，物价飞涨，工商倒闭，失业人口剧增，民怨沸腾。

1949年8月，湖南和平解放。8月9日，中国人民解放军第一三八师第四一三团进驻湘潭县城。11日，南下途中组建的中共湘潭县委率干部百余人抵城，宣布湘潭和平解放。县域隶长沙专区（1952年，长沙专署改名湘潭专区，县域隶湘潭专区）。13日，中共湘潭工委与中共湘潭县委合并。22日，县人民政府成立，接管旧政权，开展筹粮支前，清匪反霸，安定社会，发动群众兴修水利，恢复生产。1950年，县城关区析出，建县级湘潭市。此后，县内开展减租退押，开始土地改革，试办农业互助组，镇压反革命，着手兴办地方国营企业和区、乡供销合作社，动员青年参加中国人民志愿军赴朝参战。

1951年，株洲镇及太平桥等7乡从县境析出，建株洲市。同年，开展土改复查，至1952年结束。

1953年，县内开始进行农业、手工业和私营工商业的社会主义改造。1956年，全县基本实现农业合作化，完成手工业和私营工商业的社会主义改造。同时在农村开展反资斗争。1957年，第一个五年计划完成，全县工农业总产值1.2897亿元，为1949年的140%。此后，政治运动不断。1957年，县委在党内开展整风运动，后期转到反右派斗争。1958年，开始大跃进、人民公社化运动，办公共食堂，大炼钢铁，共产风、浮夸风等五风盛行，加上自然灾害，导致发生1959—1961年的国民经济严重困难。1959年，县境析出五星、卫星、星星、上游四个公社及红旗公社的一部分和雷打石镇入株洲市。1960年，县内整风整社，纠正五风错误。1963年，开展社会主义教育运动。1966年，

"文化大革命"开始，历时十年，国民经济遭到严重破坏。1966年，兴建韶山灌区工程，为农业发展创造条件。1968年，析出韶山区建省属韶山特区。

1978年，中共十一届三中全会后，县委清理"左"的指导思想，拨乱反正，平反冤、假、错案，以经济建设为中心，实行改革开放，县域经济飞速发展。1980年，全县工农业总产值达32612.29万元，为1949年的3.56倍。1992年，规划易俗河镇为新县城所在地，并启动新县城建设。1995年9月28日，县治移址易俗河。同年，在首批百家中国特产之乡命名宣传活动组委会举办的首批"中国特产之乡"命名大会上，湘潭县被命名为"中国湘莲之乡"。1997年，全县综合实力进入全省十强县，生猪生产为湖南第一，粮食生产为湖南第二。1998年8月，县内出现严重旱情，经全县人民奋力抗旱，仍有万余亩晚稻减产。同年10月20日，彭德怀诞辰百周年纪念大会暨铜像揭幕仪式在彭德怀纪念馆隆重举行。

2001年，县委、县政府提出"主攻工业，提升农业，大力发展第三产业"发展思路，推动工业园区建设，易俗河经济开发区和新县城建设以及县域经济发生全新变化。2005年，全县地区生产总值达到75.16亿元，财政收入达到3.5亿元。2005年9月，举办县治移址10周年庆典活动，一个崭新的湘潭县形象展示在世人面前。2006年，实现地区生产总值85.7亿元，财政收入4.47亿元。2007年，实现地区生产总值110.7亿元，财政总收入5.64亿元。湘潭县连续3年获"全国粮食生产先进县标兵"称号。县域经济综合实力跻身全省第十二位，被省委、省政府授予"全省县域经济发展先进县市区"称号。2008年，实现地区生产总值129.5亿元，财政总收入7.07亿元。湘潭县连续六年被农业部评为全国粮食生产先进县、被中国科协评为"全国科普示范县"、被科技部评为"全国科技进步考核先进县"荣誉称号。县域经济综合实力跻身全省第十位，被授予全省县域经济"十强"县。2009年，实现地区生产总值148.5亿元，增长13.9%。其中第一、第二、第三产业分别实现增加值43.0亿元、60.5亿元、45亿元。三次产业结构比为29:40.7:30.3；全县实现财政总收入8.5亿元，增长20.1%。全口径税收收入达5.8亿元，占财政总收入比重为67.9%，同比提高0.7个百分点。城乡居民可支配收入分别达14592元、6548元，增长12%、10.4%；城镇化率29%。湘潭县获农业部、文化部、科技部分别授予的"全国粮食生产先进县标兵""全国文化先进单位""国家科技进步示范县"等荣誉。2010年，实现地区生产总值172.1亿元，增长14.4%，其中：第一产业增加值44.4亿元，增长4.3%；第二产业增加值76.1亿元，增长23.1%；第三产业增加值51.6亿元，增长12.3%。三次产业结构由上年29:40.7:30.3调整为25.8:44.2:30.0。全年实现财政收入10.0亿元，增长17.63%。全县农民人均可支配收入7542元，增长15.2%；全县城镇居民人均可支配收入16346元，增长12%。湘潭县连续第八年获得农业部授予的"全国粮食生产先进县"称号；先后被评为"全国农村劳动力转移就业工作示范县""全国农村'五保'供养工作先进单位""全国市场监测分析工作先进单位""中国最具投资潜力特色示范县200强""第一次全国污染源普查先进集体""全国人民调解宣传工作先进单位""湖南省'芙蓉杯'水利建设竞赛先进县"等荣誉称号。2011年，实现地区生产总值195.5亿元，增长14.9%；财政总收入突破13亿元，增长30%；城镇化率30.5%；城乡居民可支配收入分别达18578元和8758元，增长13.7%和16.1%。湘潭县被评为"'十一五'全国民政系统先进单位""全国科技进步先进县""全省安全生产先进县""'十一五'全省残疾人工作先进县"；举办庆祝建党90周年、第二届湘莲文化艺术节、纪念爱国诗僧释敬安诞辰160周年等系列活动，县域影响力、美誉度得以提升。2012年，实现地区生产总值227.3亿元，增长13.7%。三次产业结构由上年的22.2:48.8:29.0调整为20.8:50.6:28.6。全县人均生产总值27061元，增加4713元。财政总收入17亿元，增长30.6%。获批全国小型农田水利建设重点县、省可持续发展试验区和省首批新型工业化产业示范基地。第九次被农业部评为"全国粮食生产先进县"，连续第二年被省委省政府评为"全省安全生产先进县"。创建"湖南省文明县城"。被评为"全国计划生育优质服务先进县""湖南省社会管理综合治理先进县""全省民政工作先进县"。2013年，实现地区生产总值258.4亿元，增长12.2%；财政总收入20亿元，增长17.7%；城乡居民人均可支配收入分别达23519元、11929元，增长10.4%、13.9%，跻入湖南省"经济十强县"行列，入选全国农业综合开发示范县、全省特色县域经济重点县、全省旅游强县、全省连片推进农村土地整治示范县。省长新农村示范片落户梅林桥。先后被评为全国粮食生产先进县、全国绿化模范县、全国科技进步先进县，全省社会管理综合治理先进县、全省非公经济和中小企业发展先进县、全省人口和计划生育工作模范单位等荣誉。2014年，实现地区生产总值286.8亿元，增长11.6%；财政总收入22.37亿元，增长11.8%；城镇居民人均可支配收入、农民人均纯收入分别达25653元、13344元，增长9.0%、11.4%。继续保持"全国粮食生产先进县""全国计划生育先进县""湖南省文明县城"等荣誉，被文化部、省委省政府分别授予"中国民间文化艺术之乡""湖南省安全生产先进县"等荣膺称号。2015年，完成地区生产总值330亿元，完成财政收入24.4亿元，城乡居民人均可支配收入分别达27708元、14546元，增长8%、9%，三次产业结构调整为17.7:51.6:30.7。先后获得"全国粮食生产先进县""全国计划生育先进县""湖南省文明县城""湖南省安全生产先进县""湖南省全面小康经济强县"等重要成绩。

2016年，坚持"强工壮县、惠农富民"发展举措，县域经济保持稳定增长，各项社会事业迈上新台阶。完成地区生产总值364.3亿元，增长9.6%。三次产业结构比为16.9:50.6:32.5，第一、二、三次产业对经济增长的贡献率分别为5.5%、

49.0%和45.5%。居民人均可支配收入20435元，增长8.9%。其中，城镇居民人均可支配收入29927元，增长8.0%；农村居民人均可支配收入15718元，增长8.1%。居民人均消费支出13830元，增长12.2 %，其中，城镇居民人均消费支出16534元，增长9.7%；农村居民人均消费支出12427元，增长12.7%。湘潭县先后获得“全国粮食生产先进县”“全国计划生育先进县”“湖南省文明县城”“湖南省安全生产先进县”“湖南省全面小康经济强县”等荣誉称号。

【行政区划】 2016年，湘潭县设14个镇、3个乡，321个行政村，9156个村民小组，12个居委会，22个社区。

【人口状况】 2016年，全县共302166户，总人口978408人，其中农业人口874406人。男性506233人，女性472175人，其中18岁以下175959人，60岁以上209339人。出生11647人，死亡6907人。

【民族宗教】 全县少数民族有28个族种，2000人，17个乡镇均有分布，呈散居状，大多数为县外嫁入女性，其中以苗族、土家族、壮族人数居多。县内有五大教派，为全省40个宗教工作重点县市之一。全县依法登记的宗教活动场所51处，其中天主教2处，分别位于梅林桥镇麦子石管区和锦石乡东坝村；基督教10处，其中市级基督教重点聚会点2个（射埠聚会点和易俗河聚会点）、真耶稣教派1处（易俗河聚会点）；佛教活动场所21处，其中省级重点活动场所1处（中路铺镇的五龙山大杰寺），市级重点活动场所3处（易俗河镇的龙兴寺、慈航阁、射埠镇的西灵寺）；道教14处；民间信仰场所4处。

【风景名胜】 湘潭县属中亚热带湿润气候区，土地肥沃，植物茂盛，山川相趣，雄奇与精微、恢宏与质朴浑然一体，形成众多钟灵毓秀的山水景观，加上地处全省五大旅游区的中心，北有长沙，南有衡山，西有武陵源，中有韶山，具有明显的区位优势。

湘潭县山川秀丽。湘江和涓水、涟水穿越县境；古潇湘八景之一的昭山、湖湘文化发祥地之一隐山、高耸入云的昌山、巍峨挺拔的乌石峰、重峦叠翠的仙女山、傍江而立的金霞山可登高览胜；湘潭文庙、关圣殿、夕照亭等古刹殿宇历史文物犹存；碧泉潭、砚井、汉城桥等名胜古迹可游目骋怀。历代留下“岸花飞送客，樯燕语留人”“绿水暖青萍，湘潭万里春”“杯底还缴龙安云，剑边更落金霞山”等千古绝唱。

湘潭县名人辈出。纳韶峰之灵气，汲湘江之膏泽，受湖湘文化心性修养、经世致用精神的熏陶，孕育出老一辈无产阶级革命家毛泽东、彭德怀、罗亦农以及世界文化名人齐白石、近代文学艺术界杰出人物黎氏八兄弟、一代文豪王闿运、诗僧释敬安、音乐家吕骥等名人。这里还是台湾地区政要马英九、宋楚瑜的祖籍所在地。

县内有革命纪念地、全国爱国主义教育基地和国防教育基地、国家AAAA级旅游景区——彭德怀纪念馆，世界文化名人齐白石故居，国家AAA旅游景区、湖南省重点佛教活动场所——五龙山大杰寺，湘潭重要的革命传统教育基地、湖南省级文物保护单位、国家级AAA级旅游景区——周小舟故居等名胜，旅游资源丰富。

【交通状况】 湘潭县区位优越。交通项目建设按照“西提、东扩、南拓、北接”的思路，一个以干线公路为骨架、县乡公路为经络，通村达户的县域公路交通网基本形成，全县公路通车里程达9892千米。跨县境内的高速公路4条：京港澳高速公路（G4）、沪昆高速公路（G60）、韶山高速公路（S01）、岳临高速公路（S61）；国道2条：G107、G320；省道2条：学七线（S208）、分雷线（S313）；县道28条，其中湘湘、韶茶两条干线公路总长113.21千米，途经县境9个乡（镇）72个村，是省“十一五”重点工程建设项目，是优化湘潭县路网结构，实现县域“三纵五横”交通格局的两条重要交通干道；城市公交线路10条，其中601路、602路、603路、605路为县城公交，10路、23路、101路、108路、116路、123路为县域公交；重点港口1个：湘潭港易俗河港区千吨级码头一期工程初步建成并开始试运营。

【气候特点与气象灾害】 2016年，湘潭县全年气候呈现出：气温偏高，为1959年以来第五高值；多雨年，为近30年来第二多值，暴雨日数最多；气象灾害呈历时短、强度大、局地灾害重的特征，主要灾种为暴雨和洪涝灾害。在极强厄尔尼诺背景下，湘潭县极端天气气候事件频发：低温雨雪冰冻、局地多强对流天气、5月低温、7月强降水集中、10—11月秋雨明显，秋冬季节雾和霾频发。

1.气温。全县年平均气温18.1℃，较常年偏高0.7℃，较上年偏高0.1℃，全县属偏高年份，为1959年以来第五高值，全县各月平均气温与常年同期比，3月、4月、6月和12月平均气温偏高，5月平均气温偏低，其余月份均接近常年。年内日极端最高气温39.2℃（8月19日），高温日数（日最高气温≥35℃）：湘潭县34天，较常年同期偏多。年内日极端最低气温–5.9℃（1月25日）。

2.降水。全县年平均降水总量1749.6毫米，较常年偏多27.1%，较上年偏多25.3%，属偏多范畴。各月降水量时空分布不均：4月、11月降水偏多，尤其7月、9月降水异常偏多，2月、6月份降水偏少，其余月份降水接近常年同期。

3.日照。全县平均总日照时数1469.6小时，较常年偏少112.5小时（–7.1%），比上年偏多88.4小时（6.4%），均属正常范畴。与常年同期比，7月、8月、9月、12月日照时数接近常年值，1月、4月、5月、10月、11月日照时数偏少，其中1月、10月偏少尤为明显，其他时间均不同程度偏多。与2015年比较，全县5月、6月和8月基本持平，1月、4月和10月份偏少，其他月份偏多。

4.汛期降水特征。4月9日，全县出现大雨天气过程，从而进入雨季。汛期（4—9月）全县总降水量为1073.3毫米，较常年同期偏多350.5毫米，汛期降水时空分布不均，前多后少，降雨集中期在4月和6—7月，占汛期总降水量的62.3%。强降水主要发生在夏季。汛期降水量最大的水文站为涓水射埠站，1148.4毫米，比上年同期(790.5毫米)偏多45.3%，比常年同期均值(896.4毫米)偏多28.1%。2016年汛期雨水情特点是：降水丰沛，属丰水年；有涝有旱，涝重于旱；涓水出现超历史洪水。

灾害天气：2016年，湘潭县局地多强对流天气、5月低温、汛期暴雨过程频繁，局地灾害重；雾、霾频发；其中以汛期暴雨所造成的影响和损失最大。

1.暴雨。年内汛期内共出现8次暴雨天气过程(4月9日、5月7—8日、6月2—3日、6月10日、6月14—15日、7月2—4日、7月15—18日、9月9—11日)。其中6月14日20时—15日20时全县普降暴雨，部分大暴雨，局地特大暴雨，是全年汛期影响范围最广、降水最强的一次。全县累计降水量为68.9毫米、最大降水量为237.1毫米(湘潭县排头乡)。此次降水过程为入汛以来的最强降水过程，具有范围广、局地降雨强度强、降雨时段集中、对流性特征明显等特点。据水文消息，涓水射埠站于16日3时40分出现洪峰，洪峰水位50.63米，超警戒水位4.13米，洪峰流量1630立方米每秒。

2.风雹强对流天气。3月20日，受西南暖湿气流和中低层切变线影响，全县部分地区出现短时雷雨大风、冰雹等强对流天气。根据农业局蔬菜办的初步统计，此次较强降水天气和局地冰雹过程对湘潭县5个蔬菜基地约16公顷的蔬菜受到影响，主要是正值生长期的丝瓜、黄瓜、早春大白菜等蔬菜秧苗，菜农紧急采取重新移栽蔬菜秧苗和培育新苗等补救措施，但大部分蔬菜上市季节将延后20—30天。

3.5月低温。“5月低温”(日平均气温≤20℃连续5天或以上)全县最长持续日数为6天(18—23日)。5月中下旬，全县双季早稻处于分蘖末期，持续的低温阴雨天气影响早稻分蘖生长进度，推迟生育季节，造成部分植株生长瘦弱，对病虫害的抗性下降。此次低温过程对早稻幼穗分化有不利影响，可能导致穗杆短穗粒数少，影响结实率和千粒重，估计将减产10%左右。由于早稻生育期延迟，也会影响到晚稻的插秧和生长，增加遭受寒露风危害的可能性。

4.寒潮。2月12—14日，3月8—10日，11月22—23日受强冷空气影响，全县出现一次明显降温、风力加大和降水的寒潮天气过程。据监测显示，3月21日8时—23日8时，年内最低气温为0.2℃，最大风速为8.9米/秒，此次降温过程达到寒潮天气标准(24小时内降温幅度≥8℃或48小时内降温幅度≥10℃或72小时内降温幅度≥12℃，且日最低气温≤4℃)。出现小雨量级降水。寒潮来袭，气温降幅较大，对人畜防寒保暖、大棚蔬菜等设施农业造成一定的影响，受其影响全县于22日入冬。寒潮天气对交通、农业和生活都造成一定的影响，特别是对处于蕾薹期的油菜有一定的不利影响，但是此次降雨降温还是带来一定有利方面，适度低温有利于油菜炼苗。同时净化城县空气，空气质量转好空气质量转好。

5.雾和霾频发。全县大雾天数为39天，霾天气天数为82天。灰霾天气日数的增加，对全县交通和人体健康带来不利影响。大雾天气在春季最为频繁，出现17天(占全年43.6%)，年中灰霾天气少于年初、年末。 (赵晋萱)

国民经济和社会发展

【概况】 2016年，湘潭县实现地区生产总值(GDP)364.3亿元，增长9.6%。其中，第一产业增加值61.7亿元，增长3.0%；第二产业增加值184.3亿元，增长9.1%；第三产业增加值118.3亿元，增长14.2%。按常住人口计算，人均地区生产总值42403元。三次产业结构比为16.9:50.6:32.5，第一、二、三次产业对经济增长的贡献率分别为5.5%、49.0%和45.5%。

完成财政总收入26亿元，增长5.8%。其中，公共财政预算收入完成19.46亿元，增长1.0%；上划收入完成6.53亿元，增长22.9%。财政总收入中，税收收入13.91亿元，增长5.9%。年末全县金融机构本外币各项存款余额373.97亿元，增长25.2%；本外币各项贷款余额199.57亿元，增长15.9%。

全县承办的40项省市重点民生实事全面完成工作任务。其中，新增城镇就业、新增农村劳动力转移就业、农村公路安保设施建设、农村危房改造、新开工各类保障性住房和棚户区改造、新增管输天然气用户、免费为35~64岁的农村妇女实施乳腺癌和宫颈癌检查、救治救助贫困重性精神疾病患者、新增养老服务床位等9项工作超额完成目标任务。

【农业】 2016年，全县实现农林牧渔业总产值105.6亿元，增长3.2%，其中：农业产值48.0亿元，增长4.5%；林业产值5.0亿元，增长6.8%；牧业产值43.0亿元，下降0.1%；渔业产值5.4亿元，增长9.1%；农林牧渔服务业产值4.2亿元，增长10.8%。全县粮食播种面积10.65万公顷，粮食总产量74.47万吨，下降0.9%；蔬菜播种面积2.57万公顷，蔬菜产量78.12万吨，增长6.3%；油料播种面积0.9万公顷，油料产量0.93万吨，增长3.8%。水产品产量4.53万吨，增长9.2%；禽蛋产量2.02万吨，与上年持平。全年出栏肉猪202.59万头，下降2.4%；出栏牛0.57万头，增长5.6%；出栏羊4.08万头，增长4.6%。水利工程投入资金2.8亿元，移动土石方1010万立方米，治理水土流失面积12.85平方千米，新增农田有效灌溉面积333.5公顷，新增节水灌溉面积40.02公顷。年末，农业机械总台数32.7万台，总动力达149.7万千瓦。

【工业、建筑业和交通】 2016年，全县规模以上工业企业完成总产值535.2亿元，增长10.1%，完成规模工业增加值138.6亿元，增长9.3%，其中天易示范区完成规模工业增加值103.4亿元，增长11.5%，占全县规模工业增加值的比重为74.6%。全县规模工业企业实现主营业务收入505.6亿元，增长8.8%，实现利润 15.5 亿元，增长 9.0%。

实现建筑业增加值 17.6 亿元，增长 10.6%。房屋建筑施工面积 200.6 万平方米，增长 0.6%，其中新开工面积 117.8 万平方米，增长 39.1%；房屋建筑竣工面积 120.1 万平方米，增长 4.2%。

完成交通基础设施建设投入 15.88 亿元，其中高速公路建设投入 1.19 亿元、干线公路建设投入 11.9 亿元、农村公路建设投入 2.69 亿元、水上交通建设投入 0.1 亿元。完成农村公路建设 300 千米，完成农村公路拓宽改造 160.9 千米，完成农村危桥改造 8 座，完成农村客运招呼站点建设 105 个。潭衡高速公路晓南互通路基工程、通道工程、圆管涵、跨线桥下部结构全部完成。

【固定资产投资】 2016 年，全县完成固定资产投资 214.4 亿元，增长 14.1%。按经济类型分，国有投资 60.16 亿元，增长 14.1%；非国有投资 154.27 亿元，增长 14.0%。按投资方向分，其中工业投资 129.6 亿元，增长 14.4%；民生投资 5.7 亿元，增长 95.3%；基础设施投资 52.8 亿元，增长 9.0%；高新技术产业投资 9.1 亿元，增长 32.6%。房地产开发投资 20.2 亿元，增长 19.7%。商品房销售面积 38.9 万平方米，增长 27.4%，其中住宅销售面积 38.3 万平方米，增长 28.8%。商品房销售额 13.2 亿元，增长 8.0%，其中住宅销售额 12.8 亿元，增长 8.5%。共签约新项目 50 个，其中投资规模亿元以上新项目 15 个，新引进外商投资项目 1 个。实际引进境内省外资金 35.3 亿元，增长 11.9%，实际利用外资 7766 万美元，增长 9.0%。

【贸易和旅游】 2016 年，全县实现社会消费品零售总额 83.6 亿元，增长 11.7%，其中限额以上法人批发零售、住宿餐饮企业实现零售额 14.8 亿元，增长 25.8%。进出口总额 1.31 亿元，增长 23.9%，全县有进出口实绩企业 22 家。接待游客 728.75 万人次，增长 1.2%，实现旅游综合收入 48.21 亿元，增长 0.1%。

【教育和科学技术】 2016 年，全县有中等职业教育学校 7 所，招生 2289 人，在校学生 6081 人，毕业生 1843 人，教职工 495 人。普通高中 10 所，招生 6577 人，在校学生 19781 人，毕业生 6740 人，教职工 1374 人。初中学校 60 所，招生 10199 人，在校学生 29786 人，毕业生 10185 人，教职工 2541 人。普通小学 156 所，招生 8346 人，在校学生 45707 人，毕业生 7561 人，教职工 2478 人。特殊教育学校 1 所，在校学生 48 人，教职工 8 人。幼儿园在园幼儿 27586 人。小学适龄儿童入学率、高中阶段教育毛入学率均为 100%。

实现高新技术产业增加值 82.5 亿元，增长 17.2%。全年完成专利申请 473 件，其中发明专利 213 件。授权专利 202 件，其中发明专利 11 件。

【文化、卫生和体育】 2016 年，全县实现文化产业增加值 16.8 亿元，增长 24.3%。年末全县有群众艺术馆、文化馆 1 个，公共图书馆 1 个，博物馆、纪念馆 1 个，国家级非物质文化遗产保护目录 1 个，省级非物质文化遗产保护目录 1 个。年末全县有线电视用户达 17.71 万户，广播综合人口覆盖率、电视综合人口覆盖率均为 100%。全年放映农村公益电影 7716 场。

年末，全县共有卫生机构 805 个，其中医院 14 个，疾病预防控制中心 1 个，乡镇卫生院 17 个，诊所、卫生所、医务室 168 个，村卫生室 550 个。卫生技术人员 4356 人，其中执业医师和执业助理医师 1816 人，注册护士 1670 人。年末医院、乡镇卫生院共有床位 3519 张。

年末，全县共有体育场地 1301 个，其中体育馆 1 座，运动场 218 个，游泳池 8 个，各种训练房 103 个。全县经常参加体育锻炼人数 40.0 万人。全年开展全民健身项目 32 项次。

【人口、人民生活和社会保障】 年末，全县户籍人口 97.84 万人，常住人口 86.12 万人，其中，城镇人口 35.94 万人，农村人口 50.18 万人，城镇化率 41.7%。全年出生人口 11647 人，出生率 11.79‰，死亡人口 6907 人，死亡率 6.99‰，人口自然增长率 4.8‰。

全县居民人均可支配收入 20435 元，增长 8.9%，其中城镇居民人均可支配收入 29927 元，增长 8.0%；农村居民人均可支配收入 15718 元，增长 8.1%。全县居民人均消费支出 13830 元，增长 12.2 %，其中，城镇居民人均消费支出 16534 元，增长 9.7%；农村居民人均消费支出 12427 元，增长 12.7%。

全县城镇新增就业人员 6645 人，其中失业人员再就业 1343 人，年末城镇登记失业率为 4.05%。新增农村劳动力转移就业 5925 人。年末全县城镇低保对象 7458 人、农村低保对象 34365 人、农村“五保”对象 8771 人。全年累计发放城镇居民最低生活保障经费 2310.3 万元，发放农村居民最低生活保障经费 5361.1 万元，发放农村“五保”供养经费 2988.9 万元。年末，参加机关事业单位养老保险人数 22281 人，参加企业单位养老保险人数 69973 人，参加城乡居民养老保险人数 287252 人，参加城镇职工基本医疗保险人数 47542 人，参加失业保险人数 23022 人，参加工伤保险人数 43649 人。

【资源、环境和安全生产】 2016 年，耕地保护成效明显。年末，全县耕地面积 68713 公顷，基本农田面积 55040 公顷。全年批准建设用地 96.3 公顷，其中占用耕地都得到补充，实现耕地占补平衡。

环境保护扎实推进。全年化学需氧量、二氧化硫、氮氧化物、氨氮主要污染物削减率分别为 1.6%、1.9%、0.3%、0.7%。全年完成造林面积 3181.27 公顷，其中退耕还林工程造林面积 66.67 公顷，荒地造林面积 133.33 公顷，年末实有封山育林面积 12800 公顷，森林覆盖率达 45.02%。

安全生产形势总体平稳，共发生各类生产安全事故 64 起，36 人死亡。其中道路交通事故 61 起，33 人死亡，非煤矿山、危化和烟花爆竹领域、工商贸其他事故各 1 起，各死亡 1 人，无较大及以上生产经营性事故。

（注：1.本公报为初步统计数。2.湘潭县 GDP、各产业增加值绝对数按现价计算，增长速度按可比价计算。）

组织机构和负责人名录

（截至 2016 年 12 月 31 日）

中共湘潭县委员会

书　记　傅国平
副书记　段伟长　周艳希（女）
常　委　周　贤　谭何龙　刘耀奇
　　　　胡亚湘　李豪雄
　　　　陈卫兵（女）　谭捍卫
　　　　尹明忠

湘潭县人大常委会

主　任　唐剑恒
副主任　赵国政　曾耀辉　刘绵晖
　　　　李西文　胡自庚

湘潭县人民政府

县　　长　段伟长
常务副县长　周　贤
副　县　长　黄铁华　彭世辉
　　　　　　唐仁光　杨欣荣（女）
　　　　　　荣虎城　陈　义
　　　　　　杨　云

政协湘潭县委员会

主　席　刘铁强
副主席　韩　炎　欧建美
　　　　何晓春（女）　刘新玉
　　　　马新国

县人民武装部

部　长　尹明忠
副部长兼军事科长　曾力真

党群系统

县委办公室
县委常委、县委办主任　谭捍卫
副主任　符建光　肖国祥　何　敏
副主任、纪检组长　唐　荣
县纪律检查委员会、县监察局
县委常委、纪委书记　胡亚湘
纪委副书记、县监察局局长
　　　　朱良红
纪委副书记　刘会琴（女）　肖建祥
纪委常委、县监察局副局长
　　　　唐湘鹏　黄拥军
纪委常委　周　意（女）
　　　　肖　鹏　王　沛
县监察局副局长　王兴奇
县委组织部
县委常委、组织部部长　刘耀奇
副　部　长　赵迎新　陈金红
　　　　张拥军（兼）
　　　　虞　也（兼）
　　　　胡荣华（兼）
副部长、纪检组长　方继前
县委统战部
县委常委、统战部部长
　　　　陈卫兵（女）
副　部　长　王　璧（女）
　　　　谷述良（兼）
台办主任　马勇军
县直机关工作委员会
书　记　胡秋莲（女）
副书记　王　军　周自伦
纪工委书记　胡　芳（女）
县机构编制委员会办公室
主　任　胡荣华
副主任　张　昶　马　令（女）
县委老干部局
局　长　虞　也
副局长　何天然　杨艳辉（女）
纪检组长　赵立军
县委党校
副县级干部、校委主任、
常务副校长　韩　云
校委委员、副校长　伍佑平
　　　　王三文
校委委员、副校长、纪检组长
　　　　王　耀
县史志办
党组书记、主任　刘献忠
党组副书记、副主任　章桂芝
党组成员、副主任　杨红艳（女）
党组成员、纪检组长
　　　　肖　静（女）
县档案局
党组书记、局　长　张灼峰
党组成员、副局长　丁绪南
　　　　齐彩霞（女）
党组成员、纪检组长　傅登奎
县总工会
县人大副主任、总工会主席　韩　炎
党组书记、副主席　张国富
党组副书记、副主席　贺重农
党组成员、副主席　胡　钧（女）
党组成员　陈欣波
团县委
书　记　谷　巍（女）
副书记　胡　巧（女）　袁　毅
县妇联
党组书记、主席　胡理芬（女）
党组副书记、副主席
　　　　何小梅（女）
党组成员、副主席　刘胜林（女）
县工商联（非公党工委）
主　　席　刘绵晖
党组书记、非公经济党工委书记
　　　　谷述良
党组成员、副主席（秘书长）
　　　　曹　颖（女）
党组成员、副主席、非公经济党工委副书记　徐　琳（女）
县科协
党组成员、副主席　龚清节
副主席　杨跃军
党组成员　曾正芳（女）
县侨联
党组书记、主席　李　言
党组成员、副主席　赵凤华（女）
县计划生育协会
党组书记、常务副会长　莫金明
党组成员、副会长　唐双娟（女）

宣传系统

县委宣传部
县委常委、宣传部部长　李豪雄
副部长　谭学文　刘立新
　　　　李日方
副部长、纪检组长　周　军
彭德怀纪念馆
党组书记、馆　长　李日方
党组成员、副馆长　刘晓年
党组成员、纪检组长　谷贻鹏
县文化旅游体育局
党组书记、局　长　莫柏槐
党组副书记　苏新波
党组成员、副局长　符双之
　　　　向日辉　黄中柱
党组成员　彭志祥
党组成员、县纪委派驻纪检组长
　　　　周　利（女）
副局长　谢尚志
县广播电视台
党组书记、台　长　肖　军
党组成员、副台长　陈建良
　　　　何秉煌
　　　　周　芳（女）

党组成员、纪检组长 赵辉林
党组成员 徐细合

县文联

党组书记、主 席 张宁波（女）
党组成员、副主席 陈 艳（女）

政法系统

县委政法委员会

县委常委、政法委书记 谭何龙
副书记 陈江华 翁建培
贺建平 贺 博（兼）
纪检组长 林亚强

县委防范和处理邪教问题领导小组办公室

主 任 贺 博
副主任 傅钰凯

县公安局

党委书记、局长 彭世辉
党委副书记、政委 曾正新
党委委员、副局长 陈一新
曾文博 谢 伟
郭 松
党委委员、纪委书记 樊海冰

县消防大队

大队长 胡 鹃
教导员 谢方勇

县人民检察院

党组书记、检察长 胡湘晖
党组副书记、副检察长 王壮光
党组成员、副检察长 曾国富
谭文见
副检察长 张文忠
党组成员、纪检组长 刘文忠
党组成员、政工科科长
尹爱辉（女）
党组成员、反渎职侵权局局长
韩进平

县人民法院

党组书记、院长 余清华
党组副书记、副院长 马 铁
冯革新
党组成员、副院长 赵超纲
党组成员、纪检组长 张 琦
党组成员、执行局局长 蒋岳强
党组成员、刑庭庭长 罗 星

县司法局

党组书记、局长 李学军
党组副书记、副局长 刘新群
党组成员、副局长 刘新宇
党组成员 张红娟（女）

县民政局

党组书记、局长 邓高燕
党组成员、副局长 杨立新
赵冠群 王 军
党组成员、纪检组长 郑赛君（女）

人大常委会各委室

县人大办公室

县人大常委会党组成员、办公室主任 唐新堤

联工委

主 任 倪 波（女）
副主任 王 忠

内司工委

主 任 陈北球
副主任 张 晟（女）

城环工委

主 任 刘天星
副主任 唐定伟

财经工委

主 任 周迪泉

农工委

主 任 王佳洪

科教文卫工委

主 任 朱 亮
副主任 王美玉（女）

法制委员会

主任委员 杨立明
副主任委员 刘德纯（女）

财经委员会

主任委员（县人大常委会预算工委主任） 冯旭辉
副主任委员（县人大常委会预算工委副主任） 王彩玉（女）
人大专职常委 刘德纯（女）
王彩玉（女）
冯 敏（女）
胡厚浪
程密群（女）
徐湘琼（女）
陈绍武

政府办系统

县人民政府办公室

党组书记、主任 楚荣光
党组副书记、县政府法制办公室专职副主任 肖云祥
党组成员、副主任 王观忠
汤炳奎
汤立新
胡建军
曾慧聪（女）
唐 术
周建新
党组成员、副主任，县政府民族宗教和外事侨务港澳办公室专职副主任 彭瑞霞（女）
党组成员、纪检组长 彭志辉
党组成员 欧少泉 吴健敏

县公共资源交易中心

党组书记、主任 陈鹏湘
党组成员、副主任 彭丙林
田 晔（女）

县机关事务服务中心

党组书记、主任 成良辉
党组成员、副主任 刘新谷

县政务服务中心

党组书记、主任 谢定龙
党组成员、副主任 刘 毅
张学峰
党组成员、纪检组长 赵卫红（女）

县人力资源和社会保障局

党组书记、局 长 张拥军
党组成员、副局长
李友庚 谢乔泉
王栋梁 王 睿
杨志强 黄进希
党组成员、纪检组长 唐习平（女）
党组成员 旷秋江（女）

县国土资源局

党委书记、局长 肖尽红
副局长 陈宏望 奚勇军
党委委员、副局长 章文星
党委委员、纪委书记 彭志高
党委委员、执法监察大队长
唐剑勇

县信访局

党组书记、局长 汤立新
党组副书记、副局长 胡志明
党组成员、副局长 陈建军
党组成员、纪检组长 赵庆武

县残疾人联合会

党组书记、理事长 谭海涛
党组成员、副理事长 胡平均
党组成员、纪检组长 陈扬佳
党组成员 王兰英（女）

市住房公积金湘潭县管理部

主 任 何湘龙

政协各委室

县政协办公室

县政协党组成员、秘书长、办公室主任 周 令（女）
办公室副主任 刘放明

提案委
主　任　肖和平
副主任　杨永幸（女）
法制群团委
主　任　林亚科
副主任　周理湘
经科委
主　任　王建军
副主任　刘　理
人口资源环境委员会
主　任　谭甚昭（女）
副主任　周艳洋（女）
学习文史联谊和港澳台侨委
主　任　胡雨雪
副主任　陈艳妮（女）
政协专职常委　欧阳红梅（女）
　　　　　　　李映红（女）

人民武装部各科室

政工科科长　何乐为
后勤科科长　杨跃鹏

湘潭天易示范区管委会

党工委书记　傅国平
党工委委员、管委会主任　段伟长
党工委委员、管委会常务副主任
　　王成林
党工委委员、管委会副主任
　　蒋中军　胡明伟　胡　庚
　　罗义彬　唐争耀
党工委委员、总工程师　贺玉良
管委会主任助理　刘建平
管委会主任助理、经济发展部部长
　　郭问利（女）
管委会主任助理、财政投融资部
部长　张金爱（女）
综合管理部部长　方小山
规划建设部部长　成　凯
资源管理部部长　左和平
纪工委委员、副书记　杨　格

发展改革系统

县发展和改革局
党组书记、局长　赵龙江（女）
党组副书记　唐丛虎
党组成员、县重点项目建设办公室
主任　尹锦龙
党组成员、副局长　唐智辉（女）
　　　　　　　　　卢　旺
副局长　易　文（女）
党组成员、县纪委派驻纪检组长
　　曾静美（女）
党组成员　邹国培　胡协邦
　　谭文忠
县统计局
党组书记、局　长　刘智勇
党组成员、副局长　陈永忠
　　　　　　　　　尹文湘
党组成员、纪检组长　文德静（女）
县农调队
队　长　唐泽斌
副队长　谢　卫

经济局系统

县科技和经济信息化局
党委书记、局长　罗刚强
党委副书记　邓中华
党委委员、副局长　阳　波
　　　　　　　　　黄凡强
党委委员、总经济师　刘福禄
党委委员、县纪委派驻纪委书记
　　赵修武
党委委员　黄飞龙　徐智勇
县交通运输局
党委书记、局长　易剑光
党委副书记、副局长　彭友瑜
党委委员、副局长　汤奋强
　　　　　　　　　王　斌
党委委员、县纪委派驻纪委书记
　　周建军
党委委员　熊　雄
总工程师　武智勇
县公路局
局　长　周　毅
党委委员、副局长　易建湘
　　　　　　　　　潘青云（女）
党委委员　苏自立
副局长　刘运军
县安监局
党组书记、局长　章建新
党组副书记　龙显清
副局长　宾　辉（女）
党组成员、副局长　田　灿
党组成员　王山红　张　沙
党组成员、总工程师　陈建强
党组成员、纪检组长　许朝晖（女）

农办系统

县农业局
党委书记、局长　胡建伟
党委副书记　汪文冶
党委委员、县委农村工作办公室副
主任　武友庚
党委委员、副局长　王正河
　　罗　超　丁唯芳（女）
　　袁　冰
党委委员　谭绍泉　韩克勤
　　阳爱华（女）
党委委员、县纪委派驻纪委书记
　　田建军
总农艺师　扶利民
县林业局
党组书记、局长　王蔚然
党组副书记、副局长　唐应能
党组成员、副局长　莫叶青（女）
　　王迪清　王　翔
党组成员、县纪委派驻纪委书记
　　谭建设
党组成员　段运洪
党组成员、森林公安局局长
　　郭宗全
县水务局
党委书记、局长　吴　能
党委副书记　陈晓春
党委委员、副局长　林志勇
　　齐向忠　赵向阳
　　贺红宇（女）
党委委员、副局长、总工程师
　　朱建章
党委委员、县纪委派驻纪委书记
　　谭建设
县畜牧兽医水产局
党组书记、局长　李　哲
党组成员、副局长　李　奇
　　　　　　　　　易伯荣
党组成员　罗伟民　晏坤乾
县农机局
党组书记、局长　谭卫兵
党组副书记、副局长　方骥知
党组成员、副局长　马红军
　　　　　　　　　蔡球辉
党组成员、县纪委派驻纪检组长
　　邓　培（女）
党组成员　洪孝昌　张　术
县移民局
党组书记、局长　胡孝泉
党组成员、副局长　欧阳舜
　　彭义波　杨大比
党组成员、县纪委派驻纪检组长
　　邓　培（女）
县气象局
局　长　何泽良
副局长　周小兵
副局长、纪检员　胡　坚

财贸系统

县财政局

党组书记、局长　胡自庚
党组副书记　肖石亮
党组成员、副局长　唐启武
周友军　齐志明
张　燕（女）
党组成员、总会计师　陈先知
党组成员、县纪委派驻纪检组长
阳　敏
党组成员　刘先辉　周凤华

县审计局

党组书记、局长　蔡　坚
党组成员、副局长　胡在正
文湘民　谭　晋
党组成员、县纪委派驻纪检组长
黄忠林
总审计师　袁英姿（女）
党组成员　裴建新

县供销合作社联合社

党组书记、主任　彭大江
党组副书记、副主任　陈赛龙
党组成员、副主任　吴建群
唐明旺
党组成员、县纪委派驻纪检组长
王志宏（女）
党组成员　陈　碧（女）

县农开办

党组书记、主任　王冬高
党组副书记、副主任　赵新辉
党组成员、副主任　李建军
王　晋
党组成员、县纪委派驻纪检组长
左安安（女）

县商务粮食局

党委书记、局长　周　湘
党委副书记　言志强
党委委员、副局长　周志鹏
副局长　杨　敏（女）
党委委员　曲建军　胡志文
沈国平　楚英姿（女）
党委委员、县纪委派驻纪委书记
彭苏苏（女）

县食品药品工商质量监督管理局

党委书记、局长　庞　军
党委副书记　陈向阳
党委委员、副局长　王大洪
曹立明　唐雄辉
党委委员　赵德飞　黄　欧
袁瑞兰（女）
许　旦（女）
党委委员、县纪委派驻纪委书记
王　艳（女）
党委委员、县食安办专职副主任
文翰吾

县国税局

党组成员、副局长　刘应坚
苏　龙　冯　果
赵宋根
党组成员、纪检组长　李　湘

县地方税务局

党组书记、局长　崔　智
党组成员、副局长　彭英果
张晓峰　李湘珍
党组成员、纪检组长　朱永忠
工会主席　苏　萍（女）

县烟草专卖局

书记、局长、经理　谢献球
副局长　彭宇蕾
副经理　李　丹
纪检组长　张剑鸣

教科文卫系统

县教育局

党委书记、局长　李建军
党委副书记　刘俊林
党委委员、副局长
皮红卫　彭利红
周少如　杨伟军
党委委员、纪委书记　贺鹏程
党委委员　陈粤湘

县卫生和计划生育局

党委书记、局长　李　鹏
党委副书记、县纪委派驻纪委书记
曾金华
党委委员、副局长　胡利芳（女）
彭　军　齐先强
党委委员、农合办主任　刘启南
党委委员　徐海苍　周　平
胡再辉　赵英姿（女）
张　毅
副局长　刘冰薇（女）

建设局系统

县住房和城乡建设局

党委书记、局长　韩铁军
党委副书记　杨建军
党委副书记、副局长　王泽建
党委委员、副局长　林　涛
副局长　贺松林
党委委员、县纪委派驻纪委书记
郑良德
党委委员、总工程师　罗健芳（女）

县人民防空办公室

党组书记、主任　谭建明
党组成员、副主任　彭梅超
贺国泉
党组成员、县纪委派驻纪检组长
刘碧文
副主任　傅美湘（女）

县房产局

党组副书记　叶金凤（女）
党组副书记、副局长　王小敏
党组成员、副局长　刘顺奇
康健明
党组成员、县纪委派驻纪检组长
赵丽娟（女）

县城市管理和行政执法局

党组书记、局长　王铁钢
党组副书记、副局长　赵　伟
党组成员、副局长　冯意果
党组成员、纪检组长　易佑斌（女）
党组成员、总工程师　刘文斌

县环保局

党组书记　胡立新
局　长　刘新玉
党组成员、副局长　彭玉辉
黄文斌
党组成员、总工程师　蔡艳红（女）
党组成员、县纪委派驻纪检组长
刘碧文
党组成员　唐文辉（女）

县规划局

党组副书记、副局长　姜伟文
党组成员、副局长　周克亮
冯光志
党组成员、县纪委派驻纪检组长
刘碧文
党组成员　黄　宁
总工程师　谭　勇

乡　镇

云湖桥镇

党委书记　杨　林
党委副书记、镇长　彭光宇
党委副书记　朱振华
党委委员、人大主席　蔡　苗
党委委员、副镇长、政协联工委
主任　唐　滚
党委委员、纪委书记　陈艳红（女）
党委委员（组织委员）
唐　春（女）
党委委员（宣传统战委员）
王建伟

党委委员（武装部部长）副镇长
刘治国
副镇长 史江宏 龙 江

杨嘉桥镇

党委书记 何金强
党委副书记、镇长 马勇根
党委副书记 刘 纲
党委委员、人大主席 黄扬林
党委委员、副镇长、政协联工委
主任 周杏安（女）
党委委员、纪委书记 王建华
党委委员（组织委员） 胡玉光
党委委员（宣传统战委员）
张 霞（女）
党委委员（武装部部长）副镇长
张亚丰
副镇长 董继兵 周劲东

石潭镇

党委书记 刘奇志
党委副书记、镇长 王富强
党委副书记 谭鸿斌
党委委员、人大主席 张学军
党委委员、副镇长、政协联工委
主任 阳旭东
党委委员、纪委书记 陈立强
党委委员（组织委员）
宋春秀（女）
党委委员（宣传统战委员）
唐勉婕（女）
党委委员（武装部部长）副镇长
王 锋
副镇长 莫 凌 彭 坤

乌石镇

党委书记 唐智锋
党委副书记、镇长 周 波
党委委员、人大主席 王 武
党委委员、副镇长、政协联工委
主任 丁铁它
党委委员、纪委书记 唐军红
党委委员（组织委员） 陈 超
党委委员（宣传统战委员）许 凯
党委委员（武装部部长）副镇长
张国强
副镇长 肖铁光 汤进军

分水乡

党委书记 彭均赞
党委副书记、乡长 陈万春
党委副书记 陈名勋
党委委员、人大主席 刘新军
党委委员、副乡长、政协联工委
主任 马 亮
党委委员、纪委书记 唐清云（女）
党委委员（组织委员） 汤先辉
党委委员（宣传统战委员）
谢 敏（女）
党委委员（武装部部长）副乡长
樊 超
副乡长 冯俊军 章金标

石鼓镇

党委书记 陈虎彪
党委副书记、镇长 彭进高
党委副书记 汤有良
党委委员、人大主席 肖经炎
党委委员、副镇长、政协联工委
主任 谭金丹
党委委员、纪委书记 焦乐平
党委委员（组织委员） 陈 良
党委委员（宣传统战委员）
莫壮丹（女）
党委委员（武装部部长）副镇长
曾纪兵
副镇长 康安定 刘 曦

青山桥镇

党委书记 胡 卫（女）
党委副书记、镇长 张 宏
党委委员、人大主席 陈耀武
党委委员、副镇长、政协联工委
主任 谭铁权
党委委员、纪委书记 周 敏
党委委员（组织委员）
张密湘（女）
党委委员（宣传统战委员）
赵 祥
党委委员（武装部部长）副镇长
胡志勇
副镇长 杨 毅 任志文

花石镇

党委书记 陈建强
党委副书记、镇长 苏征锋
党委副书记 袁 勇
党委委员、人大主席 陈 龙
副镇长、政协联工委主任 蔡剑锋
党委委员、纪委书记 肖 伟
党委委员（组织委员） 王格律
党委委员（宣传统战委员）
罗 莎（女）
党委委员（武装部部长）副镇长
贺 虎
党委委员、副镇长 张 伟
副镇长 李见伟

排头乡

党委书记 许伟成
党委副书记、乡长 唐晓坤
党委副书记 马 立
党委委员、人大主席 熊志军
党委委员、副乡长、政协联工委
主任 徐 彬
党委委员、纪委书记
欧阳惠利（女）
党委委员（组织委员）
李淑群（女）
党委委员（宣传统战委员）
徐 俊
党委委员（武装部部长）副镇长
符 鑫
副乡长 周佳文 周剑波

锦石乡

党委书记 周 湘
党委副书记、乡长 戴 勇
党委副书记 王新其（女）
党委委员、人大主席 张杨佑
党委委员、副乡长、政协联工委
主任 余成武
党委委员、纪委书记 贺细谷
党委委员（组织委员）
熊 伟（女）
党委委员（宣传统战委员）
吴海军
党委委员（武装部部长）副乡长
方新奇
副乡长 胡忠健 胡 兴

射埠镇

党委书记 符念龙
党委副书记、镇长 向海军
党委副书记 杨习光
党委委员、人大主席 刘 蔚（女）
党委委员、副镇长、政协联工委
主任 赵 露
党委委员、纪委书记 马 耿
党委委员（组织委员） 胡新国
党委委员（宣传统战委员）
张伟河
党委委员（武装部部长）副镇长
彭 彰
副镇长 汪海军 谭思恩

河口镇

党委书记 欧阳钧
党委副书记、镇长 周海洋
党委副书记 宾博韦
党委委员、人大主席 袁谷红（女）
党委委员、副镇长、政协联工委
主任 倪赤炎
党委委员、纪委书记 王小干
党委委员（组织委员） 盛 铁
党委委员（宣传统战委员）
贺 超
党委委员（武装部部长）副镇长
曾立斌
副镇长 段 斌 宋学文

易俗河镇

党委书记 陈 赞
党委副书记、镇长 黄宏伟
党委副书记 左 华
党委委员、人大主席 赵应和
党委委员、副镇长、政协联工委主任 周 勇
党委委员、纪委书记 许 鹏
党委委员（组织委员）
张海花（女）
党委委员（宣传统战委员）
周 伟
党委委员（武装部部长）副镇长
胡 勇
副镇长 唐建新 李光灿
谭望存 唐高明

谭家山镇

党委书记 彭积春
党委委员、镇长 周冬林
党委副书记 陈大伟
党委委员、人大主席 胡咏新
党委委员、副镇长、政协联工委主任 胡海军
党委委员、纪委书记 刘泽林
党委委员（组织委员）
朱金凤（女）
党委委员（宣传统战委员）
龚 亮
党委委员（武装部部长）副镇长
周 龙
副镇长 楚放军 朱建国

中路铺镇

党委书记 李洪运
党委副书记、镇长 陈泽锋
党委委员、人大主席 周勇超
党委委员、副镇长、政协联工委主任 张 勇
党委委员、纪委书记 刘 杰
党委委员（组织委员） 张恩奇
党委委员（宣传统战委员）
崔 强
党委委员（武装部部长）副镇长
周鹏程
副镇长 梁 军 廖 湘（女）

白石镇

党委书记 赵龙江（女）
党委副书记、镇长 王 鑫
党委副书记 赵 珊
党委委员、人大主席 罗勇辉
党委委员、副镇长、政协联工委主任 唐晓昆
党委委员、纪委书记 谢文光
党委委员（组织委员）
杨 琴（女）
党委委员（宣传统战委员）
董大治
党委委员（武装部部长）副镇长
王 锋
副镇长 胡孝全 陈发扬

茶恩寺镇

党委书记 尹 忠
党委副书记、镇长 刘江华
党委委员、人大主席 蔡 雄
党委委员、副镇长、政协联工委主任 宾鸿涛
党委委员、纪委书记 谷敏慧
党委委员（组织委员）
熊小春
党委委员（宣传统战委员）
袁 定
党委委员（武装部部长）副镇长
齐志敏
副镇长 王令东 马人君

（责任编校 杨红艳）

中共湘潭县委员会

概　述

【概况】 2016年，湘潭县深入贯彻党的十八大和十八届三中、四中、五中、六中全会精神，认真落实省、市、县党代会精神，按照“十三五”规划的部署安排，奋力拼搏，克难攻坚，全面推进经济社会发展和党的建设，全面完成或超额完成市委、市政府下达的各项绩效目标，全县稳增长的做法得到国务院的肯定。实现地区生产总值364.3亿元，增长10.64%；实现财政收入26亿元，增长6.97%；完成固定资产投资213亿元，增长15%；社会消费品零售总额83.5亿元，增长11.8%；城镇居民人均可支配收入、农民人均纯收入分别达29898元、15775元，增长7.9%、8.5%。

一、始终坚持发展第一要务

一区多园示范凸显。2016年，天易示范区完成规模工业总产值375亿元，固定资产投资165亿元，完成财税总收入16.7亿元，综合实力稳居省级园区第一方阵。先进装备制造、食品医药、新材料三大产业占园区规模工业总产值93%以上，食品医药产业突破百亿产值。飞山奇建材、珺旭科技、久阳能源、中药现代化、凤凰东路等一批重大项目顺利竣工。一座产城融合、宜业宜居的天易新城坚实崛起。在天易示范区的引领下，乡镇工业园蓬勃发展，茶恩竹木工业园获批省现代农业产业园，青山皮鞋工业园积极创建省级工业集中区。杨河、青山、茶恩三个乡镇工业园区完成规模工业总产值57亿元。“一区三园”规模工业产值全县占比达80%。县域发展“一区支撑、多点发力”格局基本成型，示范带动更加凸显。

产业发展坚实有力。全县粮食总产量保持在75万吨以上，年出栏生猪200万头以上，拥有市级以上农业产业化龙头企业达43家、特色农产品基地150个、农副产品加工业项目50个，市级以上农民合作示范社52家，农副产品加工业总产值达240亿元。农机装备水平连续十一年稳居全省前列。规模工业企业218家，规模工业增加值139亿元，高新技术企业23家，高新技术产值260亿元。“观油菜”“采春茶”“赏荷花”“品脐橙”等主题乡村旅游节会活动深入推进，全年累计接待游客728万人次，实现旅游综合收入48.2亿元。涌现乌石、白石、花石、石鼓、云湖桥等一批文化休闲旅游热点，聚集湘莲、皮鞋、竹木、粮食、油茶为代表的地方特色产业，孕育智能智造、商贸物流、电子商务等一批新产业、新主体、新业态，一二三产业协调发展，基础更加坚实。

项目建设稳中有进。全县复、新开工重点项目82个，开工率达90.1%，完成投资99.5亿元。凤凰东路二期、潭花公路河口段建设、县一中提质改造等一批项目基本完成，潭衡西线高速晓南互通、武广大道二期等一批项目快速推进；凯伊克物流配送项目、湘潭子敬学校、年产20万套过精密汽车冲压制造基地等一批项目开工建设，长株潭城际铁路规划途经全县，酒泉至湖南±800千伏特高压直流输电工程顺利实施。全年新引进项目50个，其中过亿元项目17个。上海“沪洽周”项目推介会，大健康产业、洛口古镇开发建设、碧泉潭开发保护等4个项目在会上签约，总投资达55亿元。重点工作“百日攻坚”行动以来，全县项目建设加速推进，矛盾处理更加积极，实干精神全面弘扬。

二、始终坚持民生第一追求

全面小康达标在即。围绕“全部提升、全面达标、全市领先、全省进位”的小康工作目标，全县多次召开推进会、调度会、点评会，分析形势，找准优势，补齐短板，全力冲刺。通过县级领导的牵头抓总，县小康办的衔接调度、督查督办，各指标牵头责任单位的务实推进、对接沟通，截至目前，小康工作五大类23项38个具体分项指标中，有28项指标已经实现或预计年内实现省定目标值，预计小康总体实现程度将达到94.1%，全面达成省定小康县标准，提前实现全面小康目标。

深化改革步伐稳健。聚焦省市已明确推进、试点已取得经验和制约全县发展瓶颈三个层面统筹谋划，形成《湘潭县2016年县委改革领导小组工作要点》，确定八大类、55项重点改革内容，明确18项重点督察、11项重点推进的重大专题改革事项以及4项自主探索的改革事项。各专项领域改革得到有序推进，取得一大批丰硕成果，尤其是《湘潭县“四个到位”推动乡镇党委换届平稳有序推进》《湘潭县探索可持续、可复制、可示范的美丽乡村之路》等改革典型经验被省、市改革简报刊发，湘潭农村生活污水“智慧治理”模式、湘潭天易示范区城市矿产“综合循环利用”模式被评定为省级改革创新案例。

精美莲乡纵深推进。按照“打开通道、拓展框架、着重配套、提升管理”的思路，累计投入基础设施建设资金54亿元，27条背街小巷提质改造全面完成，城市基础设施维护、环卫清扫市场化运作更加规范，城区全面实现绿化提质、净化提标、亮化提档，连续四年顺利通过“省级文明县城”验收。城区面积扩大到20平方千米，城市人口增加到20万人。坚持“基础强镇、特色兴镇”，花石、石潭获评国家重点镇，乌石、白石获评省特色镇，杨嘉桥、云湖桥、排头等小城镇建设稳步推进，谭家山矿区综合治理初见成效。农村交通设施大幅改善，硬化农村公路300千米，潭衡高速晓南互通即将建成。梅林桥美丽乡村示范片成为全省典型。农村环境卫生整治和生态建设全面推进，农村面貌实现根本改善，城乡“共建、共享、共富”新格局逐步形成。

社会民生全面进步。累计实施民生实事项目40个，完成教育、文化、体育、医疗卫生、社会保障和就业、住房保障等各类民生支出25亿元以上，占财政总支出70%以上。1.95万贫困人口如期实现脱贫，28个省定贫困村基础设施明显改善。社会保障和社会救助体系不断完善，保障救助标准不断提高。基层文化阵地全面推进，新建5个乡镇文体广场、52处农民体育健身工程、32处体育健身路径，县乡村三级公共文化服务体系初步形成。教育事业全面发展，高考本科上线人数、北大清华上线人数连续18年全市第一。覆盖城乡的医疗卫生服务体系进一步健全，医疗水平不断提升、乡镇卫生院、村卫生室条件不断改善，人口计生工作连续保持“国优、省模”。

三、始终坚持稳定第一要责

集中换届风清气正。严把“党风廉政意见回复”关，对乡镇党委委员考察人选、县人大代表候选人、政协委员推荐人选等1500余人审核把关，对10余名仍在处分影响期或反映问题线索具体的人选实行否决；严格落实“四必看”“四必谈”要求，组织代表、委员、工作人员集中观看《警钟》《镜鉴》，学习“九个严禁、九个一律”纪律要求；成立加强换届风气监督工作小组和会风会纪监督组，制定监督工作方案，监督员24小时不间断驻场监督；组建换届风气巡察督导组，盯住重点人、重点事、重点场所，开展动态巡回督查。整个换届工作有条不紊，成功实现组织意图；会风会纪严肃端正，没有出现明显违纪问题。

安全生产态势平稳。以开展“安全监管执法年”活动为契机，严格行政审批，规范计划执法，共计检查企业334家次，下达责令限期整改指令书128份，整改复查意见书128份，立案4起，结案2起，行政处罚46万元。以百日安全大排查大管控大整治的隐患“清零”攻坚行动为载体，聘请专家整治隐患，消除非煤矿山安全隐患150处、对华绿生物科技有限公司液氨储罐进行全面安全诊断；与部门、乡镇联动整治隐患，打击非法违法生产经营建设行为。以安全生产宣传教育“七进”活动▲为重点，通过悬挂横幅、张贴标语、组织演讲比赛等方式强化安全生产宣传，指导非煤矿山、加油站等企事业单位开展安全事故应急演练。年内，全县成功创建“省安全生产示范县”。

▲安全生产宣传教育“七进”活动：指安全生产宣传教育进企业、进学校、进机关、进社区、进农村、进家庭和进公共场所。

社会大局和谐稳定。坚持以排查化解社会矛盾为主线，着力在推动社会稳定风险评估、健全矛盾纠纷多元化解机制，集中开展进京非访治理等工作上下功夫，排查化解各类社会矛盾纠纷4980余起，处置突发性事件60余起，依法处理信访违法人员226人，其中训诫202人、治安拘留21人、刑事拘留3人。成功处置谭家山煤矿破产关闭、射埠800千伏特高压换流站项目建设中遇到的系列问题，确保县乡集中换届、乡镇区划调整、行政村合并，以及重点工程建设等工作顺利进行，全县社会大局保持持续稳定。《抓实抓细“三个着力”，提升城区社会治安防控能力》的经验在年内全市社会治安防控体系建设暨平安湘潭建设工作会议上推介；石潭镇《用网格化管理筑起治安“防控网”》的经验在省《法制周报》上刊登。

四、始终坚持党建第一保障

“两学一做”成效明显。积极做好县“四大家”班子和示范区领导班子“两学一做”学习教育，县委中心组开展集中学习4次，重点学习习近平总书记重要讲话精神、意识形态工作和供给侧改革等领域知识；各级党组织均按要求完成四次专题学习讨论活动。组织开展领导干部讲党课活动，举办“两学一做”主题知识竞赛活动，建立党建信息平台，全县网上在线跟踪督促基层党组织开展“两学一做”学习教育的做法得到省委督查组的高度肯定。

干部队伍坚强有力。严格执行民主集中制，规范常委班子运行和决策机制，落实“三重一大”民主决策制度及党政正职“三不一末”制度，增进班子团结。认真贯彻执行《党政领导干部交流工作规定》和《党政领导干部任职回避暂行规定》等文件规定，统筹乡镇党委、政府、人大领导班子调整，17个乡镇共配备领导班子成员189人，乡镇党政领导班子成员结构得到进一步优化。做好来县挂职锻炼干部的服务工作，妥善安排好6名省直机关选派的科级干部的挂职岗位。举办各类干部培训班167次，培训学员1.7万人。推进干部在线学习工作，干部学习网注册学员达2200多人，累计完成3.2万个年度学时。继续实施“5518”人才引进工程▲，引进各类人才265名。实施党员教育培训"五项计划",全面推行党员"两考四评"积分制管理,党员队伍素质得到较大提升。

▲"5518"人才引进工程:针对县域经济社会发展对人才的实际需求,自2013年开始,组织实施"5518"人才引进工程,即连续实施5年,计划为天易经开区、县直机关、乡镇、县属医院(学校)等单位,引进紧缺专业的全日制博士研究生或正高职称的专家50名,引进紧缺专业的全日制硕士研究生、副高以上专业技术人才100名,引进重点高校全日制本科生800名。

基层组织不断夯实。制定出台"连心惠民"工程实施方案及"10+4"专项行动▲工作方案,成立专门工作机构负责推进,建立县网县台和户外广告"三位一体"宣传格局,实行"一月一调度、一季一督查、半年一评比、一年一考核"工作机制,确保14项行动顺利实施。开展软弱涣散基层党组织集中整顿,确定33个软弱涣散基层党组织,按照"五个一"方式,通过安排县级领导联点指导、选配党组织"带头人"、加大"第一书记"选派力度、加强班子成员培训、完善村党组织书记管理机制等措施,开展集中整顿。进一步巩固基层"松绑减负"工作成果,深入实施阳光村务管理,制定并完善村(社区)"小微权力"清单36条,建设党建工作管理平台和村务信息平台,推行村级事务全程记实管理,村级民主管理水平迈上新台阶。"两新组织"全面覆盖,实现"应建就建"。10月底,全县"连心惠民"工程顺利通过市"连心惠民"工作领导小组验收。

▲"10+4"专项行动:"10"专项行动是指开展精准扶贫,落实重点民生实事项目,推进基层服务阵地提质改造,发展壮大村级集体经济,开展软弱涣散基层组织整顿,完善乡村治理机制,开展矛盾纠纷集中排查化解,实施党员教育培训"五项计划"("能力提升""骨干培养""全员培训""农民大学生培养""创业就业培训"五项计划),推行党员积分制管理,调整不胜任现职村干部。"4"专项行动是指开展"为官不为"专项整治,开展"政令不畅"专项督查,开展基层"雁过拔毛"式腐败治理,开展惠农涉农资金专项整治。

作风建设持续深化。认真落实"两个责任"实施办法和追究办法,推行主体责任和监督责任"6+1"清单制度▲,明确"四大家"班子成员及县纪委的责任内容和要求,为600余名科级领导干部量身定制责任清单,先后依规追究9名党员领导干部的主体责任和7名纪委书记(纪检组长)的监督责任。紧盯关键节点,围绕换届工作、乡镇区划调整、扶贫开发、生态环境保护、公务消费纪律执行等进行重点监督检查,开展作风暗访22轮次,组织职能部门开展联动协查15轮次,立案查处"四风"问题71起71人。坚持有腐必反、有贪必肃,以"零容忍"的态度惩治腐败,截至12月上旬,全县党政纪立案219件219人,同比上升6.8%;立案查处"雁过拔毛"式腐败问题79起79人。按照"信任不能代替监督"要求,探索推进纪检干部监督工作规范化,聘请10名特邀监察员,通过参加作风检查、旁听案件审理,深入一线监督纪检工作;成立内部监督机构和案管机构,规范涉案款物管理权、信访处置权、案件检查权、定性量纪权的使用;规范建设全县17个乡镇的谈话室,为办案办信安全提供硬件保障。

▲主体责任和监督责任"6+1"清单制度:"6+1"责任清单包括县委常委会及其成员、县人大常委会党组、县人民政府党组及领导班子成员、县政协党组等6个方面的主体责任和县纪委的监督责任。其中县委常委会主体责任包括统筹谋划部署、健全工作机制、强化权力制约监督、选好用好干部、深化作风建设、坚决惩治腐败、加强法规制度建设、深化党风廉政教育8类27项内容,县纪委监督责任包括加强组织协调、维护党的纪律、深化作风检查、严查腐败案件、加强监督问责、强化警示教育、加强自身建设7类34项内容。"6+1"责任清单不仅包括上级规定必须履行的责任,还根据各自分管部门单位和分工领域的特点,实行"一级一清单,一人一清单",在把握共性的同时突出个性,明确了督促分管部门预防和纠正错误等个性责任。

宣传统战全面发展。深化习近平总书记重要讲话精神、十八届六中全会、意识形态工作等知识的学习宣传,累计开展集中学习近20次。出台意识形态工作相关制度,建立县委常委会专题研究意识形态工作制度,将其纳入党建工作责任制、党的纪律监督检查范围、科级领导班子和领导干部绩效考核。强化舆情监控处置,相关工作经验在7月17日的《人民日报》头版头条《一把手带头,标准化作业,湖南答好群众工作"网络题"》中进行重点推介。重大革命历史题材电视连续剧《彭德怀元帅》在央视一台播出,掀起学习红色精神的高潮。组织开展道德实践"学雷锋、在行动.我推荐、我评议"好人推荐活动,策划推出《文明巡礼》电视专题栏目,顺利通过省级文明县城复检。加强"同心"主题教育引导,12名县委常委共对口联系36名党外人士,17个乡镇200余名党政负责人联系区域内400余名重点统战成员,县委领导和统战部班子成员与民主党派成员、非公经济人士、各类党外代表人士谈心50余场次,进一步融洽党内外合作共事关系。全面推进"四同创建",各创建点参与创建的统战组织43个,统战成员人数700余名,开展活动60余场次,发现培养党外人士100余人次,创建活动成效明显。

重要会议和决策

【中共湘潭县委十一届八次全体(扩大)会议】 5月30日,中共湘潭县委第十一届八次全体(扩大)会议在县政府五楼会议室举行。会议由县委副书记、县长傅国平主持。县领导谢振华、傅国平、周艳希、唐正武、周贤、周俊文、谭何龙、唐剑恒、刘铁强、刘耀奇、张性宇、胡亚湘以及全体县委委员、候补委员、县纪委委员参加会议。会上,县委常委、县委办主任谭何龙宣读十一届县委第八次全体会议《关于召开中国共产党湘潭县第十二次代表大会的决议（草案）》；县委常委、组织部部长、统战部部长周贤就《关于召开中国共产党湘潭县第十二次代表大会的决议（草案）》作说明；全体县委委员对《关于召开中国共产党湘潭县第十二次代表大会的决议（草案）》进行表决。县委书记谢振华在会上强调三点意见：一是统一思想，切实增强政治意识、大局意识、责任意识；二是强化换届纪律，确保换出好干部、好环境、好气象；三是统筹安排，做到秩序不乱、人心不散、工作不断。谢振华强调，要通过换届，凝聚全县智慧和力量，形成共谋发展的合力；要通过换届，选优配强领导班子，全面提升班子整体功能；要通过换届，全面落实从严治党要求，营造良好的政治生态。要严格监督检查不懈怠；严防歪风邪气不让步；严肃责任追究不姑息。要强化组织领导，确保换届秩序不乱；要加强教育引导，确保干部人心不散；要科学统筹，确保中心工作不断。

【中共湘潭县第十二次代表大会第一次全体会议】 9月1日，中国共产党湘潭县第十二次代表大会第一次全体会议召开。会议由周艳希同志主持。市委组织部副部长、市委驻湘潭县换届选举指导联络组组长李爱阳，市纪委常委、市委驻湘潭县换届风气督导组组长刘建明，大会执行主席傅国平、段伟长、周艳希、黄忠德、王惠芳、周贤、谭何龙、刘耀奇、胡亚湘、李豪雄、陈卫兵、谭捍卫、尹明忠以及来自各条战线的300余名党代表参加会议。离休后享受副师级待遇的同志，在正县职岗位上退休的同志，不是本次大会代表的县第十一届县委委员、候补委员、县纪委委员，不是本次大会代表的在职副县级以上领导干部，县直机关单位、乡镇、学校有关负责同志，各民主党派湘潭县支部负责人列席会议。傅国平代表中国共产党湘潭县第十一届委员会向大会作题为《励精图治乘势而上为挺进“全国百强县”而努力奋斗》的报告。报告回顾过去五年的工作。过去五年，是湘潭县发展历程中极不平凡的五年，是应对重大挑战、经受重大考验、取得重大成就的五年。五年来，在省委、市委的正确领导下，县委深入贯彻中央、省市系列决策部署，认真落实“四个全面”战略布局，紧密团结和带领全县广大党员干部群众，奋力拼搏，克难攻坚，全面推进经济社会发展和党的建设，圆满完成县第十一次党代会确定的各项目标任务。报告对未来五年的工作进行谋划。今后五年的重点任务是：打造“实力园区”、打造“智慧县城”、打造“特色城镇”、打造“美丽乡村”。今后五年的重点工作举措是：始终突出改革创新，全力推动快速发展；始终突出“一区多园”，全力推动协调发展；始终突出项目建设，全力推动持续发展；始终突出招商引资，全力推动开放发展；始终突出特色产业，全力推动错位发展；始终突出全域旅游，全力推动绿色发展；始终突出“精美莲乡”，全力推动内涵发展；始终突出惠农富民，全力推动共享发展；始终突出平安创建，全力推动和谐发展。

【中共湘潭县第十二次代表大会第二次全体会议】 9月3日，中国共产党湘潭县第十二次代表大会第二次全体会议召开。会议通过大会选举办法，选举产生新一届县委委员、候补委员、县纪委委员和出席市党代会代表。

【中共湘潭县第十二次代表大会第三次全体会议】 9月3日，中国共产党湘潭县第十二次代表大会第三次全体会议召开。大会由段伟长主持，周艳希致闭幕词。会议通过关于第十一届县委工作报告的决议，通过关于第十一届县纪委工作报告的决议，在圆满完成各项议程后，中共湘潭县第十二次代表大会胜利闭幕。

【中共湘潭县委第十二届一次全体会议】 9月3日，县委第十二届一次全体会议举行。傅国平主持会议。全体县委委员、候补委员参加会议，县纪委委员列席会议。会议讨论并通过新一届县委第一次全会选举办法；推选监票人、指定计票人。会议通过新一届县纪委第一次全会选举结果的报告。会议还选举产生新一届县委常委、新一届县委书记、副书记。傅国平、段伟长、周艳希、周贤、谭何龙、刘耀奇、胡亚湘、李豪雄、陈卫兵、谭捍卫、尹明忠当选为县委常委；傅国平当选为县委书记；段伟长、周艳希当选为副书记。

【2016年第一次县委常委会议】 1月19日，由县委书记谢振华主持召开。会议审议县委经济工作会议上县委书记、县长的讲话稿；审议《湘潭县国民经济社会发展第十三个五年规划纲要（送审稿）》。

【2016年第二次县委常委会议】 2月3日，由县委书记谢振华主持召开。会议审定县人大、政府、政协、法院、检察院工作报告；审定2015年全县重点工程建设优胜项目和优胜单位建设名单《湘潭县2016年重点工程项目建设计划》；审议关于召开湘潭县第十三次妇女代表大会的请示；审议湘潭县建制村合并调整工作方案；审议《乡镇纪委书记、纪委副书记提名考察办法》《县纪委派驻纪检组长提名考察办法》；听取关于全面落实市委基层党建“连心惠民”工程的情况汇报；研究干部人事任免工作。

【2016年第三次县委常委会议】 2月15日，由县委书记谢振华主持召开。会议听取县人大、政协会有关准备工作；听取加强县委督查工作的汇报；听取县委巡查工作汇报；听取县纪委全会准备情况的汇报和“两个责任”检查考核情况报告；审议《湘潭县环境保护工作责任规定及责任追究办法》试行；审议《招商引资突破年十大主题活动行动方案》；审议乡镇党委换届领导班子职位设置建议方案；传达学习省十二届人大五次会议、省政协十一届四次会议精神。

【2016年第四次县委常委会议】 3月4日，由县委书记谢振华主持召开。会议研究党委换届及有关干部工作；听取科级领导干部个人有关事项报告工作；传达党的新闻舆论工作座谈会及全国、省、市宣传部

长会议精神；学习贯彻中央、省委、市委政法工作会议精神；听取工商联换届工作汇报；听取县侨联换届工作汇报；审定《2016年县级领导、县直机关单位联系乡镇安排》；审定《湘潭县环境保护责任规定及责任追究办法》

【2016年第五次县委常委会议】 3月25日，由县委书记谢振华主持召开。会议审定以盛弘实业有限公司入股湘潭天易农商银行10%股份情况的汇报；审定委派盛弘实业董事长担任天易农商银行的董事会成员。

【2016年第六次县委常委会议】 4月8日，由县委书记谢振华主持召开。会议传达学习省委关于“雁过拔毛”式腐败问题和“纠四风、治陋习”专项整治工作视频会议精神；研究全县贯彻落实工作方案；听取全面建成小康社会工作情况汇报；听取全面深化改革工作情况汇报；听取老科协2016年度工作汇报；听取安全生产工作情况的汇报；听取关于落实中发〔2015〕14号文件暨中央、省、市统战工作会议精神的汇报；传达学习全国“两会”精神；听取县工商联换届人事安排的汇报；研究干部人事工作；研究部署全县“两学一做”教育活动。

【2016年第七次县委常委会议】 4月15日，由县委书记谢振华主持召开。会议审议关于做好中国共产党湘潭县第十二次代表大会选举工作的通知；研究干部人事工作。

【2016年第八次县委常委会议】 5月13日，由县委书记谢振华主持召开。会议传达省人大工作会议精神；传达学习中央、省委城市工作会议暨市精美湘潭工作会议精神；落实市委、市政府“精美湘潭”两年行动，研究全县“精美莲乡”行动方案；研究审定2016年全县全面深化改革工作要点；传达上级信访工作会议精神，研究全县信访工作；听取关于加强全县社会宣传工作的汇报；研究干部人事工作。

【2016年第九次县委常委会议】 5月27日，由县委书记谢振华主持召开。会议研究审定县委换届选举筹备工作方案；研究审定湘潭县基层服务阵地提质改造行动实施方案；研究干部人事工作。

【2016年第十次县委常委会议】 6月11日，由县委书记谢振华主持召开。会议传达学习省委书记徐守盛在市县领导班子换届工作座谈会上的讲话精神。

【2016年第十一次县委常委会议】 6月23日，由县委书记谢振华主持召开。会议审定2015年度科级领导班子绩效考核结果；审定“七一”表彰名单；审定2015年度村级领导班子绩效考核结果；听取关于给予张立新、彭载鲲开除党籍处分的情况汇报。

【2016年第十二次县委常委会议】 8月3日，由县委书记傅国平主持召开。会议传达省委半年经济工作会议精神；审定《县第十二次党代会报告（送审稿）》；审定《中共湘潭县纪律检查委员会向中共湘潭县第十二次代表大会的工作报告（送审稿）》；传达学习省一级关于换届纪律的文件精神及听取贯彻落实情况汇报；解读《中国共产党问责条例》；听取2015年度科级领导干部绩效考核情况汇报。

【2016年第十三次县委常委会议】 8月11日，由县委书记傅国平主持召开。会议审议《中共湘潭县第十一届委员会工作报告》（送审稿）；审议《中共湘潭县第十一届纪律检查委员会工作报告》（送审稿）；审定《中共湘潭县第十二届委员会和纪律检查委员会候选预备人选产生工作方案》；学习《关于认真学习贯彻徐守盛书记、杜家毫省长在安全生产约谈会上讲话精神的通知》（湘安办明电〔2016〕33号）和《关于换届期间安全生产工作落实情况的督查通报》（第6期）；听取全县近期安全生产工作情况汇报；听取全县非公有制经济组织和社会组织党建工作情况汇报；审定《湘潭县治理信访工作突出问题责任追究暂行办法》；听取2014年度、2015年度县域经济发展奖励审计情况汇报。

【2016年第十四次县委常委会议】 8月16日，由县委书记傅国平主持召开。会议研究县纪委换届人事安排。

【2016年第十五次县委常委会议】 8月18日，由县委书记傅国平主持召开。会议审定第十二届县委委员、候补委员、纪委委员候选人预备人选名单。

【2016年第十六次县委常委会议】 8月25日，由县委书记傅国平主持召开。会议研究干部人事工作。

【2016年第十七次县委常委会议】 8月27日，由县委书记傅国平主持召开。会议听取县第十二次党代会筹备工作情况及日程安排（草案）、列席事项说明、应邀上主席台人员建议名单；听取县十二次党代会有关机构设置和建议人员名单；汇报湘潭县出席市党代会代表候选人初步人选推荐情况；研究审定《中共湘潭县委落实中共第五巡视组对湖南省巡视“回头看”反馈意见整改责任分工方案》。

【2016年第十八次县委常委会议】 9月5日，由县委书记傅国平主持召开。会议研究县委常委分工；审定县级领导、县直机关联系乡镇、社区安排方案；听取《湘潭县重点工作百日攻坚行动实施方案》情况及重点工程、重点项目、精美莲乡行动责任领导调整情况的汇报；听取2014年、2015年度县域经济发展奖励审计情况汇报；审定县经济发展奖励表彰暨百日攻坚动员大会方案；审定2016年绩效考核办法，召开绩效考核总结讲评暨作风建设推进大会的方案；审议全县重大项目开工仪式、签约仪式方案；听取县人大、政协换届工作方案汇报。

【2016年第十九次县委常委会议】 9月12日，由县委书记傅国平主持召开。会议听取县全面建成小康社会推进工作情况汇报，审定《关于调整湘潭县全面建成小康社会推进工作领导小组及其办公室组成人员的通知》《关于对〈小康严格计分办法〉进行补充规定的建议》《湘

潭县全面建成小康社会推进工作讲评会议方案》；审议《湘潭县治理信访工作突出问题责任追究暂行办法》《湘潭县办理信访事项工作办法》《县级领导挂牌接待群众来访工作办法》《湘潭县信访积案化解工作办法》《湘潭县开展信访积案化解“百日攻坚”行动的实施方案》；学习传达贯彻关于全国、全省、全市党校工作会议精神；听取县文联工作及第七次文代会筹备工作报告；讨论关于给予县国土局正科级退休干部左本义开除党籍处分的决定。

【2016 年第二十次县委常委会议】
9 月 20 日，由县委书记傅国平主持召开。会议审定《湘潭县党委（党组）意识形态工作责任制实施细则》；研究换届提名人选年龄界限。

【2016 年第二十一次县委常委会议】
9 月 30 日，由县委书记傅国平主持召开。会议学习传达市委书记曹炯芳在市党代会上的报告；审定县人大代表初步候选人建议名单；审定县人大常委会组成人员方案。

【2016 年第二十二次县委常委会议】
10 月 10 日，由县委书记傅国平主持召开。会议审议关于成立纪念彭德怀同志诞辰 120 周年活动筹备委员会；审议《中共湘潭县委常委会议事规则》和《中共湘潭县委贯彻落实“三重一大”事项集体决策制度的实施办法》；书记、县长安全生产警示约谈会问题交办整改情况及省级安全生产示范县创建验收情况汇报；研究干部人事工作（待定）。

【2016 年第二十三次县委常委会议】
10 月 28 日，由县委书记傅国平主持召开。会议审议湘潭县出席湘潭市十五届人大会代表资源摸底名单。

【2016 年第二十四次县委常委会议】
11 月 4 日，由县委书记傅国平主持召开。会议传达市十二届政协委员推荐提名工作会议精神；听取关于全县乡镇机关事业单位、乡镇工作补贴实施情况的汇报；听取关于请求继续延长城镇职工基本医疗保险过渡性补贴情况汇报；听取关于巡察工作有关事项的汇报；听取关于组建县交通运输建设投资开发有限公司、县美丽乡村建设投资有限公司和县文化旅游建设投资有限公司情况的汇报；研究干部人事工作。

【2016 年第二十五次县委常委会议】
11 月 12 日，由县委书记傅国平主持召开。会议传达学习《中共中央纪委机关、中共中央组织部关于对湖北等十六省（区市）换届风气督查情况的通报》；传达学习市委书记曹炯芳在市县乡换届工作领导小组会议上的讲话精神；审定出席湘潭市第十五届人民代表大会代表初步建议人选名单。

【2016 年第二十六次县委常委会议】
11 月 19 日，由县委书记傅国平主持召开。会议传达学习湖南省第十一次党代会精神；听取“两会”工作报告及“两会”筹备工作汇报；听取关于公车改革的情况汇报；传达学习市委书记曹炯芳在市县乡换届工作部署会议上的讲话精神；研究干部人事工作。

【2016 年第二十七次县委常委会议】
12 月 7 日，由县委书记傅国平主持召开。会议审定《湘潭县 2017 年重点工程项目建设计划》；审定《关于开展 2016 年度落实党风廉政建设责任制检查考核的通知》；听取关于县城市容环境大整治工作情况的汇报；听取关于公务员职务与职级并行有关情况的汇报；研究干部人事工作。

【2016 年第二十八次县委常委会议】
12 月 21 日，县委书记傅国平主持召开。会议传达学习省厅级领导干部学习贯彻党的十八届六中全会精神第一期集中轮训班会议的精神；传达学习《关于冷水江市部分党员干部参赌涉赌案查处情况的通报》；听取关于滨江风光带景观工程增加施工工程量的情况汇报；听取全县编制情况汇报；研究干部人事工作。

【县委经济工作务虚会议】 1 月 7 日，县委经济工作务虚会议举行。会议由县委书记谢振华主持，傅国平、周艳希、唐正武、黄忠德、王惠芳、周俊文、谭何龙、唐剑恒、刘铁强、刘耀奇、张性宇、胡亚湘及县人民政府副县长，县人大、政协常务副职，天易示范区管委会领导班子成员，法、检两长，各乡镇党委书记、乡镇长，有关职能部门负责人，天易示范区管委会各部部长等参加会议。就下阶段的经济工作，县委副书记、县长傅国平强调九点意见。一是要凝心聚力谋发展。始终以经济建设为中心、始终以项目建设为抓手、始终以争资争项为动力、始终坚持严格考核为保障、始终坚持良好氛围为基础。二是要敢于负债搞建设。城市建设是一个重要的经济工作、园区硬件是首要的竞争实力、城市品位是首要的区域形象、基础设施是首要的民生保障。三是要坚定不移抓园区。坚持一区多园、突出产业特色、主攻招商引资、整治园区环境、强化项目管理。四是要全力以赴推项目。做好重点必须突出、项目环境必须净化、项目征拆必须强势、项目审批必须高效、项目要素必须保障。五是要错位发展促产业。明确定位、集聚规模、延伸产业链条、促进合作、主动配套。六是要有的放矢引客商。围绕产业引客商、盯住老乡、筑巢引凤、敢于让利、抓住关键、全员参与。七是要扬长避短强乡镇。因地制宜、挖掘资源、狠抓项目、注重实效、加强支持。八是要多管齐下惠民生。要突出底线、打造精品、精准扶贫、实事办实。九是要务实担当转作风，敢于担当、务实创业、提高效率、宽容失败、有效监督。

【县委常委会“三严三实”专题民主生活会】 1 月 18 日，县委常委会“三严三实”专题民主生活会举行。湘潭市委书记、市人大常委会主任陈三新全程参加本次会议。县领导谢振华、傅国平、周艳希、唐正武、周贤、周俊文、谭何龙、唐剑恒、刘铁强、刘耀奇、张性宇、胡亚湘参加会议。县人大常委会主任黄忠德、县政协主席王惠芳列席会议。市纪委、市委组织部有关负责人到会指导。民主生活会上，县委书记谢振华代表县委常委班子作对照检查发言。随后，谢振华带头对自身存在的问题进行查摆和剖析，认真开展自我批评，虚心接受班子其他成员提出的批评意见。班子成员逐一进行对照检查，坦诚相见，开展相互批评。县委书记谢振华代表班子作表态发言。他表示，将始终做到五个坚持，即始终坚持理论学习增定力、始终坚持带头履责立规矩、始终坚持问题导向抓整改、始终坚持真抓实干促发展、始终坚持从严从实强班子。

【县委经济工作会议】 1月25日，县委经济工作会议举行。县领导谢振华、傅国平、周艳希、唐正武、周贤、周俊文、谭何龙、唐剑恒、刘铁强、刘耀奇、胡亚湘，县委委员，候补委员，全体在职副县级以上干部，各乡镇党委书记和乡镇长，县委各部委主持日常工作负责人，县直机关各单位（含垂直管理单位）党政主要负责人，县人大、县政协委室主要负责人，纪委常委，天易示范区管委会主任助理及各部部长，县委巡查组正副组长，县内规模以上企业代表等参加会议。

【湘潭县第十五届人民代表大会第四次会议】 2月25日，湘潭县第十五届人民代表大会第四次会议在县委党校大礼堂召开。大会由主席团常务主席、执行主席、县人大常委会主任黄忠德主持。大会执行主席谢振华、黄忠德、傅国平、周艳希、唐正武、周贤、胡亚湘、韩炎、欧建美、何晓春、赵国政、曾耀辉、冯德君、周迪泉在主席台前排就座。在主席台就座的还有大会主席团其他成员和县领导：王惠芳、周俊文、谭何龙、唐剑恒、刘铁强、刘耀奇、张性宇、韩德平、尹明忠、赵新良、黄铁华、陈卫兵、谭捍卫、韩伟、唐仁光、宋小玲、王泽端、李西文、成极中、刘绵晖、刘新玉、曾力真、杨欣荣、胡庚、罗义彬、荣虎成、唐争耀、蒋中军、袁钢赤、曹海平、李日方、曾正新、韩云以及曾经担任县人大常委会主任的老领导颜力。出席大会并应邀在主席台就座的还有县人大代表、湘潭矿业集团有限公司原总经理陈久良。会议书面听取县国民经济和社会发展第十三个五年规划纲要；县发展和改革局局长易继辉作计划工作报告；县财政局局长胡自庚作财政工作报告；县政府办关于人大代表建议、批评和意见办理情况的汇报。

【全面建成小康社会工作推进会议】 3月14日，全面建成小康社会工作推进会举行。县领导谢振华、周艳希、谭何龙、刘铁强、黄铁华、陈卫兵、刘新玉等参加会议。会上，县委常委、县委办主任、县小康办主任谭何龙就全县全面建成小康社会相关工作作情况汇报。在小康体系五大类23项34个具体指标中，26个指标现实基础和发展势头较好，部分短板指标有不同幅度提升，18个具体指标已提前实现2017年小康目标，总体来说，小康建设呈现协调运行、稳步推进的喜人态势，但仍有16个具体指标实现程度未达100%。会议对16项2015年未100%实现的指标任务进行责任分解。就下阶段工作的开展，县委书记谢振华强调三点意见：一是既要肯定成绩，更要看到差距，在坚定信心中加快推进全面建成小康工作。要充分肯定前段成绩；清醒看到短板；进一步明确任务；二是以全面建成小康社会工作为总揽，贯彻落实“五大”发展理念，坚决打赢全面建成小康社会的攻坚战。要转变发展方式，坚定不移；深化改革，以点带面；分类对接，虚实结合。三是加强领导，统筹谋划，真抓实干，确保实现全面建成小康社会的预期目标。要明确责任，强化担当；强化考核，奖先鞭后；加强宣传，凝心聚力。谢振华强调，凡是某一项工作影响全县全面建成小康社会实现的，这个单项指标承担单位的“一把手”取消评先资格。同时，要提高老百姓对全面建成小康社会的知晓率、认同度以及干部群众全面建成小康社会的参与度。

【纪念中国共产党成立95周年暨“七一”表彰大会】 6月30日，全县召开纪念中国共产党成立95周年暨“七一”表彰大会，县领导谢振华、周艳希、黄忠德、王惠芳、周贤、周俊文、谭何龙、唐剑恒、刘铁强、刘耀奇、张性宇、胡亚湘等全体在家在职县级领导参加会议。会上，县委常委、常务副县长周俊文宣读《关于表彰优秀共产党员、优秀党务工作者、先进基层党组织的决定》，县委常委、组织部部长、统战部部长周贤就过去一年来全县党建工作及年内“两学一做”学习教育开展情况进行总结讲评。县委书记谢振华向受到表彰的先进基层党组织和个人表示热烈的祝贺，并向全县广大党员致以节日的问候。他强调，全县各级党组织和广大党员干部要以党的95华诞为起点，继承党的优良传统，始终坚持崇高的理想信念，始终保持共产党人的政治本色，全面开创湘潭县“创一流、进百强”的崭新篇章。谢振华要求，要始终彰显与时俱进、锐意开拓的创新精神，在大力解放思想中助推科学跨越；要始终发挥勇挑重担、攻坚克难的表率作用，在带头真抓实干中破解发展瓶颈；要始终永葆心系群众、真情为民的民本情怀，在密切联系群众中谋求民生福祉；要始终保持激情焕发、斗志昂扬的精神风貌，在切实转变作风中塑造良好形象，以饱满的政治热情、良好的精神状态和主动的工作态度，积极投身县域崛起跨越征程，以优异的成绩迎接湘潭县第十二次党代会的胜利召开。

【领导干部大会】 7月27日，湘潭县召开领导干部大会，宣布省委、湘潭市委对湘潭县党政正职的调整决定：傅国平任中共湘潭县委书记，不再提名为湘潭县人民政府县长候选人；免去谢振华中共湘潭县委书记职务，另有任用；段伟长提名为湘潭县人民政府县长候选人，不再提名为韶山市人民政府市长候选人。经市委研究同意，谢振华同志免去湘潭天易示范区党工委书记职务；傅国平任湘潭天易示范区党工委书记，免去其湘潭天易示范区管委会主任职务；段伟长任湘潭县委副书记，湘潭天易示范区党工委委员、管委会主任，免去其韶山市市委副书记职务。湘潭市委副书记严华主持会议，湘潭市委常委、组织部部长、统战部部长廖桂生宣读干部任免决定并介绍相关同志简历。县委全会全体委员、在职的副县级以上干部、乡镇党政正职、县直机关主要负责人参加会议。

【湘潭县经济工作表彰奖励暨重点工作“百日攻坚”动员大会】 9月6日，湘潭县经济工作表彰奖励暨重点工作“百日攻坚”动员大会举行。县领导傅国平、段伟长、周艳希、黄忠德、王惠芳、周贤、刘耀奇、胡亚湘、李豪雄、陈卫兵、谭捍卫、唐剑恒、刘铁强在主席台就坐。全体在职副县级以上干部，各乡镇党政主要负责人，县委各部委主持日常工作负责人，县直机关各单位(含垂直管理单位)主要负责人，天易示范区管委会主任助理、各部部长、三促办主任，县政府督查室、县政府金融办、经研室负责人，县内各金融机构负责人，受表彰先进单位负责人，重点工程项目建设业主单位代表参加会议。会上，县委常委、副县长候选人周贤作经济工作表彰奖励暨重点工作“百日攻坚”动员报告；县委副书记周艳希宣读《湘潭县人民政府关于2014年度和2015年度经济工作考核结果的通报》。就如何开展重点工作“百日攻坚”，傅国平提出六点意见：一是必须坚持以经济建设为中心；二是必须坚持以全年目标为总揽；三是必须坚持以重点项目建设为抓手；四是必须坚持以作风转变为前提；五是必须坚持以服务企业为重点；六是必须坚持以压实责任为保障。他强调，全县上下要引起高度重视，认真落实会议精神，确保全年的工作目标圆满完成。

【乡镇党委书记会议】 9月29日晚，乡镇党委书记会议召开，县委书记傅国平主持会议并就下阶段精准扶贫和换届工作作安排部署。县领导段伟长、周艳希、黄忠德、周贤、刘耀奇、胡亚湘、陈卫兵、谭捍卫、唐剑恒、陈义、贺玉良，各乡镇、精准脱贫行动“五大工程”和“五大活动”县直牵头单位负责人参加会议。就精准扶贫工作，傅国平指出，扶贫责任必须精确到人，要做到事事有人抓、户户有人管；扶贫措施必须精准到户，要逐一明确、逐一落实；扶贫工作必须精细到点，要严格按照考核要求逐一梳理；扶贫效果必须全面达标，年内，28个省定贫困村必须全面“摘帽”。就换届工作，傅国平强调，各乡镇要严肃重申换届纪律；要严格遵守规定程序，每个程序都不能省，每个要求都不能省；要严密组织投票选举，严把代表结构关，不能有一点闪失；要严谨制定工作预案，对换届工作中可能出现的问题要心中有数；要严厉查处干扰行为，对干扰换届选举的行为要做到早发现、早制止、早处置。

【湘潭天易示范区重点工作会议】 10月17日，湘潭天易示范区重点工作会议在天易示范区管委会8401会议室召开。会议由县委书记、湘潭天易示范区党工委书记傅国平主持。县委副书记、县人民政府代县长、天易示范区管委会主任段伟长，县委常委、县委办主任谭捍卫，县人民政府副县长、县政协主席提名候选人、天易示范区管委会主持日常工作负责人刘铁强，县政府党组成员、县政府副县长提名候选人荣虎成，天易示范区全体党工委委员，县政府办、县国土资源局、县城乡规划局、县委督查室、天易示范区管委会综合管理部、经济发展部、财政投融资部、规划建设部、资源管理部、县建设投资有限公司等单位负责人参加会议。

重要调研

【陈燕楠到湘潭县调研党性教育基地网上展馆工作】 2月1日，中组部党员教育中心主任陈燕楠，由省委组织部副部长蔡建和及市县领导严华、廖桂生、谢振华、周贤陪同，到湘潭县调研党性教育基地网上展馆工作。陈燕楠一行实地走访湘潭县县委党校，专题听取湘潭县新型党性教育工作开展情况的汇报。他强调，湘潭县有着丰富的红色文化资源，拥有良好的党性教育基础，要继续进行深入挖掘，把党性教育基地的特色做得更足更深；要积极争创全国党员教育示范基地，努力尝试打通市、县两级党校通道，整合优质资源，进一步提升党校的党性教育水平。

【欧阳斌到湘潭县调研湖湘文化】 4月26日，省政协副主席欧阳斌，由市县领导周韶光、曾虹燕、李光泉、王惠芳、陈卫兵陪同，到湘潭县调研隐山景区的开发保护和湖湘文化的发展。欧阳斌一行实地走访隐山胡安国父子墓和周小舟故居，充分肯定湘潭县对开发保护隐山和弘扬湖湘文化所做的工作。他强调，要打好文化牌，注重湖湘文化精神的发扬；打好生态牌，保护好周边的生态环境；做好开放式的新农村建设，不断优化提升旅游配套服务，以全域旅游带动经济社会协调发展。

【杨晓东到湘潭县指导救灾工作】 6月17日，民政部救灾司副司长杨晓东，由市县领导严华、杨真平、谢振华、傅国平、谭捍卫陪同，到湘潭县调研指导救灾工作。杨晓东一行实地走访湘潭县受灾严重的锦石乡、射埠镇等地，查看受灾情况和灾害应急救助的开展情况。杨晓东肯定湘潭县的救灾工作。他强调，要在应急期结束后，做好核灾报灾工作；要做好防灾减灾措施，尤其是山塘水库的防汛工作；要不等不靠，积极组织群众开展生产自救；要积极组织灾后恢复重建工作，及时将资金拨付给困难群众；要注重防灾减灾宣传，增强群众的防灾意识。

县委办公室工作

【概况】 中共湘潭县委办公室是县委的工作机构，内设五个组室，分别是秘书组、综合组、行政组、政工组、法规室；归口管理机构六个，分别是县委政策研究室、县委督查室、县委县政府接待工作办公室、县委机要局（县保密局）、县委全面深化改革领导小组办公室（改革办）、县电子政务管理中心（县人民政府信息中心）。

2016年，县委办公室深入贯彻党的十八大和十八届三中、四中、五中、六中全会精神及习近平总书记系列重要讲话精神，以创市级文明单位为目标，紧扣“两学一做”学习教育实践活动、全面建成小康社会、全面深化改革等县委中心工作，积极开展“四讲四有”“五比五做”主题活动，着力打造县委的

"核心智库、坚强前哨、巩固后院"，推动全县办公室工作水平稳步提升，更好的助推县域经济社会又好又快发展。

【政策研究】 围绕县第十二次党代会的召开，中共湘潭县委办公室陪同县委领导对全县17个乡镇和20多个县直单位进行调研走访，为精准谋划和定位未来五年的发展战略奠定坚实基础。同时，以县域特色产业发展、精准扶贫攻坚、文化资源开发、行政村合并、公车制度改革、医疗卫生体制改革为重点，组织开展或陪同主要领导进行调研活动10余次，形成一批调研成果。其中《湘潭县特色产业发展研究报告》入编省政府发展研究中心主编的《湖南县域经济社会发展报告》；《关于湘潭县文化资源开发的调研与思考》荣获湖南省理论研讨会三等奖；《湘潭县探索医疗卫生体制改革的实践与思考》被《县域经济参考》采用，为县委领导决策提供参考依据。年内，共起草各类讲话和汇报材料300余篇，得到上级领导及县委主要领导的肯定。积极加强成果转化，全年在中央、省、市主流刊物上发表文章83篇，其中国家级14篇、省43篇、市26篇。做好内刊编印工作，刊印《县委通报》9期，及时传达县委主要领导讲话精神及决策部署；编印《莲乡之声》4期，强化县域经济社会发展成果交流；编印《小康简报》12期、《改革简报》8期，全面宣传推介全县小康改革工作的经验和做法。

【综合信息】 积极发挥党委信息主渠道作用，加强对全县办公室系统信息工作的业务指导、统筹调度和工作考评，推动信息工作的常态化制度化规范化。年内，共向省委、市委上报信息800余条，一大批精品信息被省、市采用，信息工作排名全省第五，稳居全市第一。规范紧急信息报送制度，统一报送口径，严格执行24小时值班。梳理分析不稳定因素和倾向性、苗头性问题，全年上报紧急信息110余条，编发《要情汇报》150余期，没有发生漏报、迟报、误报、瞒报等现象。及时处理县委书记信箱群众来信，全年共收到群众来信60余件，处置和答复率达100%，得到领导的好评和群众的认可。

【督查】 紧紧围绕中央和省市县(委)重大决策部署和主要领导批示交办事项的贯彻落实，坚持真督实查，树立督查权威，创新督查机制，积极服务全县经济社会发展大局。年内，组织和参与上级和本级党委政府督查活动52次，出动530余人次，编发《督查通报》11期，较好地推动各项决策部署的落地落实；受理上级和本级党委政府主要领导批示件78件，办结完成率100%，得到领导和群众的高度肯定，获评2016年度全省党委督查工作先进基层单位。

【办文办会】 认真贯彻落实《党政机关公文处理条例》《湖南省党政机关公文处理工作细则》，规范公文处理工作流程，提高处理时效，保证公文办理及时、安全、高效。充分利用电子政务内网收发处理公文，尽可能减少纸质公文数量。年内，共发文83件，同比减少15.3%，全部通过电子政务内网发送。严格执行上级党委关于党内规范性文件备案规定，全年备案文件10个。全年共接收涉密文件47批次，共103件，全部清理到位，实现"零泄密"。按照精简、高效、务实的原则，实行整合开会，切实减少会议数量。严格控制规模、科学设置议程、压缩会议时间。全年发出会议通知460余个，完成30多个重要会议活动的协调服务工作。坚持执行县"四大家"主要领导碰头会议、县委常委工作部门碰头会议，县"四办"主任联席(扩大)会议制度，实行"6+5"周工作协调联动机制，统筹协调安排县"五大家"、天易示范区和县委常委部门重要会议和重大活动，全年印发全县重要会议活动安排表49期，协调服务各类领导公务活动100余个。

【后勤接待】 围绕县委、县政府的中心工作，主动适应新常态，强化自身建设，提升服务效能，严格落实中央"八项规定"和"六个严禁"，高举文化牌，努力彰显地方特色，以规范节俭、优质高效的接待工作服务县域经济社会发展大局。年内，共接待来宾120批次2550余人次。其中，国家领导人1批次，省部级领导5批次，国家各部委、省、市厅级、副厅级领导89批次1230人次；省内外地市、县考察团、考核组15批次1210人次；其他接待7批次。

【机要保密】 大力开展保密法制宣传教育。全年在党校举办的青干班、科干班、新录用公务员初任培训班等上保密知识课10余堂，40余课时。不定期向全县干部职工开展保密宣传教育，要求各单位年内至少安排一堂以上保密宣传教育课，其中受邀为有关单位上保密知识课5次。严格保密工作日常管理。年初组织督促全县92家单位549名涉密人员签订保密承诺书，完善人防、物防、技防措施。加强信息公开保密审查工作，规范信息公开保密审查程序。加强不存档文件资料的缴销工作，全年收缴各类文件资料近5吨。切实加强保密工作督促检查。加强对全县重大活动、会议及国家级考试的保密监督和服务，协助教育部门和其他用人单位做好高考、高中学业水平考试、中考以及录用、招(竞)聘考试考点安全和试卷保密等工作，全年共参与有关保密监督10余次。上半年检查单位60余家；12月在全县组织开展一次保密执法检查；12月，对县城区内印刷复印企业进行专项保密检查。

【电子政务】 2016年，电子政务内网新增计生协会、机关事务服务中心、公共资源交易中心、红十字协会4个收文单位；新增5个林业站接入电子政务内网平台；新增电子公章1个；协助发改局接入发改电视电话会议系统；协助县档案局新办公楼机房建设；5月，全面完成电子政务外网线路升级改造工作，使电子政务外网到乡镇宽带达到100兆，到城区内各单位带宽达到1000兆；11月，利用旧服务器架设2台软件出口路由器，将县网、政府网的网站与办公网络隔离开来，减轻主路由设备的负担，缓解办公网络不畅的问题；全年上报软件故障20

次，解决电子公章和打印标识故障10次；更换党政内部工作专网和电子政务外网设备10台；5月和12月，对全县所有单位使用和管理情况进行督促检查。 （潘 娟）

纪检监察工作

【概况】 2016年，中共湘潭县纪委、湘潭县监察局贯彻落实上级纪委全会精神，坚持挺纪在前，从严监督执纪问责，推动党风廉政建设和反腐败工作取得新进展。

压紧压实“两个责任”。通过知责明责、守责担责、失责问责，推动全面从严治党责任落实。县委领导以身作则，带头开展谈话提醒，带队开展检查考核，牢牢把主体责任扛在肩上。督促各级党组织认真落实责任清单、责任报告、述责述廉等制度，持续不断传导压力。年初制定下发《2016年全县党风廉政建设和反腐败工作责任分解意见》，将任务分解到各部门和单位；推行两个责任“6+1”清单制度，明确“四大家”班子成员及县纪委的责任，为600余名科级领导干部量身定制责任清单；组织全县89个单位党委（党组）、纪委（纪检组）对“两个责任”签字背书，定期向县委、县纪委报告履责情况；要求单位党政正职在干部大会述责述廉。同时，按照“动员千遍，不如问责一次”要求，不断加大问责力度，全年共有9名党员领导干部被追究主体责任，7名纪委书记（纪检组长）被追究监督责任，释放“失责必问”的强烈信号。

始终保持高压态势。2016年，全县立案243件，结案254件（含往年遗留案件），处分254人，涉及科级干部45人，移送司法机关7人，立案数同比上升7%。出台加强纪检监察信访举报工作意见、乡镇纪检监察信访举报工作规程。全年受理信访举报220件次，处置线索175条。中央第五巡视组17件交办件均按时办结。全县业务范围内信访举报件同比下降25.1%；重复举报件同比下降47.2%；上级纪委转、交办信访举报件同比下降51.4%。突出纪在法前，严查十八大以来不收敛、不收手的违纪行为，严肃查处县职校原校长张立新、原副校长彭载鲲严重违纪案，以及乌石镇财政所原总会计唐永梁挪用新农合资金炒股案等一批典型案件。同时，紧盯发生在群众身边的腐败问题，深入开展“雁过拔毛”式腐败问题专项整治，围绕项目资金、集体三资、村级财务，开展问题“大清查”、线索“大起底”。年内，查处优亲厚友、盘剥克扣、虚报冒领、贪污挪用等“雁过拔毛”式腐败问题84起84人，移送司法机关5人，通报典型案例28起，挽回经济损失270余万元。运用监督执纪“四种形态”，注重抓早抓小，开展谈话函询85人次、诫勉谈话68人。维护党员干部合法权益，健全核实澄清制度，为80余名受到错告、诬告的党员干部澄清是非。

持续纠治“四风”陋习。把违反作风规定的行为列为执纪重点，发现一起、查处一起、点名道姓、通报曝光，构建作风建设“新常态”。牵头协调职能部门，坚持从元旦、端午、中秋一个个时间节点抓起，从公款吃喝、公款送礼、公款旅游、打牌赌博等一个个突出问题抓起，发现问题、露头就打，防止“四风”反弹。全年开展作风暗访22轮次，组织职能部门联动协查15轮次，立案查处“四风”问题73起73人，对中路铺卫生院违规组织公款旅游等30起典型案件通报曝光。集中开展“纠‘四风’、治陋习”专项整治。组织县委办、政府办对24家单位开展“违规公款吃喝和豪华装修食堂”专项督查，发现和处理问题线索10余条；督促县公安局对党员干部参赌涉赌、吸毒涉毒、酒驾醉驾、公车私用进行专项清查，发现和处理问题线索20余条；督促县财政局对部分单位进行“违规发放津补贴、违规收送礼品礼金”专项检查，全面清查协调指挥机构津补贴发放，收缴违规发放津补贴24.5万元。完善作风建设规定，建立健全“四风”问题线索移送、部门联动督查等工作机制，通过县手机报“莲乡廉韵”板块，县纪检监察网“四风问题监督举报”专区，不断重申作风纪律，公开曝光典型问题，推进作风建设长效化、制度化。

坚持突出监督重点。加强权力运行监督。督促各部门和单位实行痕迹化管理，重点加强领导干部用权监督，严格监督落实“三重一大”▲“三不一末”▲制度、领导干部报告个人有关事项制度。督促职能部门优化权力配置，规范权力运行程序，加强廉洁风险防控机制建设，严查在行政审批、财政资金管理、项目招标投标、土地出让转让等重点领域和关键环节的腐败问题。继续推动党务、政务、村务、司法公开和各领域办事公开。加强换届风气监督。严格落实“四必看”“四必谈”“九个严禁”“九个一律”，组织党员干部集中观看《警钟》《镜鉴》。严把“党风廉政意见回复”关，对乡镇党委委员考察人选、县人大代表候选人、政协委员推荐人选共1500余人审核把关，对11名人选提出否决建议；派出21个督导组，全程监督换届风气；建立“四位一体”举报平台、快查快处机制，从严从快查处换届期间违纪问题，确保换届平稳有序。加强基层巡察监督。健全县委巡察机构，出台《中共湘潭县委巡察工作办法（试行）》，围绕“四个着力”，紧扣“六大纪律”，突出政治巡察。全年开展3轮集中巡察，对10个单位党委（党组）进行全面的“政治体检”，上报问题线索12条，立案4起14人，收缴、退赔违纪违规资金300余万元。

▲“三重一大”：是指重大决策、重要干部任免、重大项目安排和大额度资金使用。

▲“三不一末”：是指“一把手”不直接分管人事、财务、工程及采购，集体决策时末位表态。

切实加强自身建设。坚持把加强队伍建设作为一项重要的基础工作，努力打造忠诚干净担当的纪检干部队伍。以换届为契机，完成县纪委领导班子换届，班子成员在年龄层次、性别比例、学历结构等方面进一步优化；将11名优秀干部选拔到乡镇纪委书记岗位，乡镇均配备专职纪委副书记、纪检干事和7名纪委委员。通过开展“两学一做”学习教育、举办业务培训班等活动，培训纪检监察干部500余人次。深化体制改革，推行副书记负责制，减小管理幅度，提高管理精度和效率；将乡镇划分为4个片区、县直单位划分为8个联组，推行月工作例会制，季度集中讲评制，交叉执纪检查制；组织片区、联组加强横向协作，对重大专项监督检查事项、作风建设检查、重要节点督查，开展本区本组交叉检查或跨区、跨组交叉检查，形成纪检监察系统统筹协调、区组联动的工作新格局。按照“信任不能代替监督”要求，严格内部管理，重点规范执纪行为，制作工作流程图，规范涉案款物管理权、信访处置权、执纪审查权、定性量纪权的使用；加强日常检查，开展办信办案安全检查，要求乡镇设立谈话室，安装监控系统，对审查谈话实行全程监督，为办信办案安全和执纪审查提供保障；强化自身监督，对11名有苗头性、倾向性问题的纪检监察干部进行提醒，对3名违纪的纪检监察干部从严查处，严防“灯下黑”。

【中共湘潭县第十二届纪委第二次全体会议】 1月24日，中国共产党湘潭县第十二届纪律检查委员会第二次全体会议在县委党校六楼会议室召开。县委书记傅国平强调，要深刻领会中央、省、市关于全面从严治党的新理念新思想新战略，坚定不移推进党风廉政建设和反腐败工作。县委副书记、县长段伟长主持会议，县领导周艳希、唐剑恒、刘铁强、王成林、周贤、谭何龙、刘耀奇、李豪雄、陈卫兵、谭捍卫、尹明忠等出席，县委常委、县纪委书记胡亚湘作工作报告。傅国平指出，1月初召开的中纪委七次全会上，习近平总书记站在实现党的历史使命的战略全局高度，全面总结党的十八大以来管党治党的实践成效和宝贵经验，提出当前和今后一个时期党风廉政建设和反腐败斗争、推动全面从严治党向纵深发展的总体要求和主要任务。学习领会总书记的重要讲话，要把握好。“反腐败斗争压倒性态势已经形成，不敢腐的目标初步实现，不能腐的制度日益完善，不想腐的堤坝正在构筑，党内政治生活呈现新的气象”这个重大判断、“力度不减，节奏不变，深入推进全面从严治党”这个坚定态度、“依靠文化自信坚定理想信念”这个新的要求。不久前，省纪委、市纪委全会相继召开，分别对当前全省、全市从严治党、正风肃纪、反腐倡廉等工作做出重要部署。要把学习贯彻中央、省、市纪委全会精神特别是习近平总书记重要讲话精神，作为当前一项重要政治任务，切实把握党中央推进全面从严治党向纵深发展的新思想新战略新要求，学深悟透，入脑入心，切实增强贯彻执行的自觉性和坚定性。傅国平强调，全面从严治党只有进行时。既要看到过去一年全县各级党委、纪委推动全面从严治党和党风廉政建设取得的显著成绩，但也决不能沾沾自喜，必须始终保持清醒的头脑，充分认识到一些顽瘴痼疾还没有得到根治，一些深层次问题才刚刚破题，新情况新问题还不断出现。要严字当头、步步深入、善作善成，不断开拓全面从严治党新境界。傅国平指出，2017年是党的十九大召开之年，也是贯彻落实省、市、县党代会精神的开局之年。抓好2017年党风廉政建设和反腐败工作，必须做到“六个坚决”。要坚决把纪律规矩挺在前面，树牢“四个意识”，把握“四种形态”，用好巡察“利剑”；要坚决把从严治党落到实处，严格落实《准则》《条例》，压紧压实“两个责任”，切实做到失责必问；要坚决把惩腐拳头握紧握牢，惩防并举，保持高压态势，严治“雁过拔毛”式腐败问题；要坚决把作风建设一抓到底，“管”“带”“干”相结合，抓出好作风；要坚决为干事创业保驾护航，建立容错纠错的制度体系，维护风清气正的发展环境，树立敢于担当的浩然正气；要坚决以铁的意志打造“铁军”，持续深化“三转”，加强队伍建设，严格监督管理，以优异成绩迎接党的十九大胜利召开。胡亚湘代表县纪委常委会向会议作题为《对标看齐 不断加力 推动全面从严治党向纵深发展》的工作报告。报告从七个方面总结过去一年的工作，并对2017年工作任务作出安排部署。报告指出，要加强监督检查，严肃党内生活；抓住关键少数，强化党内监督；坚持挺纪在前，加强纪律建设；保持恒心韧劲，纠治“四风”陋习；保持高压态势，重拳惩治腐败；以强化督导问责，压紧压实责任；坚持刀刃向内，加强队伍建设，打造一支监督执纪“铁军”。县委副书记、县长段伟长要求，全县上下要把学习传达、贯彻落实县纪委二次全会精神作为当前一项重要的政治任务，贯穿于本地区、本部门、本单位工作全过程，坚定不移推进全面从严治党，以全面从严治党的新成效保障和推动各项工作开展。要认真谋划贯彻落实的具体措施，明确目标任务，细化任务举措，强化责任分工，加强问题整改，确保中央、省、市、县委部署不折不扣落实到位。党委（党组）要主动担负起全面从严治党的主体责任，加强工作研究和组织领导，支持纪委（纪检机构）履行监督责任；全县纪检监察机关要进一步找准职责定位，强化监督执纪问责，当好党纪党规的坚定执行者和忠诚捍卫者，当好忠诚、干净、担当的表率，共同推动全面从严治党向纵深发展，营造风清气正的政治生态。

【推行县直机关纪检组（纪委）联组管理机制】 7月，县纪委正式印发《关于对县直机关单位纪检监察工作实行联组管理的工作方案》，按照分线归口整合的原则，将全县72个县直单位（含5个党组织关系在本县的垂直管理单位）纪检监察组织划分为8个联组。各联组设组长1名、副组长1名，其人选由县纪委指定该联组内的纪检组长（纪委书记）担任，负责本联组日常工作联络、情况上报、资料归集，召集联组成员单位召开工作例会，传达上级纪委决策部署等工作。县纪委明确以纪委副书记、监察局局长主管，常委（副局长）分管的方式，加强对联组工作的指导和督促，推动工作规范开展。联组机制建立后，通过联组内部和联组之间的定期交流研讨，搭建一个纪检干部集中学、交流学、实践学的新平台，提升基层纪检干部的能力和水平。通过采取交叉检查、联合办案、提醒约谈等方式，不断强化监督执纪问责，形成“聚拢五指攥成拳、突出主责抓主业”的良好格局。机制建立以来，8个联组开展交叉检查3轮次，共发现问题13个，向党委交办反馈问题13个，处理警示干部13人次；开展联合办案5件次，立案8人，结案8人，办案质量得到显著提高。

【开展“学党章党规、学系列讲话，做合格党员”学习教育】 5月，县纪委监察局机关开展“学党章党规、学系列讲话，做合格党员”学习教育，要求全体机关干部把党的思想建设放在首位，以尊崇党章、遵守党规为基本要求，以用习近平总书记系列重要讲话精神武装全党为根本任务，教育引导党员自觉按照党员标准规范言行，进一步坚定理想信念；进一步增强政治意识；进一步严守政治纪律政治规矩；进一步强化宗旨观念；进一步提升党员意识，增强党员的责任感、使命感和荣誉感，把“三会一课”等党内政治生活制度更加完善起来，把党组织对党员的联系、服务、管理更加严格起来，把党员先锋模范作用更加体现出来。县纪委监察局开展戴党徽亮身份，送党章随时学活动，不断强化机关党员对自己身份和职责的认知；开展评选表彰活动。在2016年建党95周年纪念活动中，评选表彰10名优秀党员、3名党员示范岗，发挥先进典型的示范带动作用；开展“精准扶贫”工作。县委常委、纪委书记胡亚湘先后两次到石鼓镇安乐村召开“精准扶贫”现场办公会，听取汇报，查看现场，解决问题，协调解决扶贫资金180余万元，督促产业扶贫、金融扶贫、教育扶贫等各项措施落实到位；开展“干群一家亲，党群心连心”结对帮扶活动，组织党员利用群众工作日到联系点石鼓镇明道村走访，协调解决基建资金10万元，机关干部“一对一”帮扶45户贫困户，捐助资金2万余元。纪委周意为明道村全体党员讲授专题党课《如何做一名新形势下合格的农村党员》，不断加强农村党员党性教育；开展“双联共建”工作，先后2次组织后盾单位负责人到凤形山社区召开联点共建会议，了解社区发展情况，走访普通群众，对有关工作进行安排和协调。支持社区工作经费3万元，慰问52户困难户2.5万余元。

【开展“晒家规家训·讲家风故事”征集活动】 6月，湘潭县纪委在全县范围内开展“晒家规家训·讲家风故事”征集活动。全县各乡镇、各部门广泛宣传发动，广大党员干部群众积极参与、踊跃投稿，精心整理家族向善向上、便于传诵的家规家训，努力挖掘身边充满温度、感人肺腑的家风故事。活动共征集家规家训和家风故事作品70余篇，经过层层筛选和专家组的评审，花石镇日华中学周艳的《美好正当时》、县六中冯青满的《那眼角淌下的泪水》等15篇作品分别获一、二、三等奖和优秀奖。开展“晒家规家训·讲家风故事”征集活动，是贯彻习近平总书记关于家庭建设、家风建设重要讲话精神的有效举措，是全县党员干部深入开展“两学一做”学习教育的具体行动，其收集、整理的过程也是一次心灵洗礼。对评选出来的优秀家训家规、家风故事，全县将通过网站、电视、微信等多种渠道进行集中宣传推介，将清正廉洁、积极向上、奉献担当的良好家风融入到干部群众的日常工作和家庭生活中，以良好家风带动党风政风、社风民风不断好转。

【开展“学习贯彻市、县党代会精神，纪检干部怎么做”大讨论活动】 10月，全县纪检监察系统深入开展“学习贯彻市、县党代会精神，纪检干部怎么做”的专题大讨论活动。深入学习党代会上市委和市纪委、县委和县纪委的报告全文，准确把握市、县经济社会发展和党风廉政建设新局面和新要求。围绕市委提出的建设“伟人故里，大美湘潭”和县委提出的坚定不移挺进“全国百强县”，毫不动摇创建“全国文明城市”的奋斗目标，根据市、县纪委工作报告主要精神和决策部署，从严监督执纪问责，持之以恒改进作风，坚定不移惩治腐败，不断规范党员干部从政行为，不断转变党风政风和社风民风，不断增强人民群众对反腐倡廉建设的获得感，为市、县党代会提出的奋斗目标顺利实现提供坚强的纪律保障。全县372名纪检监察干部通过参加学习报告、座谈讨论、撰写心得、交流互动等四个环节的活动，进一步将思想和行动统一到党代会精神上来，强化干部政治定力和“四种意识”，提升纪检监察干部对市、县经济社会发展和反腐倡廉工作大局的把握，增强做好纪检监察工作的责任感、紧迫感和使命感，为严格落实全面从严治党各项举措，扎实推进党风廉政建设和反腐败工作，推进全县经济社会健康发展提供坚强的政治保障和纪律保障。

【胡卫兵到湘潭县调研】 11月1日，市委常委、纪委书记胡卫兵一行到湘潭县调研联系点扶贫工作、廉政文化教育基地建设、基层纪检监察工作，听取湘潭县纪检监察工作汇报。市科技局党组书记刘光明，县委书记傅国平，县委常委、县纪委书记胡亚湘，县委宣传部部长李豪雄陪同参加调研。胡卫兵一行首先到扶贫联系点——茶恩寺镇双花村，深入田间地头，现场查看该村扶贫工作开展以来取得的实际成效。先后到已经整修一新的双花村银河水库、正在进行道路拓宽硬化的路段进行实地查看；到该村乌鸡养殖合作社与“80”后的年轻负责人进行亲切而热烈的交谈；到该村产业脱贫的2户扶贫对象家中面对面的交流养蜂、养羊方面的技术、经验和困难。在走访中，一行人还到该村受“6·15”水灾影响被冲垮的主干道塌方处进行现场查看。胡卫兵强调，双花村作为省定贫困村，在落实上级各项惠农政策和使用扶贫资金时，一定要严格按照规章制度办事，充分调动群众积极性，做到扶真贫、真扶贫，让群众切实看到效益，获得实惠，提高造血能力；后盾单位一定要发挥好指导、联系、协调作用，为该村精准扶贫工作提供更多的推动力，确保2016年年底该村脱贫摘帽。当他听到该村竹木资源丰富，但竹木资源下山难，下山道路不通畅，林道建设滞后，运竹木一般只能靠人工搬运时，他表示，村镇县市各级要加大对林业项目的争取和落实，力争早日解决这个问题，让交通问题不再成为制约该镇竹木资源流通的瓶颈。随后，胡卫兵一行参观湘潭县廉政文化教育基地，听取讲解员的详细介绍。站在“警钟长鸣”展区前，胡卫兵对随行的工作人员表示，仿铜雕的古钟，配合悠长的钟声和让人深省的警示视频，告诫我们每一位党员领导干部，一定要坚持廉洁自律，始终做到慎始、慎独、慎微、慎权、慎欲。胡卫兵对湘潭县党员干部廉政文化教育基地的建设情况予以充分肯定，并要求相关职能部门充分发挥教育基地的重要作用，进一步促进反腐倡廉教育的经常化、制度化和规范化建设。要通过警示教育使党员干部进一步认清腐败的危害，正确看待和行使党和人民赋予的权力，做到居安思危、警钟长鸣、不断提高拒腐防变能力。胡卫兵一行还听取县委常委、县纪委书记胡亚湘关于全县纪检监察工作的汇报。县委书记傅国平就县委如何履行主体责任作简要发言，县纪委全体班子成员参加会议。胡卫兵在听取汇报后，对湘潭县纪检监察部门的各项工作予以高度评价，同时也对下一步湘潭县纪检监察工作的开展强调6个方面的要求：一是要圆满完成人大、政协的换届选举，营造风清气正的换届环境；二是要强化“三种意识”，打好“雁过拔毛”式腐败问题专项整治的攻坚战，从严查处典型案例；三是要打好纠治四风陋习的持久战，着力推动作风建设向纵深发展；四是要用好巡察利器，针对隐形腐败，主动出击，形成震慑；五是要加强干部队伍自身建设，勇于担当、敢于碰硬，着力打造公正廉洁、纪律严明、作风优良、坚强有力的纪检监察队伍；六是要充分运用科技、新媒体来推进和创新工作，不断推进反腐倡廉建设。

【傅国平调研县纪检监察工作】　10月13日，县委书记傅国平到县纪委调研纪检监察工作，县领导刘耀奇、胡亚湘，县纪委监察局班子成员、县委巡察一、二、三组组长参加会议。会上，县委常委、纪委书记胡亚湘就2016年以来的纪检监察工作作汇报，县纪委副书记、监察局局长提名人选朱良红就巡察工作进行汇报，与会人员就相关工作提出意见建议。2016年，全县强化换届风气监督，深入开展“纠四风、治陋习”和“雁过拔毛”式腐败专项整治，压紧压实“两个责任”，加强纪检监察队伍建设，全县纪检监察工作稳步有序开展。年内，立案153件153人，纪律处分116人，其中轻处分98人，重处分18人，移送司法机关5人。开展作风检查22轮次，组织职能部门开展联动协查15轮次，查处“四风”问题40起53人，通报典型案例13起，有效整治公款吃喝、公款送礼、违规发放津补贴等一系列深层次作风问题。下阶段，县纪委将重点贯彻落实省、市、县党代会精神，强化换届监督，深化作风建设，加大纪律审查力度，突出抓早抓小，加大再监督再检查力度。“两个责任有效压实，作风建设成效明显，案件查办形成震慑，巡察监督有序有力，执纪问责形成常态，队伍形象受到公认。”听取汇报后，傅国平对全县纪检监察工作给予肯定。就今后工作，他要求，要将纪律红线盯紧看牢，对作风建设常抓不懈，对腐败现象惩防并举，为干事创业保驾护航，为改革发展鸣锣开道，将巡察监督形成震慑，队伍建设从严自律。傅国平还就县纪委机构编制、干部流动、巡察工作等问题进行探讨，对当前的换届纪律监督、确保县委政府决策的执行等问题进行安排部署。

【全程监督“两会”会风会纪】　11月，湘潭县“两会”如期换届。县纪委监察局设立“两会”会风会纪监督组、换届风气专项巡察组，对代表、委员的报到、着装、佩挂证件、入场时间、会议签到、食宿等进行全程监督。除此之外，市委也成立换届风气巡察督导组派驻湘潭县。县委会风会纪监督组向县人代会10个代表团和县政协会11个联组讨论组分别派驻2名会风会纪监督员，对“两会”进行全程监督。大会主会场、代表委员驻地也设置举报箱，公示举报电话和举报短信平台。将中央纪委、中央组织部下发的关于加强换届风气监督的“九个严禁、九个一律”纪律要求、大会期间会风会纪有关规定印发在《大会服务指南》首页突显位置。同时，向每一位代表、委员发放《严肃换届纪律公开承诺书》，要求代表、委员签订“承诺书”。在培训会上,还组织全体代表、委员集中学习换届纪律相关规定和要求，并观看换届选举警示教育片《镜鉴》《警钟》。建立“四位一体”举报平台和快查快处机制，严肃查处3名人大代表违反大会纪律外出就餐等问题。本次“两会”的纪律监督堪称史上最严，相比往年纪律更严、要求更高、监督更全、措施更细，目的就是为严肃会风会纪，确保会议风清气正，这些举措也得到代表、委员的支持。

【组织开展“两个专项”整治年终考核】　12月，县纪委领导班子成员带队，按照第一至第四纪检监察室对口联系片划分为4个考核小组，各考核组按照《关于对“雁过拔毛”式腐败问题和“纠‘四风’、治陋习”专项整治进行年度考核的工作方案》的有关要求，采取听取汇报、查阅资料、反馈意见等方式，对全县17个乡镇和县“两个专项”整治协调领导小组27个成员单位的“雁过拔毛”式腐败问题和“纠‘四风’、治陋习”专项整治工作安排情况、工作推进情况、特色亮点工作等进行考核检查，并依据考核标准评分。谭家山镇、花石镇、白石镇和公安局、卫计局、审计局分别在乡镇和县直单位“纠‘四风’、治陋习”专项整治年度考核中排名前三，花石镇、茶恩寺镇、射埠镇和国土资源局、教育局、卫计局分别在乡镇和县直单位“雁过拔毛”式腐败问题专项整治年度考核中排名前三。此次考核的结果纳入全县党风廉政责任制考核的重要内容，并作为对有关单位和个人进行问责处理的重要依据。　（王　硕）

组织工作

【概况】　2016年，中国共产党湘潭县地方组织1512个。其中，党委38个，工委4个，党总支132个，支部1342个。党员39187名，其中女党员7683名，农村党员30055名。全年发展党员367名，其中女党员131名。

“两学一做”学习教育。创新党课形式，推行书记带头讲、专家辅导讲、党员主动讲的方式，组织县级领导下基层讲党课65人次、专家学者和领导干部送党课下基层350余次、基层党组织书记带头讲党课3500余次。开展“岗位做贡献、合格见行动”主题实践活动，教育引导党员亮出党员身份，践行党员公开承诺，主动联系服务群众，立足岗位履职尽责，争做“莲乡先锋”。在全县党员中广泛开展“两学一做”知识竞赛活动。开展基层党支部和党员突出问题排查整改，建立问题清单和整改台账，分别列出基层党支部存在的问题4054条、党员存在的问题51611条，并明确整改措施和目标，逐项落实到位。落实八项任务，精心制定各项方案，落实责任分工、细化推进措施、明确时间节点，加强具体指导和督促检查，对8项重点任务进展情况实行一月一调度，确保各项任务都能具体到部门单位、具体到时间节点。

党员队伍管理。严格执行“三会一课”等基本制度，落实流动党员跟踪管理。全面推行“两考四评”积分制管理，对全县党员按照机关事业、农村、社区、两新组织四大类，进行分类积分考核管理，将党员参加组织生活、缴纳党费、履行职责、发挥作用等情况全程记实考核，在党支部和党建工作管理平台中建立党员“两考四评”工作台账，进一步加大不合格党员处置力度，将从严治党落实到最基层。实施“五项计划”，着力素质提升，实施党员教育培训“能力提升”“骨干培养”“全员培训”“农民大学生培养”“创业就业培训”五项计划。先后开展5期党组织书记集中培训班，培训各级党组织书记1500余人次，选派221名农村优秀党员和年轻后备干部参加学历教育，组织5000余名农村创业就业党员进行技能培训。开展农村党员冬（春）训，农村党员参训率达到95%以上。强化党组织阵地建设，建设17所乡镇党校和20个党员培训基地，对321个村级远程教育站点实施升级改造，乡村两级党员教育培训平台建设向规范化、标准化迈进。规范党员档案管理，清理整顿党员组织关系，完善党员信息数据，全县党组织和党员信息全部实现数据化和信息化。

“连心惠民”工程。围绕民生实事建设，实施精准扶贫“五大工程”，开展五大活动，建立健全扶贫工作“五项机制”。开展软弱涣散基层党组织整顿，建立“五个一”工作机制，对全县33个软弱涣散基层党组织实现转化升级，推进基层服务阵地提质改造，改造村级组织活动场所10个、社区综合服务用房1个、乡镇五小设施53处、乡镇周转房82套。完善乡村治理机制，严格“四议两公开”制度，通过清理村级公共事务，制定并完善村级“小微权力”清单，将与群众生产生活息息相关的各项审批服务及时下放到乡镇，为群众提供优质高效的一站式服务。

干部队伍管理。坚持党管干部原则，坚持以实绩评价和使用干部，营造良好的干事创业范围。在换届中，在坚持总体稳定、适当调整、优化结构等基础上，统筹17个乡镇党委、政府、人大领导班子，共配备领导班子成员189人。注重从“三类人员”中选拔优秀人员进乡镇领导班子，拿出23个岗位通过公开比选的方式从事业编制人员中选拔19人、优秀村干部中选拔2人、大学生村干部中选拔2人进入乡镇领导班子，干部结构在学历、性别、年龄等多方面得到进一步优化。严格按照程序，做好县党代会、人大政协会议的有关组织工作和人事安排工作，认真做好“两代表一委员”的资格审查和推荐提名工作。

干部作风建设。做好干部“上挂下派”工作，规范机关事业单位借调人员审批程序。提升绩效考核水平，将日常考核和年终集中考核相结合，科学评价干部，充分发挥绩效考核“指挥棒”的作用。不断强化干部监督工作，全面落实“凡提必审”“凡提必核”“凡提必听”“凡提必查”等制度，严格开展干部选拔任用监督，规范干部任用程序。推进“三超两乱”治理。严格干部日常管理，与县纪委、县委督查室等单位联合开展干部中餐饮酒、公款吃喝等作风督查暗访，开展“为官不为”问题整治和纠正乡镇领导干部“走读”现象专项督查，遏制乡镇领导干部“走读”现象反弹势头，促进全县干部作风进一步好转。

干部素质培训。通过“走出去”和“请进来”相结合的方式，组织干部开展各类培训，提升干部综合能力。举办两期党校大讲堂，共组织科级领导干部、中层干部和后备干部1100余人参学；先后举办青干班、公务员初任培训班，科干班、科级领导干部提升班等主体班培训，参训人数236人次；选送43名领导干部和学员参加市级以上培训；推进干部在线学习工作，选送80名干部参加市干部教育培训网络学院参照主体班学习，组织1740名干部在市干部教育培训网络学院注册并进行学习，进一步提升干部的能力水平。

人才引进工程。扎实推进“5518”人才引进工程，全年共招录61名专业技术人才充实到乡镇站所及县直机关技术岗位，卫生系统公开招聘医卫专业技术人员84名，教育系统公开招聘教师120人，为湘潭县经济社会发展增添新鲜血液，解决县专业技术人才紧缺的困难，优化人才结构。

人才资源开发。年内，全县共选派农业类科技特派员56名、省定贫困村科技特派员30名、科技特派专家6名、湘莲、生猪产业科技特派员创业链专家教授12名。认定市县级农村科技致富示范点6个。2016年以来，科技特派员领衔争取国家、省、市科技项目达17项，累计争取科技专项资金200多万元，引导企业自主投资800多万元。推动农业科技创新，推广新技术、新品种20个，研发新产品10个。

人才激励政策。组织开展社会工作人才、农村实用人才、退伍军人等技术职称培训，统筹推进“六大人才培养工程”，选送100余名优秀人才参加中央财经大学和重庆大学研修班，选送3000余名县内退伍军人、卫教专业人才参加各类提升培训，提高人才工作水平。充分落实人才激励政策，优化人才发展环境。积极为人才解决购房、医疗、子女入学等困难和问题，人才聚集效应更加凸显。

组工干部能力素养提升工程。10月底，启动组工干部能力素养提升工程，通过自觉学习，自建题库，自主考试等措施，以专家教授讲理论，部领导讲党课、组室负责人讲业务、工作例会交流、定期组织业务知识考试、选派机关干部参加不同层次培训等方式，建立健全培养组工干部业务素养的长效机制。

【湘潭县干部人事档案接受省检】4月29日，湖南省委组织部干部信息管理处副处长聂建晖、省人力资源和社会保障厅人事处主任科员汪菩菩一行4人到湘潭县检查指导干部人事档案专项审核工作，了解掌握工作进度，督促按期完成专项审核任务。检查组现场抽查部分干部人事档案，并与业务干部进行座谈交流，详细询问了解干部人事档案专项审核有关情况，还对专项审核过程中存在的疑难问题，进行答复解释。县委常委、县委组织部部长周贤对全县干部人事档案审核工作进展情况进行汇报，分别从全县重视业务培训、突出审核重点、严格规范审核流程3个方面详细阐述湘潭县的工作措施，并对发现的问题提出下一步的安排。湘潭市委组织部干部一科代表市委组织部汇报湘潭市干部人事档案专项审核工作的整体进度。聂建晖对湘潭县干部人事档案专项审核工作给予充分肯定。认为湘潭县对此工作领导重视，组织机构健全，工作指导到位，基础工作扎实，程序规范，审核把关严格，整体推进顺利，工作进展速度快，阶段性效果明显。聂建晖强调，干部人事档案审核没有情面可讲，也讲不得情面，唯有坚持原则，严格执行审核标准，不徇私情，不弄虚作假。聂建晖指出，要指导督促县级各管档单位抓好本单位、本系统干部人事档案专项审核工作，确保按期完成全县干部人事档案审核任务。湘潭市委组织部副部长毛先林参加会议。

【湘潭县召开纪念中国共产党成立95周年暨“七一”表彰大会】6月30日，湘潭县召开纪念中国共产党成立95周年暨“七一”表彰大会，县领导谢振华、周艳希、黄忠德、王惠芳、周贤、周俊文、谭何龙、唐剑恒、刘铁强、刘耀奇、张性宇、胡亚湘等全体在家在职县级领导参加会议。会上，县委常委、常务副县长周俊文宣读《关于表彰优秀共产党员、优秀党务工作者、先进基层党组织的决定》，县委常委、组织部部长、统战部部长周贤对全县党建工作及“两学一做”学习教育开展情况进行总结讲评。县委书记谢振华向受到表彰的先进基层党组织和个人表示热烈的祝贺，并向全县广大党员致以节日的问候，回顾中国共产党95年的光辉历程及改革开放以来特别是“十二五”规划期间湘潭县取得的发展成果。县委书记谢振华强调，全县各级党组织和广大党员干部要以党的95华诞为起点，继承党的优良传统，始终坚持崇高的理想信念，始终保持共产党人的政治本色，全面开创“创一流、进百强”的崭新篇章。谢振华要求，要始终彰显与时俱进、锐意开拓的创新精神，在大力解放思想中助推科学跨越；要始终发挥勇挑重担、攻坚克难的表率作用，在带头真抓实干中破解发展瓶颈；要始终永葆心系群众、真情为民的民本情怀，在密切联系群众中谋求民生福祉；要始终保持激情焕发、斗志昂扬的精神风貌，在切实转变作风中塑造良好形象，以饱满的政治热情、良好的精神状态和主动的工作态度，积极投身县域崛起跨越征程，以优异的成绩迎接湘潭县第十二次党代会的胜利召开。

【谈文胜到湘潭县讲党课】7月4日，市委副书记、市长谈文胜在县委党校以“学，要树牢看齐意识；做，要致力率先发展”为主题，为湘潭县的广大党员干部上一堂“两学一做”学习教育专题党课。县委书记谢振华主持党课。全体在家县级领导聆听讲课，各部门、乡镇负责人，部分社区和村支两委的负责人也到场听课。

谈文胜立足湘潭实际，结合目前经济社会发展形势，突出经济建设中心，从如何在“两学一做”中树牢看齐意识、如何在“两学一做”中落实率先发展、如何在“两学一做”中锻炼可靠队伍3个方面入手，与与会的党员干部们进行分享交流。谈文胜指出，“两学一做”要衡之有度，要循之有道，要验之有方。“欲求其上，必求其上上。”要求全体党员干部要树牢看齐意识，做到四个“对标”：对标党章党规和习总书记讲话精神，对标国家战略布局，对标全省重大部署，对标先进地区，强化率先发展之责，谋划率先发展之策，落实率先发展之举，取得率先发展之效。谈文胜强调，必须明确“四个率先”的目标，在全省率先实现城乡统筹发展、率先建成两型社会示范区、率先全面建成小康社会、率先迈向基本现代化，必须认清和把握发展趋势、自身发展优势和开局来势，找准路径，逐步推进产业项目、精美湘潭、文化旅游、园区经济四大工作。各级各部门必须协调发力，共同推进。就湘潭县而言，他表示，湘潭县在全市经济社会发展中占有举足轻重的地位，要继续做强园区平台，促进县域经济再进位；要建设精美莲乡，推动城乡统筹发展；要加强资源开发，做好全域旅游新文章；要因地制宜，打好精准扶贫攻坚战。谈文胜要求，全体党员干部要有奋发向上的精神状态、久久为功的创业定力、开放包容的心智心态，以只争朝夕的紧迫感、舍我其谁的责任感、建功有我的成就感，在精美湘潭、产业发展、精准扶贫等重点难点工作中，积极行动起来，敢闯敢试，敢挑担子，主动地投身到实现“四个率先”的伟大实践中去。

【湘潭县召开县第十二次党代会】9月1—3日，湘潭县第十二次党代会召开。会议由县委副书记周艳希主持，县委副书记、县长段伟长致开幕词。县委书记傅国平代表湘潭县第十一届委员会作题为《励精图治　乘势而上，为挺进“全国百强县”而努力奋斗》的工作报告。报告回顾过去五年的工作，总结五年发展的宝贵经验，对未来五年工作进行谋划。县委常委、纪委书记胡亚湘代表中共湘潭县纪律检查委员会向大会作工作报告。此次党代会应到代表339名，因事、因病请假8名，实到331名，符合法定人数。大会选举产生43名县委委员、8名县委候补委员、25名县纪委委员，选举产生出席湘潭市第十二次党代会的42名党代表；县党代会期间共收到代表提案46份，经提案审查委员会审查立案12件。

【湘潭县“两学一做”党的知识竞赛总决赛举行】 10月21日，由湘潭县纪委、组织部联合主办的全县“两学一做”党的知识竞赛总决赛在县委党校举行。市委组织部有关负责人，县领导刘耀奇、胡亚湘、李豪雄参加。此次知识竞赛分为必答题、抢答题和风险题3个环节。参加本次总决赛的共有9支代表队，其中乡镇代表队4支、县直机关代表队4支、天易示范区代表队1支。这次知识竞赛集知识性、教育性和实践性于一体，既是两学一做学习教育的有效载体，也是广大党员干部学习成果和精神风貌的一次集中检阅和展示，目的在于以赛促学、以赛促改。在一番紧张激烈的角逐之后，第一代表队（排头乡）获得一等奖，第四、第五、第九代表队获得二等奖，第二、第三、第六、第七、第八代表队获得三等奖。自启动“两学一做”学习教育以来，湘潭县积极谋划、主动作为，坚持以上率下、全员覆盖，注重分类指导、示范引领，把压力传导到每一个基层“细胞”。特别是6月以来，通过组织开展知识竞赛，充分调动3万多名党员的学习热情，在全县党员中掀起真学、善思、实做、真改的学习教育热潮，全方位营造“两学一做”学习教育浓厚氛围。

【湘潭县召开党建工作推进会议】 11月4日，湘潭县召开党建工作推进会议，对全年党建各项重点任务进行再部署再动员再推进，督促各党（工委）全力以赴完成年初确定的各项工作目标，迎接省市对县的党建述职考核评议。县委常委、组织部部长刘耀奇参加会议。会议对全县的基层党建工作进行总结，并指出下阶段工作重点；易俗河镇等乡镇的组织委员、教育局等县直单位相关负责人分别发言，分析本单位（乡镇）党建工作存在的问题及下一步工作打算。会上，县委常委、组织部部长刘耀奇分析17个乡镇和有关单位在“两学一做”等工作上存在的问题，重点强调做好基层党建工作的重要性，指出基层党建工作事关老百姓的切身利益，事关县域发展的长治久安，事关县十二次党代会目标的实现，大家要站在更高的层次，站在更好的角度来认真开展好基层党建工作。就如何做好下阶段的党建工作，刘耀奇要求：要紧盯目标要求，全力以赴，确保完成任务；要突出工作重点，攻坚克难，力求精益求精；要强化组织保障，尽心尽责，狠抓工作落实。

【完成乡镇换届选举工作】 2016年，湘潭县成立以县委书记为组长的县乡党委换届工作领导小组，所有县委常委和党员县级领导对联系乡镇点对点进行全程指导；先后举办2期换届工作业务培训班，各乡镇先后组织镇、村两级党员干部开展业务培训51期，共培训3500多人次；拿出23个岗位面向“三类人员”并通过公开比选的方式进行选拔，其中面向事业编制人员选19人、优秀村干部选2人、大学生村干部选2人；确保换届纪律遵循到位，在乡镇党委换届期间共进行巡回督查2轮，现场督导1轮。

（朱振华）

宣传思想工作

【概况】 2016年，县委宣传部出台《湘潭县党委（党组）意识形态工作责任制实施细则》《加强意识形态领域情况分析研判工作方案》等文件，落实“一岗双责”。建立县委常委会专题研究意识形态工作制度、县委中心组学习常态化机制等，将意识形态工作纳入绩效考核。强化舆情监控处置，建立湘潭县新闻舆情管理系统和社会舆情收集整理上报研判机制，妥善处理上马垃圾场偷排渗漏液事件、河口卤菜中毒事件等10余件涉县网络舆情。加强网络舆论引导，宣传部牵头建立乡镇和县直单位参与的网上舆情协调机制在《人民日报》头版头条中进行报道，经验文章被省委宣传部推介。强化舆情收集上报，2016年上报舆情信息827条，其中3条被中宣部采用，100条被省委宣传部采用。

理论研究方面。县委学习中心组精选课程、优选专家，组织集中学习4次，专题学习习近平总书记重要讲话精神、意识形态工作和供给侧改革等领域知识。深化微宣讲、“一村一员一课堂”“书记（局长）大讲堂”“社区论坛”等宣讲平台，开展主题宣讲活动120余场次，县委理论讲师团宣讲200余场次，村级宣讲7000余次，举办社区论坛2期。结合县域经济社会发展实践，向上级主要媒体推介多篇优秀理论文章，其中《打赢意识形态工作“主动仗”》《牢牢把握意识形态工作的主动权》在《湖南日报》发表，《让群众有更多的文化获得感》《做好五个结合 壮大文化力量》《彭德怀横刀立马写真情》 在《新湘评论》发表。

新闻宣传方面。围绕“全面建成小康社会”“连心惠民工程”“两学一做学习教育”“‘6·15’特大暴雨灾后重建”等主题组织集中宣传9次。县台刊播新闻2000余条，县网编发稿件3800余条。公众微信平台“湘潭县发布”“湘潭县网站”首次对两会政府工作报告进行网络直播，现场观看人数达到5万人，关注粉丝达到2.6万人。县手机报征订用户突破10万户。是年，在中央级媒体上稿33条，省级媒体上稿420余条，市级媒体上稿500余条。

文明创建方面。进一步理顺工作机制，完善文明委、文明协会、志愿服务的工作机制，加强精神文明建设的组织领导。进一步创新工作载体，组织开展道德实践“学雷锋、在行动.我推荐、我评议”好人推荐活动，县司法局冯华宇入选3月中国好人榜候选人。策划推出《文明巡礼》电视专题栏目，集中展现湘潭县文明创建成果。组织开展省级文明县城复查迎检工作，顺利通过检查验收。进一步推进志愿服务工作常态化，先后组织“庆新春.闹元宵”“学雷锋”“讲道路礼仪，树文明新风”等志愿活动，形成每月有主题、有活动的工作机制。

文化建设方面。重大革命历史题材电视连续剧《彭德怀元帅》在央视一台播出，扩大县域影响力，促进红色旅游发展。举办2016年“欢乐潇湘·幸福湘潭·莲乡大舞台”系列群众文化活动，莫柏槐同志创作的吹打乐《彩虹贯日》获得省级决赛金奖，并作为湘潭市唯一获选作品参加“欢乐潇湘”省级优秀节目展演。新建5个乡镇文体广场、52处农民体育健身工程、32处体育健身路径，提前完成5200户有线电视“户户通”工程装机任务。县图书馆、文化馆实行免费开放，县文化馆接纳文艺爱好者5000余人次，开展培训80余场次受益群众突破10000人次，县图书馆移动数字图书馆点击量超过30万次，举办文化讲座和培训17期。完成农村电影放映7716场次，受众达到86万人次，完成“演艺惠民、送戏下乡”演出182场，新排练大型花鼓戏4部，深受群众喜爱。完成县文联换届工作。

年内，县委宣传部被评为湖南省文明单位、湖南省文明卫生单位、全县群众（信访）工作先进单位、全县综治工作先进单位、全县安全生产工作先进单位等。

【《彭德怀元帅》大型红色历史连续剧在中央电视台一台播出】 5月20日晚，36集电视连续剧《彭德怀元帅》在中央电视台一台黄金时段首播。此剧由中央电视台、八一电影制片厂、中央军委后勤保障部电视艺术中心等单位出品，湖南省委宣传部、湘潭市委市政府、湘潭县委县政府、湘潭市广播电视台、彭德怀纪念馆等参与联合摄制。首播当晚，该部电视剧关注度0.5379%，市占率8.6122%，创同期收视率全国第一。5—12月，围绕该剧播出，湘潭县组织彭总故里农村运动会、电视剧主创人员来故里、乡村旅游、评剧研讨会等系列活动。7月16日，举办中国乌石（彭德怀元帅故里）红色旅游文化节暨湖南省乡村运动会，运动会以“追寻元帅足迹·传承革命精神”为主题，包括“走彭总走过的路”全县登山比赛、第三届花石赏荷节、欢乐潇湘大型群众文艺会演、红色旅游自驾活动，展现彭总故里发展的新成就。10月24日，举行“彭老总回家”——纪念红军长征胜利80周年暨彭德怀同志诞辰118周年之电视剧《彭德怀元帅》主创人员见面会。电视剧《彭德怀元帅》中彭德怀扮演者董勇来到乌石，中共湘潭县委向其颁发湘潭县形象代言人聘书。10月29日，湘潭县举行《大写的人——评电视剧〈彭德怀元帅〉》作品研讨会。省文联文化产业处处长、文学博士谢梓元，省文艺评论家协会副主席、秘书长陈善君，湖南师范大学文学院教授岳凯华，市文艺评论家协会主席、湖南科技大学教授吴广平、湘潭市教育学院教授冰静等省、市文艺评论界、书法界、曲艺界专家、学者50余人参加活动。

【2016年“欢乐潇湘·幸福湘潭·莲乡大舞台”系列群众文化活动】 为进一步繁荣文艺创作，丰富人民群众精神文化生活，巩固和拓展“欢乐潇湘”群众文化品牌，5月—11月，县委宣传部、县文体广新局、县文联联合组织开展2016年“欢乐潇湘·幸福湘潭·莲乡大舞台”系列群众文化活动。在活动过程中，全县排练节目900多个，参赛节目300余个，参与排练人员6000余人，登台表演人员3000多人次，分别来自机关、学校、社区、企业、村、医院等部门，得到群众的广泛参与和响应，青山唢呐《彩虹贯日》和小品《明天会更好》参加省级决赛，《彩虹贯日》荣获省级决赛一等奖，并作为湘潭地区唯一入选的作品参加湖南省欢乐潇湘大型群众文化会演优秀节目展演活动。

【湘潭县庆祝中国共产党成立95周年“红旗颂”大型群众合唱比赛】 为铭记党的光辉历史，6月，湘潭县组织庆祝中国共产党成立95周年“红旗颂”大型群众合唱比赛，本次活动由县委、县政府主办，县委宣传部、县文旅体局承办，县广播电视台和县网协办。本次比赛分为乡镇专场和县直机关专场，共有27支代表队参赛，党群、宣传系统代表队和政府系统、人大、政协代表队获得县直机关专场特别奖，教育系统代表队和天易示范区代表队获得县直机关专场一等奖；云湖桥镇、白石镇、谭家山镇代表队获得乡镇专场一等奖。（孙中飞）

统一战线工作

【概况】 2016年，县委统战部认真贯彻落实党的十八届五中全会、习近平总书记系列重要讲话及各级统战会议精神，以推进统战工作改革创新为主线，以“同心工程”创建为平台，以“推进民主党派基层组织建设规范化”项目为抓手，加强政治引导，凝聚强大力量，服务发展大局，促进社会和谐稳定，为全面建设“精美莲乡”做出应有的贡献。

加强“同心”教育和引导工作。贯彻落实全国统战工作会议和《条例》精神。把学习贯彻全国统战工作会议精神和《中国共产党统一战线工作条例（试行）》作为首要的政治任务，县委书记在湘潭日报发表题目为《扎实有力抓统战，凝心聚力促发展》的署名文章，县委将《条例》的宣讲纳入2016年县委中心组学习内容。通过开展专题讲座、调研征文、统战培训、谈心会等活动，组织广大统战干部和统一战线成员深刻领会中央关于统战工作的新思想新观点新要求，共组织各类培训、讲座5次，培训人次200余人。加强对统战成员的“同心”主题教育引导。以联谊交友方式加强教育引导，全县12名县委常委共对口联系36名党外朋友，全县17个乡镇200余名党政负责人联系区域内400余名重点统战成员，县委领导和统战部班子成员与民主党派成员、非公经济人士、各类党外代表人士谈心50余次，加强统一战线成员思想教育和政治引导，进一步坚定统一战线成员的“同心”理念。组织到信诺颜料、敖派自动化、一笑堂、万通建筑等非公经济企业进行走访、调研，引导广大非公经济代表人士学习践行“同心、民主、包容、共赢”的核心理念，增强非公经济代表人士走中国特色社会主义道路的自觉性和坚定性。

大力推进民主党派自身建设。推进民主党派加强思想政治建设。在各民主党派支部中开展以“规范有序发展、实践忠诚合作”为主题的民主党派基层组织规范化管理建设创建活动，取得明显成效，该活动作为统战实践创新项目被推荐到省委统战部。继续在民主党派成员中组织开展“我为党派添光彩、和衷共济谱新篇”活动，加强他们的思想政治建设，提高各民主党派与中共组织的合作共事能力。坚持民主党派主委季度例会制度，全年召开4次工作会议，确保全年及各季度工作落到实处。

认真做好党外代表人士工作。及时召开知联会会长会议、常务理事会议部署全年工作，知联会理事参政议政积极踊跃，活动开展有声有色。党外领导干部联谊会工作进一步规范有序，4个小组分别开展丰富多彩的联谊交流活动。各民主党派组织、党外领导干部联谊会、党外知识分子联谊会组织多次学习考察或座谈交流活动、联络联谊活动、社会服务活动。民革总支组织慰问抗战老兵活动，民盟支部开展“送教”下乡活动，民建支部开展“同心”助残、“春蕾”助学，特殊教育学校慰问等社会活动。

积极引导非公经济代表人士为县域经济发展献策出力。积极搭建参政议政、建言献策平台，组织召开有县委政府主要领导人参加的各界代表人士迎春座谈会、中秋座谈会、非公经济人士恳谈会，与会人员围绕县域经济发展和社会稳定对县委、县政府提出意见和建议，共收集意见建议20余条。聘请50名党外代表人士担任14家单位的特约人员，积极引导党外代表人士为县域经济发展献策献计出力。

全面做好换届各项工作。积极参与乡镇换届考察。参与2016年乡镇换届的干部考察，全县17个乡镇共配备13名党外领导干部，其中党外正科级职务3人（乡镇长1人，新提拔政协联工委主任2人），党外副科级职务10人（新提拔党外副乡镇长2人），党外干部的任用较往届实现新突破。指导工商联做好换届工作。按照市委统战部和县委要求，切实指导工商联做好换届各项工作，严把候选人推荐关。通过乡镇、天易示范区推荐，工商联留任意见等方式，建立200余名工商联执常委候选人数据库。严把候选人资格准入关，对工商联常委以上候选人80余人，进行非公经济人士综合评价，否决8名综合评价不过关的常委候选人资格。严把考察关，对20名兼职副主席、副会长候选人进行全面考察，其中否决不符合提名条件候选人4名。

落实人大、政协换届党外人士的政治安排。组织各乡镇、各单位和各民主党派、工商联及有关群团单位，开展党外代表人士的调查摸底工作，建立401人的政协委员人选资源库和189人的党外人大代表候选人资源库。多次听取各民主党派、工商联、人民团体、统一战线组织、政协联工委组、政协机关专委会等方面的意见，与政协党组、组织部多次协商沟通，最终确定285名提名建议方案。配合组织部做好22个部门的联审工作，组织15家单位分批次对县人代表候选人及县政协委员推荐人选中的175名非公经济人士进行综合评价，严格把好人选入口关。做好市党外人大代表、党外政协委员的提名推荐工作，其中提名市党外人大代表资源11人，提名市政协委员资源23人。

【“同心创建”活动】 2016年,湘潭县继续开展“四同创建”活动，全县共有创建点17个，其中同心乡村创建点15个，同心社区创建点2个。省级创建点1个（砚井社区争创省级同心社区）、市级创建点1个（白石镇湖田村），各创建点参与创建的统战组织43个，统战成员人数700余名，开展活动60余场次，发现培养党外人士100余人次，创建活动取得明显成效。

积极开展同心工程“同心村”帮扶活动和“企业联农村、脱贫奔小康”帮扶活动两大主题活动，引导县内15家民营企业与15个省定贫困村建立结对帮扶，5个民主党派对口帮扶5个贫困村。组织非公企业参与“光彩事业”“双联共建”“金秋助学”等主题活动，倡议引导非公经济人士感恩、回报社会。全县有80余名非公经济人士带头捐资295.9万元用于助学、助建、助困。

【推进民主党派基层组织建设规范化】 2016年，为全面支持民主党派基层支部建设，县委统战部参照中共基层支部建设经验，以“八有建设”为标准，在全县深入开展“民主党派基层组织规范化建设”的实践创新活动。

在经费、场地、政策方面给予重点支持。将党派工作经费列入常年财政预算，每个党派每年经费3万元。对党派支部换届、场地建设等重大事项，采取一事一议的方式，支持党派争取财政专项经费和各民主党派固定办公和活动场所的建设。协助各党派规范党派成员的组织发展，同时支持党派发展有参政议政能力、行政领导能力的优秀中青年知识分子，储备党外优秀人才。支持党派支部做好档案存档工作，规范档案管理工作，加强硬件建设，健全档案管理制度，确保民主党派集体档案和个人档案保存完整和齐全。

指导各个支部科学谋划工作，统一安排相关活动。年初，县委统战部组织民主党派召开座谈会，通报上年工作完成情况，以及新的一年工作重点计划，让各民主党派支部围绕全县重点中心工作，科学谋划全年工作计划。实行民主党派主委季度例会制，每季度听取各党派支部工作情况汇报，协调推进有关工作的落实，确保全年各党派支部工作规范有序推进。

对民主党派基层组织建立健全考核评价机制，量化考核目标和计分办法，从制度健全、管理规范、参政议政、信息调研、社会服务等方面进行考核打分，督促各党派把自身建设和各项社会服务工作落到实处。

邀请各民主党派代表人士参加迎春、中秋座谈会，征求党派成员的意见和建议。组织民主党派支部围绕经济社会发展开展调研，邀请30名民主党派成员积极参与14个单位的特约监督工作，党派成员发挥联系群众广泛、专业知识丰富、所处位置超脱等优势积极参与民主监督工作，为推进依法行政、加强廉政建设、转变工作作风、构建和谐社会做出突出贡献。发挥党派联系广泛、专业特长等自身资源优势，支持和指导各党派支部开展“四同创建”、科技下乡、慰问抗战老兵、春蕾助学、抗洪救灾、光彩事业、新农村建设、扶贫帮困等特色主题活动。

规范化建设活动的开展，提升党派基层组织形象，加强民主党派队伍建设，助推县域经济社会发展，受到各民主党派的普遍拥护和积极

参与，此项工作被中共湖南省委统战部授予“2016年度全省统战工作实践创新成果奖”。（胡晓丹）

县直机关党建工作

【概况】 2015年，中共湘潭县直属机关工作委员会下辖58家机关单位158个基层党组织，其中26个机关单位设立基层党组织126个（5个机关党委、21个机关党总支，下辖党支部100个），32个机关单位设立机关党支部32个；另外县委组织部设立湘潭县大学生村干部党支部归口机关工委管理；共有党员2471名。

2016年，县直机关工委深入贯彻落实《基层组织工作条例》，以“两学一做”学习教育为主线，狠抓思想、组织、作风、反腐倡廉、制度五大建设，扎实开展党建基础工作，切实履行基层党建工作责任，在工作实践中不断创新思路、丰富内容、改进措施、活化载体，取得较好成效。

注重教育，理想信念更加坚定。继续完善季度学习重点推荐制，把学理论、学党章、学党史作为学习型党组织建设的重要内容，督促党支部制定切实可行的学习计划，深入学习党的十八大及三中、四中、五中、六中全会精神，向各级党组织赠送各类理论学习书籍2000余册（份）。举办书记大讲堂，邀请市县领导、市县党校教授、先进模范人物给机关党组织书记讲党课，开展机关党支部书记讲党课活动，加强社会主义核心价值体系和社会公德、职业道德、家庭美德、个人品德教育，明确单位党组织一把手及党支部书记必须为全体党员上一堂党课，鼓励其他党员领导干部上党课。加大党员教育培训力度。认真落实市委《实施意见》，加大机关党员教育培训力度，组织党员每月参加1次以上支部集中培训。加大骨干队伍的培训力度，有计划地组织机关党务工作人员轮训，全年举办骨干培训班2期。9月8—9日举办新任职党务干部业务培训班，参训对象126人；11月30至12月2日，举办县直机关党组织书记培训班，参训对象213人。推进党章党史党纪党规学习活动。“七一”前后，举行党章党史党纪知识抢答赛，进一步强化机关党员的党性意识；规范集中学习交流活动，定期交流工作心得、研讨党建理论，营造机关学习氛围，促进学习型党组织建设；“七一”评比表彰8名学习型党员、4个学习型党组织，4个共产党员示范窗口（岗位）。

夯实基础，组织建设更加规范。进一步落实党建工作责任制。实行“党组管党建、书记抓党建”，深化“一岗双责”责任制，纠正党不管党或以政代党现象。针对近年来党务干部变动大、新手多的情况，工委向各级党组织赠送《党建工作手册》等业务书籍，并对新任职党务干部定期培训，扎实开展党组织书记双述双评和党员民主评议工作，6月1—3日，开展机关党建工作督查；12月28—29日召开机关党建工作推进会，开展机关党建督查及党组织书记述职测评工作；督促各单位开展党员“两考四评”工作（即党员民主评议）。开展基层服务型党组织创建活动。推行党组织和党员干部结对帮扶制度，营造先进帮后进、后进赶先进的氛围。继续深化党员示范岗、志愿服务、承诺践诺、党日等活动，走访慰问困难党员、老党员；以党员志愿者共建共享、党员到社区报到、精准帮扶、机关党支部联农村党支部、机关党员干部联农村困难群众等为载体，树立良好的服务理念，营造良好的服务氛围。规范党组织换届选举工作。全年新设立的机关党委3个，新设立的机关党总支8个，新设立的机关党支部5个，有28个机关党组织（涉及2个党委、12个党总支、14个党支部）换届选举，新任、调整、增补县直各级党组织书记或委员共98人，保证县直机关单位党组织书记均由党员领导干部担任；培训新任职党务干部，确保党务干部的达到任职要求。各单位双层组织生活会落实到位，党员领导干部带头参加所在党支部和党小组的组织生活，带头上好一堂党课，带头办好各自安排的党建联系点，带头到双联共建村和群众工作室村扶贫帮困、精准帮扶。注重在工作一线发展党员。年内，举办入党积极分子培训班、预备党员培训班各1期，分别培训入党积极分子60名，预备党员54名。全年已共审批发展党员10人；预备党员转正21人，确保党员发展质量。召开工委委员会议8次，重大工作实行工委委员表决制。严格执行党费收缴标准，收缴党费1044577元，其中补交党费229609元。党员组织关系管理规范，全年转接党组织关系210人次，实现党员的正常流转。8月，按照县委文件规定的程序顺利选举产生机关工委出席县第十二次党代会65名县党代表，确保选举工作全过程风清气正。5月按时完成县直机关党员信息管理平台建设工作，12月做好年度党内信息统计工作任务。

严明纪律，工作作风更加优良。深入开展廉洁从政学习活动。以“严纪律、正作风、促廉洁”为主题，对党员干部开展理想信念教育、作风纪律教育、政治品质教育、廉洁从政教育和道德品行教育，打造一支严纪律、守规矩的党员干部队伍，进一步加大党员廉政教育力度，党组书记、党支部书记必须上一次廉政党课，年度督查该项工作各单位全部到位。不断完善作风建设长效机制。不断完善党务公开制、首问负责制、限时办结制、责任追究制、一站式服务制等，不断提高机关的服务质量和服务水平。积极协助县纪委、县监察局开展全县纪检监察系统作风建设年活动，抓好行风评议活动，推动机关窗口作风持续好转。强化监督检查，对重要部门、重点岗位、热点问题实行明察暗访和重点督查，对不良作风公开曝光，全年约谈6人次。坚持教育和查处并举，配合县纪委组织开展作风建设暗访督查20余批次；严肃查处各类违法案件，全年开除党籍2人，留党察看1人，党内严重警告3人，党内警告2人，进一步严肃纪律，纯洁队伍，机关党员干部廉政意识进一步加强，机关形象进一步提升，群众满意度进一步提高。

营造文化氛围，文化建设不断提升。弘扬“两型”文化理念。开展“两型”机关创建活动，机关干部“两型”理念逐步得到提升。继续开展中华优秀传统文化进机关活动。入党积极分子培训班、预备党员培训班设置“传统文化与精神文明建设”讲座；11月主办书记大讲坛活动，市县领导亲自授课，机关单位200余名党组织负责人参加，大家认为这是一次心灵的洗涤，反响很好。利用县手机报开设“经典阅读”传统文化专栏，每周二期，全年推出104期，营造浓厚的传统文化学习氛围；同时要求机关党员干部读经典著作，传承中华优秀传统文化。积极开展廉政文化建设。组织党员干部职工深入学习贯彻反腐败斗争理论和中纪委全会精神，开展弘扬廉洁文化系列活动，加强警示教育，筑牢党员干部的思想和道德防线。坚持和完善反腐败工作领导体制和工作机制，强化两个责任的落实，健全全面反腐败工作格局，机关党风廉政建设得到加强。

强力帮扶，“连心惠民”工程取得实效。“干群一家亲，党群心连心”结对帮扶活动助推农村发展。工委所辖101个机关党支部联系100个农村党支部，机关在职党员1394人、其他干部职工近300人参与结对帮扶，通过产业帮扶、资金帮扶、思想帮扶、信息帮扶、科技帮扶、精神关怀等多种方式，为1477户群众实行点对点精准帮扶，帮扶资金100余万元，物资近1000件，涌现出一大批先进典型，活动备受群众欢迎与好评。双联帮扶活动促进社会和谐。认真组织开展双联帮扶工作。全县103个参联机关单位、4700名机关干部在44名县领导带领下，分成17个慰问组，集中走访困难企业80家，慰问困难职工1376人，发放慰问金72.08万元，解决一大批群众生产生活困难和问题，密切党群干群关系。（王　睿）

机构编制工作

【概况】 2016年，全县党政群机关83家，事业单位673家，行政实有人员2333人，事业实有人员11943人（其中包含县直单位及二级事业单位编制备案人员94人，乡镇仍有资格参加下一轮竞聘上岗人员477人）。办理年度报告公示事业单位374家，变更登记168家，新设立4家，补领15家，注销16家。启动全县机关、群团统一社会信用代码赋码发证工作，截至2016年年底，已办理机关单位赋码发证34家，群团机构赋码发证3家。

始终坚持编委会议事规则及“三个一”的审批制度，行政编制、事业编制分类核定、分开使用，严禁混编、混岗，坚持行政事业单位新进人员凡进必考，严把机关事业单位人员入口。切实开展控编减编工作，行政空编首先用于消化党政机关超编人员；对一些长期空编事业单位，按一定的比例收回事业编制，自收自支事业单位编制进行冻结，人员只出不进；进一步加强机关工勤人员编制管理。年内，消化行政超编人员61人，消化事业绝对超编人员182人，消化工勤超编人员17人。

【政府机构改革】 年内，完成36家政府机构改革涉改单位“三定”规定制定工作。切实落实转变职能的各项要求，着力理顺部门职责关系，切实解决职责交叉问题，整理汇总出与此次涉改单位相关的88项职责边界事项。涉改单位均按照机构限额和机构规格设立机构，县政府原有工作机构43个。其中，工作部门25个，直属事业单位18个。机构改革后，共设机构36个。其中，工作部门24个，直属事业单位7个，政府工作部门管理正科级事业机构5个，比改革前减少7个，精简率16%。同时根据各单位职能职责变化情况，在确保行政编制总量不突破的前提下，共计调减2家单位、调增9家单位行政编制数，确保各单位人员力量得到合理配置。按照上级要求，做好法检“两院”移交的前期摸底工作。加强对乡镇政府机构和人员编制的管理，牵头制定《关于乡镇事业编制岗位人员竞争（聘）上岗有关事项的通知》，完成其他各项改革任务。

【行政审批制度改革】 4月，县编办与县政务服务中心共同对县保留的199项行政许可项目、110项行政权力转报事项和87项政务服务事项进行流程再造，重新编码，印制服务指南，并适时调整进驻政务服务中心的窗口。根据省市有关编制行政权力运行流程的相关要求，出台《关于做好行政权力运行流程编制工作的通知》（潭县审改发〔2016〕2号），要求各部门分项编制行政权力运行流程。6月，县编办专门组织召开行政权力运行流程编制业务培训会，制定各大类行政权力的通用型模版，对流程编制工作进行规范和指导。8月，县编办对全县历年来承接的行政审批项目进行实效工作评估。主要评估各单位近年来的办理情况、承接能力，对接不住、管不好、落实不到位等情况客观分析，及时将评估结果反馈至各单位，并将存在的问题汇总上报至上级业务部门，为今后上级在扩大县级经济社会管理权限时提供参考依据。11月，印发《湘潭县部门行政权力清单责任清单管理暂行办法》（潭县政办发〔2016〕22号），明确适用范围、遵循原则、职责分工、调整程序及公布范围。县编办严格按照行政审批制度改革要求，进一步清理规范行政审批项目，对全县涉及35家单位的4394项行政权力和110项行政权力转报事项进行动态调整，共减少207项，增加46项，修改1055项，最终保留4265项。

【承担行政职能事业单位改革试点】 自2016年9月省市确定湘潭县为承担行政职能事业单位改革试点县以来，县编办先后赴浙江、苏州等地学习全国各地先进地区改革试点经验。加强县级改革单位的走访调查，注重与韶山等地的横向交流统一，主动赴省、市修改试点方案，积极做好湘潭县试点工作的前期准备工作。用一个月的时间对全县673个事业单位职责进行全面梳理，对最终确定的38个承担行政职能的事业单位的931项行政权力分项提出转行政方案，拟定并修改完善《湘潭县承担行政职能事业单位改革试点方案（送审稿）》。

【不动产登记整合落实到位】 严格按照湖南省国土资源厅、湖南省机构编制委员会办公室《关于整合市县不动产登记职责的实施意见》（湘国土资发〔2015〕32号）的精神，将全县土地登记、房屋登记、林地登记、水域滩涂登记等不动产登记职责整合，明确统一由县国土资源局承担。设立湘潭县不动产登记中心，并按程序申报升格为副科级事业机构，3月4日已获得市编办批复。在国土资源局设立不动产登记股，负责对全县不动产登记工作的指导和监管等，确保不动产登记工作能及时有效开展。7月，根据职责整合情况，按照“人随事走，编随人走”的原则，从房产局、畜牧兽医水产局、林业局等相关单位划转35名在编人员、4名编制备案人员到不动产登记中心，确保该中心人手力量充足。7月1日，该中心正式向社会颁发全县第一张不动产登记证。（曾　沛）

党校工作

【概况】　2016年，县委党校县行政学校坚持以党的十八大、十八届历次全会和习总书记系列讲话精神为指导，深入贯彻落实全国党校工作会议精神，全力实施党校“三大工程”（即实施目标工程、重点工程、服务工程），精心打造“三个中心”（即全县的干部教育培训中心、会议会务中心、文化活动中心），全面完成年初制定的各项工作目标，取得较好的成绩。

培训主阵地作用更加凸显。全年共举办各级各类培训班43期，培训学员7045人次。其中一个月以上的主体班4期198人，分别为第二十一期青干班60人、第二十三期科干班50人、新录用公务员班43人、复退安置人员应急管理能力提升班45人。组织教员进机关、到乡镇、入社区、走农村宣讲“两学一做”、十八届五中、六中全会精神和习近平总书记系列讲话精神等重大时事热点43场次，受众达2800人次。

科研工作成绩更加突出。全年在国家级刊物发表文章7篇，在省级刊物发表文章1篇，在市级刊物发表文章3篇，在县级刊物发表文章2篇；送评论文11篇参加全省党校系统理论研讨会，获二等奖1项，三等奖3项，获奖总数和获奖层次均位于湘潭市县市级党校前列；1篇论文参加湖南省法学会理论研讨会，获得一等奖；3篇论文参加湖南省科学社会主义学会理论研讨会，均获得二等奖；3个2015年立项的湖南省委党校系统社科规划课题全部顺利结项；一项成果荣获湖南省党校系统第十一届优秀科研成果三等奖，这也是我校首次荣获该奖项，填补我校在此项荣誉上的空白。

行政后勤工作务实推进。全年承办会议65场次，服务19697人次，得到社会各界的高度认可。该校被评为2015届湘潭市文明机关，2016年申报湘潭市文明单位、湘潭市文明卫生单位、无烟单位和湘潭市“园林式”单位。进一步明确人员的编制性质，完成专业技术人员的岗位设置，解决教员评职称、行政人员进行参公登记和职务与职级并行的问题。

【中组部党员教育中心到湘潭县县委党校调研】　2月1日，中组部党员教育中心主任陈燕楠一行到湘潭县对县委党校的党性教育基地网上展馆工作进行调研。省委组织部副部长蔡建和及市、县领导严华、廖桂生、谢振华、周贤等参加调研。考察组首先参观多功能报告厅和湘潭县廉政文化基地，然后召开座谈会，县委党校校委主任、常务副校长韩云就湘潭县全国党性教育基地建设情况进行专题汇报，陈燕楠一行肯定党校工作，并对今后的党性教育基地建设工作提出新要求。

【国家行政学院到湘潭县行政学校调研】　10月11日，国家行政学院督查评估组组长、国家行政学院副院长陈立一行到湘潭县行政学校考察，湖南行政学院常务副院长严华，市县领导赵文彬、傅国平、周艳希、周贤、韩云一同参加。考察组先后参观多媒体教室、干部教育大讲堂、廉政文化基地等处，了解湘潭县行政学校在阵地建设、师资队伍建设、教育课题研究等方面的情况。陈立对湘潭县行政学校先进的教学设备、宽敞舒适的环境给予肯定，对学校今后的办学提出更高要求。（钟　丽）

党史地方志工作

【概况】　2016年，县史志办以改革创新为动力，积极履行职责，推动史志编修和史志宣传和资源开发利用等各项工作的开展；以服务为宗旨，增强史志服务功能，不断提高史志工作为经济社会发展大局服务的水平，促进史志事业的科学发展。全体史志工作者进一步增强责任意识和大局意识，依法编史修志，利用各种形式发挥史志资料“存史、资政、育人”功能，为湘潭县经济社会全面发展做出积极的贡献。

开展党史正本第三卷资料收集工作。上年，县委党务例会确定启动《中共湘潭县历史（1978—2002)》第三卷的编写工作。县史志办与省、市党史部门多次请示、沟通衔接，根据上年起草的编纂工作方案，拟出县党史正本第三卷编目初稿，并修改党史第三卷第一编的编纂目录。同时，党史室人员在县档案馆收集1984—2000年长期卷资料100万字以上。对1978—1982年党史档案资料进行分类整理。审读《中共韶山历史（1921—2010)》评审稿中第一篇，写出审读意见。加大革命遗址开发保护工作。在纪念红军长征胜利80周年之际，组织开展八路军南下支队司令部遗址标识的建设工作。与相关乡镇、村、组加强沟通协调，召开前期筹备工作协调会议，主持遗址标识设计和标识落点的重点选址，均获得有关部门和上级领导首肯。3月，正式启动标识的施工建设，6月落成。8月1日，在花石镇盐埠村黄家祠堂举行遗址标识落成庆典。县委县政府主要领导、全市县市区党史部门负责人、县内文化、旅游等相关单位负责人及镇村组党员近200多人参加，省、市、县相关媒体对庆典活动进行报道。这是全县继罗亦农故居遗址标识建成之后，又一个具有重要意义的党史教育基地和革命传统教育基地落成，对教育广大青少年、开发湘潭红色文化资源将发挥极大作用。

开展地方党史宣传教育工作。以建党95周年为契机，史志办开展送党史进基层活动。组织射埠镇新烟塘村党员一起学习党史知识，并向该村每一个党员赠送由县史志办编写的《中国共产党湘潭县历史》（第一、二卷）和《中国共产党湘潭县历史简明读本》《湘潭县志》《湘潭县年鉴》《中国共产党湘潭县历史图志》《湘潭抗战纪事》《湘潮》等党史资料，进一步宣传党史、推介党史，让党史进入每一个党员、每一个公民。

按照省委党史研究室《湖南党委工作纪事》组稿通知要求，认真撰写2016年《湘潭县党委工作执政纪事》，全面反映湘潭县2015年政治、经济、文化、民生和社会事业等方面所取得的成绩。

组织联络组成员编辑《湘潭县史志文集》一书，共20多万字，争取2017年出版发行。撰写纪念性、回忆性文章，全年共向省、市投稿10多篇。充分发挥余热，积极做好乡镇简志、年鉴的审稿、修改工作。组织全体成员参观湘潭市党史陈列馆、市博物馆、市规划馆，学习湘潭革命斗争的历史，领略全市深厚的文化底蕴，也了解到全市经济、社会发展的宏伟规划。

坚持质量标准，加快推进乡镇简志编纂。年初，组织乡镇简志审稿小组对简志初稿进行评审，汇总评审意见并反馈至各乡镇，安排业务指导员跟踪指导，加快志稿修改进度。5月，印制出22.3万字的乡镇简志送审稿，呈送市史志办评审。6月底，组织召开乡镇简志市级评审会议，提前完成年初制定的目标任务，简志质量得到与会专家的高度评价。会后，甄别和梳理专家评审意见，针对每个乡镇的志稿制定修改方案，组织乡镇简志编纂人员召开评审意见交流会议，安排修改任务，进行业务辅导。下半年，严把审稿质量关，高标准高要求督促各乡镇抓紧志稿修改。年底，全县17个乡镇完成验收稿。

坚持正确方向，科学谋划全县方志工作。认真落实国务院《全国地方志事业发展规划纲要（2015—2020年）》、省政府《关于进一步加强新时期地方志工作的意见》《湖南省地方志事业发展规划纲要（2015—2020）》以及全国、省、市地方志工作会议精神，安排部署全县地方志工作，争取县委、县政府的重视和支持，于12月8日由县政府主持召开全县地方志工作会议暨《《湘潭县志（1988—2006）》》首发仪式，对二轮修志工作取得的成绩、经验以及问题、不足进行全面总结，对在续修县志和编纂《湘潭县年鉴》工作中作出突出成绩和贡献的单位和个人进行表彰，重点对今后全县的地方志工作进行谋划、提出要求。同时，以会议为契机，举行《湘潭县志（1988—2006）》首发仪式，号召全县各级各单位和广大党员干部读志用志，以志为鉴，努力奋斗，为推动县域经济社会发展做出积极贡献。

坚持创新突破，年鉴工作又获嘉奖。2016年，《湘潭县年鉴》坚持创新突破，提出“提升出版质量，提早出版时间”的目标任务。县史志办加强对部门初稿撰写的指导，加强与方志出版社的联系沟通协调，于11月《湘潭县年鉴（2016）》正式由方志出版社出版发行。《湘潭县年鉴（2016）》共30个篇章、48个彩页、近70万余字。年底，在湖南省第四届年鉴奖评奖工作中，《湘潭县年鉴（2016）》再次被评为县市区级地方综合年鉴一等奖。

坚持统筹兼顾，按时保质完成市里交办评审任务。年内，认真组织并参加《韶山市乡镇简志》《湘乡市乡镇简志》《雨湖区乡镇（街道）简志》《岳塘区乡镇（街道）简志》志稿的评审，完成百万余字的评审任务，评审的专业态度得到市史志办的高度赞扬。

【八路军南下支队司令部遗址标识落成庆典】 8月1日，湘潭县举行八路军南下支队司令部遗址标识落成庆典，以此纪念为国家解放和民族独立英勇战斗的革命先辈，缅怀他们的丰功伟绩和崇高的革命精神。市委副秘书长、市史志办主任易小兰，县领导段伟长、周艳希、谭何龙，以及老干部代表参加庆典。县委副书记周艳希主持仪式，市委副秘书长、市史志办主任易小兰，县委副书记、县人民政府县长候选人段伟长为遗址标识揭幕，并整理花篮绶带。1944年11月，王震司令员率领八路军南下支队4000余人，从延安出发，过黄河，越长江，战胜险恶的自然环境，打破敌人的围追堵截，于次年3月抵达湖南平江，建立通达南北，涵盖岳阳、长沙、湘潭的革命根据地。8月1日，南下支队转移至花石盐埠，司令部设在黄家湾黄家祠堂，在此驻扎休整的四天时间里，部队严肃军纪，公平买卖，替农民挑水扫地，治疗疾病，建立深厚的军民鱼水情。段伟长讲述八路军南下支队的先进事迹。他认为，南下支队的英雄事迹、不屈不挠的伟大抗战精神、情真意切的军民鱼水情怀，永远是莲乡人民弥足珍贵的精神财富、开拓进取的力量源泉。段伟长要求，要以此次遗址标识落成为契机，把丰富厚重的红色文化转化为历久弥新的精神动力，把莲乡儿女的美好愿望汇聚成强大合力，紧紧围绕“创一流、进百强”的宏伟目标，充分激发全县广大干部群众创业的热情和干劲，矢志不渝，奋力开拓，再书幸福莲乡新篇章，再铸伟人故里新辉煌。易小兰表示，革命遗址遗迹的保护、开发和利用，是党史工作的重要组成部分，也是加强爱国主义基地建设和爱国主义教育的重要内容。湘潭革命底蕴深厚，蕴藏着十分丰富的党史资源和精神财富。此次遗址标识的揭幕是湘潭党史工作中的一件大事，对于充分挖掘湘潭红色文化资源，全面推介湘潭，打造全国红色文化旅游基地，建设“精美湘潭”，有着十分积极的推动作用。她希望广大党员干部、群众，特别是青少年，能通过革命遗址解重温革命历史，并从中受到教育和启迪，进一步知党、爱党、颂党，激发正能量，同时激励各行各业为改革发展贡献智慧和力量。

【《湘潭县志（1988—2006）》首发仪式】 12月8日，《湘潭县志（1988—2006）》首发仪式举行。市委副秘书长、市史志办主任易小兰，县领导周艳希、周贤、谭捍卫、曾耀辉、韩炎，各乡镇、县直机关和驻县相关单位分管史志工作的负责人和年鉴撰稿人参加。《湘潭县志（1988—2006）》为湘潭县第二部社会主义新方志，是1995年版《湘潭县志》的续编。按照中央、省、市关于开展第二轮志书编修的工作部署，2003年11月，湘潭县人民政府作出续修《湘潭县志（1988—2002）》的决定，成立由县委书记任顾问、县长任组长、相关部门为成员单位的湘潭县地方志编纂委员会。这部志稿上承1995年版《湘潭县志》，由概述、大事记、人物、附录和22个专篇组成，总计139万字。专篇采用章节体和条目体相结合的体例，设章、节、目、子目四层构架，有99章、372节。全志收录传记人物62人，社会知名人士598人。刊登彩色图片120张，黑白插图33张。志中记述的19年，是湘潭县历史上发展最快的时期之一。志稿的内容，力求全面、客观、真实地记述这一时期湘潭县境内自然、人文、社会、经济等各方面的发展状况，着力体现时代特色、地方特色、专业特色，为实现科学发展提供准确、可靠的依据。重点反映改革开放以来，湘潭县人民在党的领导下自强不息、敢为人先、锐意进取、艰苦奋斗的历程，旨在用伟大成就激励人，用成功经验启迪人，用历史教训警示人，努力为湘潭县的改革实践树立丰碑，为早日实现“富民强县”目标提供必要的历史借鉴。

续志工作于2004年正式启动，全县116个承编单位300余人参与编纂。经过“征集资料、初稿撰写、总纂打磨、评审验收”几个阶段的辛勤耕耘，历时11载，于2014年通过省志委评审验收，2015年10月正式出版。志稿质量得到省市领导和专家的充分肯定，被评价为“一部优秀的综合性志书”。县志的出版是全县地方志工作中的一件大事，也是全县精神文明建设和文化建设的一项重大成果。

【《湘潭县年鉴（2016）》再获全省县市区级综合年鉴一等奖】 《湘潭县年鉴》从1997年创刊，坚持一年一鉴。近十年来，通过“走出去”“请进来”等方式，广泛吸取外地年鉴编纂的成功经验，年鉴框架结构合理、分类科学、层次清晰、领属得当、编排有序；条目选题选材准确，新颖，记述要素齐全；资料准确，内容真实，客观反映取得的成绩和存在的问题；信息资料具有较强的为现实服务和存史的价值；地方特色突出；记、图、表、录等表现形式配合得当，使用规范；具有完备的检索系统；各层次标题简洁、准确、规范；文风朴实，记述流畅；语言文字、标点符号、汉语拼音、数字、计量单位使用和图片选用等符合国家有关法律、法规和规章、规定；装帧设计精美、大气。2015年，《湘潭县年鉴》的编纂再次进行全面改革，不仅在创新和规范框架结构、资料内容、版面装帧、图文编排，实现质量的提升，而且做到依法出版（由地方志专业出版社——方志出版社出版），实现从“内部资料”到“公开出版物”身份的提升，让湘潭县年鉴走向更宽广的社会领域，成为宣传和推介湘潭县、为社会大众服务的桥梁和纽带，较好地发挥年鉴“存史鉴今、资政育人”的作用。《湘潭县年鉴》科学合理的设计、先进的印刷和美丽的装帧，突出湘潭县社会经济发展的主旋律，保持志书的严肃、端庄、大气的风格。2016年年底，《湘潭县年鉴（2016）》在湖南省第四届年鉴奖评奖工作中荣获县市区级地方综合年鉴一等奖，这是《湘潭县年鉴》在湖南省第三届年鉴奖评奖工作中荣获县市区级地方综合年鉴一等奖之后，再获该奖项。

（杨红艳）

对台工作

【概况】 2016年，湘潭县人民政府台湾事务办公室精心组织编写11万余册《涉台知识问答》读本，进一步推动“涉台知识进校园”活动。借助“同心社区”“同心乡村”等渠道，广泛宣传中央、省、市关于对台工作的政策精神。抓好信息报送和对台舆论引导工作，10篇稿件被“中国台湾网”等主流媒体转发。邀请台湾台威食品董事长及台杰食品有限公司总经理到湘潭县考察，并通过《台湾联合报》对湘潭县湘莲产业及红色旅游在台湾岛内进行专题采访报道，进一步推介湘潭县。组织人员参加赴台交流考察团，积极推介湘潭县。开展全县台籍人员摸底造册工作，全面掌握全县台籍人员情况。走访探望台胞台属，妥善处理涉台投诉问题，参与射埠镇台企闲置资产处置工作，维护台胞台属台商的合法正当权益。推进涉台工作重点乡镇——白石潭口新农村示范片项目建设。年内，计划实施项目6个，累计落实项目8个，共投入资金245万元。至年底，完成示范片内3个村农电网升级改造；对环形公路12.1千米村道有效路段进行全线绿化；完成双阳村双龙水库、潭口村仙娥水库除险加固工程；完成双阳村晒谷坪建设工程和潭口村村部维修工程；硬化部分村组连接公路；“6·9”“6·15”特大暴雨后，多方筹措资金20余万元，修复垮塌塘堤，清理塌方路面，组织村民开展生产自救；重点改造骨干山塘、骨干水渠共计6处；拍摄潭口新农村示范片建设专题汇报片，全面总结示范片三年来的建设成效。

（杨鑫铸）

老干部工作

【概况】 2016年，湘潭县有行政、事业单位离退休干部8151人。其中教育系统4218人，乡镇政府机关站办所1156人，卫计系统653人，县直机关单位2124人。离休干部和享受副县级三项待遇以上的退休干部中，80岁以上的107人，年龄最大的96岁。

全年以学习贯彻上级有关文件精神为主线，开展“两学一做”“连心惠老”和“为党的事业增添正能量”三大主题活动，完成走访慰问、困难帮扶、组织体检、参观座谈、举办金婚钻石婚纪念、书画诗文赛、组织志愿服务、办好示范点等“十件实事”，组织开展钓鱼、棋牌、麻将、门球等一系列老干部活动。组织老干部集中学习11次，重点突出对党的十八届四中、五中、六中全会精神和省、市、县委重要文件精神的学习贯彻和宣传。编印《关于进一步加强和改进离退休干部工作的意见》学习资料。3月23日，湖南省委老干部局副局长梅元喜一行就贯彻落实中央下发的《关于进一步加强和改进离退休干部工作的意见》赴湘潭县调研。县委常委、组织部部长、统战部部长周贤参加调研座谈会。5月24—31日，在湘潭县中医医院组织全县离退休干部进行一次健康检查。6月8日，县委组织部、老干部局联合发文《关于印发〈湘潭县离退休干部党员“两学一做”学习教育实施方案〉的通知》（潭组发〔2016〕22号），在全县离退休干部党员中启动“两学一做”学习教育活动，并以“送学上门”的方式引导离退休干部党员自觉学习、及时学习。年内开展“送温暖、送清凉、送学习、送服务、送帮扶”主题活动，通过“冬送温暖”“夏送清凉、送学习”，日常“送服务、送帮扶”等举措，对全县离退休干部进行走访慰问和困难帮扶，全年走访慰问老干部800多人次。对老干部活动大楼进行维修改造，安装电子显示屏和监控设施。开展纪念长征胜利80周年书画赛，纪念建党95周年“心中有话向党说”诗文比赛，共收到书画作品和诗文分别为60余幅、150余篇，先后对优秀作品进行印发评选表彰。11月9日，湘潭市委老干部局正式授牌湘潭县砚井社区作为离退休干部“四就近”服务工作联点社区。年内，中共湘潭县委老干部局创建为湖南省文明单位、湘潭市市级文明卫生单位、湘潭市无烟单位。

【老干部座谈会】 2月2日，县委、县政府在天易示范区组织召开老干部代表迎春座谈会。座谈会上，县委常委、常务副县长周俊文通报2015年全县经济社会发展情况和2016年的工作思路与目标，县委书记谢振华讲话。县四套班子主要领导、县老干部工作领导小组正副组长及县委办、县政府办、县委组织部、县财政局、县人社局、县卫计局、县委老干部局等老干部工作领导小组成员单位负责人参加会议。在县委班子换届期间，县委、县政府多次召开征求离退休干部意见座谈会，广泛听取离退休老干部对全县十二次党代会报告、县域经济社会发展、党风廉政建设和反腐败工作等方面的意见建议。10月9日，县委、县政府举办“庆重阳”湘潭县老干部视察活动，组织全县副县级及以上的离退休干部参观考察天易示范区园区建设，县委书记傅国平发表讲话，提出“不忘历史，倍加珍惜老领导奠定的良好工作基础；不辱使命，全力推动县域经济社会快速发展；不遗余力，带着感情和责任做好老干部工作”的新要求。县领导段伟长、周艳希、黄忠德、王惠芳、周贤、刘耀奇、谭捍卫、唐剑恒、刘铁强等参加当天的活动。

【老干部生活待遇】 巩固和完善离休干部“三个机制”，离休干部离休费按时足额发放，医药费按规定实报实销。离休干部健康休养费、无固定收入配偶（遗孀）生活补助费、护理费，离休干部电话补助费、交通费按时发放不拖欠。2016年，发放离退休干部各项费用共计234万元。根据12月14日老干部工作领导小组会议精神，从2017年起提高离休干部、副县级以上（含三项待遇）退休干部的交通费和电话费补助标准，交通费增加到：科级每人每月50元，县（处）级60元，厅级80元；电话费增加到：副县级每人每月50元，正县级60元；副厅级80元。共计增加79680元，列入县委老干部局常年财政预算。从2017年起，由老干部局服务管理的所有离休干部及副县级以上退休干部春节慰问金从500元/人提高到800元/人，列入县委老干部局常年财政预算；全县行政、事业单位所有离退休干部和企业离休干部的春节慰问在各单位慰问的原有基础上，由县委、县政府统一慰问300元/人，列入离退休干部所在单位常年财政预算，由所在单位发放。从2017年起增加老干部困难帮扶经费2万元，列入县委老干部局常年财政预算。

【老干部工作领导小组会议】 12月14日，县委副书记、县委老干部工作领导小组组长周艳希在县委常委会议室主持召开老干部工作领导小组会议。县委常委、县人民政府常务副县长、县委老干部工作领导小组副组长周贤，县委常委、县委办主任、县委老干部工作领导小组副组长谭捍卫，县人民政府副县长陈义等县领导出席会议，县委办、县委组织部、县委老干部局、县人社局、县财政局、县卫计局等领导小组成员单位主要负责人参加会议。会议听取县委组织部副部长、县老干部局局长虞也关于全县老干部工作情况的汇报，作出加强离退休干部党组织建设、做好2016年市对县老干部工作绩效考核，从2017年起提高老干部交通费和电话费标准、提高老干部春节慰问费标准、增加老干部困难帮扶经费、老年大学工作经费和各乡镇老干部工作经费等决定。

【红霞情·金色爱湘潭县离退休干部“金（钻石）婚”纪念活动】 6月8日，县委组织部、县委老干部局联合印发《关于举办湘潭县离退休干部“金（钻石）婚”纪念活动的通知》，为县内婚龄50年以上，且夫妻双方健在的离休干部、副县级（含享受副县级三项待遇）退休干部举行金（钻石）婚纪念活动。活动以“红霞情·金色爱”为主题，分为“真情相伴”和“纪念庆典”两个环节，工作进程为申报阶段、审核阶段、采访推介和庆典活动四个步骤。经离退休干部所在单位申报，湘潭县离退休干部金（钻石）婚纪念活动组委会审核，报请县委老干部工作领导小组同意，共为23对结婚已50年的金婚夫妇，24对结婚已60年的钻石婚夫妇颁发金（钻石）婚纪念盘和纪念证书。10月18日在鑫田国际大酒店荷花厅举行湘潭县离退休干部“红霞情·金色爱”金（钻石）婚纪念庆典活动，邀请18对金婚、钻石婚老干部夫妇代表参加，中共湘潭市委老干部局负责人，县领导周艳希、韩炎、李西文等参加活动。

【“情暖夕阳——尊老为老”志愿服务活动】 6月6日，县委老干部局联合团县委、县青年志愿者协会，在网上发布“情暖夕阳——尊老为老”志愿服务活动志愿者招募公告，面向社会共招募来自机关、学校、城市、农村的43名志愿者。7月23日，在县委老干部局举行志愿服务活动启动仪式，先后组织志愿者为那些高龄、患病、失能、空巢、孤独的老干部清扫住房、学习文件、谈话聊天，提供家政服务、精神关怀等。

【涉老组织工作】 县关工委协调各成员单位，坚持以社会主义核心价值观为主线，发挥“五老”的作用，聘请46名“五老”网吧监督员义务巡查监督网吧，继续组织万名“五老”结对帮扶青少年，在青少年中开展“三爱”主题教育、第三届“关爱明天，普法先行”青少年法制宣传教育、“五个一”即举行一次国旗下的讲话、举办一次主题班会、学一首歌颂红军或长征歌曲、出一期专栏、看一部主题为“红军长征胜利八十周年”影视剧、“学雷锋”活动、网吧监督、募资助学等。推荐锦石中心学校严晓凤同学荣获全省第二届“最美孝心少年”荣誉称号。全年直接募集基金60余万元，扶助各类贫困学生300余人。3月16日，湘潭县老年大学召开专题工作会议，宣布关于县政协原主席杨桂秋主动请辞县老年大学校长职务、聘请县政协原副主席陈雪娥为新一届老年大学校长，县直机关工委原书记李秋英为教务主任事项的决定。年内，老年大学共开办两期，招收学员近500名，开设13个班，先后组队参加县内、湘潭市各项比赛活动和文艺会演并获奖。县中老年保健协会编印会长李罗莹执笔撰写的《健康八大基石——良好的生活方式》养生保健资料40000册，发放到县直机关、乡镇、村、组、社区、居委会乃至居民手中。继续在县电视台、县网、手机报等媒体开设健康教育专栏，举办“环保·健康行”、门球等健身比赛，开展养生保健知识讲座、走访慰问百岁老人等活动。县老年书法家协会协助开展“纪念红军长征胜利八十周年”书法赛活动，做好作品收集、整理和评选等工作。县门球协会全年开展各类邀请赛、赞助赛、祝寿赛、节日赛等大型比赛十多次。

（彭双飞）

档案工作

【概况】 2016年，湘潭县档案局（馆）接待查档2818批，4503人次，查阅档案9558卷次，复印6714页，解决各类问题2276起。在服务中心工作、服务民生、服务文化建设“三服务”中发挥独特的作用。在推进档案、数据、信息“三位一体”的资源建设中，年内拍摄县内重要活动视频数据860GB，录制成品25个，档案数据新增容量2.34TB，县档案局（馆）数据量达9.12TB；声像档案工作领先全市同行。在县报、县手机报开设“莲乡档案”专栏，宣传档案史料和中华人民共和国财政部、国家档案局令第79号《会计档案管理办法》等档案法律法规，进一步增强领导的责任意识和全民的档案意识。及时更新湘潭县档案信息网站内容，优化网站栏目，不断加强和完善档案信息平台建设。编辑《档案园地》6期，上报并被各级采用的档案工作信息（征文）47篇，其中被中国档案报（网）采用5篇，省级媒体采用6篇，市级媒体采用10篇，县级26篇。县档案局连续12年被湖南省档案局评为全省档案宣传工作先进单位。

【档案资源建设】 档案资源是档案工作的源头活水，是服务中心工作、服务民生、服务文化建设的宝贵财富。2016年接收湘潭县计生局档案546卷册。接收县工程公司档案。接收县煤监局档案资料。接收响塘乡1995–2010年档案259卷（盒）。监督民生人寿保险有限公司湖南分公司清点全部档案编号及档案退库打包装车4543盒558箱。征集《法卡山部队荣誉史》等资料34本。组织技术人员全部做好消毒、鉴定、整理、编目入库工作。加强档案资源管理和建设。

【重点档案申报与抢救工作】 根据省、市档案部门要求，3月，向省档案局申报毛泽东、华国锋、彭德怀、罗亦农等党和国家领导人和文化名人齐白石有关档案资料，作为重点抢救内容。6月对“彭德怀给湘潭报委书信手迹”作为档案文献遗产进行申报。完成重点档案抢救案卷的数字化目录录入20000条，撰写案卷封面4500卷。

【指导基层档案工作】 2016年，派出机关业务能手400多人次，上门为县交通运输局、青山桥镇等60多个单位指导档案规范化整理和永久档案数字化技术服务。新增县城管局1家省一级、县政务服务中心、县农业局2家省二级档案达标单位。

【开展馆藏档案数字化和基层档案备份工作】 在加快馆藏目录数据库和全文数据库平台建设中，2016年县档案管理系统新增容并备份9.82GB，县直单位档案备份数据378.41GB，乡镇档案备份数据254.54GB，县属单位专业档案备份数据350GB，县文化馆档案备份数据545GB，县档案馆声像档案数据860GB，全年新增档案数据2.34TB。

【开展岗位练兵活动】 12月22日，全局50岁以下干部职工开展岗位练兵活动。围绕现行文书档案的收集整理、照片档案的保管归档、重点档案的抢救与保护、声像档案的拍摄与制作、档案数字化加工与备份、档案编研和档案技术服务等多课题，人人上台讲解与交流，由评委现场点评，有效促进干部职工成为技能“俚手”和业务“多面手”，调动干部的学习热情和工作积极性。

【胡振荣调研湘潭县档案工作】 12月2日，省档案局党组书记、局长胡振荣一行4人在湘潭市档案局副局长阳荣初等领导陪同下到湘潭县调研档案工作。胡振荣一行首先现场察看湘潭县档案新馆的爱国主义教育基地、档案安全保管基地、档案利用服务中心、政府信息公开中心、电子文件管理中心的“五位一体”的功能定位和档案数字化平台建设情况，特别对珍贵档案一一进行检查和鉴赏。随后听取湘潭县委常委、常务副县长周贤关于档案新馆建设和全县档案工作情况汇报。县委书记傅国平介绍新建县国家综合档案馆的初衷，要求高标准建设好县档案馆，全力支持档案工作。胡振荣充分肯定县委，县政府高度重视档案工作，特别县档案馆建设坚持高起点规划，高标准建设，选址科学，布局合理，功能完善，设备齐全，县档案局工作扎实，取得可喜成绩非常满意。同时对如何做好新时期档案工作提出期望与要求。

【蔡振武视察县档案馆新馆】 8月30日，省档案局副局长蔡振武一行4人到湘潭县档案馆新馆视察。天易示范区党工委委员、管委会副主任胡庚及县档案局负责人参加视察。在县档案馆新馆，蔡振武一行察看多功能培训会议厅、数字化机房、整理室、档案利用接待室、档案库房、特藏室、展览厅、消防控制室、监控室等功能用房，并就如何完善馆内建设提出建议。

【开展国际档案日宣传活动】 6月9日，县档案局在县委党校前坪举办以“档案与民生”为主题的开展全国第4个“国际档案日”宣传活动，活动信息在县网、县报和湖南红网新闻频道、中国档案网和中国档案报进行报道。活动现场有档案法律、法规、政策宣传，有档案史料图片展，有馆藏声像档案播放，有档案业务咨询等多项宣传服务。

【县档案局（馆）整体搬迁工作顺利完成】 湘潭县档案局11月1日正式启动馆库搬迁工作。为确保馆藏档案安全有序的迁入新馆，县档案局（馆）制订详细的搬迁方案和突发事件应急预案。在县公安局、县消防大队及社会各界力量的共同帮助下，馆藏50万卷（册）档案已全部安全有序地存放于新馆库房中，县档案局（馆）的整体搬迁工作于11月30日顺利完成。

【湘潭县国家综合档案馆新馆开馆】 湘潭县国家综合档案馆新馆坐落在天易示范区杨柳路以南的飞鸽路边，东邻县公安局、西邻县消防大队、南邻县委党校。新馆项目总投资预计5800万元，占地面积0.54公顷，总建筑面积13507平方米，其中地下停车场3707平方米、地上十层建筑面积9800平方米。新馆于2014年11月4日正式开工建设，2015年12月16日主体工程竣工，2016年6月完成室内二次装修工程，9月完成室外附属工程和相关单项工程设备安装、调试工作，10月完成暖通、弱电、消防、电梯等单项工程的验收工作，10月28日进行整体工程项目竣工验收，11月完成局馆搬迁工作，12月1日，县委常委、宣传部部长李豪雄和县委常委、县委办主任谭捍卫为湘潭县国家综合档案馆新馆揭牌开馆。

【开展全县《档案法》实施情况检查】 5月23—27日，县档案局对全县17个乡镇农村党员档案整理、区划调整乡镇和合并村档案交接情况开展专项督查；12月份，组织对全县17个乡镇及76家县直机关单位进行档案工作绩效考核，对存在问题的单位下达限期整改意见书，并进行定期验收。

（谢伦炳）

（责任编校　杨红艳）

湘潭县人大常委会

概 述

【概况】 2016年，县人大常委会按照中央、省委、市委、县委相关文件要求，坚持党的领导、人民当家做主、依法治国有机统一，围绕全县工作大局，认真履行宪法和法律赋予县级人大常委会的各项职权。全年圆满完成湘潭县第十五届人大四次会议和2016年工作要点确定的各项目标任务。年内，组织召开2次全县人民代表大会会议，7次县人大常委会会议，听取和审议专项工作报告20个，组织执法检查2次，组织工作视察5次，依法依程序任免地方国家机关工作人员59人次，其中，任免县人大常委会主任1人次，副主任5人次，委员28人次；决定任命县长1人次，副县长8人次，任免县政府组成人员6人次；任免法院院长、检察院检察长各1人次，任免法院、检察院工作人员8人次。

县人大常委会依法行使重大事项决定权，相继就湘潭县国民经济和社会发展第十三个五年规划纲要、湘潭县2015年财政决算、湘潭县2016年预算调整、湘潭县第十六届人大一次会议召开等8项具体工作作出决议、决定。湘潭县第十五届人大四次会议及闭会期间，收到代表建议368件，常委会及时将代表的建议分类造册登记，转交“一府两院”办理，并对承办单位办理代表建议情况组织多轮督办。尤其是通过建立“常委会领导带队、各委室分工督办、代表积极参与、全社会共同关注”的代表建议“大督办”机制，有力地提升建议解决率和代表满意率。同时，常委会继续实施重点建议、重点承办单位重点督办制度，从众多建议中挑选出6件作为年度重点建议，开展重点督办，解决部分社会关注度高的现实问题。368件建议已全部办理完毕。其中，由县政府承办的344件建议,已解决或基本解决的（A类）144件，占41.9%；正在解决或列入计划逐步解决的（B类）186件，占54.1%；因条件限制或政策不许可等原因暂时不能解决或没有解决的（C类）14件，占4%。从建议督办情况来看，见面率和回复率均达100%。

【严隽琪调研湘潭县梅林桥美丽乡村示范片】 4月10日，全国人大常委会副委员长、民进中央主席、中央社会主义学院院长严隽琪一行到湘潭县就创新社会基层治理夯实农村良性运行基石、扶持村级集体经济发展以提高农村公共服务能力两个重要议题进行调研，民进中央副主席刘新成、朱永新，秘书长高友东随同参加。调研组首先到易俗河镇梅林桥美丽乡村示范片谷洪村考察梅林山庄葡萄园，再到廖家桥，听取有关负责人对湘莲种植等产业和紫荆河水区改造情况的介绍。在梅林桥，调研组还实地考察当地文化广场、农贸市场和示范片发展规划。调研组每到一处认真了解情况，掌握真实可靠的第一手材料，为形成报送国家有关方面的建议做准备。

湖南省人大常委会副主任、民进湖南省委主委谢勇，中共湖南省委统战部常务副部长谭平，湖南省扶贫办主任王志群，湘潭市县领导曹炯芳、谈文胜、李江南、陈忠红、杨真平、谢振华、傅国平、黄忠德、谭何龙、唐剑恒、韩伟、赵新良等陪同参加调研。

重要会议

【湘潭县第十五届人大常委会第二十三次会议】 2月3日召开。会议表决通过《湘潭县人大常委会2016年工作要点》；表决通过《湘潭县人大常委会工作报告》，并推定县人大常委会主任黄忠德为报告人；逐一通过《湘潭县第十五届人大四次会议工作日程等具体事项（草案）》。会议表决通过县人大常委会代表资格审查委员会关于湘潭县第十五届人大三次会议以来代表异动情况的审查报告。

【湘潭县第十五届人大四次会议】 2月24日至2月27日在易俗河召开。此次会议共召开三次全体会议，三次主席团会议。2月25日上午，大会在鑫田国际大酒店举行第一次全体会议暨开幕式，2月27日下午，大会举行第三次全体会议暨闭幕式。会议听取和审查县人大常委会和“一府两院”工作报告，书面审查计划、财政报告及湘潭县国民经济和社会发展第十三个五年规划纲要。会议以举手表决的方式通过上述七大报告，并作出相应的决议。会议收到代表建议368件。

【湘潭县第十五届人大常委会第二十四次会议】 4月13日召开。会议依法依程序补选湘潭市委书记、市人大常委会主任提名人选曹炯芳为湘潭市十四届人大代表，补选结果报湘潭市人大常委会备案、公告。

【湘潭县第十五届人大常委会第二十五次会议】 4月25—26日召开。会议听取县人民政府关于电子商务发展情况的报告以及县人民法院关于立案工作情况的报告，听取和审议县人民政府关于动物检疫、县城管理及贯彻实施《中华人民共和国民办教育促进法》情况的报告。会议决定批准2016年全县部门预算，票决通过县人民政府关于办理潭常函〔2015〕7号（县城物业管理）审议意见交办函情况的报告。会议还依法依程序进行人事任免，免去陈志锋的湘潭县城市管理和行政执法局局长职务，任命王铁钢为湘潭县城市管理和行政执法局局长。

【湘潭县第十五届人大常委会第二十六次会议】 6月29日召开。会议听取和审议县人民政府关于2015年预算执行及其他财政收支的审计工作报告以及《中华人民共和国劳动争议调解仲裁法》贯彻实施情况的报告。会议通过《关于湘潭县2015年财政决算（草案）情况的报告》，批准《县人民政府提交的湘潭县2015年财政决算（草案）》，通过县人民政府关于办理潭常函〔2015〕8号（湘莲产业化发展）审议意见交办函情况的报告。会议还依法依程序进行人事任免，任命文竹等5人为县人民检察院检察员，免去李伟的县人民检察院检察委员会委员、检察员职务。

【湘潭县第十五届人大常委会第二十七次会议】 8月5日召开。会议依法依程序作出接受傅国平辞去湘潭县人民政府县长职务、周俊文辞去湘潭县人民政府副县长职务的决定。会议还依法依程序决定任命段伟长为湘潭县人民政府副县长，决定为湘潭县人民政府代理县长。

【湘潭县第十五届人大常委会第二十八次会议】 8月25—26日召开。会议听取县人民政府关于贯彻实施《中华人民共和国城乡规划法》情况的报告，听取和审议“一府两院”在湘潭县第十五届人大四次会议上所作工作报告上半年执行情况的报告、县人民政府2016年上半年财政预算执行情况的报告。会议票决通过县人民政府关于办理潭常函〔2016〕1号（《中华人民共和国民办教育促进法》贯彻实施）、2号（县城管理工作）、4号（《中华人民共和国劳动争议调解仲裁法》贯彻实施）审议意见交办函情况的报告。会议还依法依程序进行人事任免，免去韩伟的湘潭县公安局局长职务，任命彭世辉为湘潭县公安局局长；任命余清华为县人民法院审判员、审判委员会委员、副院长，决定为湘潭县人民法院代理院长，任命胡湘晖为县人民检察院检察员、检察委员会委员、副检察长，决定为湘潭县人民检察院代理检察长。

【湘潭县第十五届人大常委会第二十九次会议】 10月27—28日召开。会议决定于11月24日至29日在易俗河鑫田大酒店召开湘潭县第十六届人大一次会议。会议表决通过《湘潭县人大常委会工作报告》，并推定县人大常委会主任黄忠德为报告人；逐一通过湘潭县第十六届人大一次会议有关事项；依法确认307名湘潭县第十六届人大代表资格有效。会议票决通过县人民政府关于办理潭常函〔2015〕9号（农村公路建设与养护）和〔2016〕3号（动物检疫）审议意见交办函情况的报告。会议听取和审查县人民政府关于2016年预算调整情况的报告，作出关于批准2016年预算调整的决议。会议听取和审议县人民政府关于办理县人大代表建议、县人大常委会审议意见交办函和主任会议建议书情况的报告。会议听取县人民政府关于全面放开二孩政策实施、依法行政工作情况的报告和县直有关部门关于2015年“同级审”问题整改工作情况的报告；书面听取“环保世纪行”“三湘农产品质量安全行”“三湘农民健康行”“司法公正行”湘潭县组委会办公室关于2016年工作开展情况的报告。会议还依法依程序进行人事任免，免去杨格的县监察局局长职务，任命朱良红为县监察局局长。

【湘潭县第十六届人大一次会议】 11月24—29日在易俗河召开。此次会议共召开六次全体会议，五次主席团会议。11月26日上午，大会在鑫田大酒店举行第一次全体会议暨开幕式，11月29日，大会举行第六次全体会议暨闭幕式。大会选举唐剑恒为湘潭县第十六届人大常委会主任，段伟长为县人民政府县长，余清华为县人民法院院长，胡湘晖为县人民检察院检察长。赵国政、曾耀辉、刘绵晖、李西文、胡自庚当选为湘潭县第十六届人大常委会副主任。周贤、黄铁华、彭世辉、唐仁光、杨欣荣、荣虎成、陈义当选为县人民政府副县长。王层林等28人当选为湘潭县第十六届人大常委会委员。曹炯芳等98人当选为湘潭市第十五届人民代表大会代表。会议通过湘潭县第十六届人大法制委员会和财政经济委员会主任委员、副主任委员、委员名单。会议听取和审查县人大常委会和“一府两院”工作报告，书面审查计划、财政报告。会议以举手表决的方式通过上述六大报告，并作出相应决议。

湘潭县第十六届人民代表大会常务委员会组成人员名单

主　任　唐剑恒

副主任　赵国政　曾耀辉　刘绵晖　李西文　胡自庚

委　员（按姓氏笔画排序）

马　列　王层林　王佳洪　王彩玉（女）　方继前　尹立仁　冯　敏（女）　冯旭辉　朱　亮　刘天星　刘红辉（女）　刘德纯（女）

杨立明　邱伶俐(女)
闵邓宇　张　毅　陈北球
胡运庚　胡厚浪　钟高明
莫　明　倪　波(女)
徐湘琼(女)　唐新堤
程密群（女）　曾绍军
谢水清(女)

湘潭县第十六届人民代表大会法制委员会组成人员名单

主任委员　杨立明
副主任委员　刘德纯（女）
委　　员（以姓氏笔画为序）
尹立仁　杨　静（女）
周最强　钟高明
熊志军

湘潭县第十六届人民代表大会财政经济委员会组成人员名单

主任委员　冯旭辉
副主任委员　王彩玉（女）
委　　员（以姓氏笔画为序）
闵邓宇　袁谷红（女）
莫　明　郭秋连（女）
曹铁光

决定决议

【概况】 2016年，县人大常委会依法行使重大事项决定权，依法作出《湘潭县第十五届人民代表大会第四次会议关于国民经济和社会发展第十三个五年规划纲要的决议》《湘潭县第十五届人民代表大会第四次会议关于湘潭县2015年国民经济和社会发展计划执行情况与2016年国民经济和社会发展计划的决议》《湘潭县第十五届人民代表大会第四次会议关于湘潭县2015年财政预算执行情况和2016年财政预算的决议》《湘潭县第十六届人民代表大会第一次会议关于湘潭县2016年国民经济和社会发展计划执行情况与2017年国民经济和社会发展计划（草案）报告的决议》《湘潭县第十六届人民代表大会第一次会议关于湘潭县2016年财政预算执行情况和2017年财政预算（草案）报告的决议》等8项决议、决定。

执法检查

【概况】 2016年，县人大常委会挑选《中华人民共和国民办教育促进法》《中华人民共和国劳动争议调解仲裁法》两部法律作为执法检查选题。4月，县人大常委会教工委组织部分县人大常委会委员、人大代表在县人大常委会副主任韩炎、副书记韩德平的带领下，组成检查组，对县人民政府贯彻实施《中华人民共和国民办教育促进法》情况进行检查。检查采取听取汇报、实地调查、问卷调查、网络调查、召开座谈会、资料审查等多种形式进行。通过开展《中华人民共和国民办教育促进法》执法检查，督促和支持县人民政府规范对民办学校的支持政策，加强到民办学校支教的公办教师的身份和流动问题、民办学校票据和江声、云龙中学资产登记管理问题的解决力度，逐步增加对民办教育的投入，依法加强对民办学校的监管，推动民办教育更好更快发展。

5月下旬至6月上旬，检查组在县人大常委会副主任何晓春率领下，对县人民政府2014年以来贯彻实施《中华人民共和国劳动争议调解仲裁法》的情况进行检查，先后重点听取县人社局、县司法局、县法院、县总工会、县工商联、易俗河镇人民政府、谭家山镇人民政府关于劳动争议调解仲裁工作情况的汇报，与县城的砚井社区、小龙王槟榔食品有限公司、康普一笑堂等企业的负责人以及易俗河镇、谭家山镇部分县人大代表进行座谈，查阅县劳动争议仲裁院、县人民法院劳动争议案件案卷、资料，走访调查石潭镇、河口镇的劳动争议调解工作情况。执法检查过程中，检查组对劳动关系协调和劳动争议处理的工作情况，以及劳动人事争议仲裁委员会、劳动争议调解组织的建设情况进行重点检查。通过开展《中华人民共和国劳动争议调解仲裁法》执法检查，督促和支持县人民政府及其相关职能部门按照“调裁结合、调解为主”的工作原则，妥善处理一大批劳动争议调解仲裁案件，有力地维护社会和谐稳定，进一步充实县劳动人事争议仲裁委员会这一组织领导机构，进一步加强劳动争议调解仲裁干部的队伍建设。

专题考察

【概况】 2016年，县人大常委会以县城居民健身场所建设和管理工作、新成立的派出所、全县蔬菜基地建设情况、新型农村合作医疗工作等为主题，组织常委会组成人员和部分人大代表进行专题视察。

5月25日，县人大常委会组织部分常委会组成人员和人大代表对全县新型农村合作医疗工作进行视察。先后查看梅林桥门诊点、梅林桥卫生院、县人民医院，并在县人民医院召开座谈会。在视察过程中，常委会认为新型农村合作医疗管理和县人民医院建设的支持力度都应加强，向县人民政府提出全力开展县人民医院三级综合医院创建、建立更加灵活的人才合作机制、将县人民医院西侧红线外至天马西路、香樟路、海狮路范围内的百余亩土地规划给县人民医院、将老县城原人民医院分院拆迁补偿经费及时足额投入县人民医院内科住院楼和门急诊医技综合大楼建设4条建议。县人民政府分管副县长向常委会主任会议报告建议落实情况。

7月27日，由内司工委牵头，组织部分常委会组成人员和人大代表对新成立的杨嘉桥派出所、乌石派出所进行视察。通过视察，提出要进一步完善办案设施安全，加强规范化、人性化管理；加大新成立的派出所硬件建设力度两点建议。

8月24日，由教工委牵头，组织部分常委会组成人员和人大代表对，组织对全县蔬菜生产进行视察，督促全县蔬菜生产的规范化。通过视察，向人民政府提出3条建议：一是建议引进蔬菜栽培专业技术、市场分析及运作、质量监测等方面的人才；二是建议培育新型农业经营主体，注重产销结合、旅游与农业结合，加大项目争取及支持力度；三是县蔬菜办要为全县蔬菜基地搞好服务和监督，为广大菜农提供技术支持，打造和推广本土蔬菜品牌。

9月22日，为进一步落实2015

年县人大常委会组织的关于县城居民健身场所建设和管理工作评议意见的整改情况，由城环工委牵头，组织驻会组成人员对县城居民健身场所的建设和管理进行考察，考察组实地察看滨江风光带、贵竹安置区、金霞广场等8处健身场所的建设和管理情况。总体认为，县人民政府对整改意见落实到位。

重点建议督办

【概况】 2016年，县人大常委会继续实施代表建议“大督办”机制。5—9月，各委室按照分工安排，由分管领导亲自带队，分赴建议承办单位开展现场督办，指导建议办理工作，同时，县人大常委会主任会议确定6件重点督办建议。

1.傅学军代表关于对射埠镇杉山村原种母猪项目处理的建议（228号，主办单位：县公安局，督办委室：联工委）。

办理情况：该建议交办后，经县人民政府副县长周俊文、韩伟商量，由县公安局牵头承办，县法院、县国土局、县发改局、县金融办等共同承办。县公安局主要针对120万元冻结资金提出处置意见，认为项目未重新启动，冻结资金暂不能用于支付村民的土地租赁费用。发改部门认为该项目系非法项目，必须在依法处置到位的情况下才能依程序办理立项审批手续。在多方努力下，有2家投资企业前来考察，但因遗留问题较多，均未明确投资意向，该项目重启难度较大。年内，县信访联席会议已将“射埠镇万头猪场建设（即杉山村原种猪场项目）等系列问题”明确包案领导予以交办。傅学军代表对该建议的办理过程表示满意，对办理结果未作评价。

2.周建湘等代表关于解决县二职资产合理利用的建议（276号、279号，承办单位：县教育局，督办委室：教工委）。

办理情况：县教育局为办好该项建议，做了前期调研工作，最终提出依托教育产业、积极引进县外资源盘活二职资产的解决方案。对二职资产利用问题，县人民政府主要领导十分重视。6月3日，时任县长傅国平主持召开政府常务会议，原则同意县教育局提出的解决方案，10月9日，代县长段伟长带领国土、教育等部门负责人现场办公，要求各相关部门围绕教育部门的方案、结合工作职责作出详细规划，报县人民政府审核后实施。该建议办理期间，县人大常委会韩炎副主任亲自督办3次。周建湘等代表对办理过程和办理结果表示满意。

3.陈龙代表关于兴建涓江泥湾至新铺大桥的建议（35号，承办单位：县交通局，督办委室：财工委）。

办理情况：县人民政府高度重视该项建议的解决。在多方努力下，大桥建设工程项目由市政协领导和县委领导亲自督办，成立以欧建美副主任为组长，花石、青山桥两镇镇长为副组长，相关部门负责人为成员的协调小组。大桥工程总造价800万元，已筹集到位资金800万元。该工程进展正常，预计2017年上半年可以通车。陈龙代表表示对该建议的办理工作十分满意。

4.张祖洪代表关于加强消防监管，防止火灾事故的建议（309号，主办单位：县公安局，督办委室：内司工委）。

办理情况：县政府收到建议后，高度重视，迅速行动，由县政府办和公安局牵头，组织消防大队、房产局、交警大队、易俗河和天易派出所等单位成立工作组，认真落实代表建议办理工作。4月，工作组在凯旋雅园小区召开现场办公会，县消安委以点带面提出整治措施，印发《全县开展占用、堵塞消防车通道专项整治行动方案》，在全县范围内积极开展专项整治行动。5月，对全县40余家物业公司负责人进行小区物业管理消防安全培训。6月，对全县150个小区进行专项清查整顿，各派出所同步开展各类场所消防安全检查，同时借助县电视台消防宣传专栏《消防零距离》，大力宣传消防安全知识，此次建议的办理，实际上是对全县的消防安全的一次全面整治，也进一步提高居民自身消防安全意识。张祖洪代表对该建议的办理工作表示很满意。

5.罗海波代表关于加强对生猪养殖业污染环境整治的建议（179号，主办单位：县畜牧局，督办委室：农工委）。

办理情况：在生猪产业快速发展的同时也带来农村环境污染的严重问题，养殖业污染成为农村面源污染的重要方面。对此，县人民政府高度重视，加大农村畜禽粪污治理力度并取得初步成效。一是严格执行县人民政府于2014年出台的《关于划分畜禽规模养殖禁养区、限养区和适养区的通告》（潭县政函〔2014〕96号）文件，对畜禽养殖合理分区，科学布局。二是认真落实2015年省政府“一号工程”，对湘江干流禁养区的规模生猪养殖场实行全面退养，保护湘江“母亲河”的水质。三是积极争取国家粪污治理工程项目资金和生猪调出大县奖励资金重点用于粪污处理项目，计划通过五年的粪污处理项目投入完成对全县300头以上规模养猪场的粪污治理工作，实现养殖污水经过处理达到农田灌溉用水标准，并通过以奖代投的方式，使生猪规模养殖户的粪污处理设施得到逐步完善。罗海波代表对该建议的办理工作表示很满意。

6.彭进高代表关于保护耕地的建议（248号，主办单位：县国土局，督办委室：城环委）。

办理情况：国土局收到建议后，认真研究，为加强耕地保护，主要从以下五个方面下功夫：一是严格执行土地利用总体规划，加强土地用途管制，合理确定建设用地规模。二是出台《土地动态巡查制度》，加强违法占用耕地的查处力度，充分发挥乡镇联合执法中队作用，坚持定期巡查，将违法行为消灭在萌芽状态。三是县政府实行联席会议制度，严格落实耕地占补平衡责任，科学合理利用耕地后备资源。联席会议明确，耕地占补平衡项目的选址和立项由县国土资源局牵头，其他成员单位和所在地乡镇人民政府配合，进行联合选址踏勘，并出具意见报联席会议审定。四是强化责任追究。对耕地保护责任目标考核不合格、土地管理秩序混乱、年度违法占用耕地严重或造成恶劣社会影响的，启动党政领导问责制。五是加大宣传力度，加强国土知识培训，建立健全耕地保护长效激励机制。彭进高代表对该建议的办理工作表示很满意。（代奇峰）

（责任编校 杨红艳）

湘潭县人民政府

概 述

【概况】 2016年，湘潭县辖3乡、14镇，土地总面积2132.8平方千米，耕地面积57233公顷。年末总人口97.84万人，常住人口86.12万人，其中城镇人口35.94万人。人口出生率11.79‰，人口自然增长率4.8‰。

地区生产总值364.3亿元，增长9.6%。三次产业结构比为16.9:50.6:32.5。财政总收入26.0亿元，增长5.8%。公共财政预算收入完成19.46亿元，增长1.0%。城镇居民人均可支配收入、农村居民人均可支配收入分别达2.99万元、1.57万元，增长8.0%、8.1%。先后荣获湖南省县域经济十强县、安全生产示范县等荣誉。

农林牧渔业总产值105.6亿元，增长3.2%。粮食总产量74.47万吨，下降0.9%；生猪出栏214.32万头。全县县级农民专业合作社示范社83家、市级示范社48家、省级示范社12家、国家级示范社6家，市级示范家庭农场7家；农机装备水平稳居全省前列。湘潭县已建立以湘莲、粮食、生猪、油茶、南竹为重点的主导产业，以农产品加工、农产品物流和乡村旅游等新兴产业为重点的现代农业产业体系。

规模工业总产值535.2亿元，增速为10.1%；规模工业企业218家，完成规模工业增加值138.6亿元，增速为9.3%，规模工业增加值增速全市第一；园区规模工业增加值占比为74.6%；完成高新技术产业总产值304.3亿元；万元规模工业增加值能耗降低率为29.2%。

社会消费品零售总额83.6亿元，增长11.7%。全年进出口总额1.31亿元，增长23.9%。旅游产业持续发展。全年接待游客728.75万人次，增长1.2%，实现旅游综合收入48.21亿元，增长0.1%。

项目建设稳步推进。完成固定资产投资214.44亿元，增长14.1%。按经济类型分，国有投资60.16亿元，增长14.1%；非国有投资154.28亿元，增长14.0%。按投资方向分，其中工业投资129.6亿元，增长14.4%；民生投资5.7亿元，增长95.3%；基础设施投资52.8亿元，增长9.0%；高新技术产业投资9.1亿元，增长32.6%。建设重点工程项目408个，完成投资567亿元，AD米、海泡石科技等一批新进项目落地生根，文体公园、凯依克物流、动力配件产业园、子敬学校等一批重大项目加快推进，新向维、碧桂园、珠江啤酒、敏锐科技、五矿江南钢构、宏信创新创业园等一批产业项目竣工投运，芙蓉大道、湘莲大道、省道S313湘潭县段、千吨级码头等一批基础设施项目投入使用，天易金霞小学、艺体馆、天易生态水厂、金霞山城市公园一期、滨江风光带（金霞山至银杏路段）等一批民生项目顺利竣工。酒泉至湖南±800千伏特高压直流输电工程顺利实施。按照“打开通道、拓展框架、着重配套、提升管理”的思路，累计投入基础设施建设资金200亿元。武广大道、天易公路二期、杨柳路、梧桐路、黄莺路等城区主次干道建成通车，玉兰路、银杏路、大鹏路、海棠路等城区核心路段以及40条背街小巷全面提质。

社会事业全面发展。实施民生实事项目206个，完成教育、文化、体育、医疗卫生、社会保障和就业、住房保障等各类民生支出100亿元以上，占财政总支出70%以上。建立城乡统一的居民养老保险制度，社会保障体系不断完善，保障标准不断提高。全民健身中心、非遗保护中心、乡镇文体广场、农家书屋等基层文化阵地全面推进，县乡村三级公共文化服务体系初步形成。湘潭县一中入选全国百强中学，202所义务教育学校全部达到省级合格学校标准，23所公办幼儿园全面建成，高考本科上线人数、北大清华上线人数连续18年全市第一。覆盖城乡的医疗卫生服务体系进一步健全，中医院综合大楼投入使用，乡镇卫生院、村卫生室条件不断改善，人口计生工作连续保持“国优、省模”。

重要会议

【县人民政府第十五届七次全体（扩大）会议暨2016年廉政工作会议】
2月29日召开，县政府全体党组成员，天易示范区管委会班子成员，县人大、县政协、县人武部联系政府工作的负责人，县纪委主要负责人，各乡镇政府乡镇长，县直有关部门行政一把手，县内各金融机构负责人，县政府办联系分管副县长工作的党组成员，县监察局副局长等参加。会议安排部署2016年《政府工作报告》重点工作和2016年廉政工作。

【县政府2016年第一次常务会议】
1月19日，由县长傅国平主持召开。会议审议《湘潭县人民政府工作报告》《湘潭县国民经济和社会发展第十三个五年规划纲要》，审议《湘潭县2015年国民经济和社会发展计划执行情况与2016年计划（草案）报告》《湘潭县2015年财政预算执行情况与2016年财政预算（草案）报告》。

【县政府2016年第二次常务会议】
1月28日，由县长傅国平主持召开。会议审议2015年全县重点工程奖励方案和2016年重点工程项目建设计划，审议《湘潭县环境保护工作责任规定及责任追究办法（试行）》《湘潭县被征地农民社会保障实施办法》，听取建制村合并调整工作的情况汇报，听取提请关闭湘潭县高山石膏矿、盛家山煤矿的情况汇报，听取关于解决县矿产公司历史遗留问题的情况汇报，听取关于取消调整一批行政审批事项、明确行政权力转报事项清单的情况汇报。

【县政府2016年第三次常务会议】
2月27日，由县长傅国平主持召开。会议听取湘潭县2016年政府重点工作任务分解的情况汇报，听取县政协八届四次会议参政议政发言办理意见的汇报，审议《湘潭县农村宅基地管理办法》《湘潭县沿江风光带二大桥头“天下壮县”文化墙概念设计方案》，听取湘潭矿业公司社会职能分离工作的情况汇报；听取关于给予唐永梁开除处分的情况汇报。

【县政府2016年第四次常务会议】
3月18日，由县长傅国平主持召开。会议审议《湘潭县2016年部门预算方案》《湘潭县政府购买服务管理暂行办法》《湘潭县易地扶贫搬迁实施方案》《湘潭花石旅游发展专项规划》《湘潭县粮食适度规模经营补贴方案》，听取湘潭县创建省级安全生产示范县的情况汇报，听取湘潭盛弘实业有限公司入股湘潭天易农商银行的情况汇报。

【县政府2016年第五次常务会议】
4月9日，由县长傅国平主持召开。会议听取关于湖南省第三工程有限公司文体公园开发项目合作协议的情况汇报，听取2016年县“两会”所提建议、提案办理意见的情况汇报，听取关于提高农村“五保”供养和城乡低保救助标准的情况汇报。

【县政府2016年第六次常务会议】
5月7日，由县长傅国平主持召开。会议审议《湘潭县人民政府办公室关于积极化解商品房库存促进房地产市场平稳健康发展的实施意见》《湘潭县创新创业三年行动计划（2016—2018年）》《湘潭县基础扶贫工程实施方案》《湘潭县政府核准的投资项目目录（2016年本）》《湘潭县关于加快推进养老服务业发展的实施意见》，听取晓南互通上跨桥交通组织、安保工程以及湘潭县风电开发项目有关事项的情况汇报，听取全县精准扶贫工作情况汇报。

【县政府2016年第七次常务会议】
5月14日，由县长傅国平主持召开。会议审议《湘潭县基层服务阵地提质改造行动实施方案》《县委全面建成小康社会暨脱贫攻坚农村工作会议方案》《湘潭县推进农村信用体系建设实施方案》。

【县政府2016年第八次常务会议】
6月26日，由县长傅国平主持召开。会议听取2015年度县域经济发展奖励审计的情况汇报和2015年度县本级财政预算执行和其他财政收支审计结果的情况汇报，审议《湘潭天易示范区农村宅基地管理办法》，听取防汛救灾工作情况、县信用联社改制工作情况，听取关于易俗河镇梅林桥农贸市场建设项目后续问题处理的情况汇报，听取关于建议批准罗芳辞职申请的情况汇报，听取关于给予张立新、彭载鲲开除处分的情况汇报。

【县政府2016年第九次常务会议】
7月21日，由县长傅国平主持召开。会议审议《湘潭县用水总量分配方案》《湘潭县水功能区划》《关于全面落实粮食安全责任制的实施意见》《湘潭县落实粮食安全责任制考核办法》，听取县公共资源交易中心筹建工作情况汇报、“精美城镇”项目建设情况汇报和清理整治环保违规建设项目的情况汇报，听取关于全县开展农村留守儿童摸底排查、老年人两项保险和残疾人两项补贴等工作的情况汇报，听取关于潭衡高速杨嘉桥连接线管理权移交及提质改造的情况汇报。

【县政府2016年第十次常务会议】
8月8日，由代县长段伟长主持召开。会议传达全省半年经济工作会议精神，学习《中国共产党问责条例》《生产安全事故应急预案管理办法》，审议《湘潭县物业管理实施办法（暂行）》，听取湘潭县开展第三次全国农业普查工作、湘潭县生态保护红线划定工作的情况汇报，听取湖南珠江啤酒项目中介人奖励的情况汇报。

【县政府2016年第十一次常务会议】
8月30日，由代县长段伟长主持召开。会议审议《湘潭县“精美莲乡”美丽乡村行动实施方案》《湘潭县公务用车制度改革总体方案》，听取湘潭县创建省级园林县城和省级风景名胜区的情况汇报，听取湘潭县整合城乡居民医疗保险、政府资助五类特困老年人投保意外伤害保险的情况汇报。

【县政府2016年第十二次常务会议】
9月30日，由代县长段伟长主持召开。会议审议《湘潭县2016—2017年度冬春农田水利基本建设实施方案》《湘潭县2016年秋冬种生产工作方案》，听取全县禁毒工作情况汇报，听取“百日攻坚”项目建设和县投融资平台建设的情况汇报。

【县政府2016年第十三次常务会议】 10月21日，由代县长段伟长主持召开。会议审议县政府与金宏泰肥业有限公司合作协议、《湘潭县人民政府关于加强食品安全工作的决定》，听取关于组建县文化旅游建设投资开发有限公司、县交通运输建设投资开发有限公司和县美丽乡村建设投资有限公司的情况汇报，听取县妇幼保健院整体搬迁项目、上马垃圾填埋场渗滤液处置扩建及市场化营运项目的情况汇报，听取关于全县机关事业单位乡镇工作补贴实施情况、建议继续延长城镇职工基本医疗保险过渡性补助的汇报，听取关于建立病死禽畜无害化处理机制的情况汇报，听取关于对韩楚怡、许万龙拒服兵役行为的处理决定的情况汇报。

【县政府2016年第十四次常务会议】 11月17日，由代县长段伟长主持召开。会议讨论《湘潭县人民政府工作报告（征求意见稿）》《湘潭县2016年国民经济和社会发展计划执行情况与2017年国民经济和社会发展计划（草案）报告》《湘潭县2016年财政预算执行情况和2017年财政预算（草案）报告》，审议《湘潭县2016年重点工程项目建设和固定资产投资奖励方案》《湘潭县部门行政权力清单责任清单管理暂行办法》《湘潭县人民政府取消承接调整一批经济社会管理权限的通知》，听取公车改革情况汇报、射埠镇农村综合服务平台建设情况汇报，听取关于县韶山灌区渠系员要求解决编制享受待遇信访事项的情况汇报。

重要调研

【省委党校第50期中青班到湘潭县开展“建设人民满意政府，努力实现共享发展”专题调研】 5月31日，省委党校第50期中青班到湘潭县开展“建设人民满意政府，努力实现共享发展”专题调研。县领导谢振华、傅国平参加调研。调研组先后考察云龙国际幼儿园、滨江风光带及梅林桥美丽乡村示范片。实地考察后，参与调研的中青班干部们纷纷表示，湘潭县从群众最关心最直接最现实的问题入手，加大财政投入，努力完善基本公共服务体系，让群众普遍受惠，充分体现“发展为群众、发展依靠群众、发展成果由群众共享”的理念，具有很好借鉴学习意义。

【省世界遗产与风景名胜保护研究中心专家组到湘潭县调研指导湘潭县创建省级风景名胜区工作】 8月10日，湖南省世界遗产与风景名胜保护研究中心副主任詹长虹、湖南省世界遗产和风景名胜专家委员会副主任王晓良一行到湘潭县，调研指导创建省级风景名胜区工作，县领导段伟长、刘铁强参加调研。詹长虹说，湘潭县自然、人文、历史资源非常优越，具备创建省级风景名胜区的基本条件，省世界遗产与风景名胜保护研究中心将积极支持湘潭县的创建工作。他建议，要成立相应的机构、牵头部门提前介入，确定好区划及名称，做好申报景区的规划工作。

【北大数研到湘潭县考察“互联网+现代农业”】 9月23日，北京大学数字中国研究院秘书长、副院长、教授陈秀万率领北大数研到湘潭县考察“互联网+现代农业”。市县领导杨真平、段伟长、陈义参加调研或座谈会。本次北大专家主要考察以北大数研与湘潭市关于“互联网+现代农业”为重点的智慧产业战略合作等事项。

实事项目建设

【概况】 2016年，湘潭县人民政府承担省、市为民办实事30项，并纳入到县委“连心惠民”工程。县政府紧扣建设“现代壮县、幸福莲乡”主题，落实重点民生实事工作作为强力实施“强工壮县、惠农富民”系列重要举措，全县各级各部门精心部署，统筹谋划，扎实工作，30项省市重点民生实事任务全面完成(其中8项超额完成全年目标任务)，为县域经济社会保持平稳较快发展夯实基础，让更多百姓共享发展成果，有更多的获得感。

湘潭县政府承担省、市为民办实事30项，及其完成情况（见下表1）。

2016年湘潭县落实省、市为民实事情况一览表

表1

序号	主要责任单位	实事类型	考核项目	考核指标	完成情况
1	县人社局 相关乡镇人民政府	省（市）重点民生实事	新增城镇就业	6500人	已完成新增城镇就业6645人
2		市重点民生实事	新增农村劳动力转移就业	5500人	已完成新增农村劳动力转移就业5925人
3			扶持返乡农民工创业基地	组织申报，市人社局验收合格予以确定	经市人社局验收合格予以确定4家

续表 1

序号	主要责任单位	实事类型	考核项目	考核指标	完成情况
4	县交通运输局 相关乡镇人民政府	省重点民生实事	提质改造农村公路	160.9 千米	已完成 160.9 千米
5			农村公路安保设施建设	26.495 千米	已完成 98.04 千米
6		市重点民生实事	农村危桥改造	8 座	已完成 8 座
7			创建公交车、出租车为民优质服务示范岗位	30 个	已完成 30 个
8	县司法局 相关乡镇人民政府	省（市）重点民生实事	建设社区矫正中心	1 个	9 月份已投入使用
9	县供电公司 相关乡镇人民政府	省重点民生实事	行政村配电网改造	15 个	已完成 15 个行政村的配电网改造
10	县住建局 相关乡镇人民政府	省（市）重点民生实事	农村危房改造	1400（700）人	已完工 1596 户
11			新开工各类保障性住房和棚户区改造	250 套	已开工 350 套，竣工 350 套。
12		省重点民生实事	新增管输天然气用户	3000 户	已完成 3020 户
13	县卫计局 相关乡镇人民政府	省重点民生实事	免费为 35–64 岁的农村妇女实施乳腺癌和宫颈癌检查	11000 人	已完成 14691 人
14			救治救助贫困重性精神疾病患者	185 名	累计完成 193 名
15		市重点民生实事	为城乡 60 岁以上失独老人提供扶助	279 人	已完成全年目标任务的 100%
16			为城乡低保困难家庭孕妇免费提供产前筛查	3000 人	提供免费产前筛查 3000 人
17	县教育局 相关乡镇人民政府	省（市）重点民生实事	建设义务教育合格学校	12 所	已完成 12 所
18			农村公办幼儿园	3 所	已完成 3 所
19	县水务局 相关乡镇人民政府	省重点民生实事	确保县以上城镇市政管网水的水质达到国家生活饮用水卫生标准	1 个	已达到国家生活饮用水卫生标准
20			农村自来水普及率达到 65%	76%	农村自来水普及率达到 76%
21	县民政局 相关乡镇人民政府	省重点民生实事	新增养老服务床位	173 张	已完成 177 个床位
22		市重点民生实事	资助解决农村特困户建房	76 户	已完成 76 户
23			城市低保标准线不低于	420 元/月	7 月份开始发放，且补发 1–6 月份提标金
24			农村低保标准线不低于	240 元/月	
25			农村五保户标准线不低于	280 元/月	
26	县文旅体局 相关乡镇人民政府	省重点民生实事	农户直播卫星户户通	5200 户	已完成 5200 户
27	县残联 相关乡镇人民政府	省重点民生实事	帮助残疾儿童实施抢救性康复	71 名	已帮助残疾儿童实施抢救性康复 71 人
28		市重点民生实事	贫困残疾人家庭无障碍改造	100 户	已完成 100 户

续表 1

序号	主要责任单位	实事类型	考核项目	考核指标	完成情况
29	县农业局 相关乡镇人民政府	省重点民生实事	建设美丽乡村示范村	1 个	共投入 523 万元。其中投入 438 万元对湘莲基地进行建设；投入 30 万元进行能源建设，安装 LED 路灯 105 盏；投入 35 万建设罗汉山水泥桥梁；投入 18 万元进行环境卫生整治和美丽屋场建设，投入 2 万元组织村民开展文体活动
30		省（市）重点民生实事	精准扶贫实现贫困人口脱贫	15200 人	通过“五大工程”和“五大活动”帮扶脱贫，出台《关于坚决打赢脱贫攻坚战的实施意见》，构建湘潭县“1+7+23”脱贫攻坚政策支撑体系，并严抓制度落实
31	县公安局 相关乡镇人民政府	省重点民生实事	新增社会治安视频监控摄像头	100 个	已完成 100 个
32	县妇联 相关乡镇人民政府	市重点民生实事	建立贫困危重孕产妇救助机制和开展孕产妇孕产期健康知识普及行动	15 场	已举办 15 场。贫困危重孕产妇救助 3 人
33	县政府办 相关乡镇人民政府	市重点民生实事	推进村级组织活动场所提质改造	10 个	已完成 10 个
			推进乡镇机关“五小”改造	67 处	已完成 67 处
			调剂、划拨、新改、扩建一批社区公共服务场所	7 个	已完成 7 个

县人民政府办公室

【经济研究】 2016 年，围绕县政府中心工作，深入园区、乡镇、机关和项目建设一线全面开展经济社会发展调研，为县域经济发展、新型城镇化、文化旅游产业、“一区多园”发展模式、矿区综合整治等工作发挥积极的参谋作用。年内，围绕全县经济社会发展情况深入开展专项调研，撰写《以共享理念推动精准扶贫》《把握时代特征深化五大理念》等具有影响力的理论性文章、专题调研报告 10 篇。为县委经济工作会、政府全会暨廉政工作会议等重大会议起草大型报告、领导讲话、综合汇报及各类典型材料 300 余篇，共计 100 万余字。其中，以项目建设助推县域经济发展的典型材料，获得国务院通报表彰；《政府工作报告》等报告得到县人民政府领导的一致好评。坚持“贴近中心工作、贴近群众关切、贴近问题需求”原则，认真收集和整理全县经济社会发展情况，及时上报有深度、有价值、有特色的信息，全面、准确、及时地向省、市报送信息 300 余条，及时地反映全县各条战线的发展动态和工作亮点。

【办文办会】 2016 年，牵头组织全县性会议 7 次，政府常务会议 15 次，各类专题会议 130 余次。做好上传下达，认真记录、传达来电信息，及时、准确发放会议通知，确保政令畅达，全年发放会议通知 1200 余个，约 1 万人次。做好公文办理，全年把关办理政府发文 467 件。规范处理公文，全年以县政府、县政府办的名义发出正式文件 530 余份，收上级机关来文 1600 余份，收县直各单位和乡镇来文 2500 余份。签收各级电子公文 16000 余份，发送电子公文 195 余份。同时将办理完毕的文件材料及时收集归类，立卷归档，全年共整理归卷档案 74 盒 1610 件。

【政务督查】 2016 年，全年共组织参与各类督查 121 次，编发《政务督查》12 期，与县委督查室联合发通报 5 期，开展调研 4 次,办理市领导交办任务 8 件，县领导批办件 9 件。

【建议提案办理】 2016 年，全县共承办市人大代表建议 6 件，市政协委员提案 3 件，承办县人大代表建议 344 件，县政协委员提案 94 件，建议案 2 件，参政议政发言建议 6 件，意见与建议 3 件。各建议提案均按法定时限办结，办复率、见面率均达 100%，办理工作满意率进一步提高。

【优化经济发展环境工作】 2016 年，认真落实湖南省网上政务服务电子监察系统湘潭县政务中心平台的电子监察工作，累计受理有效办件 8268 件，已办结 8206 件，办结率为99.25%，监督、协调、处理电子预警60余件，为企业和群众办件综合时间平均缩短15天，进一步优化服务流程。清理规范中介服务事项53项，涉及16个部门4个大类，涉及财政审批资金860余万元。优化企业服务，累计备案规范各类涉企检查300余次，走访、调研210余家规模企业，成功争取并授牌湘潭县18家“市级优化经济发展环境测评点”、3家“省级优化经济发展环境测评点”。年内，湘潭县优化经济发展环境全市综合排名第二。

【行政后勤】 2016年，抓好实物采购、财务管理、公务消费管理、汽车管理等各项工作。加强车辆管理，22台汽车通过国资办公开拍卖处置留下18台车辆，配合公务用车改革后留下8台车辆。汽车维修费用比上年减少12万元，降低34.6%，汽车加油费用比上年减少5.2万元，降低20.8%。加强后勤管理，保持省级文明卫生单位和无烟单位称号。加强实物和财务管理。财务人员严格按财务制度办事，对各项支出均认真审核、合理调度，全年“三公经费”比上年下降25%。

【协调服务】 2016年，排查矛盾纠纷隐患19起，接受协调处理有关单位之间矛盾纠纷68起，接待上访群众190人次，矛盾纠纷调处率为100%。继续推进湘潭矿业公司“三供一业”工作，湘潭矿业公司职工用电改造和电视台移交全部完成，供水和物业移交正在进行。争取省、市电网公司无偿投入2300多万元，完成151.2千米的高低压线路架设，立杆2713基，新建变压器36台，将矿区2310转供户（村民）用电纳入农网改造，安装户表2170户，全面完成4个矿区村的农网改造工作。

【外事侨务工作】 2016年，接待回乡华人华侨10批次，受到旅美湖南同乡会的锦旗褒奖。邀请马来西亚星级讲师团参观天易示范区。帮助台胞美籍华人、美国亚洲商会主席谭秋晴女士找到排头乡辰山村的亲属。利用传统节日走访慰问侨眷、留学生家庭50余户。选派2名教师赴美国华盛顿参加国侨办文化司的“中华文化大乐园”活动，组织8名教师在菲律宾、泰国、印度尼西亚的侨校推广华文教育。轩辕教育基金会捐赠30万港元用于谭家山朝联小学扩建多功能教学楼全部到位。香港“脑之家”义工组织先后3批60人次来云湖桥中学、分水较场中心学校开展启慧英语教学活动，捐赠2万元助学金和价值5万多元的教学设备。年末，县外侨办和教育局组织分水较场学校15名学生赴香港参加“脑之家”“童心同行”慈善音乐会。协助县教育局选派英语教师赴美国里奇兰大学和德克萨斯州大学交流培训工作。全年领导干部因公出国（境）有3批4人次通过双跨团（即上级组团）出访。配合国安部门对全县256户涉侨家庭信息进行摸底登记。

【应急管理工作】 2016年，全面梳理各类应急预案，修订和制订专项预案10个，部门预案30个，预案管理工作进一步规范化，制度化。开展应急知识宣传，出动宣传车辆10台，悬挂宣传横幅、条幅200余条，发放各类宣传资料近10万份。开展应急演练，联合红十字会蓝天救援队开展水上综合救援演练、校车突发事故救援演练、化学品泄漏事故处置演练等。收发各类突发事件信息1100余条，成功处置河口古塘桥“6·9”卤菜中毒事件、“6·15”特大洪灾、“6·17”白石镇新湖支渠决堤、“7·2”茶恩寺房屋倒塌、“11·28”杨嘉桥高氯酸钾货车侧翻化学品泄漏等事件，最大限度地控制突发事件带来的负面影响，最大程度地减少人民群众生命财产损失。

（唐　术）

机关事务工作

【概况】 2016年，湘潭县机关事务服务中心先后对县委县政府楼、统战楼21间洗手间和卫生间进行维修改造，对墙面进行粉刷翻新、磨石地面进行打磨抛光，对全院488.5米金属围栏进行防锈施工，对大院围墙护坡进行除险加固、清障除杂，对屋顶、雨棚进行防渗处理，重新安装县政府大楼、县政协大楼空调排水系统，维修维护各类故障300多次。后勤配套设施的使用功能不断完善。新（补）植草皮2000平方米，樟树、紫薇、杜鹃、茶花140余株、造型迎客松8株、景观桂花树6株；首次给政府大院内所有绿化苗木深施有机肥，大型草乔木全面进行修剪整形。定期对原有政府大院内公共区域照明灯、景观灯进行维修维护，新增庭院灯、草坪投光灯、屋顶动漫灯等景观灯。细化卫生标准，提高卫生要求，消灭卫生死角，建立卫生工作奖惩激励机制，院内环境干净整洁。

重新划定政府大院内停车位和禁停区，新增停车位43个。全面启动机关大院停车秩序规范和整顿工作，发放车辆通行证429个、临时通行证266个，全年入院登记外来车辆6120台。对乱停乱放车辆发放《温馨提示单》122台次，对6台不听劝阻违规停放车辆采取强行锁车，并进行批评教育，政府大院内停车随意现象明显改观。

认真做好会议登记，及时安排、协调好会议室，按要求制作电子会标，并通知会务人员做好准备，会议接听手机做到24小时都有人接听。全年承接2900多场次会议服务，没有出现任何差错。

起草制定《湘潭县公务用车管理服务平台车辆使用管理实施细则（试行）》；办理18台一般公务用车和5台应急用车的交接手续，建立管理台账；制定申请公务用车流程图、预约派车申请表和派车单，规范公务用车派遣；对所有保留公务用车进行标识喷涂；制作公务用车政策宣传和使用去向电子显示屏；迅速公开选调司勤人员，确保封车后公务出行用车不脱节；针对车改过程中出现的问题，及时向县车改领导小组汇报，并提出解决方案；11月30日，全县公务用车统一封车，12月5日开始统一派车，行动迅速。

积极宣传安全知识。在恶劣天气、用电高峰、有害生物防治等特殊时段，及时向驻院各单位发送安全防范通知；在政府大院内显要位置张贴安全生产宣传标语、摆放避险处险的温馨提示牌，在施工现场设立安全警示标志；与政府大院内施工单位签订《安全生产承诺书》，统一印发《工程项目施工人员安全指导手册》；印发张贴文明公约，倡导文明公德，引导进入大院人员遵守公共秩序，共同维护公共安全。深入开展安全隐患排查和处险。国庆期间对监控系统进行全面升级改造，消除监控死角；安排专人对政府大院内的水电线路、配电间、监控、护坡、墙体等公共设备设施进行隐患摸排。及时采取安全防范措施。要求所有施工人员一律戴安全帽进入施工现场；拆除大院东侧车库局部开裂、移位、垮塌的车库、围墙和挡土墙，增加排水设施、重新硬化地面、维修加固围墙和挡土墙，彻底消除安全隐患；及时对政府大院内的所有消防设备设施进行全面的安全检查，果断处置政协楼电缆起火事故；要求物业保安坚持24小时安保值班和徒步巡查；对政府大院内存在严重安全隐患的建(构)筑物和乔木，及时采取紧急支护、安全警示和维修加固措施；积极配合公安、信访等部门做好政府大院内信访维稳工作，向县委提交《机关大院安全保卫和信访维稳工作的建议》；对人大组织实施的人大五楼会议室维修改造工程提出安全施工、文明施工整改通知，防止发生安全事故。

【湘潭县机关事务服务中心成立】 2015年12月，根据湘潭县机构编制委员会关于印发《湘潭县机关事务服务中心主要职责内设机构和人员编制规定》（潭编委发〔2015〕85号）文件精神，设立湘潭县机关事务服务中心，为县人民政府直属公益一类事业单位。其主要职责：负责县委、县人大、县政府、县政协机关办公大楼办公用房维修、改造、物业管理以及周边附属区域后勤配套设施规划、建设和维护管理；负责县委、县人大、县政府、县政协机关大院的安全保卫和消防安全工作；负责县委、县人大、县政府、县政协机关大院食堂的建设和管理；负责县委、县人大、县政府、县政协公务用车改革后的管理；负责县委、县人大、县政府、县政协会议室的统一管理；承办县人民政府交办的其他事项。根据职责设综合股、物业管理股、基本建设股3个内设机构，核定全额拨款事业编制12名，其中主任1名、副主任2名。次年10月，根据全县车改工作需要，报县机构编制委员会批准（潭编委发〔2016〕17号），湘潭县机关事务服务中心增设内设机构公务用车管理股，增加3名全额拨款事业编制，由12名增加至15名。

【县政府机关大院亮化绿化工程】 4—5月，实施县政府机关大院亮化安装工程，机关大院园林绿化更加优美、夜间景色更加靓丽。拆除原有10盏庭院灯，购置安装广场艺术庭院灯10套；更换草坪投光灯、大坪树景投光灯、工厂灯、高庭院灯、围墙灯、大门球形灯129套；拆除更换喷泉上下两旁洗墙灯带60米，政府大楼屋顶动漫灯组更换288支数码管；更换瓦楞月亮灯694盏等。10月，实施县政府机关大院内绿化及养护工程，在县委政府楼、人大楼前坪新植高品质罗汉松8棵；栽植紫薇树20棵、花卉16平方米、修复绿篱150米、改造花坛8个(铺设花岗岩板57.8平方米)，对院内7446.85平方米绿化带全面施肥和养护等。

【县委政府大楼卫生间、洗漱间、公共区域维修改造工程】 县委、县政府大楼卫生间、洗漱间地面渗漏，下水堵塞，洗脸盆、大便器、小便器、洗手盆破损比较普遍和严重，影响正常使用；公共区域墙外陈旧泛黄、多处脱落，磨石地面磨损严重，影响美观。6—7月，实施县委政府大楼卫生间、洗漱间维修改造工程，改造卫生间、洗漱间13间，改造面积约1000平方米，改造给排水管道473.2米；改造蹲位33个，更换水箱33个，更换隔断39套；更换小便器18套；更换地面瓷片147.66平方米、墙面瓷片301.84平方米，安装地漏14个；更换高档铝合金门13套，安装大理石门槛石13块；改造吊顶187.02平方米、安装欧普LED吸顶节能灯20套，卫生间统一安装银镜、抽纸盒及拖把悬挂装置；卫生间全地面防水施工408.46平方米等。9—10月，实施县委政府楼、保安室、监控室维修改造工程。粉刷墙面4227.11平方米、磨石地面抛光打蜡768.92平方米；安装室外垃圾箱5个，购置室内垃圾箱32个，安装隔离墩20个，改造厕所一处、安装空调排水系统116台套、侧石复位55米、花岗岩板凿除及更换66.96平方米、统一楼内标识标志等。

【县政府大院东侧围墙挡土墙处险工程】 因长时间连续降雨，县政府机关大院东侧车库局部垮塌，地面和围墙墙体因不均匀沉降而严重开裂、移位，存在严重安全隐患。6月，实施县政府大院东侧围墙挡土墙处险工程，对东侧围墙及挡土墙进行加固和美化，彻底排除险情，消除安全隐患。拆除车库229.04平方米、围墙拆除加固21米、围墙修复15米；人工挖孔桩二次挡土36.5米；新建排水沟（上铺铸铁盖板）77.7米；硬化水泥地面396.96平方米，新划停车标线63平方米（新增车位20个）。 （刘　杰）

信访工作

【概况】 2016年，湘潭县信访局积极创新信访工作思路，不断强化信访工作措施，进一步规范信访秩序，切实化解信访矛盾纠纷，共接待群众来访1330批3205人次，同比批次减少40.17%、人次减少38.98%，其中集体访129批1301人次，同比批次减少37.98%、人次减少45.84%；认真阅处群众来信67件，同比减少81.6%；进京非访20人次，同比减少50%。有效维护县内经济社会发展环境的和谐稳定，增强群众满意度。

落实县级领导挂牌接访制度，县联席办每月初将县级接访值班领导的姓名、职务和接访日期在信访接待中心大厅内予以公示，让信访群众“选”领导，增强领导干部接访的效率。每个工作日，值班接访领导坚持在县级领导接访室接待来访群众，所接待的重要信访事项由县联席办进行专题交办督办。为更好地推进县级领导接访工作，提高接访效率。9月，经县委常委会议研究同意，对参与接访的县级领导进行调整，将原来参与接访的45位县级领导调整为28位，并将公检法部门的领导纳入县级领导接访范畴，进一步加大对涉法涉诉类问题接处力度。2016年，县级领导坐班接待来访群众453批1959人次，其中集体访105批1044人次，涉及具体问题397件，截至2016年年底共化解298件，缓解99件重大信访事项。

2016年，县信访局被市委、市政府评为2016年度全市信访工作先进单位。

【开展群众工作日活动】 2016年，湘潭县继续在全县机关事业单位开展群众工作日活动。全县各级各部门领导干部在每月25、26日两天群众工作集中日内深入乡镇、进村入户走访，处理群众信访问题。全年县财政投入专项工作经费，每村聘请五老人员担任群众工作协调员，及时收集反馈和调解各类矛盾纠纷。将矛盾纠纷排查化解的触角延伸到村、组、农户，做到矛盾纠纷早发现、早处置、早稳定。年内，全县各级各部门领导干部参与走访11万余人次，共计走访群众69.8万户次，共处理15435起矛盾纠纷，当场化解10422起。

【互联网+信访“四通工作法”】 2016年，全力搭建群众信、访、网、电“四位一体”工作平台，通过推行互联网+信访“四通工作法”，进一步方便群众反映诉求，规范群众初信初访受理办理程序，压实责任单位的办理责任，推动群众信访问题在基层得到及时、有效解决。7月，湘潭县信访局建立微信公众号，通过微信公众号群众可以直接在手机上信访，还能够查看各级信访部门的工作动态，在方便群众信访的同时进一步拓宽信访宣传的渠道。年内，通过网上信访信息系统流转信访案件3659件。责任单位的按期办结率88.8%（省信访部门要求按期办结率80%），信访群众对信访部门和责任单位的满意率分别为99.8%、99.3%（省信访部门要求满意率80%）。信访“四通工作法”已受到各级信访部门的肯定。年内，怀化市、山东省济宁市等地区的信访部门到湘潭县学习此做法。

【信访积案化解“百日攻坚”行动】 按照县委、县人民政府的统一部署，从9月中旬至12月下旬，在全县范围内开展信访积案化解“百日攻坚”行动，在信访积案化解“百日攻坚”行动期间，县信访工作联席会议办公室共排查17件信访积案和重点突出信访问题，截至活动结束共化解办结11件，缓解6件，中央、省、市交办的23件信访积案也按照要求全部如期“清零”。开展信访积案化解“百日攻坚”行动旨在通过集中时间、集中精力、集中研究、集中办理，化解、办结一批突出信访事项，确保群众合理合法的利益诉求解决好，确保到省进京人员明显下降。通过此次行动，全县信访积案存量大幅减少，信访秩序明显好转。

（乐泰伯）

政务公开和政务服务工作

【概况】 2016年，湘潭县政务公开和政务服务工作以创造一流政务环境为目标，以做实政务服务中心为重点，在切实加强政务服务体系建设、加强电子政务平台建设、深入推进行政权力公开透明运行等方面进行全面改革。

政府信息公开工作。整健全县政府门户网站管理，优化网站后台管理系统。全年更新网站信息700余条，其中，重点领域信息公开专栏信息更新400余条，政策解读类信息更新26条；累计公示权利清单4389项、责任清单1186项、负面清单77项，开通全国两会专题，行政审批制度改革、“1+3”清单、负面清单等专题专栏。回复依申请公开信息。年内，全县各级行政机关及单位收到公开政府信息申请30条，其中县人民政府收到6条，县直各单位收到24条。当面申请9条；以网上提交表单形式申请4条；以信函邮件形式申请17条。加强乡镇政务公开工作的培训、指导。组织政务公开培训2期，培训289人次，深入学习《信息公开条例》和《湖南省实施〈中华人民共和国政府信息公开条例〉办法》，指导各单位及时准确地公开政府信息。印发《2016年度湘潭县政务公开和政务服务工作考核办法》，对全县17个乡镇和39个县直单位政务公开工作进行检查、考核。突出公开重点。在县政府门户网站、县政务服务中心网站、县政务服务中心大厅电子显示屏上公开进驻单位所有收费事项的收费依据、收费标准，并逐步公示收费结果。

政务服务工作。优化窗口进驻项目，撤销安监局、水务局、文化旅游体育局、气象局、畜牧局办事窗口，统一归并到联合窗口，所属业务回原单位办理。新增地税窗口、不动产登记整体进驻中心，进一步加强县政务服务大厅建设。重新修订出台《窗口及窗口工作人员管理办法》《窗口及工作人员绩效考核办法》以及《评选红旗窗口、党员先锋岗、服务示范岗评选方法》等制度，改进考核方式、细化考核内容、明确目标要求，将日常考勤考核与年终个人和进驻单位的绩效考核挂钩，2016年共评选共评选出红旗窗口4个、党员先锋岗15名和服务示范岗16名，开展作风讲评4次，下发督查通报4次，通报批评5人，进一步强化服务窗口管理。加强三级便民服务体系建设，按照“硬件建设标准化、管理运行规范化、服务群众人性化”的要求对全县各服务站进行业务指导，进一步规范和完善村（社区）便民服务站点，全县321个行政村的便民服务点全部建成投入使用。其中，易俗河镇谷洪村、高桥村，中路铺镇竹冲村，射埠镇旺冲村便民服务站运行效果良好，成绩突出。加强电子监察。年内，该中心4次与市优化办衔接，进一步明确电子监察有关要求，并共同处理10例行政审批事项超时预警，同时与预警比较多的卫计局、环保局、林业局、市场和质量监督管理局等单位的负责领导、相关工作人员交流意见建议，探讨解决办法。年内，电子行政审批系统发出预警2371条，人工提醒246条，红黄牌待发26条，未出现因办结超时而产生的红黄牌警示情况。稳步推进国家级政务服务标准化试点工作。成立国家级政务服务标准化试点工作组，完成218个单项标准编写，形成一套完整规范的政务服务标准体系，包括服务通用基础标准体系标准30个、服务提供标准体系标准119个、管理标准体系标准60个、岗位工作标准体系标准9个。

行政审批制度改革工作。进一步清理审批事项。3—8月，同县审改办联合召集全县具有审批职能的涉及38家单位的全县审批项目进行清理审核。转报件由原来的110项删减47项，新增4项，保留67项，行政审批项目由原来的199项清理为195项。严格按照“一门式受理、一站式服务、一次性告知、公开承诺、限时办结”的工作要求，完善审批制度、重新编印《政务服务指南》，优化审批流程。对涉及需要两个或者两个以上职能部门参与的审批事项，实行联审制度，统一受理、现场踏勘、联合审批、限时办结、依法收费。所有项目办理平均提速三分之二，提高行政服务效率。

【“县长热线”】 2016年，出台《湘潭县政务公开和政务服务工作领导小组办公室关于规范县长热线综合投诉平台各类投诉回复工作的通知》，规范承办单位查收处理投诉交办工单流程、时限、行文格式等，规范热线回复。搭建沟通渠道，同级层面强化QQ群、微信群、交办邮箱“信息三同步”，热线任务得到即时发现、即时处理；上级层面采用短信加简报“二个及时报”，重要事件第一时间报告相关领导，编辑4期《县长热线综合投诉平台简报》。年内，承办市长热线425人次，县长热线165人次，市长信箱96封，县长信箱70封，办结率100%；回复政风行风热线466条，民生在线14条。 （周 璇）

人事人才工作

【概况】 2016年，坚持人才优先发展战略，为经济社会发展提供人才支撑。大力实施“5518”人才引进工程，全年招录公务员55名；面向社会公开招聘事业单位专业技术人员和工作人员265人。全力推进“人才素质提升”工程，举办新录用公务员初任培训、复退安置人员应急管理能力提升培训、公需科目培训等各类培训班8期，培训1884人次。继续实施技能人才振兴工程，共培训60名中高级技能人才。

认真落实《公务员法》《事业单位人事管理条例》及配套政策，完善机关事业单位工作人员考核、奖惩、任免等制度，对全县2015年度政府科级以下公务员、事业单位工作人员和工勤人员进行量化考核，共计6122人参加考核。其中，获三等功159人、嘉奖1015人，评为称职4876人、基本称职21人、不称职24人、不定等次27人。办理开除公职手续2人、辞职3人。及时印发任免文件9个、公务员录用及转正文件2个。指导全县15个乡镇依法辞退115名自谋职业人员。指导车改单位稳妥安置司勤人员252人。

年内，发文确认各系列高级专业技术职称人员66人，确认各系列中级专业技术职称人员242人，确认各系列初级专业技术职称人员333人。职业技能鉴定共809个，其中获得初级职业资格证书的675个，中级职业资格证书的137个。

2016年湘潭县事业单位新增专业技术人员情况一览表

表2

专业	评定方式	高级	中级	初级
教育	评审	195	158	25
	认定	—	12	133
卫生	考试评审	49	91	72
工程	评审	1	32	38
	认定	—	—	6
农业	评审	—	—	—
	认定	—	1	—
林业	评审	—	2	—
档案	评审	—	1	—
工美	认定	—	—	1
合计		245	297	275

【工资福利】 贯彻落实机关事业单位收入分配制度改革精神，作好相关工作。根据上年度考核结果，全年正常晋级、晋档1.18万人次，调整考核称职、合格以下人员工资待遇61人；对新录用、新聘用的人员严格执行试用期制度，确定523人的试用期待遇；对试用期满考察合格的273名工作人员办理转正定级手续；对县外调入或县内不同工资制度单位调动的34名工作人员调整工资结构；根据各级刑事、行政、纪检文件，及时核减、停发31名人员的工资福利待遇；办理机关事业单位到龄退休手续378起，提前按副处级享受三项待遇退休31人，机关事业单位人员死亡待遇审批59人。出台《湘潭县乡镇机关事业单

位工作人员乡镇工作补贴实施方案》，组织实施乡镇工作补贴审核工作总计7810人，月人均319元。

（刘湘云）

民政工作

【概况】 2016年，县民政局坚持发挥民政在公平建设中的骨干作用和在民生保障中的兜底作用，规范建设救助体系不断健全、救助水平不断提高、救助程序公开透明的“阳光民政”；积极推进乡镇区划调整、社会组织管理等各项工作改革，努力打造社会治理不断创新的“法治民政”；积极维护全县社会稳定，全力建设尽职尽责、勇于担当的“服务民政”；加强资金、人员的安全监管，塑造纪律作风优良、行业生产安全的“廉洁民政”。年内，向上级争取民政资金2.2亿元，制定、完善民生政策文件达70余件，办理各类投诉、救助咨询157件，办理人大代表建议、政协委员提案12件。是年，县民政局被县人民政府评为安全生产工作先进单位，被市爱卫办评为湘潭市无烟单位，被省民政厅评为全省福彩销售先进县。

【基层组织建设】 2016年，湘潭县并村工作全面完成，建制村由549个减少为321个，共计减少建制村228个，参与合并调整建制村432个，超额完成省、市下达任务数26个。建制村平均人口从1896人上升到2803人。建制村平均面积从3.67平方千米提高至6.22平方千米。

2016年湘潭县乡镇、村、居委会基本概况

表3

乡镇名称	管区数（个）	村数（个）	村民小组数（个）	居委会数（个）	社区数（个）	邮政编码	电话号码
云湖桥镇	4	21	618		1	411206	57645372
石 潭 镇	4	24	630	5		411208	57840395
乌 石 镇	2	13	374	1		411209	57538178
杨嘉桥镇	4	21	594	2	1	411209	57353917
河 口 镇	3	16	429	1		411214	57850114
射 埠 镇	5	22	633		1	411216	57555377
锦 石 乡	2	11	334			411217	57859021
排 头 乡	4	18	663			411221	57262888
花 石 镇	5	31	899		1	411218	57860172
分 水 乡	3	15	409			411225	57790391
石 鼓 镇	3	16	520	1		411226	57875130
青山桥镇	3	18	487		1	411225	57870000
易俗河镇	7	31	855		13	411228	57881254
谭家山镇	2	14	401		3	411213	57895023
中路铺镇	4	20	601		1	411232	57890001
白 石 镇	2	13	331	1		411235	57892020
茶恩寺镇	2	17	378	1		411236	57893661
合 计	59	321	9156	12	22		

表 4

2016 年湘潭县各乡镇所辖村、社区（居委会）情况一览表

乡镇名称	撤区并乡前小乡镇名称	所辖村委会名称	所辖居委会名称
云湖桥镇	云湖桥镇 楠竹山乡 良 湖 乡 烟 山 乡	新中塘（新南、铁炉塘） 云湖（石马咀、楚家、云湖） 石井铺 新中湾（集中、王家湾）七里铺（七里铺、侯家、税湖）飞栏（马栏桥、飞轮） 北岸 (北岸、望梅) 烈马 天鹅 清风（清风、塘湾） 良湖（良湖、建新） 向红（建东、栗山） 新联（高湖、移山、史家坳） 芦塘 楠竹 烟山（烟山、大安） 响石 古湖（古湖、熊家） 黄金（黄金、天星）东石（东塘、石家） 狮山 共 21 个村	云湖社区
石 潭 镇	石 潭 镇 列家桥乡 白 托 乡 古 城 乡	象塘新（新庄、枫树亭） 新合 同庆（屯下、普庆） 甘泉（龙泉、甘露塘） 青和 列家桥 中新 双红（洪望、毛塘坝） 杨田（杨梓、饶田） 骏马（双马、马桥） 红佳（草塘、文佳滩）中山（坑山、中塘）紫涟 白托寺（白托、光荣） 莳竹塘 古城（古云、古城） 联盟 托下 兆托 天桥（九龙、通湖） 石桥（分水、莲花、白龙） 向韶 芙蓉 八角亭 共 24 个村	正街居委会 横街居委会 杉木桥居委会 窑上居委会 列家桥煤矿居委会
乌 石 镇	乌 石 乡 景 泉 乡	天龙（天明、龙塘） 双庙 众兴（铁山、狮龙、安平） 乌石（乌石、寺冲、联塘）大明（旗头、明德）平山（平山、龚泉） 岳冲桥（岳冲、槐塘） 景泉（景泉、双雲云峰片区） 四美 石峰 (石峰、双雲双峰片区） 乌石峰（班竹、珍珠） 华龙（大塘、九节龙） 锦绣（红家山、奇才、羊塘） 共 13 个村	瓦子坪居委会
杨嘉桥镇	杨嘉桥镇 峡山口乡 荆 洲 乡 雁 坪 乡	杨嘉桥（邓家坝、枫树桥、新河） 白鹿（白鹿冲、石旗） 铺子岭 九江 富家（花围、金龙）合金（洞合、乌石坝） 金笔（金桥、碧源） 三湘（三合、 新湘）华东（龙华、东皋） 金蛟（蛟托、金星）旷家新 (旷家、八托） 金凤 金洪（洪坪、洪托） 新福 新桥（渡口、震福） 雁银（银湖、雁坪） 柳福（柳湖、福星） 金福（叠福、金马） 燕荆 (荆洲、燕山） 金河（羊鹿、西花） 同福 共 21 个村	机关居委会 电厂街居委会 王家山社区
河 口 镇	河 口 镇 古塘桥乡 双板桥乡	富民（齐力、中湾） 沿江（河口、月形） 先丰桥（先进、双丰） 涓水（白米、太和） 卓江（三联 山湖） 三华（易佳坝、大坝、林泉） 上桐（上星桥、桐家坝） 紫杨（紫塘、杨基） 宏兴（芦花、友余） 华中（高司、天白、沙泉） 荷花（莲托、双江口） 古星 石泉 石枫 西京 红陶 共 16 个村	新街居委会
射 埠 镇	射 埠 镇 旺 冲 乡 方上桥乡 继述桥乡 土 桥 乡	射埠 上春 新建 新烟塘（张公、大烟塘） 霞湾（湾塘、鹤霞） 蟠龙 (雨华、金岭）旺冲（旺冲、余家） 百水（荷花、白水） 高丰（高丰、筱里） 桂塘 继述桥（知青、团山）方上桥（高泉、大方上桥） 巨鱼 (巨鱼、池子） 金龙霞（方霞、长延） 涓江新（铁江、碧水） 杨基 (船形、杉仙） 高风（高桥新、仙凤） 土桥铺（群台、新桥） 来仪 吟江（洪湖、鹿鸣） 谷合（谷塘、合力） 盛源（泉井、月塘冲）共 22 个村	潭花社区
锦 石 乡	锦 石 乡 碧 泉 乡	唐家湖 大荷塘（纯塘、大荷塘） 东边新（东边山、苍场） 金湖 锦石 文佳（文佳、 大桥） 太阳（太阳、迴水） 胜利 东剑（东风、剑峰） 碧泉（碧泉、桂花亭） 清塘（清塘、佳塘）共 11 个村	
排 头 乡	排 头 乡 留 田 乡 严 冲 乡 黄荆坪乡	排头岭（排头、月塘、大扶冲） 回龙桥（回龙桥、延化、同心） 红祺 (藕塘、红祺） 南下（上南、湘南、南桥） 华宇（合兴、毫光）兴田 (兴阳、留田） 合荣 松梓 人雄山（仁陂、船形山） 团结（鳌洲、霞山） 严冲（严塘、严冲）仓冲 龙佳（雪佳、龙潭） 先劲 辰山（辰山、紫山居） 狮龙（东山、星星、长山） 双联（双泉、指南） 隐山（黄荆坪、安全） 共 18 个村	18 个村

续表 4

乡镇名称	撤区并乡前小乡镇名称	所辖村委会名称	所辖居委会名称
花石镇	花石镇 盐埠乡 石坝乡 龙口乡 日华乡	马垅 中华（棋岭、芙蓉） 花石（超上、兴荣） 和平（河头、七星） 金莲 新加（前进、桐梓） 罗汉（长岭、罗汉） 双溪 永仁 润塘 涓江 盐埠（盐浮、盐埠） 金枫（金塘、金丰） 龙潭（赵家营、东晓） 天马山（天马、北斗） 铜锣 紫荆（水南、紫荆） 石坝（兴合、石坝） 中心 见楼（见楼、大江） 长潭（长寿、潭溪） 九如 龙口（龙口、董家坪） 泥湾 百和、双桥（金子、紫桥） 日华（日华、团建） 琵琶（琵琶、金宝） 天石 瀰江 红中（红卫、中加） 共31个村	花石社区
分水乡	分水乡 环山乡 较场乡	分水（分水坳、长丰、沙洲） 虎形山（双凤冲、虎形）石桥 槐北 新山 彭何（彭何、广林） 晓冲 大冲垅（天垅、大冲垅） 珍鸽 永红（白沙井、永红） 合家 较场 大垅 湾头（湾头、同合） 旗山（石江、旗山） 共15个村	
石鼓镇	石鼓镇 明道乡 歇马乡	海南（海荣、欧冲、朱山） 石鼓（石鼓、万家）将军（将军、兴旺）安乐 明道（道贯、垅塅） 栗梅（森梅、栗山嘴）珠联（珠联、向阳）四路（四路、五家嘴） 七家坪 福宵（福宵冲、石湖塘） 沿红（沿红、竹塘） 铜梁（铜梁峰、双河） 路口（路口、云霞） 西冲（西冲、花楼） 高家坪 歇马（歇马、山田冲、 大坪台） 共16个村	大桥居委会
青山桥镇	青山桥镇 晓南乡 霞岭乡	青山桥（青山桥和坪） 高屯 观元（观元、观山） 马栏坝（马栏坝、新阳、龙书） 三富（富石、富晓、三富） 晓南（晓南、上方） 高山寺 四境（四境、沙河） 新铺 松柏 扶冲 龙舞 桥头铺 高强 大兴塘 霞岭（幸福更名） 福门 天塘 共18个村	青山社区
易俗河镇	易俗河镇 易俗河乡 上马乡 梅林桥镇 麦子石乡 郭家桥乡 白云乡	烟塘 京竹 山塘 樟树 赋江（赋江、青狮） 银塘（河洲、银塘、杨溪）杉荫（杉荫埠、王家冲） 金霞 赤湖 八角 青光（青光、上马）水竹湾 梅林桥（梅林、京广） 黄竹 谷洪（洪塘、谷塘铺） 高桥（高桥、谷丰） 万荷（万利、荷佳） 安联（联营、安营） 石壁 双梅（梅市、石梅）麦子石（金盆洲、竹山、千江） 郭家桥（郭家桥、鹧鸪） 踏龙 新湖（新湖、新长、新堤） 高岭（城塘、合龙） 杨皂（皂塘、杨柳） 宝塔 新虎 白云 友谊 飞龙桥（划香、飞龙）共31个村	城塘社区 砚井社区 牛头岭社区 百花社区 赵家洲社区 凤形山社区 富豪阁社区 吴家巷社区 云龙社区 瓦屋湾社区 晓木塘社区 大湖塘社区 花果山社区
谭家山镇	谭家山镇 长岭铺乡	龙亭（茅亭、响垅） 紫竹（肖冲、紫竹） 谭家山（榜塘、坪塘） 高丰（高山、泉丰） 铁竹（竹霞、铁炉） 霞峰（长塘、南泉） 茶金 石荷（荷叶坝、石龙）石垅（陈家垅、石坝口） 长岭铺 月仙（月塘湾、仙娥） 棠霞 红星（新泉、石洪） 花塘（花门、高塘）共14个村	土地庙社区 佐塘社区 分路口社区
中路铺镇	中路铺镇 柱塘铺镇 荷塘乡 石潭坝乡	凤形山 中路铺 潭湖（杨家湾、双江坝、潭湖） 金银 碧云（双云、碧云） 茅塘 柱塘（柱塘、贺塘） 柳桥（柳桥、南冲）竹冲 石狮（石狮、佛祖岭） 响鼓（响古、上田冲） 水口桥（水口桥、银泉） 拗柴（拗柴、太平） 天螺 荷塘 石潭坝（枧桥、桃树、中南） 菱角（菱角、蛇形）群力 金石（卫星、金石） 大湾桥（永红、大湾桥）共20个村	凤形社区

续表 4

乡镇名称	撤区并乡前小乡镇名称	所辖村委会名称	所辖居委会名称
白石镇	白石镇 马家堰乡	杏花（杏花、谭家垅）莲花（莲花、广桥、尹家冲） 白石（白石、象天） 深溪（深溪、水口） 马家堰（堰湖、田桥） 湖田（湖田、烟墩） 双新 昭金（昭公、金虎） 友爱 龙凤（永安、双龙） 潭口（潭口、湘河） 黄茅 团山 共 13 个村	望江楼居委会
茶恩寺镇	茶恩寺镇 花桥乡	上峰 樊田 吴家 双阳（双阳、弄子口） 茶恩 桥市（熊市、扶桥） 青坪 茶花 宁桥（荷月、樟树湾） 双花 金坪（金坪、复兴） 花桥（泉坪、花桥） 双凤（双凤、回龙） 柏棠（柏塘、棠花） 东三（东山、湘衡、星月） 千家（千家、杨溪） 晓花 共 17 个村	富茶居委会

【优抚工作】 年内，按标准及时足额发放各类抚恤补助资金和优待金 7000 余万元；完成重点优抚对象信息采集工作；认真做好评残、提残、原工程兵部队退伍军人职业病检查、残疾证换证等工作；健全优抚对象医疗减免、医疗救助和医疗优惠的医疗保障体系。切实加强军休干部管理和服务工作。

【双拥工作】 春节、“八一”期间，广泛开展走访慰问和座谈活动，共计召开座谈会 50 场次，发放慰问金（物资）45 万元。

【安置工作】 年内，接收自主就业退役士兵 378 人，需要由人民政府安置的退伍军人共 34 人（带安置卡退伍士兵 11 人，转业士官 23 人），均已安置到位。建立和完善教育、培训制度，引导和组织自主就业的退役士兵在退役 1 年内参加职业教育和技能培训。

【民间组织管理】 年内，新登记注册社会团体 17 家，采取定点、定片、定时和上门年检相结合的形式对 287 家社会组织开展年检工作，开展党员领导干部在全县社会团体中担任领导职务的专项整顿治理行动。

【开展烈士公祭活动】 9 月 30 日，县委、县政府在中路铺镇晓霞山的烈士纪念园举办开园仪式以及“缅怀革命先烈、弘扬民族精神”为主题的烈士公祭活动。县领导傅国平、段伟长、周艳希、黄忠德、谭捍卫、尹明忠、刘铁强及老战士代表、公安政法干警代表、县直各单位负责人、医卫系统干职工代表、中小学生代表参加烈士公祭活动。上午 10 时，烈士纪念园开园暨公祭活动开始。全场肃立，高唱《中华人民共和国国歌》。县委副书记、代县长段伟长宣读祭文，缅怀为民族独立、人民解放和国家富强、人民幸福而献身的莲乡革命先烈，激励广大莲乡儿女要继承烈士遗志，弘扬先辈优良传统，凝心聚力，加快推进科学发展，为全面建成小康社会而奋勇前行。随后，少先队员合唱《我们是共产主义接班人》。县委书记傅国平，县委副书记、代县长段伟长，县人大常委会主任黄忠德，县政协党组副书记、政协主席提名候选人刘铁强及县委常委、县人武部部长尹明忠分别向烈士敬献花篮。参加公祭仪式的全体人员向烈士纪念碑行三鞠躬礼。在中国革命、建设、改革开放各个历史时期，湘潭县先后涌现出罗学赞、彭公达、林蔚、杨昭植、卢冬生、梁鸿钧、韩联生等一大批革命烈士。据资料整理，全县共有烈士 997 名。为纪念、缅怀先烈，传承民族精神。湘潭县在湘潭地下党组织的发源地——中路铺镇动工兴建烈士纪念广场，纪念园占地 7900 多平方米，可容纳 600 余人，包括纪念广场、纪念牌坊、烈士纪念名录、浮雕墙等附属设施，成为全县重要的爱国主义教育基地和国防教育基地。

（彭　成）

（责任编校　杨红艳）

政协湘潭县委员会

概　述

【概况】　2016年，政协湘潭县第八届委员会常务委员会坚持团结民主两大主题，围绕全县经济社会发展大局，切实履行政治协商、民主监督、参政议政职能，主动适应政协工作新要求，大力推进履职能力建设，充分发挥人民政协在社会主义协商民主中的重要渠道和专门机构的作用，为全县科学发展和社会和谐稳定做出积极贡献。

政协湘潭县第八届委员会常务委员会学习贯彻党的十八大以来关于加强社会主义协商民主建设的战略部署，贯彻落实中共中央办公厅印发的《关于加强人民政协协商民主建设的实施意见》的要求，制定协商计划、突出协商重点、规范协商程序、注重协商效果。在全会期间，组织委员开展联组协商，着重就政府工作报告和国民经济及社会发展计划执行报告、财政预决算报告、县法院、县检察院等工作报告中事关全局的重大问题开展协商议政，提出意见建议；组织政协各参加单位、界别紧扣经济社会发展和人民群众关注的热点、难点问题举行大会参政议政发言6个，对加快杨河工业园发展、城乡一体化建设、提质改造韶山灌区南干渠、促进教育均衡发展、保障禽畜产品安全、推进隐山重点文化旅游项目建设等问题提出意见建议。常委会组织对加快电商平台建设、养老服务业发展、“十三五”规划实施及专项规划制定、重点工程项目建设、精准扶贫等工作开展专题协商5次；开展针对职业技术教育、城市管理行政执法、食品安全管理等对口协商3次；开展加快家庭农场发展、文物管理、禁毒工作等界别协商3次，提出意见建议40余条，为县委县政府科学民主决策和工作开展提供重要参考。各联工委组和界别围绕天易示范区发展、新农村建设、文明县城创建等工作积极参政议政、建言献策，开展专题调研40余次，撰写调查报告30余篇。

常委会和专委会注重扩大委员履职参与面，先后邀请委员50余人次参加调研考察、协商议政；强化界别作用，丰富界别活动。通过开展履职活动，广大委员的主体作用得以发挥，增强政协组织的凝聚力和工作活力。通过常委会议、界别座谈会、专委会对口协商、走访慰问等形式，保持同各党派团体、社会各界和各阶层人士的经常性联系，畅通民意表达渠道，营造广纳群言、平等议事的民主氛围，更好地达成共识、凝聚力量；加强海外联谊工作，走访慰问亲友代表60余人次，热情接待回乡探亲、观光、考察的港澳台同胞和海外侨胞，促进港澳台同胞、海外侨胞和大陆的友好往来、经济合作及科技文化交流；加强与民族宗教界人士的联系，积极引导民族宗教界委员开展各种履职和传播优秀传统文化等活动，促进民族团结、宗教和睦。

政协委员围绕经济社会发展提出建议意见500多条，参与协调化解社会矛盾230余起，为困难群众办实事300余件，为薄弱学校建设、扶贫帮困等各项公益事业直接捐资300余万元。按照省市政协的部署，从5月起动员委员参与“资助一名贫困家庭在校学生完成学业、结对一个贫困家庭增加收入、帮助贫困家庭一名成员解决就业”的“三个一”助力精准扶贫行动，委员们与贫困户结对帮扶，为群众做好事、办实事，全县225名政协委员通过产业扶贫、捐资助学、帮助解决就业等方式扶助贫困户233户。

完善出台《常务委员会工作规则》《委员管理办法》《各专门委员会与县党政群有关部门对口协商和联系的制度》《联工委（组）考核办法》等工作制度和机关管理制度，加强政协工作制度化、规范化、程序化建设，促进政协工作生动活泼、规范有序、扎实有效。

将县政协网站、《莲乡政协》工作刊物与县电视台、县网、县报等县内媒体有机结合，积极宣传政协知识，反映政协工作动态，展示政协履职成果和委员风采，编印县政协第八届委员会的履职成果汇编——《智汇莲乡》，编辑出版第16辑政协文史资料《湘绮楼联语校注》。通过宣传推介，丰富政协的文化内涵，活跃政协工作氛围，提升县政协工作的知名度和影响力。

【欧阳斌来县考察调研湖湘文化发展】 4月26日，省政协副主席欧阳斌再次到湘潭县考察调研隐山的开发保护和湖湘文化。市、县领导周韶光、曾虹燕、李光泉、王惠芳、陈卫兵参加调研。欧阳斌表示，隐山的保护开发已纳入市、县“十三五”规划，已实施初步的建设，取得良好的开头。他希望，隐山的开发建设应成为一个隐逸安居、令人向往的地方，人们届时都愿意来此寻“隐”、学“隐”。就下阶段的保护开发工作，他建议应打好文化牌，注重湖湘文化精神的发扬；打好生态牌，保护好周边的生态环境，建设宁缺毋滥，不要大兴土木；做好开放、发散式的新农村建设，不断优化提升旅游配套服务，以全域旅游带动经济社会协调发展。

【县政协开展“三个一”扶贫行动】 2016年5月，政协湘潭县第八届委员会常务委员会第二十一次会议协商通过《政协湘潭县委员会关于开展“助力精准扶贫，促进提前全面建成小康莲乡”活动的实施方案》(潭协办发〔2016〕5号)，动员全县政协委员围绕精准扶贫履职建言、献计出力。县政协把政协委员参与精准扶贫活动情况作为政协委员履职考核和评先评优的重要参考依据。各联工委组积极动员委员参与“资助一名贫困家庭在校学生完成学业、结对一个贫困家庭增加收入、帮助贫困家庭一名成员解决就业”的“三个一”助力精准扶贫行动，委员们真心诚意与贫困户结对帮扶，积极为群众做好事、办实事，全县有225名政协委员通过产业扶贫、捐资助学、帮助解决就业等方式扶助贫困户233户。其中，通过产业扶贫21户，助学41户，帮助解决就业54户，其他帮扶117户。

重要会议

【政协湘潭县第八届委员会第四次会议召开】 2月24日至26日政协湘潭县第八届委员会第四次会议在泓熹大酒店举行。出席会议各界政协委员275人。会议期间，委员听取和审议政协湘潭县第八届委员会第三次会议以来的常务委员会工作报告和提案工作报告；列席湘潭县第十五届人民代表大会第四次会议第一次全体会议，听取和协商湘潭县人民政府工作报告；协商讨论《湘潭县国民经济和社会发展第十三个五年规划纲要（草案）》《湘潭县2015年国民经济和社会发展计划执行情况与2016年计划（草案）》《湘潭县2015年财政预算执行情况和2016年财政预算安排（草案）》，湘潭县人民法院工作报告、湘潭县人民检察院工作报告；进行大会参政议政发言；按照《政协章程》规定和民主协商的原则，补选常委2名。

【政协湘潭县第八届委员会常务委员会第十九次会议召开】 1月21日，政协湘潭县第八届委员会常务委员会第十九次会议召开。政协第八届委员会全体常委会议组成人员参加会议，县委副书记、县长傅国平应邀参加会议，县政府办、县政府经研室等有关负责人列席会议。会议听取县人民政府关于参政议政发言、建议案、意见与建议、社情民意和提案办理情况，听取《政府工作报告（征求意见稿）》的起草情况说明，并协商讨论《政府工作报告(征求意见稿)》，会议协商通过《政协湘潭县第八届委员会常委会第三次会议以来工作报告（征求意见稿)》《政协湘潭县第八届委员会第三次会议以来提案工作报告（征求意见稿)》。县委副书记、县长傅国平在会上表示，虚心诚恳听取意见、务实高效办理提案、一心一意谋求发展。傅国平在会上请求各位委员，多对政府工作提宝贵意见、多引外来投资、多做积极贡献，也恳请委员们关注、监督政府工作报告的落实情况。

【政协湘潭县第八届委员会常务委员会第二十次会议召开】 2月26日，政协湘潭县第八届委员会常务委员会第二十次会议召开。政协第八届委员会全体常委会议组成人员参加会议。会议听取分组协商讨论情况综合、常务委员候选人和《政协湘潭县第八届委员会常务委员选举办法（草案)》协商酝酿情况汇报；听取提案征集、审查情况汇报；协商通过《政协湘潭县第八届委员会第四次会议决议（草案)》以及《政协湘潭县第八届委员会常务委员会2016年工作要点（草案)》。

【政协湘潭县第八届委员会常务委员会第二十一次会议召开】 5月17日，县政协湘潭第八届委员会常务委员会第二十一次会议召开。会议由县政协主席王惠芳主持，副主席宋小玲、李西文、成极中、刘绵晖，秘书长周向荣和全体政协常委参加会议，县委副书记周艳希应邀参加。县委副书记周艳希表示这两份建议案主题有时代感、有针对性、有说服力，并指出准确认识和推动这两项工作，给人民群众带来的生活便利、带来的产业发展与经济的增长，对促进社会和谐、民生福祉意义重大；要进一步强化措施，破解颈瓶、群策群力推动两个产业在县内的发展。下阶段，县政协将按照常委会工作要点加强推进，围绕县委县政府的中心工作，关注和支持经济建设，认真组织委员参与好各项履职工作，加强民主监督、提案协商办理和督办；组织动员委员积极参加“精准扶贫工作”“精美莲乡”建设等工作；机关开展好“两学一做”学教活动，做到进一步转变作风，提升服务委员、服务基层的能力。会上还协商通过《关于参与“助力精准扶贫，促进提前全面建成小康莲乡”活动的实施方案（草案)》，及有关人事任免。

【政协湘潭县第八届委员会常务委员会第二十二次会议召开】 8月10日，政协湘潭县第八届委员会常务委员会第二十二次会议召开。会议由县政协主席王惠芳主持，副主席宋小玲、李西文、刘绵晖、刘新玉，秘书长周向荣和全体政协常委参加会议，县委副书记周艳希应邀参加。会议对《加快农村电子商务，打造县城经济增长引擎的建议（草案）》和《积极应对人口老龄化，加快养老服务业发展得建议（草案）》进行讨论。会议听取《湘潭县第十二次党代会工作报告（征求意见稿）》的起草情况和主要内容。《县政协常委会组成人员讨论报告（征求意见稿）》，并提出意见和建议。随后，县政协常委会进行集中学习，观看《镜鉴——衡阳、南充违反换届纪律案件警示录》和学习传达中央省市县关于加强换届风气监督的相关文件和会议精神。

【政协湘潭县第八届委员会常务委员会第二十三次会议召开】 8月29日，政协湘潭县第八届委员会常务委员会第二十三次会议召开。会议由县政协主席王惠芳主持，副主席李西文、刘新玉、刘绵晖，秘书长周向荣和全体政协常委参加会议，县领导傅国平、刘铁强、周贤应邀参加。会上，县委常委、县人民政府党组副书记、常务副县长候选人周贤通报重要人事安排情况。县政协主席王惠芳要求，要坚决拥护执行市委、县委人事安排决定，发挥县政协优良传统，一如既往支持维护县委的权威，在服务县委政府中心工作中发挥政协作用；要认真扎实有序地做好政协换届工作，严格遵守换届纪律，营造风清气正的换届环境。县委书记傅国平要求，县政协要继续发挥好智囊团和参谋部作用；要共同维护全县良好的政治生态，自觉维护市委人事安排的决定，要严格遵守换届工作纪律，共同营造风清气正的氛围，全力推动党代会精神的落实，为县域经济社会发展做出更大的贡献。会议还协商通过有关委员辞免。

【政协湘潭县第八届委员会常务委员会第二十四次会议暨民主评议提案办理工作会议召开】 10月27日，政协湘潭县第八届委员会常务委员会第二十四次会议暨民主评议提案办理工作会议召开。县政协主席王惠芳、副县长荣虎成，副主席宋小玲、李西文、刘绵晖，秘书长周向荣，政协全体常委和部分政协委员，天易示范区规建部、县商务粮食局、公路局等相关单位负责人参加会议。会上，天易示范区规建部、县商务粮食局、公路局、畜牧水产局、房产局、供电公司相关负责人汇报本单位2016年度政协提案办理工作情况。2016年，全县6家被评议单位承办县政协提案26件，已采纳解决的14件，列入计划拟解决或正在解决的12件。县政协常委会议组成人员对被评议单位进行百分制测评。根据测评结果，评定天易示范区规建部、县公路局、畜牧水产局、商务粮食局、房产局为2016年度县政协提案办理工作优秀单位，县供电公司为2016年度县政协提案办理工作良好单位。

【政协湘潭县第八届委员会常务委员会第二十五次会议召开】 11月11日，政协湘潭县第八届委员会常务委员会第二十五次会议召开。会议由县政协主席王惠芳主持，县政协主席提名候选人刘铁强，县委常委、副县长提名候选人周贤，县政协副主席宋小玲、刘绵晖、刘新玉，县政协副主席提名候选人韩炎、欧建美、何晓春，秘书长周向荣，秘书长提名候选人周令，政协全体常委参加会议，县政府办、县委组织部负责人及县政协各专委会副主任列席会议。会上县委常委、副县长提名候选人周贤通报县政协建议案、意见与建议、社情民意办理情况、提案办理情况。县政协八届四次会议以来，县人民政府收到县政协提案94件、建议案2件、意见与建议3件、参政议政发言6件，经认真清理、分类和审核后，交由36个单位承办，除10月底交办的1件意见与建议正在按相关程序办理外，其他所有交办件均在规定期限内办复。会议协商决定邀请政协湘潭县第九届委员会委员；协商讨论《政协湘潭县第九届委员会常委候选人名单（草案）》；协商通过《关于召开政协湘潭县第九届委员会第一次会议的决定（草案）》，决定政协湘潭县第九届委员会第一次会议于2016年11月23日至27日召开，主会场设县城泓熹大酒店；协商通过政协湘潭县第九届委员会第一次会议等相关事项。

【政协湘潭县第九届委员会第一次会议召开】 11月23日至27日在易俗河召开。此次会议共召开四次全体会议，四次主席团会议。11月25日上午，大会在泓熹大酒店举行第一次全体会议暨开幕式。11月27日，大会举行第四次全体会议暨闭幕式。会议期间听取并审议通过了王惠芳所作的《政协湘潭县第八届委员会常务委员会工作报告》、刘新玉所作的《政协湘潭县第八届委员会常务委员会提案工作报告》。县委书记傅国平，县委副书记、县人民政府代县长段伟长在会上讲话。会议听取并赞同段伟长所作的《湘潭县人民政府工作报告》，赞同《湘潭县2016年国民经济及社会发展计划执行情况与2017年计划的报告》《湘潭县2016年财政预算执行情况和2017年财政预算安排的报告》和《湘潭县人民法院工作报告》《湘潭县人民检察院工作报告》。会议选举刘铁强为政协湘潭县第九届委员会主席，韩炎、欧建美、何晓春、刘新玉、马新国当选为政协湘潭县第九届委员会副主席，周令当选为政协湘潭县第九届委员会秘书长。马剑雄等38人当选为政协湘潭县第九届委员会常务委员。

政协湘潭县第九届委员会常务委员会组成人员名单

主　席　刘铁强

副主席　韩　炎　欧建美
　　　　何晓春（女）刘新玉
　　　　马新国

秘书长　周　令（女）

常务委员（按姓氏笔画为序）
马剑雄　王　勇　王　璧（女）
王建军　任俭琳　刘石美
刘冰薇（女）　刘应龙　刘海云
李　言　李泽英（女）
李映红（女）　杨　敏（女）
肖和平　吴　可　何小梅（女）
谷　巍（女）　谷述良　宋志龙
张文忠　张宁波（女）　张岳龙
陈宏望　陈金红　林亚科
欧阳红梅（女）周红霞（女）
周理湘　胡雨雪　胡学军
段　晖（女）　宾鸿涛
符小乔（女）　符利辉（女）
彭进文（女）　彭银香（女）
释唯静（女）　谭甚昭（女）

调研协商

【概况】 根据2016年度县政协常委会工作要点，县政协常委会组织对全县电子商务情况开展调查研究。调研组先后走访石潭、乌石、青山桥、花石、中路铺5个乡镇10多个村淘网点，实地查看县村淘服务中心、特色中国湘潭县馆和86077平台，学习借鉴其他地方的先进经验，并召开专题协商会，形成《加快发展农村电子商务，打造县域经济增长新引擎的建议案》；3月，县政协常委会专题调研组先后走访石潭、白石、易俗河等乡镇的敬老院、农村幸福院及民办养老机构，掌握第一手材料，并考察学习江西南昌县、武汉江岸区等地的养老工作，并召开专题协商会，形成《关于积极应对人口老龄化，加快发展养老服务业的建议案》。

【县政协召开“加快发展全县农村电子商务”专题协商会】 4月26日，县政协在县商务粮食局召开“加快发展全县农村电子商务”专题协商会。县政协主席王惠芳、副县长唐仁光参加协商会，县政协副主席宋小玲主持会议。会上，县商务粮食局、科经局、农业局、供销社及天易示范区经济发展部分别介绍各自在电子商务方面的工作情况，并就县电子商务投入运营、宣传引导、人才引进及农产品标准化生产等问题提出意见和建议。县政协经科委就调研情况进行说明，指出全县电子商务氛围还不够浓厚、产业聚集度不高、电子商务人才匮乏等问题，提出加大宣传、尽快出台《关于加快全县电子商务发展的意见》。抓平台建设、抓农产品供给和上传、抓人才培训、组建电商协会等建议。副县长唐仁光表示，下一步将迅速筹备出台关于加快推进电子商务发展的意见，并着重做好加大宣传，进一步普及对电商的认识；搭建平台，构建电商新格局；整合资源，支持电商的发展；综合协调，形成电商发展的新氛围等四个方面的工作。就下阶段推进电子商务发展工作，县政协主席王惠芳建议，应进一步提高认识，营造电子商务良好的发展氛围；加大投入，完善基础设施建设，提升综合配送和物流能力；实施平台建设，通过调研、监督了解平台发展情况，及时发现问题、解决问题，帮助想干事、有能力的电商做强做大；积极引进、培训人才，为电子商务发展提供强有力的智力和技术支撑；要不断地学习和总结经验，推动全县电子商务发展迈上新台阶。

【县政协召开“加快全县养老服务业发展”专题调研座谈会】 4月27日，县政协召开“加快全县养老服务业发展”专题调研座谈会。县领导王惠芳、谭捍卫、李西文等参加座谈。会议听取县民政、财政、住建、卫计等相关职能部门以及调研组成员的发言。副县长谭捍卫表示，要高度重视养老服务事业，不断提升供养水平；养老事业要制度化，要加快出台具体、操作性强的养老服务发展规划及相关配套文件；在强化管理、制定规则的前提下，鼓励民营资本进入养老事业；健全管理体系，加强对服务人员的业务技能培训。县政协主席王惠芳建议，要提高认识，努力促成以居家养老为依托、社会养老为补充的多元化养老服务业格局；要召开专题会议，出台一个政策，制定一个规划，建立一套机制，打造示范点，明确职责，分步实施，完善养老事业的各项工作；要依托职校、家政服务公司等平台，培养具有基本服务技能的从事养老服务事业的人员，满足老年群众的基本需求。

【县政协召开界别协商会】 6月21日，县政协人口资源环境委员会组织农业界委员在农业局开展推动全县家庭农场发展的界别协商会，县政协副主席宋小玲，农业界政协委员、农业局主要负责人、农场主代表参加会议。农业界政协委员首先考察谭家山君阳家庭农场、和平家庭农场和易俗河湘荣家庭农场，与农场主进行交流座谈。在协商座谈会上，部分农场主代表指出家庭农场在发展上存在周边关系难处理、融资难、缺少技术信息等困难。委员们提出，要做好家庭农场建设区域发展规划，合理布局；要注重示范引领；要提升服务能力，健全土地流转机制，加强技术技能培训，多开展现场指导服务；要加强政策引导，出台县级认证标准，设立专项发展基金，各项惠农政策与基础设施建设向家庭农场倾斜；要积极探索搭建融资平台等意见与建议。县政协副主席宋小玲指出要将家庭农场建设作为推动现代农业发展的重要工作来抓，要加强领导，加大政策扶持力度，要突出特色打造亮点，要加强技术指导保证农产品质量安全，加强推介加大宣传等工作要求。

【湘潭县召开精准扶贫工作专题协商会】 7月14日，湘潭县精准扶贫工作专题协商会在县政协五楼会议室举行。县领导王惠芳、周艳希、谭捍卫、宋小玲、李西文，县政协专题考察组成员，县委办、县农业局等相关单位、相关乡镇负责人参加会议。县政协秘书长周向荣作专题考察工作汇报，会议还对《关于对全县开展精准扶贫工作的建议》(68号）提案办理情况进行协商。谭捍卫表示，将认真消化吸收，进一步做好精准扶贫工作。周艳希认为，此次协商会开得非常及时，考察报告抓住全县扶贫工作的关键问题，提出很好的建议。表示在下阶段的工作中要进一步在精准上下功夫，在落实上做文章，在产业上求突破，在长效上加力度。县政协主席王惠芳指出，精准扶贫要再动员，扶贫政策要再落实，扶贫责任与工作要再对接，扶贫宣传要再加大力度。

【县政协常委会考察全县重点工程项目建设】 10月12日，县政协主席王惠芳率常委会专题考察组考察全县重点工程项目建设情况。县领导周贤、胡明伟等陪同考察。考察组一行先后到湘潭子敬学校、湖南长乐保温免拆模板有限公司、湖南飞山奇建筑科技有限公司、湘潭县一中艺体馆、金霞山公园等项目进行现场考察。下午，考察组召开协商座谈会，分别听取县重点办、天易示范区规划建设部及三促办对全县重点工程项目、基础设施项目、产业项目的有关情况汇报。县政协主席王惠芳肯定全县重点工程项目建设取得的成绩，她要求天易示范区作为县委政府的经济发展“总公司”，要以经济效益为中心，发挥示范区的作用，带动全县经济社会发展。她希望广大政协委员要支持示范区，为示范区的发展鼓与呼，并利用人脉及工作关系为示范区发展营造良好的发展环境。

提案工作

【概况】 政协湘潭县第八届委员会第四次会议收到委员提案 101 件，经审查有 2 件不予立案，立案 99 件，根据有关规定和程序交由天易示范区规建部等 36 家部门单位办理。立案的 99 件提案中，政治建设类 8 件，经济建设类 36 件，文化建设类 25 件，社会建设类 19 件，生态文明建设类 11 件。截至 2016 年 8 月底，所有提案已全部办结，办复率 100%，满意率 98%，其中所提问题已经解决或基本解决的 59 件，占 59.6%;正在解决或列入规划解决的 34 件，占 34.4%;作为党委、政府及其工作部门参考的 6 件，占 6%。承办全市政协提案办理工作座谈会，向各县（市、区）政协领导介绍全县政协提案工作经验，组织与会人员考察全县的城市建设，展现湘潭县的工作特色。

【韩伟专题研究落实县政协提案工作】 5 月 17 日，副县长、公安局局长韩伟在县公安局五楼会议室，组织召开县政协关于“打造宜居城市，共建幸福家园”提案交办会议。会议由政府办负责人主持，邀请县政协人资环委参加。县公安局、司法局、文旅体局、人社局、天易示范区、城管局、环保局等相关单位负责人参加会议。县政府办通报政协提案的内容和办理要求，将任务分解到各个单位；各参与单位汇报提案办理情况；县政协就提案协商办理工作提出工作意见。韩伟要求，各承办单位要进一步提高认识，高度重视提案办理工作，负责人要亲自抓落实，要围绕工作任务制定推进计划；要进一步明确责任，就各自的职能分工，针对政协委员提出的要求，逐一研究解决；要进一步狠抓落实，各项工作措施要落到实处，办理效果不但要让政协委员满意，更要逐步提升人民群众的“安全感、幸福感、归属感”。

【县城管执法局召开政协委员座谈会】 5 月 18 日，县城市管理和行政执法局就八届四次会议政协委员提案召开委员见面座谈会。会议由县城管执法局王铁钢局长主持，县人大副主任赵国政、县人大城环委、县政协提案委、政府办建议提案组、城管执法局其他党组成员和胡芳、陈南祥等政协委员参加会议。会上，县城管执法局负责人详细汇报 2016 年度建议提案办理情况，与会的委员针对城管局所作的工作及答复发表各自的意见，大家对办理结果表示满意，对城管局所做的各项工作给予肯定。王铁钢表态，今后将更加努力地工作，争取把县城的管理搞得更好，让县城居民有一个更舒心更美丽的生活环境。

【全市政协提案工作座谈会在湘潭县召开】 6 月 16 日，全市政协提案工作座谈会在湘潭县召开。市政协副主席谭岳，县政协副主席李西文，雨湖区、岳塘区、湘乡市、韶山市政协提案委负责人参加会议。政协提案凝聚着委员们的心血，关系着经济社会发展和民生冷暖，是政协民主监督、参政议政的重要平台。会上，全市 5 个县市区政协负责人分别汇报该地区提案工作情况，并提出下阶段工作计划。市政协副主席谭岳肯定 5 个县市区上半年提案工作成绩。他要求，提案工作要创新、突破、进展，力争迈上更高的台阶；要创新工作方法，将提案办理向制度化、规范化、程序化、精细化迈进；在换届之年，要搞好工作上的移交，努力促进政协各项工作顺利开展。

【县环保局召开建议提案办理座谈会】 6 月 17 日，县环保局召开建议提案办理座谈会。会议邀请有关环境保护建议提案的领衔人大代表、政协委员及县人大联工委、县政协提案委负责同志参加。县政协副主席、县环保局局长刘新玉同志主持会议。会上，县环保局各分管负责人分别汇报所分管的建议提案办理情况，对疑点、难点、焦点问题作解释说明。参会人大代表、政协委员对建议提案办理逐一进行点评。向海军、杨志等委员提出的 82 号《关于加强对群众焚烧稻草行为进行管理的建议》，环保局高度重视，将秸秆焚烧工作作为一项重点工作来开展落实，印发《湘潭县大气污染防治特护期工作方案》和《关于全面禁止焚烧秸秆的通告》，组织专项督查和广泛宣传，并加强秸秆综合利用新技术、新方法的研究推广。

【刘绵晖到县司法局督办重点提案】 6 月 23 日，县政协副主席刘绵晖率提案委负责人、县妇联负责人及相关委员到县司法局督办《关于进一步发挥人民调解在婚姻家庭纠纷中的作用》的提案，县司法局领导班子成员、办公室和相关股室负责人参加督办会。参会政协委员对县司法局所取得的工作成绩表示赞许，对提案办理所做的工作表示满意。刘绵晖对司法局重视政协提案和认真办理表示感谢。他指出，中路铺司法所荣获全市唯一的“全国模范司法所”，要努力形成可复制，可推广的先进经验。他要求，要继续发挥司法调解在维护社会和谐稳定方面的重要作用，建立覆盖面更广、方式更多的司法调解体系。

【宋小玲到青山桥镇现场督办重点提案】 7 月 19 日，县政协副主席宋小玲率县政协提案委、县科技和经济信息化局负责人到青山桥镇皮鞋工业园现场督办重点提案。青山桥镇党政主要负责人，提案政协委员及相关职能站办所负责人参加督办会。县政协八届四次会议期间，张宏、唐爱国等委员提交《关于加快传统产业转型升级和重点园区建设的建议》的提案，该提案经第二十五次主席会议协商通过，确定为重点提案，交由县科技和经济信息化局办理。座谈会上，青山桥镇负责人详细介绍园区的建设、发展情况，并就园区的优势和存在的困难进行分析。县科经局负责人汇报提案的办理情况。提案人张宏、唐爱国等委员对科经局办理提案表示满意。

宋小玲要求，县科经局等相关部门要更加关注关心支持园区的发展，园区要更积极主动向上级部门汇报，争取更多支持。一是要认真编制好发展规划，严格按规划实施；二是要整合资金项目，完善园区基础设施；三是要加大人才培训引进力度，应着力培训引进规划管理、科技创新、市场营销等方面的专业人才；四是要努力提质升级，增强市场竞争能力。

委派民主监督小组

【概况】 2016年，县政协常委会继续向县直机关单位委派民主监督小组，进一步强化民主监督工作。4月20日，县政协向县教育局、民政局、市场和质量监督管理局3家单位委派民主监督小组，分别就职校专业建设、边远地区支教政策执行；农村低保政策的执行、福利彩票的发行及福彩公益金使用；食品安全管理、质量计量监督等6项工作进行监督。民主监督小组进驻后，通过参加受派单位有关会议和活动、开展调查研究、专项检查评议、工作测评等形式，书面向受派单位提出意见和建议，并向县政协直接反映有关情况，提交建议、提案、报告等。县政协从2014年起建立委派民主监督小组制度，先后委派67名委员分别进驻县财政局、县法院等18个单位，对各单位依法行政和事关人民群众切身利益问题的36个重点事项进行监督。

【县政协民主监督第二小组到县民政局召开见面对接会】 5月13日，县政协民主监督第二小组在副主席成极中和刘绵晖的带领下到县民政局召开民主监督工作见面对接会，就农村低保政策的执行情况、福利彩票的发行及福彩公益金使用情况进行民主监督。会上，组织学习《政协湘潭县第八届委员会2016年委派民主监督小组工作方案》。民政局分管农村低保及福彩工作负责人汇报近三年来的工作情况，并表示接受民主监督，整改工作不足。民主监督小组组长就监督事项、监督意义、监督方式等作解释说明。成极中和刘绵晖强调，民主监督要紧扣团结和民主这个主题，抓住监督重点，找准工作差距，更好地为党委政府分忧，为人民群众解难。

联谊交流

【概况】 2016年，县政协通过常委会议、座谈会、调研考察、走访慰问等形式保持与各民主党派、人民团体和各界代表人士的经常性联系联络，为他们在政协履行职责搭建平台、畅通渠道，不断巩固和发展最广泛的爱国统一战线。进一步密切与港澳台侨及其亲友的联系联络，积极引导他们参与全县经济社会发展。发挥宗教界代表人士的作用，及时了解反映信教群众意见和诉求，促进宗教和睦、社会和谐。密切与省、市政协的联系，强化和兄弟政协的联谊，全年接待省、市及兄弟县市政协学习考察调研10余批次。宣传推介湘潭县人文环境生态环境。

3月21—23日，湘潭市政协副主席肖克和一行到湘潭县进行“实施精准扶贫，促进提前全面建成小康社会”的调研。县政协主席王惠芳、副县长谭捍卫、副主席宋小玲、秘书长周向荣参加。肖克和一行走访分水乡分水坳村、青山桥镇和坪村及花石镇潭溪村、金宝村等地，通过实地查看、集中座谈等方式，仔细调查了解各村精准扶贫工作开展情况及遇到的问题和困难，认真听取乡镇、村支两委、驻村干部及贫困群众的意见和建议。市政协副主席肖克和肯定全县精准扶贫工作。他表示，县领导高度重视，精准发力，亮点突出，精准扶贫成效明显。但部分贫困村帮扶的方式和指导思想还存在偏差；个别贫困户依赖政府程度比较严重；产业扶贫的办法还不是很多；面上扶贫力度仍有待加强。他建议，要坚持习总书记提出的“十六字方针”，在精准上下功夫；要以贫困人口为中心，坚持正确的扶贫方向；要以产业发展为重点，千方百计增加贫困人口的收入；要坚持统一指挥，多管齐下，整体推进；要严格区分扶贫帮困点与新农村示范点的工作，量力而行搞建设，确保顺利完成精准扶贫工作任务。

6月6日，慈利县政协副主席唐熙照一行到湘潭县考察品牌建设和政协工作。宋小玲副主席、周向荣秘书长和县质监局相关负责人陪同。唐熙照副主席认为全县政协委派民主监督小组工作、民主评议提案办理工作、联工委组考核办法等做法和经验很值得学习和借鉴，希望进一步加强双方的联系交流。唐熙照副主席一行还实地考察县城建设、天易示范区建设情况，对全县的经济发展和县城建设深表赞许。

8月4日，湘潭市政协副主席谭岳、曾虹燕带队，率部分市政协常委到全县开展“全域旅游”考察。考察组先后走访梅林桥“美丽乡村示范片”、黎氏八骏旧居、龙凤庄园、齐白石故居、花石湘莲基地、十八罗汉山、隐山等地。县政协副主席宋小玲陪同考察。

8月15日至16日，湘潭大学副校长，全国政协委员、湘潭市政协副主席刘长庚带领湘潭大学200余名师生到石潭镇、谭家山镇开展农村工作调研。县委副书记周艳希、县政协副主席宋小玲参加座谈会。此次调研将总结、宣传和推广农村经济发展的经验，对中西部地区农业农村发展具有极大的指导意义。县委副书记周艳希强调，此次调研意义重大，调研结果不仅能反映出全县的农村发展现状，对被调研的村来说，也是一次机遇和挑战，村支两委一定要紧紧围绕党委政府的中心工作，把握机遇，加快农村经济的发展步伐。她建议调研组可以结合怎样增加农民收入、怎样找准农业发展定位、如何提高农民的获得感等方面进行调研，并将对策建议纳入调研报告，为今后县委政府工作开展提供参考。

8月25日，长沙县政协经济科技委一行到湘潭县调研全域旅游工作。县政协副主席李西文陪同调研。

（刘 理）

（责任编校 杨红艳）

民主党派·工商联

民主党派

中国国民党革命委员会
湘潭县总支委员会

【概况】 2016 年，民革湘潭县总支全力配合做好人大、政协换届工作。一人被选为市人大代表，一人被选为县人大代表，两人被邀请为市政协委员，15 人被邀请为县政协委员，其中 4 人任县政协常委。年内发展新党员 3 人。

积极履行参政党职能。杨跃军、章金标 2 人参与民革市委关于综合治理环境卫生、助推大美湘潭建设的课题调研，在市政协全会大会作参政议政主题发言；总支组建关于法律援助工作应注重的几个问题课题组，多次深入基层进行调研；全年共提交各类提案、建议案 17 件。符利辉代表畜牧水产学会提交的关于着力供给侧改革、保障肉食品餐桌安全建议也在县政协全会作大会发言。积极推进民主监督工作：县总支有 12 人应邀担任各单位政风行风民主监督员和特约人员，在各单位进行民主监督中，能主动提出批评意见，做到不越位。全力配合县委统战部、县政协参与政治协商工作。主要协商形式为大会协商和书面协商。

倡导开展学习习近平总书记系列讲话精神；积极响应民革中央号召，开展“观故居、走多党合作之路”活动，组织党员赴西安，深入了解西安事变历史；积极参与各项社会活动：组织科技人员对省级贫困村云湖桥镇新南村进行科技扶贫工作；组织党员对县一中进行一对一助学工作；组织开展对年内洪水严重损毁群众锦石乡董和平家庭慰问；组织党员积极参与民革市委趣味运动会活动等。

2016 年，党员肖靓被评为民革市委优秀党务工作者；杨跃军等五人被评为市委优秀党员；徐颖等 8 人获县人民政府嘉奖；章金标等 5 人获先进工作者。

（杨跃军）

中国民主同盟
湘潭县易俗河支部委员会

【概况】 2016年，民盟易俗河支部有盟员 25 人，其中教师 17 人，9 人具有高级技术职称；机关干部 5 人，其中 3 人担任副科级职务；医疗卫生机构 1 人；私营企业主 2 人。支部主委吴可，副主委马剑雄，组织委员何灿辉，宣传委员杨智辉，联络委员陈明。主委吴可是湘潭市盟市委委员，湘潭县第九届政协常委。

组织考察学习，加强思想交流。4 月，支部组织盟员赴长沙参观橘子洲头，登岳麓山，瞻仰毛泽东雕像，组织学习毛泽东思想和中国共产党的艰苦朴素的精神，提高广大盟员的思想觉悟。8 月，组织考察参观广西壮族自治区南宁市、百色市等地，进行革命传统教育，了解少数民族风土人情，为县域农村经济的发展积累重要的知识。10 月，组织盟员赴湘西自治州的吉首、芙蓉镇、边城等地考察学习，进行人文历史学习和革命传统教育。

重点做好支教工作。民盟易俗河支部每年把送教下乡活动作为一个重点活动来开展，因为支部盟员很多是县一中、江声实验中学的骨干教师。5 月，支部组织盟员赴湘潭县六中进行送教下乡活动，公开课有物理、化学、生物，并进行评课和中考讲评，深受当地师生的欢迎。

积极参政议政。民主党派的重要任务就是和共产党合作积极参政议政，支部有县政协委员 5 人，市政协委员、人大代表各一人。其中吴可、马剑雄二位盟员当选为县政协常委，2016 年度撰写的政协提案有 3 份，分别为《关于优化县城街道名称的建议》《关于县城牛头岭菜市场环境整治的建议》《关于县九中和云龙中学高中部合并的建议》 得到有关部门的高度重视。上报社情民意一份——《银杏路县人大政协老宿舍区疏通下水及道路维修的建议》，不久便得到解决。吴可、马剑雄为县教育局的特约人员参加县教育局机关党的群众路线实践活动评议活动。

搞好支部建设。年初，在县城金霞山观鹭园农家乐召开支部上年度总结会议。7月中旬组织盟员到中路铺龙凤庄园开展采葡萄，钓鱼，卡拉OK活动，既有益身心健康又增进盟员间的友谊。年内考察和培养新盟员周欣荣、赵琼、张闻宇等人，增强支部的社会影响力。

2016年，陈明被县统战部评为《我为党派增光彩》先进个人，同时被盟省委评为优秀盟员；余虹撰写的论文《写好看中国字，做优秀中国娃》获县市一等奖；楚庆辉的论文《谈记叙文的文本解读》获市一等奖，《水调歌头》一课获省级赛课一等奖；刘月清担任省特岗教师面试专家评委和市英语教师口试专家评委；曾平撰写的论文《生物复习课的细节处理》获市一等奖。鄢光润撰写的文章在省级刊物和台湾报刊发表。杨智辉的《秋天的韵味》在《莲乡政协》杂志上发表。邱珣老师参加长沙地区广场舞比赛获优秀奖。（马剑雄）

中国民主建国会湘潭县易俗河支部委员会

【概况】 民建易俗河支部成立于2001年，有会员35人，平均年龄38岁，大专以上学历30人，经济界会员16人，与经济界联系紧密的政府机关干部18人。其中县政协常委3人、县政协委员13人、县人大代表1人；科级干部9人。

注重学习，提高素质。支部根据实际情况，采取集中学习与会员自学相结合的方式，不断提高会员的理论水平和参政议政能力，增强接受中国共产党领导的自觉性，自觉与共产党保持高度一致。支部选送会员到省、市学习培训3人次，有效提高会员政治素质。全年支部会员上报信息6篇，其中被省级采用一篇，市级采用2篇。

建设组织，增强活力。支部会员在主委林亚科的带领下，积极开展各项活动。支部对会议室、档案室等进行布置，进一步完善支部各项制度。全年支部工作得到民建省、市各级领导的高度认可。支部在注重质量的前提下，确定2名培养对象，准备吸收进会组织。

积极履职，成果丰富。支部发动会员深入基层，及时了解社情民意，围绕政府中心工作开展调研，积极建言献策。会员积极参加县政协的提案评议、政协委派民主监督小组等活动，一方面反映人民群众的呼声，同时也扩大民建组织的影响。在会员唐筱毅的大力推动下，通过县政协专题协商平台，促成县城公共自行车系统的落地。会员周理湘在政协全会上作参政议政发言，推动县域城乡环卫一体化的建设。

立足本职，奉献爱心。支部组织会员在教师节到县特殊教育学校慰问一线教职员工，并送去1万元爱心款。连续17年参加“春蕾助学”活动，累计捐资达25万余元，资助女童近430人。（周理湘）

中国民主促进会湘潭市委易俗河支部委员会

【概况】 2016年，中国民主促进会湘潭市委易俗河支部积极履行参政党职责，在组织建设、参政议政和社会服务等方面取得较好成绩。

年内，发展新会员3人，有会员24人。会员中有市政协委员2人，县人大代表1人，县政协委员9人（副主席1人、常委2人），民进市委委员2人（副主委1人）。在6月召开的湘潭民进七大会议上，马新国当选为市委副主委、李芳当选为市委委员；在年底召开的市、县“两会”上易俗河支部有2人被邀请为市政协委员、9名会员被邀请为县政协委员、一人被选为县人大代表，其中马新国当选为县政协副主席。

历时2个月，开展对全县农村电子商务发展情况的调研，先后走访省内外众多的电商企业，获取大量的第一手资料，提出很多有针对性的意见和建议，并撰写调研报告《加快构建农村电商体系，打造县域经济发展新引擎》，此外还参与县域精准扶贫和重点工程等视察项目；在县“两会”期间，会内的委员们提交12件提案。

支部在搞好各项工作的同时，积极服务社会，多年资助的贫困学生楚玲考取吉首大学，支部送去2000元慰问金，并为其在团县委争取3000元帮困资金；支部接待民进温州市委主委王丽峰一行25人到湘潭参观彭德怀纪念馆，并为乌石天明学校捐资1万元资助贫困学生；年底赴白石镇敬老院慰问，并送去6000元慰问金。（马新国）

中国农工民主党湘潭县易俗河支部委员会

【概况】 中国农工民主党简称农工党，是以医卫、科技、文教、法律、经济界的中、高级知识分子为主要成员的政党。至年底，拥有24名党员，其中拥有正高职称的党员1名，副高或相当副高职称的有9名；2人任市政协委员，1人任县政协副主席，1人任县政协常委，5人任县政协委员，主委刘新玉调任县环保局任局长。

参政议政。是年，支部加强自身建设，认真组织支部活动，党员在不同的工作岗位上尽职尽责，为湘潭县社会发展和经济建设做出应有的贡献，充分发挥参政议政、民主监督的作用，符小乔、陈娜、胡晶晶三位党员撰写《传播视觉文明，推广传统文化——引领社会新风尚》《关于在全县普及应急救护知识的建议》《关于做好特色旅游活动的提案.》三篇提案。

支部活动。每季度召开党员大会，协商探讨支部各项活动，4月和11月分别组织党员赴湖南浏阳和云南腾冲抗日基地考察，增强支部凝聚力。

党员风采。是年，符小乔撰写医学论文3篇；王婷、赵小红、刘应高获农工党湘潭市优秀党员称号，符小乔获农工党湘潭市优秀党务工作者称号，易俗河支部获农工党湘潭市先进基层支部。

组织建设。是年，支部吸收2位新党员，分别为易俗河镇副镇长唐明高和湘潭县卫计局急救中心主任陈娜，同时组织近三年加入的新党员在农工市委进行新党员培训。

公益活动。是年，支部继续资助四川农大学生张胜利一年学费

5000元，长沙理工大学学生左高隆学费6000元，解除贫困大学生的后顾之忧，2位同学全部考上研究生。

（易新明　符小乔）

中国致公党
易俗河支部委员会

【概况】 2016年，致公党易俗河支部有党员18人，其中副科级以上领导干部4人，市县人大代表1人，市县政协常委、委员6人。年内，完成换届选举，陈宏望、肖华辉、谭勇、彭红娟、徐新成全票当选为支委委员，陈宏望任主委。

组织建设。经过市委和县委统战部的联合考察，发展党员1人。8月，组织支部党员外出学习、考察交流活动一次。为响应中国共产党组织开展的“两学一做”活动，支部组织党员11人赴韶山封闭式学习3天，取得良好的效果。

参政议政。两会期间，支部代表和委员共提交提案3篇，其中主委陈宏望等几位委员提交的《关于加大规范我县测绘行业管理力度的建议》被县政协列入重点提案。

服务社会。根据上级有关部门的要求，支部党员中的人大代表和政协委员都确定一到两个精准扶贫对象，不定期走访了解和分析他们的致贫原因，解决他们在生活中的各种难题，真正做到精准扶贫。支部全体党员都向市委缴纳一定数量的致助金，由市委统一安排调度慰问困难党员，真正发挥致助金雪中送炭的作用。

（陈宏望）

工商业联合会

【概况】 2016年，县工商联有17个乡镇商会，1家示范区商会，直管行业协会4家，会员总数882人，其中企业会员563人。围绕县委、县政府中心工作，充分发挥助手、桥梁、纽带作用，促进非公经济健康发展、非公经济人士健康成长，为县域经济和社会发展作出应有贡献。是年，湘潭县工商业联合会被全国工商联确认为“县级五好工商联”。

参政议政。注重围绕热点问题开展调研，深入企业调研30多次，走访企业60多家，比较全面掌握解会员企业的困难与诉求，为企业发展鼓与呼。积极调动工商联会员中的人大代表、政协委员的积极性，鼓励动员他们以建议、提案等形式提出好的意见和建议，全年非公经济人士中的政协委员、人大代表共提交60份建议和提案，其中建议38件，提案22件，主要是经济发展环境、企业经营管理方面的问题，提案、建议交办后，工商联跟踪推进。组织各类座谈会。1月26日，由县委、县政府主办，县工商联参与承办的全县非公经济人士迎春恳谈会在鑫田大酒店举行，县委、政府主要领导出席并作重要讲话。9月13日，在各界人士迎中秋座谈会上，工商联组织的多名非公经济人士提出多条建设性建议和意见。同时，县工商联组织开展“访民企、办实事、强信心”的调研活动，收到调研问卷80份，形成《关于构建新型政商关系的调研报告》。走访调研县内部分非公企业，掌握企业发展存在的困难和问题。通过召开座谈会和走访调研活动，听取和收集会员意见，形成调研报告和会议纪要，为县委、县政府决策提供参考，同时解决一批制约企业发展的遗留问题，受到企业的好评。

维权服务。坚持“有求必应、尽力而为”的宗旨，热情接待、及时处理企业投诉，全年为湘水缘、圣康医院等20家企业协调解决问题20个，挽回经济损失2000万元，切实维护企业的合法权益。加强培训，提升企业家素质。7月10日，举办全县基层商会会长、秘书长培训班，就如何开展好商会工作，推动基层商会健康发展等方面知识作培训，增强基层商会的交流，提升基层商会的业务能力。8月22—26日，组织部分企业家赴中央财经大学参加企业经营管理人才研修班学习。5月，组织部分会员企业赴杨开慧故居，接受革命传统教育，同时赴长沙板仓小镇考察新农村建设。11月，组织部分会员企业赴遵义开展重走红军路的活动。通过组织各类培训，拓宽非公经济界人士的视野，加强联谊交流合作。

宣传教育。坚持办好每月一期的会刊《商会动态》。截至2016年12月已办231期。会刊分政策聚焦、会务动态、基层商会及经营之道栏目，指导会员企业依法经营、照章纳税，可读性、时效性较强，深受会员的欢迎。同时，积极发挥《湘潭县总商会网》的作用，宣传党对非公经济方面的方针政策，宣传推介优秀企业和非公经济人士，宣传湘潭县招商引资的优惠政策，效果良好。做好工商联的换届工作。精心制订方案，抓好筹备工作，组织乡镇、天易示范区层层推荐会员代表196名，通过非公经济人士综合评价，由工商联、统战部、组织部联合考察提名人选，于4月26日召开第十二次会员代表大会，选举产生150名县工商联执委，其中兼职副主席16名，兼职副会长11名，常委40名，新一届领导班子年龄文化等结构进一步优化。倡议和组织会员积极参与各项社会公益活动。该会组织非公企业参与“光彩事业”“双联共建”“金秋助学”“企业联农村、脱贫奔小康”等各类主题活动，引导非公经济人士感恩、回报社会。特别是涓江鞋业连续两年对全县环卫工人进行赠鞋活动。据不完全统计，全年有80余名非公经济人士捐资295.9万元用于助学、助建、助困，其中助学70.2万元、帮助建设212.5万元、慰问老人13.2万元。根据群众工作、精准扶贫工作要求，我会与城塘社区、青山桥马栏坝村党支部结对帮扶，全年走访群众56余户，解决困难问题10个。积极开展“引老乡、回故乡、建家乡”的活动，建立湘潭县籍经济界在外知名人士信息库，协调珠海湘潭商会推介湘潭县、湘潭天易示范区招商引资项目，取得较好成效。

基层商会建设。指导基层商会换届工作，各乡镇（示范区）商会换届工作必须在乡镇党委、天易示范区党工委的领导下进行，县工商联负责对乡镇商会（示范区）换届工作的业务指导。截至年底，已有14家基层商会完成商会换届。同时，为做好基层商会工作，完善《湘潭县基层商会考核实施细则》，出台《关于对基层商会考核办法》；为加强工商联会长与会员之间的联系，制订《会长分工方案》，根据地域或行业对专兼职副主席联系基层商会提出具体要求，年内走访会员企业60余家，促进基层商会工作的开展。经常开展外出考察、维权服务、培训教育等活动，基层商会的组织网络更加健全，交流更加频繁，活力更加凸显。

对外交流。坚持走出去与请进来相结合，通过加强与外地商会的联络与交流，积极学习外地商会经验，促进该会工作更上一个新台阶。12月，由党组书记率队赴浏阳市工商联学习考察。同时，邀请外地商会和企业家来县交流考察。2月，该会与深圳湘潭商会开展“引老乡、回故乡、建家乡”考察交流活动；9月13日，株洲市天元区工商联来县交流考察；12月8日，冷水江市工商联来县交流考察；同时，与浏阳市工商联结成友好商会。通过与外地商会的考察交流，进一步拓展商会工作的视野，提升服务非公经济发展的能力。

非公党建。抓好全县127家非公企业党组织“两学一做”学习教育指导工作，精心制订方案，抓好督促落实。全年举办两期非公党组织书记培训班，参训人数达200余人次。指导非公经济党组织加强规范化建设，在“七一”前夕对全县非公经济党组织13家规范化建设示范单位、10名优秀党务工作者、18名优秀共产党员进行通报表彰。在全县两新组织党建工作管理关系调整中，顾全大局，积极配合做好湘潭天易示范区党群活动服务中心图片文字布展工作。

（谭　浪）

湘潭县工商业联合会

主席　刘绵晖

党组书记　谷述良

党组成员、副主席　徐　琳

党组成员、副主席、秘书长　曹　颖

兼职党组成员　刘　广

兼职副主席、副会长　尹立仁

刘仁波　张祖洪　周　建

周卫东　周国强　赵　胜

赵廷安　胡红辉　胡海强

侯建荣　俞晓阳　袁扩军

宾海龙　彭　瑛　谢荣光

兼职副会长　马正湘　马　嫩

王　勇　方金泉　刘孟龙

杨良南　赵康宇　段　晖

郭铁球　黄力攻　章成文

中共湘潭县非公有制经济组织工作委员会

书　记　谷述良

副书记　徐　琳

委　员　李学军（兼）

胡厚浪（兼）

刘立新（兼）

周少如（兼）

王　睿（兼）

贺重农（兼）

刘胜林（兼）

谷　巍（兼）

谷宏伟（兼）

曹　颖（兼）

（责任编校　杨　柳）

社会团体

总工会

【概况】 2016年，县总工会紧紧围绕县十二次党代会和县委经济工作会议的决策部署，开展"一户一产业工人"培养工程、劳动竞赛和"莲乡工匠"评选活动，大力实施建功立业工程、和谐劳动关系构建工程、服务职工工程和固本强基工程，在服务经济发展、服务稳定大局、服务职工群众和参与社会管理中发挥工会组织的积极作用。县总工会荣获全市工会工作"红旗单位"，被中华全国总工会、国家安监总局授予"全国安康杯竞赛优秀组织单位"。

组织建设工作。县总工会采取以奖代投的方式，在机关事业单位和企业工会开展"模范职工之家"创建活动，中共湘潭县委办公室工会委员会等7家单位成功创建县级模范职工之家；在乡镇工会开展"红旗乡镇工会"创建活动，易俗河镇等5家乡镇工会联合会成功创建"红旗乡镇工会"；全县新增工会组织241家，发展会员8737人，其中农民工会员7818人，企业建会率和职工入会率保持在95%以上。

经济技术工作。组织开展全县职工职业技能竞赛暨"莲乡工匠"评选活动，相继举办砌筑师、槟榔加工、医务护理、园艺师、皮鞋设计与制作5个工种的竞赛，评选"莲乡工匠"7名；依托青山桥皮鞋工业园产业优势，举办湖南省2016年皮鞋设计与制作职工职业技能竞赛，来自全省的24家企业88名选手，组成44支代表队同台竞技；选派选手参加市总举办的"莲城工匠大师"缝纫工、护理师等5个工种的竞赛，胡彩云荣获缝纫工第一名，楚艳红荣获护理师第二名；结合创建"安全生产示范县"活动，广泛开展以"弘扬企业安全文化，加强班组安全管理"为主题的"安康杯"竞赛活动，参赛单位达到386家(其中，非公企业297家)，参赛班组达1200余个，参赛职工达28368人；深入推进"芙蓉杯"竞赛活动，评选"芙蓉标兵岗"11个，评选"芙蓉百岗明星"7人；不断推进劳模规范化管理工作，加强与劳模的联系和走访慰问，全年共发放劳模"三金"27.3万元，惠及劳模40人次；召开庆"五一"劳模座谈会，全县各行各业、各条战线的28名各级劳模代表参加座谈；为全县108名各级劳模和12名"五一先锋"提供免费健康体检。

维权帮扶工作。全县续签工资集体协议197份，覆盖企业587家，覆盖职工11018人，职工人均工资同比增幅4.5%；接待来访职工362人次，接听处理职工维权热线电话47个，调解侵害职工合法权益案件11件，成功追讨工资及补助金386万元，协调工伤工亡案件9件，争取工伤工亡补助金421万元；2016年元旦、春节期间，县总工会本级筹措资金12.75万元，共计慰问困难职工、农民工137人；全县各基层工会按照县总工会统一布置和要求，积极筹措慰问资金，走访困难企业67家，慰问一线职工558人，发放慰问金89.5万元；联合县人社局举办专场招聘会，共提供就业岗位2000余个，为农民工提供免费服务2457人次，达成就业意向598个；"夏送清凉"共筹集清凉药品2800余份，慰问坚守户外、高温作业的一线职工、农民工和7个灾情严重的乡镇；"秋送助学"筹集助学资金21.3万元，帮扶困难职工、农民工子女133人；日常帮扶困难职工320人，发放帮扶资金44.35万元，其中生活救助126人，共8.15万元，医疗救助59人，共14.2万元，大病救助2人，共0.7万元；举办第二届"爱在春天里"单身职工联谊活动，为199名未婚青年搭建交流平台；组织开展第三期职工医疗互助活动，参保人数为19869人，发放补助金859057元，受益职工1688人次，有效减轻患病职工的医疗费用负担。

宣传教育工作。建立健全110余人的工会新闻宣传员队伍，加强县总工会微信公众平台管理，全年发布信息60次152条，其中自编自采新闻信息58条，基层工会共报送工作信息87条，在县总网站和微信公众平台发布15条，向县内外媒体发稿84篇，被采用62篇，其中，中工网采用2篇，红网采用3篇，《湖南工人报》采用15篇；在全县女职工中开展以“我爱”为主题的“写家书·传亲情”活动，共收到各类家书198篇，用家书记录身边的平凡点滴和生活的感人瞬间，弘扬正能量。

精准扶贫工作。根据习近平总书记精准扶贫指示精神和县委安排，联点石鼓镇安乐村精准扶贫工作，投资10.2万元，兴办昌山生态大米加工厂；配合做好申报世界文化遗产的相关工作，实现年生产旅游伞250万把；购置油茶苗2.6万株向村民免费发放，带动形成13.33公顷的油茶成片种植区，推广油菜种植35.33公顷，亩均增收200多元；联系白泉养羊合作社通过免费技能培训、免费三年防疫、免费提供5只种羊/户、免费技术指导等形式，为建成合格羊舍的7户贫困户配送种羊37只，其余签订协议的40户，带动每户年均增收5000元；成立黑山羊养殖合作社，黑山羊存栏300头以上，黄牛存栏20头以上，土鸡存笼6000羽以上，有效增加村民收入；筹集资金200余万元，硬化村级公路3千米，加固骨干山塘6口，年增蓄水量20余万立方米，整治昌福撇洪河道500米；组织200多名村民参加“工会就业援助月”活动，帮助25名农民工外出就业；帮扶联点村大学新生8人、高中生1人，发放助学金17000元；制订《安乐村星级农户评比方案》，评选表彰星级农户5户，优秀共产党员8人，“最美夕阳红”3人。

“一户一产业工人”培养工程。筹集资金50余万元成立青山桥职工培训学校，为356名企业管理人员和552名职工提供送训到岗服务，2520名参训职工实现技能再提升；举办电商培训班,帮助55名农村青壮年贫困人口实现电商创业和就业；开展劳动竞赛赛前培训，全县皮鞋专业技能型人才由125人增加到367人，皮鞋企业驰名商标由5家增加到11家；县总工会立足28个省定贫困村，先后举办油茶丰产、蔬菜栽培培训班3期，带动276名职工、农民工家庭脱贫致富，带动每户年均增收3500元以上；依托县内丰富的坡地资源，举办养羊培训班3期，带动238户贫困户增收脱贫；举办育婴师培训班7期，461名参训学员100%取得从业资质证书，356名学员顺利就业，月工资在3400元~8500元不等；举办创业培训班3期，培养自主创业人员200名；依托湘莲、皮鞋、槟榔等特色产业，与34家关联企业联手开展订单、定岗、定向培训，先后组织系列培训24期，帮助1632名贫困劳动力通过就近培训实现就地就业，人均年增收1.5万元以上；组织青山桥地区1195名贫困对象参加技能培训班；举办心理咨询师培训班6期，培训学员1200多名；开设中式烹饪、汽车美容、中西式面点几大培训，培养自主创业人员1289人。

自身建设工作。加强干部教育培训，选派18名工会干部参加省、市总工会培训学习；在县委党校举办为期3天的工会干部培训班，58名工会干部参加学习培训；先后组织全体党员集中学习党章党规、习近平总书记系列重要讲话精神12次，提升干部职工的理论水平；加强对全县工会干部的廉政教育，召开全委扩大会，对全县工会干部集体廉政谈话，年内两次邀请县纪委相关负责人为全县工会干部讲党风廉政建设党课，进一步筑牢工会系统拒腐防变防线；依法加大工会经费收缴力度，全面完成市总下达的经费收缴任务，17个乡镇工会联合会全部实行经费独立核算；加强基层工会的经济责任审计，相继在县人社局等8家基层工会开展经费审查审计工作，有效杜绝少提、漏拨、欠解工会经费的现象；认真落实县委“三个不直接分管”“末位表态”制度，始终坚持党务、政务公开制度，进一步完善领导班子民主议事制度，严格执行机关工作制度，机关管理进一步制度化、规范化、长效化。

【第二届“爱在春天里”单身职工大型相亲活动】 4月29日，县总工会举办第二届“爱在春天里”单身职工大型相亲活动，来自各乡镇、县直机关各单位、各企事业单位的199名未婚青年激情相聚，畅谈理想，共话人生，寻求真爱，收到良好的社会效果。

【湘潭县“莲乡工匠”评选活动】 9—11月，县总工会举办2016年湘潭县“莲乡工匠”评选活动并开展砌筑工、槟榔加工、医务护理、花卉园艺、皮鞋设计与制作5个工种的技能竞赛，评选出7名“莲乡工匠”。 （胡 伟）

共青团

【概况】 2016年，共青团湘潭县委员会组织开展“青春助春运·温暖在莲乡”春运服务、“暖冬行动·情系湘西”衣物捐赠、“学雷锋·正青春”精准扶贫、“关爱生命·奉献社会”爱心献血、“情暖夕阳·尊老为老”关爱老干部等主题志愿服务活动，并组织志愿者服务“欢乐潇湘·幸福湘潭”“红旗颂大型合唱比赛”等全县性大型赛事活动。全年开展志愿服务近百次。11月，共青团湘潭县委员会联系指导的湘潭县青年志愿者协会荣获“2016年湖南省学雷锋志愿服务百强社团”荣誉称号。

扶贫帮困工作。走访结对村射埠镇高丰村10余次，精准扶贫村分水乡槐北村8次，共计慰问困难群众13人，发放慰问金5500元，投入两村专项扶贫经费2万元。携手县人民医院、市莲城志愿者协会在分水乡槐北村开展免费义诊，捐赠书籍300册建立村级爱心书屋。携手薇薇新娘尊爵馆开展“精准扶贫惠民送爱心”活动，为射埠镇等4家敬老院捐赠液晶电视4台、为楠竹山中心小学等3所小学捐赠爱心书包300个。在民政局正式注册成立湘潭县希望公益服务中心，帮助谭家山镇长岭小学申报为省青少年发展基金会学校援建项目，争取青基会资金支持15万元，配套物资支持5万元；开展“华融湘江绿色行动”“国酒茅台”“子敬阳光”等项目助学，资助贫困学生412人，发放助学金额163.2万元。

学少工作。开展“社会主义核心价值观”“听党的话，做好少年”“践行新理念 湘潭怎么办”等主题教育实践活动。在“五四”“六一”

等重要时间节点，开展“燃‘五四’火炬，竞青春风采”“扬‘五四’精神 品湖湘文化”“童心童年，欢度‘六一’”等主题团、队日活动。推荐湘潭县一中学生彭浩铭获评全国“最美中学生”荣誉称号。推报尹紫伊、王可儿等18名少先队员获评全省少先队员“两型章”和“雷锋章”。

青少年维权工作。组织召开2016年全县未成年人保护委员会和县综治委预防青少年违法犯罪专项组联席会议。邀请市心理学会专家，在县二中开展“轻松备考 12355 与你同行”考前减压讲座。开展“青春自护·平安春节”“关爱明天·普法先行”、暑期青少年安全等自护教育活动。参与县检察院对涉罪未成年人提审工作4人次。组织开展“青春无悔 健康生活”禁毒宣传系列活动。

青工青农工作。以“青年文明号”创建评比活动为抓手，在公安、财贸、卫生等系统评选县级“青年文明号”10家，推荐7个青年集体参与市级青年文明号创建，推荐8名优秀青年参与全市“最美青工”评比，推荐珠江啤酒酿造车间等3个集体参与市级“青年安全示范岗”创建，推报县公安局青山桥派出所、县人民医院肿瘤科荣获市“青春倡廉示范岗”先进单位。

青年创业就业工作。举行“放飞创业梦想、凝集创客力量、助力‘全国百强’”书记、县长与返乡创业青年面对面交流座谈会。推荐湘潭县信达种桑养蚕专业合作社胡慧获得“2016年度湖南省大学生创业资金资助项目”8万元创业专项资金支持。邀请电商创业青年，组织召开以“支持城乡青年电商创业”为主题的共青团与人大代表、政协委员面对面座谈会。组织开展“莲乡创新创业新星”系列报道。

思想宣传工作。加强宣传引导，印发《关于进一步加强信息工作的实施意见》，团县委本级在省、市级媒体上稿53条。推动“青年之声”平台建设，实行专人管理，上半年全省各县市区青年之声与新媒体工作排名13，获得团省委4万元专项奖励资金。加大官方微信、微博管理力度，截至至2016年年底团县委官方新浪粉丝1664人，7—10月“全省区县级团组织微博影响力”排名蝉联第2；“共青团湘潭县”微信公众号有粉丝近两万人，全年“湖南区县团组织公号排行榜”排名稳居前20。

基层团建工作。印发《关于调整规范基层团组织设置的通知》，进一步调整和规范基层团组织设置。积极部署“1+100”团干部直接联系青年工作，全县各级团组织全部启用团干部直接联系青年工作管理系统。组织开展县直机关团工委换届工作，并指导开展拓展训练等活动。印发《关于做好2016年全县发展团员调控工作的通知》，严格控制团员发展数量，团青比例有所下降，初中毕业生团青比例控制到58.75%。组织开展“学团章、举团旗、戴团徽、唱团歌、争做优秀团员”活动。

【举办全县首届少先队辅导员培训班】 2016年，团县委组织86名少先队辅导员代表参加培训，并开展以“听党的话，做好少年”主题少先队说课比赛。（周琮宇）

妇女联合会

【概况】 2016年，县妇联围绕中心，立足基层，面向妇女，凝心聚力促发展、维护权益重民生、突出重点创特色、提升自身求实效，各项工作取得新进展。县妇联被省妇联评为“湖南省巾帼建功先进集体”。

开展“家庭律师基层行”“万家联动，送法到家”等集中宣讲40场，发放宣传折页2万份，宣传手册2000份。举办湘潭县“我运动，我健康，我快乐”、庆“三八”拔河比赛和登山比赛暨预防乳腺癌知识宣传活动，组织近百名禁毒妈妈志愿者进社区开展“不让毒品进我家，无毒万家兴”禁毒主题宣传。在锦石乡文佳村等17个村试点建立村级调委会；举办婚调工作业务培训班，培训39名村级婚姻家庭纠纷调解员；县婚调委调处婚姻家庭纠纷84例，其中调和32例，接待来电来访咨询家庭纠纷、赡养抚养、家庭财产分割等100余起。接待来电来信来访67起，办理率100%。做好反家暴维权工作。接待反家暴维权信访24件，7月，督促青山桥镇派出所发出湘潭县首份反家庭暴力告诫书；11月，湘潭县首份人身安全保护令在河口法庭发出。引导来访妇女儿童申请法律援助40余次，32名女性人民陪审员参与审理各类婚姻家庭及妇儿维权案件500余件。2016年5月完成2015年度全县“两个规划”数据监测统计工作，84项指标顺利达标。

2016年，县妇联被省妇联评为“湖南省巾帼建功先进集体”。免费检查、孕产妇孕产期健康知识普及及贫困危重孕产妇救助等工作纳入省、市、县实事，联合县卫计局、县财政局等部门推进实事落实。农村适龄妇女“两癌”免费检查14696人，举办孕产妇孕产期健康知识普及活动15场，1800余人参加，救助贫困危重孕产妇6人，发放救助金5.07万元。480名“两癌”患者信息成功录入农村妇女“两癌”免费检查项目数据采集系统。联合民政、财政等部门出台《湘潭县贫困家庭妇女“两癌”救助管理办法》，争取省市县“两癌”救助金110.3万元。

加强留守儿童思想道德建设。开展“乡村少年秀”征文活动，评选出特等奖1名，一等奖3名，二等奖10名，三等奖95名。推进儿童早期发展社区家庭支持项目(ECD)工作，联合省妇联开展2次专项督导；1月，湖南省“知心屋”项目工作现场会在湘潭县召开；4月，选送8名项目管理人员和志愿者到北京参加全国师资培训；6月，省农村儿童青少年健康促进研究中心示范基地落户云龙实验中学。儿童防意外伤害宣传持续推进，“六一”期间，在全县各中小学开展儿童防意外伤害宣讲20场次；9月，选送22人参加省级师资培训；11月，联合国儿基会和项目赞助商宜家公司代表来湘潭县进行实地访问；12月，举办项目县级培训班，30余人参训。留守儿童心理咨询辅导示范中心“知心屋”项目工作稳步实施，11—12月，在英才幼儿园和云龙中学举办“关爱雏鹰 呵护健康”儿童防意外伤害公益知识讲座，660余名学生和家长参加。

关爱困难家庭、贫困妇女儿童。继续联合迅达集团宝莲慈善基金会联合开展帮扶活动，为单亲母亲、贫困家庭、失依家庭送去慰问金和物资59.7万元；争取省、市妇联慰问困难家庭和基层妇女工作者40人，发放慰问金3.38万元；支持分水乡精准扶贫工作经费2万元；开展“干群一家亲，党群心连心”结对帮扶活动，帮扶河口镇富民村困难党员、群众家庭4户，送去慰问金3900元。开展“大手拉小手”助学活动，为77名贫困女童送去春蕾助学金4.51万元；争取市妇联慰问金4.34万元帮扶60名贫困儿童；争取省儿基会650个“彩虹包裹”发放给650名山区留守儿童；迅达慰问孤儿50名，发放慰问金10.8万元；“六一”期间，邀请县领导谢振华、周艳希、陈卫兵等人到县内部分小学、幼儿园和县特殊教育学校开展慰问活动。

【农村妇女“双学双比”活动】 年内，继续开展“精准扶贫·巾帼同行”主题活动，协助迅达集团宝莲慈善基金会设立宝莲慈善基金会小额循环扶助金，选送熊梦娜等10位优秀创业女性典型参加市妇联女性创新创业大赛，扶助48位创业农家女申请小额贷款501万元。县妇联兼职副主席彭水平担任市农产品女经纪人专业委员会会长。

【城镇妇女“巾帼建功”活动】 年内，召开全县优秀女性人才座谈会，排头乡彭水平等26位优秀女性人才代表参会。县车辆管理所等3个单位成功申报市级巾帼文明岗，县交通运输局人事股等8个单位获评县级巾帼文明岗。召开女人大代表、政协委员“回娘家”座谈会。推荐石红卫等36人到北京农家女实用技能培训学校参加SYB培训，联合该校举办湘潭县SYB专题班1期，37名学员参训。县妇联获评省巾帼建功先进集体。

【“文明家庭”主题创建活动】 2016年，县妇联不断完善文明家庭创建机制，联合县文明办出台《湘潭县文明家庭创建工作管理办法》。组织开展“平安家庭”“两型家庭”“清洁示范户”等特色家庭评选推荐表彰工作。评选“两型家庭”65户、“平安家庭”32户、“清洁示范户”100户。黄桂英家庭获评全国“五好文明家庭”，刘立新家庭等3户获评省级“书香家庭”，陈杨家庭等5户获评市级“好爸爸好妈妈好孩子”，唐克炎等7户获评市级“最美农户”。云湖桥镇李月华获评省“最美湘女”，推荐市级“最美家庭”8户、“最美创业”3人，“最美女性”3人。在县台、县报、县网和“湘潭县发布”微信公众平台开设“莲乡她风采”专栏，对优秀女性事迹进行宣传报道。开展廉政文化进家庭活动，征集好家风家训，在湘潭市“征集廉政作品 创建廉洁家庭”活动中，县妇联选送的9篇作品获奖，县妇联荣获组织奖。开展“双合格”家庭教育实践活动，表彰34对“优秀母亲”和“三好孩子”。5月，省妇联主席杜亚玲调研湘潭县家庭建设工作。

【湘潭县第十三次妇女代表大会】 3月29—30日，湘潭县第十三次妇女代表大会召开.会议审议通过有关工作报告，选举产生县妇联第十三届执行委员会委员，全市率先在县级妇联班子中设立不驻会副主席，表彰9个妇女工作先进集体、25名先进妇女工作者、32名县级三八红旗手及17个县级示范妇女之家。

【基层妇联组织改革】 2016年，县妇联落实省、市基层妇联组织改革工作要求，在全市率先完成乡镇、村（社区）妇联组织改革，16个乡镇完成妇联换届，6个村完成妇代会改妇联。中路铺镇凤形社区妇女之家获评省级示范“妇女之家”，杨嘉桥镇枫树桥村妇女之家等3个妇女之家获评市级示范“妇女之家”，在中路铺镇龙凤庄园成立全市首个非公有制经济组织妇联，该项工作由省妇联湘妹子微信平台报道并将经验向全省推介。4月，举办妇女干部能力建设培训班，全县各战线、乡镇、村（居）妇干近50人参训。7月，省妇联副主席周迎春一行调研湘潭县基层组织建设。

（陈思瑶）

科学技术协会

【概况】 2016年，县科协先后到易俗河、河口等乡镇，开展“三下乡”元旦春节活动，送出果苗两卡车1200余棵，蔬菜种子2800余包，宣传资料12000余份，义诊280余人次。5月17日，在步步高前坪组织主办湘潭县科技活动周启动仪式暨“万名科学使者进社区”主场活动，16个县级学（协）会的科普志愿者参与，为群众发放宣传资料120多种28800多份。9月22日，组织举办湘潭县全国科普日活动启动仪式暨易俗河镇梅林桥美丽乡村示范片主场活动，全县16个县级学会及相关协会的科技工作者参加,共设立咨询台16个、摆放各类科普宣传展板86块、散发84消毒液等各种产品10余种、发放科普资料70多种3万余份、义诊200多人次、咨询400余人次。12月22日，体验科学——中国流动科技馆湖南巡展湘潭县站启动仪式在湘潭江声实验学校启动。

培育和发展一批科技示范户、农技协、科普示范基地和科普示范社区，其中杨立家等34户被评定为县级科技示范户；湘潭县中文家兔养殖协会、湘潭县中药材种植协会、湖南省龙其科技开发有限公司良种油茶示范基地和中路铺镇贺塘村陈正军被湘潭市科协、市财政局评为“基层科普行动计划”奖补单位和个人；易俗河镇富豪阁社区、中路铺镇贺塘村陈正军被湖南省科协、省财政厅评为“基层科普行动计划”奖补单位和个人；谭家山镇全丰种养技术协会被中国科协、财政部评为“基层科普行动计划”奖补单位。

印发《2016年学会目标管理考核办法》，明确学会责任项目和责任要求。组织16个县级学（协）会参与全国科普日和科技活动周等活动。组织学会开展走访调研，撰写《以保障禽畜产品安全为抓手，全面提升我县养殖业水平》，在县政协换届选举会议上作参政议政发言。各学会开展多形式的竞赛和学术交流活动，其中：机器人项目获国家级一等奖；全年上交市科协学术论文30篇，获一等奖1篇、二等奖3篇、三等奖9篇。成功组织举办第36届全县青少年科技创新大赛。

（彭　乐）

文学艺术界联合会

【概况】 2016年，湘潭县文学艺术界联合会下辖作家协会、书法家协会、美术家协会、音乐家协会、摄影家协会、戏剧曲艺家协会、嘤鸣诗社、洛口诗词楹联协会、舞蹈家协会、演讲与口才协会、文艺评论家协会等12个文艺家协会，拥有骨干会员1200人左右，从事文艺创作人员20000人左右。

是年，县文联被评为省文联系统先进单位、县宣传思想工作先进单位。

协会工作。加强协会制度建设，建立健全法人登记、主席团（理事）会议议事、文艺活动组织、会员管理、结对帮扶、奖励扶持、培训交流、走访慰问等制度。成立县文艺评论家协会。洛口诗词楹联学会设立党支部。协会活动经常化，各协会组织各类采风活动30余次，书法家协会赴井冈山、美术家协会赴冷水江和三清山、演讲与口才协会赴萍乡和遵义、洛口诗词楹联协会赴涟源等地进行文艺采风、学习交流；作家协会组织“践行彭总精神暨小说创作研讨会”，组织“读名著读经典——读书分享会”；书法家协会组织20余人参与市文联纪念建党95周年书法大赛；美术家协会组织8人参加市“水墨莲城”2016新春中国画贺岁展；演讲与口才协会参加首届全国省级演讲学（协）会会长论坛、“强化安全发展理念，提升全民安全素质”主题演讲比赛、“两学一做”主题演讲比赛、市县“践行新理念，湘潭怎么办”百姓微宣讲比赛及“追寻红色印记·传承红色基因”为主题的红色旅游校园行系列活动；美术家协会、摄影家协会联合组织参加市“美丽乡村”美术、摄影微创作大赛。

基层文联建设。加强与乡镇基层党委、政府的交流与合作，深入开展协会与乡镇文联结对指导工作。围绕“精美莲乡”“人文旅游”等主题，先后组织石鼓镇“顶峰之旅油菜花节”、乌石镇“第二届采茶之旅”、谭家山镇“乌梅节”、花石镇“荷花节”等文艺创作笔会。支持云湖桥镇文联完成换届工作，指导其做好中华诗词协会对云湖桥镇“诗词之乡”复查迎检工作。赴乌石镇、中路铺镇走访调研；完成茶恩寺镇、白石镇、石鼓镇等乡镇的文艺辅导工作。

文艺创作。进一步巩固《白石文苑》《湘潭作家》《洛口诗声》《嘤鸣诗集》等阵地，开辟《评论与创作》等新文艺阵地。县书法家协会胡思群、程仁、杨会昌3人作品入选全国书法展。洛口诗词楹联学会主编《湘潭风韵》第2集，历时三年编辑出版《齐白石诗词联全集》其会员获得国家和省级奖项53次。县油画协会周顺利、陈铁参加“湘潭市油画六十年作品展”，朱文智作品《师说》入选首届湖南省中小学美术教师作品展，张福泉参加市女作协和市旗袍协会举办的海内外旗袍诗歌会——“笔尖下的温柔”，参与“陌上花开”——北京湘潭女画家中国画作品邀请展，廖跃远赴新疆举办“丝路新语·阿勒泰风”湘潭阿勒两地画家油画写生作品展。

【迎春文艺座谈会】 1月27日，县委组织召开2016年迎春文艺座谈会，县委、县人大、县政府、县政协及县文艺界知名人士、文艺工作者代表50余人参加会议。会议听取文艺工作者的意见和建议，共同分析湘潭县文艺发展现状，进一步沟通交流思想。

【湘潭县文学艺术界联合会第七次代表大会】 9月26日，湘潭县文学艺术界联合会第七次代表大会举行。来自全县文学艺术界12个协会及基层文艺战线的200位代表参加。会议全面回顾总结第六届文联委员会工作成绩及经验，认真谋划未来五年工作蓝图。会议表彰县文联系统先进个人和先进单位，对2014—2015年度自费出版（展演）文艺作品进行资助。会议选举产生由61人组成的第七届文联委员会，选举产生第七届文联主席团，张宁波当选为主席，陈艳当选为专职副主席，谢乔泉、周俊卿、吴竹、陈娜、刘安定、廖跃当选为兼职副主席，刘鸽被任命为秘书长。

【纪念湘潭县文联成立30周年系列活动】 2016年，县文联开展纪念湘潭县文联成立30周年系列活动，主要由“四个一”构成：组织1次集中宣传，在县网论坛上设置“一路走来——纪念湘潭县文联成立30周年”专栏，全面介绍近20名文艺家及其重大文艺成就。出版1本纪念文集，组织编写《怀金岁月——湘潭县文联成立30周年》，该书200余页，收录30年来重大文艺活动剪影、协会风采及收录部分知名文艺家和文艺工作者的回忆性文章。召开1次座谈会，12月28日，组织召开“纪念湘潭县文联成立30年暨2017年迎新”文艺座谈会，省文联、市文联及省市县三级县籍文艺家近100人参加会议。举行1场书画笔会，邀请20余名知名文艺家围绕文联30周年主题进行现场文艺创作。

【湘潭县自费出版（展演）文艺作品资助】 按照《湘潭县自费出版（展演）文艺作品资助办法》相关要求，组织2014年度、2015年度自费出版物和展演作品扶持资助申报和评定工作，收到15人的20余件作品，经过初审、复评共评出10人的10件作品予以扶持。

【纪念红军长征胜利80周年诗词楹联征集活动】 该活动由县文联主办，县作家协会、县文艺评论家协会、嘤鸣诗社和洛口诗词楹联学会共同承办。共征集诗词、楹联、新诗300余件，评出一等奖3名、二等奖6名、三等奖9名，优秀奖26名。

【《大写的人——评电视剧〈彭德怀元帅〉》出版发行】 以培育和践行社会主义核心价值观为契机，县文艺评论家协会编辑出版《大写的人——评电视剧〈彭德怀元帅〉》。该书由线装书局出版，第1版印刷12000册，在新华书店上架发行。该书收录国家、省、市、县四级评论家的作品，涵盖学院派、大众派、精英派和网络派四种不同的评论形式，其中不乏李准、陈先义、马继红等大家作品。10月29日，举行《大写的人——评电视剧〈彭德怀元帅〉》作品研讨会。省文联、省文艺评论家协会、湖南师范大学文学院、市文艺评论家协会、湖南科技大学、湘潭市教育学院等省、市文艺评论界、书法界、曲艺界专家、学者及县委宣传部、县文联负责人及县文艺评论家协会全体会员80余人参加此次会议。

【文艺“五进”活动】 2016年，县文联参与春节“三下乡”活动，组织书画家30余人先后到射埠、龙口、石鼓、易俗河等乡镇现场创作书画、书写对联1200余幅。参与“欢乐潇湘·幸福湘潭·莲乡大舞台”大型群众会演及“红旗颂”合唱比赛相关工作，先后组织艺术家赴乡镇文联辅导文艺创作和节目排练，县音乐家协会、县舞蹈家协会会员参与率达90%以上。开展文学艺术进机关、进厂矿、进校园、进乡镇、进社区活动，协助市文联音乐艺术下基层、进学校，先后到茶恩寺镇、白石镇开展“我们的中国梦”文化进万家之音乐进基层活动，并组织音乐老师到板桥中心小学开展“艺能量走进乡村”音乐辅导活动；组织书画家到赵家洲小学、天易小学、白石镇中学、白石镇黄茅小学、县四中等学校进行书画教学交流活动。县音乐家协会参与组织中小学生“艺术百佳”竞选赛，2000多人参加县级比赛，近300人参加市级比赛，成绩居全市第一。戏剧曲艺家协会参与组织砚井社区重阳节文艺晚会及“湘潭县老干部金（钻石）婚”庆典活动。 （张宁波）

残疾人联合会

【概况】 2016年，县残联秉承“人道、廉洁、服务、奉献”理念，履行“代表、服务、管理”职能，紧密围绕县委、县政府中心工作，努力推进全县残疾人同步小康进程。

残疾人康复工作。全面完成省、市政府重点民生实事“贫困残疾人救助工程”：“0~7岁贫困残疾儿童抢救性康复”和“贫困残疾人家庭无障碍改造”项目。“0~7岁贫困残疾儿童抢救性康复”项目实施脑瘫、自闭症康复训练，抢救性康复贫困残疾儿童71人。为130户贫困残疾人家庭进行无障碍改造，采取政府扶持、社会赞助、家庭筹集的办法，平均每户改造资金达到7000元以上。积极开展辅助器具适配工作。通过辅具展示、服务转介，县残联共发放各类辅具1000余件，其中轮椅386台、助听器88台，拐杖200副、坐厕椅100把等；依托中央、省市项目，组织88名贫困肢体残疾人到湖南省假肢矫形康复中心免费安装假肢，为3名肢体残疾人免费装配矫形器。开展对各类残疾人康复救助服务。联合湘潭市五医院医生下乡，对500余名贫困精神病患者免费发放500元/人/年基础类药物，救助资金25.65万元，年底对50户一户多残精神障碍患者家庭救助2.5万元，减轻精神病障碍患者家庭的经济负担。与湘潭爱尔眼科医院、县卫计部门联合开展“爱眼光明行”活动，到全县17个乡镇、下到村组为患有眼疾的残疾人、五保户、低保户以及困难户实施免费白内障筛查，有1.2万多名眼疾患者参加活动，814名白内障和翼状胬肉患者接受免费治疗手术重见光明。3月3日第17次全国“爱耳日”，县残联组织开展免费为0~14岁的贫困家庭听障儿童适配助听器活动。来自湘潭市荣声听力有限公司的专家对全县需适配的听障儿童进行免费的听力检测，并为20名受助对象适配高品质的助听器。

残疾人教育助学工作。全面开展各类扶残助学活动。实施各类扶残助学项目合计59.36万元，资助残疾人学生和贫困残疾人家庭子女高中生、大学生510名。加强助残募捐工作。全年共收到助残募捐款20余万元，专门用于贫困残疾人慰问和助学，做到严格管理，专款专用。组织开展全县省特教中专招生工作，推荐6人进入省特教中专学习。

残疾人就业创业工作。大力开展残疾人职业技能和农村实用技术培训。全年开展槟榔制作、家禽养殖、盲人按摩、蓄电池装配、制造等各类培训班17期培训512名。召开“春风行动”残疾人就业专场招聘会，120余名残疾人参加应聘，达成就业意向84人次。投入62.2万元对73名残疾人进行创业扶持，向省、市残联推荐“创业扶持”对象53人。积极争取开展残疾人创业小额贷款贴息项目，申报省级贴息贷款280万元，申报贷款贴息资金20万元，帮扶残疾人29人。推介残疾人创业典型，表彰县“创业模范”20人，编印《创业模范和康复明星风采录》，免费发放给基层残疾人组织和社会各界，同时，还与市县各级新闻媒体合作，将典型先进事迹在各级新闻媒体进行广泛宣传报道。加强盲人按摩行业的管理与扶持，全县范围内共有按摩店8家，从业人员35人、其中盲人27人，营业面积620平方米，床位50张。

残疾人社会保障。实施“困难残疾人生活补贴和重度残疾人护理补贴”，建立由县政府领导、民政牵头、残联配合、部门协作、社会参与的工作机制。全县14602名困难残疾人享受每月60元的生活补贴，9660名重度残疾人享受每月不少于50元的护理补贴。认真做好残疾人机动轮椅车燃油补贴工作，共为2619人发放资金68.094万元。

残疾人精准扶贫。全面摸清底册。完成农村贫困残疾人精准识别建档立卡工作，对全县低于国家贫困标准但未纳入贫困户建档立卡范围的持证残疾人7803人进行调查，通过村、乡镇、县三级联动，纳入低保、五保户4039人，建档立卡4081人，建议建档立卡421人。制订县残联精准扶贫活动方案，深入县残联“连千村帮万户扶贫工程”联系村杨嘉桥镇雁坪村和“双联共建”“群众工作日”联系村杨嘉桥村，组织党员干部广泛开展结对帮扶工作，为7户贫困残疾人上门办证、提供康复救助5人、适配辅具21件。资助贫困残疾人家庭子女就学4人3600元、救助残疾人特困家庭26户15500元。为雁坪村举办残疾人实用技术培训班，残疾人养殖业培训30人次。设立生产发展基金5万元，购进150头小猪支持残疾人养殖业。积极完善村公益事业建设。协调相关部门，基本完成村级活动中心的改造任务和老年幸福院建设，完成村道硬化550米，另外有600米正在进行路基扩改。该村环境卫生在全镇名列前茅，新农合参入率100%。

加强残联自身建设。加强残疾人证核发和管理工作，2016年办证2248个。开展“残疾人基本服务状况和需求信息数据动态更新”工作，更新全县25748名持证残疾人和23名未持证残疾少年儿童基础数据100万余条。继续开展残疾人示范点创建工作，组织谭家山镇创建市残疾人工作综合示范乡镇，中路铺镇菱角村创建市残疾人工作综合示范村，易俗河镇砚井社区创建市残疾人示范社区康复站和家长学校。发挥基层服务网络作用。组织全县17个乡镇原578个村（社区）残疾人联络员和乡镇残联理事长在县委党校进行全面轮训，加强对基层残疾人工作者的业务指导和统筹管理，提升基层残联、残协为残疾人服务的能力与水平。

2016年，县残联获“‘十二五’全国残疾人工作先进县”提名称号；残疾人教育就业工作获全省绩效评估A类单位；县残联成功创建“省级文明卫生单位”和“市无烟单位”；荣获县政府群众（信访）工作先进单位和脱贫攻坚优秀单位。

（彭志勇）

归国华侨联合会

【概况】 2016年，湘潭县归国华侨联合会坚持“以人为本，为侨服务”的宗旨，充分发挥侨联的特点和优势，团结和带领全县归侨侨眷，紧紧围绕县委、县政府的中心工作，积极服务全县经济发展。

开展全县侨情调查，摸清底数。为深入解全县侨情资源，全面掌握侨情动态，特别是新生代华侨和留学生情况，结合全市“深入侨界群众大走访”活动开展，对各乡镇侨情开展全面的摸排。全年，走访侨眷341户，走访人数达到685人。通过侨情调查，县侨联较全面的掌握全县港澳台人士及海外留学、华人、华侨的情况，并及时加强联系。

重视信访维权工作，维护侨益。围绕全县中心工作，进一步维护归侨侨眷的合法权益，提高他们的法律意识，县侨联加大学习、宣传各种政策的力度，印发涉侨法规政策1000余本。在白石镇深溪村侨联小组、排头乡政府、江声实验学校开设侨法宣传角，实现侨法知识进乡镇、进学校、进侨联小组，提高广大归侨侨眷侨情的了解程度，增强他们对政策的理解和认同，并促进他们主动化解自身问题，积极投入到矛盾化解工作当中去。

进一步完善县侨联信访制度，认真受理侨眷来信来访，积极维护广大归侨侨眷的利益，全年接到来信来访8起，做到事事有回音，件件有答复，办结率100%。

发挥侨联界别作用，认真参政议政。不断强化界别的责任意识，作为县政协履行职能的主体之一，湘潭县10名侨界政协委员，主动、自觉、积极参与到县政协履行职能的各项工作当中，参与政治协商和民主监督，支持他们为侨界群众的切身利益表达意愿。并积极向县人大推荐，希望增加侨界人大代表。与统战部门联系，积极推荐湘潭县的归国华侨唐文义为湘潭市人大代表，充分发挥侨联参政议政的职能。

送温暖慰问活动持续开展，联络联谊工作初显成效。2016年春节、端午、中秋前夕，县侨联深入到各乡镇，分别走访慰问侨联委员、侨眷侨属中的孤寡老人、下岗职工、因病因灾造成生活艰难的贫困户，全年，慰问对象60户左右，发放慰问品、慰问金共计35000余元。

全年，县侨联共招待回到家乡湘潭县的海外华人、华侨、归侨侨眷45人次，本着沟通感情，增强联系交往的原则做好接待工作，并为他们回乡办事做好服务工作，得到回乡华人华侨一致好评。湘潭县侨联还坚持“四必访”制度即“家有重病号必访、红白喜事必访、家有重大变故必访、华侨回乡探亲必访”，为侨界人士送去侨联组织的温暖和关爱，受到侨界群众的赞扬，进一步增进与侨眷和海外侨胞的感情。

召开第五次归侨侨眷代表大会。3月31日，组织召开湘潭县第五次归侨侨眷代表大会。此次会议共有100名侨眷侨属和15名留学生代表参加，会议完成第五届侨联选举工作，选举产生第五届侨联主席、副主席。大会还表彰12名侨联优秀工作者和10名优秀归侨侨眷侨属代表。

（黄双燕）

湘潭县计划生育协会

【概况】 2016年，湘潭县计生协抓基层基础的建立健全，全面提升协会能力建设。落实机构编制人员和经费保障等问题，县人大常委会正式通过列为一级预算单位；全县建立健全计生协会机构393个，协会会员7.8万余人；进一步完善“五项”（骨干会员、联系户制度，学习培训制度，理事、会员例会制度，协会活动制度，民主管理监督制度）基本制度，规范村协会活动阵地，达到“三有”（有活动场所，有宣传阵地，有文体器材）“五上墙”（“协会会员之家”牌匾上墙，计划生育村规民约上墙，协会组织机构上墙，骨干会员联系户制度和联系户名单上墙，协会活动制度上墙）的要求；采用“三下乡”“大走访”和广场舞等形式，开展“生育关怀”“5·29”“7·11”“9·26”等主题宣传活动。强化民主建设，夯实计生基层群众自治。年内，创建县级计生基层群众自治示范村29个，其中4个省级示范村，杨嘉桥镇成功创建为市级示范乡镇；采用“三结合”项目（计生工作与发展农村经济相结合，与帮助群众勤劳致富奔小康相结合，与建设文明幸福家庭相结合）小额贷款贴息项目等形式帮助计生家庭脱贫致富。年内，成功申报省、市级“三结合”项目点3个，县级创建项目点3个，解决项目资金20万元以上。申报小额贷款贴息项目13个，争取省补助经费46.44万元，惠及计生家庭600余户。整合社会资源，扎实推进全方位优质服务。组织由市卫计委、市计生协、县委、县政府在白石广场举行的“关怀高龄孕产妇，实施全面两孩政策”“5·29”协会活动日大型活动，市、县媒体进行宣传报道；为纪念第27个“7·11”世界人口日，县计生协、县卫计局和妇幼保健计划生育服务中心等单位,开展“建设健康莲乡，助力精准脱贫”主题活动；母亲节期间，县计生协会集中走访慰问130名贫困母亲和高龄孕产妇，慰问金额达8万元；主动争取省财政拨款10.58万元，为705户计生特殊家庭购买综合保险150元/人/年，及时为对象与保险公司衔接、沟通，理赔和补偿达13万余元；以“关注二孩·关爱孕妇”为主题，在全县组织开展“最美孕妈妈”评选活动，大力宣传全面两孩政策；积极开展精准扶贫工作，共走访慰问困难党员和计生特困家庭20户，出资2万元资助花石镇天马村扶贫工作，将精准扶贫工作落到实处。

2016年，县计生协在省考核评估中，成绩优异，被湖南省计生协授予“模范单位”荣誉称号。

【湘潭县计划生育协会成立】 根据湘潭县机构编制委员会《关于明确县计划生育协会等群团机构编制的通知》（潭编委发〔2015〕6号）文件，明确湘潭县计划生育协会为正科级群团组织，属参公事业单位。主要职责是宣传、贯彻落实国家、省、市有关计划生育的法律、法规和政策，协助政府有关部门推动计划生育工作；对育龄群众的生产、生活、生育关怀，为计划生育家庭提供服务；负责指导开展计生基层群众自治、协会组织建设和业务工作等。内设机构有办公室和业务指导股2个。人员编制为全额拨款事业编制5名，其中：会长由县人民政府分管计划生育工作的副县长兼任，常务副会长1名（正科级），副会长1名（副科级）。

【“最美孕妈妈”评选活动】 为稳妥有序实施全面两孩政策，促进计划生育服务管理改革和健康发展。4月，以“关注二孩·关爱孕妇”为主题，在全县组织开展“最美孕妈妈”评选活动，意在大力宣传国家实施全面两孩政策，弘扬家庭美德和社会公德，在广大人民群众中进一步树立科学、文明、进步的婚育观念，引导家庭负责任、有计划地安排生育，促进社会主义精神文明建设，展现新时期母性魅力，营造全社会对孕产妇的关爱。经过各乡镇和县直各部门精心组织、层层推荐、广泛征集意见，评比活动领导小组认真评审，8月底评比活动结束。张媛、胡婷、王艳、尹文等22位同志被授予为湘潭县“最美孕妈妈”荣誉称号，并以领导小组的文件予以通报表彰，奖励1000元/人。县电视台、县网等主流媒体进行宣传报道。

（谭素文）

红十字会

【概况】 2016年，在原有的学校、医院（卫生院）26个红十字会基层组织的基础上，拟定《湘潭县人民政府办公室关于建立红十字会基层组织的通知》，加快发展红十字会基层组织，扩大红十字会团体会员，并指导建立健全管理制度。

组织有关部门、单位和志愿者，邀请省、市红十字会和县政府有关领导，5月6日在县政府大门前坪开展“关爱生命，促进健康”为主题的“5·8”世界红十字日纪念活动，并组织宣传、义诊活动，对无偿献血和捐献造血干细胞先进进行表彰，发放倡议书。

开展困难救助工作。争取省市红十字会“博爱送万家”活动慰问物资，开展春节前困难群众的慰问工作；成功申报小天使基金救助5人，争取到救助金17万元，另3人正在申报中。5月19日香港红十字会“黄福荣传爱基金”天使之旅来县探访贫困白血病患儿马典，赠送营养品、学习用品和2000元现金。申报并公示省红十字会人道基金救助3人。争取上级红十字会慰问梅林桥镇敬老院五保老人5000元，棉被50床（价值3000元）；本会送去慰问金2000元。惠康与深圳市瑜水慈善基金会在县一中贫困学生中启动一对一帮扶活动。

开展“6·15”灾情摸底工作，争取省红十字会赈灾家庭包40个，夹克衫40件，价值2万余元；争取市红十字会慰问金5000元，对锦石等重灾农户实施有力救助。本会重点慰问花石镇塌房亡人户2户，分别送去慰问金8000元和1000元；12月底慰问另外37户贫困的全塌房重建户每户1000元，共计4.6万元。

编印折页式和小册式的《日常急救手册》各1万本，积极开展应急救护培训工作。7月18日在县疾控中心成功举办应急救护培训与演练，9月9日在湘潭江声实验学校举办第17个“世界急救日”的校园应急救护知识培训，11月17日在县委党校举办全县新录用的公务员和部分退伍安置军人应急救护培训班，全年组织应急救护知识培训6938人次（市下达我县任务数5000人次），培训合格率98%（培训现场老师检测）。

科学合理制订全县2016年度预约团体无偿献血工作方案，将无偿献血工作纳入对各乡镇人民政府的年度考核，广泛宣传发动，反复与各单位联系和宣传无偿献血工作，6月14日和10月1日开展《中国人民共和国献血法》宣传活动，有效地推动无偿献血工作有序开展。

完善安全生产管理制度和措施，规范整理资料，积极参与“省级安全生产示范县”创建。争取上级支援，推动易俗河镇博爱卫生站建设。在步步高易俗河店置放1个募捐箱，募捐1000多元，着手建立社会筹资体系，多方协调捐赠信息平台建设。

积极组建红十字会“三献”志愿者库，有县红十字会志愿者50人。12月5日，组织社会各界和红十字会志愿者150余人，邀请省、市红十字会领导出席，在县政府大门前坪爱心献血屋旁开展第31个国际志愿者日活动，66人踊跃报名献血，27人成功无偿献血8500毫升，7人成为中华骨髓库的造血干细胞捐献志愿者，捐献造血干细胞志愿者采血80人次，县人社局黄爽姿坚持为造血干细胞捐献工作提供人道志愿服务，被中国造血干细胞捐献者资料库管理中心评为“五星级志愿者”。有器官捐献愿望的1人，在17个乡镇卫生院每家张贴器官捐献宣传画各2张。有中路铺镇贺塘村康明和青山桥镇高屯村赵伟军成功为白血病患者捐献造血干细胞。

【湘潭县红十字会单设】 根据县编委2013年、2015年相关文件规定，湘潭县红十字会是从事人道主义工作的社会救助团体，列入群团机构序列，不再由县卫计局代管，机构规格为副科级，内设1个机构为办公室，核定编制4名，依法独立自主地开展工作。经2016年8月19

日召开专题协调会议研究及县政府协调落实，县红十字会办公场所设在杨柳北路 180 号二楼东头 3 间办公室。因该单位原由卫生局代管，编制人员处于分散混岗状态。城乡居民医保制度已整合，划归人社局管理，县红十字会编制内 4 名工作人员已调整归位，机构实行单独登记，于 12 月 21 日举行揭牌仪式，实行单独运作。

（唐碧泉）

（责任编校 杨 柳）

法　治

政法委及综治办

政　法

【概况】 2016年，湘潭县政法工作以服务经济建设为中心，着力化解社会矛盾，严厉打击违法犯罪，不断创新社会治理方式，扎实推进平安建设、法治建设和队伍建设，为促进县域经济发展和社会平安稳定创造良好的法治环境，中共湘潭县委政法委员会被评为全国维护妇女儿童权益先进集体。

推进平安建设。扎实推进“人防、物防、技防”相结合的立体化治安防控体系建设，坚持城区街面巡防、视频巡控、夜间巡逻，农村“邻里守望”“联村联防”等防控机制，组织县直机关干部徒步巡逻，城区主要路口警车定点值守。全年，湘潭县刑事发案同比下降19.7%，其中抢夺案同比下降39.1%，盗窃案同比下降30.1%。

推进法制建设。依托“法律六进”“三官一律进村（社区）”“法律大讲堂”“国家宪法日”宣传等活动载体，深入开展符合湘潭县实际且卓有成效的普治工作。培训县、乡、村级普法骨干1800人，组织集中性法治宣传活动160余场次，发放法治宣传资料和法治文化产品10万余份，湘潭县获评全省“六五”普法先进县。

服务经济发展。依法调节经济社会关系，服务重点工程、重点项目建设和实体经济发展。全年，排查重点工程不稳定因素137起，协调拆迁腾地非诉行政执行案26起，化解各类涉企矛盾118起，保障芙蓉大道、云龙东路、大鹏西路延长线、湘江沿江风光带、梅林山庄等重点工程建设。

推进队伍建设。以“两学一做”学习教育为契机，突出规范化执法建设主导地位，在政法系统深入开展“案件讲评”和“案件评查”活动，讲评案例135件，评查案件40件。政法各单位广泛开展“阳光警务”“法官论坛”“技能比武”等活动，湘潭县检察院员额检察官遴选考核试点经验在全省予以推广。

【积案化解“两下降一清零”活动】 2016年，县委政法委依托基层党建“连心惠民”工程，历时10个月，牵头组织开展矛盾纠纷集中排查化解，中央、省、市交办23件积案全部“清零”，县本级排查24件积案化解办结23件、缓解1件，湘潭市委政法委交办9件涉法涉诉信访积案基本办结并签订停访息诉承诺，实现“两下降、一清零”工作目标。

【社区网格化管理】 2016年，按照“定格、定人、定责”的要求，对易俗河镇各社区实行“三级网格管理”，每个网格配备1名网格管理员，明确工作职责，县城区基本形成“以块为主、条块结合、上下联动、多方配合”的社区网格化管理工作模式。

【“三实”信息建设应用】 2016年，切实加强流动人口、出租房屋治安管理，组织“三实”信息建设应用，完成采集并录入实有人口信息107万人，清查流动人口3.6万人，成功运用“三实”信息破获刑事案件46起，抓获逃犯8名。

【信访工作“1+4”工作法】 8月前，3次召开县信访联席会议，4次召开县委常委会议专题研究，制定出信访工作“1+4”工作法，充分调动各级各部门的工作积极性，压实工作责任。“1+4”工作法中，“1”是指湘潭县委、县政府出台的《治理信访工作突出问题责任追究暂行办法》，“4”是指县信访工作联席会议出台的《办理信访事项工作办法》《县级领导挂牌接待群众来访工作办法》《信访积案化解工作办法》《开展信访积案化解“百日攻坚”行动的实施方案》等4个文件。

（肖　淦）

社会治安综合治理

【概况】 2016年，湘潭县社会治安综合治理坚持以提高群众满意度为目标，以落实社会治安综合治理目标管理责任制为主要抓手，积极落实综治各项措施，群众安全感和满意度不断提升，湘潭县在省民调排名中为合格单位，在市综治民调考核中被评为合格单位。

健全综治责任体系。健全社会治安综合治理责任查究制、社会稳定风险评估等工作机制，制定出台《社会治安防控体系建设实施方案》《治理信访工作突出问题责任追究暂行办法》《预防、处置群体性事件及责任追究实施办法》等文件。落实“属地管理”和“谁主管、谁负责”的领导责任制，建立领导干部抓综治维稳工作绩效档案。修订完善考评办法，增加“综治民调”工作考评权重。开展专项督查6次，暗访2次，通报批评6个履职不到位的单位。

完善社会治理体系。初步建成以县人民来信来访接待中心为依托的县级综治中心。建立乡镇政法综治中心，常设副主任和专职人员。建立村（社区）支部书记任综治维稳站长的村（社区）综治工作站。建立派出所、司法所、法庭、民政所各部门协作配合、便民利民的工作平台。全面推进立体化治安防控体系建设试点，工作经验在今年全市社会治安防控体系建设暨平安湘潭建设工作会议上推介，石潭镇《用网格化管理筑起治安“防控网”》的经验在省《法制周报》上刊登。

强化矛盾纠纷化解。健全矛盾纠纷排查调处协调会议制度，完善“三调联动”工作机制，加强专业调解委员会建设，新增征地拆迁、劳资、婚姻家庭、物业管理等专业性调解组织。制定出台信访工作“1+4”工作法，压实各级各部门工作责任。8月29日，在易俗河镇步步高前坪举行《反恐怖主义法》宣传周启动仪式，掀起覆盖全县、形式多样的反恐宣传热潮。2016年，受理各类社会矛盾纠纷4980起，调处4892起，调处成功率98.3%。依法训诫202人、治安拘留21人、“轻刑快办”6人，刑事拘留3人。

深化平安莲乡建设。依法妥善处置医患纠纷，严厉打击涉医违法犯罪专项行动。加强校车综合监管平台建设，加大学校周边及治安环境整治力度，评选县级“平安校园”146所。继续推行乡镇治安巡逻、“995十户联防”、行车卫士GPS小型技防设施；完善“邻里守望”“联村联防”等群防群治机制。2016年，湘潭县刑事发案同比下降19.7%，其中抢夺案发案同比下降39.1%；盗窃案发案下降30.1%。落实铁路沿线乡镇护路责任，积极排查化解涉路矛盾纠纷，全年未发生“五类”危行案件。设立县见义勇为基金，表彰奖励周星桥等5名见义勇为。 （肖 淦）

维护社会稳定

【概况】 2016年，湘潭县维护社会稳定工作把住“确保社会稳定”这一底线，积极应对各类社会矛盾交织叠加的势头，较好地完成G20峰会、市县党代会、党的十八届六中全会等敏感节点、重大活动期间的安全维稳任务，确保全县社会政治大局稳定。

强化维稳工作责任。推行维稳工作责任、目标管理和一票否决等制度，明确乡镇党委书记和各部门行政主要负责人为第一责任人，层层签订维稳工作责任状。召开6次维护社会稳定工作领导小组会议，积极指挥调度重大不稳定情况，及时解决维稳工作的困难和问题。县纪委、县委督查室、县维稳办、县联席办等单位组织联合督查12次，暗访6次，专项督查维稳重点领域、重点人员、重点时段、重大问题。

推行稳定风险评估。贯彻落实县委、县政府制定的《关于建立维护社会稳定风险评估机制的实施意见》《关于加强和创新社会管理建立健全社会治安综合治理长效机制的实施意见》，推动维护稳定工作关口前移。委托湖南泰安瑞管理咨询有限公司完成射埠800千伏特高压换流站项目维稳风险评估，为上级领导及部门对相关事项的决策提供科学依据，保证项目的可行性、合理性、合法性及可控性。

加强情报信息预警。狠抓“三个三”的贯彻执行，既进一步完善县、乡（镇）、村（社区）三级信息网络，紧紧抓住信息的搜集、研判、上报三个环节，严防迟报、瞒报、漏报三种现象。湘潭县物建维稳信息员164人，反馈情报信息310余条（其中书面信息130条），综合编发《维稳信息》38期、《维稳形势分析》24期、手机专报45期。

加强隐患排查化解。深入开展重大不稳定问题和隐患摸排化解活动，完善矛盾滚动排查、多元化解机制，从源头上预防和减少群体性事件和非正常上访。多次有效化解部分军队退役人员、转城户、原修“三线”人员、原农机员等群体分别策划的到县市赴省进京集访活动，确保各类“维权”群体的相对稳定。严查严控重点人员。持续加强涉稳重点对象摸排梳理和教育稳控工作力度，摸排确定重点对象116人，其中维权重点人员83人、扬言极端行为重点人10人。所有对象均按照“属地管理、分级负责”原则交办到相关乡镇和单位，逐人建立排查管控、信息登记等工作台账，并严格按照“五个一”工作模式和“五包一”的要求，落实转化管控措施。

依法处置突发事件。实行“一周一调度、一月一汇总”，对涉众型经济纠纷、征地拆迁、房产纠纷、企业改制、个人极端行为和到省进京上访问题、涉农问题等方面分别设立专项治理工作组。健全和完善群体性事件预防处置工作预案，及时、稳妥处置突发性事件60起。物建维稳网评员79人，及时关注评估网上舆情，主动回应化解热点涉稳问题，网上跟帖近1000余条。

（肖 淦）

法治政府建设

【概况】 2016年，湘潭县围绕全面建成小康社会目标，深入推进依法行政工作，加快法治政府建设，全县依法行政工作取得明显进展。

明确权责清单，依法行使行政权力。以县政府名义发布《关于取消、新增和调整一批行政审批项目的决定》，对审批事项进行调整优化，行政审批事项由580项精简至285项。全县47家具有行政审批职责的单位设立行政审批股，行政审批股进驻县政务服务中心集中办公。全面清理全县45家单位的权力清单和责任清单，明确31家单位的行政许可、行政强制行政征收等10个权力类别清单4399项，明确28家单位的责任清单清理、主要职责492项、公共服务事项194项、职责边界197项，权力清单和责任清单均在网上发布。

加强合法性审查，推进依法民主决策。在县政府办（县法制办）设立政府法律顾问室，在执法任务较重的单位均设立政策法规股，加强和规范法律顾问工作。出台《湘潭县重大行政决策事项清单和年度目录管理试行办法》，重大事项法制部门提前介入，参与决策建议，确保各项行政管理活动依法进行。坚持政府常务会议、政府专题会议议事制度，县政府法制办全程列席政府常务会议。事关经济社会发展、涉及群众切身利益的重大事项，通过公众参与、专家论证、风险评估、合法性审查、集体讨论决定再作出决定。出台《湘潭县合同管理暂行办法》，县人民政府签订的重大经济合同及招商引资合同，均由县法制办对约定事项的合法性、合同条款的严谨性、完备性进行事前审查，全年审查修改县政府各类重大合同20余份。严格规范性文件管理。认真执行《湖南省行政程序规定》和《湖南省规范性文件管理办法》，文件制定实现三统一规定，由法制办审核把关，政府常务会议集体研究，在内容上遵循职责法定和依法行政原则，做到不与法律法规相冲突、不与上级政策相抵触。同时，定期开展规范性文件清理，对该修改废止的文件及时进行修改和废止。全年出台规范性文件45件，均报同级人大常委会和湘潭市政府备案。

强化法治教育培训，充分发挥考核督导作用。严格落实国家工作人员学法用法制度，制定年度培训计划，分级分类开展法治专题培训，不断提高各级领导干部的法治素养和依法办事能力。针对法治政府建设工作中发现的普遍性问题，及时总结规律和特点，强化依法行政考核，进一步推动《纲要》和法治政府建设重点侨务的落实。

抓好行政复议诉讼，健全权力制约和监督体系。以权力清单和行政审批公开为载体，向社会公开政府及部门职责权限、法律依据、管理流程及监督方式。做好行政复议工作，坚持对行政复议申请进行“六个审查”，严格按照工作流程及时将审理情况告知申请人。全年受理行政复议案件42起，对所受理案件坚持在法定期限内结案，对被申请人作出的行政行为从证据是否确凿、事实是否清楚、程序是否合法、适用法律是否准确等方面进行严格审查，该维持的维持、该撤销的坚决撤销，做到既维护复议申请人的合法利益又积极支持行政机关依法办事。做好政府应诉工作，全年县人民政府应诉案件18起。为落实新的《行政诉讼法》规定，县人民政府出台《湘潭县行政应诉工作办法》，进一步明确县政府的应诉流程、相关责任人应当出庭应诉的案件及相关责任追究办法。

（肖云祥）

公　安

【概况】 2016年，全县接有效报警64069起，其中刑事、治安、交警类警情占47.86%，求助及其他类警情占52.14%；全局立刑事案件2877起，破1388起，移送起诉796人；办结治安案件2618起，行政拘留1400人。湘潭县公安局打击质效全市排名前列，三实信息采集率、录入率、及时率达到100%，10月，该局被公安部命名为“全国公安机关执法示范单位”。

积极开展情报研判工作。不断完善四级情报信息网络，积极开展情报信息收集、研判工作，搜集挖掘深层次、预警性情报信息364条，摸排涉及征地拆迁等各类重大不稳定因素13个，为县委、县政府科学决策提供有效依据。积极开展信访维稳工作。按照县委政府的要求派驻驻京民警4人次，指派局领导带队赴京接访6次，信访警务室接待群众3318人次，同比上升5%，办结信访案件38起；依法打击非访违法犯罪行为73人次（其中刑事打击4人，行政拘留41人，训诫28人），同比上升46%；协助劝返进京上访人员194人，同比上升35%，办理公安部“7·1”和“10·11”等专案取得阶段性成果。积极开展反恐处突工作。大力开展《反恐怖主义法》以及反恐怖防范知识宣传，严密反恐基础摸排管控工作，有效预防暴恐袭击；不断提升应急处突能力，常备60名处突警力，积极稳妥处置各类突发事件，圆满完成各项安保任务。

坚持服务前置、快速介入，经济发展环境良好。积极服务重点工程，严厉打击经济犯罪，为经济发展创造良好的治安环境。积极服务重点工程单位。认真开展矛盾纠纷排查化解特别是涉及重点工程建设的纠纷化解工作，全年走访重点工程建设单位538家次，排查不安定因素129起，解决矛盾纠纷125起，破获涉及重点工程的刑事案件2起，刑事打击3人。严厉打击各类经济犯罪。严肃打击侵害重点工程、项目合法利益的违法犯罪分子，全县共立各类经济犯罪案件54起，破47起，移送起诉54人，侦破涉案价值1700亿元的伍某某非法经营案，成功破获“7·30”伪造、制售、持有假币系列案等，得到公安部、省厅、市局领导的充分肯定。严肃整治社会治安环境。对重点行业、重点部位依法管理，切实消除治安隐患和管理盲区，全年破获涉黄涉赌刑事案件25起，移诉39人，查处行政案件101起，行政拘留232人，成功破获一起组织卖淫案，刑事拘留1人，行政拘留7人；破获涉毒刑事案件57起，查处吸毒人员560人，强制戒毒149人，打掉一贩毒团伙缴获冰毒3002.77克。

坚持主动进攻、打防结合，平安建设战果丰硕。推进合成作战，打造警务分区协作模式，主动进攻、打防结合，积极推动新一轮平安建设。严厉打击各类违法犯罪。部署开展社会治安严打整治“冬季攻势”行动，重拳惩处群众反映强烈、社会影响大的违法犯罪行为，11月1日至年底，破获各类刑事案件136

起，移送起诉104人，其中起诉盗窃、抢劫、抢夺、诈骗、敲诈勒索犯罪嫌疑人16人，成功破获系列砸车玻璃盗窃财物案、系列盗抢案件，打掉一涉案价值百万余元的特大贩卖假烟犯罪团伙，打掉一特大生产销售病死猪肉犯罪团伙，捣毁杨嘉桥镇、石潭镇两处加工生产病死猪肉窝点，缴获并销毁病死猪肉1000余斤。严密街面精准防控。依托平安城市电子防控系统，进一步优化街面巡逻警力部署、路线规划，充分发挥市际吴家巷公安检查站及四个出城卡点、四个县际临时卡点的作用开展查缉工作，同时认真落实夜间警车摆点和徒步巡逻，实现城区24小时精准防控，有效压缩违法犯罪空间，全县“两抢”案件、盗窃案件、诈骗案件发案同比分别下降25%、7.8%、59.2%。强化社会公共安全监管。围绕创建“省安全生产示范县”工作，继续推动安全生产大排查大管控大整治专项行动，扎实开展治安、交通、消防等公共安全隐患常态化排查治理；强化监管场所规范化管理，全县未发生重特大安全事故。

继续推动硬件建设。进一步优化湘潭县公安局业务技术用房功能布局与分区，推进工程进度，为搬迁做好准备；推进以乡镇建派出所工作，将警力充实到基层一线、解决基层工作难点，新成立的茶恩寺、白石、杨嘉桥、乌石4个派出所和青山桥交警中队工作群众反响很好；继续推进科信建设。成立县局临时科技信息小组并召开第一次会议，明确科信小组统筹规划全局科技信息手段的建设、管理、使用和维护；承办各项科信建设任务；指导帮助县域范围内与公安科技信息化相关联的乡镇、企事业单位等视频监控等建设；不断开发、深化各类平台、软件，有效服务侦破打击和社会治理等职能。继续推进基础信息采集。全警开展三实信息采集工作，全面掌握县内人口、房屋、单位等基础数据，全县采集实体信息263952条，实有人口1079090人，实有房屋317593户、实有单位18863家，利用“三实”工作破获刑事案件46起，抓获逃犯8名。全面加强旅馆业、网吧等行业基础信息管理，旅馆信息录入率和合格率分别为98%和96%，网吧信息录入率达100%，合格率达97%。

坚持规范执法、试点先行，执法示范蝉联部优。以再创“全国执法示范单位”为目标，深入推进执法规范化建设。提升主体素质。强化领导干部、民警法律知识的培训教育，将中级执法资格作为干部竞争上岗前置条件，民警取得基本、中级以上执法资格的分别达100%、70%，另有15人取得高级执法资格，2人通过国家司法考试，该17人全部纳入县局人才库。规范执法行为。作为全省公安机关执法工作改革试点单位，积极推进案件“三统一”、办案积分制、法制员派驻制，以及派出所执法管理室建设等试点工作，强化内部执法质量考评、执法过错追究等审核考评，堵塞执法漏洞，实现刑事案件办案质量大幅度提升，全局没有发生1例因不构成犯罪不批捕的情形，不诉、涉法涉诉信访案件大幅度下强化执法监督。依托阳光警务系统，严格贯彻落实六公开一投诉制度，主动向案件当事人推送案件办理情况，案件当事人对公安机关执法行为满意度排名全市第一；接受社会各界监督，办结人大、政协建议、提案18件，“市长热线”68件。

继续开展队伍精细管理。开展常态化思想政治教育，进一步推行随岗训练，提高民警业务素质，深入开展“莲城廉警”建设等各项纪律作风专项整顿活动，坚持不懈规范队伍作风，落实战时表彰、一事一奖制度，落实警衔津贴、执勤津贴、加班补助等各项职业保障措施，建立政府出资保障、公安使用管理的警辅队伍管理模式，逐步实现警务辅助人员规范化、信息化、法治化管理。积极开展结对帮扶活动。积极开展党员“干群一家亲，党群心连心”结对帮扶活动，县局党委成员带领各党支部指导联点村党支部“六有”工作，各支部党员与所联系村的困难群众进行一对一精准帮扶，积极解决群众实际困难。认真落实便民利民措施。贯彻落实市公安局出台的32项便民利民举措，进一步积累群众信任，赢得群众支持。前移服务窗口、拓展服务网络、优化服务举措，最大限度为人民群众提升优质、高效、便捷服务。

【成功摧毁一地下六合彩赌博团伙】 4月7日晚，湘潭县公安局成功打掉一个利用非法经营的地下六合彩，组织他人参与赌博的犯罪团伙，捣毁投注窝点4个，抓获犯罪嫌疑人3人、违法嫌疑人43人，冻结涉赌资金21万余元。3月中旬，白石派出所民警在下村走访过程中获悉，白石镇双新村附近有地下六合彩赌博现象。白石派出所立即组织民警运用乔装蹲守、数据分析、视频侦查等多种手段秘密开展调查，以犯罪嫌疑人尹某（男，35岁，湘潭县白石镇人）为首的一个利用地下六合彩从事赌博的团伙逐步进入侦查员的视线。湘潭县公安局治安大队与白石派出所一道成立专案小组，在全面掌握该团伙接受赌博投注的规律后，4月7日晚，县局抽调50余名警力组成4个抓捕小组，对该团伙的地下六合彩投注窝点开展集中围捕，当场抓获写单人员4人、参赌人员9人，现场缴获电脑5台、账本7本、码书和码报若干。随后，专案组乘胜追击，以上门抓捕和动员自首相结合，经过昼夜奋战，先后共计抓获参赌人员42人。经审讯查明：自2015年6月以来，犯罪嫌疑人尹某在互联网赌博网站注册成为地下六彩代理会员后，在家直接接受他人电话、短信、微信投注。同时以返利为报酬，先后组织胡某某（男，42岁，湘潭县白石镇人）、赖某某（女，51岁，湘潭县白石镇人）、何某某（女，40岁，湘潭县易俗河镇人）三人在各自经营的商店内为投注地下六合彩的参赌人员写单，接受投注。经查，该团伙累计收受赌资数额高达200余万元。尹某、胡某某、赖某某因涉嫌赌博罪被依法刑事拘留，何某某等10人因为赌博提供条件和赌博被依法行政拘留，其余参赌人员依法给予处罚。

【开展扫除黄赌毒专项行动】 1月20日至4月20日，湘潭县公安局开展集中扫除黄、赌、毒专项行动。整治黄、赌、毒违法犯罪现象，遏制社会丑恶现象蔓延，净化社会风气，全力维护社会治安秩序持续稳定，切实提升群众安全感和满意度，2016年，全县共破涉黄涉赌刑事案件15起，刑事打击处理17人；办理行政案件58起，行政拘留238人，罚款33人；立涉毒刑事案件33起，破获29起，打击处理29人，办理行政案件225起，行政拘留179人。

【成功侦破湘潭县县首例利用网络微信开设赌场案】 6月2日晚8时许，湘潭县公安局网安大队与青山桥、茶恩寺派出所联合作战，成功抓获犯罪嫌疑人赵某（男，28岁，湘潭县石鼓镇人）、谭某（男，30岁，湘潭县青山桥镇人）、唐某（男，27岁，湘潭县青山桥镇人），破获全县首起利用网络微信平台组建赌博群开设赌场案。5月，青山桥派出所接到群众举报，称有人利用微信组群拉人入群进行赌博，参赌人数众多且投注数额较大。获悉信息后，湘潭县公安局网安大队牵头，联合青山桥、茶恩寺派出所开展专案侦查。经查：5月以来，赵某伙同谭某、唐某自备苹果手机、电话卡、银行卡等工具，利用微信平台购置、注册专门用于网络赌博的微信群，并出资从网上雇请专门的“拉手”拉人入群，采取“抢红包”确认“点数”比大小的方式进行赌博，赌博活动每日从下午1时持续到次日凌晨2时，入群参赌人员达百余人，单注投注金额从20元至2000元不等，投注总额达200余万元。6月2日晚8时许，民警根据线索，在湘潭市河东某宾馆将正在组织进行微信赌博的赵某、谭某和唐某一举抓获，现场查获手机“钱包”内的赌资1万余元。经讯问，赵某、谭某和唐某均对利用微信网络组织进行赌博，共非法获利20余万元的犯罪事实供认不讳。犯罪嫌疑人赵某、谭某、唐某因涉嫌开设赌场已于6月3日被依法执行刑事拘留。

【打掉一特大贩卖假烟犯罪团伙】 6月16日，湘潭县公安局刑侦大队经过近半年悉心经营，成功打掉一特大贩卖假烟犯罪团伙，抓获犯罪嫌疑人5名，扣押赃款2.7万余元、作案车辆3台，收缴各类假烟3500余条，涉案价值100万余元。2016年2月，湘潭县公安局根据湘潭县烟草局移送的线索，对彭某一（男，44岁，湘潭县杨嘉桥镇人）涉嫌贩卖假烟一案进行立案侦查，刑侦大队查明犯罪嫌疑人彭某一伙同沈某某（男，48岁，湘乡市东郊乡人）、杨某某（男，48岁，湘乡市泉塘镇人）等人贩卖假烟的主要犯罪事实。6月16日，刑侦、网安配合，通过连续两日的跟踪蹲守，先后在湘潭县易俗河镇吴家巷、金桂三路等地抓获正在进行交易的彭某一、沈某某、杨某某、彭某二（男，21岁，湘潭县杨嘉桥镇人）、王某某（男，37岁，湘潭县龙口乡人），当场收缴假芙蓉王香烟21箱1200余条，作案车辆三台。17日凌晨，民警乘胜追击，连夜在湘乡市东郊乡端掉嫌疑人用来储存假烟的三个仓库，搜查扣押假芙蓉王、假精白沙等香烟29箱。经审讯，五名犯罪嫌疑人均如实交代：彭某一纠集沈某某、杨某某组成进销货、仓储、送货分工明确的贩卖假烟团伙，自2016年2月以来，多次从福建上线处购进数百件假烟，销售给王某某等人，案值百万余元。彭某一等五人因涉嫌销售假冒注册商标的商品被依法刑事拘留。

【打掉一特大制售假币团伙】 8月9日，湘潭县公安局在湘潭市公安局相关部门的指导支持下，打掉一个特大制售假币团伙，捣毁江西、河南两处制假币窝点，先后在湘潭县、湘乡市和江西宜春市、河南漯河市抓获犯罪嫌疑人9名，缴获成品假币面值40余万元及制假币设备、原材料一批。7月29日23时许，湘潭县公安局巡防大队民警在巡逻时发现路边3名男子形迹可疑，在现场盘查中查获3人随身携带数十张面额20元的仿造人民币，遂依法将3人控制。经连夜突审，犯罪嫌疑人梁某某（男，26岁，湖南省耒阳市人）、张某（男，26岁，安徽省无为县人）、王某（男，23岁，山东省枣庄市人）对其通过网络购买假币并使用的犯罪事实供认不讳。根据供述，民警在3人入住的岳塘区某宾馆客房内搜出20元面额的假币363张。湘潭县公安局从经侦、刑侦、网安大队、易俗河派出所抽调精干力量成立专案组，并第一时间将案件向湘潭市公安局汇报。市局相关警种多次调度指导案件侦破，配合县局侦破该案。经查，梁某某同胞胎哥哥梁某林通过网络买卖假币，梁某某通过建立QQ群的方式，吸引有共同需求的人策划利用假币套取真币，目前成员近300人。8月9日，专案组民警在湘乡市一举抓获正在使用假币套取真币的犯罪嫌疑人梁某林（男，26岁，湖南省耒阳人）、朱某强（男，20岁，湖南省湘乡市人），缴获20元面值的假币215张。随后，专案组迅速锁定梁某林购买假币的上线李某，并赶赴江西宜春市进行抓捕。经过五天五夜的不间断蹲守，成功将李某（男，31岁，江西宜春市人）捕获，并在其家中查获制假币窝点一个，抓获制假同伙李某某（女，24岁，湖南省平江县人）、聂某文（男，26岁，江西省南昌市人）；8月28日专案组民警赴河南省漯河市，经过四天的情报分析、蹲点守候、跟踪追捕，于8月31日将另一上线闫某某（男，38岁，河南省漯河市郾城区人）成功抓获，捣毁另一制假窝点，民警在两处窝点共计缴获5元至100元不等样式假币共计面值41.3万元，扣押电脑3台、打印机6台、烫金机2台、裁剪机2台、封口机2台等一大批制假设备以及印章、丝网模板等原材料。李某、梁某林、梁某某、闫某某等9名犯罪嫌疑人均被依法刑事拘留，该案已向公安部申报部督案件，争取发起集群战役，深挖扩线，将案件办成全国有影响的精品案件。

【破获抢劫金店案】 9月18日，湘潭县公安局指挥中心、易俗河派出所以及巡防、刑侦大队密切联动、快速反应，迅速破获一起现行抢劫案。9月18日12时许，湘潭县公安局“110”接到报警称易俗河镇玉兰路某金行有人抢劫，110接处警中心快速反应，指令易俗河派出所、巡防大队民警迅速赶到现场。民警在金行工作人员及群众的协助下成功将欲逃离现场的嫌疑人胡某（男，52岁，浏阳市官桥乡人）控制，缴获随身携带的仿真手枪一支、砍刀一把。获悉案情后，刑侦大队开展案件侦破工作。办案民警经过分析梳理，成功串并发生在易俗河镇的“1·25”抢劫（未遂）案。经审讯，胡某如实交代：9月18日上午其驾驶摩托车窜至易俗河镇，将摩托车藏匿并戴好头盔、手套、墨镜等步行至玉兰路某金行，胡某以购买手链为由将一条重约70克的黄金手链戴在手上，转身逃跑，被门店保安拦截，胡某对保安进行殴打致轻微伤，并用疑似枪支进行威胁，同时胡某还交代1月25日在易俗河牛头岭某珠宝店抢劫（未遂）的犯罪事实。胡某已被依法刑事拘留。

【打掉一个特大贩卖毒品海洛因的犯罪团伙】 5月31日至10月9日，湘潭县公安局在湘潭市公安局禁毒支队及相关部门的大力支持下，通过合成作战，抓获犯罪嫌疑人9人，查处吸毒人员14名，侦破一起省公安厅督办目标案件，打掉一个特大贩卖毒品海洛因的犯罪团伙，收缴海洛因102.55克、冰毒11.5克、麻古0.1克，扣押毒资46300元、车辆2台，成功截断一条横跨湘衡两地的贩毒通道。2015年年底，湘潭县公安局禁毒大队破获赵某某（男，65岁，湘潭市岳塘区人）贩毒案，后经扩线深挖，缜密调查，一个盘踞在湘潭市、以特殊涉毒人员为主组成的层级分明、人员众多、分工明确的特大贩毒团伙逐渐浮出水面。涉案人员曾某（女，38岁，湘潭市岳塘区人）、张某某（男，39岁，湘潭县易俗河镇人）、邓某某（男，50岁，湘潭市岳塘区人）等人在湘潭市内贩卖毒品海洛因，且进货量日益增加，社会危害性极大。县局成立由副局长谢伟任组长的专案组，抽调禁毒大队、刑侦大队、青山桥、中路铺、射埠、花石等派出所精干力量专案专办。市局禁毒支队大力支持，省公安厅将其列为省级督办目标案件。2016年9月初，专案组全力以赴展开案件攻坚，深挖毒品来源，严查上线、下线，自2016年5月底开始，历时5个月，在湘潭县、湘潭市雨湖区、岳塘区等处先后抓获曾某、张某某、邓某某、唐某某（男，46岁，湘潭市岳塘区人）、谭某某（男，40岁，湘潭市雨湖区人）、黄某某（男，45岁，郴州市苏仙区人）等人。9月26日，犯罪嫌疑人倪某（女，42岁，湘潭市雨湖区人）被抓获归案，专案组乘胜追击，蹲守衡阳，于10月9日将上线邹某某（男，49岁，衡阳市雁峰区人）成功抓获。其间，专案民警还查获郭某（女，46岁，湘潭市岳塘区人）等14名吸毒人员。经查：2015年下半年以来，曾某、张某某从邹某某处贩进毒品海洛因，由自己或通过“马仔”唐某某、黄某某贩卖给邓某某、倪某、赵某某、郭某等吸毒人员，以贩养吸；邓某某、倪某、赵某某将购买的毒品供自己吸食的同时转卖给郭某等吸毒人员；谭某某在明知曾某、张某某系贩卖毒品仍充当司机承载两人多次贩、卖毒品并从中获利。截至2015年11月7日，赵某某已被县人民法院依法判处有期徒刑八年，犯罪嫌疑人曾某、张某某、邓某某、唐某某、谭某某、黄某某6人因涉嫌贩卖毒品罪已被依法移送起诉，犯罪嫌疑人倪某、邹某某因涉嫌贩卖毒品分别被依法监视居住、刑事拘留；郭某等14名吸毒人员被依法行政拘留。

【打掉一个特大生产销售病死猪肉犯罪团伙】 8月11日至10月14日，湘潭县公安局成功破获一起省督生产销售不符合安全标准食品案件，打掉一个特大生产销售病死猪肉犯罪团伙，捣毁杨嘉桥镇、石潭镇两处加工生产病死猪肉窝点，抓获犯罪嫌疑人10名，缴获并销毁病死猪肉1000余斤，为群众“舌尖上的安全”提供安全保障。

2016年年初，湘潭县公安局治安管理大队积极联系市监局、卫生局、环保局、畜牧水产局等相关部门，与各派出所一道，针对食品、药品安全及环境保护等全面展开线索摸排，发现湘潭县石潭镇、杨嘉桥镇生产销售病死猪现象严重，涉案人员众多。8月10日，民警根据线索抓获涉嫌购买病死猪并进行加工的史某某（男，59岁，湘潭县石潭镇人）。湘潭县公安局成立由副局长陈一新全面负责，治安管理大队牵头，抽调刑侦、网安、巡防、杨嘉桥所、石潭所、乌石所、云湖桥所等单位警力组成的专案组。专案组结合史某某审讯及前期调查情况，循线追击，查明嫌疑人邓某某（男，63岁）、赵某某（男，53岁，在逃）、黄某某（男，50岁）（均为湘潭县杨嘉桥镇人）相关违法犯罪事实。县公安局局长彭世辉认真听取案件情况汇报，与韶山市等公安机关联系，协调办案相关事宜，要求专案组深挖追源、全力侦破。8月11日至10月14日，专案组在湘潭县、韶山两地先后抓获邓某某、黄某某，朱某某（女，46岁）、杨某某（女，54岁）、周某某（女，47岁）、毛某一（男，43岁）、毛某二（女，42岁，另案处理）、毛某三（女，37岁，另案处理）、谭某某（女，54岁，另案处理）（均为韶山市韶山乡人）等9人，在史某某、赵某某家查获病死猪肉500千克。经查，2014年以来，史某某、邓某某分别以家中房屋作为加工生产点，个人收购或通过黄某某、方某某（男，50岁，湘潭县杨嘉桥镇人，在逃）介绍、转售，从养殖户处低价收购病死猪，分割肢解冷冻或熏制成腊肉后进行销售，或将部分鲜肉以明显低价销售至韶山市朱某某等经营的饭店内；朱某某等将低价鲜肉制作成菜品销售给游客食用，非法获利。11月9日，史某某、邓某某、黄某某3人因涉嫌生产销售不符合安全标准的食品罪已被依法逮捕，朱某某、杨某某、周某某、毛某一因涉嫌生产销售不符合安全标准的食品罪已被依法采取刑事强制措施。

【摧毁一横跨湘粤两省的五层级贩毒团伙】 11月30日，专案民警在惠东县警方的支持下，在惠东县黄埠镇将贩毒上线戴某二抓获并顺利押解回潭。湘潭县公安局自5月开始经过7个月的专案侦查，成功破获公安部“2016-770”毒品目标案件，抓获涉案人员8人,缴获毒品冰毒3132.36克，麻古32.94克，扣押车辆1台，成功截断一条横跨湘粤两省的贩毒通道。2016年5月，湘潭县公安局禁毒大队在工作中发现一活动在湘潭、株洲两地，以袁某某（男，33岁，湖南省浏阳市人）、戴某一（男，36岁，湘潭市岳塘区人）为首的贩毒团伙。湘潭县公安局成立以副局长谢伟任组长，抽调禁毒、刑侦、巡防以及梅林桥、青山桥、石潭、易俗河、中路铺派出所等单位精干力量组成的专案组，分工开展调查取证、材料整理、抓捕、审讯以及警务保障等工作。该案经逐级上报后被公安部确立为部督案件。自2016年8月初至10月底，先后在湘潭、株洲等地抓获涉案人员凌某（男，32岁，株洲市荷塘区人）、卢某一（男，33岁，桃江县大栗港镇人）、戴某一、欧某某（男，35岁，湘潭县易俗河镇人）、刘某某（男，47岁，湘潭市雨湖区人）、袁某某、卢某二（男，29岁，湖南省桃江县人）等人，并通过多次南下广东省汕尾市、陆丰市、惠东县等地开展实地侦查，逐步查明上线戴某二（男，31岁，广东省陆丰市人）的犯罪事实，11月30日，专案民警在当地警方的支持下，在惠东县黄埠镇将戴某二抓获并顺利押解回潭。上述犯罪嫌疑人均如实供述贩卖毒品的犯罪事实。经查，2016年6月以来，戴某二、袁某某、戴某一、刘某某、欧某某、颜某某、郭某等（均已行政处罚）吸毒人员，来往于湘粤两省，形成五级贩卖毒品层级，多次贩卖毒品冰毒、麻古，以贩养吸。凌某、卢某一、卢某二、袁某某、欧某某、刘某某被依法移送起诉，戴某一被依法监视居住，戴某二被依法刑事拘留。

（郭长荣）

交通管理

【概况】 2016年，湘潭县交警大队以民意为引领，以问题为导向，以“压事故、保安全”为总目标，坚持传承发展、改革创新，坚持常态推进、动态调控，抓住“两学一做”“两个专项整治”切入点，进一步践行严管重罚、温馨服务、精确治理的工作理念，全面落实各项预防措施，全面提升道路交通管理工作成效，确保全县交通安全形势的稳定。是年，县交警大队被省厅交管局评为“规范执法示范单位”，推荐为“2016—2018年全省依法办事示范窗口单位”。9月26日全省公安交管警务创新（农村快处快赔）现场推进会在湘潭县召开，“农村道路交通事故快处快赔机制”项目获得湖南公安机关首届“平安湖南杯”微改革微创新大赛铜奖，被支队推荐为全省公安交警系统模范集体。

强化督查考核指挥棒。大队坚持有力促有位，积极争取县委、县人大、县政府、县政协和相关职能部门对道路交通安全管理工作的重视与支持，做强做实道路交通安全委员会平台，借力安全生产委员会等机构平台，充分发挥交安委办公室的参谋建议作用，延伸管理触角，紧紧围绕安全生产“监督执法年”活动主题，统筹一体推进，合理界定事权，完善考评体系，积极推动各乡镇政府、各职能部门落实道路交通安全主体责任和监管责任，形成齐抓共管、整体联动的综合治理机制，实现管行业、管业务、管生产经营的都必须管安全。全年，县级领导出席县交安委联席会议、参加春运、治超、校园车治理等重要活动就达50余人次,对全县交通安全工作进行高频次地部署与督查。大队以县交安委办公室为平台，修改完善《湘潭县2016年度乡（镇）社会管理综合治理〈道路交通社会化管理〉考核细则》，加强督查，实行一季度一考核一通报，促进各单位将交通安全工作落到实处。制定《湘潭县2016年度道路交通安全督查工作方案》，春节、清明等重要节假日组织县安监局、县交通局、县公路局、县城管局、县教育局等主要成员单位对道路交通安全管理工作及“两站两员”建设情况进行同步督查，及时查找问题，督查整改落实。

强化“两站两员”建设。全县17个乡镇已于2013年全面建成乡镇交通安全管理工作站。下半年，大队加强农村交通管理工作调研，联动乡镇、村组、保险公司一道，强化农村劝导站和劝导点建设。在325个行政村全面建成交通安全劝导站，在交通拥堵的城区建成交通安全劝导点。全面挂牌，落实管理人员、协管员，明确工作职责。推动农村交通安全管理无盲区的工作格局形成。

强化行政许可审批。严格执行湘潭县道路交通安全全委员会印发的潭交安委〔2014〕13号《影响交通安全道路施工行政许可工作规定》，对道路的维修、改造先期介入，先审批后施工，施工单位和企业在施工路段，要自行聘请专职安全人员，维护交通安全，协助参与交通疏导工作。组织全县各级中学、小学校、幼儿园学校等，对学校安保人员进行现场业务指导，确保学校地段上、下学时间的交通畅通，确保学生出入平安。同时巩固完善“三同时”（同时设计、同时施工、同时投入使用）工作机制。与县交通局、公路局和天易示范区规建部紧密配合，全县城乡道路交通安全设施与道路主体工程建设同时设计、同时施工、同时投入使用的工作机制全面落地。

规范机动车和驾驶人管理工作。年内，办理汽车注册登记4360辆，摩托车注册登记6730辆，摩托车年检10822辆，农用车年检20辆，转移登记2374笔，变更登记760笔，注销登记11笔，转入业务491笔，补换行驶证1021本，补领号牌512副，抵押登记4081笔，查封登记356笔。补换驾驶证10018本，驾驶员审验4312人次，驾驶证注销157本，恢复驾驶资格26人次，满分学习236人次，小型汽车类驾驶人科目一考试232人次。与杨嘉桥派出所进行警务合作，设置杨嘉桥车驾管便民服务点，于8月11日正式揭牌。可办理摩托车上户、年检、报考的资料收集及机动车违法查询、交通法规咨询，进一步方便群众。湘潭县首家摩托车带牌销售点前期准备已全部完成，并已试办业务。带牌销售的推行，让广大车主在购车地就可完成上牌的所有手续。投资50万元开设湘潭县小型汽车驾驶人科目一考场，并于11月投入使用，实现全县驾驶证考生家门口考试的愿望。

全面清理五类重点隐患车辆。结合全县重点车辆检验、报废等管理现状，采取摸清底数，建立台账、源头管理，提示告知、督促上门，落实措施等一系列办法，全年督办违法清零重点车辆3098台5654条，逾期未检重点车辆1366台，逾期未报废重点车辆175台；督办逾期未审验、逾期未换证、驾驶证停止使用重点车辆驾驶人共2224人；发放催办函、隐患整改通知书共247次

531份，短信提醒17300余条；收缴牌证9副、行驶证13本、登记证书15本。同时加强重点企业隐患排查。定期走访湘运26车队、客货运企业、物流公司等企业，检查GPS监控平台管理情况，检查车辆安全状况，督促企业落实主体责任。

强化道路交通安全隐患排查。排查交通安全隐患共43处，已整改37处，以湘潭县道路交通安全委员会交办函方式，移交县公路局未整改的还有6处（1处为年久失修的危桥、1处为路面破损待修、4处为路段交通标志不齐并增设隔离护栏，设置警示标志）。排查涉嫌非法营运车327台，已报交通局整改；交警大队联合县教育局对全县中小学校、幼儿园及校园车行经线路进行全面摸排。排查存在安全隐患的学校、幼儿园234所、校园车行驶线路隐患124处，已报省交管局予以支持，相关交通标志正在制作中。

常态推进路面管控。先后开展“保秩序压事故”专项行动、道路交通安全大排查大管控大整治百日攻坚战专项行动、校车整治、治理超限超载、集中整治酒驾醉驾行动月等专项整治行动，强化清明、五一、端午、高考、中秋、国庆等重点节点的道路管控、交通疏堵保畅工作，狠抓秩序整治，大力查处交通违法行为，规范路面行车秩序，严重交通违法行为发生率下降，道路通行效率明显提高。全年共查处各类交通违法行为201915起，其中酒后驾驶263起，醉酒驾驶41起，涉牌涉证9043起，行政拘留256人。

狠抓重点领域管控。狠抓县城交通秩序治理。深化省级文明县城创建成果，实行中队警力进城，机关警力下沉的捆绑考核模式，强化秩序整治，严查严纠各类不文明交通违法行为，强化县城13个重点路口及学校的文明交通劝导整治行动，倡导文明安全出行。复查迎检期间，先后组织开展各类专项整治行动20余次，依法查处各类交通违法行为26286起，确保全县顺利通过省级文明复查迎检工作。深化治超工作。由县公安局交警大队和县公路局路政执法大队各抽调12人组建县治超执法中队，以河口和吴家巷两个治超卸载场为依托，对辖区国省道、县乡主要干道开展拉网式、无缝隙排查管控，通过路面巡查、固定守卡、错时用警的勤务方式，开展针对性的治超专项行动。交警大队在抽调人员参与专业治超的同时，还构建内部单位全警参与治超的捆绑作战战时工作机制。9月9日，顺利通过治超迎省检工作。至年底，大队查处货车超载408起，查处非法改装改型742起，治超成效在全市五县市区中领先。巩固校车治理。截至目前全县共有校车214台，校车驾驶人350人。办理新增、换发校车标牌400余台次；办理新增和注销校车驾驶人资质200余人次。全力推进校车规范化、智能化运营管理，消除安全隐患，预防安全事故发生，定期牵头组织县教育局、县交通局、校车公司、乡镇及中心学校开展联合执法行动，开展8次校（园）车安全联合整治专项行动。出动警力493人次，出动警车92台次，查处校车违法行为168起，下发隐患整改通知书176份。

深化科技强警。紧紧围绕科技强警的工作思路，全面顺利完成“平安城市”二期的建设任务，三期建设任务也基本完成。大力推进视频监控建设，完成4个路口和3个公路卡口红绿灯、电子警察的升级改造工作，新建10个路口的红绿灯、电子警察，共计增加摄像机200台。积极推进科技设施服务实战工作，完成8处治安监控的交通违法非现场执法备案，完成9个路口红绿灯的联网控制工作，在多次警卫任务中较好地执行路口红绿灯的警卫控制，在节假日等交通繁忙时段实现县城主要路口的远程实时调控。

规范事故处理工作。全年接处警12539起，受理一般程序道路交通事故514起，道路交通事故共造成107人死亡，668人受伤，直接经济损失691543元。与上年同期相比，死亡人数下降21%，受伤人数下降18%。未发生一次死亡3人（含）以上的较大交通事故。受理交通肇事逃逸致人死亡案件7起，侦破7起，侦破率为100%。强化内部执法监督管理，严密工作环节，多举并措规范因交通事故致机动车驾驶人降级和吊销处罚工作，年内，大队呈报吊销机动车驾驶证101人次，降低机动车驾驶证等级82人次，从源头堵塞执法漏洞，全面消除执法隐患。

三调联动工作。进一步强化“三调联动”一站式调处机制，新增2名人民调解员，对原先未纳入范畴的死亡事故提前启动人民调解，提高调解效率，也减轻事故当事人的维权成本，减少社会不安定因素，群众满意率显著提高。全年，调委会受理道路交通事故案件1132起，争议标的达5054.63万元，调解成功1103起，争议标的达4772.24万元。其中中心直接调解448起，结案标的达2807.24万元，驻一中队分中心调解655起，结案标的1965万元。调解中心共引导诉讼26起，为当事人提供法律援助5起，无论是调处成功案件的数量、调处结案标的金额还是调解成功率，较上年同期均有大幅增长。

推进农村快处快赔工作。积极破解农村地区警力严重不足而轻微事故处理与日俱增的双重难题，在全省率先推进快处快赔服务向农村延伸。9月26日，全省道路交通管理工作创新（农村道路交通事故快处快赔）现场观摩会在湘潭县花石举行，县交警队呈报的“农村道路交通事故快处快赔机制”项目获得湖南公安机关首届“平安湖南杯”微改革微创新大赛铜奖，进一步激发民警辅警的集体荣誉感，增强大队凝聚力和战斗力。

常规宣传到位。加强日常交通安全宣传、媒体宣传、专项行动宣传、节假日提示等活动。做到每次活动有方案、电视有声音、微信有报道、活动有总结。全年，开展进学校、企业、机关单位开展交通安全宣传212余人次，400余堂次，发放宣传资料10万余份。

亮点宣传频现。进一步创新交通安全宣传工作。与县团委、县教育局及县城区各学校等部门加强合作，举办以“讲道路礼仪 树道路新风”为主题的交通安全演讲比赛活动，活动初赛4月开始，由各学校联合交警大队组织开展，来自县城区8所学校的中小学生经过层层选拔、网络投票，选拔出27名选手参加5月30日第一期总决赛，并分别评选出小学组、初中组一、二、三等奖和优胜奖若干。通过让学生自己想、自己写、自己讲这种形式激发广大中小学生深入思考领悟道路礼仪与交通安全的关系，有利于提升和强化同学们的交通安全意识，通过“小手拉大手”的方式，通过一名学生，影响一个家庭，带动全社会交通安全意识和文明意识、守法意识的提高。强力推进微信宣传工作。大队专业编辑部由原来的五组十人改为三组六人，实行轮周值班，鼓励原创作品，建立考核奖惩机制，责任分解到各业务部门和单位，将其打造成为全警参与的实战新平台，广泛开展交通安全提示，同时通过宣传推介、发布微信投票等活动，“湘潭县交警”微信公众号粉丝已增加至3万余人，影响力和知名度正不断提高，越来越受到社会各界的关注。宣传干事胡晔婧被湖南省道路交通安全委员会评为2016年全省“感动湖南·道路礼仪之星”、办公室主任谭雪兰被湘潭市道路交通安全委员会评为2016年全市“感动湘潭·道路礼仪之星”文明交通好交警。

形象宣传有力。将民警辅警的执勤、宣讲、事故调处等工作故事编印成册《莲乡交警平安梦》，将大队工作亮点汇编为《平安莲乡·文明交通——莲乡交警映象》画册，分发给全体民警和辅警，起到总结提炼、凝聚人心和定格形象的功效，莲乡交警平安交通文化建设结出累累硕果。

开展系列专项整治。开展系列教育整顿活动，筑牢队伍违法违纪安全防线。先后开展纪律作风教育整顿活动、廉洁从警教育、“两学一做”专题教育、“雁过拔毛”式腐败问题和“纠‘四风’、治陋习”专项整治工作，每个专题活动有方案、有部署、有措施、有效果。

强化教育培训。持续开展交通安全宣传“全警赛课”活动，不分民警、协警一律参加，引导民警自主学习业务知识，法律素养也不断提升，执法形象不断提升。通过各业务线赛课培训内部教官，开展辅警警务实战技能竞赛活动。在前期全警赛课的基础上，大队民警中选拔一批业务线教官。3—7月，由大队内部民警教官大队全体警务辅助人员分批开展实战训练活动，全面提升警务辅助人员的各项警务技能。7月底，大队教官精心组织大队60余名勤务辅警开展为期两天的警务技能实战应用技能竞赛。通过以训促赛、以赛代训的方式，推动队伍的业务水平、实战能力和综合素质得到全面提升。

【湘潭县全面启动安全隐患大排查大整治工作】 为深刻吸取“6·26”宜凤高速特别重大道路交通事故惨痛教训，迅速传达贯彻落实省、市会议精神和省、市主要领导的重要指示，坚决杜绝重大安全事故发生，6月28日，湘潭县组织召开全县道路交通安全隐患大排查大整治专项行动动员部署会。道路交通安全委员会各成员单位、各乡镇人民政府、湘运湘潭县分公司、塞佛迪校车服务有限公司、客货公司的分管负责人，交警大队班子成员及各股、室、所、中队负责人参加会议。会议由县政府办副主任汤炳葵主持，县委常委、常务副县长周俊文，副县长、县公安局局长、县道路交通安全委员会主任韩伟出席会议并作重要讲话。

【全省农村道路交通事故快处快赔现场观摩会在湘潭县召开】 9月26日，全省道路交通管理工作创新（农村道路交通事故快处快赔工作）现场观摩会在湘潭县举行。省公安厅交管局局长唐国栋、政委杨能到会指导。湘潭市公安局党委副书记、常务副局长彭德清，湘潭市公安局交警支队支队长谢衡湘，湘潭县县委常委、县政府党组副书记、常务副县长候选人周贤，湘潭县政府党组成员、副县长候选人、县公安局局长彭世辉等领导陪同观摩。上午，与会人员先后参观湘潭县农村道路交通事故快处快赔花石服务中心，察看湘潭县交通安全宣传教育基地，现场观摩农村道路交通事故快处快赔工作演示，包括视频远程监控演示，仔细询问花石服务中心人员配置情况、工作流程及工作机制等情况。副县长周贤汇报湘潭县安全生产监管执法年的工作。观摩中，唐国栋、杨能等领导对湘潭县深入推进道路交通事故快处快赔改革工作给予肯定。并指出，湘潭县创新建立交通协理员制度，着力破解经费保障难题。在服务中心安装视频监控设备，实时全覆盖监管，构建立体远程的动态监管体系。立足城乡差异，加强与保险行业合作，将保险业务与快处快赔相结合，突破农村快处快赔发展瓶颈，创新性地走出一条适合农村地区道路交通事故快处快赔的新路子。唐国栋要求，各地要学好、用好“湘潭花石模式”，大力推进农村地区“两站两员”建设，夯实农村道路交通管理工作；要强化协调联动，加强与保险行业合作；要立足长远，完善工作机制，全面构建农村地区交管工作长效机制。

【湘潭县小型汽车科目一考场正式投入使用】 为严格落实省公安厅交警总队小型汽车类科目一考试下放县级车管所的便民措施，增强群众满意度，经湘潭市公安局交警支队批准及技术支持，11月16日，湘潭县小型汽车驾驶人科目一考试考场正式投入使用，5名考生参加并通过科目一考试。该考场内设置40个考台，每一个考试机位配置单点式摄像头，可容纳40名学员同时考试；考场内设有1处环形监控设备，采用电脑监控系统，360度无死角全程监控考场情况，考场视频与支队远程对接监控，实现全程录像；考场内安装手机信号屏蔽器，在考场范围内对所有通信讯号进行有效屏蔽；待考室内设有学员休息等候座椅，并接入考场内监控画面，使待考室内的考生可通过监控画面实时观看考场情况，保证考试工作公正公平公开，实现阳光考务。湘潭县小型汽车驾驶人科目一考场的开设，实现湘潭县驾驶证考生家门口考试的愿望，让群众真正享受到“家门口”的便捷服务，受到驾校和考生的好评和支持。

【湘潭县道路交通安全委员会督导“两站两员”建设工作】 为进一步加强农村道路交通安全管理工作，有效地预防和减少道路交通事故发生，根据省人民政府《进一步加强农村道路交通安全工作的意见》（湘政办发〔2016〕61号）和《湘潭市农村道路交通安全“两站两员”工作指导意见》的要求，湘潭县道路交通安全委员会迅速行动，全面推进全县农村道路交通安全“两站两员”建设。

结合湘潭县道路交通安全委员会年度督查工作,各道路交通安全委员会主要成员单位负责人分别带队，分6组对全县17个乡镇进行分片督查。

11月16日上午，县城管局副局长赵伟、县公安局交警大队大队长唐振兴一行先后到射埠镇、谭家山镇督导“两站两员”建设工作，辖区派出所负责人、交警中队负责人陪同检查。每到一个乡镇，检查组一行都与乡镇分管交通安全工作的负责人、交通安全管理服务站专干及乡镇中心校负责人进行座谈，了解乡镇2016年度交通安全管理工作情况，检查交通安全管理工作台账，传达省、市、县关于“两站两员”建设工作的设置原则、设置要求、考核标准等内容，同时要求各乡镇以省、市文件精神为抓手，推动“分工发展、权责一致、齐抓共管、综合治理”的农村道路交通管理工作思路，建立、完善道路交通安全管理工作各项制度，进一步夯实全县道路交通安全基础，最大限度把交通事故发生率减到最低，为群众安全出行提供良好的道路交通环境。

【交警大队获得首届“平安湖南杯”微改革微创新大赛铜奖】 11月29日，湖南公安机关首届“平安湖南杯”微改革微创新大赛优秀项目展示暨颁奖仪式在长沙举行，湘潭县公安局交警大队“农村道路交通事故快处快赔机制”项目获得此次大赛的铜奖。近年来，湘潭县公安局交警大队努力顺应上级关于轻微道路交通事故快处快赔服务向农村延伸的改革要求，着力夯实基础，创新工作机制，有力协调各方，稳步有序推进，有效地缓解农村轻微交通事故处理慢、理赔难、效率低等问题。县公安局交警大队此次获得殊荣，进一步激发和调动基层公安民警投身公安改革和“四项建设”的积极性，助推民警的创新力，营造提升警务效能、破解工作难题的良好氛围。（谭雪兰）

武警湘潭县消防大队

【概况】 2016年，湘潭县消防工作围绕“两个稳定”的目标，以深入推进“四项建设”为载体，以着力社会消防治理为突破，坚持问题导向，聚焦风险防控，着力构建立体化的社会火灾防控体系，坚持依法从严治军，大力提升公安消防部队履职能力。

执勤训练。大队以“执勤备战规范化、训练作战一体化”为目标，坚持战斗力标准，开展正规化建设，全面夯实执勤基础，全面开展实战化训练，全面提高官兵的综合素质。县消防队出警439起，出动警车733台次，出动警力4058人次，抢救被困人员51人，疏散人员311人，抢救财产价值2360万元。全年发生火灾212起，无人员死亡，无人员受伤，抢救财产价值2360万元，未发生有重大影响的火灾事故，火灾起数较上年下降11%、抢救财产价值上升320.3%。

此外，在多种形式消防队的探索中，湘潭县人民政府天马路专职消防队的成立，为政府购买公共服务开创新模式。8月4日，全市召开的“政府购买公共服务，创新社会消防管理”现场会，天马路政府专职消防队作为全省典型迎接广大领导的参观，且有许多地市州到队进行参观学习，以此为标准进行“单编”专职消防队的建设。

火灾防控工作。大队落实消防监督员“每日一查”“每周一计划”“每周半天宣传”的综合检查宣传机制，提高执法总量，强化执法力度。特别在重点期间，由各级领导带队，专家支持，开展“零点”行动，以重拳执法，全方位展开两项“经常性”（注：冬春火灾防控、夏季消防检查）工作。督促公安派出所加强对辖区小场所、小单位的监督检查，严防失控漏管。对严重危及群众生命财产安全的消防违法违规行为，依法采取“三停”、临时查封和拘留等措施。2016年，县消防大队及各乡镇派出所共检查社会单位6689家，下发责令改正通知书1584份，督促整改火灾隐患2898处，下发行政处罚决定书53份，临时查封火灾危险部位9处，责令“三停”5家，罚款26.37万元，拘留9人。5月10日至9月20日，开展夏季消防检查工作。各乡镇、派出所、消安委成员单位等相关部门联合开展“拉网式”消防安全大检查，掀起排查整治高潮，夏季消防检查期间执法总量超过全年的60%。

助力微型消防站的建设，增加安排器材装备购置专项经费23万余元。以此为契机，按照“有人员、有器材、有战斗力”和“救早、救小、3分钟到场扑救初起火灾”的要求，完善微型消防站建设，推动一定区域内火灾风险较高的单位建立消防安全联防协作关系，开展互查互检、培训演练，提高区域应急联动能力。截至2016年年底，已经完成全县75%的重点单位、70%社区建成微型消防站。

消防宣传。在常规日常消防安全宣传的基础上，大队积极联合教育部门开展暑期消防安全宣传教育行动、消防安全示范课、“消防进军训”“小小消防员”等活动，全年已有十余所学校参与各类活动，15名学生在市级“小小消防员”的绘画、作文比赛中获奖；联合民政部门社区消防宣传大使行动等活动，推选出3名社区消防宣传大使。长期推动将消防宣传教育纳入党校培训，已和县委党校形成良好的长期教育培训机制，有效地提高针对性和影响力。同时加大对各类岗位监督执法人员的业务培训，提升专业素质。在年内组织3期全县公安派出所执法培训班，派出所领导、专兼职消防民警100%参与培训，有效提高派出所民警消防业务能力和网上执法水平。

为认真贯彻《全省公安机关深化改革推进便民利民服务30项举措》，大队规范服务行为，减少办事环节，缩短审批时间，大大提高服务质量和办事效率，便民利民服务全面升级。并积极响应集中设立政务办理服务平台的相关要求，推进消防业务受理进入湘潭县政务服务中心，设立专门窗口，为广大群众提供更贴心的“一站式”服务。

（胡　鹍）

检 察

【概况】 2016年，县检察院紧紧围绕党和国家工作大局，忠实履行宪法和法律赋予的职责，着力强化法律监督、强化自身监督、强化队伍建设，各项检察工作取得新进展。在全市检察机关执法质量考评中名列第一，各项主要业务工作指标走在全市前列。检务保障工作被评为全省检察机关检务保障工作先进集体，基层基础建设、员额制改革等得到省院充分肯定。

依法打击各类刑事犯罪。开展食品药品安全、盗抢机动车辆等专项治理，严厉打击涉黑涉恶、“两抢一盗”、涉枪涉暴等严重刑事犯罪。受理公安机关提请批准逮捕案件388件491人，审查后批准逮捕310件398人，不批准逮捕70件84人；受理侦查机关移送审查起诉案件569件772人，审查后提起公诉493件658人，不起诉44件55人。采取重点案件专人办理、一般案件提速办理、轻微案件限期办结等措施，确保检察环节严打整治力度。

贯彻宽严相济刑事政策。按照最高检部署，严格贯彻宽严相济的刑事司法政策。对累犯、教唆犯、特殊再犯以及严重刑事犯罪分子坚持快捕快诉，从严打击，依法对提起公诉的36人提出从重、加重处罚的量刑建议；对未成年犯、初犯、偶犯和过失犯坚持慎捕慎诉，注重和解，并依法对57人作出构罪不捕决定，对16人作出不起诉处理。坚持“教育、感化、挽救”原则，依法维护未成年犯合法权益。如依法对涉嫌盗窃的赵某、涉嫌故意伤害的李某等多名未成年犯作出附条件不起诉处理，取得良好社会效果。

有效化解社会矛盾纠纷。建立执法办案风险评估预警机制，及时研判和化解执法中的不稳定因素。对不批捕、不起诉、不抗诉等案件加强释法说理，促进案结事了。成立“一站式”检务中心，形成案件进出、交办督办、会谈约见、提示回复、查询和公开终结性法律文书、信息统计一条龙工作格局。坚持检察长接待制度，妥善处理群众来信来访46件（次）。加强刑事被害人合法权益保护，对确有困难的被害人或其近亲属进行司法救助，有效化解矛盾纠纷。推动息诉工作与司法调解、行政调解的有效衔接，保持连续10年涉检进京“零”上访记录。

严肃查办贪污贿赂等案件。立案侦查贪污贿赂案件10件10人，侦查终结5件6人，提起公诉8件9人，判决14件14人（含积案）。加大对财贸、建设、教育等领域职务犯罪的查处力度，依法查办乌石镇财政所总会计唐某某挪用公款案等一系列有影响、有震动的案件。积极查办发生在群众身边、损害群众切身利益的职务犯罪案件，8名被告人分别被判处1年至6年不等有期徒刑。坚持查办行贿犯罪与查办受贿犯罪同等重视、同步查处。积极参与省检察院交办的厅级干部重大职务犯罪案件的办理，如参与侦查中南林业科技大学原校长周某某受贿等系列案件。

着力加强反渎职侵权工作。围绕群众关心、社会关注的热点问题，严肃查办重点部门、重点领域的渎职侵权犯罪；着眼于保障人民群众生命财产安全，积极介入重大生产安全责任事故的调查，深挖隐藏在事故背后的渎职犯罪案件。立案侦查渎职侵权犯罪案件3件3人，提起公诉3件3人，判决5件5人（含积案）。加大对执法不公背后的渎职犯罪案件的查处力度，依法查办湘乡市人民法院法警大队副大队长潘俊在执行判决、裁定过程中收受当事人巨额贿赂等大要案件。在查办渎职犯罪过程中，结合办案，帮助发案单位发现和查找工作中的漏洞和薄弱环节，督促整章建制，实现执法办案中法律效果和社会效果的有机统一。

始终注重职务犯罪预防。贯彻惩防结合原则，预防职务犯罪。开展预防专项调查活动，组织警示教育活动，提供行贿犯罪档案查询，开展个案预防，发出检察建议。积极创新预防模式，制作职务犯罪预防专刊，在县直机关、乡镇、社区、行政村广为张贴；围绕依法查办的本辖区内典型案件，持续开展警示教育宣讲活动，增强法制观念，树立廉政意识。充分发挥检察机关在服务和保障村级换届选举工作中的积极作用，创造性地开展村级行贿犯罪档案查询，依法保障全县村级换届选举工作的顺利进行。

加强刑事诉讼监督。在依法惩治犯罪的同时，切实注重保障人权。对应当立案而不立案的，督促侦查机关立案17件17人；对应当逮捕而未提请逮捕的，纠正漏捕35人；对应当移送起诉而未移送的，纠正漏诉26人。保障律师依法执业，依法维护诉讼当事人合法权益；对侦查活动中的违法情况提出纠正意见30件。开展刑事审判监督活动，对确有错误的刑事裁判提出抗诉1件，对刑事审判中的违法情况提出纠正意见37份。

加强刑罚执行和监管活动监督。加强和规范监管场所检察建设，规范履职行为，加大监督力度。积极开展脱管、漏管专项检察活动，依法纠正并收监减刑、假释、暂予监外执行不当4件。开展集中清理判处实刑罪犯未执行刑罚专项活动，着力解决“收押难”“送监难”等突出问题，共清理纠正23人，其中一名被依法收监执行的罪犯刑期长达23年零6个月。会同有关部门开展监管场所监管执法、事故隐患等专项检查，促进依法文明安全监管。

加强民事行政诉讼监督。认真落实修改后民事诉讼法的新规定，切实贯彻人民检察院民事诉讼监督规则。办理审判程序违法行为监督案件8件，办理民事执行活动监督案件25件，办理督促履职、支持起诉案件5件，共发出检察建议5份，全部整改并落实到位。加强和规范对民事诉讼、行政诉讼活动的法律监督。对裁判正确的民事行政申诉案件，认真做好释法说理、服判息诉工作，切实维护司法权威。

突出表率抓好队伍建设。领导班子以身作则，率先垂范，不断加强理论学习，坚持科学决策，保证务实清廉，为全院各项工作稳步前进奠定坚实基础。坚持民主集中制原则，严格遵守议事规则和办案规程，既统一思想、步调一致，又集思广益、科学决策，充分发挥中层干部的作用。积极选送干警参加晋升培训、专项业务培训和资格培训，经常组织开展公益活动，参加岗位技能比武、业务竞赛，激发干警爱民、爱县、爱岗的情怀。

切实加强作风纪律建设。强化党组主体责任和纪检监督责任的落实，确保“打铁自身硬”。开展集体廉政谈话，组织全体干警到党风廉政教育基地参观，观摩受贿案件庭审，接受廉政教育和精神洗礼。加强日常督查，对干警作风、纪律上的问题早提醒、早纠正，发现问题不护短，确保队伍风清气正、高效廉洁，对1名办案人员依法追究过错责任。

着力推动司法体制改革。认真贯彻习近平总书记的重要指示，根据省院司改办的部署，集中三天时间在全省率先完成首次员额检察官入额遴选考核工作，成为此阶段全省基层检察院唯一示范院，并已作为经验在全省予以推广。组织申报入额干警参加按全省统一标准和程序组织实施的遴选考试，遴选工作已经全面完成。（颜 钰）

法 院

【概况】 2016年，湘潭县法院受理各类案件5346件，审执结5028件，结案率为81.01%。

年内，受理刑事案件499件，审结467件，判处罪犯659人。严惩危害社会治安犯罪，审结故意杀人、故意伤害、强奸、“两抢一盗”等犯罪案件166案226人，有力震慑犯罪，增强群众安全感。严厉打击涉众型经济犯罪，审结非法吸收公众存款、诈骗案件16案21人，千方百计为受害者追回经济损失。积极参与禁毒斗争，审结毒品案件52件56人，净化县城环境。继续保持反腐高压态势，审结贪污贿赂渎职案件22案31人。依法维护社会管理秩序，对非法信访的唐某、煽动群众到湘潭二大桥堵桥的何某等人分别以寻衅滋事罪、聚众扰乱交通秩序罪给予刑事处罚。公开审理全市首起拒不执行判决、裁定刑事自诉案件，判处被告人林某群有期徒刑一年。积极开展集中收押未羁押罪犯专项清理活动，收押罪犯32名。

受理各类民商事案件2787件，审结2705件。坚持依法审理、积极调解的原则，审结婚姻家庭、继承纠纷759件，调撤率达60%。立足保障民生，快立快审快结损害赔偿、劳动争议、教育、医疗、住房等事关群众切身利益的民事案件682件，平等保护各类民事主体合法权益，促进群众安居乐业。主动延伸司法审判职能，对审结的83起物业服务合同纠纷案件中存在的问题进行梳理调研，及时向有关部门提出司法建议。依法审结买卖合同纠纷134件，对违约欺诈行为予以法律制裁，保护诚实守信。审结民间借贷纠纷、金融借款合同纠纷案件583件，结案标的达3.5亿元，规范民间借贷行为，维护正常金融秩序。全力做好龙畅六公司破产财产处置工作，促进县域经济健康有序发展。

受理行政诉讼案件78件，审结82件（含旧存），受理国家赔偿案件7件，审结5件。坚持合法性审查标准，审查非诉行政执行案件250件。监督和支持行政机关依法行政，在土地征用、房屋征收等涉及面广、矛盾尖锐、处理难度大的群体性争议中，注重释法说理，促进和谐拆迁。年内，协调征拆腾地案件20件，强制拆除房屋2栋，促成自拆18起。充分发挥行政执法监督职能，对全县2015年以来的276起国土卫片执法案件逐一审查，为全县卫片检查迎检工作奠定基础。积极邀请行政机关工作人员旁听行政诉讼案件审理，并应邀为全县卫计执法人员开展执法工作培训，增强行政机关依法行政意识。及时向行政机关发出司法建议3份，从源头上防止和化解矛盾纠纷，提高行政机关依法行政能力。强制征收社会抚养费185万元，着力推进全县计划生育工作顺利进行。

执结各类案件1521件，执结标的2.1亿元。深入推进执行指挥系统建设，充分运用信息技术，通过网络执行查控系统查询被执行人存款、车辆、房产及股权，有效提高执行效率。认真开展执行款物集中清理工作，建立电子台账，对无法联系、不能发还的执行款，层级报请提存审批并移交存入专用账户，着力构建规范、透明、阳光的执行案款机制。加大涉民生案件执行力度，在元旦春节期间、中秋节前夕开展涉民生案件集中执行行动，净执结各类案件107件，执行到位标的1105.8万元。积极运用信用惩戒措施，将600余名“老赖”依法纳入失信名单并通过各乡镇银行网点、步步高电子显示屏、微信平台公开曝光，让老赖无处遁逃。坚决依法制裁拒执行为，对83名“老赖”进行司法拘留，并对2名拒不执行判决、裁定的被告人依法判处刑罚。

【司法改革工作】 有序开展法官员额制改革工作，在9月正式启动首批法官入额遴选工作。严格按照入额遴选方案对报名人员进行审查，按照考核加考试的方式遴选出44名入额法官，并对每个环节均予以公示，做到公开、公正、公平。继续坚持在民一庭、七个人民法庭及审监庭交通事故合议庭实行主审法官办案责任制，将审判权真正交给法官，由主审法官自主签发裁判文书，保障法官依法独立办案，真正实现“由审理者裁判，由裁判者负责”，促进司法公正。进一步完善案件繁简分流机制，大力推行小额速裁等审判方式，减轻群众诉累。

【司法公开工作】 全面推进审判流程、裁判文书、执行信息“三大公开平台”建设，网上公布裁判文书3145份，全面保障群众的知情权和监督权。综合运用群众喜闻乐见的各种方式讲好法律故事、弘扬法治精神，开通官方微信平台、入驻《今日头条》，在中央、省市报刊发表文章和案例140余篇，邀请省市电视媒体录制新闻42次，全面扩大司法影响力，促进依法治县进程。深入各村镇、学校、小区巡回开庭审理案件26场、开展法制知识讲座、集市普法宣传等活动36场次，发放宣传资料近2万份。自觉接受各方监督，全年回访当事人1600余人，收集意见和建议72条，满意度达94%。精心组织开展法院开放日、网友座谈等活动，邀请人大代表、政协委员和社区群众、网友代表来院参观法院审判场所，旁听庭审，感受司法公开。拓宽人民陪审员参审范围，人民陪审员参审率100%。

积极应对社情民意，对群众的来信来访与网络舆情及时进行回应，正确引导舆论。（黄戍娟）

司法行政

【概况】 2016年，湘潭县被评为全省“六五”普法先进县，湘潭县司法局先后获得全国人民调解宣传工作先进单位，全省司法行政系统先进集体，全民创业专项法律服务通报表扬集体等荣誉，全县司法行政系统更是涌现出中国好人榜助人为乐候选人冯华宇，全省司法行政系统青年岗位能手郭勇等一大批先进典型，为县域经济社会发展做出积极贡献。

开展“三调联动化矛盾，防控风险促发展”等专项调解活动。该局在切实做好日常矛盾纠纷排查化解工作的同时，全面落实三调联动、三级联调工作机制，突出抓好重大疑难矛盾纠纷的调处化解，特别是在春节、“两会”、中秋、国庆等重大节日和社会敏感期，组织开展专项矛盾纠纷的排查调处工作。年内，全县受理各类社会矛盾纠纷5058起，其中，村级调委会3276起，乡镇调委会及专业调委会1782起，调处5058起，调处成功4968起，调处成功率98.2%。新成立县征地拆迁人民调解委员会，与之前设立的湘潭县医疗纠纷调解委员会、道路交通事故损害赔偿纠纷调解委员会、劳动争议纠纷调解委员会、婚姻家庭纠纷调解委员会真正构建起全县的大调解工作格局，确保将各类矛盾纠纷都化解在基层、化解在萌芽状态。1—11月，县交调中心接受移送调解案件448起，调解成功426起，引导当事人进入诉讼程序22起，接受法律咨询700余人次，代写法律文书80余份；县婚调委受案99起，调和38起，调离61起；县医调中心共排查、调处各类医疗纠纷79起，调处成功79起，均无一例因调处不当或调处不及时导致民转刑或者引发的纠纷激化、群体性械斗及越级上访事件。

【普法依法治理】 2016年，湘潭县根据十八届四中、五中全会和省委关于法治宣传教育工作的新定位、新论断、新要求，紧扣法治湘潭建设“十三五”工作规划要求，在总结“六五”普法的基础上，围绕发挥法治宣传服务民生、服务经济社会发展和促进社会和谐稳定的作用，深入开展调查研究，广泛征求意见，精心制定“七五”普法规划，切实做好全县“七五”普法启动的准备工作。

2月，组织参加2015年度全省十大“法治事件”和“法治人物”评选推介工作，“法治事件”推选的是中路铺司法所，“法治人物”推选的是贺望林。全年，利用“两基地四平台”的宣传阵地开展法制宣传教育活动，全年完成《法治天地》12期、《法在身边》24期、《掌上学法》32期。加强化法治文化阵地建设，积极争取财政支持，落实法治文化建设项目，启动法治文化广场、法治文化街等基础建设。进一步加强法治文化作品创作。组织推荐县职校法治文化节目《打劫》，入围全省“七五”普法启动表演节目，营造全县法治文化作品创作氛围。进一步丰富法治文化活动，结合各重要宣传日、周、月等节点，继续深化各乡镇“法治文艺巡演”活动，并通过法治文化作品巡展、法治文艺巡演等活动引导群众参与法治文化活动，进一步营造浓厚的法治文化氛围。

4—5月，结合民调开展农村法治宣传月等活动，分别在乌石、排头、花石、中路铺等乡镇开展专题法治宣传活动，发放宣传手袋50000余个，司法局工作指南、法律援助、社区矫正、医调手册、公证法等宣传资料30000余份，并依托如法网、官方微信、官方网站、官方微博等平台，线下线上相结合大力开展法治宣传活动，打造具有湘潭县特色的OTO平台。

5月，根据省、市文件精神，起草《湘潭县国家机关谁执法谁普法责任制》的实施方案，并于6月通过县委办、县政府办的审核，以两办文件形式下发至全县各乡镇和各单位。文件明确要求，各乡镇、单位要按照实施方案确定的任务、内容和重点时段，结合本部门实际和职责，制定法制宣传教育工作规划、年度计划和实施方案，明确工作目标任务，落实分管领导、责任部门和联络人，确定专人负责日常工作，并保障经费投入。

年内，组织普法骨干培训班和年度无纸化普法考试，深入开展各类法治创建活动，组织开展第五批“依法办事示范窗口”和首批“全省优秀青少年法治宣传教育基地”评选推介工作，以抓关键少数出典型、以典型示范带动全县国家机关普法机制落到实处。

【社矫安帮】 2016年，县司法局按照省司法厅制定下发的《关于推进县市区社区矫正中心建设的意见》《县市区社区矫正中心建设基本规范》，并报县委、县政府同意，在原县药监局建立湘潭县社区矫正中心。新建成的社区矫正中心按照统一名称、统一功能、统一设施、统一标牌、统一色调的标准，内部设置宣告室、监控室、训诫室、教育培训室、社会联络室、心理咨询室、图书阅览室、驻检（警）室、档案室等11个功能室，进一步提高社区矫正工作的规范化水平。

9月，县司法局与长沙市九州心理咨询有限公司签订合作合同，在总结上年试点经验的基础上，精心挑选心理矫正和教育培训两项内容，采取购买服务的形式承包给九州心理咨询有限公司，以增强社矫监管的科学性。

继续健全完善监管制度体系和考核体系，严格落实社区在矫人员报告、居住地变更、外出请销假等制度，进一步规范执法行为，督促社区服刑人员遵规守矩，防止脱管漏管和重新违法犯罪。在对所有在册社区矫正人员建立文书档案和电子档案的基础上，对128名重点社区矫正人员实施GPS手机定位监管。截至12月底，全县在册矫正人员382人，无一人脱管漏管，无一人出现重新犯罪。

加快推进过渡性安置帮教基地建设。年内，通过考察和验收，重新与湖南斯瑞摩科技有限公司签订协议，建立全新的安帮基地，并投入使用。重点解决“三无”刑释解教人员的生活出路和监狱、没有改造好、有重新违法犯罪倾向的刑释解教人员的安置问题。

完善刑释解教人员社会保障工作，继续深入开展“三帮一促”“情暖高墙、关爱孩子”“五个一”三大主题帮教活动，截至年底，全县有在册安置帮教人员2382人，重新犯罪率低于全市平均水平。

【公证事务】 2016年，湘潭县公证处与全国优秀公证处益阳市银鑫公证处结为帮扶单位进行交流学习，并根据湘潭县公证处的实际情况参照益阳市先进经验编制《湘潭县公证处规章制度汇编》。年内，县公证处始终秉承“以事实为依据，以法律为准绳”的办证理念，积极拓展服务领域，主动向重大经济建设等方面延伸，为湘潭县经济平稳较快发展提供法治保障。全年办理各类公证事项870件，本年度无一例错证、假证。

【法律援助】 2016年，县法律援助中心在建立健全各项工作机制，为符合条件的经济困难的公民或法律规定的特殊诉讼提供无偿法律服务的基础上，认真开展案件回访工作，对每一件案件在办结后，统一进行回访，对在回访中发现的问题及时追踪，并及时反馈给承办人员，要求及时整改、落实。全年无一例违法违规办案的情况，回访率和满意率均为100%。

年初，县司法局成立以局长为组长的案件评查领导小组，制定评查方案，努力通过评查，发现工作中存在的问题，分析原因，督促整改，促进法律援助工作的科学化、制度化、规范化。全年，受理法律援助案件575件，其中刑事诉讼案件50件，民事诉讼案件525件，诉讼案件达到100%，为当事人挽回经济损失5000多万元，避免经济损失3000多万元，共免去法律服务费用100余万元。

加快推进公共法律服务体系建设。10月，全面完成县级公共法律服务中心建设任务，同时结合司法所规范化建设，建好3个乡镇公共法律服务站，并按照省厅文件要求，认真做好“法润三湘”公共法律服务支援点的排查摸底和申报工作。

【法律服务管理】 2016年，县司法局以强化管理促使服务提升，加大对律师事务所、基层法律服务所、司法鉴定机构的工作指导力度。严格按照上级业务部门要求，每半年度定期对法律服务机构进行监督检查，平时不定期到各法律服务机构处对办案质量、办案数量、收费标准和案件卷宗归档情况进行抽查审阅。4月，邀请湘潭县人民法院各庭室对法律服务人员进行测评，并以此作为考核的依据。6月，组织专人查阅县法院结案的案卷，掌握和解司法行政工作人员是否有偿办案，以及无证代理的情况。7月23—24日，基层法律服务工作者培训工作在县委党校开班，组织注册的基层法律工作者开展业务技能和职业道德培训，以促进法律服务人员依法执业，促进全县法律服务市场健康有序地发展。是年，组织全县基层法律服务工作者无有效信访和投诉案件发生。

（张　双）

（责任编校　杨　柳）

国防建设

人民武装

【概况】 2016年，县人武部党委以党在新形势的强军目标为引领，积极适应领导指挥体制重塑，坚持“抓学习强能力、抓基层打基础、抓重点带一般、抓安全保稳定”，积极探索实践，主动担当作为，武装工作实现稳中有进整体提升。

把学习习主席系列重要讲话精神作为首要政治任务，组织党委中心组带机关4个专题理论学习，突出学好“强军兴军篇”“国防动员篇”，牢固确立引领武装工作建设发展的科学指南和根本遵循。按照理论学习“五步法”，扎实抓好习主席“七一”重要讲话和党的十八届六中全会精神的学习宣传，认真贯彻《准则》和《条例》，强化“两个责任”落实，严肃党内政治生活，运用执纪“四种常态”，强化抓早抓小。全面彻底肃清郭徐流毒影响，开展12个重大是非问题讨论辨析，召开专题组织生活会，人人受警醒、明底线、知敬畏。扎实开展改革强军主题教育，注重做好一人一事的工作，部领导分别找部属谈心70余人次，汇集干事创业正能量。认真组织“两学一做”学习教育和纪念红军长征80周年系列活动，4名党委委员带头讲党课，武装战线59名党员干部坚守承诺、躬身践行，示范作用彰显，维护核心、听党指挥成为思想和行动自觉。政工科长何乐为《“南湖红船”上的信念启示》获得军分区党课比赛第二名。

战备训练。围绕节日战备防护、“两会”和钓鱼岛、南海争端等热点敏感问题，先后4次组织战备形势教育。对8个三类目标进行现地勘察，修订完善9类29份战备方案和配套计划。贯彻落实省军区“8·15”作战会议部署，严格规范值班执勤，组织易俗河、河口、谭家山120名民兵应急力量，圆满完成神舟十一号应急搜救备勤任务。按照“一拓三改”组训思路，持续抓好首长机关业务培训和个人研究作业，完成现役干部在职训练4期20人次，上交研究作业成果8篇，组织抢险救灾、应急维稳、通信卫勤、高炮防空、综合保障等民兵专业分队训练9期，实训642人，超额完成年度训练任务。民兵参训人数，易俗河、谭家山、河口、排头、云湖桥分列前五位。积极推动军地联保联训，协同县水务局组织易俗河、河口、谭家山民兵应急分队90人在易俗河石羊水库进行抗洪抢险综合演练，提升军地联合决策和指挥行动能力，在抗击“6·15”湘潭县建国以来特大洪水中发挥不可替代的作用。人武部被县防指评为“抗洪抢险先进集体”，副部长曾力真、排头乡武装部部长符鑫被湘潭市表彰为“抗洪抢险先进个人”。依据《高中学生军训组织规范》试点成果，协同县教育局首次统一组织8000名高中新生军训，受到省军区检查组和学校好评。年底5名现役干部和分水乡2名专武干部参加军分区军事训练考核，是唯一100%合格的团级单位。

国防动员。围绕国防动员6个方面的使命任务，建立健全国动委、国教委等领导机构运行机制，会同国防动员“一综六专”办公室，更新完善辖区潜力数据，实现潜力数据常态保鲜。强化“编组布局就是作战部署”，坚持“三个有利于”，推进“三个转移”，编实3类19种专业分队的基干民兵队伍。上年整组检查，易俗河、乌石、白石、分水、锦石分列前五名。认真贯彻落实省军区抓建基层工作会议精神，协调17名基层武装部长参加市委党校培训，着力推动易俗河和分水武装部“两个转变”精准抓建，有力促进基层武装工作落实。易俗河和分水武装部被军分区评为“先进基层武装部”。强化征兵工作“两个整体运作”机制，投入13.7万元在全市率先构建征兵体检信息管理系统，着眼兵员质量提高和廉洁征兵抓督导，圆满完成新兵征集任务，大学生比例达到53.7%，征兵工作“五率”排名，茶恩寺、青山桥、杨嘉桥、分水、中路铺分列前五位。报请县政府常务会议研究决定，对2名拒服兵役的应征青年实施严厉处罚，有力助推形成依法服兵役的良好风尚。指导人防办抓好人民防空教育和防空演练，全民人防意识有效增强。

综合保障。优化后勤物资储备方式，与中石化、步步高和县人民医院达成共识，建立军需、油料、医疗器具等战备物资代储代供机制，平时定点采购，战时就近保障，增强通用装备和物资器材的支援保障能力。修订完善后勤管理制度措施，接续推进行业系统清理整治，确保新政新规落实到底、执行到边。深入开展基本建设项目和固定资产清理，严格落实《厉行节约严格经费管理规定》等制度，坚持党委理财、联审联签，行政消耗性开支下降23%。深入开展财经秩序专项整治，对2013年以来的账目进行全面核查，确保问题托底归零。投入30万元对民兵训练基地进行维修改造，购置120套制式床架和军用被褥，提升训练保障能力。着眼建设绿色军营生态营院，实施绿化提档，厚植文化氛围，人武部营院被湘潭市评为“园林式营院”。

确保安全稳定。坚持以制度建设为根本，以问题整治为抓手，深入推进省军区“五种管理方式”，紧盯“人车枪弹密”等重点要素，突出抓好“六部法规”的学习贯彻，健全完善组织领导、形势分析、风险评估等8项制度机制。结合“条令月”和“百日安全活动”，学法规、守法规、用法规，抓好警示教育和制度落实，做好个别人工作，把“个人安全我负责、他人安全我有责、单位安全我尽责”意识根植广大干部职工的头脑，变为大家的自觉行动，形成大抓安全的浓厚氛围，实现省军区提出“三个不能出”的目标。

党管武装。县委、县人民政府重视党管武装、军民融合、综合保障。县委书记傅国平平时注重加强领导和指导，对重要军事活动亲自研究、亲自参加、亲自推动。县长段伟长重视国防动员和后备力量建设，从军民融合深度发展站位指导工作开展。常务副县长周贤积极发挥联系武装工作作用，做很多督导落实的工作。各乡镇党委认真履行管武职能，把武装工作纳入重要议事日程，推动解决许多实事难事。党管武装工作绩效考核，分水、易俗河、乌石、河口、排头分列前5位。坚持面向基层服务群众，动员组织广大民兵预备役人员积极开展抢险救灾、治安巡防、双带双促、文明创建、精准扶贫等参建参治活动，联系1个省定贫困村，5名现役干部结对帮扶困难群众7户15人，协调4个后盾单位每年出资20余万元支持贫困村建设，及时化解涉军维权纠纷12起，转化老上访对象3人，武装工作的社会效应不断凸显。

国防教育。切实加强领导干部国防教育。坚持“三个纳入”，即将国防教育纳入各级党委（党组）中心组学习内容、纳入县委党校行政学校教学计划和培训内容、纳入全民国防教育活动中，明确学习时间、学习任务、学习内容、学习目标，规范学习方式，通过党管武装述职、国防形势报告会、组织过军事日、参加国防动员演练等方式，定期对党政机关领导干部进行国防教育。把国防教育列入国防动员领导干部业务考核内容，增强领导干部国防教育实效。国教办订阅《湖南国防教育》《国防教育周刊》等刊物400多份赠送给全县各机关单位、各乡镇、各学校负责人，以刊授的形式让领导干部接受国防教育。

坚持不懈抓好青少年国防教育。以学校为主阵地，突出抓好广大青少年国防教育。按照国防教育纳入小学、中学教育教学计划的要求，将国防教育融入学校文化，融入课程体系，融入校园活动，推动国防教育进教材、进课堂、进学生头脑；加强和改进职业学校、高级中学、初级中学的军事训练工作，8月、9月统一安排军训经费、统一调配军训教官、统一军训内容为全县高级中学、职业技术学校和部分初级中学开展为期7天的学生军训，受训学生近10000人，切实上好国防教育第一课，在省、市学生军训考评验收时，我县军训工作受到高度肯定。清明节组织彭德怀希望小学600余名师生怀着无比崇敬的心情，在德怀墓前，隆重举行“牢记彭总精神 做一个真正的人”清明祭扫德怀墓活动。4月15日首个全民国家安全教育日，组织部分中小学行开展“走近军营，感知国防”军营开放日国防教育活动。5月，结合征兵宣传，人武部、国教办牵头，联教育局、各乡镇武装部开展“国防教育暨征兵宣传进校园”活动，发放宣传资料20000余份。“中国人民抗日战争胜利纪念日”期间，组织全县各中小学举行“勿忘国耻，警钟长鸣”主题升旗及签名活动，组织观看爱国主义影片。10月，在全县各中小学组织开展“纪念中国工农红军长征胜利80周年”红色宣传画展，激发青少年学生爱国主义热情和崇军尚武情怀，年内报考军校、国防生人数达500多人，应征报名达3000多人，均创历史新高。同时，还创造性地开展“国防教育从娃娃抓起”活动，将国防教育与幼儿教育结合起来，经常给孩子们讲“小英雄雨来”“王二小放牛”等小英雄的故事，播放《鸡毛信》《闪闪的红星》等故事片。中路铺镇欣欣幼儿园让幼儿们身着红军服开展“我是小红军，重走长征路”户外活动，易俗河德美之星幼儿园组织幼儿们开展海陆空军事体验亲子运动会，寓教于乐，在孩子们幼小的心灵中播下爱国主义和英雄主义的种子，有益孩子们的身心健康，反映极好。

大力推进民兵预备役人员国防教育。结合县人武部转隶军委国防动员部后的“五部”职能定位，利用民兵整组和训练，抓好形势战备、光荣传统、职能使命、战斗精神、爱国主义和革命英雄主义教育，强化民兵预备役人员国防观念和职能使命意识，打牢国防动员思想基础。

普及企业、农村、社区和社会群体国防教育。紧紧围绕扶贫攻坚战略，将扶贫攻坚与国防教育进农村有机结合，发挥基层组织的作用，积极利用村、社区的活动场所和农家书屋、阅报亭、宣传窗等阵地，普及和宣传国防知识，提高人民群众的国防意识。（宋德喜）

武警湘潭县中队

【概况】 2016年，武警湘潭县中队联合目标单位演练5次，协助目标单位圆满完成押解任务36次，押解犯人200人次。出动兵力62人次，完成重大警卫勤务、“两会”安保、城市武装巡逻等临时勤务。开展各类教育81次，发展党员3名，选拔各类集训人员5人，2人荣立三等功，9人荣立嘉奖，8人被评为优秀士兵。武警湘潭县中队连续实现安全执勤无事故33年。（谢　鹏）

人民防空

【概况】 2016年，湘潭县人防工作按照“长期准备、重点建设、平战结合”方针，围绕“战时防空、平时服务、应急支援”使命任务，认真履行战备职能、积极参与城市建设、主动支援应急管理、大力服务经济发展。

训练演练全面展开，人防指挥体系建设有序推进。年内，开展人防训练年活动，全年开展训练演练6次（含省跨区演练1次，市带县训练演练2次）。定期与省市人防办开展短波、超短波通联训练，不定期通过全省天网监控系统进行通联。添置警报器，加强对原有警报器的日常管理和维护，设备设施完好无损正常运行，确保全省防空警报试鸣任务完成，实现覆盖率和鸣响率100%。落实上级人防部门要求，积极推进机关“准军事化”建设，5月1日起开始实行战备值班，定期向市人防办汇报相关情况。指导学校、社区开展人防疏散演练，以防空防灾为主题在砚井社区首次开展社区居民疏散演练，演练活动实现安全有序的撤离，城区各中小学校均组织开展人防疏散演练，大大提高全体师生应急处置能力。11月，在砚井社区建立一个开放式人防宣教场所，并开展首次社区疏散演练，成效良好。

规范审批严格执法，人防收费创历史。动态梳理行政许可事项，对国家、省、市取消、下放行政许可权限进行动态梳理，梳理出行政许可、行政处罚、行政强制、行政征收、行政确认、行政奖励、行政检查和其他行政权力共计8类25项行政权力，通过县政府法制办合法性审查。规范行政审批，搞好窗口服务，实行行政审批例会制，严格按照“一门受理、窗口运作、统一收费、承诺办结”的运行机制，由县政务中心在线行政审批系统进行审批，随到随审，全年审批项目15个，总建筑面积107万平方米。人防行政执法实行网格化管理，发现2起未经人防部门审批而动工建设的房产项目，对开发商进行警告，下达补办人防审批手续文书，给予首次免罚处理。截至年底，征收人防易地建设费，比上年提高85%，人防收费创历史新高。

高标准严要求，人防工程建设管理更加规范。谋划人防指挥中心建设，把人防指挥中心建设摆上重要议程，加强与省、市人防办的联系沟通，并向县委政府汇报相关工作。人防工程实行网格化管理，工程维护管理规范，平战结合成效显著，县人民医院结合工程主要用于医疗设备和药品的存放，金霞山1号、同丰中央广场和县中医院结合工程主要用于地下停车库，工程内部“灯明、路洁、水畅”。做好在建工程的监督管理备案，年内，有2个工程项目的竣工验收备案认可，并对老旧工事进行摸底排查，有效地消除各类隐患，并向上级人防部门专题汇报相关情况。

转变观念始创新，人防宣传教育不断深入。创新方式方法，学习先进经验。3月，组织到长沙望城区人防宣教基地和湘潭市人防办观摩学习。表彰2015年度人防宣传教育先进单位和个人，安排部署2016年人防宣教工作。推进学校人防教育向乡镇延伸，现城区12所中小学校均已开设人防教育课，为不断拓宽人防教育面，选择河口镇开展乡镇人防教育试点，根据省办要求，为县城区各小学配发新研发的《人防小博士》书籍。利用党校教育平台，搞好干部人防宣传教育，在党校青干班、复退人员培训班、公务员初任培训班均开设人防教育课。利用特定纪念日开展集中宣传活动，更新移动人防宣传板块，把人防宣传教育与社会公共安全教育有机融合，发放各类宣传资料2000余份。利用电视、报刊、网站、电子显示屏、固定宣传栏等，对人防法律法规政策及人防工作动态等进行全方位宣传，并加强对本办门户网站的维护管理，做到及时更新，全年向各级各部门报送信息41篇，被省人防办采用3条、湖南国防教育采用16条、市人防办采用5条、县网采用21条。（欧阳畅）

（责任编校　杨　柳）

经济管理

发展与改革

【概况】 2016年，县发展和改革局围绕全县经济社会发展规划，深化经济体制改革、统筹固定资产投资、组织协调争项争资和精准扶贫、加强价格管理、维护市场价格稳定，促进全县“两型社会”建设。

年内，通过发改系统争取“135”工程、保障性安居工程配套基础设施、新增粮食产能、“四水”治理等21个国省市预算内资金项目，到位资金8331万元；策划县城第二污水处理厂、天易示范区供排水设施建设等项目争取国家专项建设基金1.08亿元。

全县完成固定资产投资214.4亿元，比上年增长14.15%。其中，一产业完成投资2.8亿元；二产业完成投资129.6亿元，同比增长14.4%；三产业完成投资82亿元，同比增长11.9%。完成第三产业增加值118.3亿元，同比增长14.2%；完成规模以上服务业企业营业收入2.23亿元，同比增长86.8%；实现社会消费品零售总额83.6亿元，同比增长11.7%。新增规模以上服务业企业5家，包括湖南东方宏裕物流有限公司、湖南佳盛项目管理有限公司、湘潭新昌盛传媒有限公司、湘潭县芒果时代文化传媒有限公司、湖南星海文化传媒有限公司。

制定《湘潭县易地扶贫搬迁工作实施方案》和《湘潭县基础设施扶贫工作实施方案》，牵头组织实施易地扶贫搬迁和基础设施扶贫工作。易地扶贫搬迁工程分散安置完成投资474万元，住房建设开工率和完成投资率达100%，易地扶贫搬迁对象27户79人，已全部搬迁入住。基础扶贫工程完成总任务的75%。

湘潭县“两型社会”建设综合配套改革纵深推进。开展“两型”标准化试点，起草“两型”小学标准和园区一般固体废弃物生态管理“两型”标准，易俗河镇梅林桥村通过湖南省“两型”村庄认证审定。总结提升“两型”改革经验，湘潭县农村生活污水“智慧治理”模式和天易示范区“城市矿产”综合利用推广模式，成功入选湖南省第二批生态文明改革创新案例。组织生态绿心地区总体规划（湘潭县片区）调整工作，统筹生态绿心地区保护与发展。开展“两型”示范创建，石鼓镇大坪台村等3个单位获评省、市示范创建单位，彭德怀纪念馆获评省级示范单位，启动首届县级“两型”示范单位综合创建活动。推广清洁低碳技术，湘潭县油茶资源循环利用技术推广试点等3个项目获批为省、市清洁低碳技术推广项目。

（王智烽）

物价管理

【概况】 2016年，湘潭县发展和改革局依法依程序规范价格管理和成本调查，召开调整花石镇自来水供水价格听证会，核定江声实验学校教育收费标准、县中医院特殊病房床位收费标准、县畜牧兽医水产局生猪定点屠宰场“瘦肉精”检测费标准。清理涉企行政性、服务性收费项目，公布《湘潭县政府定价的涉企行政审批前置服务收费目录清单（2016年版）》《湘潭县政府定价的涉企经营服务收费目录清单（2016年版）》。降低收费36项，暂停收费1项，取消2项，放开6项。

开展价格公共服务。扎实做好重要食品、生产资料、农民服务性收费的常规价格监测和重要节假日市场价格监测，及时向省市县上报价格动态。在价格认证工作方面加强与公安机关的联系和协作，全年受理案件225宗，认定金额334万元，确保案件准确率达100%。

2016年从2月1日起全面停止征收价格调节基金。为保障全县“菜篮子”有效供给，加强财政部门衔接，争取价格调节基金138万元，扶植全县23家蔬菜基地发展。

开展涉企收费单位开展价格监督执法检查，加大客运票价、教育收费、医疗收费、节日市场价格、农资市场价格等涉及群众利益的乱收费查处力度。同时认真抓好“12358”价格举报工作，年内，接到电话咨询举报112件，做到件件有落实，案件落实率100%。

(王智烽)

审计管理

【概况】 2016年，湘潭县审计局完成审计项目115个，其中，预算执行审计和财政财务收支审计5个，专项审计调查4个，领导干部经济责任审计11个，国家基本建设投资审计95个。审计共查出各类违纪违规金额9816万元，管理不规范资金99826万元，通过审计处理应增加财政收入5344万元。投资审计送审金额145546万元，审定金额100346万元，审计核减45200万元，审计核减率达31%。向纪检监察和相关部门提交移送处理书12份；在各级媒体发表信息52篇次。

预算审计。县审计局以维护国家财政安全、促进深化财政体制改革、推动完善公共财政和政府预算体系、增强财政政策有效性、促进依法民主科学理财和提高预算执行效果为目标，以深化预算执行审计为主线，坚持“揭示问题、规范管理、促进改革、防范风险、提高绩效”的审计思路，增强财政审计宏观性、整体性、建设性和时效性。6月26日，县审计局向县人民政府常务会议作《关于湘潭县2015年度县本级预算执行和其他财政收支的审计结果报告》。6月29日，该局受县政府委托，向县人大常委会作《关于2015年度湘潭县县本级预算执行和其他财政收支的审计工作报告》，报告中有针对性地提出进一步完善和细化预算编制，提升预算工作的整体水平；进一步提高部门单位预算编制的科学性和完整性；进一步加强财政专项资金的管理，健全绩效评价机制；进一步强化税收征管，确保财政收入应收尽收；进一步推行公务卡结算制度，防范资金安全风险；进一步加大审核监管力度，用准用好民生资金；进一步加强支出管理，完善规范津补贴制度等7条审计建议。县人大常委会对县级财政预算执行情况审计给予肯定。审计工作报告、审计问题整改报告已成为县人大了解财政状况，监督财政运行的重要手段。

经济责任审计。县审计局贯彻落实中共中央办公厅、国务院办公厅下发的《党政主要领导干部和国有企业领导人员经济责任审计规定》，坚持“全面推进、突出重点、健全制度、规范管理、提高质量、深化发展”的审计思路，以促进领导干部贯彻落实科学发展观，推动本地区、本部门、本单位科学发展为目标，以领导干部守法、守纪、守规、尽责情况为重点，进一步推动经济责任审计工作科学发展，发挥经济责任审计在加强干部管理监督、推动党风廉政建设、促进经济社会科学发展等方面的积极作用。年内，受县委组织部的委托，该局完成对谭家山镇人民政府等单位的经济责任审计项目11个，审计领导干部14名；就审计中发现的问题，出具移送处理书11份。

固定资产投资审计。县审计局围绕促进提高固定资产投资效益和反腐倡廉建设，加强对政府投资和以政府投资为主的建设项目的竣工决算审计，积极开展关系国家利益和社会公共利益的重大建设项目跟踪审计。进一步加大对征地拆迁、工程招投标、设备材料采购、资金管理使用和工程质量管理等重点环节的审计力度，督促相关单位加强资金和项目管理，完善制度，提高投资效益，推进廉政建设，促进深化投资体制改革。年内，完成投资审计项目95个，投资审计送审金额145546万元，审定金额100346万元，审计核减45200万元，审计核减率达31%。

专项审计。县审计局坚持把保障和改善民生作为审计监督的着力点，重点审计水库移民后扶专项资金、新型工业化专项引导资金、特色县域经济重点县支持资金等民生项目和资金，关注民生资金的分配、管理和使用等情况，关注强民惠民政策的实施效果，着重反映民生资金和民生工程在资金使用、政策执行、项目管理等方面的问题，尤其是带有苗头性、倾向性的问题，认真研究分析原因，有针对性地提出审计建议，推动部门单位加强和规范资金管理，促进维护人民群众根本利益。

年内，县审计局获得湘潭市2016年度县市区审计机关工作目标管理考核一等奖；该局实施的湘潭县职业技术学校校长张立新2011年8月至2014年12月任期经济责任审计获省级优秀项目。

(汤雨常)

统计管理

【概况】 2016年，湘潭县统计局以“提高统计能力、提高统计数据质量、提高统计公信力”为中心，以全面建成小康经济强县为总揽，加强经济形势研判和经济预警，及时准确反映问题，并提出针对性强的工作建议，多篇分析文章得到县委县政府主要领导的肯定，为抓好经济工作赢得主动，竭力服务县域经济社会发展服务。年内，撰写统计分析报告21篇、统计信息34条。其中，《映日荷花别样红——越走越宽的湘莲产业发展之路》在《中国信息报》发表、《迎难而上 顺势赶超 进军百强 努力实现县域经济新跨越》一文被《莲乡之声》约稿；每季度经济形势分析在全县经济形势会上作重点发言。借助“湘潭县统计信息网”平台，发布《国民经济和社会发展统计公报》、月度《统计综合月报》、《妇儿发展规划监测报告》等人民群众关心的统计信息资料。

强化经济运行监测分析，做好主要经济指标的监测预警。加强监控GDP、第三产业、规模工业、固定资产投资、社会消费品零售总额等重点指标；对经济运行中的城镇化率、文化产业、产业投资占比等难点指标，及时做好工作预案，并向分管县领导请示汇报，积极主动到市赴省沟通汇报，多次邀请上级统计部门有关专业科（处）室领导到县实地指导工作。抓好全面建成小康社会指标监测分析，对涉及小康的系列指标，加强与各职能部门的联系，及时汇总、测算，与周边县市比较，全面系统地进行有效监测，发现问题，及时提供监测建议给领导及有关部门；积极加强与上级统计部门的协调衔接，邀请省、市局专家对全县小康相关单位进行业务培训和分类指导。

坚持服务全县经济社会发展，认真做好《统计公报》《分析与研究》《统计月报》及《湘潭县妇儿发展规划监测报告》等系列资料的编印和发放工作；创新服务企业方式，搭建政企统计服务互动交流“连心桥”，在局信息网站开辟完善《企业之窗》；结合本土企业名牌产品、著名商标申报之机，共享区域品牌效应。依托县民意调查中心，组织开展社会治安（群众安全感）、绩效考核、作风建设、公检法窗口形象等社情民意调查，全年电询有效问卷达15000余个。汇总、整理群众反映的突出问题，提出针对性建议，为县委政府提升群众工作水平提供参考。

建立健全“企业一套表”改革，严格按照“先进库，后有数”“要进库，走程序”的原则，及时更新维护基本单位名录库，企业联网直报数据基本走上常规化的轨道，基层统计联网直报工作走上常规化的轨道。全县联网直报企业直报率100%。逐步建立联网直报工作长效机制。并按照统计改革整体方案，组织实施固定资产投资统计等方面的改革。

大力宣传《统计法》，开展国家统计局“数据造假 以数谋私”专项治理工作。结合“六五”普法，通过“统计法制宣传日”“9月20日中国统计开放日”“统计微信达人”、培训会和法律法规知识考试等多种手段开展统计法制宣传。按照《统计法》的要求，多次下乡入企落实基层统计单位岗位、人员、经费等要求，到现场指导各乡镇、部门、企（事）业单位建立健全统计电子台账、工作制度和数据审核报送流程，做好原始记录，确保数据采集规范到位。坚持常态化统计执法检查，全年统计检查20家单位，并严格依照统计执法程序，发出责令整改通知书12份，责令整改。

组织全县统计从业人员实行继续教育培训，培训240人；开展全系统各类培训4期以上，培训基层总人数千余人次。深入调查对象，指导各调查单位建立健全统计电子台账、工作制度和数据审核报送流程，做好原始记录，确保数据采集通畅、规范到位。组建计算机房、民调中心、网络视频会议室和联网直报指挥中心，统计内、外、专3条网络顺利改版升级，局办公室通讯、办公自动化、防病毒服务器等智能系统一应俱全。制订网络突发事件应急预案，实时监测联网直报进度，及时解决遇到的各种问题，确保联网直报顺利运行。

年内，县统计局先后荣获2015—2016年度中国信息报社统计宣传工作先进单位、2015年度县（市）区统计工作先进单位、2015年1%人口抽样调查先进集体、湘潭天易示范区2015年度统计工作先进单位等荣誉称号。

【第三次全国农业普查工作】 2016年，全县农业普查工作纳入县人民政府主要工作之一。8月8日，县长段伟长主持召开到任后的第一个县政府常务会议，听取全县第三次全国农业普查工作进展情况和提请解决事项的专题汇报，落实普查工作经费200万元，全力保障人财物需求；9月底，全县17个乡镇、321个村级农业普查机构全部组建完成，为全面做好农业普查工作奠定基础。制订《湘潭县第三次全国农业普查领导小组成员单位工作职责》《湘潭县第三次全国农业普查领导小组办公室工作规则》《湘潭县乡镇三农普工作流程进度评价表》，明确各内设工作组职责，及时将全县普查工作进展情况向市农普办、县农普领导小组成员单位，各乡镇普查机构进行通报。建立督查考核机制，出台《湘潭县第三次全国农业普查工作质量评比办法》，将第三次全国农业普查工作纳入各责任单位的责任书和年度考核目标，以量化和质化双重考核形式，营造主动作为的工作氛围。研究制订农业普查宣传工作方案，在统计信息网首页显著位置设置农业普查宣传标语，开设宣传专栏，开展宣传作品征集评比和微信公众号推广等活动，及时宣传各级普查动态，宣传先进做法和经验，为普查的顺利开展创造良好的氛围。10月，完成县、乡两级的普查方案培训。按照市农普办的统一部署和要求，县农普办精心组织、周密筹划，易俗河镇农普办积极配合，顺利开展第三次全国农业普查PDA操作和县级综合试点工作。11月14日，县长段伟长主持召开全县第三次全国农业普查工作推进会，各乡镇与县政府签订《湘潭县第三次全国农业普查工作目标责任书》。组建机构，明确职责。县政府成立以分管农业的副县长为组长、县直17个职能部门组成的湘潭县第三次全国农业普查工作领导小组，制订《湘潭县第三次全国农业普查工作方案》；领导小组办公室设在县统计局，由县统计局有关人员和从县农业、林业、畜牧等部门抽调的人员组成，内设6个工作组，负责第三次全国农业普查的日常组织和协调；12月，县人民政府印发《关于做好第三次全国农业普查工作的通知》；12月，完成镇、村两级的业务培训和第三次全国农业普查清查摸底工作，为全面做好农业普查工作奠定坚实的基础。（周立理）

国土资源管理

【概况】 2016年，全县耕地保有量68846.12公顷，批准建设用地项目31个，总面积133.71公顷，出让土地42宗,总面积104.22公顷，出让价款6.2亿元，县本级土地纯收益4397万元，成功招商引进工业项目2个，占地面积5.97公顷，预期投资1.30亿元。

实施土地开发项目17个，建设规模185.24公顷，投资总额2194.9万元，新增耕地面积162.39公顷，精心划定永久性基本农田,全县中心城区划定比例为22.7%，并通过省划定办确认,远低于周边城市宁乡60%、株洲县47.8%、湘乡48.99%的划定比例，为湘潭天易示范区留足发展空间，确保耕地保有量64749公顷和基本农田保护面积54692公顷的目标任务，连续16年实现耕地占补平衡。完成土地综合整治项目15个，建设规模3000公顷，投资总额8377.12万元。全面摸底调查全县“旱改水”项目后备资源情况，据统计，全县“旱改水”后备资源面积3040公顷，适宜开发面积366公顷，较适宜开发面积541公顷。在满足全县耕地占补平衡的前提下，为市政府基础工程提供“旱改水”指标27.2公顷。

推进土地利用总体规划调整完善工作，本轮调整调入城镇工矿用地612.84公顷（其中中心城区323.04公顷，其他乡镇285.6公顷）。合理划定生态红线、永久基本农田线和城市开发边界，为实现多规合一奠定坚实基础。完成1121项目、酒泉至湖南80万伏线路工程、潭衡西线湘潭县晓南互通工程、滨江风光带、动力配件园等39个项目腾地，征地188.97公顷。

全年办理采矿权延续7家、变更3家、注销3家。开展矿山安全生产专项检查2次，立案查处7家矿山存在超深越界开采行为。制止无证开采行为18起，立案查处11起，移送公安机关查处4起。省域督察下发问题图斑91个，整改到位69个，整改比例75.8%。卫片执法检查确定违法图斑40个，涉及违法用地面积10.83公顷，立案率100%，履职率100%。

组织开展“4·22”地球日、“5·12”地灾日、地质灾害综合防治知识培训和地质灾害抢险救灾演练等活动。成功应对“6·15”百年一遇的短时超强降雨诱发的地质灾害隐患，排查隐患428处，确定地质灾害点77处，下达《地质灾害隐患防治督导书》5份，确保人民群众生命财产安全，全年没有因地质灾害发生重大安全事故。

顺利完成不动产登记中心机构职能整合，人员划转和岗位设置。将房产、林权、水域滩涂养殖权登记整合至不动产登记中心，确定人员48个，于2016年6月30日实现停旧发新。共发放不动产登记证书1060本、登记证明1230本,办理查封及解封登记381宗、抵押注销登记893宗。于11月启动石潭、云湖桥等4个乡镇不动产统一登记试点工作。

组织开展大型业务培训6次、行政人员执法资格考试150人次、普法学习考试109人次，普法学习考试通过率达100%。出台《湘潭县国土资源局行政诉讼应诉工作制度》。年内，受理行政诉讼案件31起，除2起正在诉讼，4起原告自动撤诉外，其余案件均维持该局决定。

报请县人民政府出台《湘潭县农村宅基地管理办法》，宅基地审批权下放至乡镇。积极推行“一张图”核心数据库建设与应用，网站建设争创省、市先进水平，行政公文和业务审批全面实行网上办理，电子政务系统应用率名列县市区局前列。全年测量面积2000公顷，实现测绘收入400多万元，新增2000重力坐标控制点225个。完成2015年度土地变更调查，投资130万元启动青山桥、石鼓、花石3个乡镇房地一体调查项目，有序推进农村集体土地所有权确权登记工作。

制定《2016年度湘潭县国土资源局领导干部党风廉政建设和反腐败工作责任清单》，签订责任状169份。召开廉政警示教育大会4次，开展工作作风督查12次、通报违纪情况和考勤情况17次、进行各类谈话70余次。公务消费支出较2015年下降24.14%。

【“数字湘潭县”工程】 2015年9月，湘潭县被列为全省数字县域地理信息基础工程建设启动单位。2016年省国土资源厅拨付项目资金60万元，市局采用“市县一体化”模式建设数字湘潭县地理信息基础工程，县本级投入资金543.75万元，有效地保障“数字湘潭县”项目顺利推进。县本级承担的技术设计、基础控制测量、地形图修补测、地名地址数据生产等任务全面完成，项目进度和质量得到省、市国土资源部门的肯定。

【省国土资源厅到县调研“数字湘潭县”建设及测绘地理信息工作】 9月2日，省国土资源厅基础测绘处处长邓玲一行到湘潭县调研“数字湘潭县”建设及测绘地理信息等工作情况。市国土资源局总工程师谭向、湘潭县人民政府副县长荣虎成及县国土资源局相关负责人参加调研座谈会。会上，县国土资源局负责人从“数字湘潭县”建设情况、测绘地理信息重点工作落实与进展情况、规划及用地审批工作情况3个方面做专题汇报。调研组对“数字湘潭县”建设取得的成效、工程进度及测绘地理信息工作给予充分肯定。

【湘潭县不动产登记中心挂牌成立并颁发首证】 6月30日，湘潭县不动产登记中心在湘潭县政务服务中心挂牌成立。县委常委、常务副县长周俊文、市国土资源局副局长王义谋共同为县不动产登记中心揭牌，并颁发湘潭县首张不动产产权证书。副县长唐仁光主持挂牌仪式。建立和实施不动产统一登记制度，是党中央、国务院的重大决策，是政府机构改革职能转变的重要内容。自上年全县启动不动产登记制度改革以来，湘潭县国土资源局严格按照省、市、县要求，科学统筹、精心组织积极做好不动产登记职责机构整合的各项工作。去年11月，经县委县政府批准，将全县土地、房屋、林地、农村承包地、水域滩涂等不动产登记职责、人员进行整合，成立湘潭县不动产登记中心，隶属于湘潭县国土资源局。湘潭县不动产登记中心的正式挂牌成立，标志着全县结束土地、房产、林地等不动产分散登记的历史，开启不动产统一登记的新征程，有利于保护不动产权利人合法财产权，保障不动产交易安全，提高政府办事效率和服务水平，更加便民利民。

【土地综合整治项目喜获湘潭县2015年度重点工程建设优胜项目一等奖】 2月22日，湘潭县2015年度重点工程建设优胜项目奖揭晓，2015年土地综合整治项目喜获湘潭县2015年度重点工程建设优胜项目一等奖。2015年湘潭县土地综合整治项目包括连片推进农村土地整治示范县项目等22个项目，分为44个标段，总建设规模5913.33公顷，总投资1.58亿元，涉及全县15个乡镇，70个行政村。为确保将土地综合整治项目这一服务“三农”的实事项目做好、做实，湘潭县土地开发整理中心围绕将土地综合整治项目建设成为“安全工程、优良工程、民心工程”的工作目标，从加强组织领导、优化施工环境、落实各方责任、突出工程质量、严抓安全生产等5个方面加强制度管理，强化实施举措，提升各参建队伍执行力，2015年土地综合整治项目的工程质量、工程形象大幅提升，工程进度有序进行。在省、市、县的各次项目检查中，2015年土地综合整治项目广受好评，项目区村民对项目的工程质量也交口称赞。

（石　都）

工商行政管理

【概况】　2016年，湘潭县工商局充分履行登记职能，大力发展市场主体。全县新发展各类市场主体4271户，其中，内资企业1户，私营企业822户（其中个人独资企业100户、合伙企业3户、有限责任公司及分公司504户、农民专业合作社215户、企业集团1户），个体户3447户。认真落实“五证合一、一照一码”“两证整合”改革举措，加快推进统一社会信用代码的运用。换发“三证合一、一照一码”“五证合一、一照一码”营业执照1314户。办理企业名称预先核准登记1430户，协助、指导企业冠省名105户，冠市名152户。办理企业集团登记1户。办理企业改制登记3户。办理股权出质登记27件，办理动产抵押登记51件。食品经营许可受理37件，药品经营许可55件，第二类医疗器械备案登记51件，第三类医疗器械经营企业许可2件。窗口工作人员电话、现场答复群众咨询18000人次。

强化商标广告管理，做好商标注册工作、指导帮助企业进行商标申报注册、转让许可、变更、商标续展。近年来，全县在商标申请量、注册量均位居全市前列，年内，指导企业和个人申请注册商标78件，全县拥有注册商标1836件。帮助指导湖南爱丽丝鞋业有限责任公司等4家企业申报湖南省著名商标，指导6家企业续评湖南省著名商标，全县企业增强争创省著名商标、创名牌产品意识，形成企业重视商标，争创名牌良好氛围。严厉查处商业贿赂、商标侵权、虚假广告和其他违法违章案件。年内，开展专项执法行动12次，查处商标侵权案件12起，罚没款17万元,没收并销毁侵权假冒的商品价值4余万元。借助媒体广告监测系统实现对县级广播电视媒体广告全时段、全方位的监管。

严格市场监管执法。年内，整合原公平交易、质量技术监督稽查、餐饮保健食品化妆品安全监督、药品稽查大队职责，组建湘潭县市场监管执法大队，下设3个中队，负责原工商、质监、食品药品监督等执法职能。先后开展冷冻肉品、槟榔生产加工、药品和医疗器械质量、酒类质量等专项整治行动，出动执法人员186人次，检查冷冻仓库61个次，检查肉食品经营加工企业4户次，药品医疗器械经营使用单位8家次、餐饮企业1400户次，销毁假劣药品医疗器械12个品种，销毁不合格的食品400千克，查扣不符合食品安全标准的冷冻肉品7.5吨。立案72起，3起案件移送公安机关。主要集中查处在食品、医药卫生行业的违法违规行为。

强化消费维权教育引导，推进消费维权体系建设，整合“12315”“12331”“12365”3条投诉举报热线。受理消费投诉举报260件，消费纠纷的争议金额达29.8万余元，为消费者挽回经济损失60多万元。开展“3·15”专项消费市场整顿、假冒伪劣商品集中销毁等行动，销毁假冒伪劣商品价值30余万元。根据举报线索查处嘉美康一案，集中一个月时间查处针对老年人消费的嘉美康治疗仪，净化老年人消费市场。

（文　雯）

湘潭县中国驰名商标、湖南省著名商标名录

表5

级别	序号	商标名称	所属企业	评定时间	续评时间
中国驰名商标	1	小龙王 xiao long wang+图形	小龙王食品有限公司	2009年	—
	2	宏兴隆+字母+图形	湖南宏兴隆湘莲食品有限公司	2010年	—
	3	胖哥	湖南胖哥食品有限公司	2012年	—
	4	韶力+图形	湘潭市电机车厂有限公司	2013年	—
	5	五洲通+图形	湖南五洲通药业有限责任公司	2015年	—
湖南省著名商标	1	粒粒珍	湖南粒粒珍湘莲食品有限公司	2006年	2015年续评
	2	涓江	湖南涓江鞋业有限公司	2002年	2015年续评
	3	羊鹿+图形	湘潭羊鹿茶业有限公司	2007年	2013年续评
	4	喜来乐	一笑堂（湖南）制药有限公司	2008年	2014年续评
	5	振湘	湘潭振湘鞋业有限公司	2008年	2014年续评
	6	华绿	湖南华绿生物科技有限公司	2011年	2015年续评
	7	湘泵	湖南潇湘制泵有限公司	2011年	2014年续评
	8	莲港+图形	湖南莲港紧固件有限公司	2012年	2015年续评
	9	亚安+图形	湘潭南方电机车制造有限公司	2012年	2015年续评

续表 5

级别	序号	商标名称	所属企业	评定时间	续评时间
湖南省著名商标	10	众一+图形	湘潭县离心机有限公司	2012 年	2015 年续评
	11	HNIKT+图形	湖南泰克互感器有限公司	2012 年	2015 年续评
	12	潭莲+拚音	湘潭兴宏运湘莲食品有限公司	2012 年	2015 年续评
	13	湘水缘+图形	湖南湘水缘长生陵园有限公司	2012 年	2015 年续评
	14	莲冠湘	湖南莲冠湘莲食品有限公司	2013 年	2016 年续评
	15	宝湘园	湖南金隆食品有限公司	2013 年	—
	16	百里醇+BAILICHUN	湖南宏信农业发展有限公司	2013 年	2016 年续评
	17	康宁达	湖南康宁达医疗设备有限公司	2013 年	2016 年续评
	18	湘正野	湖南湘正野生物饲料有限公司	2014 年	—
	19	堂皇+图形+字母	湖南堂皇湘莲食品有限公司	2014 年	—
	20	天子山	湖南农其科技开发有限公司	2014 年	—
	21	比其路+字母	湖南百舌鸟鞋业有限公司	2014 年	—
	22	仙女+字母	湘潭市仙女竹业有限公司	2014 年	—
	23	南电	湖南南电电气有限公司	2014 年	—
	24	神猴+图形+字母	湘潭市特种线缆有限公司	2014 年	—
	25	恩尔+图形+字母	湖南恩尔保险箱制造有限公司	2014 年	—
	26	莲美	湖南莲美食品有限公司	2015 年	—
	27	席伊吖	湖南润竹竹业有限公司	2015 年	—
	28	鑫田国际大酒店+字母+图形	湘潭鑫田国际大酒店有限公司	2015 年	—
	29	琳伊皓	湖南爱丽丝鞋业有限责任公司	2016 年	—
	30	傲农	湖南傲农生物科技有限公司	2016 年	—

质量技术监督

【概况】 2016 年，湘潭县食品药品工商质量局积极推动质量强县、品牌兴企战略。指导企业争创名牌，帮助和组织县内 4 家企业成功申报湖南名牌；深入开展质量安全知识“进乡镇”宣传教育活动，引导企业实施“以质取胜、诚信经营”的理念和方针；开展企业质量信用档案数据库系统建设工作，对有关生产许可、产品质量监督抽查、CCC 认证、名牌产品等方面的相关数据进行汇总，完善企业质量档案管理，县内 21 家生产许可证和 CCC 获证企业的电子档案和纸质档案已建立，每年开展两次日常巡查，形成巡查记录，发现问题及时要求企业整改，整改合格率达到 95%以上。

开展特种设备安全监察。制订年度安全监管计划，开展计划执法。按照有关监管执法年方案，制订全年专项整治计划，开展“两月一行动”。年内，开展公共场所电梯、气瓶充装站、锅炉等专项整治行动，检查特种设备使用单位 141 家次，发出安全监察指令和责令改正通知书 61 条，立案查处 4 起。

加强计量管理和监督。配合湘潭市计量测试检定所对县域内各大医院的医用器具进行检定。根据“关注民生、计量惠民”的指示精神，对县域内 19 家乡镇卫生院及县计生服务站实施免费医疗器具检定，其中“医用三源”（超声源、辐射源、激光源）等大型设备 73 台（件）次,确保医用设备诊断数据的准确可靠。开展“5·20”世界计量日宣传活动，深入社区、农贸集市、超市、企业等单位开展计量科普宣传。

强化产品商品检验检测。开展燃油加油机、压力表、天平、衡器、砝码等涉及贸易结算、安全防护、医疗卫生等领域的计量器具检定业务，全年累计检定加油机 400 余台次，压力表 800 余块，天平、衡器 200 余台（件）次，完成产商品质量监督检验工作。推动产品检测中心建设工作。积极推进湖南省地方特色产品（湘莲）质量监督检验中心项目建设，项目基建工作已顺利通过验收，专业装修已完成方案设计，已进行预算评估，并通过财政评审。

加强地理标志保护工作。积极推进湘莲地理标志的规范化管理，加强对国家地理标志产品专用标志的使用管理。年内，摸底调查县内湘莲生产企业，重点对全县11家湘莲生产企业使用湘莲地理标志厂家的地理标志使用情况、地理标志产品建档情况进行监督检查，抽检产品，全面掌握企业产品的质量特色、质量等级、标准符合性等产品质量情况。（文 雯）

食品药品安全监管

【概况】 2016年年末，全县有各类餐饮服务单位1283家，其中，社会餐饮单位757家、学校幼儿园食堂430家、企事业单位食堂96家，从业人员3584人。有涉药涉械单位1067家，其中，医疗器械生产企业1家、医疗器械批发企业4家、医疗器械经营企业72家、药品生产企业3家、药品经营企业185家、各类医疗机构802家。

是年，全县食品药品安全监管工作突出加强食品药品安全监管，履行职责、扎实工作。受理各类餐饮、药品医疗器械行政许可申请243个。其中，餐饮服务许可证170个，药品经营单位筹建、换发申请24个，医疗器械经营企业申请4个。查处各类涉药涉械违法案件14起，查处餐饮服务单位违法案件1起。

【餐饮保健食品安全监管】 完成大型餐饮单位的“三百四查”工作。出动执法人员102人次，执法车辆30台次，对34家大型餐饮单位及学校食堂监督到位，并将主体普查信息录入到湖南省食品药品四查监督系统。开展重大活动、节日期间食品安全保障工作，圆满完成人大和政协“两会”期间食品安全保障、高考中考学考食品安全保障、省青少年足球联赛食品安全保障、妇代会、党代会、文代会、伍子醉20周年庆、湘潭县艺术百佳、美丽乡村建设接待、湘潭花石第三届赏荷之旅接待、乌石红色旅游文化节接待、县一中七十周年校友联谊会、全县中小学生运动会、全国老年大学文艺会演等活动的食品安全保障。元旦、春节等重大节日期间加强餐饮食品安全监督检查，检查餐饮服务单位100余家次，下达监督意见书80余份。加强食品质量抽检工作，提高食品安全防范预警能力。针对与广大消费者密切相关的米、面、食用油、白酒、红酒、婴幼儿配方奶粉、校园周边小食品、休闲食品以及节令性、传统性等食品，有计划、有步骤、有针对性地开展食品质量抽样检测工作，全年抽样检测各类食品285组，食品质量抽检工作覆盖全县17个乡镇，未发现不合格食品。

【药品医疗器械安全监管】 根据国家食品药品监督管理局印发的《药品经营质量管理规范》和《药品经营质量管理规范现场检查细则》的规定，完成20家零售药店的认证工作。依法依规进行行政许可工作。根据国家食品药品监督管理局制订的《药品经营许可证管理办法》《医疗器械经营许可证管理办法》和《湖南省政务服务规定》等要求，严格许可流程，全年受理行政许可事项56项（其中医疗器械核发申请3项，药品行政许可53项），已经办结56项。建立健全湘潭县不良反应监测网络，明确责任人和上报人员，联合县卫计局组织召开“湘潭县药品不良反应、医疗器械不良事件监测暨业务培训工作会”，各单位根据目标任务，超额完成药品、医疗器械不良反应（事件）及化妆品的不良反应监测任务。

【开展食品药品安全监管专项整治】 开展食品药品“三百四查”专项行动。年内，出动普查人员19788人次，普查生产经营主体7696家，录入主体7591家，建立风险清单台账6套，发现风险隐患问题1057个，回访130家（仍在进行），食品药品监管信息公示5893家，办理食品经营许可证648户。开展学校餐饮安全专项检查，组织实施全县学校幼儿园春秋两季食品安全专项检查工作。2016年春秋季出动监督员268人次，出动执法车辆76台次，检查17个乡镇236所中小学校、198所幼儿园，检查各类食品原料330余种，检查食堂从业人员1150人，查阅食品原料采购台账、餐具消毒、食品留样、从业人员晨午检、餐厨废弃物流向登记表册1200余本（册），下达整改文书411份。开展医疗器械流通领域经营行为项整治工作，检查企业52家，下达《责令改正通知书》8份，查办案件2起，同时配合市局飞行检查组对辖区内医疗器械经营企业开展飞行检查，规范辖区内的医疗器械流通领域经营行为。开展药品流通领域专项整治行动，出动执法人员168人次，检查药品经营企业160余家、县级医院3家、盈利性私立医院3家，查办案件6起，下达《责令改正通知书》39份。

【食品药品法律法规知识宣传】 2016年，联合湘潭县教育局在江声实验中学召开全县学校（幼儿园）食品安全管理人员法律法规知识培训班。全县有268所学校和223所幼儿园的食品安全管理人员参加培训。培训内容为食品经营许可网上申报和关键项目现场核查、餐饮服务食品安全操作规范、学校（幼儿园）食品安全管理中存在的问题及解决对策等。开展“药品、医疗器械监督”工作培训，组织乡镇监管所从事药品、医疗器械监管人员参加药品、医疗器械使用质量监管的培训，重点学习《药品管理法》《湖南省药品和医疗器械监督管理条例》《医疗机构药品使用监督管理办法》《医疗器械使用质量监督管理办法》等法律法规，提高行政执法能力。开展食品安全宣传周活动。6月13日，在县政府前坪举行“全县食品安全宣传周启动仪式暨集中宣传活动”。在食品安全宣传周期间，全县各乡镇各部门设置咨询台38处，摆放食品安全宣传展板246块，接受咨询群众28500人次，发放食品安全法等宣传材料64100份，举办食品安全工作人员培训、讲座46次，参加宣传企业52家，播出电视节目7期。（卢直纯）

安全生产监督

【概况】 2016年，全县安全生产形势总体平稳，共发生各类生产安全事故64起，36人死亡。其中道路交通事故61起，33人死亡，非煤矿山、危化和烟花爆竹领域、工商贸其他事故各1起，各死亡1人，无较大及以上生产经营性事故。县安监局全面实施计划执法，规范委托执法，全面推行文明执法，共检查企业592家次，制作检查记录592份，下达责令限期整改指令书232份，整改复查意见书235份，立案38起，行政处罚56.3万元，同时推广安责险，已督促471家单位购买。县安监局被省人民政府评为2012—2016年度“湖南省安全生产先进集体”，被省委法治湖南建设领导小组办公室评为2016—2018年“全省依法办事示范窗口单位”，同时成功创建省级文明卫生单位和市级无烟单位。2016年，湘潭县荣获省、市安全生产工作“先进单位”和“湖南省安全生产示范县”称号。

建立健全“党政同责、一岗双责、齐抓共管”的安全生产责任体系，落实“管行业必须管安全、管业务必须管安全、管生产经营必须管安全”的要求，机构改革后及时调整县安委会机构，增加县委宣传部、组织部、团县委等党群部门为安委会成员单位。县委常委会议、县政府常务会议多次专题研究部署安全工作，县政府（安委会）组织召开21次专题会议或收听收看电视电话会议研究部署工作。

督促乡镇和负有安全生产监督管理责任的部门全面开展计划执法，并规范执法行为。结合行业和季节特征，先后组织开展安全生产“监管执法年”活动、危险物品道路运输安全、百日安全大排查大管控大整治隐患“清零”攻坚行动、打击非法生产经营醇基燃料油等专项行动。年内，组织执法活动2320次，检查生产经营单位7485家次，立案调查209起，责令停产停业157家，取缔关闭生产经营单位79家，营造“铁拳执法”安全生产监管工作格局。

县委、县政府出台《湘潭县创建省级安全生产示范县迎检工作方案》等一系列文件，将干部分片联乡镇和部门进行分类指导协调，开展多轮督查暗访活动，指导排头乡、乌石镇创建省级安全生产示范乡镇，推动石鼓镇创建市级示范乡镇，全县安全生产示范乡镇覆盖率达100%。同时，统筹推动示范企业、示范村（社区）、平安学校、平安工地、平安农机等创建活动。全县非煤矿山已完成达标任务，10家民营加油站、1家危险化学品经营企业标准化创建成功，8家民营加油站复评成功，1家工贸企业达二级标准化，7家工贸企业达三级标准化，3家工贸企业复评成功，有效地改善企业的安全生产条件。

构建全方位多角度宣传格局，扩大覆盖面。精心组织“安全生产月”活动，着力抓好安全生产演讲比赛、安全隐患随手拍等主题活动。开展安全文化“六进”（进机关、进企业、进社区、进校园、进家庭、进农村）活动，设置主题宣传牌、悬挂横幅、送安全下乡等；在县级主流媒体上开设生产安全事故警示、安全知识讲台等固定栏目，在步步高大型电子宣传屏上滚动播放3分钟左右的宣传教育短片。同时，发挥微信、QQ等新媒体优势，定期向全县手机用户发送安全生产预警信息逾10万条。创新培训形式，增强实效性。一手抓干部层面的培训教育。配合县委组织部门、县委党校将安全生产教育培训纳入党校和干部培训课程，采取“以训代会”的形式加强安监人员培训，43名新进安监员参加安全生产监管执法培训，提高干部职工履行“一岗双责”的能力和安全生产管理能力。另一手抓加强企业层面的安全培训。支持成立湘潭县安全技术咨询培训中心，组建安全生产宣讲团，督促指导各行业领域落实企业负责人、安全管理人员和全员培训教育工作，提高企业从业人员的安全意识和操作技能。

实行安全生产“一票否决”“黄牌警告”等制度。按照县委主要领导的指示，修订全县安全生产风险保证金制度，县安委会领导和成员单位中负有安全监管执法部门的党政负责人分类缴纳保证金。县安委办汇同县委督查室、县政府督查室采取“四不两直”（不发通知、不打招呼、不听汇报、不用陪同接待、直奔基层、直插现场）和随机抽查的方式每季度开展1次督查，采取平常考核与年终考核相结合，督促落实安全生产责任。同时，受县人民政府委托依法组织开展3起生产经营性事故和2起公共安全事故调查。

严格落实高危行业企业安全生产许可证新办证和延期换证工作，严把源头监管关。年内，办理烟花爆竹许可事项134件（新办证22件、延期112件），危险化学品经营许可证换证10起；非煤矿山安全生产许可证延期8家，按期办结率均为100%；依法吊注（销）143家烟花爆竹零售户及9家危险化学品无仓储经营企业证照。同时，春节后高危企业复工复产严格实行部门联合验收制度。

督促248家企业完成作业场所职业危害申报与备案；建立职业病危害基本信息数据库；指导3家用人单位完成职业病危害因素监测以及现状评价。同时，与卫计局配合开展《职业病防治法》宣传周活动。

【湘潭县成功创建湖南省安全生产示范县】 自2014年开展省级安全生产示范县创建以来，湘潭县安全生产形势持续稳定好转。县委、县人民政府高度重视省级安全生产示范县创建工作，在全面动员的基础上，每个季度进行一次创建工作会商和调度。分别制定乡镇、县直单位、村（居委会）和企业四个“省级安全生产示范县”创建验收目录，逐一明确各级主体的创建任务，定期对全县17个乡镇在内的126个单位进行“预验收”和创建工作督导。每次验收按照“每个乡镇至少抽查2个村居委会、每个安委成员单位至少抽查3家直管企业”的要求，由督查组认真对照相应验收目录逐项审查资料、看现场，并随机走访群众、企业职工抽查安全常识的知晓率。督查专门设置评估打分表，评分情况将按比例计入年度安全生产绩效考核，督查结束后，将及时汇总综合督查情况，形成督查通报并全县公示，以严格的自我要求不断促进创建工作自我完善，有力地促进各级各部门凝聚共识，集中力量完成创建工作的各项任务。2016年年底，经省安全生产委员会验收，湘潭县以全省排名第一的成绩成功创建为省级安全生产示范县。

【开展直管行业专项整治】 2016年，湘潭县安监局建立实行安全风险分级管控机制，聘请专家赴企业一线指导排查治理隐患，推进直管行业领域安全专项整治。矿山安全方面，认真做好关闭矿山防死灰复燃的发生，积极应对鸿泰宇一矿等矿山行政诉讼，配合乡镇和有关部门化解各类矿社矛盾，打造2家示范性非煤矿山，扎实推进矿山“五化”（规模化、标准化、机械化、信息化、科学化）建设。危险化学品和烟花爆竹安全方面，将2家已完成化工工艺诊断和改进工艺的企业列入重点监管对象；与属地乡镇、公安等部门联动，打击非法经营烟花爆竹门店27家、非法储存窝点12处，打击处置6个非法经营储存危险化学品窝点，取缔4个非法烟花爆竹生产窝点，处罚11万余元。粉尘防爆、涉氨制冷和受限空间作业安全方面，检查全县33家粉尘防爆企业，责令30家企业限期整改；对原4家涉氨制冷企业进行专项整治，2家停产、1家技术改造、1家改造为氟利昂制冷；对摸排的企业烤房、污染物处理池等42处受限空间作业场所，建立检查台账，指导企业规范作业行为。同时，先后开展企业安全费用提取制度、安全培训教育专项检查，提升企业的安全生产条件。（楚聪明）

公共资源交易

【概况】 2016年，湘潭市公共资源交易中心湘潭县分中心按照布局合理、宽敞明亮、便民高效的标准，在充分调研论证的基础上，聘请专业设计机构规划设计，投资300万元，对原易俗河国土所办公楼2000余平方米的办公场地进行房屋适度维修改造、增设服务窗口、分隔交易区域和办公区域、配置服务专业设施、维修改造设备等。县分中心配备音频视频监控系统、多媒体会议系统、专家电子抽取语音通知系统等较为完备的招投标设施。办公场地将办公区、开标区、评标区从空间上隔离开来。一楼设立受理、收费窗口，设立电子显示屏滚动播放各类招标信息，大厅内摆放电子书、便民电脑，方便投标人员获悉办事流程。三楼设办公区、评标区，评标区设有门禁系统，评标专家凭门禁卡进入该区域，评标区建有集监控、屏蔽、电子化评标、实时打印为一体的评标室4间。监控室设有液晶拼接大屏及录音设备，实时对所有现场交易活动进行全方位、无死角监控。四楼为开标区和答疑区，兼有集监控、屏蔽、投影、展示、音响为一体的数字多媒体开标室3间、竞价和答疑室6间。年内，中心维修改造、弱电系统、办公家具、空调采购项目顺利完工通过验收，档案密集架、窗帘、发电机安装完毕，院内绿化修剪、强电改造、办公楼布置按时完工，运行设备完成。通过全市公共资源交易统一平台，全方位、全层面提供综合性招投标信息发布、中标公示和招标网上咨询服务。

组织干部深入学习《招标投标法实施条例》《政府采购法实施条例》等业务法规知识，结合公共资源交易实际，认真开展公共资源市场化配置改革中的重大理论、业务知识的学习和对现实问题的研究，提高依法交易和科学管理的水平，努力成为行家里手。同时，分批选派干部到市交易中心跟班学习。

12月20日，湘潭县分中心迎来建设工程领域第一标。年内建设工程领域开标4宗，交易总额7050.51万元，相比标的预算价节约150.02万元；政府采购交易8宗，资格审查9宗，交易总额389.56万元，相比标的预算价节约3.93万元。

【湘潭县公共资源交易中心成立】 2015年12月，根据《湘潭县机构编制委员会关于印发〈湘潭县公共资源交易中心主要职责 内设机构和人员编制规定〉的通知》（潭编委发〔2015〕87号），正式成立湘潭县公共资源交易中心。2016年7月29日，湘潭县公共资源交易中心人财物收归湘潭市公共资源交易中心，正式挂牌成立湘潭市公共资源交易中心湘潭县分中心。主要职责是宣传和贯彻落实国家、省、市、县公共资源交易有关法律、法规和政策；负责发布、收集和存储公共资源交易信息；负责开标、评标资料和现场影音等资料的存储和归档；受招标人委托提供专家抽取服务；协助各部门制定公共资源交易流程；依法依规为县级各类公共资源交易活动提供场所、设施和服务；协调平台内交易活动，维护交易现场秩序；协助有关部门查处公共资源交易活动中的违法违纪行为；承办上级交办的其他事项。县分中心接受湘潭市公共资源交易中心管理，为正科级派出机构，内设4个股室，分别为综合室、业务一室、业务二室、监审信息专家室，现有编制人数12人，含领导职数3名（一正两副）。在筹建过程中，该中心做到“四个同步”（机构编制设置与人员选配同步实施，办公场所改造与办公设施购置同步实施，操作规程拟定与网站建设同步实施，股室设置与人员定岗同步实施）。

【召开全县公共资源交易职能整合专题协调会议】 12月15日，县委常委、常务副县长周贤组织县发改、监察、审计、财政、住建、国土等24个部门主要负责人召开全县公共资源交易职能整合专题协调会议。县政府办出台制定《公共资源交易职能整合工作方案》，明确将工程建设项目招投标、政府采购、国有产权交易、土地使用权和矿业权出让、医药集中采购等五项交易职能全部进入湘潭市公共资源交易中心湘潭县分中心平台交易，各行业主管部门负责履行交易监管职责。成立县公共资源交易管理委员会，负责对全县公共资源交易的指导，协调及重大事项的领导和决策，督促各部门在各自职责范围内做好公共资源交易的监督管理和投诉处理。职能整合之后，相关职能部门按照“一个平台管全部、平台之外无交易”的目标要求，推动县域范围内，包括县城、园区、乡镇各类别公共资源交易统一进场，在县分中心进行公开交易，坚决实现全县公共资源交易“应进必进”，做到场外无交易。整合后的交易平台将全面推行“五统一分”（统一进场交易、统一信息发布、统一评标专家抽取、统一规则体系、统一收费管理、分行业监管）运行模式，以确保公共资源交易公开、公平、公正。

（崔春兰）

国有资产管理

【概况】 2016年，县城投公司、天信公司资产、路桥建设公司资产重组顺利完成，宏泰肥业公司股权和长沙大鹏集团重组、京湘水务公司的股改工作稳步进行。对接省企，为加快县域经济发展增添活力。在省、市国资委的支持和指导下，与天易示范区一道积极开展与企对接各项活动，邀请3户省企举办“天易与省企对接合作洽谈暨重大项目推介会”，推介重大招商项目7个，签约项目3个，签约资金17亿元。规范程序，实现国有资产保值增值。面向社会公开拍卖国有资产16宗，处置收益1800余万元，实现国有资产增值159万元。进一步加强与行政、事业单位、国有资产监管，完成对县企89家行政事业单位资产条码管理。

（陈佳妮）

（责任编校　杨红艳）

建设·环保

城乡规划

【概况】 2016年，湘潭县城乡规划局完成10个村庄规划编制范围1：2000和花石镇控制性详细规划编制范围1：500数字化地形图测绘成果验收，测绘面积约85平方千米。完成合并后的新花石镇总体规划和镇区控制性详细规划成果编制工作；完成石潭、花石、射埠、云湖桥和杨嘉桥5个乡镇村镇布局规划成果编制工作；完成云湖桥镇清风村、石潭镇杨田村、石潭镇列家桥村、花石镇中心村、杨嘉桥镇白鹿村、射埠镇霞湾村、锦石乡碧泉村、乌石镇众兴村、谭家山镇霞峰村、排头乡严冲村10个中心村村庄规划；完成全县17个乡镇的消防规划编制；完成县城电力、排水、加油加气站布点、西城区公厕和垃圾站布点、示范区教育以及云湖桥镇文化产业园等6个专项规划；完善西城区、天易工业园、节能环保产业园、金霞区和青山桥镇皮鞋工业园5个控制性详细规划；组织编制紫荆湖公园、洛口古镇、湘江风光带、金霞山公园、涓水二桥5个景观规划设计；完成云湖桥镇肉食站等17处总平面规划方案设计；参与《湘潭县生态保护红线划定方案》编制工作；湘潭县域规划体系不断完善，实现乡镇总体规划和县城、镇区建设用地控制性详细规划的全覆盖。全年召开县规委会6次、专题会议8次、规划审查例会12次、专家评审会8次，共计审查规划项目83个，项目上会率100%。完成现场勘查及项目竣工验收1056处，办理土地储备复函12件，建设项目规划预审意见29份；出具设计条件通知书76份；发放“一书两证”532件，核发《建设项目选址意见书》2件，拟选址面积共计22073.46平方米；核发《建设用地规划许可证》182本，审核建设用地规模92.65万平方米，《建设工程规划许可证》179本，审核建筑工程面积约131.57万平方米，《规划条件核实证书》158本，复核建筑面积122.66万平方米；市政工程规划许可11件，管线长度共计2.76万米。“一书两证”的发放率达95%以上；完成行政复议工作1起；举行规划听证4次；完成规费收入420余万元。完成23个项目的经济技术指标复核，完成72个项目的建筑面积复核；完成5个项目用地性质调整论证；完成7个项目的道路上线。畅通信访渠道，完善信访机制，做到举报回复率100%，案件审结率达98%以上。查处违法违规建设项目1958处，发放停建通知书149份，立案查处45宗，下达行政处罚决定书21份，查处违法建筑面积15.42万余平方米，开展集中拆违行动45次，拆除违法建筑面积7.73万余平方米，拆除违法广告招牌1174处，实现主城区存量违法建设基本清零，新增违法建设有效遏制的目标；接待群众来访310余人次，处理来信来访36件，协调化解矛盾17例，维护群众的根本利益和社会的和谐稳定。

【《湘潭县花石镇规划（2016-2030）》审定】 10月31日，《湘潭县花石镇总体规划（2016—2030）》在湘潭县城乡规划委员会2016年第五次会议上审议通过。花石镇镇域规划范围201.25平方千米，其中核心镇区规划范围20.51平方千米；镇区规划控制用地787.64公顷，人均建设用地面积约109.4平方米。城镇发展规模：至2030年，镇域总人口约120000人；镇区规划人口规模为72000人；规划城镇化水平为60%。镇域总体目标：以建设特色小城镇与小康社会的战略目标为指引，以新型城镇化建设为导向，立足本地资源和生态条件，以绿色经济发展模式为主线，将花石镇建设成为和谐、健康、繁荣的乡村休闲旅游示范城镇。规划发展目标：提高城镇化水平，现花石城镇化水平为22%，至2030年城镇化水平提高为60%；调整土地利用方式，引导农民积极发展生态农业和第三产业，提高民众生活水平，实现经济、社会、资源的协调发展，成为创建和谐社会的标志；改善农村生活条件和交通条件，形成合理适宜有地域特色的符合当地生产方式和生活方式的农村居民点布局，完善镇域村镇体系；完善镇内交通系统，使有限的空间用地得到充分利用；建成配套相对完善的镇区商业服务中心和旅游景点，以形成增长极核，带动全镇发展，提高镇区的综合实力及吸引力、辐射力；在经济快速发展的同时，保护好环境资源，使之永续利用，真正实现绿色经济和循环经济的整体架构。发展定位：以“湘南古郡，魅力莲城” 为旅游品牌特色定位，以乡村休闲游、生态运动游为主要特征，构建湘潭市南部重要城镇增长极、长株潭核心区城郊休闲旅游服务重镇、全国重要的湘莲产业示范基地。产业发展定位：凸显自然生态资源，构建以特色旅游产业和湘莲产业为主导，以旅游产品生产、特色农副产品加工为配套，服务功能完善的乡村休闲旅游示范镇。产业空间结构：根据花石镇现有产业结构和资源本质，通过推理和整合现有资源规划“一心一园，两轴五区”▲的产业空间结构：

▲一心一园，两轴五区：一心：特色老镇服务中心。一园：花石特色产业园。两轴：特色城镇发展轴、生态旅游发展轴。五区：湘莲文化游览区、万亩荷花休闲游览区、花石湖休闲旅游度假区、高效农业综合发展区、特色生态农业示范区。

【《湘潭县杨嘉桥镇村镇布局规划(2016—2030)》审定】 7月20日，《湘潭县杨嘉桥镇村镇布局规划(2016—2030)》在湘潭县城乡规划委员会2016年第三次会议审议通过。湘潭县杨嘉桥镇村镇布局规划范围：杨嘉桥镇镇域行政辖区范围，面积约为115.17平方千米，包括21个行政村，3个居委会，585个村民小组。城镇发展规模：2020年镇域总人口为66460人；杨嘉桥镇区人口为11400人。2030年镇域总人口为73400人；杨嘉桥镇区人口为36700人。规划目标：村庄空间布局合理；基础设施配套齐全；社会服务功能完善；村容环境整洁优美。产业发展目标：通过产业升级和转型，提升第一产业，延长农业产业链，发展农产品深加工，增加农产品附加值，规划在杨嘉桥镇培育若干农业产业龙头；积极开展工业园区建设，大力发展第二产业；完善镇区商业网络，改善和扩大农村消费，积极发展现代服务产业，将第一产业、第二产业和第三产业有机结合，相互促进，协调发展。产业空间布局根据杨嘉桥镇现状产业特征和未来发展条件等的综合分析，形成“一心、四带、四区”▲的产业空间形态。镇村布局总体结构：根据杨嘉桥镇现状产业特征和未来发展条件等的综合分析，规划形成“一心、两区、四轴”的空间结构：“一心”是指杨嘉桥镇镇区组成的镇域综合服务中心。“两区”是指以岳临高速为界，形成西部的高效农业区和东部的农副产品工贸区。“四轴”是指以湘湘干道与高速连接线（武广大道）形成的两条综合发展轴，沿岳临高速发展的对外贸易发展轴，沿涟水形成的生态农业发展轴。

▲一心、四带、四区：一心：杨嘉桥镇区的商贸服务中心，具有小城镇服务配套等各项综合服务功能。四带:分别为沿湘湘干道与高速连接线形成的两条工业生产发展带，沿谭衡高速发展的对外贸易发展带，沿涟水发展的生态农业发展带。四区:分别为生态农业区、农产品加工区、高效林业种植区、矿产品加工区。

【《湘潭县石潭镇村镇布局规划(2016—2030)》审定】 7月20日，《湘潭县石潭镇村镇布局规划(2016—2030)》在湘潭县城乡规划委员会2016年第三次会议审议通过。湘潭县石潭镇村镇布局规划范围：石潭镇镇域行政辖区范围，镇域总面积124.87平方千米。24个村、5个居委会、587个村民小组。城镇发展规模：2030年年末城镇人口共有65000人，其中集镇人口32000人，农村人口为33000人。规划目标：村庄空间布局合理。合理划分村庄各种类型，依托石潭镇镇区的辐射带动作用形成集镇区—中心村庄—基层村庄3个层面的体系结构，形成各类型村庄协作配套、优势互补、联动发展的格局，达到镇域空间布局合理，协调发展的目的。基础设施配套齐全。在区域内统一部署，注重规模经济效益，以先进科学技术为基础，实行共建共享原则，加强给水、排水、电力电信、能源供应、环境保护、防灾减灾等设施建设。社会服务功能完善。健全优化村庄社会公共服务设施体系，实现教育科研、医疗卫生、文化体育、社会福利设施的分级合理配置，不断提高村民生活服务水平和生活质量。村容整洁、环境优美。建设具有特色的村庄风貌和高质量的人居环境，围绕村庄内、外部环境建设，搞好道路、河塘水系、临街店面等村容村貌的环境建设工作，形成具有自身特点的生态环境系统，给农村创造一个良好的生产环境、外部公共环境和休闲活动场所。产业发展目标：以县道X019、X021、X022等为交通纽带发展农副产品加工，依托政策与资源，链接农工旅商，形成系统的产业体系，为全乡策划新项目，塑造新空间，注入新活力。产业发展布局：针对石潭镇发展现状和产业发展特点，规划形成“一带、四区、八基地”▲的城乡产业空间格局，从而形成遵循产业布局动态发展理念的网络化产业空间结构。镇域村镇布局总体结构：通过对镇域现状用地条件、现状镇村布局和建设用地发展分析，石潭镇镇域规划形成“一心一带二轴七片区”▲的空间结构。

▲一带、四区、八基地：一带：是指涟水河两岸景观发展带。四区：分别是指综合服务区、兆托服务区、杨田服务区、列家桥服务区。综合服务区：提质改造镇区环境，提高服务水平，主要发展第三产业，形成集商贸服务、旅游服务、信息服务、生态宜居等功能于一体的综合服务区。兆托服务区：整治兆托村风貌，改善服务条件，形成石潭镇的次级服务区。杨田服务区：利用现有杨田村的集镇基础，提质改造服务环境，形成石潭镇的次级服务区。列家桥服务区：依用现有利用列家桥村的公共服务设施，提升对周边的服务，形成石潭镇的次级服务区。八基地：分别是指高效农业种植基地、渔业养殖基地、林业种植基地。

▲一心一带二轴七片区：一心：是指石潭镇核心区，作为全镇的经

济、文化、行政中心，以石潭镇镇区为基础，依托涟水河滨江资源优势，形成以商贸服务、生态居住为主要功能的核心区域。一带：是指涟水河两岸景观发展带。二轴：是指X019县道城市经济发展轴和X022县道城市经济发展轴。七片区：分别是指北部与南部的经济林片区和中部的高效农业示范区。

【《湘潭县射埠镇村镇布局规划(2016—2030)》审定】 7月20日，《湘潭县射埠镇村镇布局规划(2016—2030)》在湘潭县城乡规划委员会2016年第三次会议审议通过。湘潭县射埠镇村镇布局规划范围：面积约为170.96平方千米，包括22个行政村，1个居委会，627个村民小组。发展规模：2020年全镇总人口为6.75万人，镇区总人口为1.95万人，村庄人口4.8万人。2030年全镇总人口为6.86万人，镇区总人口为3.36万人，村庄人口3.5万人。产业发展目标：立足资源优势和产业优势，保障第一产业稳定增长，加快农业现代化步伐；强势推动主导产业，促进产业多元化发展；积极发展现代服务业，提升第三产业层次，完善产业结构。产业空间布局:针对射埠镇发展现状和产业发展特点，规划形成“一园、一带、四区、四基地”▲的城乡产业空间格局，从而形成遵循产业布局动态发展理念的网络化产业空间结构。镇村布局总体结构：通过对镇域现状用地条件、现状镇村布局和建设用地发展分析，射埠镇形成点轴型城镇体系空间结构，规划形成“一心一园一带、三轴六片区”▲的空间结构。

▲一园、一带、四区、四基地:一园：是产业发展核心，是指射埠工业园。一带：是指涓水河两岸旅游产业带。四区：分别是指综合服务区、方上桥服务区、继述桥服务区、现代农业特色产业区。综合服务区：提质改造镇区环境，提高服务水平，主要发展第三产业，形成集商贸服务、旅游服务、信息服务、生态宜居等功能于一体的综合服务区；方上桥服务区：整治方上桥风貌，改善服务条件，形成射埠镇的次级服务区；继述桥服务区：利用现有继述桥村的基础，提质改造服务环境，形成射埠镇的次级服务区；现代农业特色产业区：依托涓水河东岸蟠龙村、涓江新村、谷合村的农业资源，结合涓水河滨水资源的优势，发展现代农业和农业旅游等产业，形成现代农业特色产业区。四基地：分别是指特色矿产开发基地、特色水稻种植基地、特色高效农业种植基地、油茶种植及加工基地。

▲一心一园一带、三轴六片区：一心：是指射埠镇核心区，作为全镇的经济、文化、行政中心，以潭花社区、韶井社区为基础，依托涓水河滨江资源优势，形成以商贸服务、旅游服务、生态居住为主要功能的核心区域。一园：是指射埠镇工业园，主要发展以油茶加工为主导，新材料制作的特色工业园。控制面积为200.72公顷，建设用地为139.89公顷。一带：是指涓水河两岸旅游产业带。三轴：是指潭花公路城镇经济发展轴、韶井线—县道017城镇经济发展轴和梅中线城镇经济发展轴。六片区：分别是指方上桥示范片区、巨鱼种植片区、新烟塘种植片区、继述桥高效农业示范片区、土桥铺—来仪种植片区、盛源示范片区。

【《湘潭县花石镇村镇布局规划(2016—2030)》审定】 2016年10月12日，《湘潭县花石镇村镇布局规划（2016—2030)》在湘潭县城乡规划委员会2016年第四次会议审议通过。湘潭县花石镇村镇布局规划范围：本次规划范围为花石镇行政区域范围，辖龙口、日华、花石、盐埠、石坝5个管区，1个社区居委会，49个村民委员会。镇域面积为201.25平方千米，镇区用地面积约20.51平方千米。发展规模：2020年镇域总人口为99500人；花石镇城镇人口为30000。2030年镇域总人口为120000人；花石镇城镇人口为72000人。镇域总体目标：以建设特色小城镇与小康社会的战略目标为指引，以新型城镇化建设为导向，立足本地资源和生态条件，以绿色经济发展模式为主线，将花石镇建设成为和谐、健康、繁荣的乡村休闲旅游示范城镇。规划发展目标:提高城镇化水平，现花石城镇化水平为22%，至2030年城镇化水平提高为60%。调整土地利用方式，引导农民积极发展生态农业和第三产业，提高民众生活水平，实现经济、社会、资源的协调发展，成为创建和谐社会的标志；改善农村生活条件和交通条件，形成合理适宜有地域特色的符合当地生产方式和生活方式的农村居民点布局，完善镇域村镇体系；完善镇内交通系统，使有限的空间用地得到充分利用；建成配套相对完善的镇区商业服务中心和旅游景点，以形成增长极核，带动全镇发展，提高镇区的综合实力及吸引力、辐射力；在经济快速发展的同时，保护好环境资源，使之永续利用，真正实现绿色经济和循环经济的整体架构。发展定位：以“湘南古郡，魅力莲城” 为旅游品牌特色定位，以乡村休闲游、生态运动游为主要特征，构建湘潭市南部重要城镇增长极、长株潭核心区城郊休闲旅游服务重镇、全国重要的湘莲产业示范基地。产业发展目标：以现有交通、区位及政策优势为依托，整合现有自然及产业资源优势，调整产业结构，推动产业升级改造，实现一、二、三产业全面发展，综合实力不断提升，为全镇策划新项目，塑造新空间，注入新活力。产业空间布局:根据花石镇现状产业特征和未来发展条件等的综合分析，形成“一心一园、两轴五区”▲的产业空间形态。镇村布局总体结构：根据花石镇现状产业特征和未来发展条件等的综合分析，形成“一心两带、三区四组团”▲的空间形态结构。

▲一心一园、两轴五区：一心：主要以花石镇区为主的特色老镇服务中心，重点发展现代物流、高科技创新产业；一园：主要指花石特色产业园，主要发展湘莲、农产品加工、食品加工、商贸、机械以及药业。两轴：分别为特色城镇发展轴和生态旅游发展轴。五区：分别是指高效农业综合发展区、湘莲文化浏览区、万亩湘莲风景区、花石湖休闲旅游度假区、特色生态农业示范区。高效农业综合发展区：主要种植水稻、苗木、果木、山地蔬菜、油菜等。发展林下经济。湘莲文化

浏览区：以寸三莲为基础，发掘湘莲文化及相关产业的潜力，发展旅游业。万亩湘莲风景区：建立农业公园、亲子乐园、家庭农场、开心农庄等产业，大力发展观光休闲农业。花石湖休闲旅游度假区：以渔文化、水文化为主基调，大力发展旅游业。特色生态农业示范区：进行生猪黑山羊生态养殖、绿色有机农产品种植以及经济林种植、竹木加工等，发展生态农业经济。

▲一心两带、三区四组团：一心：是指以花石镇区为镇域经济、文化、政治综合服务中心；两带：是指沿涓水城镇空间发展带、沿紫荆山和天马山的农业生态保护；三区：是指涓水片区、龙口片区、花石湖景区；四组团：是指北面盐铺组团、南面团建组团、东面中心组团、西面长寿组团。

【《湘潭县云湖桥镇村镇布局规划(2016—2030)》审定】 2016年10月12日，《湘潭县云湖桥镇村镇布局规划（2016—2030)》在湘潭县城乡规划委员会2016年第四次会议审议通过。湘潭县云湖桥镇村镇布局规划范围：云湖桥镇行政管辖范围，包括121个行政村和11个社区，总面积127.99平方千米。规划目标：改变农村面貌大突破，财政收入增幅大突破，农民人均纯收入大突破，固定资产投入和基础设施建设大突破；以现有产业为基础，走好“文化品牌”之路、生态农业之路、乡村旅游之路，达到农业基础设施逐步完善，社会保障体系更加完善；人口素质逐步提高，科技文化教育平衡发展，民主法制建设全面加强，各项社会事业普遍进步，农村贫困户明显减少，三个文明建设协调发展。发展规模：2020年，镇域总人口为6.5万人，其中城镇人口为1.55万人，农村人口为4.95万人，城镇化水平为23.85%；2030年，镇域总人口为6.9万人，其中城镇人口为2.25万人，农村人口为4.65万人，城镇化水平为32.61%。发展目标构建层次分明、等级有序、设施配套完善的村镇空间布局结构；以云湖桥镇区为中心，中心村为节点，建立按级配套、各项基础设施完善的服务系统。通过各类型村庄的布局与发展引导，推动云湖桥镇村镇的发展。争做“绿色经济先行区、城乡一体示范镇”，以塑造“山水田园、养生福地，古今相融、开放云湖桥”为主线，加速推进新型工业化、新型城镇化、农业现代化，努力建成社会和谐、经济发达、生态文明，文脉传承富有竞争力的生态小镇。功能定位：按照“两型”社会发展要求，利用云湖桥镇现有的自然生态与交通优势，依托长株潭城市群的辐射带动，发展成集工业、商贸、文教、游憩生态宜居等诸多功能于一体的“综合型特色小镇”。产业发展目标：通过产业转型升级，提升第一产业，延长农业产业链，发展农产品深加工和生态农业观光，增加农产品附加值，规划在云湖桥镇培育若干农业龙头项目，带动乡村旅游发展；以国道320复线、武广大道、韶乌旅游专线、潭邵高速、韶山高速等为依托，集中发展机械铸造业；调整产业结构，以人为本，牢固树立和落实全面、协调、可持续的科学发展观，大力发展循环经济，全面推进和谐社会建设，全力打造富裕文明、平安和谐、开放高效的新云湖桥形象。产业定位：规划将云湖桥镇产业定位为：以发展高效农业、文化休闲为特色产业，以机械铸造为主导产业，大力发展商贸物流、信息服务业、旅游服务业等产业，形成湘潭县最具特色的商贸物流中心和诗词文化中心。产业空间布局：规划形成“一心、两园、四基地”▲的产业结构。

▲一心、两园、四基地：一心：是指城镇核心区，主要以云湖桥镇区为主的特色服务中心，重点发展商贸服务、诗词文化、机械铸造等产业。两园：是指石井铺商贸物流园、向红产业园。石井铺商贸物流园依托现有的货运站，在石井铺社区、新中塘村、云湖村等发展商贸物流产业。向红产业园依托特有的交通区位优势，在向红社区发展机械铸造、零部件制造等产业。四基地：是指高标准良田基地、经济林果基地、高效养殖基地、标准化果蔬基地。高标准良田基地在基本农田较多且集中新中湾、新中塘、云湖、飞栏、七里铺、石井铺等村发展高标准良田基地。标准化果蔬基地依托现有的脐橙种植、花卉苗木种植，在响石、东石、新联、良湖发展标准化果蔬基地。经济林果基地在林地较多的烈马、卢塘、天鹅、北岸等村发展经林果基地。高效养殖基地在交通条件较好的烟山、古湖、黄金、狮山等村发展高效养殖基地。

（唐　纳）

住房和城乡建设

【概况】 2016年，湘潭县建筑产业健康发展。建筑业企业增到53家，包括施工总承包企业13家，专业承包企业20家，劳务企业20家，湖南万通、湘中建筑、湘易嘉业等9家建筑业企业产值过亿元。建安总产值28.1亿元，比2015年递增2.3%，创税1.5亿元；其中外拓产值6.6亿元，比2015年递增13.6%；劳务输出8620人。全年有101个建设工程项目入场交易，对125个项目实施招投标监管，工程招标率达到100%；核发施工许可证25个（不包括天易示范区规建部核发），发放竣工备案证73个，全年累计收取建设规费1346.69万元，为年度目标任务的112%，财源经济保持持续增长。

结合“精美莲乡”建设，全县小城镇建设累计投入1.68亿元（其中基础设施投入4700万元），重点以花石、石潭、乌石、白石等全国重点镇、省级中心镇、省市特色镇作为统筹城乡发展、推进城乡一体化的关键节点和重要纽带，对全县各乡镇的道路、电力、排污、排水、环卫、文体等基础及配套设施进行建设和修缮，花石、石潭镇率先启动全县第一批乡镇污水处理厂建设，杨河工业园完成天然气管道铺设7千米。争取保障性住房、垃圾处理设施、城镇基础设施等项目建设资金8000余万元，有力保障工程项目建设的顺利实施。支持乡镇打造示范亮点，先后有花石镇入选省级美丽示范乡镇，乌石镇乌石村入选全国美丽宜居村庄，石鼓镇顶峰村入选全国传统村落。

通过加强日常巡查、季度检查和开展专项行动，对全县在建工程和燃气企业严格按相关法律、法规和检查标准进行常态化检查，检查中对项目部和施工现场存在的问题及时提出整改意见，对存在安全隐患的项目下发整改通知书，并督促将隐患整改到位，重点整治施工现场防坍塌事故、施工起重机械、深基坑防护、高处坠落、施工用电、非法倒灌燃气等重大危险源。建筑行业全年共开展4次季度质安大检查，5次专项整治检查，累计检查项目295项次，查改隐患1570处，下发隐患整改通知101份、停工整改通知85份，上报严重不良行为3例；燃气设施安全生产专项检查5次，查改隐患138处，发出督促整改通知132份，关停取缔非法燃气网点2个，查扣气瓶103个，没收非法倒灌工具8套。全年申报省质量标化工地14个，施工现场安全标化项目考评87项次，优良16项。受监工程安全生产年死亡率继续保持为“零”,建设行业安全生产形势总体平稳。

保障性住房和棚户区改造350套（户），开工率100%，竣工率100%（其中：锦园公租房小区50套、花石镇棚户区改造100套、易俗河镇棚户区综合整治改造200套），完成年度目标任务100%；农村危房改造2000户，开工2000户，竣工1830户，开工率100%，竣工率91.5%，为年度目标任务的183%（年度计划1000户）；全年累计完成固定资产投资1.03亿元（保障性住房1740万元、农村危房改造8400万元，乡镇污水处理设施105万元），超额完成年度目标任务；新增低收入住房保障家庭租赁补贴117户,为年度目标任务的226%；新增管输天然气用户3020户，完成投资649.3万元，为年度目标任务的100.67%。

是年，湘潭县被评为2015年度全省散装水泥工作目标考核优秀县。

【建筑设计】 2016年，县建筑规划设计院遵循“拓市场，争高端、创品牌”的经营方针，优化管理，积极拓展市场。承担各类项目156个，设计总建筑面积约53万平方米，总产值580万元。主要业务来源为天易示范区的安置区、市政项目，精美湘潭的中小型设计项目，招商引资的工业厂房项目，部分私人联建项目及乡镇小城镇开发、道路提质改造项目， 部分安置区的房屋咨询鉴定；包含易俗河镇所有背街小巷的提质改造设计；乌石镇、白石镇、花石镇、茶恩寺镇的乡村建筑改造设计。积极开拓外地业务，与古丈、岳阳、衡山等地项目签订合同。

【建设执法】 2016年，县住建局围绕创建和谐社会的总体目标，积极贯彻“外树形象、文明执法，内强素质、争创一流”的基本方针，坚持管理与服务并重、处置与疏导结合，住建、国土、规划及乡镇人民政府齐抓共管，严格落实“打非治违”责任，打击各类非法违法建设行为。全年开展违法违规项目集中整治110项次，查处违法、违规项目66个，下达责令改正违法行为通知书18份、责令停止违法行为通知书48份，立案15起，结案14起。同时清理整治拖欠农民工工资行为，把好“清欠关”。涉及城区、园区建筑行业农民工1000余人、乡镇建筑行业农民工200余人，涉及金额1000万元。切实维护农民工利益，为创建稳定、和谐、有序建筑市场良好环境奠定基础。 （黄 丽）

城市供水

【概况】 2016年，湘潭京湘供水有限责任公司以“创新发展，节能增效”为主线，克服经济下行压力，创新思路、抢抓机遇、主动作为，全年完成销售水量1347万吨，水质综合合格率99.56%；为进一步降低生产成本、提高生产效能，公司先后完成水厂中控室项目建设和水厂自动化控制系统新建、升级，使供水更节能、高效。公司先后获得“省级文明单位”“省级文明卫生单位”“省级城镇供水行业文明创建工作先进单位”“省级集中式供水卫生管理先进单位”“省五四红旗团支部”“省级青年文明号”“省级巾帼文明岗”等荣誉称号。

按照县城“五大片区”的供水建设构架，以“加快城区供水管网敷设，完善城市供水基础功能，为城区经济发展保驾护航”为重点，紧紧围绕天易示范区的工作目标任务，切实做到“道路修到哪儿，供水管网敷设到哪儿”。年内，投入904万元，完成云龙东路、凤凰东路等供水主管道安装10千米、老城区玉兰路供水主管改造11千米、百花社区等3个社区背街小巷提质改造供水管网3千米；做好海棠花苑等4个小区的改造工程，锦园廉租房等11个小区的供水安装工程。全年安装各型号供水管道总长38935米，确保县城人民的用水需求。争取上级投入20万元，对城区消防栓进行全面维护和管理，确保城区公共消防用水安全，受到县里高度好评。检测农村饮水安全工程单位34家，水样408件，涉及全县17个乡镇的各个供水厂，顺利完成年初计划任务，每月按时报送水质检测报告并配合水务局城乡水务股向水质不合格单位下达整改意见书，对湘潭县农村饮水水质信息掌控与提升起到积极作用。

坚持把安全生产放在首位，切实执行安全生产检查制度、安全生产例会制度，明确各部门安全监管责任人，要求员工积极参加公司组织的安全教育和培训，严格执行各项安全生产规章制度和操作规程，狠抓落实，责任到人。与各部门签订安全生产目标责任书，部门负责人再与部门职工签订安全目标责任状，使安全责任层层落实。积极开展反恐安全演练和消防灭火演练，通过宣传横幅、电子屏滚动播放安全警示标语、粘贴安全警示标志、专题知识讲座等方式，增强全体职工的安全生产意识，营造公司安全生产的浓厚氛围。5月，参加县安委会组织的安全生产演讲比赛，获三等奖；6月，参加县水务局“水利系统2016年度安全生产知识竞赛”活动，并获得第一名；开展反恐演练。10月，协同县消防队开展消防灭火演练，增强职工反恐灭火技能，杜绝火灾事故的发生。各项安全生产活动的开展，受到上级单位和领导的充分肯定。

公司把“简化、优化、明确、标准”落实到用户服务中，规范服务标准，优化工作流程，争创优质服务品牌。依托互联网技术，积极拓宽收费渠道，实现电子支付平台网上缴费和自助终端缴费，与微信公众平台对接，为用户提供缴费和查询业务；积极推行手机APP抄表，利用智能手机加载抄表客户端软件，实时传输抄表数据来替代传统“抄表机+纸质卡片”抄表方式，提高抄表的准确率；对学校、医院、槟榔企业等用水大户推广使用超声波等远程监控水表，实时监控其用水情况，用水异常及时提示用户，减少漏损给用户带来的损失。新技术的应用，实现缴费渠道的多样化、便捷化，使用户畅享简单便捷的全方位服务，同时降低公司职工的工作强度，公司的抄收工作迈上新台阶。（闵羿滔）

城市供电

【概况】 2016年，国网电力公司湘潭县分公司完成售电量9.28亿千瓦时,同比增长14.47%；售电均价完成726.37元/兆瓦时；销售收入完成6.74亿元，同比增长12.6%，电费回收率完成100%；综合线损完成9.65%，同比下降2.29个百分点；配网线损完成3.49%；城农网合计台区线损率为7.81%，同比降幅21.82%。其中：城区台区线损完成3.03%，同比下降0.22个百分点，农电台区线损累计完成9.22%，下降2.66个百分点，同比降幅22.39%。

安全生产稳步提质。公司持续开展精益安全生产管理活动，成立安全稽查网络，强化作业现场安全稽查，狠抓“三种人”的履职，创省公司标准化示范现场4处。加强对供电可靠性、配损及配变异常数据监管工作；对跳闸率较高的线路进行集中综合整治；严守“五类制度”，突出抓好生产工作策划与过程管控，充分利用信息化管理手段提高稽查质量；基建、农电、消防、信息、交通安全、应急管理、电力设施保护工作进一步提升。全年未发生人身、电网安全事件，未发生误操作事故，未发生火灾和交通事故。至年底，累计安全运行2916天。获得省公司2016年度“安全生产先进集体”。

电网建设高效推进。特高压项目按里程碑计划较好地完成属地协调工作，站址征地面积19.41公顷，800千伏线路塔基征地面积1.31公顷，500千伏线路塔基征地面积9.12公顷。沿线征拆房屋58栋已拆44栋。配合施工单位完成800千伏进线和500千伏出线工程的高低压杆迁查勘工作并按进度实施。完成110千伏射埠变、35千伏古塘桥变输变电工程属地协调；配合前期规划完成110千伏河口变及110千伏天平变选址、测量工作。10千伏及以下工程项目总计投资1.07亿元（含2015年续建工程），涉及14个批次工程，单体项目136个，已完成7个批次工程施工，完成建设投资金额6408.56万元。特高压项目获县重点工程建设投资优胜企业二等奖。

攻坚克难成效显著。全面落实市公司“两降”要求，强力推进用电秩序整治及服务水平的提升。着力整治高损台区和高损线路，领导带队对886个台区开展跟班稽查，检查户数8.2万户，发现问题4326处，结合反窃查违，查处违约窃电用户1570户，追补电量836.66万千瓦时，圆满完成各项线损指标；严格责任落实，组建总经理服务热线，强化网格化管理，以集抄改造为手段，以线损实时监控、计量专业化管理为抓手，不断提升营销现代化管理水平，切实提升服务质量。完成1444个台区149177户集抄改造及上线运行工作。对于攻坚克难区域早谋划、重协调、集精英、讲策略、抓成效，全面完成杨嘉桥、云湖桥、谭家山等地区用电秩序攻坚整治工作。坚持完成改造台区进行日线损监控、加强用电巡视和电费催收工作，确保降损成效和电费回收。23个攻坚克难台区日线损全部控制在10%以内。全力推进谭煤“两电分离”工作，实现45个台区、4919户的转网上线工作，全部台区日线损稳定在8%以内，从根本上攻克“谭煤”电费、线损难题。

依法治企持续深化。全面落实“三全五依”法治企业要求，坚持用法治的眼光审视一切重大决策和经营管理行为，落实国网公司的通用制度，全面排查重点领域存在的制度漏洞，加强对制度执行情况的检查。针对集体企业和农电领域，加大培训及监督力度，推进集体企业和农电领域的法治建设。加强风险管控，注重预防、惩治并举。强化人财物核心资源、工程建设和基层管理关键领域的科学管控，形成事前防范、事中控制、事后评估的闭环管控体系。不留管理盲区和监督死角，严格执行国网公司职工奖惩规定、农电员工奖惩办法，严格查处违规违纪行为。严格按照公司劳务派遣用工管理暂行办法规定使用劳务派遣用工，每月职工薪酬严格按工资计划进度发放。（杨光灿）

城市管理

【概况】 2016年，县城管执法局制订一系列整治工作方案，强力整治出店、占道、流动摊贩经营，进行市容市貌集中整治211次，纠正出店经营、沿街叫卖、乱牵乱挂等各类违章行为26725件（次），处理噪音污染134次，有效阻止和处理焚烧垃圾131次，取缔群众投诉夜宵摊位26处，规范门店装修74户，联合湘潭县交警大队、易俗河镇政府，取缔凤凰东路早市，引导凤凰东路湘潭县第一中学对面区域范围内经营的菜摊至贵竹路农贸市场内经营。清理绿化带、主干道破损及破旧户外广告招牌、店招、灯箱359块，横幅177条，查处散发小广告违规行为466起，没收违规小广告4万余份。拆除11块违规大型户外广告及3块过街牌楼，户外广告拆除面积达5200平方米。

坚持以治超限载工作为重点，联合相关部门，加强联动，重点打击车辆超载、抛洒等违法违规行为。坚持源头治理，规范渣土施工场地的洗车平台建设和进出口道路硬化，严格要求渣土运输车辆采取规定的防护措施，在规定运输时间、规定的运输线路作业。查处违规运输渣土车辆180台次，超限车辆18台次，移送治超站12台。

在金霞山广场、荷花路、洛口大道处新建高标准公厕3所，另增加10个环卫休息亭，更换城区主干道垃圾桶（箱）600余个，维修勾臂箱160个，不锈钢垃圾桶360个，做到全年垃圾日产日清，共清理生活垃圾5.6万吨，无害化处理达到

100%。开展牛皮癣专项整治，清除各类牛皮癣11000余处。

在省级园林县城创建工作中，有3家申报单位获得省级园林式单位的荣誉称号，24家申报单位被评定为市级园林式单位。全年查处机动车损绿破绿等违法行为8起。为创造节日氛围，在主道路栽植鲜花、小树合计28000余株。对天易大道、海棠路、雪松南路、金霞山广场等处进行绿化改造，栽植补植香樟、红叶石楠、桂花树等1836株，各类草皮6680平方米。成功将雪松南路改造为绿色停车场。

完成将人行道铺装颜色统一的吸水砖的工作，提质改造人行道6628.63平方米，维修更换破损彩板2500平方米，路沿石、侧石1200米，修复破损树池283个。排水出淤30余吨，更换井盖雨水栅250套。在大暴雨期间实行24小时巡查制，做好城区防汛内涝的组织和处置工作。为优化交通，完成金桂路与大鹏路口、雪松路与大鹏路口右转车道拓宽改造工程和润玉酒店旁绿化带优化工程。

对城区所有路灯杆进行美化刷漆，标注橙色警示标志；坚持夜间巡灯，全年维修路灯978盏，铺设电缆2200米，亮化维修、更换投光灯465盏，造型灯480只，洗墙灯210支；在新增海棠南路、芙蓉大道、潭花复线、荷花南路等近1200盏路灯的前提下，全年电费358万元，比2015年度节约电费100余万元。确保城区主干道路灯亮灯率在99%以上，背街小巷灯饰亮灯率在97%以上，设施完好率99%以上，及时修复率100%。为社区建设路灯141盏，铺设电缆7316米；为杨嘉桥杨河工业区建设路灯20杆。

坚持以法治城管求突破，牢固树立法治思维和法治手段，与全省十佳律师事务所湘潭市湘君律师事务所合作，聘请其为县城管执法局法律顾问单位，聘请全国知名律师彭春秋为该局首席法律顾问，为该局提供法律援助，学法讲法、协助办案，提升执法人员的法治水平和办案能力，依法查处县城居民胡某聘用6台车私自运输渣土等影响较大的行政处罚案件，树立城管的法治权威。

开展城管进社区活动，对县城区13个社区实行网格化管理，由县城管执法局党组成员任片区负责人，各处、室、股、队负责人任联点社区直接负责人，精选13名干部职工为社区城管，每周与社区干部一起工作学习至少2次。使城市管理融入社区，根植社区、服务社区，协助社区解决难题。办理问题建议94件，其中具体办理64件，协助解决30件。局党组书记、局长亲自带队至各社区开展现场办公会，现场收集和解决问题建议37件。

是年，县城管执法局被授予“档案工作规范化管理省一级单位”，由县城管执法局牵头开展的市容环境大整治行动方案在县政府常务会、县委常委会作专题研究，县委书记、县长等县主要领导多次在会议上肯定城市管理工作的成绩。同时，县城管执法局创新城市管理工作的经验先后被中央、省市县级主流媒体报道。2月23日和7月7日，新华网分别以《微信群升级为“数字化城管”平台，湘潭县城管工作效率明显提升》《湘潭县城管局：13名干部驻社区，实现城市管理精细化》为题，详细报道县城管执法局城市管理工作中的创新举措。

【设立城管服务热线】 2016年，县城管执法局专门设立城管服务热线0731-57803110，实行24小时值班制，办理热线电话咨询投诉389件，县（市）长、书记信箱（交办、督办）20件，群众来访15件，网络信件84件，网络舆情回复26件，做到群众信件、网络、电话投诉回复率100%。办理人大代表建议、政协委员提案6件，人大代表建议、政协委员提案见面率、办结率、满意率达100%。

【整治百花市场】 2016年，针对百花街、杏花一路、杏花二路、银杏路等处经常被占道经营、占路为市造成拥堵的问题，县城管执法局克服执法人员力量不足的困难，发动全局干部职工参与户外执法，机关干部职工负责百花市场早晚班巡查，综合执法大队负责白天巡查，形成24小时常态化管理，百花市场及周边市容环境与交通秩序有明显改观。

【整治上马垃圾场隐患】 2016年，湖南省环境保护厅通报上马垃圾场存在环境违法问题。县城管执法局积极与天易示范区规划建设部、县环境保护局形成工作合力，全力整改。按照环保要求，制订应急方案，迅速对库区下游排水管道全面封堵回流，将上马垃圾场大坝内污水经水泵抽到梧桐路城市污水管网，经污水管网引至县污水处理厂达标排放；聘请专业技术人员检查维护，恢复50吨/日渗滤液处理设施正常运行；接入在线环保监控系统；修复垃圾场排水系统，覆盖场内垃圾；同时健全管理机制、强化岗位责任，完善各项工作台账，加强检查督查，做到认真履职。针对存在的隐患问题，县城管执法局继续采用无害化填埋方式，对污水渗滤液系统改造升级后实行市场化运营，同时确定与北控威保特环保有限公司进行合作。

【沿江风光带金霞山广场提质】 沿江风光带与金霞山广场流动摊担屡禁不绝，损坏花草和设施、乱丢垃圾等不文明现象时有发生。针对这一情况，县城管执法局加大管理力度，成立专门的巡查中队进行常态化管理，并设置3处便民服务点，树立多处文明劝导指示牌，完善公厕、果皮箱及各类基础设施建设。有效地保持沿江风光带、金霞山广场的市容秩序和卫生环境。

（王铁钢　周爽乐　熊　幸）

房产管理

【概况】 2016年，湘潭县完成商品房销售面积68.76万平方米；销售金额24.48亿元；住宅商品房均价为3328元/平方米；全县完成房地产固定资产投资20亿元，稳增长作用明显；重点工程6个在建房地产项目已完成总投资5.15亿元；协征房地产行业契税1.63亿元；完成房地产行政事业性收入676万元；归集房屋专项维修资金3800余万元,累计归集2.1亿元。

稳增长、去库存，力促房地产市场平稳健康发展。按照年初中央经济工作会议提出的“去产能、去库存、去杠杆、降成本、补短板”的要求，坚持“稳增长、去库存”的原则，严把商品房预售许可关，稳定新建商品房剩余可售量增长，2016年新建商品房库存在原有基础上降低30%以上。该局牵头相关部门，开展全县商品房去库存工作。在5月10日，报请县政府出台《关于积极化解商品房库存促进房地产市场平稳健康发展的若干意见》（潭县政办发〔2016〕11号）文件前，全县商品房库存面积为89.62万平方米，商品房库存量7022套。至12月底，已有3204户业主申请享受购房补贴政策，已拨付1150户，拨付金额2200余万元，消化商品房库存25.5万平方米，去库存工作成效明显。

推改革促不动产统一登记工作。上半年，该局严格按照上级要求，克服困难、科学统筹、积极做好不动产登记职责机构整合的各项工作，为不动产登记中心输送45名干部职工，其中中层干部12名、中共党员27名，其他均为业务骨干；并协助国土部门抓好职能移交、流程再造、岗位设置、房屋他项注销、查（解）封、档案管理等涉及不动产统一登记的一系列工作，力促全县不动产统一登记工作的顺利开展。

产权产籍管理。严格按照《房地产登记技术规程》有关规定进行产权登记，至6月15日止，完成商品房销售分户登记874宗，发放房屋所有权证1316本，核发他项权证2150本，办理预告登记3270宗，开具各类房屋证明4473份。6月15日至7月1日，按照县委县政府将房屋登记工作职能划转至县国土资源局不动产登记中心的要求，该局停办有关业务。7月至12月底，发放房屋产权转移交易告知单835份，发放房屋抵押交易告知单1022份；发放房屋预告交易告知单3795份；产权查询及开具证明2835份。

公共租赁住房保障。根据实际情况将住房困难标准从原来的13平方米提高到15平方米，重新界定中等偏下收入标准，降低保障门槛，扩大保障面；协助市审计局对已入住保障房家庭的购房、购车、公积金等情况进行调查落实，开展对不符合保障房条件住户的清退工作；为配合滨江中路直管公房涉及22户承租户的拆除工作，多次上户了解承租户情况并做好其思想工作，认真测量各项数据，确保阳光和谐拆迁。截至12月底，全县有廉租住房租户488户，公共租赁住户540户，直管公房租户84户；收缴房屋租金85万元。

物业管理。建立健全全县、乡镇、社区三级物业管理体制，将物业管理工作重点任务分解落实到各乡镇和社区，努力构建大物业管理工作格局；出台《湘潭县物业服务实施办法（暂行）》，建立湘潭县物业管理工作联席会议制度，并成立湘潭县物业管理纠纷调处中心。创建或提升物业管理示范住宅小区4个；严格实行物业服务企业准入制度、资质升级公示制度和资质降级淘汰制度，组织对全县物业服务企业开展资质动态考核，全县有29家物业服务企业通过资质年审；组织物业公司学习物业管理典型案例，提高从业人员素质，提升物业服务水平。

房屋专项维修资金管理。严把资金使用审核关，抓好物业专项维修资金管理。全年有123余个项目申请使用维修资金,该局严把申请使用审核关，并严格审核维修预算，现已有100个项目修缮完工，共拨付维修费用91万元。

白蚁防治。坚持主动上门服务，改变以往“坐”“等”的工作态度；坚持回访复查归档，及时掌握施工后的后续现状，免除蚁害户的后顾之忧；坚持对贫困家庭予以帮助，全年为各类贫困家庭减免白蚁灭治费用约3万元。全年共收取白蚁防治费139.35万元，签订白蚁防治合同78份，合同面积67.16万平方米。完成施工面积69.15万平方米，施工率100%。

房屋安全鉴定。按照县政府安排，对茶恩寺等4个乡镇7处宗教活动场所房屋进行安全隐患大排查；积极参与全县“6·15”特大暴雨洪涝灾害救助工作，对全县12个乡镇受洪涝灾害影响的房屋进行现场查勘和鉴定；对因需要办理危旧房屋改造报建手续的房屋及办理提取住房公积金手续的房屋进行现场查勘并出具房屋安全鉴定报告。全年受理203人次房屋安全技术咨询，现场查勘房屋135幢，查勘面积4.3万平方米，出具房屋安全鉴定报告102份，鉴定面积3.1万平方米。

法制法规监察。认真做好行政复议和行政诉讼案件工作，案件审结后及时总结经验，举一反三，防止发生类似现象。积极配合公、检、法做好不动产的查封、冻结工作，全年协助查封83宗，协助法院强制过户6宗。严抓市场整治，加强执法监察，对发现的违规预售项目下达《责令整改通知书》，查处违规室内装饰装修案件2起。积极化解开发企业与业主的矛盾，全年接待来信来访125人次，处理网上咨询投诉23条，依法没收伪造房屋权证2本，调解4起室内违规装修的纠纷，维护群众的合法权益。（李　懿）

住房公积金管理

【概况】 2016年，湘潭县住房公积金抓归集扩面，让公积金制服惠及更多的职工；抓贷款发放，为房地产去库存作积极贡献；抓内部管理，促业务更加规范；抓服务质量，使广大职工更满意。全年归集住房公积金27261万元，同比增长20.51%，历年累计归集住房公积金156875万元，当年提取住房公积金16747万元，同比增长29.76%，历年累计提取86280万元，年末住房公积金余额70595万元；当年发放贷款22440万元，同比增长41.31%，历年累计发放贷款105988万元，年末贷款余额63570万元。

扩大归集面，提高覆盖率，让住房公积金惠及更多职工。为进一步加大宣传力度，在通过报纸、电视、手机报等常规宣传媒介宣传的基础上，年内和湖南和美广告传媒公司合作，在易俗河镇的主要道路的公交站台设立住房公积金的宣传牌，进一步提高全社会对住房公积金的认知度。通过上门宣传、电话联系等方式，在园区内企业扩介公积金政策，年内新增缴存单位27个，新增缴存人员220人。在抓好扩面工作的同时，抓好资金到位工作，与县财政、教育等部门和科大、县公安局、县农商银行等归集大户保持密切联系，发生资金欠缴情况及时沟通，确保资金及时到位，全县大额拖欠公积金的情况已基本杜绝。全年完成归集27261万元，同比增长4640万元，增长率为20.51%，圆满完成市中心年初下达的归集任务。

做好公积金贷款发放工作。近年来各级政府为确保房地产市场的健康持续发展，促进地方经济，出台一系列房地产去库存的政策和措施，通过认真执行上级的文件要求，加大贷款发放力度，做到应贷尽贷，并积极做好服务，赢得广大购房职工和开发企业的好评，得到县政府领导的肯定。全县的贷款发放以按揭客户为主，已经与中心签订按揭合作的开发企业有26个，涉及43个项目，在上年举办业务培训班的基础上，与各房地产开发企业保持良好的合作关系，及时宣传公积金的新政策，并密切关注开发企业的运行情况，确保资金安全。因全县的贷款存贷比已达到90.05%，为全市最高，有时出现资金紧张的情况，通过银行贷款和市中心拆借，解决资金困难，确保贷款及时发放。全年发放贷款819笔，22440万元，同比增加6560万元，增长41.31%，为房地产去库存，县域经济保增长做出积极贡献。（黄为娇）

环境保护

【概况】 2016年，湘潭县环境保护局以改善全县的环境质量为核心，以提高人民群众的幸福感和获得感为目标，以改善环境质量为重点，全力整治突出环境问题，严格环境执法和环保准入，有力地推动县域经济发展与环境保护的协调发展。清理环保违规整治项目2429个，由属地管理、部门负责，通过政府交办，现场督办等形式，环保部门积极与技术服务单位对接、不计成本服务企业，与技术服务单位数据资源共享，降低企业环评费用，县人民政府对卫计、教育、畜牧以及部分困难乡镇予以经费支持，按照“整治规范一批、完善备案一批、淘汰关闭一批”的分类处置原则，完成2429个违法违规项目整治工作。

强化污染控制。加强大气污染防治联动，开展大气污染防治特护期巡查，完成湘潭县皓月玻璃有限公司、湘潭市新峰金属科技有限公司的煤改气工程；淘汰黄标车95台；全面禁止焚烧秸秆、垃圾，发放关于禁烧农作物秸秆、垃圾的倡议书20000余份，通过督查和巡查的方式，督促各乡镇狠抓落实，较好的完成秸秆禁烧工作，全县空气质量优良率分别为（三参数）93.7%和（六参数）78.8%。加强水污染防治，完成小龙王、伍子醉和胖哥三家企业污水处理项目，加强湘潭县污水处理厂的管理,确保湘潭县污水处理厂按一级A标准稳定运行，是年全县化学需氧量（COD）削减433吨，削减率为1.6%；二氧化硫（SO_2）削减21.67吨，削减率为1.8%；氮氧化物（NO_X）削减3.7吨，削减率为0.3%；氨氮（NH_3N）削减22.7吨，削减率为0.7%；全面完成年度污染减排任务。

严格项目审批。严格贯彻执行国家环保法律法规和产业政策，办理审批建设项目199个，其中登记表139个、报告表60个；已完成验收项目180个，本级验收125个，市级55个；换发新版《排污许可证》274个；制订审批（审查）项目电子图片库、查勘项目现场、进行GPS定位；支持乡镇招商引资工作。积极服务招商引资、重点工程、实事工程等县政府的中心工作，促成建设项目落地；配合省、市环保部门建立环境信用体系建设，上报2015年度信用评价信息17条，其中含3家环境风险企业及14家环境合格企业。

强化环境监察。开展网格化和双随机执法，对全县所有重点国控企业、重点行业实行每月一次的例行现场抽查，对其他污染源采取随机抽查的方式进行现场检查。全面深入排查整治环境风险隐患，开展“高考禁噪”、餐具消毒行业、槟榔加工行业、畜禽养殖业、涉重涉危、环境安全隐患等专项整治行动，消除环境安全隐患，加强环境应急管理，组织应急知识培训和应急演练，提高各企事业单位应急处置能力。强化执法监督，出动执法人员1400余人次，接到并办理各类投诉共200余起，查处各类环境违法行为20余起，其中立、结案10起；收缴罚款115万余元，查封扣押4起，移送公安行政拘留2起；规范排污费征收，采取网上申报、统一核定的形式，对排污费不缺不漏、及时开征、及时催缴、定期在局网站公开征收数额，全年收缴排污费400余万元，较上年增长100余万元。

开展环境宣传。广泛宣传，营造爱护环境的良好氛围。“6·5”世界环境日期间，联合县城管局、易俗河镇人民政府及县环保协会等单位组织“骑行”活动，倡导低碳出行，爱护生态环境。采用制作宣传展板、现场咨询、发放宣传资料等形式普及法律知识，弘扬法制精神，举行环保知识座谈及环保知识问答，深入社区、乡镇等地区开展环保主题宣讲活动号召各方积极参与环保。强化政务公开，进一步完善网站公示牌，服务指南，办事流程等栏目。在湘潭县门户网站，对县重点领域的信息公开情况定期进行发布，全年发布行政审批信息200余条；发表在各网站、报刊的文稿60余篇，撰写理论文章10余篇；完善环保数据档案库，全年受理查询200余次。

加强农村环保。是年，全县农村环境综合整治整县推进项目获得中央专项资金3500万元。项目采用EPC总承包模式，经招投标由中标公司制订实施方案，首批在中路铺镇、易俗河镇、谭家山镇、白石镇、茶恩寺镇、石鼓镇等六个乡镇开展农村饮用水水源地保护、生活污水治理、生活垃圾治理和畜禽养殖污染治理，有效地改善当地的环境质量。

加强环境监测。是年，该局分别对地表水、县自来水公司源水、湘江断面、涓水大桥断面、文家滩涟水河断面、县污水处理厂进行pH值、化学需氧量（COD）等24个项目的定期监测，监测断面水质长期稳定良好。完成污染源130余次、污染纠纷及其他监测150余次、常规性监测30余次、委托监测20余次，出具各类监测报告300余份，有效数据10000余个。（苏　敏）

（责任编校　杨柳）

重点工程建设·园区建设

重点工程建设

【概况】 2016年，全县91个重点工程建设项目（其中，新建项目53个，改扩建项目7个，续建项目31个），年度投资计划145.4亿元。开工建设项目84个，开工率92.3%，低于上年同期1.7个百分点；完成投资146.3亿元，占年度投资计划的100.6%，高于上年同期2.4个百分点。

县域内36个市级重点工程建设项目，计划投资62.2亿元；1—12月，开工项目33个，开工率92%，与上年同期持平；累计完成投资63.2亿元，完成年度投资的101.6%，低于上年同期20.3个百分点。

天易示范区年度建设重点工程项目50个（基础设施建设项目22个、二产业项目20个、三产业项目8个），年度计划投资62.4亿元。1—12月，动、开工建设项目48个，开工率96%，高于上年同期4.7个百分点，高于全县同期3.7个百分点；完成投资67.5亿元，占年度投资计划的108.2%，高于上年同期21.5个百分点，高于全县同期7.6个百分点。

结合供给侧结构性改革，湘潭县围绕先进装备制造、食品医药、新材料三大主导产业，结合自身资源，做好项目前期，精心策划包装高质量、高层次的项目进入国省项目笼子。涓江流域生态综合整治、矿区综合治理项目、彭德怀元帅故里创建AAAAA景区等项目进入上级重点项目库。

年产2000千升精酿啤酒生产线及啤酒体验中心、重金属污染耕地修复及农作物种植结构调整、农村危房改造工程等39个项目建成投产或投入使用，武广大道道路工程、示范区创新创业基地、高标准农田示范工程、凯依克物流有限公司长株潭物流园建设等22个项目完成或超额完成年度建设任务。固定资产投资和重点工程项目建设在全市考核中蝉联第一。

2016年，湘潭县以项目建设攻坚助推经济增长的做法获得国务院表扬与肯定。

【湘莲大道道路工程（株洲界—湘南路段）建设项目】 该项目道路长11747米，宽60米,包括沥青路面工程及绿化、亮化、排水等配套设施建设。2016年，计划投资76000万元，实际完成投资81735万元，二期工程主车道建成通车。

【香樟路（大鹏西路—海棠路）建设项目】 该项目道路长5410米,宽30米,包括沥青路面工程及绿化、亮化、排水等配套设施建设。2016年，计划投资22000万元，实际完成投资22485万元，大鹏西路至黄莺路段竣工通车。

【铝合金模板生产、租赁及安装项目】 该项目占地6.93公顷，总建筑面积6万平方米，建设年产20万平方米铝合金模板、年租赁30万平方米铝合金模板生产线。2016年，计划投资20000万元，实际完成投资22000万元，已建成投产。

【年产2000千升精酿啤酒生产线及啤酒体验中心项目】 该项目占地0.25公顷，总建筑面积0.36万平方米，建设一条年产2000千升精酿啤酒生产线及集旅游观光、美食、娱乐等功能于一体的啤酒体验中心，购置36台（套）啤酒生产设备。2016年，计划投资6300万元，实际完成投资7600万元，已建成投产。

【油茶产业基地建设项目】 县内新造油茶333.33公顷，油茶低改1666.67公顷。2016年，计划投资3700万元，实际完成投资3700万元，已竣工验收。

【湘潭子敬学校建设项目】 占地6.67公顷，总建筑面积3万平方米，可容纳50个班级、3000人以上。2016年，计划投资12000万元，实际完成投资12000万元，已完成主体工程。

（杨庆丰）

2016 年湘潭县部分重点工程建设项目投资进度情况一览表

表 6　　　　单位：万元

序号	项目名称	2016 年建设任务		项目进度	2016 年完成投资额
		责任目标	计划投资		
总计			1453720		1463044
1	湘莲大道道路工程	株洲界—107 国道段（7747 米）辅道、匝道全面竣工，完成所有绿化、亮化等；107 国道—湘南路段（4000 米）完成部分路基、排水施工	76000	湘莲大道一期完成施工任务；湘莲大道二期主车道通车，完成辅道水稳及乔木栽植；湘莲大道三期启动 107 国道口路基土方建设	81735
2	湘江防洪景观道路湘潭县段建设及生态治理（凤凰东路—金桂北路）	完成龙江路—金桂北路段堤防、道路和景观工程，完成湾东港原泵房及低排涵闸拆除、改建电排站及低排涵	45000	向东已完成与金霞山对接，往西主车道至金桂路已竣工通车，目前正在进行龙江路至金桂路段绿化景观施工，金桂路至银杏路段完成路基、排水施工	48834
3	芙蓉大道辅道工程	完成全部工程（辅道、匝道、排水、亮化及绿化等）建设任务	20000	完成立项、环评、图纸设计等前期工作，完成凤凰东路匝道建设	15855
4	梧桐南路（黄莺路—海棠路）	完成部分路基和排水工程	2000	完成立项、环评及施工图设计等前期工作，基本完成征拆，完成黄莺路—湘莲大道段土方约 80%	17123
5	杨柳南路二期（湘莲大道—梧桐南路）	完成路基和排水工程	10000	完成立项、环评及施工图设计等前期工作，启动建设，正在进行路基、排水建设	10132
6	湘南路（玉龙路—湘莲大道）	完成部分路基和排水工程	10000	完成立项、环评、图纸设计等前期工作，正在进行征拆	8048
7	香樟路（大鹏西路—海棠路）	大鹏西路—玉龙路建成通车，玉龙路—海棠路完成路基和排水工程	22000	香樟路（大鹏西路至玉龙路）段基本完成主车道施工；（玉龙路—黄莺路）段竣工通车；（黄莺路至海棠路）段完成前期工作。正在进行征拆	22485
8	天马西路（玉兰路—香樟路）	完成路基和排水工程	2300	完成相关前期工作，正在组织进行施工红线的放线工作，正在进行路基施工	1468
9	郁金香路（紫竹北路—云龙东路)	完成部分路基和排水工程	7000	启动建设，基本完成天易大道辅道—云龙东路段施工	8132
10	背街小巷提质改造二期工程	建成投入使用	3000	基本完成	4079
11	金霞山森林公园	完成游步道、电瓶车道以及部分配套设施建设	5000	竣工	6023
12	凤凰东路二期（金霞路—紫竹北路）	建成通车	6000	完成金霞山路—芙蓉大道段施工	7242
13	云龙东路（芙蓉大道—紫竹南路）	建成通车	5000	开始路面施工	6791
14	潭花复线建设工程	建成通车	2000	竣工	3192

续表 6

序号	项目名称	2016 年建设任务		项目进度	2016 年完成投资额
		责任目标	计划投资		
15	城区道路提质改造工程	建成通车	8000	凤凰西正在进行路基排水施工；飞羊路完成；瑞莲路完成；荷花路沥青完成；杨柳中路竣工	9294
16	第二污水处理厂一期工程	2.5 万吨 / 日的污水处理设备投入使用	10000	已完成可研、环评、规划设计、PPP 实施方案编制、用地预审、PPP 招标初步方案	3710
17	示范区供排水设施建设	完成梧桐南路、郁金香路、天马西路、杨柳南路二期、向东渠东路等路段供排水管网建设	10000	完成鹦鹉路、香樟路自来水主管铺设，基本完成梧桐路主管铺设，基本完成易大道主管铺设	12104
18	二大桥桥头公园	完成部分建设	4000	匝道已建成通车，风光带征拆腾地已经完成，正在进行二大桥两厢绿化景观施工图设计，进行景观种植和城市亮化	2809
19	金霞山公园 80 米通廊	完成部分绿化施工	4000	启动建设	3240
20	金霞山路道路工程	建成通车	1700	正在进行征拆	1268
21	芭蕉路道路工程	建成通车	8000	完成前期工作	1946
22	城市绿地公园建设	投运建成	5000	基本完成建设	6013
23	农村公路建设	建成通车	10500	完成 300 千米农村公路	14400
24	农村公路拓宽改造	完成农村公路拓宽改造 161 千米	6000	完成 161 千米农村公路拓宽改造	7200
25	安保工程	完成 113 千米设置安保设施	2200	已完成安全防护设施设置 113 千米	3550
26	潭衡高速杨嘉桥河口段连接线提质改造	全长 5.735 千米，设计里程为 K22+005.35~K27+740，其中 K22+005.35~K22+816.653 为改建段，K22+816.653~K27+740 为路面加铺段	5000	项目建设进展顺利，预计到年底建成通车	5758
27	潭衡高速晓南互通	建成通车	11964	前期工作投入 300 万元，征地拆迁完成 1900 万元，建设项目管理费 50 万元，工程建设投入约 9714 万元。前期工作已完成，该项目进展顺利，预计到年底路桥主体工程基本完成	13764
28	酒泉至湖南±800 千伏特高压直流输电工程湖南换流站及网线建设	完成换流站主体工程和进线架设	500000	1.场地平整与桩基全部完成; 2.建筑工程总进度完成 95%; 3.安装工程总进度完成 60%; 4.换流站主设备换流变压器累计到货 17 台。800 千伏进线湘潭县范围内 42 基铁塔基础已全部完成组立，架线完成	519999

续表 6

序号	项目名称	2016 年建设任务		项目进度	2016 年完成投资额
		责任目标	计划投资		
29	电网改造工程	建成投入使用	8241	1.110 千伏射埠变电站输变电工程变电站站址四通一平完成，土建施工完成 100%，电气设备安装完成 70%；110 千伏输电线路工程已完成 15 基铁塔组立；配套 35 千伏出线工程其中射埠—乌石线路设计杆塔 58 基，铁塔基础完成浇制 16 基，电杆基础开挖完成 42 基，电杆组立 58 基，架线完成 54 档；射埠—老射埠线路设计杆塔 24 基，杆塔组立累计完成 23 基，架线完成 4#~22# 档；配套 3 条 10 千伏出线工程省公司已下达项目设计批复，已开工入场施工，已立杆 228 基，架线完成 16 千米； 2.35 千伏古塘桥输变电工程站内土建工程完成，电气设备安装完成，35 千伏输电线路工程铁塔基础已完成 17 基基础混凝土浇筑，完成 14 基铁塔组立，完成 40 基水泥电杆组立，线路架设完成 9.4 千米；配套 3 条 10 千伏出线工程已基本完成现场施工； 3.行政村配电网改造工程已上报 120 个村，已批复 52 个村及 7 条 10 千伏线路工程，目前已批复项目已全部开工进场施工，已基本完成 25 个村的现场施工任务	9641
30	农村信息化和三网融合通信建设	建成投入使用	4050	已开通 100 个 4G 基站建设。新建光网村 131 个	3750
31	通信工程	建成投入使用	3000	已完成 78 个基站的开通，并完成光缆 750 皮长千米的建设	3700
32	花石湘莲产业化建设与小城镇综合开发	湘莲市场至韶茶干线公路（2 千米）建成通车；镇污水处理厂（0.3 万吨／日）及配套管网项目建成投入使用；湘莲市场四期 1 万平方米以上主体工程竣工	5000	污水处理厂已进行选址、可行性研究、环评公示、土地征收、图纸设计等前期工作完成，目前正在进行招投标；湘莲市场至韶茶干线连接线项目已开工建设，预计 2017 年 3 月能通车；大江洲大桥项目已完成主体桥建设，预计 2017 年 1 月能完工；湘莲市场四期项目建设进展顺利，已完成 10000 平方米的建设任务；兴宏运置业有限公司主体建筑已完工，偶尔存在阻工现象；湘莲市场五期工程正在进行前期筹备工作	5900

续表 6

序号	项目名称	2016 年建设任务		项目进度	2016 年完成投资额
		责任目标	计划投资		
33	湘潭动力配件产业园	完成一期 7.2 公顷土地开发，厂房及相关附属工程主体竣工	40000	目前项目正在一期厂房主体施工，农历年前完成一期建设	33500
34	铝合金模板生产、租赁及安装	一期工程（厂房 2.2 万平方米、办公楼 0.3 万平方米）建成投产	20000	完成 1 栋厂房、1 栋办公楼、1 栋综合楼主体施工，正在装修，另一栋厂房正在钢结构吊装施工，目前企业已开始试生产	22000
35	年产 2000 千升精酿啤酒生产线及啤酒体验中心	完成年产 2000 千升精酿啤酒生产线及相关配套设施建设	6300	项目已开工建设。灌装啤酒线正在试生产	7600
36	示范区创新创业基地	建设 12 万平方米厂房及相关配套设施	30000	1 期全部竣工，2 期 11 栋、6 栋单层厂房已建成，并出售，另 5 栋正在建设	33500
37	生物质成型燃料集中供热	完成一期车间、仓库主体及部分管道铺设	8000	前期手续已基本到位，正式启动工程建设，完成土地平整。正在护坡和附属设施施工	8000
38	阀门生产基地建设	完成一期厂房主体工程	20000	已完项目前期工作，正在厂房主体和附属用房施工	23500
39	湖南伍子醉食品有限公司技改	完成 1.2 万平方米员工宿舍及 1.5 万平方米配套用房建设	25000	鹦鹉路两栋冷库已完成，并投入使用，云龙路完成 1 栋多层厂房，一栋仓库主体施工	29500
40	湖南皇爷食品有限公司总部及生产基地	完成前期及基础施工	6500	完成土地平整，正在设计地勘和附属设施施工	4500
41	年产 500 万平方米（I 类）建筑用保温免拆模板生产	完成厂房主体	8000	完成厂房基础正负零施工，完成 2 栋厂房主体吊装和办公楼主体施工，正在设备安装	9500
42	ADM 湘潭添加剂预混合及浓缩饲料与配合饲料的生产与服务基地项目	完成厂房及办公楼主体	2000	正在做前期工作，土地已经摘牌	4300
43	年产 40 万件（套）汽车饰件生产线建设	完成 4 栋厂房主体工程	2000	已完成土地平整及规划设计地勘等前期工作，准备进场施工，预计到年底完成厂房主体	3900
44	机车、风电配件生产基地建设	建成投产	5000	土地平整完成，完成厂房及办公楼主体施工	6500
45	年产 20 万台套高精密汽车冲压件制造基地	建成投产	10000	完成 2 栋厂房建设，第 3 栋厂房正进行钢结构安装，设备准备进场，试生产	12500

续表 6

序号	项目名称	2016 年建设任务		项目进度	2016 年完成投资额
		责任目标	计划投资		
46	农产品精深加工园	建成投产达效，完善园内部分配套基础设施	45000	傲农、莲美已建成投产，浏阳河、湘久阳目前已完成办公楼及车间主体施工和设备安装，正在试产。晨萃目前已完成 2 栋多层车间及办公楼主体建设，正在装修和设备安装。乡味食品已经投产，香樟路已经通车	47000
47	液压环卫水工机械生产	建成投产	5000	土地平整已基本完成，正进行围墙及围栏的建设，正在施工设计，准备桩基础施工	8200
48	年产 120 万片特种玻璃生产线建设	建成投产	5000	目前完成厂房主体建设，正在设备安装。新增加建设的办公楼完成主体施工	7300
49	小龙王食品有限公司技改	建成投入使用	11000	污水管网设施的搬迁已基本完成，厂房的报建手续已完成，完成车间及污水管网改造并运行	11200
50	节能环保型农作物烘烤专业设备研发生产	建成投入使用	5000	项目已建成，开始试生产	5500
51	工业机器人关键机械部件及控制装置项目	开工建设研发楼及厂房	5000	完成研发楼主体的建设	6400
52	中药现代化生产基地建设	建成投产	4000	完成 1 栋钢结构厂房及办公楼主体施工，正在准备 GMP 验收	7500
53	昌山风电场	主体工程完工，25 台风机基本并网发电	44963	已经完成测风工作，完成立项手续，正在办理环评手续和初步设计等前期工作	1200
54	湘潭大栗湾光伏电站建设	投产发电	15817	应征地 0.67 公顷，前期准备工作已完成（含项目建设书，可性性研究规划红线，初步设计，施工图设计等，处理周边协调关系）	1800
55	天易示范区杨河工业园河口片区一期工程建设	东凌彩印二期工程、年产 600 吨食用槟榔生产线、英达机电设备生产线、年产 3000 吨农副产品加工生产线、年产 2000 万粒三树青胶囊生产线建成投产；新引进 3 家入园企业，并完成厂房主体工程施工；完善区内相关配套基础设施建设	20000	三树青项目已完成土地平整和围墙建设，正准备厂房主体建设。湘潭县汽车零配件仓储物流车辆检测中心项目正在进行平土等基础工程建设。湖南万楼环保科技有限公司、湘潭县瑞诚工矿贸易有限公司、湖南豪杰包装制品有限公司已建成投产	17000
56	天易示范区杨河工业园杨嘉桥片区一期工程建设	海大饲料生产线、年产 25 万吨沥青砼生产线、嘉鸿包装生产线建设项目建成投产；新引进 3 家入园企业，并完成厂房主体工程施工；完善区内相关配套基础设施建设	13000	嘉鸿已装修完毕，正式投产；华旺已树立生产塔楼，正在调试设备。海大一期基本建设完毕，正在试生产	11237

续表 6

序号	项目名称	2016 年建设任务		项目进度	2016 年完成投资额
		责任目标	计划投资		
57	天易示范区青山皮鞋工业园三期工程建设	在建项目建成投产，新引进入园企业 3 家并完成主体工程，完善园内部分配套基础设施	8000	湘潭凤舞九天鞋业等 3 家企业已建成投产；东达鞋业等 4 家企业已完成厂房和办公楼主体工程，青山多娇完成厂房建设	17050
58	重金属污染耕地修复及农作物种植结构调整	完成达标生产区和管控生产区耕地质量提升与治理修复 3533.33 公顷	3000	采购、发放镉低积累种子 697471 千克；撒施石灰面积 1.19 万公顷；喷施叶面阻控剂喷施面积 16563.73 公顷；施用土壤调理剂面积 1333.33 公顷；优化水分管理面积达 15333.33 公顷；深翻耕面积 8352.87 公顷；种植绿肥 5666.67 公顷；管控专产区“四专一封闭”；实施治理式休耕试点面积 666.67 公顷；新增结构调整面积 64 公顷；开展“VIP+n”修复技术区域化研究与示范 8 个，千亩示范片 2 个；耕地重金属污染修复试点调查监测 1302 个；落实耕地稻草移除试点任务 15874.52 吨，支持项目区改造或完善机耕道建设 3700 米	7600
59	油茶产业基地建设	新造油茶 333.33 公顷，油茶低改 1666.67 公顷	3700	项目于 11 月完成，累计完成油茶新造 333.33 公顷；累计完成油茶低改 1666.67 公顷	3700
60	农田水利项目建设	“五小”水利项目竣工验收并交付使用，小农水项目完成 80%以上工程建设任务	4500	“五小”水利项目，2 月底已全部完成。2016 年中央财政农田水利项目，已开工，完成形象进度的 85%	4275
61	土地综合整治	2015 年整治项目竣工验收；完成 2016 年整治项目 50%以上的工程量	7000	截至 11 月底，2015 年度项目已完成全部建设任务,2016 年度项目完成总投资的 50%	8200
62	高标准农田示范工程	竣工验收并交付使用	2000	梅林现代农业示范园高标准农田建设项目，除 9、10、11 三个标段需要等国土项目完成后再实施，其他标段的都已完成。石潭镇光荣高标准农田建项目，大部分队伍已主体完成，项目整体开始进入扫尾阶段	4083
63	翠峰农林生态基地建设	完成 133.33 公顷红心蜜柚示范基地及相关配套设施建设	1000	工程目前已经建成办公楼一栋，平整蜜柚示范基地 13.33 公顷，种苗基地 2 公顷，及各类配套工程，本月已经完成 13.33 公顷蜜柚种苗（大苗）的栽种，完成 33.33 公顷的全自动网箱养鱼设备，并投入价值 20 万元的鸭嘴鱼苗，并做好乡村旅游项目规划。	695

续表 6

序号	项目名称	2016 年建设任务		项目进度	2016 年完成投资额
		责任目标	计划投资		
64	凯依克物流有限公司长株潭物流园建设	完成厂房主体工程	12000	完成 2 栋车间建设并运营，1 栋车间和综合楼正在主体建设	13400
65	文体广场建设	完成广场及地下商场建设	20000	启动建设，正在进行土方施工	18727
66	精品房产建设	完成三期 8 万平方米房产开发，完善一、二期的相关配套设施建设	30000	竣工	32204
67	摩托车及电动车配件仓储物流	建成投入使用	3000	现厂房及办公楼的主体建设已完成，装修完成，准备投产	4300
68	大洋购物中心	完成建设用地转让、拆迁和广场建设等	20000	正在洽谈中	0
69	中小学“全面改薄”和合格学校建设工程	竣工交付使用	6000	“全面改薄”工程有山塘小学、石壁小学、烟塘小学、星月小学、太阳小学已竣工；茶园中学食堂在建，添置设备完成投资 400 万元，12 所合格学校、9 所学校和 3 所幼儿园维修改造完成	7400
70	县一中艺体馆建设工程	建成投入使用	20000	竣工	21235
71	天易上马中学建设	完成土地报批、征拆及部分主体工程	6000	正在进行房建施工	6521
72	山塘小学扩建工程	建成投入使用	1000	竣工	1069
73	湘潭子敬学校建设	完成主体工程	12000	1# 教学楼主体竣工；2# 教学楼、3# 教学楼、食堂、体艺楼、行政楼、科教楼主体全部竣工	13000
74	县法院审判法庭建设	完成主体工程	4000	已完成建设项目用地预审意见、规划选址意见，已完成环保评测工作和围墙设计、预算评审工作，正实施围墙招标工作	700
75	县人民医院内科住院楼及门急诊医技综合楼建设工程	完成内科住院大楼主体工程及门急诊医技综合楼基础工程	11000	工程已顺利开工，开始进行清表清淤工程	3716
76	县妇幼保健院整体搬迁	完成妇幼保健大楼主体工程和部分相关配套设施建设	4000	已完成建设用地规划许可证、建设用地批准书、不动产权证、环保审查意见、可研批复、项目代理机构选定，其他手续正在办理当中	1021
77	中油新兴燃气便民服务中心	完成主体建设	3000	完成 10 层建设	3800

续表 6

序号	项目名称	2016 年建设任务		项目进度	2016 年完成投资额
		责任目标	计划投资		
78	农村危房改造工程	竣工投入使用	6000	2016 年农村危房改造省下达任务为 1100 户，计划总投资 6600 万元，已开工建设 1918 户，超额完成任务，投资 6600 万元	9672
79	保障性住房建设	竣工验收并交付使用	1000	新建锦园公租房 50 套，开工 50 套，目前已竣工	990
80	标准化农贸市场建设	竣工投入使用	4000	花石农贸市场已竣工，梅林桥农贸市场二期、石鼓四路农贸市场竣工并已投入使用	4200
81	润玉·时代城住宅小区建设	完成 1 期（1~6）栋 318 套 3.7 万平方米主体工程和附属工程	6000	一期：工程进度：1# 已完成拆架，内外装饰正在进行。2# 外架已拆至 8 层；3#、4#、5#、6# 完工，进行自检；4、附属工程正在进行； 二期：工程进度：1.9#、10# 桩基础已完成，2.11# 施工至 4 层；3.12#、13# 施工至 3 层；4.17# 施工至 1 层；5.18# 施工至 5 层	10371
82	天一家园住宅 小区建设	1 栋和 8 栋竣工验收；6 栋、7 栋完成主体验收和相关被套设施建设	2500	6#、7# 铝合金门窗的安装，供排水管网、燃气的安装，8#、1# 配套设施的施工及景观的施工	2568
83	龙盛华府住宅 小区建设	完成 8 栋、9 栋、10 栋主体工程	7000	二期 8# 栋封顶，9# 建至三层、10# 建至四层	8560
84	锴鑫·尚御尊城住宅小区建设	二期工程（7~11 栋）竣工验收；三期工程完成主体施工	15000	一期 1 栋、2 栋、3 栋、5 栋、6 栋完善配套设施和绿化已交房，二期 7 栋、8 栋、9 栋、10 栋、11 栋完善配套设施和绿化已交房，三期都在建炮台及准备封顶	16271

续表 6

序号	项目名称	2016 年建设任务		项目进度	2016 年完成投资额
		责任目标	计划投资		
85	裕鑫水岸龙庭住宅小区建设	2 栋、5 栋、6 栋、7 栋竣工验收	8000	1#、3#、4# 已峻工，附属工程的施工，做好竣工验收工作。二期工程 5# 安装电梯，6#、7# 拆外架	10100
86	中特·香堤雅郡商住小区建设	5 栋及地下室完成单体验收；2 栋落架、1 栋和 3 栋完成主体工程	3380	2# 道路硬化及绿化，1#、3# 已落架完	4100
87	新时代广场商居楼建设	竣工验收并交付使用	2105	总体进度为 100%，新时代广场大楼内外装修已完成，门窗、雨棚、花岗岩、水电等装修工程也已基本完成	2984
88	湘潭县谭家山采煤沉陷区综合治理	建设循环经济产业基地服务中心，完成两电分离、国土整治，铺设污水管网；修复水利道路设施、发展现代农业建设、建设谭家山蚕桑基地及优质油茶苗木培育基地	12000	谭家山分路口社区服务中心已经完成主体工程，修复道路工程已经开工，对 9 个矿区村的部分骨干山塘和渠道进行清淤硬化，在紫竹、坪塘复垦土地近 486.67 公顷，紫竹建立药材基地 33.33 公顷。坪塘种植油菜 52 公顷	1910
89	都市后花园二期建设工程	竣工验收并交付使用	5000	1.农村土地整治项目已基本完工； 2.建设高标准农田项目已全部完工； 3.城市棚户区改造完成 200 户，完成总任务的 100%； 4.月形山公园和观景台亮化工程及配套设施全部完成，成功举办都市后花园开园仪式、半程马拉松比赛和场地越野车比赛等系列活动	5000
90	石潭农艺园	完成园区道路、水电等基础建设，部分场地开发	2000	已完成部分基础设施建设	1300
91	梅林山莊乡村旅游度假村建设	完成 8.33 公顷建设用地征收；完成接待中心、样板房、企业会所、整体景观及各项配套市政工程，并对外开放	20000	1.园区新增地 8.33 公顷正在调规完成，新增地约 9.33 公顷正在调规中； 2.一号大院（接待中心）6 栋建设，完成 4 栋主体，手续正在办理中，材料采购，景观设计合同已签订； 3.二期 5.91 公顷移交资料，开始挂牌工作； 4.园区国防光缆改迁合同已签订； 5.园区池塘维护改造、绿化维护已完成	20000

园区建设

湘潭天易示范区

【概况】　2016年，湘潭天易示范区坚持产业兴园的导向，发挥资源聚集的优势，彰显园区效能超常的特质，着力于招商引资强项目，着力于创新创业优平台，着力于优质高效保供给，园区经济保持稳中趋进、持续向好的基本态势。2015年在省级园区综合评价中排名第16名，连续4年位居省级园区第一方阵。完成技工贸总收入652.22亿元，增长12.02%（同比，下同）；完成工业总产值467.69亿元，增长15.01%；完成规模工业总产值388.05亿元，增长15.26%；完成规模工业增加值103.37亿元，增长11.5%；完成固定资产投资180.3亿元，增长20%；完成财税总收入19.3亿元，增长15.5%。其中，规模工业增加值增速在全市园区中稳居第一。

以招商引资为抓手，发展后劲进一步增强。优化招商引资机制，营造全民招商氛围。成立招商合作局，出台驻点招商、中介招商、信息联络员等政策，组建京津冀、长三角、珠三角3个招商小分队开展重点招商。积极开展“全县招商突破年十大主题活动”，组织和参与江苏、东莞、中山等湖南商会湘潭天易专场推介会、县一中70周年校友推介会等专题活动13场次，发布招商引资项目13个；全年接洽项目135个，外出考察项目68个，组织小分队招商活动17次。成功举行湘潭县重大项目集中签约暨集中开工仪式，进一步浓厚招商氛围。提升招商引资质效，增强产业发展后劲。围绕主导产业和产业链建设开展招商，提升招商引资质效。新签约项目21个。其中，过亿元项目15个，过10亿元项目2个。海泡石产业基地、皇爷食品总部及生产基地、瑞泰科技（湘潭）工业园、文体公园、北汽大世汽车座椅生产基地、凯依克物流、上海数造3D打印等一批体量大、品质优的项目落户园区。江苏弗莱迪斯新能源汽车车身总成、天马人腐乳、恒力机械、广东星钻积木以及广东省动漫协会、广州市玩具行业协会等产业转移项目正在积极推进。强化产业调度创新，推动产业转型升级。加强园区企业调度，新增规模企业11家，总数达119家；产值过亿元的企业89家，其中过10亿元的4家。先进装备制造、食品医药（农产品精深加工）、新材料三大主导产业完成产值366.28亿元，占园区规模工业总产值的94.39%。以胖哥槟榔、五洲通药业、傲农生物为首的农产品精深加工（食品医药）业快速发展；以傲派自动化、敏锐科技为代表的先进装备制造业稳中有升；以韶力电气、新大粉末、高耐合金等为代表的老牌制造企业不断提高产品的技术含量，加快产品升级换代转型。引导企业加快科技创新。实现高新技术产值251.06亿元，增长47.51%；申请专利145件，授权专利82件。源远海泡石、傲派自动化、敏锐科技3家企业获批国家高新技术企业；傲派自动化成功组建市级工程技术研究中心（模块化物流输送及分拣技术）。企业新产品研发与生产取得新突破，如傲派开发烟草自动搬运传送系统、意歌开发热泵烘干设备、千里码开发个性化数码印刷、源远海泡石开发新型涂装材料等。

以项目建设为抓手，产业园区进一步精美。科学规划提升城市品位。相继启动《易俗河片区规划（2010—2030）》《县城城市总体规划（2009—2020）》修改工作及《长株潭生态绿心地区湘潭易俗河片区控制性详细规划》编制工作；完成示范区电力、排水、加油加气站布点、西城区公厕、垃圾站布点等专项规划；编制《湘潭天易示范区教育专项规划》《紫荆湖公园规划设计》《洛口古镇项目规划设计》等专项规划，为城市基础设施配套提供规划技术支撑；完善西城区控规、天易工业园控规、节能环保控规、金霞区控规等控制性详细规划，有效指导城市规划管理，实现示范区控规全覆盖。基础设施逐步健全完善。科学制定项目前期工作计划，按时间节点，合理安排项目进程，做到有计划有步骤推进。全年完成县一中艺体馆室内装修及室外附属工程、县一中提质改造工程、背街小巷二期工程、滨江风光带（金桂路至取水口）等20个项目的前期工作。以“精美湘潭”和“精美县城”项目建设为重点，建成投运潭花公路河口段、凤凰东路二期（金霞路至紫竹北路）、湘莲检测中心、县一中提质改造工程等33个工程，湘江风光带（雪松路至金桂路）、湘莲大道一期、湘莲大道二期、香樟北路主车道已通车，杨柳南路二期、湘江风光带（金桂路至银杏路）等项目稳步推进。产业项目稳步推进。进一步健全完善示范区领导联产业、联项目“五个一”工作机制。飞山奇铝合金模板、珺旭科技、意歌科技等12个项目建成投产；有动力配件产业园、凯依克物流、彩达包装等在建产业类项目40个。

以产城融合为抓手，发展环境进一步优化。产业服务品牌日益响亮。健全完善“一站式”“保姆式”全程代办服务，打造园区服务品牌。引导助推宝马金属、森泰生物、特种线缆、湘易镰刀等企业实现转型升级。积极参与市产业投与宏兴隆的重组，企业更名为弘茂湘莲，已恢复生产。组织五洲通药业、韶力电气等20余家企业参加市“税银互动、信贷帮扶”助推企业发展对接会、市中小微企业专场银企对接活动，引导市电机车厂、康宁达上新三板，缓解企业融资难题。践行一线工作法，牵头联系项目领导及相关部门人员到项目、企业一线调研走访35批次，协调解决建设过程中各类矛盾问题100余个，协调解决南方阀门、振宏材料、中油新兴、古汉堂等企业护坡围墙共建问题和凯依克物流建设阻工等问题。“两型”生态园区日趋成型。积极做好生态绿心调规工作，推动生态问题改革创新。“两型”创建由点到面全面铺开，培育“两型”单位23个，包括省级“两型”社区、“两型”企业各1个，省级两型项目8个。开发“天易城市矿产”综合信息云平台，形成线上投废、线下交易的“互联网+回收利用”模式的全新模式；构建城市垃圾便捷分类模式，形成“物力维艰”“物尽其用”的道德自觉和保护生态、保护环境的行为自觉。示范区工业固废、生活垃圾资源化、减量化和无害化处置工作入选湖南省生态文明案例；示范区成功获批湖南省两型标准化试点区，成为湘潭唯一一家开展湖南省两型标准实施与认证试点工作的单位。城市外部形象逐渐改善。围绕控违拆违专项行动和“精美湘潭”建设，集中整治违法建设，共处置违法建设790处约8.87万平方米。健全示范区—镇—村（社区）三级控违体系，以项目村为重点，依法查处违法建筑面积2.55万平方米，处置率、立案率、查处率100%，新增违建较往年同比下降50%以上。依托市县两级控违拆违的强势氛围，有效保障项目建设环境。积极开展园区主干道渣土、垃圾、广告牌以及报废汽车集中整治行动，城区环境得到较大改观，社区面貌焕然一新。

以提质增效为抓手，要素保障进一步提高。拓宽融资渠道，资金保障质量并进。顺应政策变化，拓宽融资渠道，完善建投等平台公司法人治理结构，推动平台公司实体化运作，且融资成本大幅度下降，平均成本控制在7%左右。积极推进争资争项工作，成功申报各类专项资金6400余万元。强势推动征拆，土地经营亮点纷呈。科学组织用地报批，其中文体公园项目首次采用带项目出让用地，公共设施建设用地与经营性用地整体规划，地下空间一并出让，收到良好效果；以项目为导向强势开展征地拆迁，征地182.53公顷，腾地233.33公顷，有效保障文体公园、滨江风光带、动力配件产业园、二桥桥头公园等重点项目的用地需求，特别是保障长乐建材、北汽大世汽车座椅生产基地等一批新进项目用地，缩短项目落地投产达效时间。规范财务管理，提高资金使用效益。科学调度资金，将资金用在刀刃上。全面保障征拆款、工程款等发展资金的正常支出。从严从紧编制各部室部门预算，对工程、征拆实行全方位、全过程审计和稽核，将关口前移，确保支出管理规范有序，资金使用发挥最大效益。共享发展红利，社会民生实现双赢。紧跟发展建设步伐，完成18个项目6200多公顷土地资源现状前期调查，进一步健全资源信息库；顺应新形势，完善规划范围内户籍迁移、证照办理、农民建房联合审批机制，全年共受理249例申请，依规依程序审批通过186例，促进科学用地和高效征拆。拓展被征地农民社保参保面，新增被征地农民养老保险参保563人，医疗保险参保1588人，做到应保尽保。

【金霞山公园建设项目快速推进】 金霞山公园北邻湘江，西靠易俗河城区，南接天易大道，与京珠高速相连，东至向东渠，涉及易俗河镇金霞、云龙、水竹3个村，规划面积为1.09平方千米，其中林地面积74公顷。公园主体金霞山海拔151米，具有优美的自然环境和丰富的景观资源，为湘潭四大名山之一，是长株潭城市群“两型”社会建设重点保护的城市“绿肺”，又是规划建设金霞山公园的主体,也是湘潭县“两型”社会建设的重大项目。公园建设包含金霞山公园本体、金霞广场和配套的麒麟路（贵竹路至公园主入口）工程的建设。公园分为中心活动区、森林游赏区、户外游乐区、宗教文化区四个功能区。共规划设有七处出入口，其中四处可通车，总体为开放式，主出入口设置在麒麟路，作为公园服务中心。规划共设置12处不同规模的停车场，其中结合主次入口布置机动车停车场6处，可停放215辆小型机动车。布置6处电瓶车停车场，可停放82台电瓶车。公园游路分为4米宽的电瓶车道（总长6600余米）、1.5米宽的主游路、1.2米宽的次游路。公园共规划并保留现状七处水塘，作为公园的消防水源和植物浇灌水源，预计公园日常生活用水量最高约250立方米/天，浇灌用水量最高约2600立方米/天，公园最大建筑室内外消防水量66升/秒。公园内共计规划有6个箱式变电站，预测总电力负荷为0.42万千伏，共规划设置14个公共厕所。公园规划林象景观改造面积为14.88公顷，其中对金霞山北面植被较差山体生态修复面积约5公顷，占公园用地4.63%；结合主要特色景观、游路、节点进行特色林改造面积为9.88公顷，占公园用地9.15%。公园规划分三期建设，各项建设费用总计10590.32万元（不含征地拆迁费用）。

【湘潭子敬学校开工建设】 3月20日上午，湘潭子敬学校全面启动建设，这是湘潭县继天易金霞小学之后，为解决县城居民子女就学问题的又一重要民生工程。县委、县政府、湘潭天易示范区高度重视教育事业发展，大力实施“教育强县”战略，把教育工作摆在优先发展的重要位置。2015年4月，通过友好洽谈、高效对接，县人民政府与湘潭市子敬慈善基金会开启合作建校办学新模式，由湘潭市子敬慈善基金会捐资1亿元创建湘潭子敬学校。学校位于湘潭县易俗河镇山塘村香樟路与云龙路的西北角，占地面积66.67公顷，招生规模为2400~3000人。湘潭子敬学校的开工建设，既是湘潭县擦亮教育“金字招牌”、推进教育均衡发展的一项惠民工程，也是湘潭市子敬慈善基金会情系教育、无私奉献的一种善行义举。学校建成后，必将进一步丰富城区优质教育资源，让更多的孩子享有更优质的教育；同时对改善城区教育基础设施建设，打造设宜业宜居城市也具有重大战略意义。

【湖南傲派自动化设备有限公司在“新三板”挂牌】 7月28日，湘潭天易示范区企业湖南傲派自动化设备有限公司“新三板”上市启动暨湖南天特智能科技有限公司成立仪式在湘潭天易示范区举行。本次启动“新三板”挂牌的湖南傲派自动化设备有限公司，是一家集设计、研发、制造、软件开发和系统集成为一体的高新科技民营企业。公司于2013年10月落户湘潭天易示范区，注册资本6000万元，基地占地总面积4.49公顷，总规划建筑面积逾5万多平方米，总投资额1.38亿元。傲派公司的业务主要包括：烟草工业自动化系统、物流自动化系统、工业机器人系统及高精度检重称量系统等四大领域。公司的产品和系统遍布全国20多个省市区的烟草、物流、医药、食品和饮品等行业，至今已取得国家发明专利12项，实用新型专利63项，获颁“高新技术企业”等称号，通过多项ISO国际质量管理体系认证，是国内同行业中的佼佼者。

【北汽大世汽车系统有限公司汽车座椅生产基地建设项目落户天易】
10月18日，湘潭天易示范区与北京北汽大世汽车系统有限公司汽车座椅生产基地建设项目签约仪式在天易示范区举行。北京北汽大世汽车系统有限公司成立于2011年6月，是由北汽集团和韩国大世株式会社共同投资组建，是国内知名的汽车座椅研发、生产、销售企业。公司计划在天易示范区投资1.2亿元新建汽车座椅生产基地项目，用地面积5.67公顷，力争在2017年8月底前投产。项目投产后，预计年产值3亿元以上，年纳税1000万元以上。该项目的签约落地，对于湘潭县提升产业实力、壮大经济总量、增强品牌效应必将产生重大而深远的意义。

【"神猴电缆"助飞"神舟十一号"】
10月17日早晨7时30分，中国的载人航天飞船神舟十一号在长征2F遥十一火箭的托举下奔赴太空。湘潭天易示范区企业湘潭市特种线缆有限公司研制的超高温点火电缆、轻型特控电缆及电缆组件在其中作为"经脉"传输电力、电气信号、数字信号与控制信号，发挥着电力、信息传输的"中枢神经"作用，成功助飞神舟十一号载人航天器。湘潭市特种线缆有限公司（原名湘潭市特种线缆厂）于1997年落户湘潭天易示范区，是一家集特种电线电缆科研、生产、营销为主的综合型企业。2009年，该公司获得湖南省科技厅颁发的《高新技术企业证书》。近10年来，公司不断引进国外先进技术和工艺，已开发出各类电线电缆新产品近220项，取得国家发明专利48项。据悉，此次湘潭市特种线缆有限公司成功助飞神舟十一号载人航天器空间实验室是继9月成功发射天宫二号后与中国航天工程再次"结缘"，而湘潭市特种线缆有限公司生产的神猴电缆已经成功利用到神舟工程、995工程、嫦娥系列、天宫系列飞行器、大型飞机、火箭、潜艇，受到国家有关部门领导和专家的好评。

【力威液压入选2016年全国水利系统优质产品招标重点推荐目录】
湖南力威液压设备有限公司是一家大型民营型高新技术企业，专门从事液压系统、油泵、油缸、液压启闭机、液压升降式拦河坝（水闸）、节能型全自动保压卸荷水阀等液压机械产品的研发和生产制造。该公司拥有液压升降式拦河坝发明专利3项、实用新型专利5项、节能型自由侧翻式拍门发明专利2项、实用新型专利21项、全自动保压卸荷水阀专利3项、特大型拍门缓冲装置专利3项、高压油泵发明专利3项、实用新型专利3项。主要产品节能型自由侧翻式拍门，2006年由水利部组织专家、教授和院士进行新产品鉴定评审一致认为：整体结构及设计理念均达到国际先进水平。该产品于2007年荣获水利部大禹水利科学技术二等奖，2008年在水利部首届水利新产品应用成果交流会上，经专家教授评审组评审，一致认为是"最具推广价值的创新产品"。12月，水利部行文全国各省、市水利（水务）厅（局）在水利工程建设中，要优先选用该公司生产制造的、最具推广价值的"节能型自由侧翻式拍门"。湖南力威液压设备有限公司成功入选2016年全国水利系统优质产品招标重点推荐目录。

（张　缤）

天易示范区杨河工业园

【概况】 湘潭天易示范区杨河工业园由湘潭县杨嘉桥镇片区和河口镇片区组成，形成"一轴、两片"的功能结构，"一轴"为湘莲大道产业发展轴，"两片"分别为西部城镇综合片和东部产业拓展片，总规划面积683.27公顷。

2016年，杨河工业园河口片深入开展"招商突破年"活动，以商招商，积极发动已落户的园区企业参与招商引资，盘活原有土地和厂房资产，新引进吉安汽配、豪杰包装、万楼环保、瑞诚工矿4家项目落户园区，招商引资达1.2亿元。园区基础设施逐步完善，自2013年以来共投入500余万元，进行园区路灯亮化、电网架设、排污排水等基础设施建设。选址在该镇先丰桥村农谷组的11万伏园区专用变电站项目进入评审阶段。园区主干道（即潭衡西线杨嘉桥连线）的提质改造列入"精美莲乡"重要项目，年底已开工建设，正全力推进连接线与潭花线路口的扩宽建设，预计次年6月将竣工通车。燃气管道也正与园区主干道提质改造同步进行；杨河工业园杨嘉桥片投资150余万元高标准建设园区大道、完成园区排水管道末端管网和相关水系加深加固工程建设、电力扩容工程建设和杆线近移，以及镇区自来水入园工作。

杨河工业园发挥工业园区的优势，加大招商引资力度，瑞珑文体是该镇"引老乡、回故乡、建家乡"招商引资的典范，评为市级"创业带动就业示范基地"，海大饲料作为全县唯一一个上市公司投资落户乡镇的项目成为乡镇工业企业的标杆。8家园区企业提供就业岗位600余个，预计产值在10亿元以上，熙源、嘉鸿、华旺、海大4个企业的年税收均在100万元以上。作为乡镇园区，项目质量及企业形象得到各界好评。

（罗　侃）

天易示范区茶恩竹木工业园

【概况】 根据湘潭县委、县政府"一区多园"的发展战略，湘潭县茶恩寺镇成立天易示范区茶恩竹木工业园，形成以竹制品产业为支撑的特色产业园区。2016年，茶恩竹木工业园完成规模工业产值5.03亿元，全镇从事竹木产业人员8500余人。投入资金150余万元对园区2公顷土地进行平整；整合财政资金200万元对园区给水及园区消防基础设施进行规划建设；投入60余万元在湘衡村打造40公顷竹林科技示范基地。茶恩寺镇开发电子商务，助推产业发展。该镇与湘潭云飞电子商务公司合作开发《茶恩竹品网》电子商务平台，组建运营团队，同时在园区内建设一个竹产品体验中心，预计总投资300万元。

（罗　侃）

天易示范区青山皮鞋工业园

【概况】 青山皮鞋工业园认真按照县委、县政府“一区带多园”发展战略要求，以创新省级工业集中区为总目标，以项目建设为主战场，以全新服务为保障，强举措，重推进，园区在运行、建设、扩展等方面保持良好发展势头。

2016年，青山皮鞋工业园项目建设稳步推进。湘潭东达鞋业、湘潭志高缘鞋业、湖南爱丽丝鞋业、湖南豪友鞋业等4家企业全部建成投产，新建厂房1.58万平方米、新增流水生产线4条、新安排就业人员520余人、新增投资0.76亿元；新引进湘吉中底厂、青山多娇中药材厂等3家企业落户园区，新增投资0.41亿元；投资300多万元新建青山皮鞋制作培训学校，为园区发展提供强有力的人才支撑。按照省级工业集中区标准制定完善园区发展整体规划；完成土地征收8公顷、房屋征拆8栋、迁坟150座；完成清表6.8万平方米、土方23立方米、下水管网建设2780米、挡土墙建设1930立方米、道路路基建设450米及3个消防取水点建设，累计投入2460万元，园区基础设施不断完善。全年累计帮助企业代办各类手续26件；协调各类矛盾纠纷152起；积极向上争取各类项目13个，争取资金150万元；融集各类资金1200万元；帮助企业办理园区就业证2000余份；积极引导协会完善用工、定价、板师等规章制度，对新进企业由新企业实行定点帮扶，实现整个产业良性竞争和抱团发展。

至2016年年末，园区已累计开发土地57.33公顷，完成投资5.69亿元，现有各类入园企业28家，其中，规模以上皮鞋生产企业11家，拥有省著名商标企业3家。累计生产销售各类皮鞋680万双，安排就业人员3400余人，发放各类工资1.32亿元，实现产值6.45亿元，实现皮鞋产业规模与效益两个全省第一，现已成为湖南省最大的皮鞋生产基地。

（罗　侃）

（责任编校　杨红艳）

农 业

概 述

【概况】 2016年，全县完成农业增加值63.85亿元，增长3.2%；农村居民人均可支配收入15718元，增长10.65%。全年完成粮食播种面积10.65万公顷，增长0.9%，粮食总产量74.47万吨，下降0.9%。蔬菜种植面积2.57万公顷，蔬菜产量78.12万吨；水产品产量4.53万吨，比上年增长9.2%。出栏生猪202.59万头；完成营造林3181.3公顷，森林覆盖率保持在45.02%，森林积蓄量411.27万立方米，湿地保护率达70.2%；小康社会建设成效凸显，全年实现农业产业化产值260亿元，完成规模以上企业农产品加工产值210亿元。申报国家级示范社1家、省级示范社1家、市级示范社13家、市级示范家庭农场13家。白石潭口示范片、茶恩寺金坪·复兴示范片、8个“美丽乡村”创建村和110个帮扶村的农电、水利、绿化、道路等建设全面完成。扎实推进精准扶贫工作，制定实施专门工作方案，突出补齐贫困村集体经济收入和基础设施“两大短板”，完成投入8000余万元在28个省定贫困村用于基础设施建设；村集体经济收入年内达到4万元以上；贫困村贫困人口年内全部脱贫。农业基础进一步得到巩固，全县完成水利建设投入2.8亿元，完成固定资产投资1亿元的目标任务。面上水利建设完成各类水利工程1.1万处，改善灌溉面积1333.3公顷，恢复灌溉面积666.7公顷，新增灌溉面积333.5公顷，新增保收面积533.3公顷。全县年末农业机械总动力达149.7万千瓦，农业机械总台数32.7万台，农机生产总值超过10亿，农作物综合机械化率69.25%。 （何柳青）

农业产业化

【概况】 2016年，湘潭县以市创建国家现代农业示范区和“三产融合”试点县建设为契机，强力实施“百家示范”工程，推进产业化工作新发展。在省级龙头企业申报方面，新申报成功莲美食品、华绿生物、仙女竹业3家企业，在全市排名领先；新申报8家以上龙头企业（傲龙饲料、荷味食品、华为湘莲等），同时抓好监测工作，淘汰一些不合格的企业；支持3家农庄争创省星级休闲农庄（三星级、四星级），其中湘之坊成功申报省四星级农庄、中湘白石人家、龙飞生态园等成功申报省三星级农庄。在“三产融合”试点县方面。巩固湘莲基地生产。以湖南莲美食品有限公司及湘莲种植合作等新型经营主体为主体，建成6处集中连片，66.7公顷以上规模绿色湘莲生产基地，新增流转土地建设产供销集约型湘莲基地面积达266.6公顷。在花石莲美湘莲基地投入115万进行沟渠、机耕道和景观游道建设；在全县规模湘莲基地新增太阳能频振式杀虫灯50多盏，基地设施进一步完善。大力发展湘莲产品加工。围绕提升湘莲初加工自动化水平，支持对莲美食品等公司进行技术改造。加快推进农旅结合。以当地自然风光和湘莲基地相依托，培育中路铺龙凤庄园、湖南湘之坊生态农业有限公司、湘潭中湘白石人家生态农业有限公司等一批休闲庄园产业，大力发展庄园经济。积极推进“互联网+农业”，推进电商服务体系化。湘莲企业在淘宝、京东等网购平台年销售额达2亿元以上。粒粒珍公司在天猫平台上冰鲜莲蓬销售额达到400万元，复购率达到75%，成为全县一三产业结合的新亮点。推进展会活动建设。组织一批以湘莲企业为主的农业龙头企业积极参展2016年中国中部（湖南）农博会，建设特色湘潭县展馆。新增21家规模农产品加工企业，全县农产品加工企业产值达220亿元以上。牵头制订《湘潭县产业扶贫规划》并出台年度实施方案，安排400万的县本级产业扶贫引导资金。全年在产业扶贫上累计投入资金5000多万元，其中财政扶贫资金近千万元，自筹资金3000多万元，共扶持产业项目100多个。

（何柳青）

美丽乡村建设

【概况】 2016年，县农业局争取财政资金1050万元，重点用于基础设施建设和特色产业发展，开展对3个示范片、8个"美丽乡村"创建村和110个帮扶村建设。加强梅林都市后花园二期建设，在梅林桥示范片投入1200万元完成"三化一拆"；投入370万元进行骨干山塘改造、新修道路等基础设施建设；引导合作社连片种植葡萄、蔬菜、湘莲、油菜等，引进新怡生态农业科技公司、桂香生态农业有限公司投资320万元建设无花果、火龙果和龙虾养殖基地；引进长沙乐林游乐园计划投资2800万元建设梅林花卉游乐场；引进湖南中世通用航空器有限公司一期投资5000万元建设梅林飞行小镇项目，打造AAA级旅游景区。白石潭口示范片、茶恩寺金坪·复兴示范片、8个"美丽乡村"创建村和110个帮扶村的农电、水利、绿化、道路等建设全面完成，环境卫生、产业发展有质的提升。在花石镇马垅村投入390万元，新建罗汉山桥1座，文化广场1处，安装LED路灯110盏，连片种植湘莲97.3公顷，对马垅村湘莲基地内的3个组38户居民房屋进行民居美化，圆满完成省重点民生新农村建设实事工程。

（何柳青）

精准扶贫工作

【概况】 2016年，湘潭县通过整合产业发展、兜底保障、教育助学、培训就业、医疗救助、危房改造、易地搬迁等帮扶举措，完成9715名建档立卡贫困人口脱贫，超额完成省下达任务。28个省定贫困村按计划全部退出。

强化组织领导。成立由县委书记和县长任领导小组组长，县委专职副书记、常务副县长、县人大联系农业的副主任、分管副县长、县政协联系农业得副主席任领导小组副组长，相关县直单位负责人为成员的县精准扶贫工作领导小组。乡镇相应成立由书记和乡镇长任双组长的脱贫攻坚领导小组，县直各单位也明确分管负责人和具体经办人员。县扶贫办专职人员增加到7名，乡镇成立扶贫站并明确一名副科级干部任扶贫专干，扶贫专职人员在2人以上。加强扶贫队伍培训，年内组织扶贫业务人员开展各类培训7次，参训人员达545人次。

完善政策体系。出台《湘潭县关于坚决打赢脱贫攻坚战的实施意见》，编制《湘潭县"十三五"脱贫攻坚规划》，先后制订《湘潭县精准扶贫工作实施方案》《湘潭县精准脱贫行动实施方案》和《湘潭县脱贫攻坚工作考核办法》。构建湘潭县"1+7+23"脱贫攻坚政策支撑体系▲并编印成册，形成可量化、可操作的工作手册，发放至全县各级各单位，使各级各部门扶贫资源与贫困村、贫困户可享受的优惠政策精准对接。层层压实责任。根据年度脱贫攻坚任务和减贫计划，市与县、县与乡镇签订脱贫攻坚承诺书和减贫责任状、乡镇与村签订减贫责任状，村将减贫任务分解到户到人。明确联系贫困村的县级领导、后盾单位和结对帮扶单位，确定减贫时间表。加大精准扶贫的督查考核力度，考核结果纳入县委对各乡镇、县直单位年度绩效考核。

▲ "1+7+23"脱贫攻坚政策支撑体系："1"即一个目标总揽全局。以县委全会审议通过的《关于加快推进精准扶贫开发工作的决议》和《关于坚决打赢脱贫攻坚战实施意见》为目标指南，从总体上提出目标定位、年度任务、工作重点和刚性措施，作为指导全县精准扶贫工作的纲领性文件。"7"即七项机制保障落实。包括扶贫述职、扶贫考核、退出机制、项目整合、队伍建设、驻村帮扶和督查机制等七项工作制度，对推进精准扶贫工作保障措施进一步分解细化，增强操作性、可行性。"23"即23个行业部门分解实施。对照精准脱贫"五大工程""五大活动"，将各项政策措施分解落实到民政、卫生、教育、人社、交通等23个行业部门，从项目名称到操作流程，从责任分解到时间节点，做到任务书清单化、路线图规范化、时间表具体化，并汇编成册发放到全县各乡镇、村、驻村工作队及相关单位，作为精准扶贫工作指南。

整合力量开展帮扶。依托"双联共建"等党建载体，制订《湘潭县帮扶驻村帮扶工作实施方案》，从县直单位选派22名能力强、作风实的机关干部与7名市工作队员一道，进驻28个省定贫困村开展工作。深入开展"干群一家亲，党群心连心"帮扶活动，组织352个机关事业单位党支部与321个农村党支部结对共建，所有党员与贫困户结对帮扶，实现贫困户帮扶责任人全覆盖。同时，通过网络、报刊、媒体等渠道宣传扶贫政策，借助"希望工程""春蕾计划"等爱心平台，引导社会组织和各界热心人士投入到扶贫工作中来。

整合项目补齐短板。组织各行业部门到全县28个省定贫困村实地勘察摸底，将每村水、电、路、气、网、房、环卫等基础设施薄弱环节列出"缺口"清单，制订"补短板"方案，确定28个贫困村两年内总投资1.43亿余元的基础设施建设项目，做到对号入座、精准扶持。贫困村基础设施完成投入8000余万元，硬化和拓宽改造道路82.8千米，贫困村组与组断头路畅通和硬化已完成20个村，整修山塘水渠57处，农网改造10个村，村卫生室规范化建设28个，贫困村基础设施和公共服务设施得到有效改善。制订贫困村集体经济收入"补短板"方案，利用村集体资产资源和产业优势，壮大村集体经济，28个省定贫困村集体经济收入年内都达到4万元以上。

整合资金加大投入。坚持"多个渠道引水、一个龙头放水"，不断提高涉农资金的使用效益。制订《湘潭县整合涉农项目资金推进精准扶贫的实施方案》，整合农村基础设施建设、公益事业建设、产业发展及民生保障等涉农项目资金，向所有建档立卡贫困户及28个省定贫困村精准投入，年内整合投入脱贫攻坚各类资金达3.5亿元。加大县本级财政投入，县本级安排财政专项扶贫资金达1495万元，其中专门拿出400万元设立产业扶贫引导资金，重点用于解决非贫困村贫困户增收脱贫问题。

坚持分类施策，确保措施落细落小。以精准脱贫“五大工程”和“五大活动”为重点，集聚合力，分类施策。制订产业扶贫规划和产业精准扶贫实施方案，整合产业扶贫资金，鼓励支持新型农业经营主体带动贫困群众增收脱贫。全县有160余家经营主体带动5000余名贫困人口发展产业增收。省重点产业扶贫项目（山地鸡养殖）全面完成，通过委托帮扶和直接帮扶相结合的模式，带动425名贫困人口增收，人均年收益可达3500元以上。贫困户评级面达到100%，获得有效授信的贫困户达85.2%。28个省定贫困村金融扶贫服务站全部建成；全县累计发放小额信贷3925户11035万元，贫困户获贷面超过20%。建立贫困户劳动力台账，举办精准扶贫系列招聘会11场，新增贫困劳动力就业830人，市劳务协作现场推进会在湘潭县召开。制订易地搬迁工程实施方案并抓紧实施，完成易地扶贫搬迁27户79人。整合住建、民政、扶贫等部门危房改造资金，加大农村危房改造力度，全县完成危房改造1800户，其中贫困户危房改造735户，28个省定贫困村贫困户危房全部改造完成。支持贫困家庭的学龄子女完成从学前教育到大学的学业教育。学前一年教育率持续保持100%，学前三年教育率达79.03%；小学适龄儿童入学率达100%，小学生六年巩固率99.9%、初中三年巩固率99.68%；高中免学费共计503人，其中建档立卡家庭经济困难学生114人。整合所有助学项目，重点帮扶1598名贫困学生。完成贫困户新成长劳动力技能培训385人、“两后生”培训127人、贫困村创业致富带头人培训84人。县财政对建档立卡贫困人口参加新农合实行补助，参合率达100%；建档立卡贫困人口门诊和县级以上住院基本医疗费用报销比例提高10个百分点；低保困难群众大病保险报销起付线降低50%；将建档立卡贫困人口100%纳入重特大疾病医疗救助范围。实现扶贫标准与农村低保标准“两线融合”；核实贫困人口中纳入低保的26796人，核定兜底脱贫对象3335人；临时救助1511人次；由民政部门牵头，清理全县农村低保对象。完成农村居民人饮安全13209人；投入1182.90万元，完成10个省定贫困村农网升级改造；完成贫困村道路拓宽11.8千米、建制村通班车率达到100%；行政村4G信号覆盖率达100%、光纤通达率达99%。贫困村“农村广播村村响”完成13个村、“农村广播电视户户通”完成492户、15个贫困村按照“七个一”的标准已完成村级综合文化服务中心建设、28个省定贫困村都选派一名科技特派员。在国务院扶贫办扶贫成效省际交叉实地考核中，湘潭县脱贫攻坚考核全省排名第二、全市排名第一，被省委、省政府评定为全省脱贫攻坚先进县。（何柳青）

农村环境综合整治

【概况】 2016年，全县建立县级领导督查约谈机制，完善县乡村组户五级网格管理、考核评价机制，完成农村环境综合整治投入5000多万元。乡镇镇区市场化保洁率达到65%。“户分类、村收集、乡转运、县处理”的农村生活垃圾可回收模式基本形成，行政村垃圾集中处理率达到100%，完成全面小康指标的105%。全年再生资源分类回收处理可回收垃圾300多吨。

是年，湘潭县以常态保洁、垃圾分类为工作重点，全县28个省定贫困村、46个人居环境重点整治村基本进入常态。以“三化一拆”项目为支撑，持续开展国省道沿线、镇区环境卫生专项整治工作。整治规范了县城区建筑垃圾乱倾乱倒行为，全部拆除中路铺镇沿线敞口垃圾池，全面整治谭家山镇矿区环境卫生，取缔石鼓镇镇区马路市场，及时彻底清除“6·15”特大洪灾灾后垃圾。

是年，湘潭县创新开展的美丽屋场建设活动，被列为全市“精美湘潭·美丽乡村”行动的重点建设内容。采取微信评选活、适当物质奖励、媒体宣传等引导措施，在全县打造12处示范性美丽屋场。在全县年试行农药废弃物有偿回收、在乌石镇开展微信举报垃圾有奖、在茶恩寺镇泉坪村实行分类有偿回收垃圾，在中路铺镇竹冲村试点农村散户生活污水处理的试点。

2016年,湘潭县年度获得“湘潭市农村环境卫生综合整治工作先进县”荣誉称号。

（黄佳兵）

农村能源建设

【概况】 2016年，新建大型沼气工程1处，新安装太阳能路灯240盏，太阳能热水器285台，争取省市两级项目资金68万元。

大型沼气工程建设。科星大型沼气工程严格按照省级示范大型沼气工程进行规划建设，完成土建施工、设备安装调试、站区美化、三沼综合利用、沼气发电，项目已竣工，顺利通过市县检查验收。

太阳能开发利用。以“村上自筹与政府补助”相结合的形式推广安装太阳能路灯240盏和太阳能热水器285台。

完善农村能源服务体系。不断规范全县的107个服务网点建设，依托方达可再生能源技术服务有限公司，为全县提供农村可再生能源后续服务。进一步强化后续服务，加强原料供应、建池、维修、三沼综合利用、技术指导等服务。

旧病池改造。县能源办继续择选村集体经济条件优、积极性高、户用沼气池建池量大的村进行旧病池改造。完成旧病池改造50口，石潭镇古城片旧病池改造50户，50户重做气柜，更换支架。

加强沼气安全生产工作。全年全县10处大中型沼气工程进行沼气安全生产全面检查约计32次。6月中旬，组织大型沼气工程业主单位负责人开展安全生产谈心对话会议，依托湖南方达可再生能源技术服务有限公司，率先启动远程在线监控及安全运营服务，在全县逐步形成“市场化运营，专业化服务，信息化管控，产业化发展”的管理服务模式，实行“政府引导+业主自愿+公司服务”，方达公司与全县大型沼气工程业主签订第三方运营管理服务协议，并负责相关数据的收集与整理，实现远程监控，彻底消除安全隐患坚决遏制和杜绝安全事故的发生。郭家桥秸秆大型沼气工程提质改造项目，老化阀门开关及管道、配电箱更换、发酵池清理、搅拌机等进行全面的维护及更换。全县9处大型沼气工程项目按照市能源科下达的整改意见，全部整改到位。10月27日，举行2016大型沼气工程消防安全综合应急演练及远程在线监控现场培训会，县内10家大型沼气工程业主和相关技术人员参加培训，让业主和相关技术人员了解大型沼气安全运营常识、掌握基本的消防常识及灭火、疏散、逃生和施救等技能。

（何柳青）

农村经济管理

【概况】 2016年，县农经站把握服务“三农”主线，围绕农村稳定、农民增收，着力强化财务审计、促进土地流转、培育新型农业经营主体、维护农民权益、减轻农民负担，推动农经工作开展。

起草《湘潭县建制村合并调整涉并村负责人经济责任审计工作方案》，着重做好农村审计培训指导工作，开办全县村级财务审计工作人员业务培训班（100人次），并多次下乡指导督促审计进度和审计质量。各乡镇均成立涉并村财务审计工作组，审计清查全县427个涉并村财务，完成审计443个村，审计总金额达6.89亿元，审计出违反村级财务管理和农民负担管理相关规定的金额3461.55万元，共计退赔137.86万元，涉及190人，其中移送纪委处理的21人。

通过健全工作机制，43个清零任务村根据各个村实际情况制订一村一策，并明确责任人；争取上级扶持，推荐19个村申报省、市发展村集体经济奖励资金，43个清零任务村全部完成清零任务。

层层签订责任书，将减负惠农工作责任层层分解到各级各部门。建立考核机制，明确党政一把手为减负的第一责任人，“一票否决”制度得到较好落实。加强培训指导，组织财政、审计、农业等部门培训全县各乡镇财政所、经发办负责人及相关业务人员100余人关于一次村级清产核资、账务处理、财务审计及农民负担监管业务；邀请省农经处副处长邝力荣进行授课，组织全县减负工作人员进行一次“农民权益维护与农民负担监督管理业务培训”。加大政策宣传，充分发挥网站作用，并运用各种新闻媒介，对于各种减负惠农政策、涉农收费项目的变更和惠农资金项目，进一步加大宣传力度。加强建章立制，构建长效工作机制。坚持把建章立制贯穿整个减负工作的始终，严格按章办事。先后出台《湘潭县惠农涉农资金监督管理办法》《湘潭县惠农涉农项目资金拨付办法》，明确工作职责、时限要求，强化资金监测，严格责任追究，加强资金拨付到位过程管理监督，确保惠农涉农资金及时足额拨付到位；完善落实惠农补贴项目备案制，出台《关于进一步加强农民权益维护和农民负担监督管理的意见》，意见明确要严格执行惠农补贴项目备案制，切实加强事前监督，并对容易出问题的6个方面用“严格”“严禁”等表述进行专门强调；出台《关于建立落实惠农涉农资金专项整治行动五项制度的通知》《关于深入推进全县惠农涉农资金专项整治行动的通知》等一系列文件，进一步规范推进涉农惠农资金专项整治深入开展。年内，组织、参与减负督查8次，其中全面督查6次，专项督查2次。4月由县委县人民政府两办督查室组织涉农惠农资金专项整治督查、5月进行全县建制村合并调整工作情况督查、6月纪委牵头督查、7月县委副书记周艳希带队督查惠农涉农资金专项整治行动工作、8月进行全县村级财务审计检查、10月由县减负办牵头组织督查全县减负及惠农涉农资金专项整治行动工作、11月由县财政局和县农业局组成联合检查组全面检查全县村级财务。各项惠农补贴资金均按省要求通过“一卡通”发放到农户，共发放资金2.64亿元，没有发现克扣抵扣侵占等现象。截至11月10日，共拨付2014、2015年欠拨付资金6751.8万元自查21个项目全部按要求整改到位，自查自纠达到100%，督查检查达到100%，问题整改达到100%，建章立制达到100%。先后给予17名相关责任人免职、留党察看、行政记过、行政警告等处分，2名干部进行诫勉谈话、3名干部进行廉政约谈，并取消相关单位评先评优资格。

健全、规范土地流转管理服务体系，构建县、乡、村三级服务网络。全县17个乡镇均设有土地流转服务中心，及时收集、发布土地流转供需信息；村配备土地流转信息员，按时报送土地流转信息。做好土地流转基础数据收集、统计工作，加强土地承包日常化管理工作。对于土地流转面积大、流转期限长的项目，要求乡镇经发办积极参与、指导，合同签订后及时归档备案，及时收集、更新土地流转信息，形成长效机制，为上级部门对农村工作作出正确决策提供可靠的信息依据。至年底，全县流转耕地（水田）2.57万公顷，占家庭耕地总面积的46%。调处各类承包流转纠纷15起，为土地流转健康有序、可持续发展起到保驾护航的作用。

完成土地确权颁证资料收集22.8万户，完成率96.79%，完成权属调查357个村，完成率60.3%；第一轮公示184个村，完成率31.08%，第二轮公示99个村，完成率16.72%。成立由县委书记任组长，县长和分管副书记、副县长任副组长，国土、财政、农业、水利、司法、林业、民政等相关部门参加的农村土地承包经营权确权登记颁证工作领导小组，协调解决确权登记颁证工作中的重大问题。领导小组下设办公室，具体负责确权登记颁证的组织和实施等日常工作。各乡镇成立相应的机构，具体负责本辖区范围内确权登记颁证工作，保证确权登记颁证工作的全面展开。印发《湘潭县农村土地承包经营权工作规程》和《湘潭县农村土地承包经营权60问》，制订、印刷发放确权登记颁证工作所需《声明书》《摸底表》《公开信》等宣传及表格资料约150万份。同时，派出业务负责人员分别到各乡镇进行针对性业务培训。每个村参加培训人员不少于3人，全县参加培训的镇村干部达3500余人。

【培育新型农业经营主体】 至2016年11月，在湘潭县工商部门登记注册的各类农民专业合作社达1353家，家庭农场494家，其中县级示范社83家、市级示范社48家、省级示范社12家、国家级示范社6家，市级示范家庭农场7家。全县合作社入社农户2.6万户，辐射带动农户5万户，入社社员人均纯收入高出非社员3500元以上。

2016年，举办3期200余人次的合作社培训班。遵循“实力壮大、示范引领、阵地规范、管理民主、财务健全”的二十字建设方针，进行上门提供指导服务的合作社已达40余家。申报国家级示范社1家、省级示范社1家、市级示范社13家、市级示范家庭农场13家。

（何柳青）

种植业

【概况】 2016年，县农业局按照“强基础、优品质、攻单产、提效益、稳产量”的总要求，完成粮食播种面积10.65万公顷，比上年增加0.1万公顷，增长0.6%，全县早晚稻播种面积10.23万公顷。完成旱粮播种面积0.4万公顷，其中玉米0.19万公顷，比上年增加0.02万公顷。早稻亩产446千克，总产33.32万吨；一季稻亩产528.7千克，总产0.38万吨；旱粮亩产500.3千克，总产1.38万吨；晚稻亩产493.2千克，总产39.39万吨。全年粮食总产74.47万吨。落实经济作物种植面积1.23万公顷，其中：湘莲3023公顷，西甜瓜1495公顷，柑橘类1822公顷，茶叶1277公顷，梨子159公顷，葡萄287公顷，花生602公顷，凉薯801公顷，棉花785公顷，花卉苗木684公顷，蚕桑475公顷，中药材157.8公顷,其他经济作物748.6公顷。2016年完成蔬菜种植面积2.57万公顷（含复种面积），其中专业蔬菜面积515.7公顷，总产量78.12万吨，总产值20.3亿。

【全面推进早稻集中育秧】 2016年，省农业委安排湘潭县早稻专业化集中育秧面积5400公顷，实际完成早稻专业化集中育秧面积6000公顷，秧田面积233公顷（软盘抛秧206.7公顷、机插秧26.6公顷），育秧主体667个，专业化集中育秧涉及17个乡镇、245个村、22100户。示范区秧苗素质好，示范效果明显，没有出现一例烂种烂秧现象，出苗和成苗率高，为早稻生产提供数量充足、素质好的秧苗。

【实施测土配方施肥补贴项目】 2016年，完成推广测土配方施肥技术面积10.95万公顷，覆盖380个村，涉及农户230000户，发放施肥建议卡230000份，施用配方肥32764吨，配方肥应用面积达到6.44万公顷，总增产3.23万吨，减少不合理施肥量（纯量）821.65吨，总增产节支7285.92万元。开展测土配方施肥试验示范展示15个，示范面积1333公顷。举办培训班50期，培训技术骨干100人次，发放培训资料5000份，制作墙体广告、网络宣传共110条，科技赶集5次，调查农户施肥情况100户，采集土壤样品74个，完成2015年土壤检测任务，实验室制样440个，化验2640项次。

【农业技术服务推广工作】 2016年，举办各类农业技术培训班18场次，培训人数达1800人。利用局短信平台发送粮油信息6次，共3.5万余条。编写《中嘉早17高产栽培技术》《株两优819高产栽培技术》《H优518栽培技术》《天优华占高产栽培技术》《湘晚籼13号栽培技术要点及注意事项》等大量主栽品种高产栽培技术资料，通过技术培训、发送信息和发放技术资料，有效地指导全县的粮油生产。

【秋冬种生产】 2016年，制订《湘潭县2016年秋冬种生产工作方案》，召开全县秋冬种生产工作会议，将秋冬种生产任务分解到各乡镇，计划落实秋冬种面积2.7万公顷。重点抓好云湖桥、乌石、花石、梅林桥和中路铺5个千亩和石鼓两千亩油菜高产示范片，云湖桥镇新南村、射埠镇吟江村、易俗河镇银塘村、中路铺镇大湾桥村、石鼓镇珠联村5个千亩绿肥示范片和排头乡五百亩萝卜示范片。发展40个两百亩以上连片油菜种植大户，15个百亩以上蔬菜种植大户。全县实际完成油菜种植面积8333.3公顷、绿肥种植面积1.26万公顷。

【农业执法】 2016年，开展执法队伍规范化建设，健全农业行政执法体系。将种子、农药、肥料、农产品质量安全等管理执法权相对集中，实行综合执法，提高农业执法队伍法律素质和执法水平，不断提高依法办事水平，全年没有出现重大坑害农事件和重大农产品质量安全事故。加强监管，严厉打击农资违法行为。组织对县农资经营单位进行专项行动中，出动执法检查车辆172台次，执法检查人员近850人次，对县内农资批发商和农资经营（点）店进行检查，重点检查农资标签、经营者资质、高毒农药，重点查处有效成分不足、非法添加禁限用高毒农药等不法行为。全年共检查水稻品种（组合）115个，从市场共计抽样检测水稻发芽率198个批次，油菜、绿肥种子发芽率15个批次。检查抽取农药品种30个批次,检查农药标签130张；检查肥料20多个批次，代表数量6000多吨。加大案件查处力度，立案查处农资案件7件，清缴百草枯水剂1847瓶，并按要求送省农业委进行集中销毁380千克农药。开展放心农资下乡进村和农村法制宣传月等活动，充分利用法制宣传、科技下乡等多种平台，加大科普宣传力度，采用现场指导、印发资料等群众喜闻乐见的形式，加大对农资生产、经营者进行新种子法等有关法律法规培训，提高依法经营水平，对农户传授农资知识，推介放心农资，切实保障农业生产和农产品质量安全。全年发放《2016年湘潭市农委安全用种通告》《湘潭县农业局关于停止销售和使用百草枯水剂的通告》1000多份到乡镇村组和农资经营点店，在乌石镇、白石镇、锦石乡、石潭镇和分水乡等乡镇开展2016年农村法制宣传月活动，现场接待群众咨询400多人次，发放宣传资料15000多份。在湘潭县建立5家农药经营示范门店，按照湖南省农业委关于落实随机抽查规范事中事后监管工作的实施方案，落实“双随机”工作，建立执法人员，检查对象名录库和随机抽查事项清单，及时受理农资投诉、举报，做好稳定工作。

【湘莲发展状况】 2016年，通过政府积极引导、鼓励湘莲种植合作社、湘莲种植大户和湘莲加工企业建立种植基地，全县种植湘莲面积达3023.1公顷。在花石镇(韶茶干线花石段两厢及花石湘莲市场—罗汉山—花石水库周边)建成万亩湘莲高产示范片，梅林桥、中路铺、白石和茶恩寺镇（107线和韶茶干线茶恩段的两厢）建成湘莲高产示范带。组织县农业局技术人员到集中连片的乡镇授课，发放《绿色食品湘莲生产技术规程》，湘莲种植技术得以进一步提高，有力地促进湘莲生态旅游业的发展。在湘莲原种场开展湘莲腐败病综合防控技术示范6.67公顷，在全县推广应用133.3公顷。4月，县政府与韶山检验检疫局签订《湘潭县出口湘莲质量安全示范区和湘莲生态原产地保护示范区创建合作备忘录》。制订《湘潭县出口湘莲质量安全示范区和湘莲生态原产地保护示范区创建工作实施方案》报送县政府通过。湘潭县湘莲协会于2016年5月12日在花石镇恢复成立。

【湘莲原种场建设】 2016年，履行与花石镇涓江村农户签订的土地流转合同,租赁水田13.3公顷，继续与湖南省农科院蔬菜研究所马艳青研究员牵品种选育、湘莲腐败病防治等方面的工作。继续进行小区试验，做好生产记录和试验示范，开展“寸三莲”品种提纯复壮和资源保护。湘莲新品种“寸三莲1号”成功通过湖南省品种登记。

【开展耕地修复治理与种植结构调整试点】 2016年，在全县17个乡镇1.3万公顷重金属污染区开展试点工作。在可达标生产区、管控专产区和扩面区，推广镉低积累水稻品种1.15万公顷；实施优化水分管理1.5万公顷次、撒施石灰1.79万吨、喷施叶面阻控剂1.66万公顷次、施用土壤调理剂0.2万吨、深翻耕8353公顷、种植绿肥5667公顷；在易俗河、杨嘉桥分别办好2个VIP+n修复技术标准化千亩示范片；开展耕地稻草移除试点，收集稻草1.59万吨；开展“一对一”采样、送样工作，采集土样、农产品样、水样共5464个；在可达标生产区和管控专产区落实治理式休耕试点686.7公顷，实施耕地修复治理1.2万公顷。在农作物种植结构调整区新增替代种植面积40.6公顷，主要种植棉花、花卉苗木、西（甜）瓜；落实后续替代种植补贴面积192公顷，主要种植蚕桑、花卉苗木、酒用湘莲；引进湘潭花园种业有限公司等种子企业在易俗河、杨嘉桥等乡镇制水稻种子700.6公顷，共完成结构调整面积961.5公顷。设立5个督导小组和委托第三方对试点工作进行深翻耕全程监理，试点工作通过县重点办、省试点办考核验收。结合试点项目实施，对湘潭信达茧丝绸有限公司在谭家山榜塘、紫竹等村种植的养蚕专用桑65.3公顷， 林泉山农林科技公司在谭家山长塘、紫竹等村种植的花卉苗木48公顷，加强水利、道路等基础设施建设，推进谭家山矿区种植结构调整步伐，促进农业产业转型升级。 （何柳青）

农业综合开发

【概况】 2016年，县农业综合开发办牢固确立创新、协调、绿色、开放、共享发展理念，继续加强农田基础设施建设，带动农村经济提升，大力扶持一批有条件的农业企业、农民专业合作社，推动农业综合开发事业稳步提升。全年获得项目批复总投资6032.16万元，其中，中央和省级财政资金3811万元，实施常规高标准农田建设项目1个、常规产业化经营财政补助项目8个、部门项目1个，并创新实施花石湘莲优势特色农业产业园项目。

土地治理项目。2016年，常规农业综合开发土地治理项目为石潭镇光荣高标准农田建设项目，该项目涉及石潭镇的光荣、饶田、紫涟、中塘、白托、文佳、扬子等7个行政村，计划总投资2030万元，其中财政资金2016万元，建设高标准农田893.33公顷。项目划分为16个标段，于2016年11月7日正式动工建设，2017年4月上旬完成县级验收，主要修建拦河坝1座、衬砌渠道28.22千米、防渗加固山塘18座、硬化干道1.4千米、修建支路8.89千米。项目实施后，产生明显的经济、社会和生态效益，新增灌溉面积13.33公顷，改善灌溉面积560公顷，新增除涝面积153.33公顷，改善除涝面积346.67公顷。

产业化经营项目。2016年，按照真实、平等、公正的原则，认真调查审核项目申报单位，向省、市申报常规产业化经营财政补助项目9个，申报成功率100%。9个项目计划总投资1276.04万元，其中争取财政资金448万元；其中一个项目因实施单位退出而终止实施，经上级批准，财政资金调整至高标准农田建设项目中使用。9个项目分别为：湖南华绿生物科技有限公司实施的33.33公顷优质稻种植基地新建项目，计划总投资200.28万元，其中财政资金84万元；湘潭飞跃湘莲食品有限公司实施的2800吨湘莲加工扩建项目，计划总投资383.28万元，其中财政资金84万元；湘潭县正凯蔬菜种植专业合作社实施的40公顷优质白薯种植基地扩建项目，计划总投资89.86万元，实际完成投资92.25万元，其中财政资金42万元；湘潭县益农水稻种植专业合作社实施的80公顷优质稻种植基地扩建项目，计划总投资106.76万元，其中财政资金42万元；湘潭县绿丰蔬菜种植专业合作社实施的20公顷无公害蔬菜种植基地扩建项目，计划总投资116.25万元，实际完成投资117.07万元，其中财政资金42万元；湘潭县顺天特色水稻种植专业合作社实施的20公顷富硒彩米种植基地新建项目，计划总投资71.76万元，其中财政资金35万元；湘潭县大垅水稻种植专业合作社实施的50公顷优质稻种植基地新建项目，计划总投资59.28万元，实际完成投资97.7万元，其中财政资金28万元；湘潭县新红生猪饲养专业合作社实施的4500头商品猪生态养殖基地改建项目，计划总投资125.98万元，实际完成投资134.54万元，其中财政资金42万元；湘潭县全丰蔬菜种植专业合作社实施的38公顷无公害蔬菜种植基地新建项目，计划总投资 122.59 万元，其中财政资金 49 万元，因项目建设单位退出，经省、市批准，该项目终止实施，并同意将 49 万元财政资金转入高标准农田建设项目。

农业综合开发部门地方项目。2016 年，获得农业综合开发部门、地方项目财政资金 347 万元，具体实施部门项目 1 个，为湘潭县油茶丰产林基地示范项目，由县林业局具体负责实施，项目计划总投资 560 万元，其中财政资金 280 万元；获得市级财政安排的水毁修复专项项目资金 67 万元。

【湖南省农业综合开发优势特色农业产业园项目落地】 2016 年，县农业综合开发办成功争取花石湘莲优势特色农业产业园项目。该产业园涉及花石镇马垅、罗汉等 10 个村，总面积 2400 公顷，2016 年计划总投资 2099.12 万元，其中农业综合开发财政投资 1000 万元（全部为省级财政资金）、整合花石镇人民政府财政投资 348.56 万元、企业和农民专业合作社自筹资金 750.56 万元，具体包含 4 个农开子项目，主要建设高标准莲田 133.33 公顷，扶持农业产业化企业 1 家、农民专业合作社 2 家。

【省委直属机关党校 2016 年第一期科干班考察国家农业综合开发湘潭县梅林现代农业园】 3 月 16 日，省委直属机关党校 2016 年第一期科干班一行 58 人考察国家农业综合开发湘潭县梅林现代农业园建设情况，听取园区的建设和分布情况，全面感受和体验园区建设带给农村、群众的巨大变化和真正实惠。他们认为：此次到湘潭县考察感触很多，对现代农业园的建设情况有更加直观的感受和较为全面的了解。湘潭县的经济社会发展，离不开省委各级的高度重视，离不开园区的不懈努力，特别是县委、县政府的正确领导，同时，也对现代农业园的发展充满信心。

【文富恒到湘潭县调研农业综合开发资金管理使用】 8 月 17 日，省人大财经委副主任委员、常委会预算工委副主任文富恒以及省农开办副主任余健来一行到湘潭县调研农业综合开发资金管理使用情况，县领导周艳希、欧建美、谭捍卫及市县农开办负责人等参加调研。调研组肯定湘潭县的农业综合开发工作，并就进一步完善农业综合开发专项资金管理使用，充分发挥该项资金使用效益交换意见。调研组要求，要继续加强农业综合开发项目资金管理工作，巩固和扩大项目成果与整体效益，进一步强化资金管理，加大资金整合力度。

【解希民到湘潭县调研】 9 月 21 日，国家农发办副处长、《中国农业综合开发》杂志编辑部负责人解希民一行三人，在省农发办吴海杰的陪同下到湘潭县进行调研。解希民一行先后实地考察花石湘莲优势特色产业园和梅林现代农业园区，并召开专题座谈会，他们肯定湘潭县湘莲产业发展和现代农业园区建设，认为湘潭县湘莲产业发展极具特色，做到大面积种植、大规模加工；指出梅林现代农业园区是全国现代农业园区中的“一流”，是一二三产业融合发展的典范，充分展现新农村面貌。（刘仙桃）

养殖业

【概况】 2016 年，县畜牧局积极开展春、秋两季重大动物疫病集中免疫行动，全年畜禽疫情平稳，实现了“疫情不扩散，人员不感染”的防控目标。全县年出栏生猪 202.59 万头，年末生猪存栏 114.57 万头；牛出栏 0.57 万头，存栏 1.23 万头，羊出栏 4.08 万只，存栏 2.47 万只，家禽出笼 395.22 万羽，存笼 459 万羽，禽蛋产量 2.02 万吨。全县水产养殖面积 6600 公顷，其中池塘 5213.33 公顷，水库 1386.67 公顷。水产品总产量 4.53 万吨，比上年增长 9.2%，渔业产值 5.4 亿元，比上年增长 9.1%。生猪价格维持较高水平，生产效益可观；鱼价稳定，饲料价格降低，水产业经济效益呈稳定增长。全县畜牧水产总产值 48.4 亿元，占农业总产值的 45.8%，与上年相比略有下降。

2016 年，县畜牧水产局被评为“全省养殖业工作先进县”“地方志工作先进单位”，民调工作名列县直机关第一名。

【动物疫病综合防控】 2016 年，县畜牧局落实国家和省市重大动物疫病防控工作的要求，坚持“加强领导，密切配合，依靠科学，依法防治，群防群控，果断处置”的防控工作方针，班子成员分片包干，机关党员干部联点指导，狠抓各项防控措施的落实。在实施重大动物疫病免疫月月补免基础上，重点开展春、秋两季集中免疫行动。全年共免疫注射猪瘟、猪口蹄疫、高致病性猪蓝耳病 195 万头次，牛口蹄疫 1.5 万头次、羊口蹄疫 9.5 万头只次，羊小反刍兽疫 7.8 万头次，高致病性禽流感 490 万羽次，迎接省抗体检测采样，全年共采取生猪血样 540 份，禽血样 540 份，全年牲畜口蹄疫、高致病性猪蓝耳病、猪瘟、高致病性禽流感免疫抗体水平分别达到 88.9%、95.5%、92.2%、91.6%，抗体水平都达到 70%以上的要求。规范重大动物疫情应急处置、应急物资和疫情信息管理工作，加强应急队伍、疫情监测点的建设，全县安排 33 个县级疫情监测点，监测猪 3500 头，监测牛 210 头，监测羊 523 头，监测鸡 34000 羽，监测鹅 10000 羽。同时配合市动物疫病预防控制中心在全县设立 6 个疫情监测点，开展生猪流行性腹泻、伪狂犬、羊瘟、H7N9 等重大疫情的流行病学调查。加强农贸市场、定点屠宰市场的日常检测、监测和检查，共送检环境、羊口鼻腔双拭子 209 份，血样 345 份，其中用于检测禽流感的血清 60 份，检测猪口蹄疫、猪蓝耳病、猪瘟的血清 30 份，检测羊口蹄疫、小反刍兽疫 90 份、羊布病 165 份，检查结果良好。全县全年共处置疑似重大动物疫情 11 起，涉及农户 10 户和市场经营户 15 户，共扑羊 43 只，鸡 22380 羽，鸭 5268 羽，种鹅 4200 羽。

【动物卫生监督】 2016 年，按照“统筹规划、合理布局、高效便民”的原则，在全县对检疫申报点实行标准化配置。新建规范检疫申报点 11 个，组织开展全县养殖环节“瘦肉精”专项监测，共抽查牲畜尿样16829个，其中生猪尿样15950个，肉牛尿样101个，肉羊尿样778个，检测50487项次，未发现非法添加违禁物品现象，全县瘦肉精等违禁品检出率为“零”。切实加强规模养殖场动物防疫条件管理和生物安全管理，指导养殖场（户）落实动物防疫制度，全县共监督检查规模养殖场1152户，对118户不符合动物防疫条件的提出整改意见。全县打捞病死猪10922头，禽类12976羽，无害化处理养殖环节病死猪18782头，家禽52976羽；全年打击处理动物卫生违法案件8起，无害化处理病害肉及产品1.36吨，移交公安机关的案件1起，已刑拘10人，达到“查处一案、震慑一批、警示一片”目的。与兽药、饲料经营企业、饲料经营户签订安全承诺书，发放《饲料经营、使用普法必读》1800余份；严格执行兽药GMP后续动态监管制度；全面开展GSP兽药经营企业监管及推进工作，全县80余家GSP兽药经营企业进行日常监管检查，核发4家兽药经营企业“兽药经营许可证”，查处兽药店销售假劣兽药3起，5家兽药店作出限期整改；全县123家饲料店进行日常监管，查出经营不合格饲料2起，依法作出行政处罚，有效地维护投入品市场公平竞争秩序。

【屠宰管理】　2016年1月，全县屠宰管理工作职能由商务部门移交到畜牧部门，该局通过与商务部门的座谈沟通、对屠宰企业的走访和各乡镇调查摸底造册，建立《乡镇集市生猪屠宰商》数据库。全县有屠商523户，每天生猪屠宰量为274头左右（其中县城约100头，农村约174头），每天销售鲜肉21320千克。投入资金1600万元，在县城高标准建设总面积为4467平方千米的青花定点屠宰场，日屠宰量在100头以上，确保县城屠商稳定、肉食安全。开展生猪屠宰监管“扫雷行动”，印发《关于规范生猪交易平台管理的告知书》对云湖桥、石潭、杨嘉桥、河口等乡镇的11个生猪调运站进行告知和法律法规宣传，查处2起对生猪灌潲的违法行为。

【渔政管理】　2016年6月6日，该局组织开展鱼类人工增殖放流活动，全县放流3800万尾优质苗种。4月1日至6月30日，春季禁渔期间，县渔政站采取常态化日夜沿河巡查、与市渔政站联合执法等方式，加大执法力度，同时扫除执法的盲点死角，没收非法捕捞渔具20件，“沙套”5个，“地笼”2000米，电瓶式手背包2个，电网50米，电船发电瓶一套。

【启动病死动物无害化处理中心建设】　2016年，县政府出台《湘潭县病死畜禽无害化处理机制建设实施方案》。拟采用PPP模式建设一个病死畜禽无害化处理中心和14个乡镇收集站。处理中心的日处理病死畜禽10吨以上，特殊情况可达30吨；每个站存储能力达到1~3吨规模，并配备冷冻、消毒、收集专用车辆、监控设备。

【生猪调出大县奖励资金项目实施】2016年7月，开始实施2015年度生猪调出大县奖励资金，在全县56个规模养殖场内实行粪污治理工程，12月底组织工程项目验收，可新建格栅池608立方米、调节池5320立方米、曝气池5320立方米、沉淀池5320立方米、干粪棚1216平方米、鼓风机房456平方米，改造雨污分离9120米，预计拨付资金1227万元。通过粪污治理工程项目的实施，极大地提升规模养殖场的粪污治理设施设备水平，改善养殖场的周边环境，促进养殖业生产与环境保护协同发展。　（赵孟阳）

林　业

【概况】　湘潭县林业用地面积9.89万公顷，森林蓄积量411.27万立方米，森林覆盖率45.02%，林木绿化率48.26%。湘潭县公益林面积有4.6万公顷，其中国家级公益林4.0万公顷、省级公益林0.6万公顷。2016年，全县林业及相关产业产值达34.58亿元，完成营造林3181.3公顷、义务植树213.5万株，湿地保护率达到70.2%，森林火灾受害率控制在1‰以下，有害生物成灾率控制在4‰以下。2016年，湘潭县林业大力开展生态文明建设，推进造林绿化、依法治林、森林防火、产业发展和队伍建设，林业工作成绩斐然，湘潭县林业局获得“湖南省绿化先进集体”的荣誉称号，林业系统获得“全国绿化奖章”和“全国绿化先进工作者”2个全国性奖章奖励。

【绿化建设】　2016年，湘潭县林业局实施长防林、退耕还林、中央油茶产业等8个营造林工程项目，营造林面积总计达3181.3公顷，建成河口红陶村、中路铺太坪村、锦石东风村3个千亩典型新造基地，其中县重点工程油茶产业基地建设项目完成油茶新造333.33公顷、低改1666.67公顷任务。对1个市级义务植树基地和3个秀美村庄进行绿化建设，建设资金合计24万元。围绕“射埠—谭家山”油茶产业圈，“白石—中路铺”“茶恩寺—花石”万亩南竹示范片，晓霞山、隐山、昌山、乌石峰等林区，突出新造连片、低改提效，狠抓国家、省级造林项目的争资引项。全年争取实施中央油茶产业、名优经济林等项目8个，争取绿化项目资金2494.68万元，吸纳社会资本投资4000余万元。

【义务植树】　2016年，持续开展县级领导和群众纪念性义务植树活动，吸引县外单位17家，2000余人到县栽植风景林、纪念林，完成全民义务植树213.5万株，造林面积1492公顷，新建义务植树基地23个，尽责率达到97.5%，打造中路铺晓霞山樱花园、白石镇杏花村杨梅园等特色义务植树基地。3月11日，县委、县人大、县政府、县政协、县武装部五大家领导干部200多人，在白石镇杏花村参加义务植树活动，全天义务植树650多株。易俗河镇与天易示范区在城区主干道上进行义务植树活动，建设一条约5千米长的城市街道绿化带。

【古树名木保护】　湘潭县高度重视古树名木资源的保护工作，依据《城市古树名木保护管理办法》《关于加强古树名木保护工作的通知》等文件，已于2008年、2010年、

2014年、2015年分别开展4次古树名木普查工作，2016年，再次启动县域范围的第五次古树名木资源核查工作。经过细致实地核查，此次核实县内古树名木现存787株，比上次普查的数量新增48株，全县古树名木共计30科57种，其中一级古树名木22株、二级古树名木148株、三级古树名木187株。前五位树种樟树、枫香、桂花、马尾松、椤木石楠合计有569株，约占全部古树名木资源的72.3%。新中国开国元帅彭德怀亲自保护下来的“元帅树”、南宋著名理学家胡安国亲手栽植的垂丝香柏等古树名木家喻户晓。

【林业资源管理】 2016年，湘潭县林业局清理本级行政权力事项107项，编制权力运行流程图，明确执法主体权力范围和行驶程序，有效地防止清单外用权等行为。加强林政管理，签订保护发展森林资源目标管理责任状，落实木材经营加工许可证年度登记报告制度，依法从严批准建设项目使用林地9宗，批准并采伐林木蓄积6080立方米。划定三年禁伐面积2589.1公顷，下拨公益林补偿资金1147.39万元；新增绿心地区公益林282.87公顷，绿心地区公益林补偿面积达421.9公顷。组织林地清理、打击非法占用林地、打击破坏野生动物资源、“利剑”“清网行动”等专项行动，查处各类涉林违法犯罪18起，销毁捕鸟网5000余平方米，查处无证经营2家，取缔非法经营加工作坊10家。

【林业科技推广】 2016年，县林业局积极组织开展科技下乡、林农培训、科技扶贫等活动，深入茶恩寺镇、排头乡等4个乡镇举办林业技术培训班4次，发放科技资料1150多份，帮助10户科技示范户，培训林农200多人。定点帮扶4个贫困村，分别为青山桥兴旺村、花石镇东晓村、分水乡分水坳村、茶恩寺熊市村，实现花卉苗木种植22公顷、中药材种植2.33公顷、经济林种植9.33公顷、禽类养殖1.5万羽、蜜蜂养殖60箱、专业合作社成立2个。开展产业扶贫工作，产生经济效益的项目有9个，累计年经济效益为81余万元，人均增收300元左右。在新造林中推广应用林地测土配方信息系统，在新造林中使用率达到95%，全年实现科学新造林3000公顷。

【“精美乡村”建设项目】 2016年，湘潭县林业局整合义务植树、国土绿化、精美乡村三大任务，大力实施13个精美乡村项目，绿化公路280千米、水渠120千米，庭院1133户，打造石鼓、花石、白石、中路铺、易俗河5个精美乡村示范乡镇。通过争取上级部门支持，获得3个秀美村庄建设的项目资金24万元，建设资金分别安排在排头乡指南村、杨嘉桥镇白鹿冲村、锦石乡纯塘村3个村庄。

【林业审批】 2016年，县林业局精简林业审批许可程序，林业窗口共受理办结业务473件，群众满意率达到100%。加强林权管理服务，助推林地流转，林权交易中心登记抵押林权4宗，金额900万元，流转林地10宗,面积469.14公顷。严格执行《湘潭县森林保险实施细则》，全县公益林、商品林保险投保237.55万元，取得森林保险理赔148.87万元。

【森防野保】 2016年，湘潭县林业局在植树节、爱鸟周、森林日、湿地日等活动日，开展森林生态主题宣传和志愿者活动5次，提高市民森林生态保护意识。加强湿地范围内开发项目的湿地资源管理审查工作，湘潭县湿地保护面积稳定在70.2%以上。开展野生动物文明执法，与村民、经营者签订野生动物保护承诺书，适时规范野生动物的经营利用。利用三级测报网络，实时监测25333公顷松林和6666.67公顷竹林，病虫害测报准确率达96.8%。开展松材线虫病季节普查，适时采取药物、生物等防治手段，林业有害生物成灾率为零，无公害防治率达100%。完成1000立方米木材、1万根南竹、80万株苗木的产地检疫，产地检疫合格率达100%。

【森林防火】 2016年，湘潭县没有发生重特大森林火灾和人员伤亡事故，火灾受害率牢牢控制在1‰以内，在乌石镇乌石村、分水乡槐北村新建12千米高标准生物防火林带。开展森林防火宣传活动，发放宣传资料2万人次，张贴禁火令5000张，出动宣传车45台次。建立涵盖县、乡、村、山的“五包”责任体系，护林员、村村响、微信公众号、预警短信让森林防火家喻户晓。启用“12119”森林火灾报警系统，县乡接警处置更加便捷，缩短出警时间。建成森林防火地理信息系统1套，解决即时通信难题。开展森林防火专业队伍、武警森林火灾救援队伍、乡镇应急扑救队伍等森林火灾扑救兵力的联合演练1次，参加演练人次达到140余人次。

【林业产业】 2016年全县林业及相关产业产值达34.58亿元，县林业局加强在油茶、楠竹、水果等产业基地的建设，确保木材产业持续稳定增长，木材加工年产值达11.3亿元，增加值为2150万元。依托油茶、楠竹两大资源，扎实推进招商引资工作，楠竹竹汁提取项目和台湾水果种植项目有望成功落户，预计引资额度达1000万元。2016年加速推进齐白石森林公园建设，对昌山、隐山、金霞山、乌石峰等森林景观的开发利用，大力推动精品林业、林下经济发展，争取项目资金2560万元，完成固定资产投资6000万元，非税收入336.37万元，以森林旅游、林下经济为主绿色供给产业的第三产业产值达5.1亿元，增加值达5851万元。 （夏智武）

水　利

【概况】 2016年，湘潭县完成水利建设投入2.8亿元，完成固定资产投资1亿元的目标任务。面上水利建设完成各类水利工程1.1万处，其中完成山平塘清淤扩容加固 958口，完成高标准渠道建设274千米，完成堤垸、渠道清淤扫障2200千米，完成机埠更新改造14处，河坝改造10处，恢复重点水毁工程73处。达到改善灌溉面积1333.31公顷，恢复灌溉面积 666.67 公顷，新增灌溉面积 333.5 公顷，新增保收面积 533.33 公顷，新增节水灌溉面积 40.02 公顷。重点水利工程建设任务全面完成，包括排头胜天河生态清洁小流域建设、烈雁金河福星至出口河段治理、四水治理滨江堤加固、花石镇前进坝处险工程及曲江河流域曲江桥至仓场段治理、县抗旱应急水源工程涉及排头隐山水库泄洪渠、双联水库灌溉渠、团结水库泄洪渠、栏木冲水库泄洪渠清淤衬砌、湘潭县 2016 年中央财政农田水利项目涉及青山桥镇和石鼓镇 2 个乡镇 15 个村等。2016 年面上 150 个“五小”项目村全部竣工验收，治理水土流失面积 1285 公顷，解决饮水不安全人数 13209 人。

2016 年，湘潭县水务局先后被湖南省爱国卫生运动委员会评为“省级文明卫生单位”，湖南省住建厅“省级、市级园林单位”，被县财政局评为“2015 年度部门决算工作先进单位”，被县人民政府评为“湘潭县安全生产先进单位”，被市防汛抗旱指挥部评为“2016 年全市抗洪抢险先进集体”等。

【河道管理】 2016 年，县河道采砂综合整治工作严格按照“取缔非法、打击违法、规范合法”的方针，实行 24 小时巡查值班制度，全年开展联合执法行动 10 余次，出动执法车辆 50 台次、执法船 3 艘，参加执法人员 200 余人，共割沉吸砂船 4 艘、采砂船 3 艘、运砂船 6 艘，扫除地摊子 2 处 2000 余吨砂石，清除非法上卸砂石 2000 余吨，切割处理涓水河排头乡境内非法作业采砂船 1 艘；湘江湘潭县城区段、涟水湘潭县段河道内的 25 条各类船舶（其中采砂船 15 条、运输船 10 条）全部清理取缔。非法采砂现象得到有效遏制，采砂秩序明显规范，湘江湘潭县城区段、涟水河湘潭县段实现禁采，河道采砂管理取得实效。河口三联砂场厂区内主体工程建设全部完成，河道保洁工作严格按照属地管理的原则有序开展，农村环境卫生整治工作效果明显。

【县韶灌站渠系员编制问题圆满解决】 2016 年 9 月，县机构编制委员会和县政府相继召开会议研究县韶灌渠系员编制问题，决定对全县办理正式招录手续的 27 名韶灌渠系员交由受益乡镇管理，参加乡镇竞聘上岗，其人、财、物、事四权均调整为所在乡镇管理，原韶灌乡镇分站承担的职能职责并入乡镇水利站。24 名退休韶灌渠系员参照 2012 年乡镇机构改革前事业站所人员落实待遇，移交原工作乡镇管理。人员经费由县财政按乡镇同性质人员标准重新核定，根据实际情况拨付到乡镇。12 月底，全县韶灌渠系员的所有移交工作全面完成。

【湘潭县 2016 年中央财政农田水利项目】 该项目总投资为 2070.99 万元，涉及青山桥镇和石鼓镇 2 个乡镇 15 个村，分别为青山桥镇的青山、和坪、龙书、观山、观元、马栏、新阳以及石鼓镇的珠联、向阳、七家坪、五家嘴、兴旺、四路、安乐、铜梁，涉及人口 2.76 万人，耕地面积 1640.82 公顷。主要建设内容包括水源工程：改造山塘 84 口，改造河坝 12 座，改造泵站 5 处 103.5 千瓦；灌排渠系：新修灌溉渠道 1 条 0.40 千米，改造衬砌灌溉渠 70 条 67.05 千米，改造排水渠 20 条 12.30 千米；高效节水灌溉 42.48 公顷（低压管道灌溉）。该项目已于 2016 年 10 月开工建设。

【烈雁金河福星至出口河段治理工程】 该项目总投资为 2406.43 万元，主要建设任务包括综合治理河道共 6.20 千米，对堤内坡砼护坡、部分渗漏及垮塌堤段的堤脚修建阻滑墙、附属涵管改造、加高培厚堤段泥结石路面等。该工程 10 月上旬正式开工建设。

【四水治理卓江堤保护圈工程（ZJ8+600~ZJ11+900 段）】 该项目总投资 3018.45 万元，主要建设内容包括对 3.3 千米堤段进行加高培厚、护坡护岸、堤顶未硬化段泥结石硬化；险工险段进行散浸处理、护坡；对 3 处涵闸进行局部改造加固。该项目已于 2016 年 11 月开工建设。

【徐元明到湘潭县督查防洪风险隐患排查工作】 6 月 25 日，由水利部建设与管理司副司长徐元明带队的国家防总督查组一行到湘潭县督查防洪风险隐患排查工作，省防汛办主任罗毅君，市、县领导杨真平、傅国平等人参加督查。徐元明一行先后查看排头乡上石坝灌区烂泥巴隧洞和上石坝水库引水渠泉坝段、涓水锦石乡金湖村曲尺塘段。他强调，湘潭县要定期不定期对各类防洪风险隐患开展地毯式再排查，各类排查出的隐患要分门别类，建立清单与台帐，有针对性制订措施；各级各部门要保持高度警醒，思想上要高度重视，严密防控，要加强重点部位防御，做好山洪地质灾害、危旧房户等区域人员转移避让，确保群众生命财产安全。

防汛抗旱

【概况】 2016 年，湘潭县汛期提前半个月，3 月 20 日，全面启动领导带班的 24 小时防汛值班制度，并开展汛前安全大检查。4 月 25 日召开全县防汛抗旱工作动员会，县政府与各乡镇负责人签订防汛抗旱目标责任状，全面落实责任制，全县所有的水库均按四位一体的要求落实责任人员。5 月 23 日，县防指组织全县防汛责任及水库安全运行管理知识培训和防汛抢险应急演练。是年，湘潭县经历多次强降雨，涓水出现 11 次洪峰，6.15 强降雨涓水流域水位迅速上涨，16 日 3 时 40 分出现洪峰水位 50.63 米，超警戒水位 4.13 米，超保证水位 2.63 米，超历史最高水位 0.57 米，实测流量 1630 立方米/秒，重现期约 50 年一遇。全县山洪灾害预警系统共发布预警短信 2 万余条次，启动预警广播 600 站次，有效转移疏散 50209 人，紧急转移安置 23490 人，实现零死亡，将洪灾损失降到最低限度。全县投入水损水毁恢复资金近 5000 万元，完成重点水毁工程 74 处。是年，全县防汛抗旱工作并重并举，得到国家防总、省防指和市委、市政府、市防指的肯定。

【湘潭县举行 2016 年防汛抢险应急演练】 5 月 23 日，湘潭县 2016 年防汛抢险应急演练活动在易俗河镇石羊水库举行，县领导尹明忠、谭捍卫、宋小玲现场观看演练。防汛抢险应急演练共设置渗漏险情抢护、坝下游坡脚滑坡抢护、抢筑溢洪道边墙、翻沙鼓水抢护4种险情7个演练课目，演练过程有序、课目完成规范，有效地提升县防汛抗灾能力。

【排头乡抗旱应急水源工程】 该项目总投资为593.76万元，主要建设任务包括隐山水库泄洪渠清理、浆砌石衬砌430米，新建节制闸一处；双联水库灌溉渠拆除后衬砌718米；团结水库泄洪渠衬砌624米；栏木冲水库泄洪渠清理、衬砌610米，新建灌溉渠322米，拆除重建节制闸一处。该项目2016年8月开工建设，12月底全面完成建设任务。

水 政

【概况】 2016年，水资源管理严格按照“四项制度、三条红线”要求，贯彻落实最严格水资源管理制度，确定水资源考核指标体系，规范水资源论证管理，严格控制取水总量。组织编制《湘潭县水功能区划》和《湘潭县用水总量分配方案》，扎实做好省水资源考核组对湘潭县水资源考核的各项工作，并取得优异成绩。全县17座千吨万人水厂配备自检设备，对农村水厂和集中供水工程进行42项巡检，全县出厂水水质合格率达78%，农村饮水卫生安全得到提升。

【排头区胜天河生态清洁小流域项目】 该项目总投资642万元，主要建设内容包括生态自然修复区：封禁治理1069公顷；综合治理区：水土流失治理包括水土保持林135.52公顷、经果林30.78公顷、沟渠9千米、山塘整修20座、拦沙坝3座；面源污染防治包括人工湿地0.36公顷、生态沟28.8千米、地膜回收、农药化肥使用限制等；人居环境整治包括垃圾池17个、厕所改造50处、村庄绿化美化1.86公顷；沟道河库及其周边区包括岸坡整治0.917千米，沟道清淤6139立方米，沟道垃圾清理537立方米。该项目2016年11月开工建设。 （齐华志）

农业机械化

【概况】 2016年，全县农机拥有量和总动力达到32.7万台、149.7万千瓦，农机生产总值过10亿元，农作物综合机械化率69.25%，是全省一类农机大县。其中，水稻机耕率达到91.48% ，机收率达到91.12%，机插率达到26.89%，综合机械化率达到72%，全县水稻耕、收已基本实现机械化。

百千万现代农机合作社建设成效突出。2016年，结合全县实际以潭政办函印发《湘潭县现代农机合作社规范化建设实施方案》，建立“五有”标准，出台督查考评办法，进行考核验收评比，突出问题整改。全县新增农机合作社52家，总数达到150家，财政扶持建设现代农机合作社总数达到39家，落实省市县三级扶助资金1170万元，其中2016年申报批准12家，获省市县补贴360万元，是全省现代农机合作社最多的县（市）之一。其中服务面积达到333.33公顷以上有3家、66.66公顷以上有30家，普遍拥有旋耕机、插秧机、植保机、联合收割机等农业机械，全部实现水稻生产耕、种、收、植保、运输、烘干、加工等环节的全程机械化，已成为全县最具有实力最有活力的新型农业经营主体。

创新方式方法，打造“平安农机”特色。落实农机安全生产责任制和“党政同责、一岗双责、失职追责”制，结合全县平安县城的创建工作，加大对农机经营网点、维修网点、油站等进行全面的自查自纠，开展农机安全生产集中督查整治活动，发现并排除安全隐患11起，责令限期整改3起。全年上户拖拉机163台、联合收割机375台。按要求全面完成农机年度检审工作，共检审农业机械1515台；互助保险809份27.6万元，受理事故13起，理赔9万多元；创建1个平安农机示范乡镇、2个村“平安农机示范村”、80户示范户。特别是以省农机局的“五有”标准创建的茶恩寺镇的晓花、凤虎，云湖桥镇的燕军、同裕以及锦石新耘5家被评为市级“平安农机示范合作社”；通过开展“九打九治”打非治违整治活动、全县农机牌证清理整治活动、大排查、大管控、大整治活动、与交警联合开展非法改拼装运输型拖拉机专项整治行动等活动确保全年无重大农机安全隐患，无重特大农机安全事故的发生，一般事故较少发生，受到省、市主管局高度评价。

农机宣传培训工作。全年上报各类宣传信息50多条，其中中国农机化信息网上刊登8篇、省农机化信息网刊登25篇、《时代农机报》2篇、《湖南科技报》1篇、《湘潭日报》头版头条1篇。开展农业机械驾驶人培训班7期，参加培训农业机械驾驶人204人；举办3期县级新型职业农民培训班，其中协助省生物机电职业技术学院组织50名农机合作社理事长（股东）培训班。

是年，湘潭县农机局被评为全省农机工作先进单位、全省农机安全生产目标管理先进单位。

【农机购置补贴政策】 5月3日，召开2016年农机购置补贴工作启动会议，继续实施“全价提机，直补到卡”的补贴模式，按照“主要领导负总责、分管领导负全责、工作人员直接负责”的要求，坚持公平、公正、透明原则，严格程序，确保阳光实施，坚持做到“三见一查”的核查方式。全年进行县级核查8次，联合财政、减负等70人次参与，共核查机具500多台。制订全县农机购置补贴工作廉政风险防控方案，层层签订工作责任书，开展农机购置补贴反腐倡廉警示教育活动4次，共发放指标确认书4458份，补贴机具4472台，申请补贴资金2171.45万元（九华补贴资金1445.22万元），其中报废补贴资金34万元（九华申请报废补贴资金30.5万元）。

【举办新型职业农民机插秧技术培训班】 11月19日至30日在石潭镇农推中心、易俗河镇农推中心举办社会服务型培训班2期。此次培训主要对象是年龄在18岁—55岁之间的农业从业人员、种粮大户、专业合作社骨干，农机合作社理事长、农机企业生产负责人等。主要培训内容：《水稻病虫绿色防控与穗期综合病害防治技术》《插秧机知识》《农机合作社的发展与管理》及拖拉机、收割机、插秧机的实践操作课程等，着力提高学员种植技术、病虫害处置以及实践操作能力。采取“4+3”的模式，即4天理论和3天实践，对成绩合格者由认定机构统一认定，颁发《新型职业农民资格证书》。（黄志坚）

气　象

【概况】　2016年，县气象局根据气候特点及变化趋势，抢前抓早，早动员、早部署、早落实，全力以赴做好气象服务工作。定期向县委县政府等党政领导、相关部门提供一周天气预报56期，关键农事季节专题预报28期，重大节假日等重大社会活动专题预报5期，预报服务成效显著。积极发布气象灾害预警信息，针对高温、暴雨、雷电天气等灾害性天气，通过手机短信、电子邮箱、湘潭县红网、县电视台等向全县发布。

认真做好汛期气象服务工作。完善汛期值班值守制度，及时对业务设备和区域自动站进行巡检维护，确保气象信息数据正常运行。2016年汛期降水时段较为集中，多局地性短时强降水天气。该局通过充分研判，对暴雨的强度、落区、发生时间做出精准的预报，在短时临近预警预报以及后期降水趋势的预报服务上做到及时、准确，提前向决策部门和社会公众发布暴雨天气消息，为防汛抢险决策工作提供科学可靠的依据，为防灾减灾决策争取宝贵的时间，受到湘潭县党政领导的高度赞扬。

积极做好关键农事季节和关键性、转折性、灾害性天气下的农业气象服务工作，全年。共发布春耕春播农事预报12期，夏收夏种农事预报8期，秋收秋播预报8期。

开展农业气象服务需求指导调研，针对调查结果完善农业气象服务方案。联合农业部门开展联合农情调查6次，加强农业气象现场指导，针对全县种养大户、合作社开展直通式气象服务，受到种养大户的好评。（赵晋萱）

移民开发

【概况】　2016年，全县移民部门安排移民后扶资金3115.96万元，实施后扶项目323个，用于交通、水利、农电改造等基础设施项目建设。强力推进移民培训，组织培训移民508人次，其中，实用技术培训398人，技能培训110人。全年发放口粮补贴资金92.7万元。

移民后扶资金监管。全县移民后扶资金实行专账管理，项目扶持资金严格执行县级报账制的相关规定。通过乡镇财税管理信息网，以银行“一卡通”形式，及时足额发放移民直补资金721.6万元。全县年度项目计划在湘潭县移民网上进行公示，组织对2016年实施的移民后扶项目进行验收，对乌石、花石等5个乡镇2015年度移民后扶资金使用进行内部审计。

移民产业开发。全县初步形成以油茶产业开发为重点，兼顾发展茶叶、桑蚕的移民产业发展格局。2016年，新建油茶基地145.67公顷，茶叶基地4公顷，桑蚕基地66.67公顷。

库区和移民安置区保持稳定。全县移民部门坚持属地管理原则，严格落实“综治、信访维稳责任制”，每月进行矛盾排查，实行“台账”管理，把问题解决在萌芽状态。2016年接待群众来访13人次，来电19件，并按要求及时答复，全县未发生越级上访现象和移民群体性事件，确保库区和移民安置区的社会和谐稳定。

【路卫华到湘潭县走访慰问特困移民】　1月27日，省移民局党组成员、纪检组长路卫华一行到湘潭县中路铺镇走访慰问特困移民，送去党和政府的亲切慰问与新年祝福。路卫华嘱咐随行的市、县移民局领导要关注贫困移民群众，给予他们更多的关心和照顾，鼓励他们坚定信心，积极开展生产；同时要求市、县移民部门要充分结合国家扶贫攻坚政策，进一步加大整合涉农部门资金力度，积极探索、大胆创新促进移民产业发展充分发挥项目效益，着力改善库区生产生活条件，带领移民致富奔小康。

【省移民局督查湘潭县“三个专项整治”工作】　8月23—24日，省移民局党组成员、副局长童康宁一行到湘潭县督查全省移民系统“雁过拔毛”式腐败问题、“纠‘四风’、治陋习”和移民资金使用管理等3个专项整治行动的开展情况。通过察看现场、听取汇报，督查组对湘潭县“三个专项”整治工作给予高度的肯定。同时，童康宁还从3个方面提出要求，要“再推一步”“三个专项”整治工作是基层反腐的开端，宣传发动要达到一个层面，遏制“苍蝇满天飞”的势头；要“再深一步”，通过内审、稽察、信访，从各个环节发现线索，查处问题，从而建章立制；要“再探一步”，重视基层基础工作，探索经验，借势发展。市移民局局长蒋文龙、副县长陈义、县移民局负责人陪同督查。

（钱　镏）

（责任编校　杨　柳）

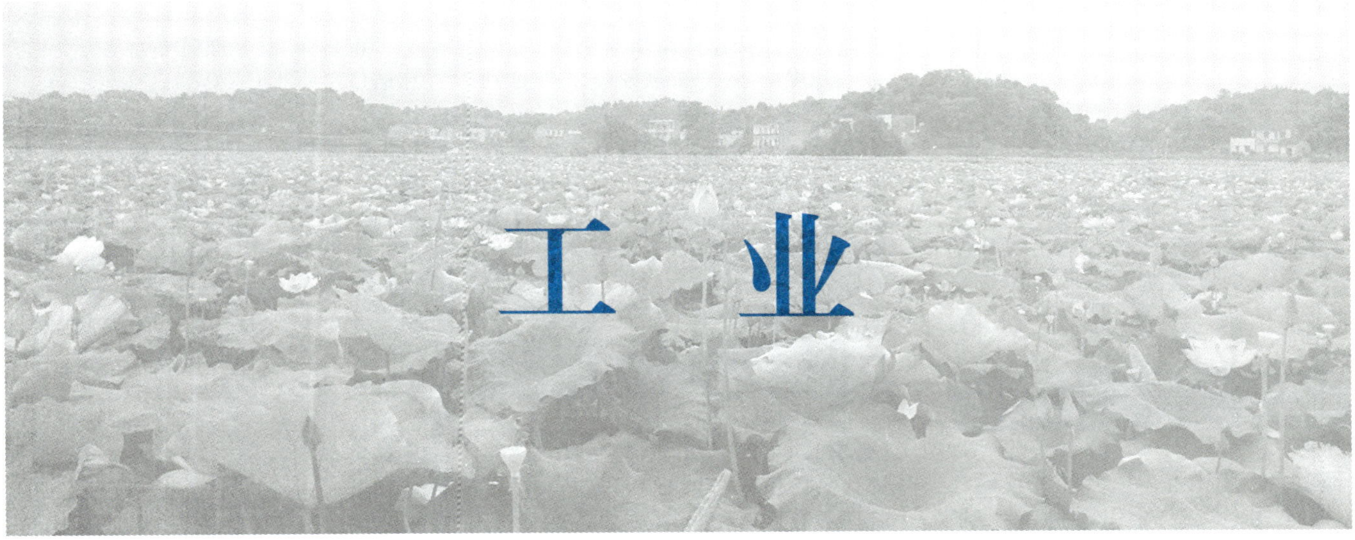

工 业

概 述

【概况】 2016年，湘潭县新增规模工业企业18家，全县规模企业总数达到218家；完成规模工业总产值535.16亿元，同比增长10.1%；完成规模工业增加值138.59亿元，同比增长9.3%，居全市第一；园区规模工业增加值完成103.37亿元，同比增长11.5%；完成工业固定资产投资129.57亿，同比增长14.4%；万元规模工业增加值能耗下降率29.2%。

在规模工业8个大类行业中，有6个行业产值同比实现增长，增长面达75%，装备机电、医药食品、建材分别完成产值191.60亿元、187.48亿元、38.39亿元，增速分别为10.91%、16.79、5.62%；信息化、新材料等新兴产业发展稳步增长，分别完成产值达到60.09亿元和77.89亿元，全县占比为11%和15%。湘潭县305个在建工业投资项目共完成工业投资129.57亿元，同比增长14.4%，万元规模工业增加值能耗降低率为29.2%。

县经直国有工业企业共有15家，已经全部改制完毕，所有社会事务已经移交至当地社区。

【园区建设】 2016年，以天易示范区为带动的“一区多园”发展模式迅速发展，特别是几个乡镇工业园区的基础设施建设、产业发展、项目引进等都得以提升。至年末，3个乡镇工业园区有规模工业企业40家，占全县规模工业企业总数的18.3%；完成规模工业总产值53.33亿元，同比增长4.5%，在全县占比达到10%；3个乡镇工业园的基础设施及项目投入达到2.2亿元，新开工建设项目7个；花石湘莲产业园建设已启动，花石湘莲产业园有17家规模企业，其中湘莲加工企业达到13家，完成规模工业总产值43.65亿元，同比增长8.8%。

【两化融合】 2016年，湘潭县有规模以上电子信息产业企业9家，产值60.09亿元，占规模企业产值的11.2%；湘潭县工业云平台上线用户达到18家。湘潭县科技和经济信息化局（以下简称县科技经信局）指导湘潭华绿公司开发的华绿智慧农业平台建设稳步进行，华绿商城电商系统PC端与手机APP、微信公众号都已完成设计并上线运行；组织并指导傲派自动化、湘潭离心机等13家企业申报省、市信息产业和信息化专项资金项目，其中，省信息化项目和信息化产业项目共申报成功3家，市信息化项目申报和信息化产业项目共申报成功6家；组织5家企业参加全国两化融合贯标培训，组织8家企业填报全国两化融合评估系统，组织50余家企业填报湖南省两化融合评估系统。

【企业服务】 2016年，进一步完善企业管理巡诊和免费法律体检机制、湘潭县企业服务官方微信平台，微信平台已注册会员375人，累计发布最新的政策解读、工业动态、项目申报等信息138期；继续组织四家核心服务机构为70余家企业提供公益服务20余次，湘潭县中小企业服务中心被认定为湖南省中小微企业核心服务机构；借助湘潭云飞电子商务平台加快建立湘潭县中小企业服务平台；推荐百舌鸟鞋业等企业成功获批为2015—2016年度湘潭市优化发展经济环境监测点。强化企业培训，制定《2016年湘潭县企业家能力提升培训计划》，先后组织信诺颜料等50余家企业参加中央财经大学—湘潭县中小企业经营管理人员培训班等各类培训、讲座10余次。积极争资争项，成功组织信诺颜料等90余家中小企业申报国家、省市经信和科技类战略性新兴产业、技术改造、科技计划等项目116个，实现到位资金1754万元。其中，获批中央补助项目4个、省级项目29个，实现到位资金1240万元；获批市级项目83个，实现到位资金514万元；组织五洲通药业等20余家企业参加各类银企对接会，累计为企业融资2000万元。努力争创品牌，协助县市场监督管理局组织可菲香精香料、五洲通药业申报省名牌产品，组织和亿莲业、傲农生物等4家企业申报省著名商标。加大招商引资，先后起草出台《湘潭县开展2016年“以商招商”活动的工作方案》《湘潭县科技和经济信息化局开展2016年“招商突破年”活动工作方案》，成功引进湖南皇爷食品有限公司——总部及生产基地建设项目，总投资30000万元，占地面积11.08公顷。

【信息技术推广应用】 2016年，全县信息化和工业化融合步伐加快，成效明显。全县规模工业企业计算机普及率达到100%，互联网开通率达到96%以上，80%以上的企业建设局域网，90.2%的企业建成门户网站或微门户；所有规模工业企业均实现会计电算化，办公自动化率达到88.5%，信息化手段用于公司日常管理等达到82%，设计研发信息化率达到93%，生产装备数字化率提高到63%；55%的企业尝试电子商务并取得明显效果。信息技术在农村生产过程中的应用更加广泛，基础性综合信息平台实现全覆盖，有力地促进农业经济的发展和农村民生的改善。

2016年湘潭县主要经济指标一览表

表7

项目	单位	2015年	增长率（%）	2016年	增长率（%）
规模企业个数	家	206.00	—	218.00	—
规模工业产值	亿元	483.99	13.00	535.16	10.10
规模工业增加值	亿元	136.60	12.00	138.59	9.30
天易示范区产值	亿元	338.00	21.00	387.34	14.70
天易示范区增加值	亿元	98.50	17.20	103.37	11.50
天易示范区产值占比	%	69.80	—	72.37	—
天易示范区增加值占比	%	72.10	—	74.60	—
工业固定资产投资	亿元	125.30	20.80	129.57	14.40
工业技改	亿元	120.05	20.00	125.21	4.30

2016年湘潭县规模工业企业一览表

表8

隶属关系	隶属关系	隶属关系	企业名称
省市属（1家）	湖南省湘潭矿业集团有限公司	天易示范区管委会（68家）	湖南五里重型机械有限公司
天易示范区管委会（68家）	湖南湖湘木刻艺术产业有限公司		湖南乐为机车配件有限公司
	湖南傲农生物科技有限公司		湖南江麓建筑工程机械有限公司
	湖南飞山奇建筑科技有限公司		北京中农大动物保健品集团
	湖南湘久阳能源科技有限公司		湖南宏兴隆湘莲食品有限公司
	湘潭市乡味食品有限公司		湘潭高耐合金制造有限公司
	湖南鑫煜混凝土股份有限公司		湖南胖哥食品有限责任公司
	湘潭建联丰禾生物科技		湘潭海鑫金属节能制品有限公司
	湖南泰达天易重工有限公司		湘潭市银汉设备制造有限公司
	湘潭县海能塑料薄膜制造有限公司		湘潭市新大粉末冶金设备制造
	湖南傲派自动化设备有限公司		湘潭京湘供水有限责任公司
	湖南映日荷花食品有限公司		湖南中联陶瓷机械有限公司
	湘潭力腾彩色印务包装有限公司		湖南五洲通药业有限责任公司
	湘潭市电机车厂有限公司		小龙王食品有限公司
	湘潭市电线电缆有限公司		湖南力威液压设备有限公司

续表 8

隶属关系	隶属关系	隶属关系	企业名称
天易示范区管委会（68家）	湖南涓江鞋业有限公司	天易示范区管委会（68家）	湖南省鸿益食品添加剂有限公司
	湖南恒会昌彩印包装有限公司		湘潭市至诚机械制造有限公司
	湘潭浏阳河饲料科技有限公司		湘潭市金鹰环保设备有限公司
	湖南新向维包装有限公司		湖南中成科技发展有限公司
	湖南力神新材料科技有限公司		湖南斯瑞摩科技有限公司
	湖南江南钢构工程有限公司		湖南恩尔保险箱制造有限公司
	湖南可菲香精香料科技有限公司		湖南圣雅凯生物科技有限公司
	湖南圣达工程机械制造有限公司		湖南星光环保机械有限公司
	湖南吉光科技有限责任公司		湘潭冠华环保制品有限公司
	湘潭国发重工有限公司		湖南韶力电气有限公司
	湖南金风食品有限责任公司		湘潭埃索凯生化科技有限公司
	湖南省妙研食品有限公司		湘潭炜达机电制造有限公司
	湖南莲港紧固件有限公司		湘潭风动机械有限公司
	湖南贡莲皇汇业有限公司		湖南金龙建筑机械有限公司
	湖南珠江啤酒有限公司		湘潭绿沁园食品有限公司
	湖南泰克互感器有限公司		湘潭宏强机械制造有限公司
	湖南敏锐科技有限公司		湘潭瑞鑫电气科技有限责任公司
	湖南康宁达医疗设备有限公司		湖南伍子醉食品有限公司
	湖南江宏机械制造有限公司		湘潭万洁通风环保设备有限公司
	湖南银远电气有限公司	吴家巷（33家）	湘潭市明宇纸品印刷有限公司
吴家巷（33家）	湘潭华夏锌钢科技有限公司	易俗河（9家）	湖南京燕化工有限公司
	湘潭源远海泡石新材料司		湘潭县金阳灯饰有限公司
	湖南嘉逸环保设备开发有限公司		湘潭县亿鑫锌业有限公司
	湖南鼎珩智能机械有限公司		湘潭红燕化工有限公司
	湖南文达阀门制造有限公司		湘潭华宇电炉制造有限公司
	湘潭三金特种玻璃有限责任公司	梅林桥（9家）	湘潭潭建佳程混凝土有限公司
	湖南惠天然冶金材料有限公司		湘潭诚骏混凝土有限公司
	湘潭市新峰金属科技有限公司		湘潭恒盛化工有限公司
	湘潭市特种线缆有限公司		湖南新五丰股份有限公司
	湘潭鑫华特种钢制造有限公司		湘潭县建华建材有限公司
	湖南南电电气有限公司		湘潭县金洲空心砖厂
	湘潭县柯奇矿产有限公司		湘潭县宏广石料有限公司
	湘潭县康大工贸有限责任公司		湘潭县李家采石场有限公司
	湘潭市仙女竹业有限公司		湘潭洪顺建材有限公司
	湘潭市三星液压机械制造有限公司	杨嘉桥（12家）	湖南牵引电气设备有限公司
	湘潭县楚润碲业有限公司		湖南常乐新型建材科技有限公司
	湘潭鼎峰曲轴制造有限公司		湘潭县醉爱食品有限公司
	湘潭市冶金设备制造有限公司		湘潭市泓源彩色包装有限公司
	湘潭振湘鞋业有限公司		湘潭冠杰塑料制品有限公司
	湘潭宝马金属材料有限公司		湘潭县玉桥化工有限公司
	湖南振云塑胶有限公司		湘潭熙源建材有限公司

续表 8

隶属关系	隶属关系	隶属关系	企业名称
吴家巷（33家）	湘潭县宏发化工塑料助剂有限公司	杨嘉桥（12家）	湖南华绿生态农业发展有限公司
	湖南信诺颜料科技有限公司		湘潭羊鹿茶业有限公司
	湘潭县虹达彩印有限责任公司		湖南鸿雁海泡石科技有限公司
	湘潭博亿机电设备制造有限公司		湘潭振兴木业有限公司
	湖南金力型材有限公司		湖南鑫湘木业有限公司
	湖南森泰生物科技有限公司	河口（10家）	湘潭执邦混凝土有限公司
	湖南银钻特种变压器有限公司		湘潭南方电机车制造有限公司
	湖南双玺科技有限公司		湖南东方管桩有限公司
	湖南盈通供水设备有限公司		湘潭县荷味食品有限公司
	湖南彩达包装印务有限公司		湘潭县东凌彩印有限公司
	湖南恒源龙金属制品有限公司		湘潭县亿鑫建材有限公司
易俗河（9家）	湘潭宏润金属科技有限公司		湘潭君宜生态农业有限公司
	湖南湘液设备有限公司		湖南华森板业有限公司
	湘潭离心机有限公司		湘潭县离心机厂有限公司
	湘潭湘华纸厂		湘潭东升电气制造有限公司
青山桥（12）	湘潭县昌峰机械制造有限公司	射埠（8）	湖南农其科技开发有限公司
	湖南爱丽丝鞋业有限责任公司		湘潭县大方玻璃有限公司
	湘潭红玫瑰鞋业有限公司		湘潭县鑫达服装有限公司
	湘潭伊利莱鞋业有限公司		湘潭县湘浙特种铸造有限公司
	湖南省花之王鞋业有限公司		湘潭县佳昱玻灯有限公司
	湖南百舌鸟鞋业有限公司		湘潭至诚农业发展有限公司
	湘潭着意乐鞋业有限公司		湘潭船形茶业有限公司
	湘潭凤舞九天鞋业有限公司		湘潭县万力石业有限责任公司
	湘潭东达鞋业有限公司	云湖桥（13）	湖南华绿生物科技有限公司
	湖南豪友鞋业有限公司		湘潭鑫达油脂有限公司
	湘潭亚康鞋业有限公司		上海九鼎粉体材料有限公司
	湖南琪尔美鞋业有限公司		湘潭县楠竹山综合厂
茶恩（6）	湖南玉秀竹业有限公司		湘潭县铁合金有限公司
	湖南润竹竹业有限公司		湘潭县炬荣科技有限公司
	湖南祥盛竹业有限公司		湖南代代福食品有限公司
	湖南茶花竹业有限公司		湖南鑫通恒发炉料有限公司
	湘潭县华钢竹业有限公司		湘潭大雷特种玻璃有限责任公司
	湖南福鑫木业有限公司		湘潭槟之皇食品有限公司
花石（17）	湖南堂皇湘莲食品有限公司		湘潭路宝沥青有限公司
	湘潭泵业集团有限公司花石水泵厂		湘潭县东兴木业有限责任公司
	湖南和亿莲业有限公司		湘潭市康盛玻璃制品有限公司
	湖南粒粒珍湘莲有限公司		湘潭锦亿选煤有限公司

续表 8

隶属关系	隶属关系	隶属关系	企业名称
花石（17）	湘潭荷花村食品有限公司	谭家山（6）	湘潭通用离心机有限公司
	湖南莲冠湘莲食品有限公司		湘潭县鑫兴矿业有限公司
	湖南大洲莲业食品有限公司		湘潭宏畅煤业有限公司
	湘潭县新辉湘莲食品有限责任公司		湖南瑞兴锌业有限公司
	湖南万荷堂湘莲食品有限公司		湖南百里醇油茶科技发展有限公司
	湖南花石陶瓷玻璃机械有限公司	中路铺（3）	湘潭皓月玻璃有限公司
	湖南莲美食品有限公司		湖南佳盛搪瓷材料有限公司
	湘潭县莲珍湘莲食品有限公司		湖南省湘潭县电焊条辅料有限公司
	湘潭兴宏运湘莲食品有限公司	白石（3）	湘潭宇诚电子有限公司
	湘潭县齐心湘莲食品有限公司		湘潭盛华塑业有限公司
	湖南潇湘制泵有限公司		湘潭赛虎电池有限责任公司
	湘潭县泽润生态农业发展有限公司	石潭（4）	湘潭兴龙配方肥有限公司
	湖南金隆食品有限公司		湘潭湘连农机制造有限公司
石潭（4）	湖南湘正野生物饲料有限公司	排头（2）	湖南鸿添混凝土有限公司
	湘潭县旺润玻璃制造有限公司		湘潭华为湘莲有限公司
乌石（2）	湘潭市三联矿业有限公司		
	湘潭县云峰锰业有限公司		

主要行业

【机电工业】 2016年年末，在全县规模工业企业中，有机电类企业72家，实现产值191.60亿元，同比增长10.91%。湘潭市电机车厂有限公司生产的管式阀控密封免维铅酸蓄电池，湖南鼎珩智能生产的桥梁检测车，湖南力威液压设备有限公司节能型全自动保压卸荷水阀和液压升降式拦河坝（水闸）等是该产业的主要发展领域。

【医药工业】 2016年年末，在全县规模工业企业中，有医药类企业3家，其中年产值过亿元的企业有2家，全年实现产值9.44亿元，同比增长13.42%。主要有湖南五洲通药业有限公司、湖南古汉堂阿胶制药公司等企业。

【食品工业】 2016年年末，在全县规模工业企业中，有食品类企业46家，其中年产值过亿元的企业有31家，全年实现产值178.03亿元，同比增长16.98%。主要产品是槟榔、湘莲等。

【新材料】 2016年年末，在全县规模工业企业中，有新材料类企业30家，其中年产值过亿元的企业有25家。实现产值77.89亿元，同比增长12.24%。主要产品有新大粉末公司研制的粉末冶金机械，力神新材料公司生产的混凝土复合输送管，康宁达医疗设备公司生产的环保型辐射防护材料，斯瑞摩科技公司生产的航空航天领域屏蔽性、减震性镁合金材料，信诺颜料科技公司生产的新型无机非金属功能搪瓷材料。

【信息化产业】 2016年年末，在全县规模工业企业中，有信息化产业类规模企业9家，年产值全部过亿元。实现产值60.09亿元，同比增长10.25%。

主要产品是电线电缆、通信电缆、机器人、自动物流生产线、电子元器件、互感器等。

【电子信息产业】 2016年，湘潭县电子信息产业规模逐步壮大。全县有电子信息产业相关企业29家，其中规模以上13家，年创产值67.89亿元，同比增长9%，占全县规模工业总产值的12.6%；产品销售额66.8亿元，增长8.8%，产销率达98.39%，主要产品有照明用LED、网络滤波器、电感器、互感器、井下救生舱、特种线缆、运动控制平台、全自动控制机器人系统等。

【信息服务业】 2016年，全县基础电信企业有5家，完成投资1.28亿元，同比增长15.1%。通信网络覆盖2091平方千米，覆盖率达98%。通信局房98座，无线通信基站846处，城域网出口带宽达100G，互联网国际出口带宽10Gbps。光缆线路皮长总长度23000千米，光缆铺设达321个行政村，覆盖率达100%。移动和固定电话用户66万户，3G/4G用户66.14万户，全县3G/4G网络实现全覆盖。全县可提供宽带接入端口21万个，其中城区提供11万个，全县实际宽带用户16万户。全县321个行政村全部实现宽带进村，中小学宽带接入率达99%。

（尹　芳　罗　侃　陈　明）

（责任编校　杨　柳）

交通·邮政·通信

交通运输

【概况】 2016年，县交通运输局围绕县委、县政府“精美莲乡”建设的要求和年初下达的各项目标任务，结合省、市交通主管部门的具体要求，以项目建设为中心，以交通发展为重点，以规范管理为手段，以安全监管为保障，以运输服务为推手，坚持做到责任分解、精力投放、资金投入、质量监管“四到位”，全力推进各项交通运输重点工程建设。完成交通基础设施建设投入15.88亿元（其中高速公路1.19亿元，干线公路11.9亿元，农村公路2.69亿元，水上交通0.1亿元）。

承办县“两会” 关于农村公路建设、公交规划、交通路网、涉及客运秩序行业管理等方面建议（提案）58件。在2016年农村公路建设计划中，优先解决县人大代表建议（政协委员提案）中提出的农村公路建设新建计划44.11千米、拓宽改造计划3.5千米，补助资金近500万元。见面率、办结率、解决率、满意率均为100%。

根据湘潭县机构编制委员会《关于湘潭县交通建设质量安全监督站升格的批复》（潭编委发〔2016〕13号），同意湘潭县交通建设质量安全监督站升格为副科级，核定站长1名。

是年，县交通运输局获得省交通运输行政执法评议考核优秀单位、全市治超工作优秀单位、农村公路建设县重点工程建设优胜项目二等奖、县级安全生产先进单位、县级园林单位等多项荣誉；连续十三年保持全县春运安全无事故；再次获得全市交通运输发展管理考核目标一等奖，实现“四连冠”。

【交通项目建设】 按要求完成重点工程项目建设任务。为缓解S107河口镇至岳临高速杨嘉桥连接线公路的交通拥堵状况，潭花线河口段公路2.18千米改建工程建成通车并完成交竣工验收，完成投资3295万元。潭衡高速公路晓南互通工程路桥主体工程基本完成，路基工程、通道工程、圆管涵、跨线桥下部结构全部完成，完成投资1.19亿元；潭衡高速杨嘉桥互通连接线提质改造工程目前完成工程量的70%，完成投资0.58亿元。配合天易示范区完成的干线公路的建设，芙蓉大道二期湘潭县段（与武广大道重合段）项目建成通车，S330武广高铁株洲站—沪昆高铁韶山站连接线项目第一期（梅林桥陈生公至欧塘段）2.27千米建成通车，完成第二期（国道G107梅林桥镇飞龙桥至河岭线河口镇马景坳段）招投标，启动第三期（马景坳—七里铺），总计投资10.83亿元；配合市县各部门推进酒泉至湖南800千伏特高压直流输电工程重大跨境基础设施建设，按照要求完成晓南互通至G240湘青线连接线项目和湘水缘陵园环线公路地灾压覆矿、水保、环评及规划选址工作的前期工作；完成韶茶线云乌段、新街大桥、S313湘潭段5.43千米的竣工验收;完成涓水二桥连接线、芙蓉大道二期湘潭县段、涓水二桥的交工验收。按计划持续稳定推进农村公路建设。建立健全农村公路建设管理制度，规范和完善工程建设项目管理，坚持农村公路建设、管理与养护并重。完成农村公路硬化建设农村公路300千米，实际投资1.2亿元，至年末，全县农村公路建设总计硬化里程达4800余千米，基本实现“乡乡通”和“村村通”；完成农村公路拓宽改造160.9千米，完成投资6202万元。按指标不断完善交通公共基础设施。完成易俗河港区一期千吨级码头完成进出港公路的护砌、硬化及安保工程，防尘设备的安装和第二变压器备用线路铺设，完成投资1048万元。7月6日，经省水运局、省交通设计院、省质监水运站等单位组成专家验收小组验收评议，湘潭港易俗河港区一期水工结构及港池通过交工验收；完成郭家桥、流河潭、南北塘、棋梓滩、金盘5道渡口提质改造任务，完成投资96万元；完成“三类船舶”专项整治拆解船只15艘。完成韶茶干线、湘湘干线、国道107等处105个农村客运招呼站点建设，并交付投入使用。

【公共交通建设】 2016年，县城有公交车34台，公交综合用地站场约7000平方米，达到209.58平方米/标台；县城内实际有公交车212台（县城公交34台、县域公交178台），公共交通车辆实际保有量达到17.15标台/万人。按照省、市“城乡公交一体化”的总体要求。2015年12月28日，湘运湘潭县分公司投入5台农村客运车进行公交化营运。2016年6月，新增3台并将线路延伸至谭家山榜塘村。2016年下半年，县委、政府重视城乡客运一体化建设，经过各方努力，采购纯电动车20台，拟将原605县城公交线延伸至谭家山镇。正在组织进行充电桩、交通基础设施完善等前期工作，争取在次年开通县内第一条城乡公交。至2016年年末，全县共有农村客运站场8个，城区汽车站2个，农村客运招呼站181个，遍布全县各乡镇；共有农村客运班线109条，农村客运车辆284辆，320个行政村已全部通达农村客运班车，行政村班车通车率为100%，形成一个以城区为中心，乡镇为节点，集镇为结合点，辐射村组的客运市场公共化、有形化、网络化格局。

【交通行业管理】 2016年，通过市、县联动，严厉打击非法营运。采用白天蹲点、晚上不定期路查方式，重点在牛头岭汽车站、海棠路城区段、县人民医院等交通要道进行执法检查，保持打击非法营运的高压态势，加强客运市场的监管和整治力度。查处非法营运车辆114台，检查涉嫌违规车辆450台，劝导1360余次。处理公交、出租车有责投诉65起。加强客运车辆的监管，维护客运市场稳定。利用GPS管理系统规范客运车辆的不规范经营行为；对于出租车拒载、甩客、不打表等违规行为，执法人员采取上路稽查和市民举报相结合的方式进行查处，上路稽查80余次，接听受理市民电话举报投诉55次，对经查属实的举报内容，依法依规从严处理，回复率和满意率均达100%。在公交站台（港湾）、公交车以及出租车内外张贴文明（安全）乘车宣传小广告，在牛头岭汽车站、海棠路等地段设立拒绝乘坐非法营运车辆的宣传牌，发放宣传资料2000余份，劝导1000余次，加强行业管理宣传教育。

完善治超网络，狠抓源头治超工作，由县公路局开展全方位、全时段、全覆盖的路面治超工作，全年共查处违法车辆888台次，转载卸驳货物1.3万吨，查处非法改拼装车辆541起，确保超限超载率控制在0.1%以下。

【交通运输安全生产】 2016年，县交通运输局不断加大交通运输安全生产监管力度，严把特定时段、重点部位、重点路段的安全关，确保交通运输安全生产态势平稳，实现了水上、客运站场安全面达100%，交通运输安全无责任事故的工作目标。严把特定节点安全关。注重春节、“五一”“十一”小长假等法定节假日和中央、省、市、县“两会”以及省委巡视组巡视期间等重大活动期间特定节点的安全宣传、特护维稳工作，认真开展对运输企业和局属单位的安全隐患排查，及时发现及时整改，确保节假日和重大活动期间安全有序。全面解决道路安全隐患。“6·15”洪灾，导致全县公路水毁直接损失达6200万元，交通系统出动抢险人员120余人，投入机械316台，成功拦截走锚船6艘，增设标志、标牌68块，疏通清理路基、边坡、水沟75000余米，疏通阻断道路476处，处置各类桥梁涵洞164座，投入碎石材料2645立方米，清除塌方16545立方米。强化工程质量、造价监管。推行“七公开”制度，明确专人负责，担负起工程质量监督的责任，做好工程造价管理，全县所有交通运输建设项目及时报监，项目受监率达100%，项目良好率达100%，确保干线公路、农村公路、危桥改造、客运站场、水运项目等建设工程质量和安全生产。切实做好校车园车安全管理工作，全县156所幼儿园有园车214台，均建立台账，核准标准校车163台，改装校车51台，符合安全通行条件的线路710条左右，组织参加校车园车安全专项行动30余次，参加隐患排查专题报告会3次。严格落实乡镇渡船管理制度，按照县管、乡包、村落实的制度，层层签订水上交通安全责任书，开展水上交通安全巡查，组织全县船员、安全员、签单员45人开展安全知识培训，组织执法活动177次，出去执法人员415人次，检查各类生产经营单位149家次，查处和纠正违章船舶9次，消除安全隐患4处。加强车站（车辆）安全管理，定期对车站、运输车辆各项安全指标进行抽查，并组织不定期检查抽查，运输企业进行日安全检查，确保对所有客运车辆安全进行全面普查。发现排查安全隐患33处，并跟踪整改到位。按照“谁检测、谁负责”“谁签章、谁负责”“谁发证、谁负责”的原则，严格要求车辆维护。完成车辆年审2324个，新证换发1604余个，新许可货运车辆313余台。 （旷 军）

公路建设与管理

【概况】 2016年，湘潭县在省计划范围内，管辖公路总计里程2287.814千米，分别是县道砂易线、河岭线、山花线、蔡石线、石中线、云回线、进站线、牛下线、瓦乌线等。其中，代湘潭市公路管理局管养国道107、320线，省道313线，共计里程97.828千米。

加强工程（含养护工程）工作建设，普通公路安防工程113.68千米，总投资1600万元。年末已完成73千米，另40.68千米任务已进入招投标阶段；危桥改造14座，总投资近3000万元。已完成八角桥、飞跃桥、雷打石桥、石江桥、杉木桥、弯坝桥改造任务，已投资400万元。实施涓水大桥，溢学桥改造工程，已完成招投标工作任务的有花石大桥、泥湾桥、胜利桥、继述桥、同心桥、无名桥（争光桥），除溢学桥（工期17个月）外其他桥梁改造任务皆在12月底前完工。农村公路大中修10千米，总投资1100万元。2016年农村公路大中修定为县道缺高线，共12.91千米,12月底完工。“四好”农村公路创建50千米、完善农村公路养护体制、协助做好国省干线养护、农村公路中等路（PQI

值）以上比例达 88%，绿化率达 83%。

强化日常养护工作，超额完成市局 2016 年初制定的好路率计划目标。经自我评定，国省干线好路率为 97.4%（计划好路率为 97%），干线公路 PQI 中等以上比例达到 88.2%（计划 88%）。至年末，完成养护投资 700 余万元。沥青路面基层挖补 1200 平方米（水稳基层），沥青路面修补 1200 平方米（机拌热摊），沥青混合料修补水泥路面 752 平方米，清挖水沟 468.5 千米，清除垃圾杂物 4180 立方米，清扫水泥路面 18088 千米，清扫沥青路面 4342 千米，整理路肩 516871 平方米，路肩打除草剂 752 千米，处理水毁塌方 1197 立方米/22 处，浆砌片石 1442 立方米/1 处，安装涵洞 212 米/7 处，修剪路肩草 626 千米；绿篱修剪 180 千米，修整行道树 268 千米，日常养护投入沥青 9.5 吨。农村环境整治工作成绩斐然。养护站队投入人员 44000 工日，车辆 6000 台班，完成路面填平保通 100000 平方米，投入碎石材料 10500 立方米，清除垃圾杂物废土 2200 立方米，清扫水泥路面 6980 千米，整理路肩 247000 平方米，处理路基塌方 21745 立方米/36 处，波形护栏修复 404 米，修整行道树 470 千米，绿篱修剪 365 千米，安装涵洞 431 米/22 处，投入经费 68.84 万元，修筑挡土墙 1223 立方米/8 处，投入经费 150 万元。

加强路政管理，“狠抓超限超载”。该局采取扎实严管重罚、加强源头管控、严格督查考核、推进大力宣传等措施，至 12 月底，累计安排路政执法人员 12276 人次，共检测各类货运车辆 77059 台，查获超限超载车辆 787 台次，非法改装改型车辆 492 台，转、卸载货物 11021 吨位，行政拘留 2 人，县域公路超限超载率控制在 0.1%以下。在 2016 年 9 月 8—9 日，省治超办对全县进行 2016 年第一次货运车辆超限超载率调查，吴家巷超限超载检测站共检测车辆 800 余台次，未发现一台超限超载车辆。因治超工作扎实，治超经验被树立为湘潭市典型，相关做法得以向全省推广。

2016 年，河口中心养护站站长被授予“全省优秀共产党员”称号。吴家巷中心养护站被评为湖南省交通运输行业“模范职工小家”。

（宋　炜）

邮　政

【概况】　2016 年，中国邮政集团公司湖南省湘潭县分公司有员工 259 人，其中 AB 类合同工 170 人，劳务工 58 人。停薪留职 2 人，离退休人员 57 人。县分公司设有 9 个部室，职能部室设有综合办公室（包括人事、财务、后勤）、市场经营部、网运安保部，生产部室设有代理金融中心、大客户中心、函件中心、电子商务中心、快递包裹营业中心、邮投部。县分公司辖 28 个金融网点（20 个农村支局，8 个直辖所），有综合性邮政营业网点 32 个，全部实行电子化营业。

年内，累计完成收入业务 8374.13 万元，完成年计划的 100.47%，较上年同期增长 1290.44 万元，增幅达 18.22%。收入绝对值排名全区第一。其中金融类业务共计完成 6228.85 万元，同期增长绝对值 927.83 万元，增幅达 17.5%；邮务类业务共计完成 1520.12 万元，同期增长绝对值 27.7 万元，增幅达 1.86%；包速分销类业务共计完成 571.44 万元，同期增长绝对值 313.82 万元，增幅达 121.81%。全年无安全生产事故、无资金案件。

金融翼持续增长发展。全年邮储余额新增 8.47 亿元。新增市场占有率达 23.16%，同比多增 2.58 亿元，净增绝对值排全省排名第七。截至 12 月 31 日，邮储总余额为 445987 万元，其中活期余额为 99650 万元，活期占比为 22.34%，全年点均余额净增 3024.78 万元，全省邮储余额规模排名第十位，全区排名第一位；新增储蓄存款增幅为 23.44%，全省排名第十五位。其中两亿元以上网点有 6 个，较上年同期多 3 个，新增两亿元网点有花石、龙口、石潭。

函件业务：实现函件业务收入 167.94 万元，封片卡完成 124.65 万元。9 月举办大型儿童舞台剧《大闹天宫》演出活动，实现收入 30.36 万元。至 12 月底，全县共签订村志协议 24 单，协议金额共计为 89 万元。报刊发行：报刊大收订流转额 966.85 万元，较 2015 年增长绝对值 32.51 万元。集邮业务：集邮专业累计完成收入 230 万元，圆满完成收入计划。1 月，生肖邮品现场销售火爆，实现收入 70 万元左右，3 月在鑫田大酒店举办一场邮品鉴赏暨高端客户答谢会，实现收入 68 万元左右。二季度集邮利用“传统文化季”，结合邮票发行时间，实现收入 30 万元左右。绿卡短信：至年末，累计新增绿卡短信用户累计新增绿卡短信用户 71525 户，点均 7 户。车险业务：至 12 月底，全县分公司共计揽收车险 1111 单，累计同比增幅达 12%，增长绝对值 119 单，揽收商业保费 237.91 万元，累计同比增幅达 5.71%，增长绝对值 12.86 万元。分销业务：开办酒水鉴赏会，创收 51 万元。

包裹快递业务实现快速增长。自 7 月邮速整合后，邮速双方实行资源共享、精诚合作的运作模式，全年邮速完成特快收入 191.62 万元。为扩大县域快递市场影响力和市场占有率，通过“众创共享、亮剑行动”，新设立 4 个营揽投部，负责对相关辖区内的速包市场进行开发和商务邮件的投递，县分公司联合县政府部门开展精准扶贫工作，销售茶恩寺茶花村爱心白薯近 2 万件，创收近 5 万元。

全县累计建成综合服务平台站点 446 个，其中邮掌柜邮乐网建设 321 个（商超网点 197 个），打造射埠—花石支局精品示范线路。不断寻求邮政电商和政府深入合作的切入点，在全市率先启动“精准扶贫、电商先行”活动，通过邮政电商平台的包装和推广，帮助湘潭县茶恩寺茶花村销售白薯近 2 万件。赢得县政府对邮政电商和综平建设的大力支持，顺利的签订战略合作协议，并将在 2017 年拨付县邮政综平建设专项补贴资金 80 万元。（杨璐怡）

电　信

【概况】　2016 年，湘潭县电信分公司成立校园中心、原客户端维护中心细划为天易区域维护中心和易俗河区域维护中心、花石支局和龙口支局合并为花石支局、青山桥支局和分水支局合并为青山桥支局、锦石支局和射埠支局合并为射埠支局。公司设有综合管理部、渠道销售部、政企销售部、易俗河营业部、天易营业部、商客部、校园中心、网络部、接入网维护中心、易俗河区域维护中心、天易区域维护中心共11个部门。农村设15个支局、4个区域维护中心，分别为河口支局、石潭支局、云湖桥支局、杨家桥支局、梅林桥支局、中路铺支局、谭家山支局、白石铺支局、茶恩寺支局、射埠支局、锦石支局、排头支局、花石支局、青山桥支局和石鼓支局、中路铺区域维护中心、花石区域维护中心、石潭区域维护中心、杨家桥区域维护中心。在职员工106人，退养人员2人，退休人员62人。在职人员具有本科学历的有38人，大专学历的有39人。

年内，完成收入9814.28万元，收入增幅20.38%，净增移动用户2.85万户，净增宽带用户1.17万户，净增ITV用户2.01万户，完成利润3277.75万元。建设EPON设备25台，共建设窄带端口448个、宽带端口352个；新建EPON设备OLT31台，完成125个FTTH光网项目建设，共新建13600个FTTH端口；完成3G基站建设5个、4G基站建设220个，至年末，全县基站数量达302个，3G信号覆盖率达到97%，农村新建800M基站185个，1.8G基站35个，4G信号已覆盖易俗河城区和农村大部分地区。建设投资4100万元，其中设备投资300万元，主干配线光缆投资1000万元，驻地网管道建设投资100万元，C网基站建设投资2500万元。

光网建设整村推进继续进行，按照“先营销、后建设”的总体思路，遵循“借国家政策之势，联合镇政府发文，迅速打开村支两委口子，村组沟通发力”的原则，由熟悉潜在客户的村干部带领农村支局及其网点的营销人员上门营销，于次年1月将实现湘潭县分公司光网全覆盖。

大力推进渠道建设，公司有销门店达到105家，标杆门店67家；利用公司自有物业在核心商圈新增4家标杆门店，在全县核心商圈门店达到11家。打造纵向一体化的渠道队伍，实现对渠道门店的专业支撑，提升门店销售能力。渠道部新增城区渠道主管、农村渠道主管各1名，向渠道一线新增渠道经理8名，进一步加大对门店的支撑、帮扶。

积极推进网络优化建设，提升客户服务感知。新增光网村125个，共新建13600个FTTH端口。农村新建185个800M基站，35个1.8G基站，4G信号已全面覆盖湘潭县地区。提升装维人员素质和装维质量，对县城人民公开六项服务承诺，开展城区8小时装机誓词大会。4月通过对装维人员的礼仪培训，强调工作细节、规范服务动作，提升客户感知。

2016年，该公司获得2016年湖南省电信股份有限公司一类县分公司SBU荣誉称号，公司员工陈江娥当选为湘潭市第十五届人民代表大会代表，天易营业部被评为湖南省电信股份有限公司2016年划小承包最佳承包团队奖，茶恩寺支局被评为湖南省股份有限公司2016年划小承包最佳承包团队奖，石潭区域维护中心被评委湖南省股份有限公司2016年划小承包最佳承包团队奖。

（唐　宇）

移动通信

【概况】　湘潭县移动通信分公司是负责湘潭县域移动通信网络建设运行管理和经营服务的主导运营商，下设综合部、网络部、市场部（含政企中心及宽带业务中心），以及5个乡镇营业部。湘潭县移动分公司先后获得“全国模范职工小家”“省级文明单位”“省级青年文明号”“省级芙蓉标兵岗”荣誉称号。

2016年，湘潭县移动通信分公司坚持“立足地方，服务人民，奉献社会”的宗旨，始终践行中国移动“正德厚生 臻于至善”的企业核心价值观，紧跟信息技术潮流，加快基础通信网络建设，至年末，已经实现全县4G网络的全覆盖，4G基站达到550个。通话用户数突破38万户，市场占有率始终保持在65%左右，年运营收入达2.6亿元，年上缴税金近千万元,企业人均劳动生产率、服务质量在全省、市同行业中名列前茅。

（颜　建）

联通通信

【概况】　2016年，湘潭县联通分公司秉承“奋斗者为本，客户价值为先”的2个理念，发扬“冲劲、创新、聚焦”3种精神，贯彻“促发展、提价值、强保障”九字方针,改善服务，提高效益，不断完善网络覆盖，加强运行维护管理，注重社会力量，保持持续、健康、快速发展，努力为社会提供综合、便利、有特色的电信服务。新建3G、4G基站39个，全县范围内物理站点达到680个，移动用户17万户，年收入1.5亿元，为推动国民经济发展和社会信息化建设做出贡献，用精品网络和服务来打造“中国联通”品牌。

（卢洋洋）

（责任编校　杨　柳）

贸易·旅游

商 务

【概况】 2016年，商贸流通工作继续纳入到湘潭县对乡镇的绩效考核，向上争取资金成效显著，社会消费品零售总额实现83.58亿元，同比增长11.7%；项目建设全面完成，总投资4000万元的花石中加农贸市场、石鼓四路农贸市场和梅林桥农贸市场二期全部建设完工并交付使用。电子商务发展步入快车道，打造200多平米的县电商服务中心；“淘宝网·特色中国·湘潭县馆”建设已有170余家企业入驻，销售额突破2亿元；农村淘宝已有75个村级服务站点运营开业，销售额突破6000万元；农村商贸综合服务体入驻供应商达30余家，各乡镇门店2400余家全部在平台上采购商品，销售额突破8000万元。着力推进槟榔行业管理，开展湘潭县槟榔加工和委托加工企业基本情况调查摸底，制订槟榔打假工作方案；起草《湘潭县槟榔产业发展意见》，并积极协调申请食用槟榔标准修订，积极向县政府申请修订食用槟榔标准，湘潭市人民政府正在组织有关部门向省人民政府申报。

【成品油监管】 2016年，贯彻国家、省、市制订的成品油管理的一系列方针政策，注意加强与各部门和乡镇的协调配合，组织各职能部门和成品油供应企业开会研究，共同研究解决，畅通工作管理渠道。同时，广泛宣传成品油的法律法规，完善各项管理制度，加快农村加油网点建设工作，严格审批程序，对油站的审批建立局务会联合审批制度，按照程序申报成品油零售经营批准证书，满足群众生产生活用油需要。组织对全县加油站进行年检，年检率达100%，及时准确地掌握全县成品油市场的动态。另外，为有效地整顿和规范全县成品油市场，县商务局会同相关部门对违法、违规建设的油站以及无证非法经营的油站进行处罚，对湘潭县成品油市场90家加油站进行3次全面执法检查并建立电子监管台账，开展成品油市场打非治违专项行动。

【对外贸易】 2016年，为促进县域外向型经济发展，及时掌握信息与政策，积极发展加工贸易，保持外贸进出口的平稳发展态势。完成进出口总额1982万美元，同比增长16.6%，增幅排全市第一；加大对“走出去”战略的宣传和发动，积极引导实力强、出口产品信誉好的企业“走出去”，共计境外参展7家次，12月初，湖南莲美参加亚洲农产品展获得金奖；加强扶持政策宣传力度，出台《关于促进湘潭县开放型经济发展的意见》；加强对外劳务合作服务平台基础设施和网络建设，初步建成县、乡、村三级联动的对外劳务合作服务体系。

【湘潭县电子商务发展驶入快车道】 近几年来，湘潭县着力推广“互联网+农产品”电商销售模式，大力发展电子商务。2015年7月14日，湘潭县与阿里巴巴集团举行农村电子商务合作签约仪式，9月28日，阿里巴巴农村淘宝湘潭县服务中心成立。至2016年年底，湘潭县已打造200多平方米的湘潭县电商服务中心，重点对接淘宝等重点农产品电子商务企业和湘潭县的农产品加工企业、农村合作组织和种养大户，直接推动网络销售2000多万元；继续强力推进“淘宝网·特色中国·湘潭县馆”建设，已有170余家企业入驻，主要销售的产品为湘莲、竹木、槟榔、皮鞋，销售额突破2亿元；着力推进农村淘宝项目建设，已有75个村级服务站点运营开业，淘帮手71个，销售额突破6000万元，预计今后2~3年内将再开通200~270个村级服务站点；大力支持农村商贸综合服务体的发展，入驻平台供应商达30余家，各乡镇门店2400余家全部在平台上采购商品，销售额突破8000万元，在各乡镇建立160个村级电商服务站；加大农村电子商务人才培训力度，主要开展包括电商人才岗位技能培训等，在青山桥、花石等乡镇开设专场培训，培训人次达1400人次。

（肖　湘）

招　商

【概况】　2016年，全县招商引资方面引进新项目50个，其中过亿元项目17个、过10亿元项目2个；实现招商引资到位资金55亿元，完成率110%，实际利用外资7766万美元，同比增速9%。其中投资过亿元项目分别是由湖南长乐保温免拆模板有限公司投资1.2亿元建设年产500平方米（I类）建筑用保温免拆模板生产项目，湖南皇爷食品有限公司投资3亿元将公司总部和生产基地设立至湘潭天易示范区，湖南伍子醉食品有限责任公司投资1亿元新建伍子醉槟榔生产基地，江苏立华牧业有限公司投资1亿元建设年出栏3500万羽一体化养鸡项目，湖南省第三工程有限公司投资10亿元建设金霞山文体广场项目，瑞泰科技投资10亿元建设产业园，中国水电建设集团新能源开发有限责任公司总投资10亿元开发建设风能发电项目，湘潭产业投资发展集团有限公司投资20亿元建设湘潭海泡石科技产业基地（框架），上海数造机电科技有限公司投资3亿元建设湘潭3D打印产业基地，康普药业股份有限公司投资1.6亿元建设中药现代化生产基地，深圳凯依克物流有限公司投资2亿元建设凯依克物流二期开发，衡阳市振洋汽车配件有限公投资2亿元建设年产1000万套精密模具和4条自动精密制造加工平台，湘潭市特种线缆有限公司投资3.3亿元建设特种线缆二期开发，湘潭县康大工贸有限责任公司投资1亿元建设康大工贸二期开发，由北京北汽大投资1.2亿元建设汽车座椅生产基地，由国安统塑管业有限公司投资1亿元建设HDPE市政排污管道生产，由湖南国雅彩印投资2.2亿元建设彩印软包装生产基地。

深入开展“招商突破年”十大主题活动，将任务分解至各相关单位并制订详细方案。开展“引凤归巢招商、亲商安商”活动。全县成立“亲商安商”活动小组，积极为创新创业企业搞好平台建设服务；连续参加江苏湖南商会新年年会、广东中山湘潭商会成立大会及广东东莞湖南商会2016年春茗会等活动推介湘潭县。开展“以商招商，产业、园区招商”活动。重点在皮鞋产业方面，青山皮鞋产业园组团赴浙江温岭、温州走访并召开浙江温岭专题招商引资座谈会，促成温州商会、温岭皮鞋行业协会来全县考察、洽谈；重点围绕食品药品产业等主导产业多次赴北京、上海等地开展上门招商活动，对接广东省电子信息产业集团等10多家重点企业项目。开展“节会、委托、合作招商”活动。积极利用各省商会平台、借助县一中70周年校庆举办“请老乡、回家乡、建家乡”恳谈会；在北京“央企对接”——湘潭市“十三五”规划重大招商引资项目发布会等重大展会上共发布21个重大项目，合同引资近百亿元。开展“飞地招商”活动。积极动员各乡镇打破行政界限，将不宜在本区域实施的招商项目推荐到其他乡镇、园区落户建设，已引进1个项目。

（肖　湘）

粮食购销

【概况】　2016年，全面落实粮食收购政策，认真做好收购前的准备工作，制订收购工作方案，召开全县收购工作专题会议，督促企业做好空仓、人员、资金、设备等系列准备工作，确保农民余粮应收尽收，防止农民“卖粮难”现象的发生。指导和督促粮食企业落实收购政策，开展“心系粮农、务实为民”活动，机关干部职工全部深入收储企业指导收购工作，共下企业400余人次，确保政策执行不走样。全县共收购粮食13.58万吨,其中早籼稻6.08万吨，晚稻2.3万吨，托市政策粮食5.2万吨。

粮油产业：全县粮油工业总产值114734.8万元，销售收入102155.9万元，主营收入80622.1万元，利润总额2994万元，订单农业2.08万公顷。

储备粮管理：严格按照地方储备粮管理办法的要求，做好省级储备粮和县级储备粮的管理工作，按要求及时进行轮换，进一步完善储备粮管理制度，确保储备粮储存安全，进一步提高粮食应急管理能力。

储粮安全：针对全县粮食库存量多，保防压力巨大，为防止发生储粮安全事故，进一步完善粮食仓储管理制度，加强对保防人员的业务培训，大力推广新型储粮技术、新型仓储设备和新型防虫药剂。有效地确保库存粮食安全无事故，全县有效仓容为15万吨，2016年度新增仓容1.5万吨。　（肖　湘）

供销合作

【概况】　2016年，湘潭县供销社有直属公司3家，即湘潭县洁美再生物资回收有限公司、湘潭县农业生产资料有限公司、湘潭县供销社社有资产管理公司；有信达种桑养蚕、德诚油莎豆、羊鹿茶叶等各类专业合作社3家。

保稳定，切实做好综治维稳和群众工作。县供销社系统有下岗职工5000余人，其中涉军人员700多人，维稳任务重，尤其市政府决定补偿湘潭县房产维权资金以来，多个已改制公司和基层供销社下岗职工群体频繁到省、市、县政府和省、市、县供销社上访。该社坚持思想疏导和拉近感情为主，对原则性问题，始终坚持政策底线，对确实困难群体，结合双联双走、访贫问苦，给予照顾和帮助。在特别维护期，精心组织，认真做好值班备勤工作，妥善做好重点对象的稳控和矛盾纠纷的化解工作。全年县供销社系统总体稳定，无突出的过激行为和越级上访。

着力巩固建全县再生资源回收网络。按照市里要求和县委、县政府安排，该社拓展业务工作，配合全县环境卫生整治垃圾分类工作开展，实现可利用垃圾资源的再生利用，县供销社在充分调研的基础上牵头成立湘潭县再生资源回收合作总社，按照“户分类、村收集、乡转运、县处理”的原则，终端处理环境整治中收集的可再生利用的垃圾资源。

依托再生资源回收合作总社，按市场运作，县供销社全额出资成立湘潭县洁美再生物资回收有限公司，在易俗河镇宝塔村建设废旧物资回收仓储物流基地，对回收物资进行分类处理。回收再生物资400余吨，处理300多吨。

做好供销社综合改革的前期基础工作。落实中共中央国务院《关于深化供销合作社综合改革的决定》文件精神，加强与省、市供销部门的联系，及时掌握政策动态，准确把握政策规定。2016年，该社广泛开展调研，深入到乡镇、村、农民专业合作社和有关企业，组织召开座谈会和调研会，听取各界对供销合作社综合改革的意见和建议。迅速向四大家的领导，尤其是书记、县长和分管县长作详细汇报，他们都明确表示支持供销合作社综合改革。该社认真起草方案，为县委、县政府决定启动供销社综合改革，当好参谋，提供全面成熟的改革方案建议。

建网络，加强基层社、村级服务社和农民专业合作社建设。2016年，完成省、市供销部门要求的供销合作社基层组织建设任务，其中射埠镇供销合作社被评为全市供销合作社2016年度基层社标杆社。为夯实基层，承接财政资金对农民专业合作社的支持奠定基础。

（李　波）

烟草专卖

【概况】　2016年，湘潭县烟草专卖局（分公司）围绕“一个发展目标”“五个基本定位”，紧扣“稳定规模、优化结构、提高质量、增加效益”和“五稳五进”的工作思路，以“依法依规、稳定市场、优化管理、激发活力”为着力点，攻坚克难，砥砺前行，各项工作取得较大进展，获得全市系统2016年度先进单位称号和县委授予的“先进基层党组织”“基层党建示范点”称号，“2016—2018年全省依法办事示范窗口单位”通过验收。

卷烟经营稳中有进。坚持把创新发展理念贯穿到稳定市场工作的全过程，不断创新和丰富稳定市场的手段和措施，积极构建专销互动、客我联动的市场维护机制。完成销量42532箱，单箱均价26580元/箱，销售额11.30亿元，实现税收6925万元，同比增长15.30%。

市场监管成效显著。依据“向强化专卖要效益”的工作思路，制订实施农村卷烟市场监管方案，制作“打假打私打非”电子宣传手册，建立信息收集点和信息联络员，突出信息分析研判，加强对销售大户、交通要道、娱乐场所等重点客户、重点路段、重点区域的监管，联合公安、工商、公路、交警等职能部门，推进市场综合治理，提高市场净化率。查处各类卷烟违法案件146起，查获各类卷烟289.56万支，罚没金额7.51万元，其中，无证运输案件8起，假烟案件29起，走私烟案件61起，5万元5万支以上案件10起，查获国标级假烟网络案1起，案值111万元，刑拘5人，批捕4人。

内部管理更富效率。紧扣降本增效，2016年会议费、招待费、差旅费、房屋维修费等费用在上年大幅下降的基础上同比再次分别减少9.39%、68.96%、70.39%、80.56%。紧扣依法办事，建设便民服务窗口，理顺办事工作流程，新办许可证135户，延续39户，停业17户，责令暂停11户，注销294户。理顺办事工作流程，梳理完善并公开行政许可、市场检查、案件审理等工作流程，明确行政许可和行政执法关键节点操作规程以及风险防控，推进依法行政规范化、透明化、痕迹化，2016年再次修改完善法规工作流程12个；建立纠错问责机制，加强案卷交流互评，成立内部案卷评查小组，将半年度自查调整为月度自查，加大评查频次和力度，有效防范行政决策失误风险；严格落实问责机制，将行政许可、市场检查、文书制作等重点工作纳入绩效考核，对材料受理、调查取证、案件审理等关键流程节点设定办结限时并明确具体责任人，对操作不规范和超时办理进行过错倒查和责任追究，切实规范权力运行，提升行政效率。建设便民服务窗口，完成政务服务大厅改造，打造开放式办公区间，规划设计办证窗口、客服窗口、市场综治区和群众休息区，积极推行一次性告知、一站式服务和首问责任制，设置客户专属停车位，免费提供文具和印刷服务，实现便民惠民；制作政务公告栏、执法人员公示栏，着重梳理与群众利益密切相关事项，对许可证申办条件、申办流程、法律文书样本等进行公开，将行政处罚决定书网上公示，保障群众知情权、监督权，2016年制作政务公开栏5个，网上公示行政处罚决定书111份，无行政诉讼及行政复议事件，“2016—2018年全省依法办事示范窗口单位”通过验收。紧扣文明建设，深入践行新理念，推动精神文明与物质文明协调发展，顺利通过省级文明标兵单位复检并获高度肯定。紧扣平安和谐，层层签订安全综治责任状，策划“安全生产月”“119消防周”主题活动，在重要时间节点开展安全宣教21次，组织安全检查16次，整改隐患34处。

（唐煜勋）

旅　游

【概况】　湘潭县历史悠久，文化底蕴厚重，“湖湘文化”“白石文化”“湘莲文化”和“唢呐文化”源远流长。自然风光独特，湘江、涓水、涟水和隐山、昌山、乌石峰、金霞山等山水如画。区位条件优越，107国道、320国道，京珠、上瑞、潭衡高速以及湘黔铁路、武广高铁等贯穿全境。2014年，成功创建成为“湖南省旅游强县”。2016年，新增齐白石文化旅游区和梅林农业公园2个国家AAA级旅游景区。至年末，全县已拥有1个国家AAAA级旅游景区（彭德怀纪念馆）、4个国家AAA级旅游景区（五龙山大杰寺、周小舟故居、齐白石文化旅游区和梅林农业公园）、1家五星级旅游饭店（鑫田国际大酒店）、2家三星级旅游饭店（润玉酒店和长江宾馆）、2个省级特色旅游名镇（乌石镇和白石镇）、2个省级特色旅游名村（乌石村和金霞村）、4家五星级乡村旅游区（点）、1个省级红色旅游景点（周小舟故居）、1家省级三星级旅行社（金侨国际旅行社）、10家省级家庭旅馆等旅游品牌。

2016年，湘潭县以发展“全域旅游”为契机，以市场为导向，充分挖掘湘潭县旅游资源优势，推进旅游景区景点建设，强化项目推介和节会宣传，提升旅游产品档次和水平，推动湘潭县旅游业快速、健康发展。共接待游客728.75万人次，实现旅游总收入48.21亿元。

发展旅游设施。整合农业开发、小城镇建设、美丽乡村建设等多渠道资金，重点发展乌石、白石、花石、石鼓、易俗河5个乡镇的旅游产业，改善水、电、路等基础设施，五龙山大杰寺新建1个大型停车场，齐白石文化旅游区、梅林农业公园均新建游客服务中心、旅游厕所、停车场。湘潭县新修旅游道路、游道22.8千米，完成8处旅游厕所建设。投入30万元在主要景区以及沿线设置足量、规范、醒目的旅游标识牌，为游客提供便捷的服务。引导梅林农业公园、滨江风光带、齐白石文化旅游区、石鼓铜梁水库等地建设骑行游道，引导梅林农业公园、石鼓顶峰等地打造越野车赛道和露营基地等新业态项目。

开展旅游宣传促销活动。举办“登湘潭西藏、走湘军古道、品非遗文化、赏万亩菜花”为主题的第二届石鼓顶峰之旅、首届“游美丽梅林花海，登生态晓霞高峰”、第二届“品红色文化，采莲乡新茶”乌石采茶之旅、中国乌石（彭德怀元帅故里）红色旅游文化节暨湖南省乡村运动会、第三届湘潭·花石赏荷之旅、第二届“橙邀三湘客、领略乡村情”云湖桥绿色生态休闲游等6次大型旅游节会活动，活动影响大，在长、株、潭引起强烈的反响，使县域旅游盛况空前，共接待团队游客和自驾游客240万人次以上，全县农副产品销售收入达到2000万元以上。不断创新形象宣传手段，加强与各级各类媒体的合作，通过报纸、网站、户外俱乐部、微信、智慧旅游网络平台等媒介加大宣传力度，集中对湘潭县的旅游产品和旅游形象进行整体宣传打造。12月，组织全县15家旅游企业参加湖南省第七届旅游商品博览会，推送旅游商品参加旅游商品大赛，通过各类网络平台多渠道、多方位、多角度的宣传推介湘潭县旅游产品。

推介旅游项目。2月，编制含旅游基础设施、旅游商品开发等14个重点项目的《湘潭县文化旅游招商项目书》。8月，在上海沪洽周项目推介会上，促成中冶赛迪集团有限公司和上海麟风创业投资有限公司分别就洛口古镇开发项目、碧泉潭流域开发保护项目与湘潭县人民政府签订框架协议。8月和12月，北京绿十字组织到湘潭县考察美丽乡村旅游项目2次。投入40多万元在二大桥南、吴家巷工业区、大鹏西路、涓水桥等县城出入口和县内主要景区（点）沿线道路等醒目位置投放户外广告宣传牌，全方位展示县域旅游形象，为广大游客和群众到湘潭县旅游提供更便捷的服务。积极指导金霞山公园、齐白石文化旅游区、梅林山庄乡村旅游度假村等重点项目的建设。

提升行业管理和服务水平。大力推进乡村旅游区（点）发展。积极指导龙凤庄园、梅林山庄、梅林花舍、源博园等乡村旅游区（点）服务提升工作，树立乡村旅游特色品牌。7月，指导排头乡湘之坊生态农庄成功创建为湖南省三星级乡村旅游区（点）。大力打造红色旅游、文化旅游、乡村旅游、休闲旅游四大核心旅游产品,以创建、提质等级景区为目标，优化梅林农业公园、白石文化旅游区、石鼓油菜花基地、乌石羊鹿茶基地和花石湘莲文化基地游览环境，提升景区服务设施的功能和档次。12月，齐白石文化旅游区、梅林农业公园成功创建为国家AAA级旅游景区。推进旅游行风建设，先后举办讲解员培训班、文化旅游人才能力提升班、安全生产业务培训班等，组织旅游企业和个人参加省、市行业文明评比活动，鑫田国际大酒店销售经理刘巍民被评为“省级文明旅游先进个人”，彭德怀纪念馆黄蓉获省“讲史育人——全省革命文物讲解大赛”三等奖，黄桑勇获湘潭市最美导游员（讲解员）称号，彭德怀纪念馆成功创建“省两型示范景区”“省级文明标兵单位”。

风景名胜

【彭德怀纪念馆】 彭德怀纪念馆坐落于湘潭县西南的乌石镇，于1998年10月建成开馆，是以全国重点文物保护单位——彭德怀故居为依托建立起来的全国唯一一座完整、系统地介绍彭德怀生平业绩的传记性专馆，包括彭德怀故居、彭德怀纪念馆、彭德怀铜像、彭德怀墓、德怀亭、烈士墓等纪念设施，控制面积30公顷，占地面积10.7公顷，现有陈列室1400平方米，文物资料库房200余平方米，展线370余米，拥有文物藏品2000余件，照片资料3000余件，共有干部职工25人，拥有国家AAAA级旅游景区、全国爱国主义教育基地、国家国防教育示范基地等8项国家级荣誉，被上海同济大学、中国农业银行上海分行、湖南步步高连锁有限公司等160余家企事业单位确定为爱国主义教育基地和德育教育基地。

【周小舟故居】 周小舟故居位于湘潭县排头乡黄荆坪管区，始建于1805年，为一幢大型双天井复合式传统建筑，建筑面积共800多平方米，大小房屋30多间。房子坐西北朝东南，依山面塘，属典型的湘中民居建筑，但规模比一般的民居大两倍以上。房子自左至右共9弄相连，每弄有3~4进，堂屋两侧的厢房设左、右两个天井。夹在其他房间中间，既不靠外墙，又不靠天井的“聋子屋”，从房顶上安装“采光斗”采光。1912年11月11日，周小舟诞生在这里，并在此度过童年和少年时代，后参加革命，新中国成立后曾担任中共湖南省委第一书记，1958年进行农村调查时回过这里。2011年被公布为湖南省省级文物保护单位，并划定保护范围与建筑控制地带，2009—2011年进行全面维修。周小舟故居于2013年评定为国家AAA级景区（点）和湖南省红色旅游示范点。

【五龙山大杰寺】 五龙山大杰寺地处湘潭县中路铺镇境内，始建于明代崇祯五年（1632），寺院建筑属于重檐宫殿式，飞檐斗拱，琉璃瓦盖、金碧辉煌。寺院占地面积53000平方米，建筑面积10000多平方米，坐北朝南，由山门、天王殿、大雄宝殿、万圣殿四部分组成，自南而北排列在一条中轴线上，左右两侧分别设有钟鼓楼、念佛堂、玄帝殿、寿佛殿、龙山客堂。清光绪年间（1888—1892年），齐白石、王仲言等7人在此成立“龙山诗社”，公推齐白石担任社长。1997年唯静法师接过弘法之棒，化缘上千万元修建山门，天王殿、钟鼓楼、念佛堂、斋堂、寮房、藏经楼、观音殿、禅堂、万佛堂等。寺院现已成为省内规模较大的寺院。先后被确立为“湖南省重点宗教活动场所”“湖南省首届和谐寺院先进集体”“湘潭市宗教文化旅游示范点”，2013年成功创建为国家AAA级旅游景区（点）。

【湘潭梅林农业公园】 湘潭梅林农业公园位于湘潭县易俗河镇，辖梅林桥、高桥、谷洪3个村。2013年7月开始投资建设，2015年建成对外开放。公园以生态田园为主题，以紫荆河、梅林山庄、虎形山为亮点，建设紫荆河骑行、田园风光走廊、虎形山登山健步、汽车越野、航空飞行营地、儿童乐园、花海乐园等项目，打造春看油菜、夏赏荷花、秋摘葡果、冬观梅林为“四季景观”。美女晒羞、石人石马、虎笑潭、眺岳峰四大景点吸引众多游客。公园作为省市美丽乡村建设示范片、市城乡统筹发展示范片、市“两型”综合示范片，2016年成功创建为国家AAA级旅游景区（点）。

【齐白石文化旅游区】 齐白石文化旅游区位于湘潭县白石镇杏花村107国道旁，是杰出的人民艺术家、世界文化名人、国际和平奖获得者齐白石（1864—1957）的家乡。景区处于莲花峰下，距县城35千米，与衡阳相距60千米，是长沙—南岳人文黄金旅游线的重要景区。景区总规划面积4平方千米，是以齐白石故居为核心，以国画创作基地、自行车游道、农家休闲体验项目为辅的旅游区，年接待游客达20余万人次，2016年成功创建为国家AAA级旅游景区（点）。

【白石文化生态旅游区】 白石文化生态旅游区位于世界文化名人、著名国画大师齐白石的故乡湘潭县白石镇，2007年3月被评为国家AA级旅游景区（点）。景区交通便利，旅游资源丰富，主要包括齐白石森林公园（晓霞山）、紫荆湖景区、五龙山、百泉湖、齐白石故居、黎氏八骏故居、尹氏宗祠、马英九祖居地潭口村等多个景点，该旅游区人杰地灵，文化底蕴深厚，养育齐白石、黎氏八俊等历史文化名人，并逐步形成独特的白石文化，吸引国内外无数文学艺术家和崇拜者前来探寻白石文化的真谛。

乡村旅游区（点）

【概况】 县域内乡村旅游区（点）成为带动农民就业、增加农民收入，推动旅游产业结构调整的重要力量。2016年，县内已授牌的省级乡村旅游区（点）共计15家，其中五星级乡村旅游区（点）4家，四星级乡村旅游区（点）1家，三星级乡村旅游区（点）9家，二星级乡村旅游区（点）1家。

宾馆酒店选介

【鑫田国际大酒店】 鑫田国际大酒店投资总额4.50亿元，于2010年3月正式开业，是一家集商务、旅游、会议宴会、健康美食、休闲娱乐为一体的综合性豪华酒店，2014年被正式评为国家五星级旅游饭店。该酒店占地面积4万多平方米，建筑面积5万多平方米，园林绿化面积达70%，名花古木簇拥，环境优雅。酒店有各式客房，房间装饰豪华典雅，设备高档齐全。酒店有大、中、小各类会议室，能满足不同会议需求，其中多功能国际会议中心可容纳600多人，配备同声传译、多媒体投影、视频会议等先进设备。酒店有中餐厅、西餐厅、大小贵宾房、酒吧等，可同时满足2000多人用餐，其中宴会大厅可供600多人用餐。酒店设有KTV、桑拿、按摩、足浴、棋牌、健身、美容美发、游泳池、乒乓球、网球等娱乐休闲项目，购物商场、大型停车场一应俱全。

【润玉酒店】 润玉酒店由湘潭润玉房地产公司投资兴建，总投资4800万元，是集客房、餐饮、商务、会议、休闲于一体的综合型商务旅游度假酒店。酒店功能齐全，设施一流，格调优雅，管理科学。酒店内客房别致舒适，有豪华休闲间、豪华套间、行政套间、标准单人间、高级单人间和高级双人间，客房内均装有宽带。酒店提供叫醒服务、留言服务、叫车服务、洗衣服务、全天候送餐服务等。茶吧清静、优雅、舒适，会议室多功能，可满足40~200人不同规格、不同层次的会议需求。2015年成功通过AAA级旅游饭店复核评定。

【长江宾馆】 长江宾馆是湘潭县首家旅游星级饭店，总投资5000余万元，占地面积4000余平方米，集餐饮、住宿、会务、娱乐于一体，是度假、休闲、旅游、商务、集会的理想场所。宾馆设有宴会厅7个、风格各异的大小餐饮包厢25个，可供2000多人同时就餐；设有豪华套房、商务套房、标准单人间、标准双人间、标准三人间等106间，还设有会议室、茶座、足浴、棋牌等，能满足宾客不同需求。2015年成功通过三星级旅游饭店复核评定。

（王益妍）

表9

湘潭县旅游景区基本情况一览表

景区（点）名称	等　级	电　话	地　址
彭德怀纪念馆	AAAA	57838100	乌石镇乌石村
周小舟故居	AAA	57880807	排头乡星星村
五龙山大杰寺	AAA	57590433	中路铺镇柱塘村
齐白石文化旅游区	AAA	57832020	白石镇
梅林农业公园	AAA	57881254	易俗河镇
白石文化生态旅游区	AA	57892020	白石镇

彭德怀纪念馆

【概况】 彭德怀纪念馆坐落于湘潭县西南的乌石镇，于1998年10月建成开馆，是以全国重点文物保护单位——彭德怀故居为依托建立起来的全国唯一一座完整、系统地介绍彭德怀同志生平业绩的传记性专馆，包括彭德怀故居、彭德怀纪念馆、彭德怀铜像、彭德怀墓、德怀亭、烈士墓等纪念设施，控制面积30万平方米，占地面积10.67万平方米，现有陈列室1400平方米，文物资料库房200余平方米，展线370余米，拥有文物藏品2331件，照片文献资料3000余件，共有干部职工25人，拥有国家AAAA级旅游景区、全国爱国主义教育基地、国家国防教育示范基地等8项国家级荣誉，被上海同济大学、中国农业银行上海分行、湖南步步高连锁有限公司等160余家企事业单位确定为爱国主义教育基地和德育教育基地。

2016年，因电视剧《彭德怀元帅》在央视热播，到彭德怀纪念馆参观的游客逐月递增，全年共接待游客1323365人次，同比增长31%，春节、端午、清明、“五一”、国庆等法定节假日游客量同比平均增幅为36.93%；全年讲解1008批次，重要接待32批次，先后接待原广州军区副政治委员兼南海舰队政治委员黄嘉祥中将，烈士陈毅安之孙、火箭军54基地副总工程师、少将陈正烈，宁夏回族自治区委党史研究室副主任纳建国，湖南省委副书记、省长许达哲等党、政、军领导，切实做到公众服务优质热情，重要接待周到满意。

充分发挥全国爱国主义教基地职能，多平台、多载体持续推进青少年爱国主义教育和革命传统教育。全年结合节庆日、小长假组织开展了“一元捐”“游彭德怀纪念馆——国际博物馆日旅游推介活动”“小小讲解员”等主题教育活动；完善“彭总故里”微信服务号的版块、功能，定期向游客推送专题图文、彭总故事及景区介绍等信息；《彭》剧热播期间，全面加强主流媒体的宣传力度，联合湖南卫视《信仰的力量》栏目推出电视专题报道，联合《湖南日报》发表特写《一定不辜负总书记的殷切希望》《几番长洒泪 难尽敬仰情——电视剧〈彭德怀元帅〉背后的故事》等报道4篇，联合《湘潭日报》发表《“您走出那么远，还牵着我的心”——电视剧〈彭德怀元帅〉的戏里戏外》《以彭总精神激励和教育广大党员干部——湘潭县彭德怀纪念馆加强党建工作促发展纪实》等报道4篇，深度宣传推介《彭德怀元帅》电视连续剧背后的故事及彭德怀纪念馆党建工作；全年在华声在线、搜狐、网易、市旅游网、县网等各类各级网站刊发、转载信息68条。

2016年，彭德怀纪念馆组织参加省文物局开展的“讲史育人——全省革命文物讲解大赛”获得三等奖、创作的《彭德怀的“管公三诀”》《彭德怀补饭钱》微文稿入选《新湘评论》杂志社理论宣传微平台——“指点”微信公众号等。

开展文物征集和维护修缮，全年共征集书画作品、文字资料17件，收集安徽省林业科学研究院周业勇收藏的1931年制平江县苏维埃政府嘉禾壹圆银币一枚；完成全国第一次可移动文物普查工作；完成彭德怀故居围墙、茅草屋及彭荣华牺牲处墙面的文物修缮和景区白蚁防治工作；完成全国第一次可移动文物普查工作；建设全省首个RFID（无线射频识别技术）智能馆藏文物管理系统，实现文物数据化和智能化管理；为纪念彭总诞辰120周年，启动“彭德怀同志生平陈列”更新相关筹备工作。

加强馆舍基础设施维修维护，完成安防摄像头增设、热水系统提质改造、展厅墙面粉刷翻新、景区垃圾池改造、部分旅游厕所改建、部分景区禁烟标识更换以及乌石峰游道工程（一期）的竣工验收工作和乌石峰游道工程（二期）的招标工作。

强化安全保卫工作，以预防为主，技防和人防相结合的方式，定期进行消防、安防隐患排查。联合县公安局特警组、乌石镇派出所、乌石卫生院开展以“快速制止恐怖行为、快速安全疏散游客”为主题的反恐防暴实战演练，联合县消防支队开展消防演练；景区安保工作面向社会公开招投标，聘请专业安保队伍实行24小时巡逻制，筑牢安全防线，确保纪念馆全年零安全事故的发生。

加强绿化和保洁工作，面向社会公开招投标的方式购买环保、专业、规范的绿化、保洁服务。绿化养护由湘潭市城市园林建设有限公司投入专职绿化养护员和园艺工，按照环境友好型、资源节约型的两型要求和《湘潭城市园林绿化植物养护技术规定》进行景区苗木养护作业；保洁由湘潭金阁物业公司投入专业保洁队伍，参照《全国物业管理条例》《全国物业管理示范工业园区达标评分细则》及ISO 9001质量标准对整个景区进行保洁作业，为游客提供温馨、洁净、优美的旅游环境。

5月17日，彭德怀纪念馆参与筹拍的长篇重大革命历史题材电视连续剧《彭德怀元帅》首播仪式在人民大会堂隆重举行；20日在中央电视台一套黄金时段播出，热播期间，该馆通过各级主流媒体、新媒体等平台以及政府大院、景区进行多形式、全方位宣传，营造浓厚地收视氛围，数据统计该剧创同期收视率全国第一；承办中国乌石（彭德怀元帅故里）红色旅游文化节暨湖南省乡村运动会、“欢乐潇湘·幸福湘潭”大型群众文艺会演市级复赛湘潭县专场等大型户外主题活动；下半年，为进一步扩大电视剧热播效应，根据市委书记关于“宣传推介重亮点”的讲话精神，在彭总诞辰118周年之际隆重举行“彭老总回家了！”——纪念红军长征胜利80周年系列主题活动，彭德怀扮演者董勇应邀担任湘潭县形象代言人，景区的知名度和美誉度得到进一步提升。

2016年，彭德怀纪念馆先后获得湖南省文化遗产保护利用“五好”园区、市“服务‘两学一做’讲好特殊党课”讲解大赛组织奖、市最美导游比赛组织奖，获评市先进基层党组织、市无烟单位、县基层党建示范点、县共青团工作先进单位，成功创建湖南省“两型”示范单位和县文明单位。

【重大革命历史题材电视剧《彭德怀元帅》在央视一套播出】 36集重大革命历史题材电视剧《彭德怀元帅》（以下简称《彭》剧）由彭德怀纪念馆于2013年发起，八一电影制片厂、中央军委后勤保障部艺术中心、上海影视集团和彭德怀纪念馆荣誉出品。《彭》剧由全国著名编剧马继红、高军担纲编剧，八一电影制片厂著名导演宋业明执导，是第一部全景式记叙彭德怀革命生涯的电视剧。从1926年彭德怀率部配合叶挺攻打武昌，到他发动平江起义创建工农红军第五军，从彭德怀冲破重重阻挠上井冈山与毛泽东会师，到他领导红三军团以少胜多占领长沙；从艰苦卓绝的五次反围剿，到惊天地泣鬼神的二万五千里长征；从誓死不屈抵御日寇的八年抗战，到鏖兵西北横扫千军的解放战争；从临危受命抗美援朝打出国威，到锐意改革整军肃纪打造现代钢铁长城……将彭德怀充满传奇的戎马倥偬一生表现得淋漓尽致。该剧在审查过程中得到了党史专家、军史专家的高度评价，认为该剧是一部艺术真实与历史真实完美结合的作品，是一部有思想的艺术与有艺术的思想完全统一的作品。5月17日，《彭》剧在北京人民大会堂举行首映新闻发布会，湘潭市委常委、市委秘书长陈忠红，市广播电视台台长唐文静，湘潭县委常委、宣传部部长刘耀奇，彭德怀纪念馆党组书记、馆长李日方出席发布会。5月20日，《彭》剧在中央一套黄金时段播出，首播当日就获得全国上星频道电视剧第一名的骄人成绩，受到全国观众和各界人士一致好评，网络点击量突破5亿次。据中央军委后勤保障部艺术中心统计，该剧关注度达0.54%，市占率8.61%，创同期收视率全国第一。中宣部评价该剧是当代革命历史题材电视剧的高峰之作。在《彭》剧热播效应下，2016年纪念馆游客量以90%的增幅递增，年游客量突破130万人次。《彭》剧的播出不仅为红军长征胜利80周年和彭总诞辰118周年献上一份厚礼，也为全体党员干部提供难得的精神食粮，更是在全县红色文化传承上增添浓墨重彩的一笔。

【举办"彭老总回家了！"——纪念红军长征胜利80周年系列主题活动】 10月24日，由中共湘潭县委、湘潭县人民政府主办，湘潭市广播电视台、中共湘潭县委宣传部、彭德怀纪念馆、湘潭县文化旅游体育局、湘潭县广播电视台、中共乌石镇党委、乌石镇人民政府联合承办的"彭老总回家了！"——纪念红军长征胜利80周年系列主题活动在彭总诞辰118周年之际隆重举行。活动分三个环节，分别是敬献花篮和聘请电视剧《彭德怀元帅》主演董勇担任"湘潭县形象代言人"仪式、电视剧《彭德怀元帅》主创人员见面会暨文艺演出活动和中共湘潭市委书记曹炯芳会见电视剧主创人员。

出席活动的电视剧主创人员有编剧、联合出品人马继红，编剧、总制片人高军，彭德怀扮演者董勇，青年毛泽东、左权扮演者罗钢，彭德怀警卫员小石头扮演者宿宇杰等；市领导有吴小月、文孝男、唐文静等；县领导有傅国平、段伟长、周艳希、黄忠德、王惠芳、尹明忠、李豪雄、李日方等；彭德怀侄孙彭宇，彭德怀侄媳颜莲英以及观众代表、乌石镇群众代表共计400余人参加。此次主题活动的举办对进一步弘扬彭总精神，提升彭德怀纪念馆的知名度和美誉度，推动乌石红色旅游发展具有十分重要的历史意义。

【启动彭德怀故里国家5A级旅游景区创建工作】 10月12日，为纪念彭德怀同志诞辰120周年，完成中国共产党湘潭县第十二次代表大会确定的创建国家AAAAA级旅游景区目标任务，湘潭县委、县政府成立纪念彭德怀同志诞辰120周年筹备委员会，启动彭德怀故里国家AAAAA级旅游景区创建工作，计划未来五年将彭德怀故里打造成红色文化氛围浓厚、乡村旅游魅力十足、体验项目极具特色、小城镇建设示范引领的智慧型旅游大景区。

（邓璐思）

（责任编校　杨　柳）

财政·税务

财 政

【概况】 2016年，全县完成财政总收入26亿元，为年初预算的100%，比上年增加1.6亿元，比上年增长6.6%；一般公共预算支出完成49.6亿元，为年初预算的107.4%，比上年增加5.94亿元，增长13.6%。

加强财政征管。积极落实中央“营改增”、扶持小微企业发展、取消部分行政事业性收费等政策性减税减费政策，充分挖掘新兴税源，加强对薄弱环节的征管，努力增加税收，进一步对加强行政事业性收费收入、国土收入等重点非税收入的征管。全年税收收入完成14.1亿元，财政收入完成11.9亿元，税收占财政总收入的比重为54.14%。

细化编制全口径预算，进一步细化四本预算，充实政府性基金预算，扩大国有资本经营预算覆盖范围，加强对社保基金收支监管，各项收入按规定全部纳入预算，统筹安排各项支出。同时，进一步推进预算决算公开，全县78家部门预算单位除涉密单位外，全部公开2015年、2016年部门预算和2015年部门决算情况。

加强预算绩效管理。从2016年起，所有预算单位申报的项目资金全部展开绩效目标管理，实现项目支出绩效管理全覆盖，做到同申报、同审核、同批复，共审核全县83个预算单位申报的553个项目资金的绩效目标，审核项目预算资金17.54亿元。选取河口镇、茶恩寺镇进行试点，推行2015年乡镇部门整体支出绩效评价工作。

加强国有资产管理。加快重组，进一步优化国有经济结构。县城投公司、天信公司资产、路桥建设公司资产重组顺利完成，宏泰肥业公司股权和长沙大鹏集团重组、京湘水务公司的股改工作稳步进行。对接省企，为加快县域经济发展增添活力。在省、市国资委的支持和指导下，与湘潭天易示范区一道积极开展与企对接各项活动，邀请3户省企举办“天易与省企对接合作洽谈暨重大项目推介会”，推介重大招商项目7个，签约项目3个，签约资金17亿元。规范程序，实现国有资产保值增值。面向社会公开拍卖国有资产16宗，处置收益1800余万元，实现国有资产增值159万元。进一步加强与行政、事业单位、国有资产监管，完成县企89家行政事业单位资产条码管理。

加强财政监管。在全县范围内开展2016年会计监督检查工作，对8家单位进行重点检查，针对检查中发现的单位会计内控制度不健全、会计信息失真、支出凭证不规范以及会计人员无证上岗等问题，责成单位进行整改。对12家单位开展部门预算执行情况的监督检查，检查围绕财政资金开支是否按规定用途使用；有无骗取、截留财政资金情况；专项资金是否专款专用等内容进行。开展机关运行经费专项整治，全县共重点检查25家预算单位。

加强内部控制。创新内部监督方式,推进内控建设。开展内部监督检查。组织局内股室单位开展全面自查自纠，重点抽查绩效管理股和综合股，规范内部管理，提升运行效率。开展内部专项监督。开展新型农村合作医疗、村账乡代管和国库资金安全大检查，切实履行财政监督保资金安全的职责。推进内部控制建设。按照上级统一部署，积极推动财政部门内控建设。

加强政府采购管理。更新理念，积极建立“简政放权、放管结合、重点突出、服务优先”的政府采购监管工作新机制。简化采购程序，优化采购流程。清理原有审批、审核事项，明确财政部门除法定的采购方式审批、进口产品核准外，其他事项全都实行备案管理。2016年，政府采购实施计划备案项目1860个(除公务车维修、加油、保险外)。取消采购文件审核、公告审核等政府采购程序审批的行为。同时，落实法律赋予采购人的需求标准制定、代理机构选择等法定权力。调整监管重心。按照“抓两头（需求管理和结果评价)、简中间（交易环节)”的思路调整监管重心，将监管从程序控制转向需求管理和监督检查，建立约谈及约谈通报制度。全县累计执行政府采购预算126500万元，实际采购总规模为114482万元，节约资金12018万元，节约率为9.5%。

政府购买服务。出台《湘潭县政府购买服务管理办法（试行）》的通知（潭县政办发〔2016〕9号），有序引导社会力量参与服务供给，形成改善公共服务的合力。2016年，S330武广高铁株洲站至沪昆高铁韶山站连接线（湘潭马景坳至七里铺段）77976.3万元、湘潭县农村环境综合整治3500万元、湘潭县重金属污染耕地修复治理7411万元、湘潭县“十三五”规划时期易地扶贫搬迁1309万元、湘潭县平安城市三期电子防控系统建设1011万元、湘潭县城区环卫保洁1876万元等项目均实行政府购买服务。

财政投资评审。严格落实《湘潭县财政投资评审操作规程》，评审工作从委托立项、确定评审计划、评审取证、交换意见到出具报告的整个过程都制定明确的规定。在质量管理上，严格执行评审管理程序，实行质量责任制，评审人员评审工作底稿要存档备查，明确职责。实行流水作业，严格按照初审、复审、会审三方定案的评审程序执行。围绕财政体制改革，进一步推行项目预算评审，积极为部门预算的实施提供技术服务。（陈佳妮）

国家税务

【概况】 2016年，全县国税收入完成6.39亿元（不含车购税），比上年增收2.05亿元，增长47.11%，为市局调整后任务的100.76%，县政府调整后任务的100.66%。剔除四大行业营改增后，累计完成收入5.26亿元，同比增收9562万元，增长22.22%。同时，全年查补税款1839万元，完成车辆购置税收入2708万元。

夯实基础，征管改革打造新格局。统筹推进四大行业营改增试点、国地税征管体制改革两项重大改革任务，产生纲举目张的带动效应、相互促进的乘法效应。营改增改革精准落地。县委县政府重视营改增改革工作，在时间紧、任务重、要求高的情况下，汇聚全局之力，顺利完成全面推开营改增试点改革重任，确保税制序时转换，打赢“开好票”“报好税”“分析好”“改进好”等一场场硬战、胜战。2016年，全县营改增户数1726户，四大行业入库增值税1.14亿元，减税2608万元，纳税人普遍受惠得利。该局获评全省国税系统营改增先进单位。国地合作全面发力，多点开花，逐步实现户联管、税联办、数联享、案联查、法联宣。通过“互相进驻”实现5大类11项基础业务全城通办，全县建立7个国地联合办税服务厅（室），设有20个“一人一窗双系统”通办窗口。国地联合评估查增企业所得税2934万元，联合稽查查补税款32万元。

严征细管，依法治税再上新台阶。积极开展法治宣传，推进简政放权后续管理，落实税务行政审批改革，县局获评全市“依法决策示范领导班子”。开展税收政策执行情况调研，落实促进创业创新的各项税收优惠政策，全年依法减免税收2848万元，办理出口退税208万元，促进中小企业减负发展。坚持责任引领，全面开展执法督察。对“三证合一、一照一码”登记制度改革情况、征收“过头税”问题、全面营改增试点收入情况等7个专项内容开展税收执法督察，查补税款1142万元，执法责任追究25人次，责令书面检查1人次，经济惩戒3人次。强化税警协作，加强失信惩戒，加大对虚开虚抵、发票违法违规行为的严厉打击，营造了良好的税收发展环境。2016年，稽查查补入库税款、滞纳金、罚款合计1019万元，同比增收778万元，稽查立案数创历史新高。落实重大税务案件审理办法，重点规范执法文书签字盖章、自由裁量权基准、法律依据的适用等8项内容，进一步倒逼案卷质量提升。

简化提优，纳税服务展现新面貌。深化“全员服务”理念，推出提前预约、错峰申报、绿色通道等服务手段应对营改增办税高峰，打造“电子税官”、微信公众号、征管微信交流群等个性化服务举措，全年通过网络、微信群、微课堂、微信公众号、“12366”平台在线服务、答疑解惑1000余次，纳税人的获得感进一步增强。积极推进实名办税、国地联办，全面落实取消A级、B级纳税人增值税发票认证各项举措，纳税人“快办税、好办税”的愿景正迈向现实。同时，盘活各方资源，提供税收政策扶持，通过“税银互动”平台，全年为企业争取融资贷款2000余万元。全面开展需求、服务“大走访、大征集”活动，完善管理制度8条，简化办税手续11项。不断深化涉税春风行动，各项办税服务制度进一步落实、涉税证明进一步精简、办税流程进一步优化，纳税人办税更加省力省心。大力推行车购税委托代征、委托邮政代开等项目，纳税人口碑、社会反响持续向好。2016年，在全省的纳税人满意度调查中，该局列全市国税系统第一名。

2016年，县国税局荣获全省国税系统“绩效管理标杆单位”，湘潭市国税系统绩效管理先进单位，在湘潭市国税系统2016年亮点工作评比中获一类单位。县国税稽查局争创全国青年文明号进入公示期，县国税局顺利通过湖南省文明标兵单位现场验收、成功创建湘潭市无烟单位、湖南省文明卫生单位复审通过，天易税务分局荣获湖南省国税系统模范职工小家，青山桥税务分局湘潭市文明卫生单位复审合格，文明创建实现“节节高”“满堂红”。（王志标）

地方税务

【概况】 2016年，全县地税入库各项收入（政府计划口径）75642万元，为年度收入目标75000万元的100.86%，超额完成年度任务。剔除6月至12月的营业税，共完成73060万元，同比增加416万元，增长0.57%。其他费金全年入库5622万元，为年度费金任务的104.5%，同比增收267万元，增长4.98%。

依法治税贯彻到位。继续以防控税收执法风险、推进依法行政为中心，构建法制和规则意识新常态。加强税收法律、法规和政策的学习，深入贯彻国务院各项优惠政策，全面落实小微企业税收优惠。年内为符合条件的367户小微企业减免企业所得税税款44.97万元。受理核准房产税困难减免27户次，减免税款182.27万元；土地使用税困难减免36户次，减免税款264.56万元；受理各项减免备案7户次，协助国税完成了近2000户营改增纳税人信息移交工作。按时开展企业所得税汇算清缴，全年共完成476户企业所得税汇算清缴，补缴税款1231.52万元。完成12万元以上高收入个人所得税自行申报679人次，查实应纳税额1063.83万元，应补税额158.22万元，已全部缴纳入库。依法加大涉税违法犯罪行为查处力度，定期曝光重大涉税违法案件。整合稽查资源，加大“异地稽查”“一案双查”力度，充分发挥稽查在规范税收执法中的重要作用。

国地合作扎实推进。从2016年11月上旬开始，湘潭县国地联合办税服务厅正式启用“一窗双系统”联合办税模式。按照“前台一窗受理、后台分别处理、限时办结反馈”服务模式，全面实现一个窗口通办所有国地业务，使现有国地办税服务厅成为对外统一的联合办税服务厅，真正实现“进一家门、办两家事”。同时，国地联合推进依法治税，联合开展欠税管理，对同时欠缴国地税税款的纳税人，共同采取清缴措施，联合执法，堵塞税款流失漏洞，防控税收风险。联合开展违法惩戒，对税收违法纳税人联合实行“黑名单”管理，通过共享重大税收违法案件信息，协调相关部门，联合实施惩戒活动，打击税收违法行为。强化涉税信息共享，联合开展户籍巡查、个体定税。强化了户籍管理、纳税申报、信用管理、个体双定等信息的交流交换，实现纳税人涉税信息一次采集、按户存储、共享共用。联合采集第三方数据信息，共享分析成果，强化结果运用，充分发挥大数据对税收征管的信息支持作用。

纳服质效显著提升。深化“便民办税春风行动”，实现纳税服务最大化。加大税法宣传力度，完善青少年法制宣传教育基地建设，继续推行税收法律、法规进机关、进乡村、进社区、进学校、进企业、进单位“六进”活动。定期开展纳税需求调查，定期收集纳税需求，畅通征集渠道。公开联系和监督方式，为纳税人提供涉税事项告知、税收优惠政策咨询等纳税服务。全面推行总局《纳税服务规范》，切实做到“窗口受理、内部流转、限时办结、窗口出件”。在改革新形势下，该局克服困难，在县政务中心设立地税窗口，实现全流程办结，解决纳税人二手房交易缴税不便的问题。完善服务承诺制、限时办结制、责任追究制等管理制度，设置意见箱、举报箱等，收集纳税人意见建议，提高纳税遵从度。

2016年，县地税局荣获全市地税系统绩效考核先进单位、金税三期上线工作先进集体，湘潭县局第五税务分局荣获“2016—2018年度全省依法办事示范窗口单位”称号，湘潭县局第二税务分局和湘潭县局办税服务中心荣获“市文明窗口单位”称号。

（欧阳涛）

（责任编校　杨　柳）

金融·证券·保险

概　述

【概况】　2016年，驻县银行类金融机构16家，营业网点142个，年末全县银行类金融机构存款余额372.1799亿元，较上年末增加72.8868亿元，增长24.3%，贷款余额199.1150亿元，较上年末增加21.5374亿元，增长12.12%，贷存比为53.45%。驻县保险公司19家，其中寿险保费收入5亿元，产险保费收入2.2亿元。驻县证券公司1家，该公司2016年累计开户数5359户，客户资产2.2亿元，全年股票基金交易量77.3亿元，期货客户数126户，全年期货交易量13.9亿元。

【湘潭天易农村商业银行股份有限公司挂牌开业】　湘潭天易农村商业银行由湘潭县农村信用联社改组而成，经过资产确权、清收不良、清产核资、扩充资本、召开创立大会等程序，于2016年7月7日成功实现挂牌开业。省联社副主任邓师辉，市委常委、副市长提名人选程蓓，县领导谢振华、傅国平、唐正武、黄忠德、王惠芳、周俊文、刘铁强、刘耀奇、唐仁光、胡庚等出席庆典仪式。湘潭天易农商银行的成功组建，进一步转变该行的经营机制，优化“三会一层”（股东大会、董事会、监事会和经营管理层）的构架，形成9个职能部室、1个营业部、22个支行和53个分理处的经营管理组织架构。该行以“科学定位，细分市场，差异化经营”为指导思想，树立“立足城乡、服务三农、服务中小微企业及城乡居民、促进县域经济发展”的宗旨，力争成为一家产权制度清晰、资本结构合理、公司治理完善、内控管理严密、财务状况良好、经营运行稳健的金融企业。

金　融

湘潭天易农商银行

【概况】　2016年年末，湘潭天易农商银行各项存款余额为142.80亿元，比年初增加17.95亿元，增幅14.38%，完成全年任务的119.67%。各项贷款余额为69.04亿元，比年初增加3.83亿元，增幅5.87%，完成全年任务的956.23%，考虑到政府和股东购买9.3亿元，贷款当年实际增长13.13亿元；其中涉农贷款余额为66.19亿元，占贷款总额的95.87%；不良贷款余额为1.56亿元，不良贷款占比为2.26%；贷款损失准备余额为2.43亿元，比年初增加597万元，贷款损失准备充足率为118.47%，拨备覆盖率为155.63%，拨贷比为3.52%。全年发行福祥借记卡68130张，福祥便民卡5390张，手机银行用户新增14836户，电子银行替代率达到45.41%。实现总收入7.13亿元，实现账面利润2.26亿元，净利润1.61亿元，实现经营利润2.02亿元，各项业务指标均实现良好预期发展。

【信贷服务地方经济发展】　年内，开展福祥便民卡专项营销活动，主攻小额消费信贷。以公职人员为营销重点，拓展优质客户群体。累计发行福祥便民卡8780张，累计授信金额达20.35亿元，实际用信达到13.41亿元。以居民购房信贷需求为重点，优化服务流程，加大住房按揭贷款投放力度，累计向687名有购房信贷需求的客户发放住房按揭贷款17151万元。开展金融产业扶贫和农村社会信用体系建设，累计发放扶贫贷款4079户，扶贫贷款金额11217.4万元，完成21个金融扶贫服务站的建设，惠及辖内2万户贫困农户，提前超额完成县委县政府确定的年度目标考核任务。其中易俗河京竹村喜获全县首个市级“信用村”，得到人民银行和县委县政府的肯定。强化与园区对接，扶持重点工程项目。与教育局、江声实验中学、妇幼保健院、青山桥皮鞋工业园等单位签署战略合作协议，对市县重点工程、民生项目、科教文卫项目等进行针对性的业务营销，累计向园区和重点工程投放贷款75900万元。创新业务品种，满足不同群体需求。开发针对辖内商户的“流水贷”产品，有效地解决商户贷款难、抵押难、我行低息存款融资难的问题；针对中小微企业融资难问题，建立银税合作机制，开发“税信贷”产品，解决诚信纳税中小微企业融资难题；开发“循环通”产品，免过桥，切实减少客户的财务成本。

中国农业银行湘潭县支行

【概况】 2016年，中国农业银行湘潭县支行设有12个经营网点，在职职工156人。年末，各项存款余额54.49亿元，较年初增加7.46亿元，完成计划的199%。其中，对公存款余额8.34亿元，比年初增加2.94亿元，存款日均6.21亿元；储蓄存款余额46.15亿元，较年初净增3.17亿元。个人理财净增1.01亿元，余额达2.73亿元。各项贷款余额19.26亿元，较年初增加3.67亿元。其中，对公贷款余额13.82亿元，较年初增加0.79亿元。个人一般贷款4.68亿元，其中，非农贷款余额4.15亿元，比年初净增1.05亿元，完成全年任务的175%。实现收入总额为1.03亿元，中间业务收入0.13亿元，比上年增加0.02亿元。实现拨备后利润0.32亿元，比上年同期增加0.06亿元。

【惠农通服务点】 2016年，中国农业银行湘潭县支行全面推行“固定服务+流动服务+代理服务+电子渠道服务+互联网服务”的五位一体服务模式，惠农通服务点成为老百姓家门口小银行。截至11月末，该支行商户的金融性交易笔数月均都在50笔以上，多的月均达到800笔，交易总额73496万元，是上年的3.5倍；电费代缴1658万元，是上年的近10倍；助农取款金额208万元，是上年的4倍。

中国农业发展银行湘潭县支行

【概况】 2016年，中国农业发展银行湘潭县支行以化解和防控信贷风险为重点，认真抓好内部管理基础工作，积极稳妥营销水利、农村公路等中长期贷款业务。至年末，各项贷款余额为16.25亿元，比年初增加8.03亿元，增长102.45%；各项存款余额为7.91亿元，比年初增加4.36亿元，增加123.03%；各项存款日均余额为7.01亿元。

【服务地方经济发展】 2016年，中国农业发展银行湘潭县支行做好粮油收储工作。年初，开展“春天行动”，与县政府、相关局级单位积极沟通、密切配合，相互衔接，互通信息，落实裕湘库存远程监控，随时了解粮食收购、销售和生产经营情况等，24小时监控企业库存，确保信贷资金和粮食安全。积极营销符合农发行支持条件的客户。发放湖南天易融通创业投资有限公司城镇基础性设施中长期贷款8亿元、湘潭天易基础设施建设有限公司城镇基础性设施中长期贷款2.5亿元。湘潭莲乡路桥建设投资有限公司4亿元S330武广高铁株洲站至沪昆高铁韶山站连接线湘潭马景坳至七里铺段项目进入评估、现场勘查及省分行审批过程阶段。储备湘潭县湘江风光带建设（二期）7.8亿元的项目和湘潭县桥头改造项目4亿元。

中国银行易俗河支行

【概况】 2016年，中国银行易俗河支行以发展为主线，以利润为目标，积极拓展市场、创新产品、培育客户，实现各项业务的全面增长。至年末，个人储蓄存款余额较年初新增1.31亿元，日均较年初新增1.24亿元；一般性公司存款余额较年初新增1亿元；日均存款较年初新增1.61亿元。个贷余额为4.46亿元，全年累计新增投放0.44亿元；公司贷款余额1.37亿元。个贷不良余额416万元，关注类不良余额442万元，资产质量基本稳定。

【各项业务快速增长】 2016年，中国银行易俗河支行以产品为抓手，通过网上银行、代理保险、代发工资、代理基金、贵金属的销售以及其他理财业务多渠道、多方位发展中间业务。重点跟进学校、医院、污水处理等与民生相关的项目，关注本地楼盘项目，进行持续的按揭贷款叙做，成功营销包括碧桂园等楼盘项目近20个。跟进园区招商引资新项目，与新入园企业取得联系。紧跟时政，抢占先机，及时跟进PPP项目。

中国建设银行易俗河支行

【概况】 2016年，中国建设银行易俗河支行在辖区内设有2个营业网点，分别为湘潭县支行本部和大鹏路支行，在岗员工24人。该支行科学谋划转型发展，积极提升经营实力，以支持县域经济发展为己任，不断追求卓越。至年末，全口径存款余额余额达24.07亿元，较年初新增8.43亿元；各项贷款余额达22.21亿元，实现中间业务收入2323万元。中国建设银行易俗河支行被评为湘潭银行业文明规范服务五星级示范单位。

【服务地方经济发展】 2016年，中国建设银行湘潭县支行以湘潭县天易示范区为中心，加大对机构客户、中小企业客户的营销力度。通过中长期贷款的发放支持县域基础设施建设；通过创新发展资管业务成功实现政府债务置换；通过开创融资新渠道成功实现优先级信托受益权信托计划的发行；通过税易贷、善融贷等信贷产品的投放，为广大小微企业提供贴身、快捷、成本低廉的融资，得到小微企业的好评，支持县域经济发展。同时，积极担当社会责任，行长王双带队走访湘潭县分水乡双凤冲村、石鼓镇安乐村、乌石镇天明村、易俗河镇大湖塘社区、易俗河镇砚井社区，详细询问居民的生活情况，为困难群众送去慰问金；为湘潭江声实验学校12名贫困学子提供“爱心助学”善款等。中国建设银行湘潭县支行在推进金融扶贫捐赠、落实公益项目上取得成效，将社会责任工作融入“做品质、树品牌”之中，向社会公众展现国有大行的正面形象。

中国工商银行湘潭县支行

【概况】 2016年，中国工商银行湘潭县支行围绕质量、效益、安全三个关键目标，全行员工凝心聚力，真抓实干，积极行动，盯目标、找差距、克服种种困难，完成年度各项工作任务，确保资金安全年的实现。至年末，各项贷款4.69亿元，比年初增加2.49亿元。各项存款余额10.77亿元，比年初增加1.08亿元，其中，对公存款1.54亿元，比年初增加0.57亿元；储蓄存款9.23亿元，比年初增加0.52亿元。信贷资产4.69亿元，其中，公司贷款2.78亿元，比年初增加2.21亿元；小企业贷款0.18亿元，比年初增加67万元；个人贷款1.91亿元，比年初增加2881万元，存量新增全部实现零不良。实现拨备前利润3034万元，同比增加2109万元，增幅228%；实现净利润1244万元，同比增加547万元，增幅78%。全部超额完成年度任务。实现中间业务收入1589万元，完成年度计划的186%。电子银行业务全面完成任务，排名全市第一。

中国邮政储蓄银行湘潭县支行

【概况】 2016年，中国邮政储蓄银行湘潭县支行以“夯实基础、精细管理、转型升级、稳中求进”十六字工作方针为指导，以“二次创业”为主线，以零售商业银行市场为定位，以“利润”为中心，致力于优化资源配置、全面推动经营转型与提质升级，强化风险管控、努力创建学习型银行，各项业务稳步发展。至年末，个人存款余额为10.24亿元，净增6966万元，完成年计划的56.86%，全市排名第2位。贷款余额6.05亿元，年放贷4.13亿元，年净增—5726万元。其中，零售信贷余额5.36亿元，年放贷3.59亿元，年净增—3423万元；小企业贷款余额6957万元，年放贷5330万元，年净增—2303万元。小额贷款逾期金额1157万元，逾期率47.2%；商务贷款逾期金额1587万元，逾期率7.9%；消费贷款逾期金额84.5万元，逾期率0.27%。1完成收入3616.25万元，完成年计划的74%，较上年同期增长31.33万元，增幅达0.87%，其中，个金收入1333.97万元（储蓄收入1306.05万元，中间业务收入27.92万元），信贷业务收入1849.77万元，公司业务收入432.51万元。实现利润700万元，完成年计划的30.8%。信用卡发卡1750张，完成年计划140%，信用卡本金不良资产总额28.29万元，本息不良资产总额为22.99万元，本金不良率为2.11%，呆账核销85笔，核销金额96.75万元。销售理财产品3889万元，完成年计划的86.4%。销售代理保险114.4万元，其中，中邮保险销售78.5万元；新增三方存管账户817户，完成年计划任务的190%，其中，中邮证券新增108户；新增手机银行客户2403户，完成全年计划任务的45.44%，电子银行存量客户激活率30%，排全市第一。

华融湘江银行湘潭县支行

【概况】 2016年，华融湘江银行湘潭县支行围绕“稳中求进、稳中求新、稳中求变，稳中求实”的工作思路，实现业务的稳健和持续发展。至年末，各类存款余额余额为15.57亿元，较年初增长1.38亿元。其中，对公存款余额数为6.76亿元，较去年有所下降；储蓄存款为8.81亿元，较年初增长1.712亿元，任务完成率为229.66%。各类贷款余额10.88亿元，较年初下降6540万元。通过各种方式化解处理风险贷款4笔，金额3867万元。

2016年，该支行被湘潭县人民政府评为服务县域经济先进单位，县支行营业部被团市委评为市级青年文明号，被评定为全行的A类行，年末各项业绩综合排名位列湘潭分行第一位。

【业务多元化发展】 2016年，华融湘江银行湘潭县支行注重挖掘新客户，储蓄存款着重与天易示范区合作，加大对天易示范区的拆迁款的发放的客户服务，以此作为存款的增长点。拓展新型业务模式，老客户做出新业务。加强与老客户湖南伍子醉食品有限公司协商，创新建立供应链模式化合作方式，由伍子醉公司担保，并经总行批准，开展针对伍子醉上下游客户量身定做的授信业务，成功落地达标小微资产客户供应商19户，新增授信1500万元，实现采购销售款的资金归集，引入存款800万元。加强公私联动，将伍子醉食品公司、傲派自动化、湖南新向维包装有限公司等单位的代发工资落实到位；加强对学校、医院等民生行业、教育行业的重点营销，新增县九中及县职业技术学校等单位代发工资人数1200人左右，新增代发金额2000万元，推动储蓄业务大幅增长。通过联动营销，成功营销湘潭天易示范区集资款项独家代理资质，代理发放近2亿元款项。采取阵地营销与社区营销相结合的策略，支行对个人的管理资产新增2.4亿元，完成任务的197%；VIP客户新增385户，有效客户新增642户。支行个人存款日均增存1.1亿元，完成全年任务的264%，该支行成为全行储蓄先进支行，支行的先进经验被总行在全行范围内推广。

上海农商银行湘潭县支行

【概况】 2016年，上海农商银行湘潭县支行面对经济下行、主动调整业务发展方式，以“大零售”为业务发展的重点，实现业务稳定增长。至年末，各项存款余额余额15.6亿元；各项贷款余额余额26.4亿元。实现信用卡中间业务收入800余万元，完成全年任务的138%。

【业务稳定增长】 2016年，上海农商银行湘潭县支行启动提升网点服务水平的管理机制，员工的服务意识和网点的整体服务水平明显提升，促进网点转型不断推进。由零售部牵头组织、策划、考核各网点做好社区营销活动，把社区营销活动作为营销工作中的常态。各网点坚持每月深入社区开展各类活动，每周做一次宣传，每月一个主题，每月至少做一场活动，扩大品牌形象和社会认知度。加大对无贷客户的营销力度，整合资源，分工合作，新增无贷户90多户，净增无贷户存款3.84亿元，增长率63.7%。成功营销县社保基金、房屋维修基金、征地拆迁专项资金、保税区专项资金等2亿多元。

中国光大银行湘潭天易支行

【概况】 2016年，中国光大银行天易支行紧紧抓住开展推动大资产业务及国家发改委重点项目的契机，积极营销湘潭县及湘潭高新区范围内的国家发改委重点项目，业务实现稳定增长。至年末，对公存款余额11.64亿元，较年初新增9.5亿元；对公贷款余额11.64亿元,较年初新增8.26亿元。新增投放9.33亿元，新增小微客户10户。个人存款余额4.47亿元，较年初新增2.09亿元，个人存款日均规模3.67亿元，日均较年初新增1.47亿元。个贷余额0.63亿元,较年初新增0.31亿元。信用卡新增发卡1200张,其中高端信用卡客户新增240张。

【精品网点建设】 2016年，中国光大银行湘潭天易支行注重精心打造精品网点，制订服务管理考核办法，大力改善网点环境，在网点增设零残币兑换台、便民箱、雨伞、老花镜、擦鞋机以及爱心窗口，专为特殊不便人群办理业务，增强服务意识和服务质量，服务工作达到系统化，规范化。同时，该行注重品牌形象，坚持优势文明服务、阳光服务的理念，在服务手段大胆创新，相继推出延时营业、上门服务、业务创新等一系列服务举措，为客户提供全方位、周到、便捷、高效的服务，赢得客户的信任，全面提升窗口形象。

长沙银行湘潭县支行

【概况】 2016年，长沙银行湘潭县支行以“紧紧围绕加快转型、加速发展、安全合规、提升品牌、强化管理”为工作主线，团结、带领全体员工，锐意进取、不断奋进，积极倡导“积极工作，快乐生活”的理念，推动各项工作健康、稳步、跨越发展。至年末，存款总额8.31亿元，其中储蓄余额2.55亿元，对公存款余额5.76亿万元。一般性存款比年初新增4.41亿元，其中，储蓄存款比年初新增1.29亿元，对公存款比年初新增3.11亿元。

是年，长沙银行湘潭县支行获得湘潭银行业协会五星网点称号。

【服务地方经济发展】 2016年，长沙银行湘潭县支行加大对县域重点政府融资平台和县域中小微企业支持力度，并针对吴家巷工贸区、杨河工业区、青山工业园，加大中小微企业贷款的投放力度，为县域经济发展提供3亿元贷款，县内拆迁款资金近1.3亿元由该行发放，带动零售指标的增长。重点营销湖南天易融通创业有限公司、湘潭县建设投资有限公司、湘煤集团等优质单位，逐步拓展在湘潭县区域的服务范围以及业务范围，增强在区域的行业竞争力以及影响力。在槟榔行业授信1.4亿元；11月21日，成功开通湘潭县物业维修基金缴纳权限，上线且缴纳100余笔，业务得以拓展。10月，成功开通湘潭县住房公积金的缴纳工作及湘潭县区域水费缴纳平台，可以通过e钱庄生活缴费缴纳湘潭县水费，扩大零售客户群体。

【石潭社区银行营业】 2016年9月8日，长沙银行湘潭县支行石潭社区银行试营业。为拓展乡镇市场，增加市场占额，该支行在石潭镇新设一家社区银行。石潭社区银行已签约智慧校园3家，分别为石潭小学、古城小学、白托中学。至年末，净储蓄存款余额1105.81万元，日均224.06万元。石潭社区银行的设立，为全县社区银行成立提供成熟的运营模式。

兴业银行湘潭易俗河支行

【概况】 兴业银行股份有限公司成立于1988年8月，是经中华人民共和国国务院、中国人民银行批准成立的大陆首批股份制商业银行之一。2007年2月5日，兴业银行在上海证券交易所挂牌上市（股票代码601166)，注册资金190.52亿元。开业20余年来，兴业银行坚持“真诚服务，相伴成长”的经营理念，致力于为客户提供全面、优质、高效的金融服务。

兴业银行湘潭易俗河支行于2015年4月23日正式开业，网点位于湘潭县易俗河镇雪松路口彩虹大厦一楼。该行提供个人贷款服务、个人综合消费贷款、个人留学贷款、个人旅游贷款、个人汽车消费贷款、个人医疗贷款、个人工资消费贷款、集团员工消费贷、个人存款服务、安愉储蓄存款及个人理财服务等金融产品，为各企事业单位和个人提供高品质的金融服务。

至2016年年末，一般性存款54700元，贷款余额87029元。

中信银行湘潭易俗河支行

【概况】 2016年，中信银行湘潭易俗河支行于2016年7月开始试营业。现有正式编制干部职工9人，外拓劳务派遣编制人员3人，全行员工平均年龄25岁。其中，党员4人,占比33%；本科以上学历9人（其中硕士学历4人）占比达100%；金融从业经验5年以上有6人，占比达50%。

自开业起中信银行湘潭易俗河支行贯彻落实各项货币政策、执行相关利率政策，结合该行产品优势，加强对各类平台企业以及中小企业的金融扶持力度，切实服务湘潭地方经济发展和企业成长。

至2016年年末，各项存款余额7557万元，其中，公司存款3000万元，零售存款2557万元；零售综合金融资产9445万元；白金贵宾客户42名；金卡客户191名；零售贷款余额3759万元。

【服务县域经济发展】 从2014年开始，中信银行湘潭支行向湘潭县累计投放公司类贷款2.5亿元，至2016年年底已到期结清。2016年，为了扶植县域经济，借助易俗河支行开业的机会，该行再次申报针对县域经济公司类贷款，已经获批8000万元，预计2017年投放；零售贷款6508万元，其中为槟榔企业放款7249万元，零售客户公积金网络贷款1249万元。次年支持槟榔企业5000万元贷款已审批通过。

湖南湘潭湘淮村镇银行

【概况】 湖南湘潭湘淮村镇银行于2016年7月6日开始试营业，11月10日，举行正式开业仪式。该行坚定“服务三农发展、服务小微企业、服务城乡居民”的办行宗旨，凝心聚力、扎实工作,经过半年的努力，各项工作均逐渐步入正轨，各项业务取得良好的发展势头。

至年末，存款余额2.72亿元。储蓄存款余额0.72亿元，占比26.31%；对公存款余额2.01亿元，占比73.69%。贷款余额1.20亿元，累计发放贷款1.36亿元，按信贷担保方式划分，其中，抵质押贷款余额为1.02亿元，占全部信贷余额的85.24%；保证贷款0.15亿元，占全部信贷余额的12.36%；信用贷款288万元，占全部信贷余额的2.4%。按信贷主体类型划分，中小企业贷款1,100万元，占全部信贷余额的9.15%；小微企业贷款余额2,519万元，占比20.96%；涉农贷款余额11,943.85万元，占比99.39%。贷款户数190户，户均63.25万元。贷款平均利率6.62%。资产总额4.23亿元，负债总额2.73亿元，净权益1.5亿元。利润总额10.28万元，净利润5.49万元，资本利润率为0.04%（以年末资本余额为计算期平均余额）。成本收入比为80.36%。

证 券

方正证券湘潭县营业部

【概况】 方正证券股份有限公司湘潭县大鹏中路证券营业部（原方正证券方正证券股份有限公司湘潭县凤凰中路证券营业部）成立于2012年6月，营业面积423.6平方米，是湘潭县唯一一家合法的证券经营机构。2013年，获得经纪人资格，为全县人民提供全金融牌照的投资理财平台。2016年，新增3人，营业部在册员工16人，业务范围包括证券经纪业务、融资融券业务、期货业务、基金代销业务，是综合型证券营业部。在业务资格不断完善的同时，营业部积极向财富管理转型，多种理财业务全面发展，同时大力推进信用业务，实现证券经纪与期货经纪一体化。2016年，营业部客户资产达2.5亿元，累计实现交易量78亿元，考核利润600万元，在行情不稳定的大环境下，各项业务指标实现平稳增长。

（郭　洁）

保 险

中国人民财产保险湘潭支公司

【概况】 2016年，中国人民财产保险湘潭支公司坚持依法合规经营，以效益为中心，通过抓业务发展、内部管控、树公司品牌形象等，公司业务平稳增长。

至2016年年末，完成保费收入7671万元，较上年同期下降1.60%，完成年计划的85.33%，其中，常规险种签单保费4577万元,同比增长0.74%；车险4039万元，同比增长16.27%；非车非农险538万元，同比下降49.68%（因健康险专项585万元划拨至市分公司社保中心故同比大幅下降）。政策性农业保险因新增财险主体故减少规模，签单保费3094万元,同比减少4.86%。完成实收保费7859万元，较上年同期下降6.82%，其中，完成政策性农业保险实收保费3080万元。综合赔付率59.537%，综合成本率81.12%,费用率21.59%，实现报表利润775万元。

【农业保险业务稳定增长】 2016年，中国人民财产保险湘潭支公司面对湘潭县农险市场新增平安财险共同经营，县财政逐渐缩小大公司规模的形势，为确保农险稳健经营，加大政策性农业保险的宣传发动。4月初，通过宣传车、大型墙体彩绘、印刷白化墙体标语广告、发放农业保险宣传资料等，到全县17个乡镇开展农业保险系列宣传活动，体现“人民保险，服务人民”的经营理念。年内，争取到政策性农业保险3170.39万元。按照《湖南省财政厅关于开展杂交水稻制种保险和生猪价格指数保险试点的通知》（湘财金〔2016〕16号）文件要求，争取开拓制种保险。制种保险完成全部签单工作，茶叶保险签单也已完成82%的签单，做到应保尽保。是年，由于气候原因导致油菜种植过程中病害严重，种植农户受损较为严重。该司启动油菜理赔迅速到位。6月15日，湘潭县普降暴雨，“6·15”暴雨灾害导致水稻受损严重，部分养殖险出险案件骤增。灾情发生后，市县两级公司迅速做出反应，召开紧急会议启动大灾应急预案，并成立“6·15”灾害应急小组，开展理赔，其中，启动水稻已缮制水冲沙压赔案90件；因暴雨灾害期间发生的养殖险案件已全部赔付到位。

中国人寿保险湘潭支公司

【概况】 2016年，中国人寿保险股份有限公司湘潭支公司贯彻“重价值、强队伍、优结构、稳增长”的经营思路，增强可持续发展能力和核心竞争力，各项业务持续健康发展。

至2016年年末，公司有员工队伍24人，平均年龄35岁，均为大专以上学历；销售队伍600余人,其中主管50余人。完成新单保费6082.07万元，其中期交保费3024.86万元；10年期保费2067万元；标准保费1416.06万元；短险保费791.35万元。其中个险业务完成期交保费2467.1万元，10年期交保费1740.9万元，标准保费1186.07万元，短险193.92万元；团体保险业务完成538.37万元；银邮保险业务完成新单保费2843.2万元，其中期交保费 583.64万元，10年期交327.86万元，标准保费229.99万元，短险13.79万元；柜面期交保费19.49万元，短险6.2万元。公司给付各类满期款项7861.9万元，给付各类理赔款1196万元，服务近30万人次。

太平洋保险湘潭县支公司

【概况】 2016年，太平洋保险湘潭县支公司以客户需求为导向，抓住

"3+N"渠道战略，既抓重要渠道、重要任务、重要环节，又抓关键人员、关键流程、关键节点，走出转型发展的关键一步。

至年末，实现保费收入2510万元，其中，车险保费1960万元，同比增长34%；非车险保费60万元，同比增长—91%；农险保费480万元，同比增长60%；按渠道分类：交叉销售保费835万元，同比增长42%；车商渠道保费390万元，同比增长20%；邮政渠道保费115万元，同比减少36%；网电销渠道保费560万元，同比减少21%，平台业务占比达到77%，同比增长48%；直销团队保费410万元，同比增长42%。

中华联合保险湘潭县支公司

【概况】 2016年，中华联合财产保险湘潭县支公司组织架构中设总经理1名，副经理2名，下设车险科、非车险科、农险科、综合科4个科室。有在编人员12人，代理人8名。网络覆盖全县17个乡镇，保险代理人30余人，在全县行业中排名第四。

至年末，完成保费收入1757.25万元，县域内行业占比7.99%，缴纳地方税金116.09万元。实现车险保费收入1001.9万元，县区域内车险行业占比9.45%，支付车险赔款849.53万元。非车险保费收入433.8万元，支付赔款215.6万元。农业保险保费321.55万元，其中，央财政配套补贴资金93.3万元，省级财政配套补贴资金81.72万元，市县级配套补贴资金47.24万元，农户自缴保费99.28万元。实际支付赔款206.54万元。学平险保费收入260余万元，统保校责险80万余元，支付学平险赔款210万余元，支付校责险赔款65万余元。摩托车保险181.52万元，为全县1.4万摩托车主保驾护航。完成政府单位用车保险13.84万元，卫计系统医疗责任险15万元，民政系统养老责任险6.8万元。

（责任编校　杨红艳）

教育·科技

教 育

【概况】 2016年，全县投入资金1837.5万元，新建公办幼儿园4所，完成合格学校建设12所；投入1.6亿元,建成县一中艺体馆、提质改造县一中学校教学楼和办公楼；投入600万元，新建易俗河镇山塘小学综合用楼，新增城区义务教育学位600个。

启动义务教育学校标准化建设。县长段伟长主持召开学校建设现场办公会，决定全面实施义务教育学校标准化建设。县教育局成立标准化建设领导小组和工作办公室，制订湘潭县标准化学校建设三年行动计划。

接受全国义务教育发展基本均衡县评估验收。12月19日，国家督导评估组一行4人对湘潭县义务教育均衡发展情况进行全面评估，获专家组好评。义务教育均衡县的成功认定，为湘潭县2017年迎接两项督导评估和教育强县验收赢得入场券。

组织全县教师参加教育部"一师一优课、一课一名师"晒课活动，获教育部优秀课20节，省级优秀课28节。花石镇盐埠中学廖艳红获评湖南省最可爱乡村教师，其先进事迹先后被湖南卫视、《湖南日报》、《湘潭晚报》等多家媒体宣传报道；县五中周海波被评为湘潭市育人能手，赵炯娥被评为湘潭市最美莲乡教师。全县共评选出最美莲乡教师、县级优秀教师等先进教育者60人。

学前教育

【概况】 2016年，经县教育局审批注册的民办幼教机构共有223所，其中公办幼儿园共24所。在读幼儿27586人，幼师2099人。组织开展全县幼儿园园长和幼儿园教师培训，培训达1000人次。学前教育稳步发展，城镇和农村儿童学前一年教育和三年教育入班率分别达到100%和79.03%。组织全县第三届"幼教之星"幼师赛课活动，决赛分2个赛点，历时2天，共有28名幼师参赛，有7名教师荣获一等奖。

基础教育

【概况】 2016年，全县招收六周岁一年级学龄儿童8453人，适龄儿童少年入学率达100%，年巩固率为100%，三类残疾少年儿童入学率达84.46%；小学毕业生7557人，根据"就近入学"原则整体升入初中，全县在校初中生30301人，初中辍学率控制在0.5%以内，毕业发证率97.56%，初中毕业生升入高中阶段学校入学率93%。初中毕业会考九科及格率，优秀率和人均总分三项指标连续五年居全市第一。凤凰初级中学、茶恩寺中学、云龙小学、石潭中心小学、花石中心小学等一批学校获市综合评价表彰奖励。

全县共有普通高中学校10所，其中公办8所，民办2所（云龙实验中学、凤凰中学），省级示范性高中三所（县一中、凤凰中学、县五中），市级示范性高中4所（县二中、县四中、县九中、云龙实验中学）。普通高中在校生19768人，其中公办在校生13686人，民办学校在校生6083人。高考6366人参考，一、二批上线人数2416人，上线率38%，600分以上139人，占全市49.12%；县一中饶畅夺得全市文科状元，3人被北大清华录取；高考成绩第17次蝉联全市第一。学考一次性合格率93.75%。县一中、县二中、县五中、县九中、云龙中学、凤凰中学获市综合评价表彰奖励。

2016年湘潭县幼儿园、中小学基本情况一览表

表 10

类别	学校数（所）			班级数（个）			在校学生数（人）			教工总数（人）			专任教师数（人）		
	共计	教育部门办	其他	共计	教育部门办	其他	共计	教育部门办	其他	共计	教育部门办	其他	共计	教育部门办	其他
幼儿园	213	22	191	982	65	917	27586	1681	25905	2199	30	2169	1180	9	1171
中小学合计	233	223	10	2244	1927	317	101355	78231	23124	6888	5380	1508	6218	5049	1169
小学	156	155	1	1349	1318	31	45707	44406	1301	2469	2261	208	2313	2229	84
初中	60	58	2	568	373	195	29786	16917	12869	2374	1753	621	2273	1718	555
高中	10	8	2	327	236	91	19781	13697	6084	1550	1088	462	1221	835	386
职业中专	7	2	5				6081	3211	2870	495	278	217	411	267	144

特殊教育

【概况】 2016年，有特教学校1所，学生48人；有就近随班就读学生251人。全县6~14周岁三类适龄残疾儿童332人，其中视力类残疾46人、听力类残疾61人、智力类残疾225人，已入学三类适龄残疾儿童299人（含特校），未入学33人，三类残疾儿童入学率90.06%。

湘潭县特殊教育学校位于易俗河镇金雀东路，占地面积2500平方米，现有教学大楼和生活用楼，有教职工17人，其中正式教师9人，临聘教师2人，生活教师2人，食堂工作人员2人，门卫2人。有7至14周岁的多动症、脑瘫、自闭症、唐氏综合症、癫痫等各类智力障碍学生48人，设有4个教学班。特教学校根据培智义务教育阶段课程设置了生活语文、生活数学、生活适应、感统等七门课程。学生来自全县各个乡镇，除易俗河镇学生外全部在校寄宿，且绝大部分学生家庭条件困难。

职业教育

【概况】 2016年，有中等职业技术学校6所（其中公办1所，民办5所），在籍学生6081人，教职工495人；有乡镇农校17所，职教中心1所（湘潭县职业技术学校）；全年实现各类培训2万余人。

在湖南省职业院校学生技能竞赛中，全县派出21名选手，获得平面模特、汽车二级维护和车轮定位、钣金、涂漆、钳工、焊工、工艺美术等项目的19个省级奖励。

在湘潭市职业教育与成人教育优秀论文评审活动中，全县教师获一等奖9个、二等奖13个、三等奖20个。在湘潭市职业院校师生技能竞赛中，荣获团体总分一等奖、优秀组织奖。

在湖南省职业技术专业群建设项目立项中，县职校的“汽车运用与维修”专业成功立项为省重点项目，湘潭县申报国家级现代职业技术教育示范县。

民办教育

【概况】 2016年，全县有注册民办教育机构231所，其中，中小学5所，职校5所，培机构20所，高考文化补习学校2所，幼儿园199所。民办中小学校有学生49029人，其中，小学生1301人，占全县小学学生总人数的2.84%；初中生12869人，占全县初中学生总数的43.2%；高中生6084人，占全县高中学生总数的30.75%；职中生2870人，占全县职中学生总数的47.19%。凤凰中学为省示范高中学校，江声实验学校、云龙小学是全省首批“两型”示范学校创建单位；云龙小学、就业职业技术学校、江声实验学校、英才幼儿园为全省“骨干民办学校”，中路铺欣欣幼儿园为全省“骨干民办学校”创建单位；梅林白云阳光幼儿园、射埠真心幼儿园、杨嘉桥蓓蓓幼儿园、就业职业技术学校为省级“规范民办学校”。

【规范民办教育办学行为】 2016年，全县本着“规范一批，整改一批，关停一批”的原则，制订分批指导、分类整治的工作思路。全年关停非法幼儿园3所，批准发证幼儿园7所，发放幼儿园筹设批准书25所；规范民办教育年检，江声实验学校等47所学校被评为县级综合评估优秀单位，限期整改民办学校6所，停办民办学校3所，依法注销民办学校3所；认定市普惠性幼儿园116所。

（唐　耿）

重点学校选介

湘潭县第一中学

【概况】 湘潭县一中创办于1946年，位于长株潭“两型”社会核心区——湘潭县易俗河镇凤凰东路金霞山麓。校园占地16.23万平方米，建筑面积12.69万平方米， 72个教学班，在校学生4558人，教职工310人。学校经历五次跨越，办学条件不断改善，是一所现代化的全寄宿制三湘名校。 学校是湖南省示范性普通高级中学，湖南省首届魅力校园，省级园林式单位、省文明卫生单位、中国第四至第六届百强中学，是全省同时荣膺清华、北大直

荐学生资质的高级中学。

学校以“敬业、奉献”为师德要求，打造一支高素质的教师队伍，先后有3人被评为特级教师，有国家级骨干教师2人、省市县骨干教师48人，市县学科带头人29人。

学校实施“精细管理、内涵发展”的治校方略，教育教学质量稳步提高。自1998年以来，学校高考综合指标连续18年领跑湘潭市高中教育。近13年来，有86人学科竞赛获省级一等奖，有83位学生考入清华、北大，1人夺得当年省文科状元，13人获得湘潭市当年文理科第一名。

学校坚持“为学生终身发展奠基”的办学理念，着力培养学生的创新精神和实践能力，促进学生形成完整人格，人才辈出。近十年来，学校在社会实践、校园文化方面形成自己的办学特色。每年都会举办艺术节、体育节、社团节等校园文化活动，在省市县艺、体、美竞赛中，数次获奖。第十一届省运会上表演的团体操获得社会各界一致好评，并受到市委、市政府嘉奖；《从整治“六乱”看湘潭市文明建设》和《全市出租车运营中存在的问题》等学生调查报告得到市领导的肯定，《湖南日报》《中央决策内参通讯》、人民网、新华网等国内几十家主流媒体纷纷报道。

在新的发展时期，学校将继续坚持自己的办学理念，不断深化教育改革，加强学校内部管理，为全面实现“全市领先，全省一流，国内知名，国际接轨”的办学目标而努力奋进。

湘潭江声实验学校

【概况】 湘潭江声实验学校，是湖南省示范性高中湘潭县一中于1998年创办的一所国有民办实验学校。学校位于湘潭县县城易俗河镇凤凰西路858号，占地面积10.27公顷，建筑面积62026平方米，有教职员工600多人，在校学生6800多人。

学校教育教学条件优越。拥有现代化的天文台、地理园、植物园、校园电视台、千兆校园网络、多媒体设施、机器人培训基地、塑胶运动场和篮球场、声乐训练室等。教室、学生公寓安装空调、直饮水、冷热水到寝室，寝室设卫生间和阳台。学校食堂被评为湘潭市A级食堂，食堂安装中央空调，配备闭路电视、高级餐桌、钢化餐具等。为方便学生来校，学校开通至株洲、湘乡、韶山、衡山、湘潭市区的通勤车。

学校师资力量雄厚。有高级教师112人，全国教育系统先进工作者3人，省级骨干教师2人，市级名师工作室主持人5人，市级学科带头人及骨干教师23人，县级骨干教师及学科带头人27人，县“杏坛之星”37人。专任老师100%拥有大学本科以上学历。教师参加各类赛课成绩显著：12人先后获国家级一等奖，41人获省级一等奖，306人次获市、县级一等奖。学校教研组建设成果丰硕，先后有三个教研组获得省级优秀教研组称号，且有十个教研组的研究课题获得省、市级一等奖。

学校除严格按照教育部课程标准开设课程以外，还整合校内外资源，开设校本课程：聘请外籍教师开设外教课，七、八年级开设语文诵读、英语口语、写字课，并且每学期进行检测，纳入年度评估。除此，还开设阅读课与信息技术课，设置了诸如文学社、小记者站、播音主持、小语种、声乐、舞蹈、民乐、西洋乐、素描、国画、漫画、书法、篮球、足球、田径、举重、乒乓球、羽毛球、跆拳道、健美操、机器人、信息网络、地球探究、厨艺、动漫等数十种校本课程，真正实现“综合+特长”的育人目标。

学校教育教学质量名震三湘。历届中考成绩稳居全市首位，95%以上的毕业生升入湘潭县一中等省级示范性高中。学生自主发展、个性发展的学习特色日趋明显，艺体教育硕果累累：学生参加全国少儿曲艺大赛、省市中学生才艺赛、运动会、航模、机器人、棋类比赛等，已获得国家级奖励80项，省级奖励318项，市、县级奖励1700余项。校报《江声报》获全国校报评比一等奖，学校师生文集《一路花香》享誉三湘，文学社被评为“全国优秀中学生文学社百家”；地理小组参加国家级地理知识竞赛获一等奖；科技小组参加“机器人大赛”获国家级一等奖；田径队参加近两届省运会，获11金7银的佳绩；篮球队、足球队、乒乓球队、举重队实力雄厚，参加各类各级竞赛成绩显著。学校已培养以第41届国际奥林匹克化学竞赛金牌得主刘吉等70多名清华、北大学生为代表的1万多名优秀学子。

近年来，学校先后承办湖南省中小学校长论坛等9次省级大型活动，次次赢得社会各界普遍赞誉。学校被中央教科所评为“德育课题研究先进单位”。并荣获“全国优秀民办中小学”“全国和谐校园先进学校”“全国首批中华优秀文化艺术传承学校”“全国校园足球特色学校”“国家级规范汉字书写教育特色学校”等荣誉称号，还被授予“国家级高水平举重后备人才训练基地”“湖南省体育后备人才重点培训学校”“湖南省少儿曲艺培训基地”等。学校以“环境一流、管理一流、师资一流、质量一流”的美誉成为湘潭地区的名优品牌学校。

办学理念：向善向上　求知求真

办学目标：校园即家园　学园亦乐园

校　训：祖国在我心中

校　风：厚德博识

教　风：守正求新

学　风：乐学精思

天易金霞小学

【概况】 天易金霞小学位于湘潭县易俗河镇杨柳北路，地处风景秀丽的金霞山下，毗邻悠然舒适的沿江风光带，由湘潭县人民政府斥资1.1亿元在天易示范区开始添建，2014年下学期招生办学。学校占地面积2万余平方米，运动体育场地总面积6668.99平方米，校舍总面积16131平方米，绿化用地面积8057.81平方米，教学及辅助用房面积6078平方米，藏书47937册。

学校为全日制完全小学，43个教学班,在籍学生2336人；有教师103人，中教高级教师2人，市级骨干教师7人，县级学科带头人5人，县级骨干教师4人，县级“杏坛之星”17人。

天易金霞小学自2014年办学以来，严格贯彻党的教育方针，立足学校实际，务实求真，坚持“厚德博学 笃善求真”的校训，努力践行“托起明天的太阳，为学生幸福人生奠基”的办学目标，强化管理，狠抓教学质量，努力构建“书香校园”“平安校园” “和谐校园”。

学校积极落实“为学生终身幸福奠基”办学宗旨，全面提升学生综合素养的。学校开设拓展学生视野的视频欣赏课、丰富学生知识的书吧阅读课、陶冶艺术情操的音、美活动课、强身健体的体育活动课等校本课程；组建足球队、鼓乐队、舞蹈队、篮球队、围棋兴趣小组、主持人培训班、机器人兴趣班、西洋乐器班，为孩子们提供了全面发展的平台与机会，打造一个充满欢声笑语、琴声乐语的快乐学园、艺术乐园。

湘潭县云龙幼儿园

【概况】 湘潭县云龙幼儿园坐落于天易示范区杨柳路，是一所经县委县政府批准新建的高起点、高标准的国际化幼儿园。园所占地21000平方米，有大、中、小共20个教学班，幼儿397人，教职员工103人。园内设有恒温游泳池、大型游乐场、阳光琴房、轮滑场、生活体验馆等全力促进幼儿身心发展的活动设施，是一所集“花园、果园、家园、乐园”于一体的现代化国际园。

云龙国际幼儿园奉行“五颜六色 玩出七彩童年”的核心理念，成立“云龙幼儿教育研究中心”，积极开展对外交流与学习，兼容优秀的世界教育文明，立足多元智能与生活化学习基础上的国际文化课程体系，倾力打造“健康、语言、艺术、社会、科学”五大领域教材，精心设置“高瞻、多样化国学启蒙、潜能开发、生活体验式教育、浸润式英语、四位一体幼儿体能”六大特色课程。既注重良好习惯的养成，又注重兴趣潜能的开发；既继承中华优秀传统文化精髓，又融合现代教育理念。为幼儿终身发展奠定良好基础，开启幼儿国际化教育之旅。

云龙幼儿园领导班子求真务实，团结进取，逐步形成一套“以人为本、育人为本”的管理模式。教职工队伍学历层次高，专业结构合理，关注幼儿的健康成长与良好习惯的养成，促进师生同步成长；建立一支师德高尚、业务精湛的学习型教师团队，同时不断拓展国际文化交流平台，多次赴英国、美国、北京、深圳、上海等地幼儿园进行参观考察并建立友好合作关系。

湘潭县云龙幼儿园本着“为孩子终身发展奠基”的教育理念，以培养“健康、聪慧、高雅、乐群”的幼儿为目标，为探索园本化、科学化的道路不断努力！

农民素质教育

【概况】 2016年，县农民素质教育管理办公室在25个省定贫困村举办各类农村实用技术培训班及开展“三下乡”活动58期次，培训农民2933人次。其中，举办培训班49期次，培训农民2445人次，发放实用科技书籍1065册及各种技术资料3320份；开展“三下乡”活动9期次，参与农民448人次，免费发放实用科技书籍5618册，蔬菜、油菜种子4500包，张贴就业岗位信息表，提供215家招聘单位1642个招聘岗位的详细情况。协调乡镇和农口单位开展 “冬春农民大培训”活动，全县共举办各种技术培训班400多期次，培训2.1万人次，发放技术资料5.7万份。为促进一二三产业融合发展，开展湘莲种植技术及产品质量安全规程培训10期，有1007名莲农参加培训。全年培育新型职业农民420人，其中，生产经营型职业农民250人，专业技能型和社会服务型职业农民170人；利用互联网在线培训新型职业农民1500人；农业专项技术培训1500人。

劳动力培训和劳务经济发展工作。全县培训农民10.6万人次，转移农村劳动力34.54万人，创劳务经济收入79.8亿元。抓好3个劳务经济信息直报村、6个农民培训和劳务经济示范村、4个农民培训实训基地和2个乡镇农校建设工作。

（何柳青）

科　技

【概况】 2016年，湘潭县有国家高新技术企业30家,共完成高新技术产值324亿元，同比增长48%，高新技术产业增加值占GDP比例达到22.8%；新增知识产权优培企业2家，专利产业化示范企业1家，全县专利申请质量明显提升，发明专利申请量占比达到45%，专利授权202件，专利授权率达到40%。

指导湖南傲派自动化设备有限公司、湖南敏锐科技有限公司、湘潭源远海泡石新材料股份有限公司、湖南江麓建筑工程机械有限公司、湘潭离心机有限公司等5家企业申报高新技术企业，其中，湖南傲派自动化设备有限公司、湖南敏锐科技科技有限公司、湘潭源远海泡石新材料股份有限公司等3家企业通过高新技术企业的评审；湖南江麓建筑工程机械有限公司、湘潭离心机有限公司等2家企业通过高新技术企业重新认定；湖南康宁达医疗设备有限公司的“湘潭市辐射防护材料工程技术研究中心”和湖南鸿雁海泡石科技有限公司的“湘潭市海泡石功能材料工程技术研究中心”成功获批市级工程技术研究中心。湖南傲派自动化设备有限公司与湘潭大学联合组建的“湘潭市模块化物流输送及分拣技术工程技术研究中心”致力于为模块化物流输送及分拣技术研发企业服务，重点进行交叉带分拣机、模块化滚筒输送机、AGV自动导航定位小车等系列技术研究，预计到2018年将实现总收入5000万元，实现利税1400万元以上。

开展科技下乡等集中服务月活动，成功举办以“创新引领、共享发展”为主题的科技活动周，举办优质稻种植培训班，并组织湘潭县农学会、湘潭县企业家学会等10余个学会协会在易俗河镇步步高前坪开展科技咨询和各类科技知识展览服务，普及食品安全、空气质量、应急避险、低碳节能、健康生活等热点问题的基本知识，培养广大群众积极的科学意识，提高他们掌握科学技术的能力；与湘潭县地震办联合在乌石镇希望小学开展地震演练，从小提高他们的防震减灾知识。

年内，新增2项县级知识产权优培企业（湘潭农富农业机械科技有限公司、湘潭炜达机电制造有限公司），1项专利产业化示范企业(湘潭市电机车厂有限公司)，顺利通过湖南省知识产权示范县验收。建立专利资源信息交流平台，帮助企业联系专利代理机构、制订专利规划，解决企业服务需求。制订《湘潭县知识产权维权援助管理暂行办法》，完善《湘潭县知识产权维权援助管理暂行办法》，进一步加强行政执法和刑事司法的有效衔接，探索行政调解等非诉讼纠纷解决途径。

年内，全县共选派科技特派员83名，其中，省派科技特派员5名，市派科技特派员15名，县派科技特派员63名，湘莲、生猪产业聘请省市专家教授科技特派员12名。确定省级科技特派员派驻单位5个；市级科技特派员派驻单位9个，市级农村科技致富示范点3个；县级科技特派员派驻单位 29个，县级农村科技致富示范点3个。制订《湘潭县企业科技特派专家行动计划实施方案》，率先在五个县市区中启动企业科技特派专家行动计划，对全县的高新技术企业进行严格的资料审查和实地考察，选定湘潭炜达机电制造有限公司、湘潭高耐合金制造有限公司等6家企业作为首批试点单位。

【开展创新人才培训】 2016年10月30日—11月4日，湘潭县委组织部、县科技经信局在重庆大学联合举办一期科技创新人才高级研修班，县内企业负责人、高新技术企业、中小企业等单位的技术负责人、湘潭星创天地、县级以上农业示范合作组织、市级以上科技示范基地技术负责人共59人参加学习，培训内容包括中小企业如何走出困境、中小企业如何招商引资、新常态下的科技创新与管理等课程。通过学习培训，进一步提高湘潭县企业的创新能力和创新水平。

（罗　侃）

（责任编校　杨　柳）

文化·体育·传媒

文　化

【概况】　2016年，湘潭县文化旅游体育局落实县委、县政府关于加快“文化强县”建设的指示精神，紧密结合县域文化事业发展实际，以转变作风、服务群众为核心，精心谋划，务实创新，各项工作全方位推进。新建成乡镇文体广场5个：石鼓镇、中路铺镇、白石镇、河口镇、易俗河镇，每个广场硬化面积2000平方米以上。新建成村文化广场4个：河口镇紫杨村、射埠镇高风村、石鼓镇将军村、中路铺镇竹冲村，每个广场硬化面积600平方米以上。根据湖南省公共文化设施面积管理系统统计的数据，全县文化设施面积达77.8万平方米，比上年新增13.9万平方米。组织正月十五“庆新春·闹元宵”“欢乐潇湘·幸福湘潭·莲乡大舞台”系列群众文化活动及“红旗颂”大型合唱比赛。县文化馆、县图书馆实行免费开放，县文化馆共接纳文艺爱好者5000多人次，开展培训80余场次，深入全县各机关单位、各乡镇、社区开展各种辅导260余次，受益人群10000余人次。继续推进17个乡镇文体广电站免费开放工作，组织17个乡镇321个行政村以321家农家书屋为阵地，开展阅读、科技培训等系列活动。年内各乡镇文体广电站免费接待群众17090人次，举办文化讲座和培训17期，开展公众读书活动20次，参与读者6320人次，开展文化信息资源共享服务每周5次，每天开放7小时以上。

【文化产业】　2016年，县文化旅游体育局切实加强文化产业管理，落实产业扶持政策，定期组织召开调度会，积极申报湖南特色文化企业、特色文化产业项目、重点文化产业，建立文化产业企业项目库，适时对企业开展现场服务，取得良好实效：全县新增规模以上文化企业5家，文化产业总产值预计将超过40亿元，较上年增长35%以上。

【文艺创作】　2016年，湘潭县新编创节目——吹打乐《彩虹贯日》获得“欢乐潇湘”全省群众文艺会演一等奖并作为湘潭地区唯一入选节目赴长沙参加全省优秀节目展演活动，新创作精准扶贫题材小品——《明天会更好》获得“欢乐潇湘·幸福湘潭”大型群众文艺会演二等奖。开展“演艺惠民、送戏下乡”，全年演出192场次。新排练的大型古装花鼓戏《三代婆媳》《女驸马》《四姐下凡》《贤淑女》和恢复排练的小型折子戏《冬姑过渡》深受群众喜爱。

【广电管理】　2016年，为确保湘潭县广播电视安全播出，春节、国庆或特护期间，印发广播电视安全播出管理文件通知，深入各乡镇有线电视站开展安全播出检查。全面落实广播电视直播卫星“户户通”工程，投入152.36万元，完成5200套广播电视直播卫星“户户通”设备入户安装任务，及时将广播电视直播卫星“户户通”用户资料录入广电总局户户通用户管理系统。全年易俗河万达影城和芒果影城以及云湖桥镇谷岸影城共放映电影17241场，观看人数达到244025人次。在解决广大人民群众看电影难方面取得明显成效,同时越来越多的人把去电影院看电影作为日常休闲文化生活的重要部分。

【文物管理与保护】　自2012年起，第一次全国可移动文物普查工作历时5年，各项工作进展顺利，成果丰硕，基本实现摸清资源家底、建立登录制度、服务社会的三大工作目标。完成湘潭县国有5300多件藏品的数据整改和审核工作，完成湘潭县文物收藏单位的清库、认定、数据录入、上传工作，并通过国家、省、市三级数据审核。湘潭县全国第一次可移动文物普查工作数据质量被市一普办评定为优秀。开展“5·18国际博物馆日”、第十一个“全国文化遗产日”和文物宣传周系列宣传活动，发放宣传资料2600多份；启动名人故居保护工作，完成齐白石故居屋面茅草更换、周小舟故居安防和环境整治项目，以及晓霞山风电场建设、四川—江西正负800千伏特高压输电线路、射埠高压变电站工程调相机房前期勘探工作；指导省级文物保护单位尹氏宗祠的保养维修；启动县域范围文物保护单位消防设备更换工作，完成周小舟故居消防工程设计方案编制工作并通过省级专家评审；协助湘潭市文物局在湘潭县大鹏西路考古发掘工作。

2016年湘潭县文物保护单位一览表

表11

名　称	级　别	地　点
彭德怀故居	国保	乌石镇
齐白石故居	国保	白石镇杏花村
尹氏宗祠	省保	白石镇尹家冲村
寺门前义渡	省保	白石镇潭口村
黎氏故居	省保	中路铺镇菱角村
周小舟故居	省保	排头乡星星村
胡安国、胡宏墓	省保	排头乡黄荆村
濂溪书堂	市保	排头乡黄荆村
桂再堂	市保	排头乡紫山村
碧泉潭	市保	锦石乡碧泉村
石家大屋	市保	排头乡政府原驻地
砚井	县保	易俗河镇砚井社区
汉城桥	县保	花石镇长岭村
王闿运墓	县保	杨嘉桥镇石旗村
乌石峰庙	县保	乌石镇乌石村
天妃宫	县保	白石镇杏花村

【文化市场】 2016年，县文化旅游体育市场执法大队依法行政、规范执法，加大监管力度，常态化组织开展的文化经营场所“扫黄打非”“校园周边环境整治”“文化市场集中执法检查”，全省率先开展“无证照歌舞厅、网吧集中整治”专项整治行动。全年开展执法检查398次，出动执法人员655人次，检查经营单位969家次，缴毁各类非法出版物及印刷品6000余册（张），取缔游商摊点14个，下达限期整改通知书125份，受理各类群众举报13件，驱离“大篷”演出摊点8处，实施各类行政处罚案件27起。2015—2016年协调各部门开展“扫黄打非”联合执法行动5次，取缔黑网吧6家。严厉地打击文化旅游体育市场的违法违规经营行为，确保广播电视台、站的安全播出，促进文化市场的健康有序发展。湘潭县文化旅游体育市场执法大队2016年获得由中共湖南省委法制湖南建设领导小组办公室颁发的“2016—2018年全省依法办事示范窗口单位”荣誉称号。

【图书管理】 2016年，湘潭县图书馆进一步改善阅读环境，提升服务质量，坚持免费对外开放，着力打造“书香莲乡”。新增图书8000余册，新增报纸、杂志近200种，接待读者9万余人次（其中电子阅览室9000余人次），借阅图书13万余册次，办理借书证600余个；全国文化信息资源共享工程湘潭县支中心正常运行，接收国家中心及省中心数字资源4TB。组织开展湘潭县“迎新春·闹元宵”灯谜活动、“4·23”世界读书日、“六一”全民阅读活动；在“书香湖南”2016年全省少年儿童“光荣与梦想——纪念建党95周年暨红军长征胜利80周年”读书活动中获得省级阅读活动奖，获市级组织奖。

【湘潭县图书馆新增数字移动图书馆服务】 2016年，湘潭县图书馆继续投入资金4万多元建设湘潭县数字移动图书馆、湘潭县图书馆网站等，发送精美E信通短信10000余条。移动图书馆注册的读者可以通过电脑、手机等移动终端随时随地使用到丰富的数字资源（包括电子书100万册及论文等其他数据库资源），湘潭县加大移动数字图书馆宣传推广力度，移动图书馆运行状态良好，点击阅读量超过30万次，进一步完善湘潭县公共文化服务体系。

【出版管理】 2016年，县文化旅游体育局严格执行对娱乐场所、网吧、印刷企业等的行政许可审批程序，全年共受理53次行政许可审批，其中网吧的设立与变更21次，娱乐场所的设立与延续为32次。根据上级要求对湘潭县31家印刷企业、124家网吧、30家娱乐场所进行年度审核，对不符合要求的单位采取通报告知、勒令整改、行政处罚等手段，有效地维护全县文化市场的繁荣与稳定。

【电影放映】 2016年，湘潭县共有25支放映队伍负责全县19个乡镇549个村和16个社区的农村电影放映工作任务，全年完成农村电影放映7783场次，观众人数达81万人次。 （王益妍）

【图书发行】 2016年，湘潭县新华书店坚持发挥宣传思想、传播知识、为“大力推动全民阅读”“书香湖南”的总体目标努力工作，对新华书店门店进行改革，引进新型电子信息技术，为广大基层群众提供更好、更先进、更现代化的服务。门店微信会员增长至3000余名，同时引进微信付款、支付宝付款等多样化购书手段，最大程度地方便顾客前往选书、购书。

创办校园书店。为提升学校文化氛围，营造书香校园；为培养学生阅读习惯、学习能力，湘潭县新华书店重视校园书店的发展布局。研究制定系统的校园书店发展方案，在全县规模较大的高中学校和初中建设校园书店，在全县各乡镇中心小学捐建一所阅览室，在其他学校设立校园服务点，全方位推进书店进校园。下半年，湘潭县第二家校园书店——江声中学布克校园书店正式试营业，为广大师生提供购书便利，受到老师和学生的一致好评，充分满足学生的阅读需要以及学校构建书香校园的需求。

教材发行工作。严格遵守国家教委的相关规定，按照湘潭县教育局的有关要求，优化教材首发流程，确保湘潭县所有学生均能“课前到书，人手一册”，做好教材发行工作。

在全县开展“爱心助成长·莲乡新华情”大型助学捐赠活动，此活动已累计开展3届，共捐助贫困学生1182名，累计金额约42万余元。 （张 捷）

体 育

【概况】 2016年，湘潭县全面贯彻执行《中华人民共和国体育法》《国务院全民健身实施计划（2016年—2020年）》文件精神，推动全民健身深入开展，巩固全民健身示范城市成果，精心组织系列大型群众体育活动。

开展全民健身运动，群众体育活动丰富多彩。完成全民健身示范城市创建工作任务，强化体育后备人才训练基地指导与管理，正月十五组织开展“庆新春·闹元宵”系列文体活动，拉开湘潭县全民健身活动序幕；与妇联联合承办湘潭县女干部职工庆“三八”拔河赛，展现女干部职工良好的精神风貌；举办湘潭美丽梅林“都市后花园”汽车越野赛、乌石（彭德怀元帅故里）红色旅游文化节乡村运动会，吸引众多省内外体育爱好者参与；积极组队代表湘潭市参加湖南省第七届“强民杯”农民乒乓球比赛获佳绩，组团参加湘潭市十二届运动会获团体总分一等奖和体育道德风尚奖。借助“湖南省乡村运动会——乌石站”比赛、庆“三八”节拔河比赛、湘潭“天易杯”阳光健身跑等系列群众体育活动，掀起县域全民健身运动新高潮，获评湖南省体育局颁发的“湖南省一县一品特色体育项目县”。

【群众体育】 2016年，总投资800万元的“雪炭工程”——湘潭县全民健身中心已完成综合楼主体建设，第二期零星工程造价及装修工程正有序推进。年内，建成石鼓镇、中路铺镇、白石镇、河口镇、易俗河镇5个乡镇文体广场，52处农民体育健身工程、32处体育健身路径，更换2007—2008年湖南省农民体育健身工程器材。2015—2016年举办大众广播体操、工间操、广场舞等多个项目培训班，参与培训的人员超过500人，湘潭县注册登记的社会体育指导员达800余名。

【竞技体育】 2016年，成功举办湘潭县第三届运动会，共有篮球、拔河、乒乓球、羽毛球、中国象棋、围棋、气排球（机关事业企业）、广场舞（乡镇）八大项目，吸引近8000名体育运动爱好者积极参与，其中，教育系统代表团和易俗河镇代表团分别获得机关组、乡镇组的总成绩第一名；积极组队参加湘潭市十二届运动会，历经4个月，共派出近200名运动员参加15个大项目的比赛，湘潭县代表团获得团体总分一等奖，体育道德风尚奖，共获得金牌20枚、银牌27枚、铜牌17枚，为湘潭县争得荣誉。

【体育产业】 2016年，制定体育彩票管理方案，加强对各城区、乡镇体彩点的日常服务和管理，增加发行站点，加大宣传力度，利用车贴、彩车、电子屏、县网进行广泛宣传。拓展体育即开型彩票“顶呱刮”市场，发行额度增大。加大体彩销售管理宣传力度，全年体彩总销量达2150万元，再次实现年度销量五年翻一番。 （王益妍）

广播电视

【概况】 2016年，湘潭县广播电视台围绕连心惠民、创新创业、精美莲乡、“两学一做”学习教育等县委政府重点、中心工作进行重点关注、宣传，切实发挥媒体舆论主阵地、积聚正能量的作用。录制20部专题片，综合利用高清、航拍、素材库、档案等多种手段精心制作的《常回家看看》等专题片作为汇报、外宣、商贸、收藏、庆典之用，广受好评。对湘潭县广播电视台微信公众号进行全新改版，出台微信奖励办法，组织电视、广告中心、总编室的员工一起转发当天信息到朋友圈，增加信息的浏览量。公众号信息浏览量单条最高突破一万次。制作播出《妈妈的被子》等公益宣传片23条，三个频道共计播出2.8万条次，累计时长600多个小时。打造台、报、网、广播、手机合一的集成新闻平台。

县广播电视台坚持“新闻立台”的办台宗旨，全年在上级媒体发稿331条。电视新闻上稿方面，中央电视媒体4条（其中中央电视台微信号1条），湖南卫视18条，省级其他频道32条，市级268条。杨亚、刘安获采写的《湖南湘潭:倒春寒突袭，成片油菜倒伏》；贺帆、贺思睿采写的《马路怒男围殴车主，热心女子挺身拍摄作证》；吴谦采写的《湘潭超市卤菜致65名村民疑似中毒 已查封》等4条新闻在中央级媒体播发。《湘潭县为特殊考生延长

30%考试时间》《湘潭县：力争成为“全国百强县”》等50余条稿件在省级媒体播出。所有新闻、专题、广告执行“党管导向”原则，执行三审、监播监看、重播重审制度，强化总编室安全播出实行新闻讲评制，组织记者编辑业务培训、积极主动对接上级媒体、坚决抵制“三俗”、提升宣传质量。栏目宣传采取制片人负责制，将栏目采编工作分配到人，实现栏目质量的整体提升，夯实新闻阵地。

湘潭县电视台以《湘潭县新闻》、自办栏目为主，转播中央台《新闻联播》，穿插高品质电视剧和品牌商业广告。打造具有特色、内容丰富、形式生动、荧屏干净的新闻频道。各频道均实行全数字化硬盘播出，每天坚持16个半小时的播出，播出时间8:00—24:30。自办9个电视专栏；拍摄《让贫穷永远去逃亡》《圆梦美丽乡村》《梦想之舟》等20部专题和宣传片；制作并滚动播放文明县城创建、中国梦、长征胜利80周年、妈妈的被子、国税宣传等公益宣传片76条，共计播出2.8万条次，累计时长25224分钟。

2016年，县电视台的非税创收任务为650万元。由于广告政策收紧、经济下行、传统媒体影响力下降、医药类广告全面清理和房产广告撤出等因素影响，经营创收面临大幅下滑的严峻挑战，该台积极调整，突出工作重点，强化服务意识，狠抓业务落实，向平台创收、活动创收积极转型，完成创收658万元。

有线网络公司实施网格化管理，抓紧一线服务与维护，推动一线宣传与促销，通过车贴广告、楼道广告帖、海报发放、小区促销、微信微摇、套餐促销、优惠促销、与电视机厂家联合促销等办法，全年新增用户1765户；新增宽带用户938户。县政府投入80万元，取消分前端，建立全县统一的（县城区在外）新的有线电视前端。

是年，微波公司形势严峻，移动、电信无序竞争，开办十年以来第一次销户数超过开户数，分米波巩固率跌至85%以下，微波尚留少数用户。但通过与代办员结对子联合营销、深入农村和用户家中宣传优惠政策、及时抢修、提高售后服务质量，稳住绝大部分老客户，全年新装用户1001户，微波用户转国标户1458户。完成经营产值426万元。

2016年，县广播电视台被评为县级社会治安综合治理工作考核年度先进单位、地方志工作先进单位、群众信访工作先进单位、宣传思想文化工作先进单位、脱贫攻坚工作考核优秀单位、市级园林式单位、市级无烟单位，成功创建县级文明单位。安全生产工作考核中列为合格等次。

【县电视台特色栏目】 县广播电视台坚持“新闻立台”“特色强台”的办台思想，电视台以贴近实际、贴近群众、贴近生活为宗旨，全力打造以新闻资讯节目为主，服务本土的县内新闻媒体。自办栏目有九档：《湘潭县新闻》《法制天地》《走进新农村》《莲乡交警》《消防零距离》《孟哥讲案子》《莲乡卫计》《税务视线》《爱我国防》；编辑栏目有《农广视角》《栏目三下乡》《奋斗》《第一首映》《致富宝典》《奇趣大自然》《莲乡气象》《星梦剧场》等。

《湘潭县新闻》：坚持每周五期新闻“5（时政）+2（社会）”的基本格局，全年制作新闻242期1716条。《法制天地》：以生动的案例吸引观众眼球，增强广大人民群众的法律意识和法制观念，为创“社会管理综合治理先进县”营造良好的舆论氛围，全年制作19期。《走进新农村》：以服务“三农”为中心，重点围绕新农村建设、特色县域经济重点县建设、文化强县建设、农村环境卫生综合整治四大主题，多方位、多层次反映莲乡新农村建设，打造具有湘潭县特色的对农精品栏目，每月制作两期，周一晚播放，全年制作20期。《莲乡交警》：以媒体的视角关注莲乡交警的执法工作，展现基层交警的警容警貌和风采，以全县道路交通管理工作为主线，以解说交通法规、宣传交管措施、曝光交通违法行为等为主要内容，全年制作播出18期。《消防零距离》以真实案例体现消防法律法规和消防常识，是一档集观赏性和教育性为一体的专题节目，全年播出9期。《孟哥讲案子》：与公安局联手打造的一档全面反映公安工作，展现莲乡铁骨铮铮、忠诚英勇人民警察良好形象的方言“脱口秀”栏目。栏目由干警担任主持人，以活泼、生动的“脱口秀”形式阐述近期发生的各类案件，宣传相关法律法规，凸显莲乡干警打击犯罪的坚定决心，全年采编制作完成20期。《莲乡卫计》：自2014年11月新开办的一档纪实性栏目。通过纪实的拍摄手法，对医卫系统的工作状态进行一个梳理，用真实的现场镜头，平实的老百姓语言，诠释医务工作者淡泊名利、甘于奉献、救死扶伤的精神，全年播出7期。《税务视线》栏目紧扣税收社会热点，含有人物报道、走访纳税人活动、服务平台展示、税收政策惠民、先进典型推介、推进依法治税内容。每月一期，全年完成10期。其中政策解读环节以新闻记者客串演员的形式还原故事情景，并对相关政策进行解读，有新意，为观众喜爱。《爱我国防》是一档宣传国防教育，增强国防观念为主题的栏目，通过本栏目大力营造全社会关心国防、支持国防、建设国防的良好社会氛围。全年完成10期。

2016年湘潭县电视台节目时间一览表

表12

播出时间	节目内容
7:55—8:00	开机（湘潭县风光片5分钟）
8:00—8:30	重播《湘潭县新闻》星期二至星期六《莲乡卫计》（一）

续表 12

播出时间	节目内容
08:35—09:15	重播晚间星梦剧场（1）
9:20—10:00	重播晚间星梦剧场（2）
10:05—10:45	重播晚间星梦剧场（3）
10:50—11:20	《奋斗》（首播）
11:25—11:55	《农广天地》（首播）
12:00—12:05	《健康美食集锦》
12:05—12:35	《湘潭县新闻》（周二至周六重播），《莲乡卫计》（周一重播）
12:40—13:10	《致富宝典》
13:15—16:15	下午剧场 4 集连播
16:20—18:00	莲乡影院（上、下）
18:05—18:35	《第一首映》（周一至周日）
18:40—19:00	纪录片《品质》周一、周日，“三下乡”之《生活视觉》周二，“三下乡”之《致富故事》周三，“三下乡”之《乡村法制》周四，“三下乡”之《健康面对面》周五，“三下乡”之《每周文娱》周六
19:00—19:30	转播中央台新闻联播
19:35—20:00	《湘潭县新闻》(周一至周五首播)，《法制天地》《爱我国防》（周六首播），《莲乡卫计》（周日首播）
20:05—20:10	《莲乡气象》
20:15—20:35	《走进新农村》《孟哥说案子》（半月栏目，周一首播）《莲乡卫计》（1 月栏目 周三首播）《消防零距离》（半月栏目，周五）《莲乡交警》（半月栏目，周五首播）《奇趣大自然》周六、日，《莲乡总动员》周三、四、五、六
20:40—21:05	晚间剧场三集
21:05—23:25	《法制空间》
23:25—23:55	重播《走进新农村》周一（半月栏目），重播《孟哥讲案子》周一（半月栏目），重播《作风建设在路上》周二（2 月栏目），重播《国税视线》周三（1 月栏目），重播《消防零距离》周四（半月栏目），重播《莲乡交警》周五（半月栏目），重播《奇趣大自然》周六、日，《莲乡总动员》周三、四、五、六
24:00—24:30	重播《湘潭县新闻》周一、二、三、四、五，重播《法制天地》《爱我国防》周六，重播《人口之窗》周日

【首次原创公益广告获奖】 2016 年，县广播电视台首次自拍自导自演的公益广告片《妈妈的被子》。该作品经省台推荐、专家评审，获得 2016 年度湖南省广播电视公益广告专项资金扶持项目电视作品类三类作品，并获得扶持资金 4 万元，在全省 19 篇获奖电视作品中，县级电视台选送的电视作品仅两篇入选。

【湘潭县第二届青少年才艺大赛】 为擦亮文化品牌，构筑精神文化高地。7 月至 10 月，县电视台举办“天易农商杯 2016 湘潭县第二届青少年才艺大赛”。本届青少年才艺大赛首次和县教育局“艺术百佳”活动相结合，630 名选手参加初赛，12 名选手进入总决赛。决赛在多个平台同步直播，收视率再创新高。为推动全县中小学生素质教育、丰富群众文化生活发挥良好作用，特别是总决赛，场地大气，组织有序，节目精彩，广受好评。

【全媒体构建初具雏形】 2016 年，县电视台力将广播、电视、报刊、网站、手机微信平台整合，形成资源共享互连互通格局。同时，积极改善微信服务，在湘潭县电视台的微信号上推出摇奖品的互动平台，与新闻、节目预告一起形成颇有特色的组合，吸引更多年轻受众，拓展宣传阵地。至年底，湘潭县电视台的微信公众号已拥有 7 万次的订阅量。

【第二批农村广播“村村响”工程建设】 2016 年，第二批广播“村村响”工程建设在花石、乌石、中路铺 3 个乡镇开展，县财政投入 150 万元，县广播电视台任建设牵头单位。到 12 月，全面完成 3 个乡镇 100 个村（合并前）的广播“村村响”建设工作。同时，组织对 2015 年试点乡镇“村村响”的回头看，加强广播“村村响”后期维护和管理。

湘潭县广播电台

【概况】 湘潭县调频广播(106.5 兆赫)发射台继续在雨湖区响塘乡仙女山

发送调频广播节目。坚持整点呼台“这里是湘潭县人民广播电台”。县广播电视台、电台实行《湘潭县新闻》资源共享，并严格执行当日20:00—20:15首播，次日8:00—8:15重播制度以及新闻三审制度。2015年3月25日，湖南人民广播电台平安小精灵文化发展有限公司湘潭分公司独家代理FM106.5兆赫的广告经营，从湖南人民广播电台引进优质节目源，归属县广播中心管理。

湘潭县报（刊）

【概况】 《湘潭县报》每周1期、对开彩版，内部刊物，免费赠阅，每期1万份，发行到县内各乡镇、机关、企事业单位县籍知名人士和县城主要街道门面。由县广播电视台具体承办，工作人员由县广播电视台内部组合，县报工作经费由县财政每年预算30万元，对外宣传刊物《江边有个湘潭县》由县财政每年预算30万元，不足部分由县广播电视台自行解决。

2016年，湘潭县报社有员工8人，在上级媒体发稿9条。报纸由原来的专人排版，换成每个记者编排1个版面，版式更加丰富新颖。全年出版《湘潭县报》49期，每期四版，并上传电子版到湘潭县视频网，实现报网共存；年内，编辑出版县刊《江边有个湘潭县》6期，全面完成各项目标任务。（吴　竹）

（责任编校　杨　柳）

卫生医疗·计划生育

卫生医疗

【概况】 2016年，全县卫生计生工作围绕深化医药卫生体制改革和落实国家计生新政两大主线，扎实开展各项工作，卫计事业持续稳步发展，形成争先创优的良好态势。被省卫生计生委评为“省级妇幼健康优质服务示范县”“省水质监测工作优秀项目县”，县疾控中心被评为全省首批“县级甲等”疾控中心。湘潭县在2015年度全省公共卫生服务工作考核中综合成绩排名全省第一。计生工作在连续6年保持“省优”的基础上，连续5年保持省模地位。射埠镇中心卫生院、杨嘉桥镇卫生院入选国家卫计委“群众满意的乡镇卫生院”。县妇幼保健院高分通过二甲医院复评，县人民医院正式获批创三甲综合医院。

【疾病预防控制】 2016年，开展以人禽流感、流感、霍乱、手足口病为主的重点传染病监测工作。共采集人血标本109份，均送往中国疾病预防控制中心进行检测，已反馈结果56份，均为阴性。2016年，共采集环境标本1684份，已检测954份，其中流感病毒A型核酸检测结果为阳性的211份，登记腹泻病人数394人，检索腹泻病人数288人，检索率73.10%，未发现阳性病例。采集手足口病病例标本41份，阳性检测结果19份，其中肠道病毒通用型5例，肠道病毒CoxA16型6例，肠道病毒Ev71型8例。累计送检流感样病例标本702份，已检标本661份，所检样本检测出阳性101份，其中新甲H1阳性35份，其他阳性66份。发放各类艾滋病防治宣传资料5000余份，发放安全套1万余只；自愿咨询检测393人次，发现HIV初筛阳性3人次，确证阳性3人；进行各类人群艾滋病病毒抗体筛查50630人次，发现HIV初筛阳性17人，确证阳性10人。

【卫生监督】 2016年，发放卫生许可证90个，对全县765家注册的医疗卫生机构进行校验前的现场卫生监督检查，合格663家，合格率为86.67%。调查非法行医单位28家，立案查处医疗案件15起，取缔无证黑诊所15户次。对23家集中空调通风系统设施单位进行监督监测。未达到卫生要求的，责令整改。为做好省级文明县城复查迎检工作，开展“五小门店”专项整治行动。共检查经营场所458户次，下达监督意见书400份，派发办理公共场所的申请材料100份，发放禁烟标识400张，张贴卫生管理制度200份，六病调离制度200份，消毒记录本100本，公共场所功能分区标识牌1500份。督促整改67户“五小行业”办理卫生许可证。对28家住宿、歌厅无消防证明单位移交县消防大队处理。

【医疗服务】 2016年，强化医疗质量与安全管理，继续推进“平安医院”创建，加大民营医院的医疗质量和医疗安全的管理力度。4月，组织对全县的7家民营医院和1家厂矿职工医院的医疗质量和医疗安全进行专项督查，及时发现医疗过程中问题，提出整改意见，并逐一落实。在全县开展规范医疗机构科室管理和安全管理专项督查工作，对医疗机构违规出租和变相出租科室、违规开展医疗技术临床应用、违法发布医疗广告的行为等情况进行全面清理，进一步提高医疗机构管理水平，规范医疗机构健康运转，强化医疗质量，防范医疗风险，确保医疗安全。

【爱国卫生运动】 年内，申报创建省级卫生镇2个、市级卫生镇1个，省级文明卫生单位12个、市级文明卫生单位11个，无烟单位10个，省市级卫生村10个。市爱卫办已对12个省、市级文明卫生单位进行现场评审，全面推进乡镇病媒生物防制工作，每个季度对乡镇进行检查。县乡财政投入30多万元对城镇集中开展以集中除“四害”为重点的病媒生物防制工作，有效地控制“四害”密度，达到国家C类标准，没有发生与之相关传染病疾病。

【农村卫生】 2016年，完成100个村卫生室（含28个省定贫困村）标准化建设工作。全面规范落实12大类45小项国家基本公共卫生服务，及时足额拨付基本公共卫生服务补助经费，加强对村医开展基本公共卫生服务项目的绩效管理，按要求拨付村级基本公共卫生补助经费。全县公共卫生资金总计3850.96万元，2016年第一批国家基本公共卫生服务项目补助资金2872万元于6月16日预拨到位，其中通过打卡发放村级公共卫生补助资金728.09万元。

11月11日，湘潭电视台《湘潭新闻》栏目以《湘潭县:28个省定贫困村卫生室全部建成》为题对该县贫困村卫生室建设成效进行报道。

【妇幼保健】 2016年，以卫生计生资源整合为契机，不断完善妇幼健康服务体系，全力保障全面两孩政策实施和母婴安全，不断提高妇女儿童健康水平。是年，湘潭县成功创建“湖南省妇幼健康优质服务示范县”，县妇幼保健院高分通过二甲医院复评；积极落实各项妇幼健康服务惠民政策以及省市重点民生实事项目，婚前医学检查率89.86%、孕前优生健康检查目标人群覆盖率92.2%、叶酸服用率94.57%、孕妇产前筛查率89.12%、新生儿疾病筛查率96.14%。完成孕产妇孕产期健康知识普及、孕产妇产前筛查、贫困危重孕产妇救助、农村适龄妇女“两癌”筛查等省市重点民生实事项目。促进妇幼公共卫生服务均等化，孕产妇系统管理率90.39%、7岁以下儿童健康管理率91.33%，孕产妇艾滋病、梅毒和乙肝病毒孕期检测率98.41%。2016年，全县医疗保健机构活产8685人，住院分娩率100%，孕产妇死亡1例，死亡率11.51/10万，5岁以下儿童死亡率6.56‰。

（黎　蜜）

医疗机构选介

湘潭县妇幼保健院

【概况】 湘潭县妇幼保健院是一所集保健、预防、医疗、康复、培训、科研于一体的二级甲等妇幼保健院和妇女儿童专科医院，担负着占全县人口三分之二的妇女和儿童的系统保健工作和政府妇幼公共卫生职能，是全县产科急救中心和高危重症孕产妇抢救绿色通道指挥中心。2015年，该院新生儿科定为湘潭市临床重点专科，是湘潭县新生儿急救中心，也是全县唯一的婚检单位。先后获评全国县级百强妇幼保健院、全国农村妇女“两癌”免费检查工作先进集体、全国妇幼健康服务先进集体、湖南省优秀基层妇幼保健院、湖南省儿童保健服务合格县等称号。2016年，医院收入增长呈上升趋势，医院药品收入比重严格控制在年初目标内；完成新工资制度改革；通过二甲复评验收，成功创建省级妇幼健康服务示范县和市级示范性孕妇学校。

医院占地面积6115.04平方米，建筑面积13338.43平方米，其中业务用房11824.38平方米。拥有先进治疗诊查设备和高档设施，固定资产达7000多万元。在职职工374人，技术人员323人，其中高级职称21人，中级93人。开放病床200张。设妇女保健科、儿童保健科、产后康复科、妇科、产科、新生儿科、内科、儿科、外科、急诊科、手术麻醉科、检验科、病理科、放射科、B超室、中医科、药剂科、婚检专科等十多个保健和临床医技科室。年接产量占全县总量的三分之一。开展产科大小手术，妇科各种炎症和不孕症治疗、各种肿瘤手术，包括妇科微创手术、无创介入治疗，乳腺外科手术和外科微创手术。开展妇女、儿童各期保健，生殖保健、老年保健、儿童增高门诊、小儿脑瘫康复门诊、儿童早教等工作。2016年“四部二科”“儿童早期发展、儿童脑瘫康复示范基地”正在抓紧建设中。

（黎　蜜）

人口和计划生育

【概况】 2016年，全县出生11647人，其中，男孩6033人、女孩5614人，符合生育率96%，出生婴儿性别比为107.46，政策外多孩率2.21%，实行计划生育手术10534例。全面实施二孩生育新政，全年二孩出生5577人。其中，男孩2902人，女孩2675人，落实免费孕前优生健康检查，免费产前筛查等优生服务项目。推进奖励扶助、失独家庭扶助、独生子女保健费等计划生育利益导向措施。年内，全县确认奖励扶助对象9971人、特扶对象671人，发放“两扶一奖”奖励金1291万元；为14306户独生子女家庭发放独生子女保健费238万元；新确定失独家庭280人，发放扶助资金100万元。严格执行计划生育审查和“一票否决”制度，对58个单位，3969个对象严格进行计划生育审查，共否决各类候选人55个。清理全县范围内1990年以来党员、干部和社会公众人物的违法生育行为，成功查处“两非”案件6起。

（李　真）

（责任编校　杨　柳）

社会民生

人民生活

【概况】 2016年，湘潭县城镇居民人均可支配收入29927元，比上年增长8%。全年工资性收入18344元，比上年增长7.8%，支配收入增长的贡献率为60.1%，工资性收入占人均可支配收入的比重为61.3%；经营净收入5621元，增长2.6%，贡献率为6.4%，占18.8%；财产净收入1568元，增长17.9%，贡献率为10.7%，占5.2%；转移净收入4393元，增长13%，贡献率为22.8%，占14.7%。

全县城镇居民人均消费支出16534元，增长9.7%。其中食品烟酒支出4765元，占28.8%；衣着支出1423元，占8.6%；居住支出3426元，占20.7%；生活用品及服务支出957元，占5.8%；交通通信支出1891元，占11.4%；教育文化娱乐支出2599元，占15.7%；医疗保健支出1056元，占6.4%；其他用品和服务416元，占2.5%。城镇居民家庭恩格尔系数为28.8%。城镇每百户居民家庭拥有汽车46辆、电脑84台、冰箱96台、空调148台。年末人均居住面积为55平方米。

全县农村居民人均可支配收入15718元，增长8.1%。全年工资性收入7756元，比上年增长2.9%，对可支配收入增长的贡献率为18.3%，工资性收入占可支配收入的比重为49.3%；经营净收入4991元，增长14.5%，贡献率为53.4%，占31.8%；财产净收入273元，增长0.59%，贡献率为0.2%，占1.7%；转移净收入2698元，增长14%，贡献率为28.1%，占17.2%。

全县农村居民人均生活消费支出12427元，增长12.7%。其中食品烟酒支出3891元，占31.3%；衣着支出519元，占4.2%；居住支出2087元，占16.8%；生活用品及服务支出702元，占5.6%；交通通信支出1328元，占10.7%；教育文化娱乐支出2015元，占16.2%；医疗保健支出1575元，占12.7%；其他用品和服务支出310元，占2.5%。农村居民家庭恩格尔系数为31.3%。农村每户居民家庭分别拥有汽车12辆、摩托车110辆、电脑26台、空调77台、冰箱91台。年末人均住户面积为53平方米。 （胡州益）

劳动就业

【概况】 2016年，认真实施更加积极的就业政策，营造“大众创业、万众创新”的良好氛围。不断优化劳动用工环境，有效地化解各类矛盾，维护劳动者的合法权益，全县劳动关系总体和谐稳定。

新增农村劳动力转移就业5925人，完成目标任务5500人的108%；城镇新增就业6645人，完成目标任务6500人的102%；失业人员再就业1343人，完成目标任务1300人的103%；就业困难对象就业320人，完成目标任务300人的107%；开展创业培训人数达812人，完成目标任务800人的101.5%；农村人力资源开发培训人数达1883人，完成目标任务1527人的123.3%。开展就业前技能培训3068人，完成目标任务3000人的102.5%，其中，失业人员培训480人，完成目标任务400人的102%；创业培训812人，完成目标任务800人的101.5%；岗位技能培训3075人，完成目标任务3000人的102.5%；实施“技能人才振兴”工程，培训中高级技能人才60人才。全年培训总人数达7015人。全县就业形势保持稳定。

2016年，全县共举办6场“春风行动”暨“就业援助”招聘会、5场“精准扶贫”专项招聘、“2016(春)·湘潭‘百家名企高校行’大学毕业生招聘会”和“精准扶贫劳动力转移就业现场招聘会”各1场，共为4259名求职人员提供免费职业指导和职业介绍服务，并帮助其实现稳定就业。 （刘湘云）

劳动监察

【概况】 2016年，共监察用人单位

200户次，涉及职工4805人。督促15家用人单位524人次完成劳动合同补签。为852名劳动者追发工资1105.33万元。督促3家用人单位为345劳动者缴纳社会保险费7万元。

全年共受理劳动争议案件146起，已结案126件（上期末未结案数6件），其中调解46件，裁决63件，撤诉17件，劳动者获得各类补偿313万元；受理工伤案件879起，其中工伤调查495起，劳动能力鉴定466起；办理行政复议、行政诉讼案件20起，维护劳动者合法权益。（刘湘云）

社会保障

【概况】 2016年，湘潭县大力完善社保体系，不断提高保障水平，逐步扩大社保覆盖面，加快构建覆盖城乡居民的社会保障体系。至年末，全县参保总人数达到86.8万人，自行征缴社会保险金7.57亿元，各项待遇按时足额发放。

【城乡居民医疗保险】 2016年，湘潭县建立统一的城乡居民医疗保险制度。至年末，全县职工登记参保56802人，城镇居民参保47542人，农村居民参保763917人。城乡居民、职工医疗保险合计参保人数为86.82万人，参保率达到99.96%，达到全覆盖，全面参保。城乡居民医疗保险基金收入4248万元，城乡居民医疗保险基金支出2627万元。基本医疗保险支付限额由原来的3万元提高到10万元，大病互助医疗保险支付限额由原来的15万元提高到30万元。全县参加生育保险职工人数26695人。生育保险基金收入527万元、生育保险基金支出275万元；新型农村合作医疗基金收入42677.73万元，新型农村合作医疗基金支出35422.58万元，全县共有511664人次的参合群众获得补偿，补偿金额达35422.58万元，参合群众受益面为66.98%，年度基金使用率85.87 %。其中：住院补偿129806人次、33029.58万元，人次均补偿2544.53元，其中按病种付费定点医疗救治保障的重大疾病补助17488人次、7444.38万元；其他补助436876人次、2556.39万元；实施2015年度参合群众大病保险追加补助1726人、1002.58万元，2016年补助1145.87万元。

【企业职工养老保险】 2016年，全县企业养老保险参保人数69973人，其中，在职参保人数45155人，离退休人数24818。企业养老保险基金收入33000万元，企业养老保险基金支出50295.75万元。企业退休人员养老金实现十二连调，调增全县2015年12月31日前退休的22073名参保退休人员的养老金，月人均增加养老金138.68元。调整后企业离退休人员月平均养老金达1812元。

【机关事业单位养老保险】 2016年，按照省机关事业单位养老保险制度改革的统一政策，正式启动全县各机关事业单位的养老保险收缴和发放结算工作。全县机关事业单位养老保险参保人数22281人，其中，在职参保人数14360人，离退休人数7921人。机关事业单位养老保险基金收入18990万元，机关事业单位养老保险基金支出17563万元。

【失业保险】 2016年，全县失业保险参保人数23022人，失业保险基金收入1038万元，失业保险基金支出965万元。领取失业保险待遇从原来最低工资的80%提高至现在的85%。

【工伤保险】 2016年，工伤保险实际参保43649人，工伤保险基金收入2100万元，工伤保险基金支出1992万元。7月起，全面实施新的工伤保险费率政策，调整后全县工伤基金征缴总额将较上年下降25%，降低企业用工成本。

【城乡居民社会养老保险】 2016年，城乡居民社保实际参保缴费287252人，征收城乡居民养老保险基金3684.6万元，领取城乡居民养老保险人数16.8万人，按时、足额发放城乡居保养老金1.53亿余元。城乡居民养老保险基础养老金标准提高至80元/人/月。

【工资福利】 2016年，贯彻落实机关事业单位收入分配制度改革相关工作。根据上年度考核结果，全年正常晋级、晋档1.18万人次，调整考核称职、合格以下人员工资待遇61人；新录用、新聘用的人员严格执行试用期制度，确定523人的试用期待遇；试用期满考察合格的273名工作人员办理转正定级手续；县外调入或县内不同工资制度单位调动的34名工作人员调整工资结构；根据各级刑事、行政、纪检文件，及时核减、停发31名人员的工资福利待遇；办理机关事业单位到龄退休手续378起，提前按副处级享受三项待遇退休31人，机关事业单位人员死亡待遇审批59人。出台《湘潭县乡镇机关事业单位工作人员乡镇工作补贴实施方案》，组织实施乡镇工作补贴审核工作总计7810人，月人均319元。（刘湘云）

住房保障

【概况】 2016年，湘潭县住房和城乡建设局贯彻落实国家、省市住房保障政策，狠抓服务质量和工作效率，突出重点，扎实推进，改善低收入家庭居住环境，促进社会和谐稳定。

公共租赁住房：2015年结转项目湘潭市宏信创新产业园公租房，已建成328套，计划总投资3209万元，完成投资3109万元；湘潭县卫生院(新建）公租房，65套，计划总投资624万元，已竣工65套，完成投资624万元；湘潭县卫生院（改建）公租房，续建12套，竣工12套；锦园廉租房小区4#楼，72套，计划总投资860万元，项目已竣工，完成投资860万元。2016年公共租赁住房项目锦园廉租房小区2#、5#楼，50套，计划总投资690万元，总建筑面积2654平方米，已竣工，完成投资690万元，为年度计划投资的100%。

廉租住房租赁补贴：新增低收入住房保障家庭租赁补贴117户，为年度目标任务的226%，累计发放租赁补贴138万元。

危房改造：全年完成改造2000户，争取中央、省补助资金1528万元、市级特困户补助资金71万元、县级配套资金812万元。棚户区改造：2016年，成功申报易俗河镇、花石镇城市棚户区改造项目，争取中央、省级棚改补助资金1050万元，共拆迁棚户区棚改户300户，全部为货币安置。（黄　丽）

社会事务

城乡低保

【概况】　2016年，全县有城市低保对象5147户7513人，发放保障金1932.24万元；有农村低保对象18195户34024人，发放保障金4460.02万元。

加强救助动态管理，基本实现对全县城乡困难群众救助全覆盖，累计救助6万余人次。城市低保保障标准达到420元/人·月，农村低保保障标准达到2880元/人·年。

建立健全社会救助“一门受理、协同办理”机制。全县17个乡镇人民政府全部建立了统一受理社会救助申请的窗口。

【阳光行动】　2016年，县民政局印发《2016年城乡低保年审及农村五保清查工作实施方案》（潭县民发〔2016〕28号）文件，召开全县年审工作会议，安排部署城乡低保年审及农村“五保”清查工作。全年共新增城市低保对象251户485人，退出642户1375人；新增农村低保对象1428户2310人，退出1007户2682人；新增农村“五保”对象294人，退出425人。

【“五保”供养】　2016年，全县有农村“五保”供养对象8967人，农村“五保”供养标准提高至3360元/人.年，全年发放“五保”供养经费2252.06万元。出台《关于提高农村“五保”供养标准和城乡低保救助标准的通知》（潭县政办函〔2016〕47号）文件。

【敬老院建设】　2016年，共投入资金1300余万元，全县新改扩建敬老院4所，经乡镇申请、市县考察论证将石潭镇中心敬老院、青山桥镇晓南敬老院、排头乡留田敬老院、射埠镇继述桥敬老院申报为改扩建农村敬老院项目单位。

【“五位一体”医疗救助制度】　2016年，全县共开展医疗救助66795人次，列支医疗救助金1482.08万元。其中资助城市对象参加城镇医保6980人、资助金额41.88万元；资助农村“五保”、农村低保参加新农合43768人、医疗资助金额317.3万元；定额门诊救助2485人，列支医疗救助金99.40万元；住院救助10850人次，列支医疗救助金670.94万元；重特大疾病医疗救助2712人，列支医疗救助金352.56万元。

【临时救助】　2016年，全面开展“救急难”救助工作试点县，投入资金20余万元开发湘潭县临时救助信息管理系统，实行信息化管理。全年共救助5196人次，发放临时救助资金342.55万元。

救灾救济

【概况】　2016年，湘潭县遭受严重的洪涝、泥石流等自然灾害，17个乡镇全部受灾，受灾人口达445289人，农作物受灾面积72869公顷，其中成灾面积59645公顷，绝收面积13224公顷；倒塌房屋668户2465间；紧急转移安置人口56280人，因灾死亡4人。直接损失近5.17亿元，其中，农业经济损失10610万元、基础公益设施经济损失30480万元、家庭经济损失10620万元。全年下拨救灾资金660万元（其中冬春荒救助资金300万元，自然灾害应急救助资金360万元），救助人数5989人，其中，需口粮救助人数4165人、需衣被救助人数1328人、需取暖救助人数145人、需其他救助人数351人。

【农村特困户住房建设】　2016年，按照市实事办要求，出台《2016年湘潭县资助特困户建房工作方案》，成立湘潭县农村特困户建房工作领导小组，坚持实行各乡镇“一把手工程”。全年共完成76户农村特困户住房建设任务，建房补助资金按照农村危房改造重点帮扶对象4万元的标准实行补助，实现指标一次到户，建房补助资金在房屋建设完成并验收合格后一次性拨付到位。

2016年湘潭县“资助农村特困户住房建设”任务分配一览表

表13

乡镇	任务数
云湖桥镇	6
杨嘉桥镇	2
石潭镇	2
乌石镇	9
分水乡	6
石鼓镇	8
青山桥镇	6

续表 13

乡镇	任务数
花石镇	11
排头乡	2
锦石乡	2
射埠镇	4
河口镇	2
易俗河镇	3
谭家山镇	2
中路铺镇	3
白石镇	2
茶恩寺镇	6
合计	76

婚姻登记

【概况】 2016 年，湘潭县民政局婚姻登记处是由民政部授牌的国家 AAAA 级婚姻登记机关。全年办理结婚登记 5002 对，离婚登记 1725 对，补发结婚证 1173 对，补发离婚登记117 人，出具证明 10 份，查档出证 685 余人次。

福利事业

【概况】 2016 年，湘潭县共销售福利彩票 5985 万元，同比增长 348 万元，增幅 6.1%。其中，电脑票销售 3713 万元，同比增长 505 万元，增幅 15.75%；中福在线票销售 1757 万元，同比增长 17 万元，增幅 0.98%；刮刮乐销售 515 万元，同比下降 174 万元，下降 25.26%。启用公益金 437.94 万元，用于福利中心建设、乡镇敬老院改扩建、养老示范点建设、老年活动中心建设、幸福院建设 346.24 万元，占 79.07%；用于扶贫济困 65.7 万元，占 15.42%；用于精准扶贫 26 万元，占 5.94%。

【湘潭县社会福利中心】 2016 年，县社会福利中心累计供养 52 人。按照“十三五”规划社会类民生项目工作的要求，儿童福利院项目成功争取国家发改立项，获批中央预算内投资 300 万元。

慈善工作

【概况】 2016 年，为全县孤儿 176 人发放生活费 61.38 万，困境儿童 336 人发放保障金 29.94 万元。开展孤儿、困境儿童清理工作，清理出年满 18 周岁非全日制学校在读孤儿 13 人，新增孤儿 5 名，困境儿童 11 名。严格落实《湘潭县困难残疾人生活补贴和重度残疾人护理补贴实施方案》（潭县政办发〔2016〕14 号），认定符合困难残疾人生活补贴的残疾人数有 14186 人，符合重度残疾人护理补贴的残疾人数是 9423 人，共发放困难残疾人生活补贴 499.06 万元，重度残疾人护理补贴 274.11 万元。

老龄工作

【概况】 2016 年，免费办理《老年人优待证》8909 本。湘潭县所有养老服务机构和养老设施共计 342 个，其中，敬老院 35 个、农村幸福院 201 个、省级养老服务示范点 20 个、省级示范老协会 9 个、省定日间照料中心 11 个、县级养老服务示范点 24 个、民办养老机构（含未办证的）11 个、县福利中心 1 家。建立社区老年协会 33 个，建会率 97%；建立村老年协会 321 个，建会率 100%。

【高龄生活补贴】 全年共发放高龄生活补贴资金 365.83 万元。上半年共发放高龄生活补贴资金 170.61 万元，其中：90~99 周岁高龄老人有 2315 人 129 万元，80~89 周岁高龄补贴老人 1442 人 41.61 万元。下半年共发放高龄补贴资金 195.22 万元，其中，百岁老人 38 名 20.82 万元；90~99 周岁老人 2347 名 130.82 万元；80~89 周岁老人 1529 名 43.58 万元。

【基本养老服务补贴】 全年基本养老服务补贴对象共有 4120 人，发放补贴资金 56.424 万元，基本养老补贴覆盖率达 100%。

【省级城乡养老示范点】 2016 年湘潭县被确定为省级养老服务示范点的有 4 个，新增床位任务是 13 张。易俗河镇砚井社区、易俗河镇高桥村、杨嘉桥镇洞合村（现在叫金合村）、石鼓镇路口村。

殡葬管理

【概况】 2016 年，湘潭县落实困难群体遗体免费火化政策，为“五保”、低保等特困群体累计减免丧葬费用 26.98 万元，火化遗体 292 具。

（彭　成）

（责任编校　杨　柳）

乡镇

云湖桥镇

【概况】　云湖桥镇地处湘潭县西北部，总面积127.9平方千米，耕地面积3406公顷，其中水田面积3337公顷，旱地面积269公顷，林地面积5306.67公顷，森林覆盖率39.1%；水面面积786.67公顷。2016年，辖21个行政村和1个社区，总人口63095人，21803户。其中男性32293，占比51.18%；女性30802，占比48.82%；少数民族243人，占比0.385%。潭邵高速公路、320国道、湘黔复线纵贯东西，S208线省道，3条县道横跨南北。

全年实现工农业总产值35.61亿元，实现工业总产值30.50亿元，实现规模以上工业总产值17.50亿元，实现利润6550万元，工业企业技术改造项目19个，投入技改资金4.05亿元。完成税收3600万元，超任务完成300万元，其中，国税完成2143万元，地税完成1018万元；农业总产值5.11亿元，农业增加值2.81亿元，农民人均纯收入15973元，同比增加1451元。

全年新引进项目5个，分别是湖南圣立宇公司投资建设的新时代广场项目、德成牧业4万羽产蛋鸡项目、赛睿食品科技麦芽糖生产项目、诚意食品槟榔加工生产项目、七里铺聚源综合市场项目；续建项目2个，分别是湖南金宏泰肥业的年产30万吨硝酸铵项目的续建工程、正大畜禽高湖繁育场二期工程。

全年播种水稻面积计6073.33公顷，生产粮食4.50万余吨，新增机耕机械180余台套，机械化耕种面积6761.20公顷，机耕化率达99%。成立农产品质量安全监管领导小组，在每个村设立1名粮食安全监督员。经济作物种植面积633.33公顷，主要种类脐橙、油菜、西瓜、茶叶。养猪6.44万头，出栏数13.85万头；养鸡鸭17.51万羽，出笼10.80万羽；养牛羊0.21万头，出栏0.16万头。

为建中、新南、云湖、飞轮水库和境区各排灌渠实施加固除险，确保无险情；申报侯家村等9个移民项目，资金55万元，已实施9个村。

参加新型农村合作医疗49968人，参合率95%；享受合作医疗补助人数8921人，补助资金达2215.62万元。新型农村养老保险参保49894人，参保率95%；享受农村养老保险人数11378人，年领取养老金达1137.61万元。城镇低保283人，领低保金70.61万元；农村低保2082人，年领低保金312.12万元。发放救助金额377万余元，退伍军人优抚救济款64万余元。实现失业人员再就业83人，新增就业人员454人，转移农村劳动力507人。有“五保”对象414人，年供“五保”经费115920元。全镇敬老院3所，入住敬老院108人。全镇有优抚对象742人，年领取优抚补助340.1万元；其中“三属”人数4人，年领取补助5.45元。全年脱贫785人281户，完成总脱贫任务的100%。

全年出生700人，符合政策生育率97.57%，性别比104.93，多孩出生5人，多孩率0.71%，自然增长率2.62‰；开展居民健康卡信息采集，成功匹配率100.74%。

全镇有8所中学，9所小学，在校学生2780人，教师240人，幼儿园20所，入园幼儿1349人；开展“纪念王闿运诞辰183周年暨文化广场启动仪式”系列文化活动；组织承办“欢乐潇湘·幸福湘潭”文艺会演活动”；加强农家书屋管理，塘湾村农家书屋获省级示范性农家书屋称号；罗根厚核雕成功申报为县级非遗项目；开展小学合格学校建设，对操场进行改造；占地0.6公顷的卫生院新院投入使用。

年内，发出安全生产监督现场检查记录240份，排查各类安全隐患和存在的问题41处，责令限期整改通知书12份，安全生产整改复查意见书12份，现场处理措施决定书2份，行政处罚单位2家，处罚金额8000元。

2016年云湖桥镇各行政村基本情况一览表

表14

村名	面积（平方千米）	户数（户）	人口（人）	农村经济总收入（万元）	农村经济总费用（万元）	农村经济净收入（万元）	农民人均纯收入（元）
北岸村	9.60	1429	4164	6274.36	5048.32	1226.04	15362
良湖村	6.20	886	2631	4210.51	3256.28	954.23	15563
向红村	3.70	824	2420	3721.96	3187.45	534.51	16241
新联村	10.05	1472	4409	6987.52	2784.67	4202.85	15334
清风村	5.70	1164	3401	5516.71	4686.47	830.24	16452
东石村	9.20	1111	3208	5034.58	4182.96	851.62	16223
烟山村	7.20	899	2594	4027.41	3140.50	886.91	16118
黄金村	6.60	840	2510	3657.82	2794.11	863.71	16412
古湖村	6.70	949	2849	4231.73	3417.10	814.63	15204
云湖村	7.60	1358	4077	6520.31	5214.79	1305.52	15369
飞栏村	5.70	841	2549	4172.36	3364.17	808.19	15863
新中塘村	3.90	851	2613	3961.27	3151.92	809.35	15999
新中湾村	2.80	759	2203	3407.13	2674.81	732.32	15236
七里铺村	5.70	1283	3769	5821.36	4571.07	1250.29	16452
烈马村	7.10	598	1790	2834.12	2145.78	688.34	16222
芦塘村	6.50	626	1821	3098.37	2341.24	757.13	16128
天鹅村	5.80	634	1930	2785.36	2365.47	419.89	15263
响石村	4.60	660	2000	3045.63	2381.69	663.94	15478
狮山村	5.00	718	2034	3312.56	2506.54	806.02	16258
楠竹村	3.30	777	2357	3621.25	2886.32	734.93	16342
石井铺村	3.80	944	2986	4463.65	3652.12	811.53	15789
云湖社区	—	2180	3617	—	—	—	—

【纪念王闿运诞辰183周年庆典活动暨文体广场启用仪式】 1月18日，云湖桥镇举行纪念王闿运诞辰183周年庆典活动暨文体广场启用仪式。副县长陈卫兵、县委宣传部常务副部长谭学文、县文化体育旅游局局长莫柏槐、县文联主席赵炽光参加活动。活动当天，副县长陈卫兵宣布文体广场正式启用后，首先，塘湾村舞龙表演团队表演传统舞龙，随后，各村的艺术表演爱好者们为大家送上《欢聚一堂》《越来越好》《兵哥哥》等歌舞表演。同时，还开展书法专家书写对联，免费送春联的活动。

【“草根春晚”】 1月22日，在云湖桥镇的新南、王家湾等村举办一台“草根春晚”。“草根春晚”节目包括扇子舞变幻出“2016好日子”“祖国万岁”等字样、农村小伙子操着纯正的乡音说唱《戒不正之风》、大妈们表演《三句半》、晚清“格格”们的舞蹈。“草根春晚”深受当地群众的欢迎。

【中共湘潭县云湖桥镇第六次代表大会第一次会议召开】 4月29日，中共湘潭县云湖桥镇第六次代表大会第一次会议召开。全镇147名党员代表、46名列席代表参加会议，县人民政府副县长刘铁强、县委组织部、纪委相关负责人莅临指导。会议审议并通过《党委工作报告》和《纪委工作报告》等。

【李文朝少将考察云湖桥镇诗词文化建设工作】 10月14日下午，中华诗词学会常务副会长（法人代表）李文朝少将一行，到云湖桥镇考察诗词文化建设工作。陪同一起参加考察工作的还有省诗词协会会长赵焱森、县委宣传部部长李豪雄以及市、县文联主要领导。李文朝一行参观云湖桥镇农家诗墙，感受新农村建设进程中，“诗词进农村”的文化氛围；同时，还在文化企业源博园举行笔会，各位诗词、书法界名家与相互切磋交谈，整个气氛融洽而热烈。此次考察工作，不仅是对该镇“中华诗词之乡”创建工作的复检，也为以后进一步推进诗词文化工作、打造文化名镇品牌积聚力量。

【云湖桥合并行政村】 2016年，全镇由38个行政村变为21个行政村。北岸村与望梅村合并为北岸村，良湖村与建新村合并为良湖村，建东村与栗山村合并为向红村，高湖村、移山村和史家坳村合并为新联村，清风村和塘湾村合并为清风村，烟山村和大安村合并为烟山村，古湖村和熊家村合并为古湖村，东塘村和石家村合并为东石村，石马咀村、云湖村和楚家村合并为云湖村，铁炉塘村和新南村合并为新中塘村，飞轮村和马栏桥村合并为飞栏村，侯家村、税湖村和七里铺村合并为七里铺村，王家湾村和集中村合并为新中湾村，芦塘村、烈马村、天鹅村、楠竹村、狮山村、响石村、黄金村、石井铺村不变。

【开展慰问退伍军人活动】 7月25日，云湖桥镇11名党政负责人带队，走访慰问全镇15名复员军人及1118名退伍军人，将慰问信送到每名退伍、复员军人手中。此次活动发放慰问信1200余份，慰问金36540元。

（何欣蔚）

石潭镇

【概况】 石潭镇位于湘潭县西部边陲，北接云湖桥镇，南临乌石镇，东临杨家桥镇和射埠镇，西接湘乡市东郊乡。320国道和湘黔铁路复线与涟水平行，横穿北部，“韶茶”“湘湘”两条县级公路干线从镇内经过，贯通南北与东西，交通便利，区位优势明显。镇域总面积124.87平方千米，全镇耕地面积4304.33公顷，其中，水田4082.27公顷、旱地222.06公顷。辖4个管区，24个村、5个居委会，630个村（居）民小组，2016年年末人口77185。其中，男性39446人，女性37739人；农业人口66379人，占总人口的86%；少数民族人口72人，占总人口的0.093%。全年出生807人，人口出生率千分之100.4；死亡592人，人口死亡率千分之70.7；人口自然增长率千分之20.7。

全年实现规模企业总产值2.3亿元，固定资产投入1.9亿元，其中，投资2000余万的重点项目石潭农艺园成功落户建设。国地税收入1109万元其中，国税170万元，地税939万元。农业总产值达8.34亿元，农民人均纯收入达15600元。

全年粮食播种面积7985.33公顷，粮食总产5.78万吨，经济类作物种植面积453.33公顷，品种主要有花卉、果木、西瓜；以古云村、中新村、向韶村为核心的水稻集中育秧示范实施面积346.67公顷，辐射带动全镇双季稻播种面积稳定；新增农机具451台，发放补贴99万。全年出栏生猪30.2万头，年末存栏生猪10.5万头。存栏生猪100头以上的规模养殖户364户，4个规模养殖场养殖污染建设全部验收合格，规模养殖占畜牧业生产的比重达58%以上。饲养家禽46.9万羽，其中出笼32.4万羽，年末存笼14.5万羽。农业“三项补贴”改革试点严格规范，土地经营权确权颁证工作稳步开展；防汛抗旱、动物防疫、森林防火等责任全面落实，农业保险、移民后扶、帮扶村建设等惠农政策执行到位。

培育粮食品牌，形成以“湘晚籼”为主导的湘米产业链；新增农民专业合作组织21家，新增海润等家庭农场28家；湘潭双永旺现代农业发展有限公司和湘潭县新红种猪场成功申报国家二级扩繁场；现代科农、梅桂园等特色农业项目发展良好。

三条防洪大堤局部险工险段实施扫障，矿区村治理稳步实施，全镇农村公路硬化13千米，拓宽3.9千米；县农业综合开发项目——光荣高标准农田建设项目总投资2030万元，建设高标准示范农田893.33公顷。

改革城镇环卫管理体制，细化环境整治考评，大力开展环境卫生综合整治，继续推行政府购买服务保洁模式，垃圾分类处理模式推广至各行政村，建立8个垃圾分类回收站；打造美丽屋场，以点带面，促进农村环境卫生整体面貌提升，新庄牌楼美丽屋场、通湖新屋湾美丽屋场已通过县验收，另有7个美丽屋场已经打造完毕。

强化综合行政执法，严肃处理乱搭乱建、乱摆摊设点等违章占道行为，全面规范管理秩序，开展镇区专项整治行动，对乱扔垃圾、乱停乱放、乱搭乱建、出店经营等不文明现象进行处理，对道路两旁违规广告牌进行清理，车辆乱停乱放采取强制措施。

开展镇区提质改造，争取精美城镇项目资金500余万元，对镇区八一路、南区大道进行沥青路面提质改造，新装路灯60盏。居民消费观念发生明显变化，基本生存消费比重逐步下降，发展和享受消费比重不断上升，镇域内有大型超市6家、农贸市场1个、商业网点770家，快递网点8个，农村淘宝点8个，长沙银行石潭分行落户南区商业街。

“连心惠民”工程强力推进，省市重点民生实事全面完成。严把城乡低保审核程序关，入户率达100%，审批率达99%，做到应保尽保，应退尽退；年末，有城镇低保户338户，534人；有农村低保户1253户，2323人；有五保对象674人，全年发放五保生活费226.5万元；全镇有敬老院2所，87人入住敬老院集中供养。不断完善敬老院管理制度、改善居住环境，中心敬老院建设项目稳步推进；残疾人无障碍改造项目实施7户；危房改造94户全部完成；注重人口和计划生育指标的落实，全年出生814人，符合政策生育率96.44%，性别比为106.6:100；新增农村奖励扶助对象232人；健康卡信息采集工作已全部完成；全面推进“大众创业，万众创新”工作，开展现场招聘会、发布用工信息，有效解决就业问题，新增城镇就业560人，新增农村转移就业464人；城乡居民医保参合57945人、参合率98%。全年有9976人次享受新农合补助，补助3088.07万元，人均补助3095元。新型农村养老保险参保21600人，参保率90%；享受农村养老保险12466人，年领取国家基本养老金1196.7万元；全镇有优抚对象798人，年领取优抚经费195万元。

高度重视教育教学，积极协调调度，通湖村级中心幼儿园建设完成；全镇共有14所学校。其中，中学4所，小学10所，有教师350名，学生5600名。切实增强医疗卫生服务水平，食品药品常态监督；全镇有4所卫生院，32个村卫生室，6个医务室，共有医护人员194人。深入开展群众性文体活动，“欢乐潇湘·幸福湘潭·莲乡大舞台”群众文艺会演圆满举行，安全服务端午节民间龙舟赛事；100户“农户直播卫星户户通”工程全部完成；体育活动积极开展，组队参加县第三届运动会获乡镇组三等奖；完善农民健身工程建设，居民健身活动广泛开展。

“党政同责，一岗双责”制度落实到位，企业主体责任不断落实，基础工作进一步完善，积极推动省级安全生产示范县和安全生产示范乡镇创建。开展警示教育，强化培训演练，严格执法监督，发放《安全知识宣传手册》《平安石潭便民手册》等各类宣传资料6万余份，联合执法部门开展限超限载、水上安全、危化物品超范围经营、人员密集场所、烟花鞭炮经营企业等专项治理，“打非治违”等专项行动常态化。加大力度打击非法开采，初步制止非法开采海泡石行为。以“平安创建”为中心，充分发挥群众工作室作用，创新实施“开户主会”大走访活动，定期开展矛盾纠纷排查化解，妥善处理突发性群体涉稳事件，排查矛盾纠纷162起，化解157起，化缓解信访积案3起，做好各阶段维稳重点对象的维稳工作，连续4年实现进京零非访。邪教“法轮功”对象、社区矫正对象等全部严格落实“四位一体”帮控。投入70余万元镇区视频监控设备投入使用，继续推行干部义务巡逻行动，相关工作经验被《湖南法制周刊》《湘潭日报》等省市媒体专题报道。全面开展重点地区治安防控、“打黑除恶”等专项行动，始终保持打击“黄赌毒”的高压态势，治安刑事案件发案率明显下降。

深化“1311”和“网格化管理”工程，构建“四级责任体系”，按照“党委统一领导，党政齐抓管，纪委组织协调，部门各负其责”的工作机制，形成“一把手”负总责、一级抓一级、层层抓落实的良好工作格局；坚持执行“三重一大”“三不一末”等制度；严格落实民主生活会等基本党内生活制度。严格按照《条例》《准则》要求，围绕党委主体责任和纪委监督责任，全面落实“一岗双责”责任，认真开展述责述廉评议，结合镇党委及党政班子成员的分工，进一步把责任具体化、条目化，进一步厘清责任边界、明确责任内容，制定落实党风廉政建设“3+2”责任清单，规定镇党委的主体责任26条。完善镇村治理机制，健全完善镇便民服务中心职能，逐步将涉农便民服务事项集中在服务中心，推行窗口化、一站化管理；规范村级小微权力运行，完善村务监督委员会，全面落实阳光村务制度，严格按照“村账镇代理”和定期财务公开。全面推进两个专项整治行动，查处违反生活纪律、涉赌涉毒案件3件，其中2件已结案，1件正立案调查；发现“雁过拔毛”式腐败问题线索4条，立案4件，结案3件，处理3人，收回违纪资金47973.12元。着重加强换届纪律监督，先后4次组织候选人、换届工作人员、镇村干部观看《镜鉴》等警示教育片，开展换届纪律督查、抽查5次。规范办理信访举报问题，全年受理各类信访举报件9件，6件已办结。

召开石潭镇第六届党员代表大会和镇第六届人民代表大会，依法依程序选举产生新一届党委班子和政府班子；开展行政村合并调整和基层党组织换届选举，对全镇25个建制村进行合并，成立12个临时工作委员会；中心卫生院、农电站、派出所、中心校等12个党支部完成换届工作。着力推进10个村级活动场所规范化建设；强力整顿2个软弱涣散基层组织，县计生局、法庭和镇政府委派3名“第一书记”对两个软弱涣散村进行指导；调整2名不胜任村干部。深化“三会一课”“两考四评”等基层党组织管理机制，参评的党员1816名；严格落实党员发展程序，发展党员15名，转正预备党员26名，处置1起违规发展党员案例；按时收缴党费，足额上解到位；以“两学一做”学习教育活动为契机，大力开展党性教育，举办书记大讲堂4次，举办“两学一做”知识竞赛1次。

全面推进精准扶贫工作，结合“双联共建”，扎实开展“一进二访”活动，42个机关事业单位党支部与24个村党支部结“穷亲”，892个贫困人口成功脱贫；远教站点妥善进行维护和管理；全面推进机关“五小”和周转房建设；认真接受“两代表、一委员”评议、媒体和公众等社会监督，各管区、镇属站办所服务意识、服务水平和服务质量全面加强。

2016年石潭镇各行政村基本情况一览表

表15

村名	总面积（平方千米）	耕地面积（公顷）	户数（户）	村民小组（个）	人口数（人）	农村经济总收入（万元）	农村经济总费用（万元）	农村经济净收入（万元）	农民人均纯收入（元）
古城	4.40	253.40	1021	25	4468	17268.82	9670.54	7598.28	17006
莳竹	2.50	131.07	522	16	2075	7392.19	4139.63	3252.56	15675
联盟	2.70	113.47	625	17	2652	9443.53	5288.38	4155.15	15668
兆托	2.50	120.20	632	19	2580	9190.08	5146.44	4043.63	15673
托下	2.40	130.87	620	14	2456	8817.04	4937.54	3879.50	15796

续表 15

村名	总面积（平方千米）	耕地面积（公顷）	户数（户）	村民小组（个）	人口数（人）	农村经济总收入（万元）	农村经济总费用（万元）	农村经济净收入（万元）	农民人均纯收入（元）
天桥村	3.70	197.07	706	26	2627	9286.45	5200.41	4086.04	15554
石桥村	10.90	301.07	1245	42	4804	16741.94	9375.49	7366.45	15334
向韶村	3.00	134.93	574	16	2135	7570.52	4239.49	3331.03	15602
芙蓉村	3.20	193.53	645	27	2585	9187.91	5145.23	4042.68	15639
八角村	3.30	163.07	638	20	2565	9340.68	5230.78	4109.90	16023
青和村	3.50	146.87	501	24	1970	6762.47	3786.98	2975.49	15104
甘泉村	6.20	206.00	659	27	2367	8094.60	4532.98	3561.62	15047
列家桥村	3.80	140.60	500	18	1862	6657.92	3728.43	2929.48	15733
中新村	4.80	192.73	610	18	2002	6927.83	3879.58	3048.25	15226
双红村	9.10	271.60	782	32	2863	9804.47	5490.51	4313.97	15068
同庆村	5.00	155.67	594	33	2227	7883.07	4414.52	3468.55	15575
骏马村	8.50	246.66	1083	38	3645	12696.20	7109.87	5586.33	15326
红佳村	7.20	240.20	933	37	3557	12623.31	7069.05	5554.26	15615
杨田村	5.80	197.40	787	31	3202	11316.16	6337.05	4979.11	15550
中山村	7.90	174.53	696	29	2685	9527.48	5335.39	4192.09	15613
紫涟村	3.30	141.87	589	26	2352	8247.50	4618.60	3628.90	15429
白托寺村	5.10	232.73	982	34	3450	12161.25	6810.30	5350.95	15510
象塘新村	6.70	152.53	661	32	2451	8399.69	4703.83	3695.86	15079
新合村	8.10	66.27	765	24	3100	11069.82	6199.10	4870.72	15712

（吴文逸）

【石潭镇合并建制村】 2016年3月底，石潭镇对2014年没有建制村合并且2000人以下的、基层党组织软弱涣散及经济实力弱的、长期无集体收入来源的建制村合并，将古城村与古云村合并成古城村，九龙村与通湖村合并成天桥村，分水村、白龙村、莲花村合并成石桥村，甘露塘村与龙泉村合并成甘泉村，毛塘村与洪望村合并成双红村，普庆村与屯下村合并成同庆村，双马村与马桥村合并成骏马村，草塘村与文佳村合并成红佳村，杨梓村与饶田村合并成杨田村，中塘村与坑山村合并成中山村，光荣村与白托村合并成白托寺村，新庄村与枫树村合并成象塘新村。合并后建制村由原来的37个村减少至24个村，平均人口达到2700人以上。

【中国共产党石潭镇第六次代表大会】 4月29日，136名党代表代表全镇2424名党员的参加会议，45名列席代表参加此次会议。会议听取和审查《中共石潭镇第五届委员会工作报告》《中共石潭镇纪律检查委员会工作报告》，审议中共石潭镇委员会党费收缴情况的报告。大会选举王富强、王锋、刘奇志、阳旭东、张学军、陈立强、宋春秀、唐勉婕、谭鸿斌9人为中共石潭镇第六届委员会委员。选举郭正军等7名同志为中共石潭镇纪委委员。选举张先辉等13人为石潭镇出席县第十二届代表大会代表。

【长沙银行湘潭县石潭社区支行开业】 10月13日，长沙银行湘潭县石潭社区支行开业。这是长沙银行在湘潭县乡镇的第一家网点，这标志着石潭镇金融体系得到进一步完善。开业典礼上，该支行负责人表

2016年10月13日，长沙银行石潭社区支行开业。（石潭镇　提供）

2017 年 10 月 28 日，石潭镇第六届人大代表会议第一次会议开幕。

（石潭镇　提供）

2017 年 8 月 28 日，中央七套农广天地栏目摄制组一行 4 人到石潭采访传统生油月饼制作过程。

（石潭镇　提供）

示，石潭社区支行将坚持“服务地方、服务中心、服务人民”的宗旨，坚持高标准、高质量、高效益的原则，坚持以推进石潭镇经济发展为己任，加强产品创新，提高服务质量，大力支持石潭镇企业发展，为广大居民提供优质服务，促进石潭镇经济更好、更快的发展。

【石潭镇第六届人民代表大会第一次会议】　10 月 28 日，石潭镇第六届人民代表大会第一次会议开幕，石潭镇各行各业的 88 名镇人大代表、128 名列席代表参会，县领导荣虎成以及县换届风气督察组相关负责人与会指导。会议听取和审议镇人民政府和人大主席团的工作报告；审议、审查《2016 年财政预算执行情况和 2017 年财政预算（草案）的报告》；选举产生新一届镇人大班子，新一届政府领导班子，确定石潭镇未来五年的奋斗目标。

【石潭镇第一次妇女代表大会】　12 月 15 日，石潭镇第一次妇女代表大会召开，石潭镇各村（居委会）、各单位的 81 名妇女代表和 40 名列席代表参加。会议回顾近五年来该镇妇联工作开展的基本情况，谋划未来五年工作。会议强调将通过提升素质，引导妇女成长成才；创新创业，促进妇女建功立业；依法维权，提高妇联组织服务水平；强基固本，打造“坚强阵地”和“温暖之家”；建共享，建设和谐美丽家园等多种举措，让女性才智为智慧石潭增光添彩，使妇女组织成为党和政府信得过、妇女群众离不开的组织。

【央视七套到石潭拍摄生油月饼制作过程】　8 月 28 日，央视七套农广天地栏目摄制组一行 4 人到石潭拍摄传统生油月饼。石潭生油月饼起源于 1927 年的民间月饼作坊，传承已有近百年。石潭生油月饼坚持采用传统方法制作，味美价廉，不仅在当地口碑好，更远销省内外。此次石潭月饼上央视七套，不仅使月饼销量大涨，更唤起石潭人民挖掘石潭传统手工业的热情，使当地传统手工业得以发扬。

【湘潭县第二十届社区论坛在石潭举行】　9 月 1 日，湘潭县第二十届社区论坛在石潭镇横街居委会举行，市委党校副校长洪学敏教授为大家授课。县委宣传部，石潭镇各党总支书记、党支部书记和党员群众代表共百余人参加。洪学敏教授就认真学习“四个全面”的战略布局，分历史背景、重要内涵两大块进行详细的阐述，用数据、用事例深入浅出的讲述全面建成小康社会、全面深化改革、全面推进依法治国、全面从严治党的科学内涵。理论简明扼要、内容旁征博引、事例丰富生动，听众反响好。

（吴文逸）

乌石镇

【概况】　乌石镇位于湘潭县西部偏中，东与锦石乡、射埠镇相邻，南与排头乡接壤，西与湘乡市近郊，北与石潭镇相连，距县城约 40 千米，是彭德怀元帅的故乡。全镇总面积 96.12 平方千米，辖 13 个村民委员会和 1 个居委会，385 个村民小组。耕地面积 2143 公顷。其中，水田 1971 公顷，旱土 172 公顷。林地 4982 公顷，水面 849 公顷。2016 年年末全镇总人口 10593 户 39117 人。其中，男性 20388 人，占比 52.12%；女性 18729 人，占比 47.88%；农业人口人数 38111 ，占比 97.43% ；少数民族 14 个 149 人。全年出生 467 人，人口出生率 1.20% ；死亡人数 294 人 ，人口死亡率 0.75% 。

人口自然增长率0.45%。

全年实现财政总收入3345万元，财政总支出3028万元。完成国税收入121万元，地税收入510万元。农村经济总收入59960万元，增长10.02%。农村集体经济收入606.5万元，增长8.89%。农民人均纯收入13956元，增长10%。工农业总产值5.36亿元，其中工业总产值2.90亿元，农业总产值2.46亿元。全境工业企业9家，从业人数400余人。规模以上企业2家，总产值1.85亿元。工业企业主要涉及家具制造、石灰石开采等行业。

粮食作物播种总面积4188.93公顷，总产量6.04万吨。其中，水稻播种面积3910.27公顷，玉米66.67公顷，红薯66.67公顷，豆类105.32公顷，马铃薯33.33公顷，高粱6.67公顷。播种油菜333.33公顷，绿肥66.67公顷。早稻亩产460公斤，晚稻亩产 520公斤。旱粮总产2926吨，亩平单产700公斤。新发展专业合作社15家，家庭农场14家，截止2016年末，共发展合作社38家，家庭农场16家。农机补贴255台，补贴资金44万余元。农业保险投保面积353.33公顷。出栏生猪7.8万头，家禽24万羽，水产品2012吨。存栏生猪26752头、禽类12.4万羽（其中鸡10.5万羽，鸭1.9万羽）、牛173头，羊1814头。年内免疫生猪24.5万头次，猪瘟、猪口蹄疫和猪蓝耳病免疫密度95%以上。免疫禽25万羽次，禽流感免疫密度97%。

完成退耕还林1.6公顷，长防林人工植苗26.4公顷，封山育林53.33公顷，国家造林补贴项目3.67公顷，义务植树11万株，“三边”绿化道路绿化3.1千米，水渠绿化1千米，庭院绿化50户，森林总覆盖率52.05%。全境有小（一）型水库4座，小（二）型水库6座。完成水利工程550处，骨干山塘建设50口，高标准渠道建设8千米，总计投入560万元。完成韶茶干线沿线15处手工绘画文化墙建设；民居改造有序实施，基本完成镇财政所、农技站外观改造项目，完成镇区民居改造65户，乌石村民居改造25栋；已制定污水管网、镇区弱电线路及通讯线路入地下埋方案；人行道建设项目进入立项程序；道路亮化工程项目动工开建；新建旅游厕所2个，摊担管理、街心公园、彭德怀故居长廊及小卖部项目建设已完工将投入使用。

全镇有初中3所，小学6所，农校1所。在岗教师129人，中小学生1720人。幼儿园8所，入园幼儿624名。卫星电视“户户通”、广播“村村响”工程全面完成。有农村书屋32个，文化活动室14个，圆满承办和参与红军长征胜利80周年暨彭德怀诞辰118周年主题活动、“湖南省农民运动会暨红色文化旅游节”、乌石采茶节、欢乐潇湘县级专场等系列活动，红色旅游持续升温，短线游、自驾游游客增多，共接待游客120万人次，同比增长23.7%。

年内符合政策生育率95.3%，多孩率2.78%，性别比为105.7。落实长效避孕节育措施334例，落实补救措施122例。完成免费孕前检查216对，免费产前筛查138例，免费“两癌”检查906人。

全年检查生产经营单位和场所407家次，打击非法生产经营7处，排查重大公共安全隐患8处。制止槐塘村和狮龙村2处非法采石行为；整治兰花幼儿园安全管理混乱问题；打击散装汽油加注点1处，行政拘留1人；拆除镇区违章建筑和户外广告牌300平方米，涉及18户，清理违章建筑33户，面积1738平方米；关闭木材加工厂1家；查处违规挂钩用电行为2处、私拉乱接非法盗电行为1处；打击非法“摔炮”加工作坊1处；因证照未及时延期对三联矿业停产停业；整治家具厂重大消防隐患1家。

新批低保65户98人，取消141人，年末低保790户1595人，年领取低保金223.52万元。新批“五保”18人，年末享受“五保”479人，全镇敬老院1个，其中入院50人。完成危房改造150户。新农村合作医疗保险（以下简称新型农村合作医疗）参加率为95%，新型农村合作医疗补偿2.91万人2044.07万元（其中住院补偿 6823人次，补偿金额为1919.47万元；门诊补偿22298人次，补偿金额为 124.60万元）。农村养老保险参保32766人，享受养老金（60岁以上）7042人，发放养老金67.60万元。新增农村劳动力转移就业273人，城镇新增就业62人，失业人员实现再就业21人，困难人员实现就业5人，开展农民工创业就业培训2次，共培训120人次；组织“春风行动”招聘会1场，协办“精准扶贫”专场招聘会1场。

创新“小额返利，集中回收农药瓶”“拍垃圾赢红包”两大举措有效推进垃圾分类处理工作，全年回收农药瓶（袋）1500公斤，累计送往县再生资源回收中心的可回收垃圾40吨，环境卫生整治工作分别荣获全县一季度第二、二季度第一、三季度第四。

排查各类矛盾纠纷127起，调处127起，调处率100%；调处成功125起，成功率98%，没有发生因调处不当或不及时而导致矛盾纠纷激化扩大案例，也没有发生“民转刑”案件。

全镇有党总支3个、党支部29个，党员1295人。年内新发展党员7人。党政班子成员到联系点、分管部门讲党课和参加研讨活动42人次，各党支部书记、退休党员、先进典型和普通党员讲党课76人次。依托镇党校、村级远教站点、QQ群和微信平台开展党员教育培训，全年集中培训支部书记110人次，培训党员3000人次。

全年开展各类督查58次，其中中心工作督查9次，日常作风督查49次，发布督查通报4期。全年纪律审查立案4件，办结4件。其中“雁过拔毛”式腐败专项整治立案1件，办结1件，开除党籍1人；“纠‘四风’、治陋习”专项整治立案1件，办结1件，党内警告处分1人。

2016年乌石镇各行政村基本情况一览表

表16

村名	面积（平方千米）	户数（户）	人口数（人）	农村经济总收入（万元）	农村经济总费用（万元）	农村经济净收入（万元）	农民人均纯收入（元）
双庙村	5.6	611	2394	3902.8	2643.8	1259.0	14728
乌石村	10.9	1413	5147	5861.6	3970.8	1890.8	15207
众兴村	9.9	1118	4126	5700.4	3917.4	1783.0	12258
平山村	6.9	878	3109	5845.4	3959.8	1885.6	14984
大明村	6.6	790	2961	3640.0	2433.3	1206.7	14853
岳冲桥村	6.9	705	2381	3571.4	2327.8	1243.6	14212
四美村	3.4	364	1359	1711.7	1128.5	583.2	12701
乌石峰村	5.3	635	2456	3592.5	2495.6	1096.9	12013
华龙村	6.7	773	2697	3612.6	2446.7	1165.9	14678
锦绣村	9.7	1051	3858	5172.4	3500.5	1671.9	14527
石峰村	5.8	631	2514	5024.7	3220.7	1804.0	13606
景泉村	9.9	698	2685	3338.8	2243.2	1095.6	13699
天龙村	6.4	818	2903	3818.3	2648.5	1169.8	12215
居委会	2.1	108	527	5167.4	3483.4	1684.0	16250

【乌石镇合并行政村】　2016年，乌石镇开展行政村合并工作，行政村由26个村合并为13个村。斑竹村与珍珠村合并为乌石峰村，羊塘村、洪家山村与奇才村合并为锦绣村，天明村与龙塘村合并为天龙村，大塘村与九节龙村合并为华龙村，铁山村、狮龙村与安平村合并为众兴村，槐塘村与岳冲村合并为岳冲桥村，平山村与龚泉村合并为平山村，乌石村、寺冲村与联塘村合并为乌石村，旗头村与明德村合并为大明村，原双雲村在拆分为双峰和云丰的同时，双峰村与石峰村合并为石峰村，云丰村与景泉村合并为景泉村，四美村与双庙村不变。

【湘潭市一医院到斑竹村义诊】　1月8日，湘潭市一医院组织由20余名技术骨干组成的专家服务队到乌石镇省定贫困村斑竹村开展“医疗扶贫”的义诊活动，为全村群众免费看病200余人次。

【帮扶后盾单位在安平村设立“扶贫基金”】　1月11日，市委常委、副市长杨广率市环保局、市交通局、金侨集团、城建集团、市一医院等后盾单位和结对帮扶单位负责人到乌石镇安平村，开展“一进二访”现场办公，督促、指导该村精准扶贫工作，联合各帮扶单位在安平村设立“扶贫基金”50万元。

【乌石镇被纳入省级精品旅游线、全省百个特色旅游小镇建设范畴】　3月28日，在省政府出台的《湖南省旅游业“十三五”发展规划纲要》中，乌石镇被纳入到全省未来五年将要打造的省级精品旅游线、全省百个特色旅游小镇建设范畴。

【乌石镇第六次党代会召开】　5月5日，中共乌石镇第六次代表大会大会召开。会议选举产生新一届镇党委、纪委班子，和出席县第十二届党代会代表。

【第二届乌石采茶之旅暨中国旅游日主题活动开幕】　5月14日，“采莲乡新茶，品红色文化”第二届乌石采茶之旅暨中国旅游日主题活动开幕，县领导刘耀奇、李日方参加开幕式。

【乌石红色旅游文化节暨湖南省乡村运动会在彭德怀纪念馆启动】　7月16日，中国乌石（彭德怀元帅故里）红色旅游文化节暨湖南省乡村运动会在彭德怀纪念馆启动。活动主题为“追寻伟人足迹，传承革命精神”，启动仪式在彭德怀纪念馆彭德怀铜像广场举行。

【湘潭市环保局到乌石景泉中学开展爱心图书活动】　10月10日，湘潭市环保局和湘潭市电视台到乌石景泉中学开展“核心价值观在湘潭 青少年图书捐赠活动”，捐赠弘扬核心价值观图书500套。市环保局局长苏国军、副调研员李建韶、湘潭广播电视台副台长易高吾、广告活动中心总经理刘金等出席仪式。

【纪念红军长征胜利80周年暨彭德怀诞辰118周年系列主题活动】　10月24日，在彭德怀纪念馆举行“彭老总回家了！”——纪念红军长征胜利80周年暨彭德怀诞辰118周年之电视剧《彭德怀元帅》主创人员见面会活动。市委常委、宣传部长吴小月，县委书记傅国平先后在活动中讲话，县委副书记、代县长段伟长致欢迎词，县委副书记周艳希主持本次活动。

【乌石镇第六届人民代表大会第一次会议召开】 10月27日—28日，乌石镇镇第六届人民代表大会第一次会议召开。会议选举王武为乌石镇人大主席、谢阳为乌石镇人大副主席，周波为乌石镇镇人民政府镇长，丁铁它、张国强、肖铁光、汤进军为乌石镇人民政府副镇长。

【乌石镇第一次妇女代表大会召开】 12月14日，乌石镇妇联组织召开第一次妇女代表大会，应到妇女代表57人，实到52人，符合法定人数。产生乌石镇妇联第一届执行委员会委员25名。随即召开第一次妇女代表大会第一次全体会议，选举许艳方为镇妇联主席。

（李思特）

杨嘉桥镇

【概况】 杨嘉桥镇地处湘潭县西部，因当地邓家坝村有一座桥名曰杨嘉桥而得名。该镇东、南面与河口镇相连，西靠石潭镇，北接姜畲镇，距县城15千米，距湘潭市区8千米。湘黔铁路位临其旁，湘湘干线贯穿其境，潭衡西线途经镇10个村，已规划的湘潭市西二环线纵穿镇8个村，交通十分便利。该镇是个典型的农业大镇，农业以种粮食、蔬菜、发展农副产品为主。羊鹿茶声名远播，曾多次获国家、省、市各类奖项。矿藏以海泡石、石灰石为主，特别是海泡石矿藏十分丰富，占全国 90 %以上，为全国之最，该镇也因此被誉为“中国海泡石之乡”。镇域总面积115.92平方千米，其中陆地100.34平方千米，水域15.29平方千米，林地面积3002.60公顷。耕地面积3739.54公顷，其中水田3973.33公顷，旱地666.87公顷，人均0.073公顷。全镇有四个堤垸，13千米长烈雁金河，有4座小二型水库，有山平塘3000余口，其中1万立方米以上的骨干塘750口，有斗渠以上的灌溉渠道180千米。2016年，辖杨嘉桥、峡山口、荆州、雁坪4个管区，21个行政村，1个社区，2个居委会，585个村民小组，11个居民小组，16915户，62613人。其中，男性31900人，占比51%；女性30713人，占比49%。

2016年，全镇完成国地两税收入1310万元，其中，国税710万元、地税656万元；财政总收入3506万元，财政总支出3054万元；全年完成固定资产投资50100万元，较上年增长40%。全镇工农业生产总值169506万元，其中工业生产总值116866万元，农业总产值52640万元，人均纯收入14840元，经济总体运行平稳。

立足园区谋发展，经济发展实现新跨越。嘉瑞达自动化、瑞珑文体项目、熙源建材等投产企业运转好。通过园区领导小组和园区办的保姆式服务，海大饲料、嘉鸿包装、华旺建材3个在建项目的建设均比较顺利进展顺利。园区基础设施逐步完善，为保障海大饲料等重点项目及以后招商引资项目的用电需求，投资32万元完成园区电力扩容工程建设，将原有电力线路进一步进行优化设计，将设置不合理的电杆进行迁移，将现有变压器等设备进行升级改造，可满足20家左右企业正常使用。投资200余万元建设园区供水工程，预计到2017年1月所有园区企业全部通水，彻底解决园区发展瓶颈。全镇11个规模企业完成工业总产值11.7亿元，同比增长11.11%，新增规模企业1家（冠杰塑料），完成规模企业利润总额5352.137万元，较上年增长39.6%，产销率达到98.6%。全年全镇完成工业技改投入项目4.3亿元。招商引资成效明显。继续加大招商引资力度，开通园区招商电话，制作招商广告牌，明确“三个就是”（关注投资者就是关注发展，服务投资者就是服务经济，帮助投资者就是帮助自己）的服务理念，加强与全镇已落户企业、镇域在外知名人士的感情联络，建立企业微信交流群，加强企业间的合作交流。引进项目5个，其中新建项目2个（湖南嘉瑞达自动化设备有限公司，投资2188万元；湘潭县湘恒槟榔加工厂，投资721万元），在建项目3个，分别是湘潭海大集团股份有限公司、湘潭华旺建材有限公司、湘潭市嘉鸿包装有限公司，至年底已到位资金1.56亿元，占年计划的103.99%。湘潭嘉鸿包装有限公司、海大饲料已完成厂房建设及设备安装，开始试生产。重点工程进展顺利，杨嘉桥镇2016年度重点工程项目5个。天易示范区杨河工业园杨嘉桥片区一期工程建设项目，该项目总规划面积 3.7 平方千米，总计划投资8亿元。市县重点工程项目海大饲料、华旺建材、嘉鸿包装，均实现年度预期目标。重点工程酒泉至湖南800千伏特高压直流输电项目配套设施建设，涉及杨嘉桥镇的101个基座建设任务，已完成征地、塔基建设、全部立塔和34栋房屋的征拆工作。

调优结构转方式，现代农业创新发展。引导农村土地经营权有序流转、发展农业适度规模经营，全年流转耕地866.6671公顷。全年完成粮食播种总面积7200公顷，粮食总产量达10.5万吨，发展经济作物总面积71.33公顷，发展双季稻面积5733公顷，比上年稳中有增；推广优质稻面积计为5733公顷，核心基地在金福、燕荆、同福等村，面积为333.33公顷，喜获丰收；杨嘉桥、金福等村全面开展高产创建工作，面积计313.33公顷，辐射周边村组种植面积近400公顷，荆洲管区1400公顷专业化统防统治效果明显。2016年，早晚稻水稻参保7566.67公顷，收缴农业保险资金51万元（含种植大户自行投保），全镇水稻参保率100%，增强农业抗风险的能力，农业效益不断提高。新增合作社4家，新增家庭农场6家，南池园和新民家庭生态农场获评市示范家庭农场。羊鹿茶叶、欧亚红提、华绿生物等在市县具有影响力。截止目前全镇有“百家示范”工程11个，是全县最多的乡镇。特别是华绿公司和羊鹿茶业列为全县龙头企业，有效推动杨嘉桥镇农村经济的发展。

农、林、水利、畜牧等各项农业工作全面开花。农机：推广农机新机具补贴400台套，补贴资金56.475万元，受益农户396户；全面完成农机补贴机具的核查工作，机耕化率达95%以上。2016年来，完成造林任务67.73公顷，全民义务植树9万多棵；结合环境整治在烈雁荆河、邓家坝渠道“三边”绿化6千米，森林覆盖率24.11%；申报金笔村碧之源生态科技有限公司和富家村康盛黑山羊养殖专业合作社两家林下经济林业合作社扶持对象，争取扶持资金7万元；申报白鹿村秀美村庄，经市县验收合格。在森林防火方面，由于宣传、巡查等措施到位，全镇全年零火灾。水利：全年投入2000余万元，完成县重点工程中小河流治理项目烈雁金河治理、柳福村（柳湖片）矿区水利建设治理项目，完成白鹿村（石旗片）、富家村（金龙片）、金洪村（洪托片）、三湘村（新湘片）、铺子岭村、雁银村（雁坪片）6个“五小”水利项目村建设及19个村涉水移民项目20个。计划今冬明春投入水利建设资金2000万元，完成工程650处。全镇有养殖畜禽户数5879户，养猪户4118户，其中生猪规模养殖场72户，家禽规模养殖场3个。全镇全年养猪39.4万头、养牛1500头、养羊10250头、养家禽35万羽，出栏生猪25.2万头、出栏羊6150头、牛600头，出笼家禽20万羽，年末有存栏生猪14.2万头，存栏羊4100头、牛900头，存笼家禽15万羽；认真做好春秋两季动物防疫工作，免疫率100%；认真做好病死禽畜无害化处理工作，处理病死猪7500头。畜牧水产总产值达4.5亿元，占农业总产值62%。

精准扶贫、农业普查、土地确权等业务性的工作卓有成效。精准扶贫：对全镇3035人，涉及1350户，落实党政负责人包片，联村干部、村干部包村、帮护责任人包对象的责任措施，认真落实结对帮扶措施，深入开展“全国扶贫日”系列活动，发动各界人士捐款近5万元，帮助贫困学生110人，同时落实危房改造、技能培训、产业帮扶、金融扶贫等措施，实现全镇贫困人口帮扶的全覆盖。2016年，镇财政拿出20余万元结合“干群一家亲、党群心连心”活动，两次对2016年预脱贫户403户、903人进行深入走访慰问，全面完成2016年度贫困人口的脱贫任务。农业普查：针对全国第三次农业普查工作，年前所有工作宣传、动员、业务培训、前期资料准备工作到位。土地确权：完成21个村土地确权的资料摸底工作，已完成20个村完成指界工作。

夯实基础抓建设，镇村面貌焕然一新。大力推进公基础设施建设，全年计投入环境综合整治资金168万余元，投入1万元在新福村建立垃圾中转站，租用挖机对三湘村沉积垃圾进行有效清理；落实常态保洁，加大环境卫生整治奖惩力度，各村均合理配备常态保洁员，镇区及主干道配备12名专职保洁员；因地制宜打造美丽屋场，高标准建设新桥村牛车塘、铺子岭村楠竹山美丽屋场2个，已通过县整治办验收授牌，雁银村石碧组、九江村天子组、华东村陈古组等美丽屋场建设也各放异彩；顺利迎接市县明查、暗访若干次，环境整治工作在2016年三季度全县排名第一。农村公路建设项目完成投入600余万元，全年硬化农村公路23千米，对全镇29.62千米的乡道和156.9千米的村道进行日常养护，对柳福、雁银、金河、同福、金洪等8个村8.5千米的村道硬化，对全长5.9千米的湘水缘公路环线硬化。在各村稳妥推进错车道建设工作，目前已将目标具体细化分解，并明确补助标准和条件。亮化工程：镇区在已安装高杆路灯36盏基础上，新增镇区至高速公路连接线路灯78盏，在原有部分村主干道安装路灯305盏的基础上，雁银、柳福、金福等村计新增路灯350盏。其他各项公设施：年内完成白鹿村（白云片）、雁银村（雁坪片）、金福村、华东村（东皋片）、铺子岭村等村农改项目的施工任务，新增布点变压器13台，改造增容变压器5台，目前新桥（渡口片）、雁银（银湖片）等村网改工作正在进行；新增有线户100户，实现全镇有线用户全覆盖；互联网入户率达50%；新建沼气池100个，沼气池总数达8850个；改卫、改厨、改厕率达85%。加快小城镇建设步伐。全力推进镇区建设。完成镇区路灯一期、二期工程建设，其中新建118盏，改造36盏，计投入资金50万元；同时，投入资金42万新建一条镇政府前道路长300米，宽8米，其中已完成长110米、宽8米的沥青路，投入资金100万元启动镇区道路白改黑工程，面积4000平方米，进一步改善镇区的路网建设，方便人民群众的出行。杨嘉桥自来水厂扩建至杨河工业园，管网铺设6000米，投资150万元，已完成全部管道铺设。新建政府食堂综合楼改造项目，总计4层，建筑面积1400平方米，总投资210万元。目前主体已完工。加强城镇规划管理。不断完善镇区整体规划，对镇区范围内正在建房的房主进行政策宣传，对所建房屋的范围及模式都进行统一规划。全年农村建房81户，总建筑面积1.5万平方米，总投资1431万元；发展农民进城全年任务数800人，全部完成任务。对规划区内实行日巡查制度，下达《工程停工整改通知》26份、《工程停工通知》4份，有效地遏制违法违章建设行为。并加强对峡山口、梅林巷、摩桥、雁坪等马路市场的管理，严格实施动态巡查、动态拆除方式，拆违控违成效明显，确保镇区建设规范有序，镇村面貌焕然一新。商贸流通欣欣向荣。发展“农村淘宝”网店，建设羊鹿茶、碧之源养鸡场、叠福红提等电商网，加大网上物流、万村千乡市场工程、现代农资物流中心、新农村商网和电子商务平台建设，做好外派劳务输出工作，注重挖掘乡村观光、采摘、农家乐休闲旅游亮点，羊鹿茶基地、柳湖农庄、绿秀园蔬菜基地、叠福红提农庄等集观光、农家乐休闲、度假养生、民俗风情、文化体验等多功能于一体，实现农民转移就业。全年实现社会消费品零售总额4.5亿元，比上年同期增长5%。

关注民生谋福址，社会事业协调发展。计生工作深入推进。全年全镇出生747人，出生率11.87‰，死亡543人，死亡率8.63‰，人口自然增长率为3.24‰，性别比106.9。符合政策生育率96.79%。落实长效节育措施574例，其中结扎57例，上环517例；落实补救措施224例。落实全面二孩政策，2016年以来发放二孩生育证385本。积极开展居民健康卡信息采集工作，上报信息6.01万人，成功匹配率95%。民生保障全面推进。新增低保130户，178人，“五保”16人；取消低保185人；全年临时救助141户，发放救助金17万余元。发放残疾证253个。年末，全镇有农村低保1333户2449人，城镇低保322户533人，月保障金38万余元；农村“五保”分散供养657人，现有敬老院3所，安置“五保”老人54人。新型农村养老保险参保16777人，占任务的81.8%；投入养老服务资金23万元，其中90—99岁高龄老人有154人，补贴16.78万元；80—89岁高龄老人（低保户、分散的“五保”户）有82人，补贴4.53万元；政府购买居家养老服务有108人，补贴2.59万元。组织“春风行动”专场招聘会和“精准扶贫”专场招聘会各1场，达成就业意向人数132人；举办“育婴师”培训班，71人参加培训，并成功结业。新增农村劳动力转移就业483人，新增城镇就业人员485人，失业人员再就业72人。新型农村合作医疗参合人数5.48万人，参合率达95%以上，在全县率先完成新型农村合作医疗任务。年内，有3.59万人次获得新型农村合作医疗补偿，补偿金额2740.9万元。1—12月份通过“一卡通”形式发放32类补贴资金2055.07万元。科教文卫齐头并进。在2016年中考当中，有近30名学生被湘潭县一中录取，在“艺术百佳”“杏坛之星赛课”“县中小学生田径运动会”等活动中屡获佳绩；规范幼儿园管理；对西花、旷家、洪坪等学校进行提质改造，促进“教育均衡”。积极组织参与“欢乐潇湘·幸福湘潭”群众文艺会演和建党九十五周年“唱红歌”活动，“唱红歌”比赛获全县二等奖。积极参加县第三届运动会，参加除拔河比赛外的其余6个项目，获得乡镇组总积分一等奖；落实好县重点工程“户户通”工程。医疗业务稳步提升，每年同比增长约10.2~12.5%，累计规范建立居民健康档案54768份，拓展中医内科、骨伤科、妇科以及中医理疗等科室，推进杨嘉桥镇中医药事业的发展。2016年，经验收合格评为群众满意的乡镇卫生院。实事工程全面完成。全年危房改造85户；重点帮扶农村特困户建房2户；完成重性精神病救助13人，每人救助5000元；关爱失独家庭13户；无障碍改造7户；新增养老服务床位3张；投资30余万元推进乡镇机关“五小”改造；8个帮扶村和1个美丽乡村建设进展顺利。

勤政为民推创新，社会管理常抓不懈。加强矛盾纠纷排查化解和调处，创建“平安乡镇”。坚持咨询台坐班制度，全年群众到省、市、县上访96起，119人次，得到较好的控制与处理；收集群众诉求328起，已全部交办到相关单位，并建立相关台账；组建治安巡逻队，出动98次，开展治安巡逻盘查500人次，处理突发事件40次，化解纠纷50余次，保障群众的生产生活安全；积极调处12起非正常死亡事件，预防矛盾的激化，确保社会和谐稳定；杨嘉桥派出所接处警1209起，立刑事案件132起，受理查办行政案件238起；破获各类刑事案件66起，行政拘留57人，强制戒毒9人，抓获逃犯7人，维护辖区的社会稳定平安。安全生产形势整体良好。进一步完善安全生产“网格化”管理；层层签订安全生产责任状；坚持每季度召开安全生产工作会议；全年检查生产经营单位153家次，下发现场检查记录153份，责令改正指令书15份，整改复查意见书14份，排查隐患396处；创新建立镇村企业三级的安全工作微信群，开展安全生产大排查大管控大整治三大行动，加强安全生产宣传力度，开展“安全隐患随手拍”活动；编印《安全生产简报》4期，提高各行各业各领域的安全生产意识；积极开展安全生产谈心对话活动50余次，安全生产氛围浓厚，安全生产形势整体良好。同时，重拳整治超限超载，对涟水河1号和2号砂场、芮希采石场和怡达建材有限公司等4个源头企业，加强值守和巡查，有效地扼制超限超载行为。

加大宣传推介力度，倡导文明风尚。全年镇门户网站发布新闻动态240余条，镇微信公众号发布图文信息30余条。报送信息300余条，其中县级媒体（湘潭县网）采用204条，湘潭县网乡镇上稿量全县排名第一。市级媒体采用70余条，省级媒体采用9条。及时做好市长热线、县长热线、政风行风、红网百姓呼声等网络舆情引导工作，全年回复处理网络媒体投诉、意见及建议62条，回复率100%。积极完成省市县网宣部门交办的网评工作，名次均靠前。有效整理上报社会舆情，舆情信息报送40篇，其中省委宣传部采纳4篇，稿件质量优异。通过以道德模范讲堂、公开栏、黑板报等形式宣传普及社会主义核心价值观等方式倡导讲文明树新风，鼓励美德延伸与传播。镇卫生院、中心小学、雁坪中学被批准为县级文明单位。党群工作卓有成效。人大、政协积极发挥参政议政、民主监督职能。武装工作全年民兵整组、征兵工作、民兵参训均已达标。民兵应急分队在维稳处突、防火防汛中起到重要作用，出动民兵维稳处突32次。宣传、统战、工会、妇联、青团、关工委、残联、老龄老干等部门都圆满完成既定目标任务，同创造杨嘉桥镇各项事业全面和谐发展的良好局面。

全面落实党风廉政建设责任。按照党委履行主体责任、纪委履行监督责任和党政领导干部“一岗双责”的要求，层层签订党风廉政建设责任书82份，形成“齐抓管，人人担责”的工作格局。组织镇村干部学习《准则》《条例》以及中央、省、市、县一系列关于廉洁自律各项规定，深入开展廉洁从政教育。强化监督执纪，建立常态化督查机制，年内开展作风建设监督检查27次，下发督查通报7期，对全镇所有行政村和站办所的账务进行清理核查，清查出问题15个，已整改落实问题15个，追回集体资金7.3万元；开展任前廉政谈话21人次，集体廉政谈话2次，谈话提醒11人次。认真落实“三转”要求，受理群众信访举报件11件（其中重复1件），仍有3件信访件正在调查、核实、处理。全年党纪立案4人，处分3人，其中党内严重警告2人，党内警告2人。追回集体资金达7万余元。

2016年杨嘉桥镇各行政村基本情况一览表

表17

村名	总面积（平方千米）	耕地面积（公顷）	村民小组（个）	户数（户）	人口数（人）	农村经济总收入（万元）	农村经济总费用（万元）	农村经济净收入（万元）	农民人均纯收入（元）
合金村	6.870	143.19	23	644	2363	3824	604	3220	13625
金笔村	5.681	159.66	24	698	2530	4024	592	3432	13565
三湘村	6.482	226.38	31	940	3627	5756	778	4978	13725
华东村	5.659	166.33	30	751	2779	4480	655	3825	13764
金蛟村	5.462	206.53	35	833	3122	4834	702	4132	13236
白鹿村	6.297	162.80	30	921	3216	4884	634	4250	13216
铺子岭村	4.883	127.73	21	656	2371	3662	340	3322	14011
九江村	5.316	119.80	21	485	1742	2915	479	2436	13985
富家村	7.608	238.81	32	860	3132	5168	868	4300	13728
杨嘉桥村	6.944	150.24	30	703	2446	4312	937	3375	13797
金福村	5.193	215.57	27	947	3576	5699	682	5017	14029
燕荆村	4.668	134.34	28	729	2586	4028	633	3395	13129
金河村	6.361	181.30	33	784	2824	4530	633	3897	13801
雁银村	7.961	215.93	35	863	2885	4312	645	3667	12711
柳福村	6.535	223.98	35	1025	3635	5721	663	5058	13915
同福村	3.312	171.53	20	691	2625	4248	619	3629	13825
金凤村	2.057	104.71	11	468	1837	2816	324	2492	13567
金洪村	4.552	155.84	28	800	3204	5101	631	4470	13952
旷家新村	5.884	211.64	30	854	3336	5284	697	4587	13751
新福村	2.670	164.56	24	504	2002	3154	351	2803	13999
新桥村	5.525	259.16	37	863	3379	5398	719	4679	13846
机关居委会	—	—	2	338	1373	—	—	3151	22953
王家山居委会	—	—	3	339	1125	—	—	2589	23011
电厂街居委会	—	—	3	219	898	—	—	2068	23025

【中国共产党杨嘉桥镇第六次代表大会召开】 5月3日，中国共产党杨嘉桥镇第六次代表大会隆重召开，副县长韩伟、县委组织部和县纪委工作人员出席会议，该镇179名党代表、58名列席代表等260余人参加会议。大会审议并通过党委工作报告、纪委工作报告、党费收缴工作报告，并作出相应的决议。大会选举产生中共湘潭县杨嘉桥镇第六届委员会、中共杨嘉桥镇纪律检查委员会和出席中共湘潭县第十二次代表大会代表，实现镇党委、纪委领导班子的顺利交替。会议指出，杨嘉桥镇干群坚持“发展是第一要务”，镇村干部精诚团结、锐意进取，成绩可圈可点，工作作风不断改进，发展步伐不断加快，一大批民生实事有力推进，实现镇域经济的快速发展，改变杨嘉桥镇的面貌，得到上级领导和人民群众的肯定。会议号召，站在“十三五”的新起点，发展机遇时不我待，发展之路任重道远，要按照“四个全面”战略布局，主动适应发展新常态，要打造一支充满激情、团结和谐、勤政廉政、善于领导的坚强领导集体，要拿出“春风吹战鼓擂，新班子新作为”的姿态，为建设富强秀美和谐的都市农业新镇而努力奋斗，共同谱写杨嘉桥镇的美好新篇章。

【杨嘉桥镇商会第三届会员代表大会召开】 9月18日，杨嘉桥镇商会第三届会员代表大会在华绿生物科技公司会议室召开，该镇全体党政负责人、镇商会会员代表50余人参加会议。会议特邀县统战部副部长、县工商联党组书记谷述良及县工商联相关人员参加。大会通过《杨嘉桥镇商会第三次会员代表大会选举办法》，选举产生杨嘉桥镇商会第三届执委会委员，17位代表当选为执委会委员。会议听取和审议杨嘉桥镇商会第二届执委会工作报告，明确未来的工作任务和工作重点。会议确定未来五年的工作任务：加强调研，履行参政议政职能；积极倡导奉献精神，大力推进光彩事业；找准位置，完善职能，拓宽服务领域；加强自身建设，努力适应形势发展要求。杨嘉桥镇商会成立于2007年9月，有会员单位60余家，会员单位既有中小投资经营者，又有羊鹿茶业、海泡石产业、华绿生物科技等一批实力雄厚、在市县具有影响力的品牌企业。商会成立近10年来，不断加强自身建设，多次组织会员企业积极开展爱心助学活动，参与社会公益活动，近年来，慰问贫困学生100余人，年年节前去走访慰问敬老院，累计发放慰问金6万余元。

【杨嘉桥镇第六届人民代表大会第一次会议召开】 10月29—30日，杨嘉桥镇第六届人民代表大会第一次会议召开，全镇的80名镇人大代表和111名列席人员参加会议。会上表决通过《选举办法（草案）》，听取审议并通过《政府工作报告》《人大工作报告》和《财政预决算报告》。会议选举产生人民代表大会主席、副主席，镇人民政府镇长及4位副镇长。

【杨嘉桥镇第一次妇女代表大会召开】 12月13日，杨嘉桥镇在镇卫生院会议室召开了、第一次妇女代表大会。全镇各战线的63名妇女代表们参加会议。会议对过去几年来该镇妇联取得的成果及未来五年该镇妇联具体工作安排向全体参会人员进行汇报。会议肯定镇妇联在妇女儿童工作上所作出的努力和取得的成绩，杨嘉桥镇广大妇女在镇妇联组织的带领下，在党委、政府的坚强领导下，在各条战线上显才智、建功业、展风采，实现自身的进步和发展，赢得尊重和认同。会议要求广大妇女在实践中增长才干、增强本领，努力把自己打造成学习型、知识型、创业型的时代女性，在杨嘉桥经济社会发展中发挥“半边天”作用；妇联组织开拓创新、主动作为，充分发挥“坚强阵地”和“温暖之家”的作用。会上，县妇联主席胡理芬高度评价该镇广大妇女在新农村建设中做出的贡献，并希望该镇广大妇女同胞们紧紧围绕镇党委、政府中心工作，继续发扬自立、自强、自信的精神，为杨嘉桥镇经济发展贡献自己的一份力量。大会选举产生新一届妇女联合会执行委员会，执委29人，其中主席1人，副主席4人。

【杨嘉桥镇合并建制村】 3月5日，杨嘉桥镇召开建制村合并调整工作动员大会，该镇全体党政负责人、各站办所长、驻村干部、村三大专职干部200余人参加会议。开始调查摸排各村规模、地域面积、人口户数、自然条件等基本情况。就并村的目标任务、新村命名、资产及债权债务处置等群众关心的问题，广泛听取意见，形成共识。3月底，该镇完成建制村合并调整工作任务。建制村合并调整如下：雁坪村、银湖村合并设立雁银村；羊鹿村、西花村合并设立金河村；燕山村、荆洲村调整合并设立燕荆村 ；金马村、叠福村调整合并设立金福村；福星村、柳湖村合并设立柳福村；新河村、枫树桥村、邓家坝村合并设立杨嘉桥村；白鹿冲村、石旗村合并设立白鹿村；花围村、金龙村合并设立富家村；洪坪村、洪托村合并设立金洪村；震福村、渡口村合并设立新桥村；八托村、旷家村合并设立旷家新村；新湘村、三合村合并设立三湘村；乌石村、洞合村合并设立合金村；龙华村、东皋村合并设立华东村；金星村、蛟托村合并设立金蛟村；金桥村、碧源村合并设立金笔村。全镇有16个新合并村，加上2014年已合并的同福村、九江村及面积较大、自然人口多的新福村、金凤村、铺子岭村等不作调整的5个村，全镇共辖21个建制村。全镇建制村由38个调整为21个，精减44.7%，村平均人口由1688人上升到3056人，村级面积由平均3.05平方千米增加到5.52平方千米。5月中旬开始合村后续工作，对已经合并后的16个新村，配好配强涉并村领导班子。全部完成涉并村的清产核资工作、财务审计工作和固定资产交接，从10月1日起全面实现账务合并。合并村挂牌工作全面完成，新村印章已经全部投入使用，新村各项工作运转正常。

【民革湖南省委参政议政处到杨嘉桥镇调研】 6月28日，民革湖南省委参政议政处负责人一行到杨嘉桥镇华绿公司调研，县领导谭捍卫参加。实地查看和听取汇报后，调研组高度肯定湘潭县在农产品区域结构方面所做的工作，并要求要继续以市场牵龙头、龙头带基地、基地连发展的模式，利用农业物联网+互联网信息技术，迅速对接市场需求，全力打造农业生产链。 （张 倩）

河口镇

【概况】 河口镇位于湘潭县中部偏北，东临县城、梅林桥，南界射埠，西邻杨嘉桥，北与湘潭市隔江相望，涟水、涓水在此汇入湘江，潭花公路、潭衡西线贯穿全镇，水陆交通便利、区位优势明显。镇域总面积93.78平方千米，耕地面积2724.05公顷，水田面积2724公顷、旱土面积3271公顷。辖3个管区，16个行政村，1个居委会，434个村民小组，11659户，46274人，其中男性23808人，占比51.5%，女性22466人，占比48.5%，农业人口43266人，占比93.5%。

围绕“兴工强镇、项目驱动”的工作思路，在杨河工业园的强力推进下，2016年新引进4个项目，其中豪杰包装项目投资金额5000万；吉安汽车零配件仓储加工检测基地项目投资金额5000万；瑞城工矿贸易项目投资金额2500万；万楼环保科技项目投资金额2000万，投资金额共计1.45亿。创新合作模式、注重协调推进、严守国法镇规，离心机厂引入万楼环保和瑞诚工矿、东升机电引入豪杰包装等，投资金额合计1.2亿元；东凌彩印第二期扩建项目和荷味食品分别于2016年4月和5月建成投产；园区规模以上企业达10家，规模企业产值18.5亿，形成了机械制造、食品加工、软塑包装等多种产业融合的经济体系。全年完成工业总产值达18.9亿元（同比增长10%）；农业总产值37940.25万元。农民人均纯收入17242元（同比增长12%）。两税收入3850万元（同比增长6.65%），其中国税收入1402万元，地税收入2448万元。

全力夯实农村农业基础，提高农村居民生活水平。农村基础设施日益完善。新增或增容变压器8个，启动紫塘、红旗、陶仑等村的农网改造升级工作；拓宽村道3千米，硬化三华、荷花、红陶等村级道路合计10千米；扩容建成双板桥自来水厂；全面启动建设吟江坝重建工程（投资2400万）和卓江堤除险保安工程（投资1900万元）。农业生产能力进一步提高。通过积极引导，农业生产集约化、规模化经营逐步提高，新增农民专业合作社3家、家庭农场4家，发展螃蟹、肉兔、蛇等特种养殖户20余户，拥有生猪养殖100头以上50余户、50头以上120余户，全年出栏生猪11.34万头，出笼家禽22.03万羽，牛出栏915头，羊出栏3850头，水产总产量达2017吨。种植水稻100亩以上4户、50亩以上31户，双季稻粮食种植面积达2598公顷，一季稻面积193.5公顷，玉米面积30公顷，油菜面积217公顷，粮食种植面积稳定在5333公顷（其中优质稻面积达90%），杨基南方地区稻米重金属污染治理受到农业部、省、市等各级领导的多次观摩指导。完成营造林288公顷、“三边”绿化10千米（其中油茶幼林抚育133公顷），全镇森林覆盖率达53%。农村居民的幸福指数持续提高。退耕还林补助、农机补贴、计生奖励扶助等各项惠农政策全面落实；通过实行一对一精准扶贫，采取提供就业信息、帮助发展种植业和养殖业、实施临时救助等措施，我镇率先脱贫（通过省、国家验收）；村级“农家书屋”实现全覆盖、有线电视村覆盖率达90%；镇文体广场即将开工建设，富民、华中等村的军鼓队、腰鼓队等群众性娱乐组织活动精彩纷呈；村级卫生室公共服务项目不断拓宽，12大类基本公共卫生服务项目深入推进，新建居民健康档案1682份，累计建档40008份，建档率86%，重点人群检查管理实现全覆盖。

大力实施精美河口建设，积极推进重点项目，潭花公路河口段拓宽改造、绿化及亮化工程全部建成；三联砂场全面竣工，投产营运；天白30万伏变电站建成并网；射埠换流站涉及河口镇范围内的62座电塔及线路等配套设施全部完成建设任务。全力推进“精美河口”三年行动计划。河口中心敬老院全面提质改造；双板桥农贸市场新引进湘潭市德仁房产投入3000万元建设开发；014、018县道和镇区的提质改造工程全面开工建设；另外，加大对镇区、大鹏西路沿线和工业园区城镇规划监管，城镇化率达44%。镇村面貌明显改观。通过健全镇村两级定人、定岗、定责、定标、定酬的保洁长效机制和提高党员干部及村民的卫生环保意识，镇村面貌大为改观、居住环境明显改善。

坚持民生为本，着力发展各项事业，和谐社会建设取得新成效。农村居民养老保险参保人数14557人，完成任务的90%，领取农村养老金人数（60岁以上）8527人；新农合参合人数40520人，参合率为95.47%，共筹资446.553万元。全年享受农合补助人数6440人次，报销金额1922.53万元。农村低保900户，共有1621人，月保障金额233820元。城镇低保120户192人，月保障金额42820元。全镇共有五保供养对象370人，其中分散供养329人，中心敬老院集中供养五保老人41个。对全镇老复员军人、对越参战人员及带病回乡、烈属及遗属等240位重点优抚对象每人资助150元，用于参加2017年农村合作医疗。全镇共有学校10所，其中小学8所，中学2所，共有学生2082人，教师178人。镇卫生院配备医护人员40名。

严格换届纪律，圆满完成党委、政府、人大换届工作，依法选举产生出新一届党委政府人大领导班子。严格落实干部选拔任用制度，持续深入推进“为官不为”治理，调整3名中层干部，公开选拔6名中层干部，有力地激发广大年轻干部干事创业的主动性和积极性。积极稳妥推进建制村合并调整工作，全镇建制村数量由29个减少至16个，择优选派16名农村工作经验较为丰富的联点干部兼任新村党支部书记或第一书记。党员培训和民主评议工作扎实推进，全年 发展预备党员20人，开展入党积极分子培训70余人。

严格执行中央八项规定以及省市县关于加强作风建设的相关要求，深入开展纠“四风”和“雁过拔毛”式腐败问题专项整治，对县委巡察组反馈的2个方面6项具体问题逐一整改落实，认真开展专项资金使用自查自纠工作，收缴违纪违规资金42.8万元。全面推行工作日报制，严肃治理镇村干部庸懒散拖浮等现象，全年共办理11起违纪案件，开除党籍3人，留党察看3人，严重警告1人，行政警告4人；组织开展作风建设及制度执行情况督查73次，通报批评17人次，营造了守纪律讲规矩的良好氛围，为我镇社会经济发展提供了坚强有力的纪律保障。

表18

2016年河口镇各行政村基本情况一览表

村名	面积（平方千米）	户数（户）	人口数（人）	农村经济总收入（万元）	农村经济总费用（万元）	农村经济净收入（万元）	农民人均纯收入（元）
沿江村	5.60	850	3443	9645.60	4059.72	5585.88	16223.88
富民村	5.70	818	3240	9229.48	3764.27	5465.21	16867.94

续表 18

村名	面积（平方千米）	户数（户）	人口数（人）	农村经济总收入（万元）	农村经济总费用（万元）	农村经济净收入（万元）	农民人均纯收入（元）
先丰桥村	8.10	844	3322	9055.89	3908.10	5147.79	15496.07
涓水村	4.50	884	3717	10191.73	4238.30	5953.43	16016.75
卓江村	4.10	842	3267	9609.82	3930.47	5679.36	17384.01
华中村	8.10	998	3790	10544.89	4673.36	5871.53	15492.15
紫杨村	5.70	741	2862	7966.86	3510.90	4455.96	15569.41
荷花村	3.40	522	2082	6166.71	2783.97	3382.74	16247.55
宏兴村	5.70	710	2912	8279.96	3790.00	4489.97	15418.85
红陶村	7.70	546	2115	6170.12	2832.09	3338.03	15782.64
上桐村	6.40	727	2886	8366.13	3826.79	4539.34	15728.83
三华村	9.20	927	3664	10167.48	4584.72	5582.76	15236.78
西京村	4.80	464	1721	4652.19	2100.68	2551.50	14825.70
古新村	4.00	418	1700	5092.08	2113.94	2978.13	17518.42
石泉村	7.20	497	1967	5535.51	2433.14	3102.36	15772.06
石枫村	3.60	375	1588	4296.74	1907.05	2389.69	15048.43

（肖碧玉）

【“欢乐潇湘·幸福湘潭·莲乡大舞台”大型群众文艺会演河口专场】 湘潭县2016年“欢乐潇湘·幸福湘潭·莲乡大舞台”河口赛区大型群众文艺会演活动，歌曲、舞蹈、小品、花鼓戏、腰鼓等等众多节目都充分发挥了文化“引领风尚，教育人民，服务社会，推动发展”的作用，而且具有鲜明的地方特色，展现了河口优秀的传统文化。组织庆祝中国共产党成立95周年“红旗颂”大型群众合唱比赛，选定了《同一首歌》《诫子歌》这两首歌曲作为参赛曲目。组队参加2016湘潭“天易杯”阳光健身跑比赛，掀起了全镇人民健身热潮。

【河口镇召开第六次党代表大会】 河口镇第六次代表大会，顺利完成党委换届选举工作。认真落实乡镇党委换届“五个责任主体”的职责，紧扣农村发展稳定大局，严格按照党委换届程序，改进民主推荐方式，“两推一选”严把党代表选举关，严明纪律要求，严肃问责追责，畅通举报渠道，观看警示片，从思想上、行动上贯彻落实“九个严禁、九个一律”要求，确保换届风清气正。实现整个党委换届工作“零违纪、零违规、零上访”的目标，组织、代表和群众“三重满意”。

【河口镇合并行政村】 月形村与河口村合并为沿江村；齐力村与中湾村合并为富民村；先进村、金丰村、板桥村合并为先丰桥村；太和村与白米村合并为涓水村；山湖村与三联村合并为卓江村；天白村、高司村、沙泉村合并为华中村；紫塘村与杨基村合并为紫杨村；莲托村与双江村合并为荷花村；友余村与芦花村合并为宏兴村；红旗村与陶仑村合并为红陶村；上星桥村与桐家坝村合并为上桐村；林泉村、大坝村、易佳坝村合并为三华村；西林村与京竹山村合并为西京村；古塘桥村与新星村合并为古新村；青石村与董泉村合并为石泉村；石湾村与枫树村合并为石枫村。

射埠镇

【概况】 射埠镇位于湘潭县腹部地带，涓水中游，与易俗河、河口、谭家山、中路铺、锦石、乌石、花石、石潭八乡镇毗邻。潭花、韶井公路在此交汇，交通便利。境内盛产茶油，为有名的茶油之乡，矿产丰富，蕴藏着铁矿石、石灰石、黄金、矽砂等矿产资源，是湘潭县面积第二大、人口第二多的乡镇。2016年辖22个行政村，1个社区；面积170.96平方千米，镇域总面积为3.2平方千米；总人口65995人。其中，男性33184人，占比52%；女性30627人，占比48%；少数民族人口240人，占比0.37%，主要为苗族、土家族、壮族人口。农业人口64468人，非农业人口1527人。耕地面积4425.52公顷，其中，水田4139.97公顷，旱土285.55公顷，山地面积8640公顷。

全年完成固定资产投资4.11亿元，规模企业总产值9.94亿元，完成招商引资6650万元；实现财税总收入1814万元。其中，国税784万元，地税1030万元。全镇有规模企业9家。招商引资新增签约项目3个，分别是湘潭县众利冶金炉料有限公司、金涛盛世有限公司、普森堡门业，到位资金3500万元；赛普新建材、湘遮特种铸造、东方红鞋厂3家企业追加投资3150万元，超额完成年初计划任务。湘潭赛普新材料有限公司将总厂搬迁至该镇，并新建一条生产线，成功取得3项技术专利；方上桥建材小区成功引进湘潭县众利冶金炉料有限公司，2016年4月初签约，10月26日主体窑炉点火试产，助推该镇互通工业园区建设。省十大茶油品牌“天子山茶油”拓宽产品线，研发茶油护肤和美容产品，提高产品附加值，进一步发挥龙头带动作用；“船形茶叶”联合湘潭在线成功举办船形杯船形茶厂摄影大赛，吸引来自市县摄影爱好者200余人参加，进一步扩大影响力；顺天农业的“富硒彩米”和水稻降镉技术，多次被湖南卫视、湖南都市等省市媒体报道。《湘潭日报》头版以“射埠镇特色农业扮靓美丽乡村”为题对该镇特色农业进行报道，取得较好社会反响。“农村淘宝”、京东乡村服务站等电商网点增至8家，鼓励通过网购平台推销特色产品。

完成粮食播种面积8933.33公顷，总产约6.5万吨；完成机插面积1766.67公顷。全年种植蔬菜、油菜、豆类等经济作物1886公顷。发放农机补贴82.85万元；生猪存栏量4.4万头，家禽存笼量16.08万羽，出栏生猪8.2万头，家禽35.5万羽。新增农民合作社10家，进入县级示范社2家，培养科技示范户50户。

按照“不脱贫不收队”的工作要求进行精准扶贫，完成2016年365户762人的脱贫任务和省定贫困村摘帽任务，成功召开全县精准扶贫挂图作战现场会；组织4轮集中帮扶走访，发放价值32万余元的慰问物资；完成易地扶贫搬迁任务，发放金融扶贫贷款684万元，惠及252户；完善省定贫困村百水村基础设施建设，新建村级组织活动场所。

国家级重点工程酒泉至湖南±800千伏特高压直流输电项目站场建设已完成土地征收20公顷，房屋拆迁10栋；14座进线塔基全部完成土地征收；供用射埠本地使用的110千伏站场建设全面完成征收、场平、厂房建设工作；4条500千伏输出线路中所需建成133.5座塔基也全部完成征地工作。通过积极调解相关矛盾纠纷，加大对无理取闹、非法阻工等违法行为的打击力度，确保项目顺利推进。

根据“三规合一”的射埠镇建设规划（2015—2030年），制定打造“精美射埠”统筹城乡发展的3年计划纲要。其中，潭花线至原射埠管区的道路亮化、财政所至原政府院子的道路提质改造工程总投资471万元；供水工程、镇区公厕所、压缩式垃圾中转站等3个项目已基本完工，投资813万元；镇区绿化工程新栽苗木148棵，启动镇区“十字路口”提质改造前期工作，完成原农技站房屋的搬迁工作；同时由规划站牵头，联合公安、交警等部门精干力量对镇区“六乱”开展为期3个月的集中整治，投入69万元购买镇区环卫社会化服务，并扩大镇区环境卫生的管理范围，拆违控违、镇区六乱治理、马路市场整治等成效显著。实施城乡环境卫生整治镇、中心、村、组四级一体的网格化管理的工作机制，建立稳定化、正规化、常态化保洁队伍，配备22名环保专干和175名保洁员。严控秸秆焚烧和牲畜粪便污染，创建23个垃圾分类减量处理试点村，6个垃圾分类回收站，清除各类垃圾约500吨，打造“美丽屋场”15处，在杨基村建立村级文化示范长廊，该村“南庭宫美丽屋场”在县整治办举办的“民居美景与您分享”活动中获得第四名。全年硬化乡村道21千米。

率先在全县启动“连心惠民”基层服务阵地提质改造工作，完成市级示范村旺冲村与县级示范村巨鱼村的村级组织活动场所建设。通过镇村自筹方式以市级示范村为标准完成8个村的村级组织场所提质改造建设。农村综合服务平台建设已通过立项，按时完成潭花社区办公用房建设、机关“五小”设施建设、21套干部周转房改造、16套干部周转房新建任务和6个村的无集体经济收入村“清零”任务。

在“6·15”特大暴雨灾害中，涓水河射埠水文站达到有水文记录以来的最高纪录50.63米，涓水河沿线七个村受淹严重。组织镇村干部200余人坚守2天一夜，抢救险情，转移受困群众5600余人，确保大灾面前无人员伤亡，该镇被评为湘潭市抗洪抢险先进单位。全面推进农民减负工作，落实惠农政策，对34个村帐务进行全面审计；做好农村土地承包经营确权登记工作，涉及该镇637个组的相关资料均已上交县土地确权技术队；农普工作已完成摸底工作，即将开展上户调查。开展土地动态巡查216次，推进土地矿产卫片执法，查处非法侵占田地5处，严守耕地红线。投入72万元完成群台、方霞、桂塘等6个村的“五小”水利设施建设；投入110万元建设移民项目19个，已完成18个，验收11个。发放低镉种子45吨、生石灰1590吨，以及施放生物菌肥304.6公顷，用于完成重金属污染修复治理项目。完成农村道路硬化21千米，公路补板1800平方米，清灌缝28千米；投入220余万元，全面完成“6·15”特大暴雨灾害水毁工程恢复。完成危房改造57户，完成“6·15”暴雨灾害24户全倒户灾后重建工作，发放应急救助资金20余万元。落实城乡低保、农村“五保”核对机制，动态调整172人。投资200余万元的继述桥敬老院建成并投入使用，新增养老床位50张。年末，全镇有五保对象647人。新型农村合作医疗参合率达95.2%，兑付医疗补偿3.79万人，补偿总金额达3274.85万元。通过“春风行动”招聘会安置本地劳动力328人。

年内，计内出生664人，男孩出生347人，女孩出生317人，符合政策率为96.54%，人口自然增长率为2.49‰，为377对孕龄夫妇开展孕前优生免费检查，为失独老人提供免费集中养老服务。教育师资力量进一步加强，群台学校、船形学校列入合格学校建设；镇中心小学教师周转房投入使用；继述桥中学的音乐艺术的特色学校通过县级验收。全面完成投资350余万元的射埠镇中心文体广场建设，该广场是全县面积最大设施最完善的乡镇文体广场，成功承接湘潭市“三下乡”活动，举办“欢乐潇湘·幸福湘潭·莲乡大舞台”射埠镇专场活动。全面推进公卫生医疗服务，已完成居民健康档案49966份，建档率92.2%。该镇中心卫生院成为全市5个“2015—2016群众满意的乡镇卫生院”之一，并顺利通过“基层中医药适宜技术服务能力建设项目”的验收。推进武装、群团工作，其中高风村ECD项目点顺利通过全国妇联和联合国儿童基金会验收，得到省市县领导高度赞誉。

开展“百名干部大走访”活动，下村走访群众4万余户次；深入开展“平安创建”和禁毒反邪教宣传活动，发放各类宣传资料2万余份。实施网格化管理，全镇划分为23个大格，535个网格小组，做到网格内信息互联、互通，平安互联互建。成立义务治安巡逻队，及时调处各类社会矛盾纠纷108起，组织机关干部完成无纸化普法考试。深入开展百日安全大排查、大管控、大整治行动，严格落实安全生产痕迹化管理，督促企业落实安全生产主体责任。开展校车园车、易燃易爆、食品药品、消防、非煤矿山、工贸企业等领域和场所的安全整治专项检查268家次，开展安全生产业务培训4次，参训人员200人次，累计发放安全生产宣传资料1.2万余份。成功查处1个非法储存危化品窝点和1个违法加油站，确保全镇平安稳定。

把党建工作和经济工作、项目建设、产业发展等重点工作同安排部署，同检查督促，同考核奖惩。完成县乡人大换届选举、乡镇党委、政府换届、县政协换届委员推荐、镇工会联合会换届和镇村妇联的换届工作。全镇由39个建制村合并调整为22个，成立新的支部和临时工作委员会，并选任一批“三高三强”型人才充实支村两委班子，2个软弱涣散党组织整改效果明显。组织各党支部开展“两学一做”活动140余次。建立健全党风廉政责任相关制度，严格落实“两个责任”和“一岗双责”的制度，实行党建工作一票否决制。坚持抓早抓小，开展镇村干部提醒谈话84人次，函询2人次、诫勉谈话2人次。受理上级交办、转办信访件11件，本镇受理群众信访9件，立案7起，已办结5起，移送审理2起（含原荷花村集体贪腐案件），给予警告处分1人、严重警告处分4人，追缴违纪资金186667元，促进工作作风明显改善。

理顺便民服务中心职能，进一步完善群众—便民服务点—便民服务中心—各职能部门的工作模式，将政府职能下沉整合，减少群众办事的时间和成本，提高办事效率。创新财政管理，强化预算管理体制，确保组织机构正常运转。健全财务管理制度和“三公”管理办法，实施一支笔审批，节约开支近30余万元。

2016年射埠镇各行政村基本情况一览表

表19

村名	总面积（平方千米）	村民小组（个）	户数（户）	人口（人）	农村经济总收入（万元）	农村经济总费用（万元）	农村经济净收入（万元）	农民人均纯收入（元）
射埠村	3.4	25	793	2480	4689.68	1502.88	3186.80	12850
霞湾村	5.6	27	815	3314	5885.95	1793.16	4092.79	12350
新烟塘村	5.5	28	710	2818	5282.39	1858.52	3423.87	12150
上春村	4.3	28	585	2184	4129.94	1589.95	2539.99	11630
新建村	4.5	21	484	1769	3345.18	1264.84	2080.34	11760
蟠龙村	9.6	33	768	2993	5756.20	2090.19	3666.01	12248
旺冲村	7.9	29	791	3135	5698.56	2149.42	3649.14	11640
百水村	6.3	34	804	3388	6062.89	2121.29	3941.60	11634
高丰村	7.7	34	1015	3639	6874.38	2529.42	4344.96	11940
方上桥村	8.1	30	887	3260	5992.58	1972.52	4020.06	12331
金龙霞村	8.6	35	925	3394	6225.18	2226.15	3999.03	11782
巨鱼村	7.8	29	893	3268	6027.38	2127.03	3900.35	11935
吟江村	7.8	25	701	2455	5028.17	1886.77	3141.40	12796
盛源村	8.8	35	794	2890	5559.54	2005.80	3553.74	12297
谷合村	5.8	30	748	2721	5317.49	1910.99	3406.50	12519
土桥铺村	10.1	26	804	2882	5389.40	1907.95	3481.45	12080
桂塘村	7.2	26	476	1710	3233.61	1195.29	2038.32	11920
来仪村	3.4	18	480	1770	3347.07	1215.99	2131.08	12040
涓江新村	7.9	22	630	2428	4485.38	1651.90	2833.48	11670
继述桥村	12.6	35	902	3298	6051.56	2120.35	3931.22	11920
高凤村	13	37	849	3460	6490.00	2410.66	4079.34	11790
杨基村	12.6	30	882	3486	6494.10	2286.50	4207.60	12070

【“三下乡”活动】 1月20日，由湘潭市委、市人民政府主办的2016年元旦春节“三下乡”活动在射埠镇启动。市、县领导阳建民、苏健全、李光泉、刘耀奇、陈卫兵、李西文等参加启动仪式。活动上，由市委宣传部、市委农村工作办公室、市财政局等27个单位的工作人员、专家学者、服务队员和市艺术剧院演职人员组成的“三下乡”慰问团，为现场为群众发放一批苗木、种子、计生卫生用品等。演职人员为现场群众带来一系列精彩的文艺演出，演员们用群众喜闻乐见的方式，反映出农村、农民生活的新变化、新发展；湘潭市文联的艺术家们为大家免费书写春联。活动当天，参加活动的市县领导嘉宾还为射埠镇的老战士、老教师、老劳模等“五老”人员代表赠送慰问金及慰问物资，并走访慰问湾塘村的部分困难群众。

【射埠镇合并行政村】 2016年5月，射埠完成行政村合并工作。大方上桥村与高泉村合并为方上桥村；长延村与方霞村合并为金龙霞村；鹤霞村与湾塘村合并为霞湾村；白水村与荷花村合并为百水村；余佳村与旺冲村合并为旺冲村；巨鱼村与池子村合并为巨鱼村；张公村与烟塘村合并为新烟塘；高丰村与筱里村合并为高丰村；杉仙村与船形村合并为杨基村；泉井村与月塘村合并为盛源村；铁江村与碧水村合并为涓江新村；群台村与新桥村合并为土桥铺村；洪湖村与鹿鸣村合并为吟江村；谷塘村与合力村合并为谷合村；知青村与团山村合并为继述桥村；金岭村与雨华村合并为蟠龙村；仙凤村与高桥新村合并为高凤村；原34个村合并17个村，桂塘村、来仪村、射埠村、新建村、上春村、谭花社区此次未合并。合并后变为22个村、1个社区。

2017年1月20日，由湘潭市委、市人民政府主办的2016年元旦春节“三下乡”活动在射埠镇启动。 （射埠镇 提供）

2017年6月15日，射埠镇遭遇特大暴雨灾害。 （射埠镇 提供）

2017年10月10日，县委副书记、代县长段伟长到射埠镇政府大院调研。 （射埠镇 提供）

【射埠镇遭遇特大暴雨灾害】 6月15日，射埠镇普降特大暴雨，涓水射埠段最高水位达50.63米，为有水文记录以来的最高水位。河东片由于地势较低，受灾面积较大，除来仪村、桂塘村受灾较轻外，其他村为受灾重点村，特别是涓江沿线各村；河西片除百水、上春、新烟塘、方上桥、新建、旺冲村外，其他5个为受灾重点村。全镇受灾农田2768公顷，倒塌房屋159间，骨干山塘113口，水淹户数737户，水淹房屋121栋，其中住房倒塌或主体结构受损无法继续居住需重建对象23户，损毁户241户，水淹公路7.02千米，索桥3座，广大农民群众家中电器、家具、农产品等损失更是不计其数。面对突如其来的“6·15”特大洪灾，该镇党委政府快速反应，快速行动，第一时间组织抢险救灾，统一指挥，科学决策，及时调度，干群同心，全力投入抗洪抢险，组织转移受灾群众5600余人；灾后，该镇积极开展“大走访”，整个“6·15”特大暴雨灾害的除险救灾工作所包含的走访、核实、慰问、修复等工作在7月20日之前完成，社会大局稳定；拨付水利设施恢复重建资金96万元、水毁公路修复资金24万元迅速恢复群众的生产生活；做到灾区卫生防疫工作“全覆盖”，确保无一例因灾伤亡事件。该镇被推荐到中宣部评选全国防汛工作先进单位；被评为湖南省“2016年度抗洪抢险先进集体”。

【段伟长到射埠镇调研】 10月10日，县委副书记、代县长段伟长率交通、农机等部门负责人到射埠镇调研。县领导唐仁光、黄高良参加。调研中，段伟长一行先后到射埠镇十字路口、镇政府、酒泉—湖南±800千伏特高压直流输电工程湘潭换流站工程等地实地调研，了解该镇经济社会发展情况及重点工程进展情况，并助力射埠镇解决一些实际困难，拆除原已是危房的政府大院，新建农村综合服务平台。

（伍 蕾）

锦石乡

【概况】 锦石乡位于湘潭县境中部，涓水中游，距县城36千米。东与花石镇的金塘和金丰村、射埠镇金岭等村毗邻，西连乌石镇的明德、龚泉村，南与排头乡的回龙、雪佳、苍冲、辰山、龙潭、紫山、长山等村接壤，与花石镇的盐埠、涓江等村隔涓水相望，北临射埠镇方仑、长延、上春、张公、新塘、余家、众星村，因境内涓水西岸有历史悠久的锦石小集市，乡依地名。2016年，总面积56.70平方千米，辖11个行政村，8235户，总人口31143人，其中，男性16036人，占51%；女性非农业人口998人，人口自然增长率4.72‰。耕地面积1989公顷，其中水田1882公顷。经济结构以传统的种植业、养殖业为主，境内的碧泉潭乃湖湘文化发祥地。

2016年，实现工农业总产值44195万元。财政总收入1574.8万元，增长12%；财政总支出1415.2万元，增长13%。上缴国税80万元、地税225万元，增长17%。农村经济总收入71736.8元，增长12.3%；农村集体经济收入12673元，增长10%；农民人均纯收入12998.5元，增长9%。年末银行存款余额1.34亿元，增长3.8%。全年规模企业用电量2000万千瓦时，下降2%。累计实现工业总产值9195万元，比上年增长87.7%；工业税金180.2万元，利润总额248.5万元。新引进的湖南曦晨现代农业发展有限公司，总投资2200万元，属现代农业开发、休闲项目，项目进展顺利。7月31日，湖南碧泉潭生态资源开发有限公司正式登陆上海股权交易中心中小企业股权报价系统（企业简称：碧泉潭，企业代码：206822），成为湖南省首家涉足资本市场的水企。

实现农业总产值35000万元，增长8%。农作物播种面积3951公顷，其中粮食生产播种面积3867公顷，粮食总产量2.9万吨；唐家湖村高产创建连片种植水稻20公顷，双超示范点5个村连片种植200公顷；种植油菜512公顷；出栏生猪6.7万头，牛600头，羊1500头，家禽出笼12万羽，水产品保持在1600吨以上；完成长江防护林6.7公顷，森林抚育20公顷，巩固退耕还林后续产业油茶低改6.7公顷；新成立“向东渠水稻种植专业合作社”“雨林家庭农场”和“雨溪家庭农场”等新型农业经营主体，并帮助雨林家庭农场成功申报市级示范家庭农场，现已获得资金支持。

争取上级投入和自筹资金1900多万元，实施一批事关农业农村发展的基础设施建设。投资1230万元，完成8个村“五小”水利项目建设。“6·15”水毁7处决口恢复工程、涓水堤、向东渠堤锦石段滑坡崩塌恢复工程和向东渠拓宽整修等水利基础设施的建设；实施东干渠提质改造项目第一期工程，对全线2300米渠道整修；筹集200余万元，实施群英渠道路综合治理工程，对全线破损路面进行彻底补修，全线落实安保工程，保障沿线群众安全出行；投资243万元，启动锦石学校合格化建设项目，对洪灾中受损严重的锦石小学整体拆除重建；投资143万元，对碧泉潭至潭花公路4.5千米向东渠道路全线拓宽，投资30万元，完成碧泉粮站至碧泉村食品加工厂2.5千米路基拓宽土方工程；完成太阳村的国土整治项目，全年硬化村道8千米，安装路灯600余盏。

3月20日，全乡按照上级党委政府的统一安排顺利完成建制村合并工作，从18个行政村调整为11个行政村。建制村合并工作，乡党委政府结合乡的实际情况，从各村规模、地域面积、山水田土、人口户数、人文渊源、历史沿革、资源分布、发展现状、集体经济和群众意愿等方面综合考虑，本着围绕经济调强、规模调大、班子调好、布局调优的总目标进行，整个合村过程进行得十分顺利，合村后，新的班子迅速履职，将建设、项目、资金等更大更多地向小村、弱村倾斜，使得合并村能尽快地整合、融洽，发展起来。

全镇有学校20所，其中，初中2所，小学9所，幼儿园9所，在校学生1894人。2016年新增城镇就业人员41人，城镇下岗失业人员再就业任务15人，新增农业劳动力转移就业161人。帮扶农村特困户建房2户，扶助城乡60岁以上失独老人12人，帮助3名残疾儿童实施抢救性康复，为4户贫困残疾人家庭进行无障碍改造，为70户困难家庭提供危房改造经费，救治救助贫困重性精神病患者7人；民政临时救助533人次，31.9万元；新申报低保45户，“五保”10户；举办“爱眼光明行”活动，126名白内障患者实施免费手术或治疗。新型农村养老保险参保率达90%，新型农村合作医疗参合率达95.6%，完成11个村的文艺宣传队标准化建设，丰富人民群众的文化生活。

全面落实“一岗双责，党政同责”责任制，全面开展“打非治违”活动，在创建“省级安全示范乡镇”的基础上，巩固示范乡镇的成果，开展安全生产大检查，整治非法采砂、非法营运园车、餐饮场所燃气安全及食品安全专项治理，全年进行安全生产检查16次，排查隐患500处，下达现场检查记录213份，下发整改指令16份，依法取缔非法生产、经营点66处。开展集中大走访活动2次，走访群众2015余户，16123余人，答复和办理群众建议意见220件，完成网上建议20件；网上投诉12件；完成上级转交网上来访、来信19件，接待群众来访30批92人次，群众来信7封，排查各类矛盾纠纷186起，成功调处180起，化解信访积案2起。

在全乡党员中开展“两学一做”，深入推进“连心惠民”工程，开展十四项重点工程。强化换届工作的组织领导，前期精心策划，加强宣传、学习和走访；期中注重纪律，严把代表资格关和程序关，圆满完成党委、人大换届任务。在全乡营造“两学一做”浓厚氛围，制固定宣传栏、出黑板报，新增2块室外电子屏。负责人下村联系指导“两学一做”，讲党课，督促各支部开展4个专题学习讨论。“干群一家亲、党群心连心”结对帮扶取得显著效果。排查整改基层党支部和党员中存在的突出问题，严格落实

"三会一课"制度，找回3名失联党员，按要求规范党员档案，开除2名党员，各支部按期换届，新成立非公党组织1个，实现党组织"两个覆盖"。开展"两学一做"知识竞赛活动，组织百余名党员参加笔试。在乡党校开展业务培训、技能培训、各类讲座和党性教育等11期1200余次，开展一期入党积极分子培训班和党建业务知识讲座。始终把好发展党员的大关口，发展党员12人，坚持"2233"制，控制数量，确保质量。抓党建促脱贫攻坚，结对帮扶236人12万元，举办精准扶贫专场招聘会1场，为137户贫困户办理小额信贷，帮助26名贫困生就学等。十四项行动明确牵头领导，统筹协调推进"连心惠民"工程，将任务分解、细化，明确责任，每月一调度、一协调，全面完成"连心惠民"工作任务；完成精准扶贫任务；调整不胜任现职村干3名；投入30余万按标准完成示范点建设；加强党员积分制管理，开展"两考四评"；引进碧泉潭食品加工厂，解决劳动力就业300余人；投资173万元拓宽碧泉线路7千米；完成群英渠安保工程；实现东干渠提质改造；启动镇区"白改黑"项目；妥善应对"6·15"洪灾，灾后重建受肯定；民调工作全市第三、全县第一，获湘潭县农村环境综合整治工作"先进乡镇"。

2016年锦石乡各行政村基本情况一览表

表20

村名	面积（平方千米）	户数（户）	人口（人）	农村经济总收入（万元）	农村经济总费用（万元）	农村经济净收入（万元）	农民人均纯收入（元）
太阳村	3.2	565	2036	4977.3	1950.4	2600.5	12760
金湖村	2.7	500	2163	5231.1	2027.4	2777.3	12840
洄水村	2.2	392	1136	2872	1007.0	1438.6	12664
剑锋村	6.4	499	1820	4336.4	1582.6	2327.4	12788
大荷塘村	2.1	420	1578	3660.9	1212.9	2021.6	12811
东边山村	1.8	352	1180	2835.7	903.5.0	1505.8	12761
桂花村	4.3	421	1388	3369.6	1170.2	1773.0	12774
锦石村	3.2	458	1763	4086.1	1400.6	2259.1	12814
佳塘村	2.7	393	1452	3381.8	1097.1	1858.4	12799
纯塘村	2.7	440	1780	4305.8	1597.4	2282.0	12820
唐家湖村	1.8	490	2460	5958.9	2334.5	3198.0	13000
文佳村	2.2	398	1475	3628.5	1296.1	1906.0	12922
碧泉村	6.3	636	2157	4777.9	1614.7	2736.8	12688
大桥村	1.8	286	1080	2539.5	732.0	1381.1	12788
清塘村	2.2	398	1140	2742.6	868.6	1447.6	12698
苍场村	2.6	446	1220	3118.6	1136.0	1556.2	12756
东风村	3.5	478	1359	3348.8	1182.9	1739.5	12800
胜利村	5.0	663	2837	6465.3	2379.0	3659.9	12890

【锦石乡合并行政村】 2016年，锦石乡共18个行政村，合并调整后为11个村，具体调整情况如下：太阳村与洄水村合并为太阳村；清塘村与佳塘村合并为清塘村；文佳村与大桥村合并为文佳村；碧泉村与桂花村合并为碧泉村；东风村与剑锋村合并为东剑村；东山村与苍场村合并为东边新村；大荷塘村与纯塘村合并为大荷塘村。锦石村、唐家湖村、金湖村、胜利村不变。

【"欢乐潇湘·幸福湘潭·莲乡大舞台"大型群众文艺会演锦石专场】 5月12日，锦石乡举办"欢乐潇湘·幸福湘潭·莲乡大舞台"大型群众文艺会演锦石专场，市县各级领导亲临现场观看演出。独唱节目《北国之春》展现的是锦石儿女的豪迈热情，少儿舞蹈《鲁冰花》《好乐day》青春动感，活力十足《许仙爱上白娘子》将活动推向高潮。此次演出节目18个。开场舞蹈《好日子》一举夺魁，青春动感的《好乐day》和引人入胜的《北国之春》获得二等奖。

【蒋文龙一行到锦石乡碧泉村调研】 3月17日，市移民局局长蒋文龙、市财政局副局长高强辉一行到锦石乡碧泉村就移民后扶产业开发、精准扶贫等工作进行调研，锦石乡相关负责人陪同参加考察活动。市移民局局长蒋文龙一行肯定碧泉潭村级班子思路，强调要着力加强产业

2017年5月12日，锦石乡举办“欢乐潇湘·幸福湘潭·莲乡大舞台”大型群众文艺会演。（锦石乡　提供）

扶持，要通过产业扶持来推动经济发展；要着力加强典型示范，加强规范管理，要把维护稳定、促进和谐作为移民工作重中之重来抓，要解决难点、突出重点，充分考虑项目可行性和移民收益情况。调研组对移民产业进行实地考察，对碧泉村移民后扶产业发展工作给予评价，市移民局局长蒋文龙指出，一定要抢抓机遇、多措并举，全力推进产业快速发展，形成生态建设、产业发展、农民增收的互动提升的态势，要充分发挥项目效益，努力改善民生，构建和谐，推进锦石乡经济社会科学发展做出新的贡献。

【唐正武到锦石乡调研】　4月11日，县委副书记、天易示范区常务副主任唐正武到锦石乡调研，锦石乡党政负责人参加调研。调研座谈会上乡党委书记周湘汇报财税、信访、重点项目、行政村合并以及土地确权等工作情况。县委副书记、天易示范区常务副主任唐正武肯定锦石乡的工作，目标明确，措施有力，成效明显。他要求，锦石乡作为小乡镇，一定要突出亮点和特色，在抓好基础工作的前提下，打造好像碧泉潭开发这样的精品。他表示，作为该乡的联点领导，对锦石乡的发展充满信心，将同面对发展中出现的困难，在项目和资源上给予锦石大力支持。

【锦石乡遭遇特大洪灾】　6月15日，锦石乡遭遇百年一遇的特大洪灾，金湖村、锦石村、东边新村、唐家湖村、大荷塘村等7个行政村严重受灾，全乡2237栋房屋被淹，转移受灾群众8800多人，集中安置504人，住房全倒与主体结构受损户76户，损坏房屋370户，农作物水淹面积1333公顷，绝收467.37公顷，堤防损坏34处2605米，决口10处长449米，冲毁塘坝25座，公路受损1900米，桥梁受损2座，机电泵站损毁13处，农电设施损毁26处，畜牧业生猪损失2800多头、家禽8000多羽、鱼220余吨，广大群众家中电器、家具、农产品等损失更是不计其数。面对突如其来的“6·15”特大洪灾，该乡党委政府快速反应，快速行动，第一时间组织抢险救灾，统一指挥，科学决策，及时调度，干群同心，全力投入抗洪抢险，组织转移受灾群众8600余人，临时安置群众750余人；灾后，该乡积极开展“大走访”，走访群众2200余户，解决矛盾纠纷1300余起，稳定社会大局；做到灾区卫生防疫工作“全覆盖”，确保无一例因灾伤亡事件；灾后7天内完成五处重点水毁修复工程；30天内完成水毁急需修复工程项目。该乡被推荐到中宣部评选全国防汛工作先进单位；被评为湖南省“2016年度抗洪抢险先进集体”。（杨　彬）

排头乡

【概况】　排头乡位于湘潭县境西南，是湖湘文化的发源地，总面积124.7平方千米，辖黄荆坪、严冲、排头、留田4个管区，18个行政村，638个村民小组。耕地面积4323.5公顷，其中水田3756.5公顷、旱地567公顷，林地2533公顷，水面1733.3公顷。总户数17616户，人口60513人，其中男性31178人，女性29335人；农业人口59086人，非农人口1427人。出生762人，出生率12.59‰；死亡416人，死亡率6.87‰，人口自然增长率5.71‰，男女比例为116:100。

实现工农业总产值110815万元。比上年增长32.9%；财政总收入4485.37万元，增长53.87%；财政总支出4046.95万元，增长45.47%。上缴国税218万元、地税320万元，下降5.6%。农民人均纯收入13322.94元，增长6.5%。年末银行存款余额7.6亿元，增长10.47%。

完成工业总产值60100万元。完成招商引资到位资金5080万元，其中新建项目——湘之坊生态农业科技发展有限公司投资2400万元、湘潭圣康医院一分院建设项目投资1050万元；续建项目——湘潭华为湘莲有限公司投资1280万元，湘潭县磷矿投资350万元。此外，湖南山外生态农业科技有限公司红豆杉基地建设项目已签订合同，落户狮龙村。白牡丹药材基地建设项目正在洽谈当中。全乡有大小企业16家，其中规模企业3家。完成规模工业增加值12174.2万元，同比增长10.7%。新增工业及技术改造投入达21430万元，全乡企业万元产值降耗9.8%，特别是规模企业万元产值降耗10%。

实现农业总产值50715万元。种植水稻6867公顷，粮食总产量4248.96万千克，其中优质稻达6153公顷，完成年初县下达的粮食生产面积任务。在同心片、毫光片等地打造一批粮食高产创建示范基地，发展同心片、黄荆坪片湘莲基地等一批生态特色农业生产基地，培养水稻专业化合作组织26个，家庭农场10户，种粮大户123户。完成造林任务64公顷，组织义务植树11.05万株，成功举办省级古树名木保护工作现场培训。通过加强宣传、组织护林员巡查等方式，有效提高群众的防火意识，全年未发生一起重大森林火灾。全年累计出栏生猪17.9万头，鸡、鸭出栏17.7万羽、羊4954只、牛2513头，开展春秋两季动物防疫工作，全乡未发生重大疫情，并顺利通过市、县两级验收。全乡办理农机购置补贴机具375台，补贴农户364户，计补贴金额58.7万余元。

全乡有学校13所，其中初中3所，小学10所，在校老师166人，上学期在校学生2417人，下学期在校学生2315人。幼儿园8所，上学期在园幼儿820人，下学期在园幼儿738。鳌洲小学成功创建省级合格学校。做好隐山开发的必要辅助建设工程，树立景点指示牌，加强对古银杏树、千年垂柏等古木的保护措施，打造53.33公顷湘莲基地，为发展隐山旅游工作打下坚实基础。多次向市、县就隐山旅游保护开发工作提出提案、建议，隐山纳入湘潭市“三山两水一湾”全域旅游规划，隐山开发建设工作再次受到市、县重视。12月，由市社科联组织召开首届隐山论坛之“湖湘学派与湖湘文化学术研讨会”，来自全国各地的专家学者深度研讨湖湘文化，提升隐山知名度。

根据湘潭县委、县政府以村镇建设和排头乡人民政府“十三五”规划，拟建设排头乡中心幼儿园、派出所2个公益项目，项目选址在排头乡回龙桥村同心组（县道潭花线旁），合计占地面积约1.47公顷，现征地工作已经完成，土地平整、排水管道铺设、围墙砌筑、国土报批手续在同步进行中。完成排水管网建设1027米，新增路灯60盏，统一制作标识招牌90块。投入6000余万元，新增硬化水泥路30.58千米，修复改造桥梁5座，完成省拓宽计划8.3千米，完成道路补块1724平方米，清缝灌油30千米，新增减速带28处，道路警示标志26处，修复道路损坏处136处，增设限宽墩2组，增设交通警示灯1组，设立交通安全围栏4800余米，在回龙桥十字路口新增1个红绿灯，恢复“6·15”洪灾中损坏的4000立方米道路。7月，组织对同心坝、兴阳曾家坝、胜天河渠道上南段、金盆隧洞、先劲泥鳅塘至南田水库渠道等34处县、乡重点水损水毁工程进行修复，对各村损坏的农田水利设施进行常规治理。排头乡抗旱应急水源工程引调提水项目、胜天河小流域生态清洁工程、月回支渠硬化工程3个大型项目计投入资金1000万元。对双泉片、毫光片的3台变压器进行增容，在月塘片新增1台变压器，对雪佳、仓冲、霞山、合荣、湘南等5个片区进行农网改造。并对“6·15”洪灾、“8·1”风灾造成的854根断电杆进行恢复。

全乡各级调解组织调结各类纠纷147起，调结率达98%以上，办理各类信访案件45起，实现全乡无集体访，无老户缠访；发现和制止各类违法占地建房行为10余宗，对2016年“6·15”特大暴雨造成重点地质灾害隐患点华宇村、南下村、排头岭村及时示警并发放《防灾工作明白卡》，更新埋设地质灾害隐患点危险区域警示牌3个，受理农村村民建房办证申请30户，建立矿山巡查档案及矿山巡查责任制度，始终把安全生产放在首要位置，对有矿山企业实行“一矿一档”跟踪动态管理，确保全乡矿山依法守界，安全开采；严格落实安全生产“党政同责、一岗双责”制度，构建三级联动安全网，创新三旬集中排查机制，落实三层履责严抓落实，投入三类资金提供保障，开展各类安全生产检查 247人次，开展各项专项行动7次，排查隐患84处，下达责令整改指令书16份，已完成整改84处，关停非法经营点7家，立案2起，处罚1300元。并于2016年成功创建省级安全生产示范乡镇。

开展环境卫生整治，全乡环境卫生整治效果较为明显，村间道路全天保洁、镇区街道非公路标识、野广告彻底清理，出店经营、摊点占道等现象基本遏制。该乡计划打造的仓冲村等7个美丽屋场，已全部成功验收。

加强对城乡社会救助体系建设，切实保障困难群众基本生活，全乡有低保对象1339户2429人，“五保”对象621人，集中供养100人，切实做到应保尽保。全乡2所敬老院均加强管理，投入280万元对排头乡中心敬老院进行提质改造。新增城镇就业人数103人，失业人员再就业完成15人，就业困难人员再就业完成5人；新增农村劳动力转移人数是532人，贫困家庭“两后生”技能培训3人，就业技能培训15人，创业培训完成20人；技能培训85人，精准扶贫培训74人，农村党员及实用培训330名，精准扶贫帮扶12人。31名大学生已全部就业或升学。全乡新型农村合作医疗参合人数达55890人，总参合率达95%，参合农户累计补偿39794人次，补偿金额达3140.18万元。参加养老保险24094人，缴费278万元，60岁以上享受养老保险11186人。有各种优抚对象1404人，享受优待抚恤补助金额4381388元；对生活无着落的流浪未成年人、危重病人、精神病人等人员的救助、劝返和护送工作，护送流乞人员到救助站安置有5次；对因病、因残、因灾（贫困、特困老人）等各种特殊原因造成基本生活出现暂时困难的家庭，给予非定期、非定量的临时救助。救助33.2万多元，其中，计划生育特困户13户，助学救助6500元，司法救助6400元；完成特困户建房任务2户；为灾后33户全倒户建设房屋，年底基本完成建设。

排头乡党委辖38个党支部。其中，机关事业党支部11个。有党员1713名。整顿软弱涣散党组织2个，党员冬春训中各支部组织38次集中学习，讲党课46人/次。开展农民大学生培养计划招生，春秋两季排头乡招生学员16人。开展基层党务工作者、村级后备干部培训3次。开展入党积极分子集中培训2期，新发展党员26名。依托中排头乡党校，举办农村创业和实用人才就业创业培训1期，组织党员开展各类业务培训20余次。

严格落实《排头乡机关干部日常管理制度》等各项制度，坚持以制度管人、管事，强化干部作风建设；开展“为官不为”等4项专项整治活动，发现问题线索23起，立案处理7人，其中党纪处分5人。

2016年排头乡各行政村基本情况表一览表

表 21

建制村名称	面积（平方千米）	户数（户）	人口（人）	农村经济总收入（万元）	农村经济总费用（万元）	农村经济净收入（万元）	农民人均纯收入（元）
合荣村	3.6	609	2126	837677.40	625648.40	212029.00	13323
先劲村	6.9	645	2349	975340.84	708134.68	267206.16	13322
红祺村	6.9	991	3440	1884931.53	1580252.10	304679.43	13323
松梓村	3.3	595	2122	507165.60	502078.60	5087.00	13390
苍冲村	4.8	552	2008	676222.80	617534.88	58687.92	13323
南下村	9.0	1394	4818	2931608.85	3281443.41	–349834.56	13323
兴田村	4.6	899	3074	1444643.22	1291445.79	153197.43	13323
华宇村	5.9	1154	3694	1256968.55	1296572.60	–39604.05	13323
回龙桥村	10.4	1582	5428	2610089.74	1788257.26	821832.48	14320
排头岭村	9.1	1126	3915	3615669.80	1848367.70	1767302.10	13335
人雄山村	5.6	785	2663	1229176.10	1432676.20	–203500.10	13323
严冲村	7.9	1269	4288	1731454.00	1756753.14	–25299.14	13428
龙佳村	7.3	884	2859	1469658.44	1284723.84	184934.60	15474
隐山村	7.9	1065	3686	832841.9.0	845420.60	–12578.70	13323
狮龙村	11.0	1325	4514	1068071.40	1139580.93	–71509.53	13323
辰山村	6.3	869	2967	1180390.00	974461.50	205928.50	13439
双联村	7.3	901	3193	1755562.90	1175707.66	579855.24	13323
团结村	6.9	971	3369	1866133.30	1398852.70	467280.60	9875

【排头乡召开第六次党代表大会】 4月27日，排头乡召开中国共产党湘潭县排头乡第六次代表大会。全乡135名党代表，45名列席代表参加大会。大会正式开幕前，全体与会人员学习观看《镜鉴》系列换届纪律案件警示录，进一步净化换届氛围。大会听取和审议《中国共产党湘潭县排头乡第五届委员会工作报告》《中国共产党湘潭县排头乡纪律检查委员会工作报告》以及中国共产党排头乡第五届委员会关于党费收缴情况的报告，选举出中国共产党排头乡第六届委员会、中国共产党排头乡第六届纪律检查委员会成员以及出席中国共产党湘潭县第十二次代表大会代表，并通过中国共产党排头乡第五届委员会工作报告的决议、中国共产党排头乡第五届纪律检查委员会工作报告的决议和关于党费收缴情况的报告。

【李光泉调研隐山开发保护工作】 1月19日，市政协党组成员、市文联主席李光泉到排头乡调研“隐山文化旅游”开发情况。县委常委、常务副县长周俊文，市政协、市发改委、市文体局、县委宣传部、县发改局、县文体广新局、排头乡相关负责人等参加。李光泉详细解情况后，又到垂丝柏树、西禅寺等处实地查看。他肯定隐山开发的历史文化意义，并认为，目前的首要工作是要理顺开发机制。他建议由政府牵头组织，成立专业的开发旅游公司，制定高水准的专业规划，组织项目，逐级向市、省、中央申报争取各种文化开发资金，以充分开发出隐山的文化旅游价值。

【排头乡组织灾后自救】 6月15日，排头乡境内普降特大暴雨，局部地区最大降雨量高达230毫米，暴雨造成农田大面积被淹，道路冲毁，房屋损毁，山体滑坡，造成辖区内渠道、河堤、山塘多处出现垮堤、垮坝等严重灾害。该乡党委、政府提前制定应急方案，及时作出预判，组织全体干群进行紧急救援，转移安置群众2200余人，成功避免人员伤亡事故的出现。洪水退去之后，乡党委、政府迅速组织全体乡村干部排除灾区险情，千方百计安置受灾群众，有条不紊地推进抢险救灾，使此次暴雨洪灾总体上有惊无险，将灾害损失降低到最低程度。

【排头乡合并行政村】 2016年，排头乡开展行政村合并工作，将红祺村和藕塘村合并成红祺村；湘南村和上南村、南桥村合并成南下村；留田村和兴阳村合并成兴田村；合兴村和毫光村合并成华宇村；延化村和回龙村、同心村合并成回龙桥村；排头村和月塘村、扶冲村合并成排头岭村；仁陂村和船形村合并成人雄山村；严塘村和严冲村合并成严冲村；雪佳村和龙潭村合并成龙佳村；黄荆村和安全村合并成隐山村；东山村和星星村、长山村合并成狮龙村；辰山村和紫山村合并成辰山村；双泉村和指南村合并成双联村；鳌洲村和霞山村合并成团结村；其中合荣村、先劲村、松梓村、苍冲村保持不变。村级合并工作完成后，排头乡由原有的36个村合并调整为18个村。

（刘伯宇）

花石镇

【概况】 花石镇位于湘潭县西南部、衡峰远峙，涓水穿流。镇域总面积为201.25平方千米，城镇面积4.2平方千米，耕地面积4654公顷，其中水田面积4320公顷，旱土面积334公顷；林地面积10370公顷，森林覆盖率54.3%；水面面积2062公顷。辖31个行政村，1个社区，总人口91205人。其中，男性人口47870人，占比52.5%，女性人口43335，占比47.5%。城镇非农业人口21224人，少数民族人口393人，主要为苗族、土家族、壮族，占总人口的0.4%。全年出生1134人，出生率12.4‰；死亡531人，死亡率5.8‰；人口自然增长率6.6‰。先后获评“全国重点镇”“湖南省首批新型城镇化试点建制镇”“湖南省美丽乡镇”“湘潭市特色镇”“湘潭市十大魅力乡镇”。

2016年，全镇有工业企业28个，其中规模企业15个，主要为湘莲企业。完成规模工业企业总产值完成43.7亿元，固定资产投资完成6.1亿元，招商引资完成7850万元。财税收入全年计完成1463万元，完成率100%。

完成农业总产值5.43亿元。实现粮食播种总面积4281.2公顷，总产量5.8万吨。全年种植经济作物1324公顷，其中种植湘莲967公顷。完成机车年检55台，补贴机具433台，补贴金额55.93万元，全面落实“三项补贴”改革工作。土地流转面积666.67公顷，其中北马峰现代农业园项目流转农田80公顷，山地20公顷；双溪农业合作社流转土地80公顷，山地100公顷；科盛种养殖专业合作社在润塘村流转土地80公顷。全年出栏生猪18.16万头，年末存栏8.46万头；出笼家禽14.28万羽，年末存笼35.42万羽。顺利通过市、县两级防疫检查，两季防疫密度都达到100%，动物强制免疫疫苗抗体检测抽样全部合格。完成造林任务213公顷，植树20.4万株，道路绿化31.55千米。组建湘潭县森林防火三中队，并且每季度进行一次森林防火培训和演练，全镇未发生重大、特别重大森林火灾。县局下达的移民后扶项目达到39个，投入移民资金567万元。

重点启动实施13个建设项目，总投资1.4亿元。年初确定对镇区棚户区100户居民进行改造，实际动工210户（其中罗汉村、长岭村、马垅村80户，花石社区130户）。对湘莲市场沿线道路进行提质改造，涉及道路总长1805米。新建荷花基地基础设施：公厕2处、游道改造1200米，设置和更新旅游标志、标牌，对780米罗汉山护栏采用混凝土仿木工艺进行加高加固，新建古朴凉亭7处。韶茶干线连接线建设，路线全长2.08千米，建设里程2.02千米，镇区管线入地项目，全长4000米。投资100万元在镇区安装5处交通监控设施。污水处理厂，处理规模1500立方米/天，项目用地4259平方米，项目各项前期工作已基本完成。完成湘江农居点集镇排水排污管道建设工程。环库公路项目，一期全长约1.54千米，路面宽5米，目前项目正在建设中。大江洲大桥项目，大桥全长340米，桥宽9.0米，现在桥的梁板全部吊装完成，进入引桥、桥面建设阶段，预计次年5月份前可竣工。湘莲市场四期建设，规划区总面积2.9公顷，年底已完成基础设施建设工程及部分主体工程。供水工程，铺设镇区管网2000米。亮化工程，项目涉及道路全长4750米，安装路灯70盏。完成“农村广播村村响”32个行政村全覆盖。

整合国土、规建、城管等部门，成立12人组成的综合执法中队，购置2台城管执法车、巡查车，整治违规乱建、占道经营、乱停乱放等现象；有垃圾中转站1座，实施垃圾分类减量，构建固定环卫工人队伍。全镇区已实行社会化保洁服务，由株洲晨曦清洁公司承担镇区包接任务，已于12月1日正式进场。已聘请18名环卫工人，购置18辆清扫车和2台压缩车，镇区垃圾日产日清。

完成527户1484人脱贫，5个省定贫困村脱贫摘帽。有参与产业扶贫的各类公司、合作社、家庭农场38家，给336户贫困户发放小额扶贫信贷912万元，7名学生获得“雨露计划”补助，14人参加两后生培训计划，15人通过适用技术培训，职业技能培训和创业培训提升自我发展能力。有179户贫困户进行危房改造，2户进行易地扶贫搬迁，补助资金现在均已经发放到位。金宝村在2016年国检、省检抽查中顺利通过验收。全面完成省、市、县为民办实事工程18项。全镇共有中学6所，小学22所，学生5552人，教师324人。幼儿园13所，入园幼儿1555人。完成九如小学合格学校改造建设，不断完善基层基础设施，义务教育普及率达100%。行政村客运班线通达率100%，全镇道路新建31千米，道路拓宽18千米。

对18个行政村进行合并，同时完成党支部班子配备工作。对龙口、双溪、金枫3个组织软弱涣散村和天马山、龙潭、琵琶、长潭、泥湾5个省定贫困村派驻一支部书记。新发展党员35名，预备党员转正31名，培养入党积极分子78名。组织开展“两学一做”学习教育，并结合花石镇实际，制定实施方案。红中村创建为村级组织活动场所市级村示范点、天马山村、琵琶村为县级示范点，并创建9个乡镇示范点。开展在职党员到村报到服务群众工作，“干群一家亲、党群心连心”活动深入推进。加强对两新党组织的指导和管理。完成县党代表和人大代表选举工作，并召开花石镇第六届二次会议，补选镇长、副镇长和人大副主席。

开展创建省级安全生产示范县工作，开展“打非治违”和“安全监管执法年”专项行动，排查各类安全隐患628处，下达整改指令书628份，查处关闭非法经营烟花鞭炮店4家、查处没收非法储存烟花鞭炮店2家，查封非法加柴油的加油站1家。群众来访95起，调解处理50起，重访案件45起，本级信访录入12件。信访信息系统转交信访案件121件，群众来信9件、已办理9件，群众来访53件、已办理51件，网上投诉34件、已办理32件，网上建议25件。上级交办重点人员信访事项6件，积案化解4件。“6·15”洪灾发生后，干部群众积极组织人民群众自救，累计转移受灾群众4000余人。灾后严格按照县委、县政府要求，开展灾后重建工作，重建倒塌房屋186户，集中安置“五保”户倒房20户。

是年，全镇29954人参加合作医疗，参合率90.3%；有27623人享受医疗补助，补助5190万元。有五保对象798人，年发五保经费268万元。有136人入住3个敬老院。有城镇低保户109户，161人，年领低保金3.59万元。养老保险参保26261人，享受养老保险待遇16915人，年领取养老保险金183.6万元。

2016年花石镇各行政村基本情况一览表

表22

村名	面积（平方千米）	户数（户）	人口（人）	农村经济总收入（万元）	农村经济总费用（万元）	农村经济净收入（万元）	农民人均纯收入（元）
和平村	9.50	1456	4654	10286.0	3179.0	7107.0	28324.7
花石社区	2.00	2007	4713	—	—	—	—
中华村	12.30	1246	4289	7965.3	2374.5	5590.8	13033.3
罗汉村	5.86	973	3003	5617.5	1560.6	4256.9	14175.5
花石村	2.80	809	2741	6283.3	2256.7	4026.6	14602.7
马垅村	5.00	826	2866	7056.6	2312.4	4744.2	16552.6
新加村	8.50	1090	2680	6669.0	2587.0	4082.7	15234.3
红中村	3.50	891	3039	6733.6	2241.0	4492.6	14783.2
双溪村	4.50	493	1755	3390.2	868.8	2521.4	14366.9
金莲村	6.16	756	2518	4942.8	1502.7	3440.1	13661.6
涓江村	3.50	744	2478	4484.5	1335.2	3149.3	12709.0
盐埠村	4.94	1254	4161	7282.3	2003.0	5279.4	12733.7
永仁村	4.84	624	1894	3152.0	884.0	2268.0	11974.6
金枫村	18.50	1087	3944	6203.0	1826.0	4377.0	11100.0
润塘村	6.80	660	2265	4001.0	1447.0	2554.0	11275.9
龙潭村	9.50	1019	3512	5564.3	1554.0	4010.3	11418.8
石坝村	10.60	793	2646	4351.3	998.6	3356.7	12670.8
紫荆村	8.00	950	3218	4587.5	1548.0	3039.7	9445.0
天马山村	8.00	849	2748	4554.8	987.7	3567.1	12980.7
中心村	6.00	515	1803	3156.0	800.0	2356.0	13067.1
铜锣村	4.00	492	1806	3005.0	800.0	2205.0	12209.3
见楼村	4.60	1009	3256	7076.0	2489.0	4587.0	14087.8
九如村	3.10	509	1705	4674.0	2000.0	2674.0	15683.2
泥湾村	4.50	973	3205	9257.0	3547.0	5710.0	17815.9
长潭村	6.70	1029	3840	8227.5	3039.4	5188.1	13510.6
龙口村	30	819	2862	6920.7	2916.0	4004.7	13992.6

续表 22

村名	面积（平方千米）	户数（户）	人口（人）	农村经济总收入（万元）	农村经济总费用（万元）	农村经济净收入（万元）	农民人均纯收入（元）
天石村	4.7	567	1555	3817.0	1615	2202.0	14160.7
日华村	8.8	987	3480	7917.2	3368.6	4548.6	13070.6
潲江村	3.9	531	1761	4171.8	1797.2	2374.6	12227.6
百和村	5.3	527	1799	4739.5	2147.4	2592.1	14026.5
琵琶村	5.6	570	2303	4617.7	1723	2894.7	12569.2
双桥村	8.8	762	2706	5264.0	2123	3141.0	11607.5

【花石镇合并行政村】 2016年5月，原超上村和兴荣村合并为花石村；原河头湾村和极星村合并为和平村；原长岭村和罗汉村合并为罗汉村；原棋岭村和芙蓉村合并为中华村；原前进村和桐梓村合并为新加村；原红卫村和中加村合并为红中村；原赵家营村和东晓村合并为龙潭村；原盐埠村和盐浮村合并为盐埠村；原金丰村和金塘村合并为金枫村；原水南村和紫荆村合并为紫荆村；原北斗村和天马村合并为天马山村；原兴合村和石坝村合并为石坝村；原长寿村和潭溪村合并为长潭村；原大江村和见楼村合并为建楼村；原龙口村和董家坪村合并为龙口村；原日华村和团建村合并为日华村；原金宝村和琵琶村合并为琵琶村；原金子村和紫桥村合并为双桥村；泥湾村、九如村、百和村、天石村、潲江村、铜锣村、永仁村、润塘村、马垅村、双溪村、金莲村、中心村、涓江村、花石社区不变，合并后，全镇有31个行政村，1个社区。

2017年7月17日，精美湘潭·全域旅游体验年系列活动之湘潭·花石2016“赏荷之旅”暨“湘莲·湘潭特色产品展”开幕。（花石镇 提供）

2017年10月28日，花石镇召开第六届人民代表第二次会议。（花石镇 提供）

【花石镇开展抗洪救灾工作】 6月15日，花石镇遭遇特大洪水，全镇各村的房屋、稻田、鱼塘、水库、渠道、电排均受到不同程度的水淹损毁，潲江、日华、河头、超上、盐埠等村受灾严重。由于持续大雨，造成该镇潲江村发生山体滑坡事件，4栋房屋倒塌，3人被埋。灾情发生后，该镇党委、政府迅速启动应急预案，成立防汛救灾指挥部，副市长杨真平，县委副书记、县长傅国平等领导到达现场指挥救援。该镇集合政府干部、民兵、消防、公安、医护、电力抢修人员、村组干部计700余人，调动中型挖掘机6台，救援装备车1台，全力参与搜救，于18日10点50分，成功搜救出被困人员。17日，该镇召开灾情统计和灾后重建工作安排会议，划分责任片区，统计全镇损失情况，并要求公路管理站、供电所、水利站、农技站、民政所、卫生院等单位负责疏通受阻道路，修复供电设备，抢修水利设施，恢复生产作业，做好疾病防疫等相关工作，各职能部门各司其职，齐心协力，保证灾后重建工作顺利进行。

【湘潭·花石2016“赏荷之旅”暨“湘莲·湘潭特色产品展”活动】 7月17日，精美湘潭·全域旅游体验年系列活动之湘潭·花石2016“赏荷之旅”暨“湘莲·湘潭特色产品展”开幕。县领导傅国平、周艳希、周俊文、欧建美、陈卫兵、刘新玉参加启动仪式。此次活动为期两天，为游客提供以荷花为核心，集丹霞地貌、地方饮食、特色产品、民俗文化、田园风光为一体的特色旅游大餐。湘潭花石“赏荷之旅”系列活动，结合独具特色的山、水、花、石之间的相互映衬，推进“美丽乡村”建设，将文化、旅游、观光、休闲等内容有机结合，打造多元旅游业态，开辟新的市场，赢得普遍赞誉。活动期间，吸引上万人次的游客前来观赏，拉动消费4000万元。

【花石镇第六届人民代表大会第二次会议】 10月28日，花石镇召开第六届人民代表大会第二次会议，县委常委、县委办主任谭捍卫，县委组织部、县纪委派驻人员到场督导。全镇的99名镇人大代表和116名列席人员参加会议。会议补选花石镇人民政府镇长、副镇长及人大副主席，大会严格按照法定程序，设监票人和计票人各3人，以无记名投票的方式，成功选举第六届花石镇人民政府镇长、3位副镇长及人大副主席。会议期间，全体代表依法履职尽责，听取、审议并通过《花石镇总体规划2016—2030年编制方案》。

【花石镇第一次妇女代表大会】 11月20日，花石镇第一次妇女代表大会在政府三楼大会议室召开，全镇各条战线的91名妇女代表、47名特邀代表，全体党政负责人、兄弟乡镇妇联主席，共160余人参加会议。会议介绍花石镇第一次妇女代表大会召开的背景和筹备情况，总结镇妇联近年来的工作开展情况，安排部署2016年妇联工作目标任务。并按照法定选举程序，选举产生花石镇妇女联合会第一届执行委员会委员33人、主席1人、专职副主席2人、兼职副主席4人。雍姿当选妇联主席。

（周　星）

分水乡

【概况】 分水乡位于湘潭县西南边陲，距县城70余千米，北邻湘乡市梅桥镇，东与排头乡毗邻，西与石鼓镇接壤，南临青山桥镇。总面积85.33平方千米，耕地2321公顷。有11002户，40629人。其中，男性21006人，占总人口的51.7%；女性19623人，占总人口的48.3%；农业人口39311人，占总人口的96.8%；少数民族160人，占总人口0.39%。辖15个行政村，409个村民小组。乡经济以农业为主，村民主要从事制皮鞋、养殖等产业，农作物除水稻等常规作物外，经济作物以油茶种植为主，境内锰、磷、铀的藏量较大，只进行小容量开采，效益较好。交通线路有X030、X028、X026县道经过境内，交通较为便利。

2016年，实现国税入库47万元，地税入库65万元，工农业总产值5.4亿元，其中工业总产值7000万元，农业总产值4.7亿元，全乡有5家工业企业，工业总产值7000万元，固定资产投资7000万元，引进的建军食品和洪运食品投入生产，投资达800万，解决周边就业近800人，翠峰农业投资超过1000万，乡域经济基础逐步夯实。

播种水稻4370公顷，落实优质稻3000公顷，早稻集中育秧示范面积276公顷，机插秧面积567公顷，病虫害统防统治面积568公顷，全乡2016年粮食总产量33521吨；做好分水、大冲垅两个村173公顷耕地修复治理；积极推进发展槐北村33公顷和珍鸽村、新山村40公顷的油菜基地建设，全乡经济作物种植总面积达371公顷；春秋两季防疫工作均被评为“市动物防疫工作一类乡镇”，争取项目扶持资金20万粪污治理项目2户；发展常年存栏生猪300头以上的规模养殖场15户，其中常年存栏生猪500头以上的3户。全乡生猪存栏12790头，出栏生猪24790头；发展存栏黑山羊栏300头以上的5户、100头以上的专业大户21户，存栏羊5980头，出栏羊4370头；新山红宇存栏牛达到70多头，存栏牛786头，出栏543头；存笼家禽102356羽，出笼家禽83420羽。开展农产品安全监管、农资打假扶农行动，确保农资市场和农产品的质量安全。积极开展营林造林，完成50千米的“三边绿化”和430户的庭院绿化，投入40余万在槐北村与湘乡交界处建成5千米长的30—50米宽的生物防火隔离带，成为市、县森林防火的亮点，旗山、合家、晓冲、大垅流转林地规模达到667公顷，全乡森林覆盖率达54%。

全乡基础设施日趋改善。水利方面：完成渠道清淤120千米，移动土石方42万立方米，河坝修整3座，机埠更新改造1处.移民项目工程建设8个，完成五小工程村建设7个，面上重点建设村1个。道路方面：较场、分水、虎形山、彭何等村硬化村道20千米，大冲垅、湾头8.4千米的公路拓宽全面完成，湾头、旗山等村灌缝18千米，珍鸽、白沙、湾头、大垅等补板800平方米，做好乡村公路的日常养护。石桥、大冲垅、湾头、分水等村实施农电改造，增加变压器17台，新建线路18.1千米，改造线路15.7千米，乡村用电网络进一步改善。

全力推进“精美莲乡”建设，翠峰农业基地投入919万元，租赁流转彭何水库和水库岛上林地，做好前期立项、办证、选项等工作，建设配套的工人房和环岛路、水沟、沉沙池等，打造34公顷红心蜜柚和鸭嘴鱼等综合养殖核心基地，135公顷红心矮晚柚示范基地进入流转土地阶段，投资200多万元做好乡村旅游项目规划。槐北村成功申报“美丽乡村”示范村项目，正在谋划陈鹏年故居村的打造，预计投资达到1500万。曲江河综合治理一期基本竣工，投入近700万元，对曲江河樟树坝至卫星桥段约1.4千米的河道进行整修，有效提高该段河道的防洪安全。年初，投入70万元，完成谭故场集镇排水排污和亮化美化绿化一期工程；投资规模为167万的精美小城镇建设，目前正进行集镇区道路的补板和机关院内的改造。

社会保障工作不断健全。严把政策关卡，坚持“阳光操作”，做好低保的动态管理，上户调查率达到100%，全乡低保1738人，年领取低保金额2529万元；全乡有“五保”对象267人，2所敬老院，入住敬老院84人，逐步改善敬老院各项基础设施条件，进一步加强敬老院的日常管理；有各种优抚对象1050人，及时足额发放各类优抚对象的抚恤优待经费，发放临时各类救助资金23万余元，年发放优抚补助金268万元；落实危房改造72户，切实保障优抚对象和困难群体的基本生活；积极应对“6·15”特大暴雨灾害，组织灾后生产自救，生活互助，12户重建户全部完成建设；统筹城乡就业工作，推荐3家企业申请市县创业就业扶持项目，举办种养殖培训12场次，培训1800余人。新增各类城乡转移就业200余人；加大对农村养老保险的宣传力度，积极倡导村民入保，农村养老保险入保人数14088人，7289人领取养老保险，年领取养老保险金额743万元。

精准脱贫工作扎实推进。把精准扶贫作为一项政治任务来抓，调整充实乡扶贫工作领导组及扶贫工作站人员，将扶贫开发目标任务分解到单位，具体到村、落实到人，大力推动发展种养殖产业带动脱贫。全乡有贫困人口789户，2745人，实施易地搬迁3户；生态公益林补贴228人；扶贫贷款193户，566万元；长沙市商贸旅游职业技术学院“一对一”帮扶帮教40名学生，资助贫困高中12人，24名大学生办理国家助学贷款，获得助学资助； 17名贫困户在精准扶贫专场招聘会上达成就业意向，实施危房改造25户；2016年，新型合作医疗参合人数30358人，参合率90%，报销救助金额总数1597万元，新型农村合作医疗的报销医疗救助655人；1695人贫困对象通过民政进行政策兜底。通过省级精准扶贫检查验收，三个省定贫困村的摘帽退出和全乡297户、856人的脱贫已全部向上申报，圆满完成年初制定的目标。

计划生育工作长抓不懈。开展“婚育新风进万家”活动，发放宣传年画1万多份、宣传资料2000余份，投入4万多元完善大垅村人口文化大院，新建人口文化宣传长廊50米。做好独生子女父母奖励及农村部分计划生育家庭奖励扶助对象的申报工作，会同县妇幼开展“两癌”免费筛查438人，完成免费孕前优生检查201对，结合“精准扶贫”和省免费产前筛查试点服务中期怀孕对象121例，破获2例“两非”案件（县2016年度首例“两非”案件）。全乡出生442人，人口出生率1.09%，死亡215人，死亡率0.53%，人口自然增长率0.56%，政策内生育率96.38%，多孩率2.71%。

安全生产工作逐年加强。落实安委会季度例会制度，建立安全生产保证金制度，组织村级安全生产信息联络员培训和烟花鞭炮经营户开展安全培训各1期；重点加大宣传工作力度，投入15万余元，设置安全宣传栏20块，白化标语15条，悬挂横幅40条，打造虎形山村安全生产文化大院和文化长廊；深入开展“安全监管执法年”“省级安全生产示范县”创建验收和百日安全“大排查大管控大整治”隐患“清零”攻坚和食品安全“三百四查”等行动，对全乡道路交通、建筑施工、危化品烟花爆竹、食品安全、消防安全等排查20余次。取缔非法加油点1个、非法私藏黑火药的窝点两处，排查各类安全隐患98处，下发督办整改98份，整改到位率100%，设置危桥设置警示标志8处，巩固全乡安全生产持续向好的形势。

环境卫生整治纵深推进。保持农村环境卫生整治宣传力度不减，发放公开信10000余份，签订集镇区门前“三包”责任书1000余份、农户门前“三包”10000余份，制作宣传牌52块，书写永久性标语300余条。多方筹措资金，改善环卫基础设施建设，在以村为基本“块”的基础上，突出集镇区和人口集中居住区的“点”和公路、河流的“线”，构建条块点结合的立体式整治模式，将农村环境卫生抓常抓细。重点打造公泉、滩上、新屋3个美丽屋场，以点带面推动环境整治工作再上新的台阶，前三季度在全县分别处于第三、第四、第三。

乡村文化事业逐步繁荣。全乡有13所中小学，2043名学生，155名教师，6所幼儿园，入园幼儿493人；切实加大文体事业的投入力度，更新农家书屋书籍3000多本（册），实施永红、彭何、虎形山、大冲垅等村的农民体育健身工程建设，落实卫星“户户通”650户。举办“欢乐潇湘·幸福湘潭·莲乡大舞台”“三下乡”春节慰问演出、第一届中老年广场舞大赛等大型文体活动，组织参加“红旗颂”“天易杯阳光健身跑”、县第三届运动会等赛事；以文体广场为阵地，带动乡村广场舞、篮球、羽毛球、乒乓球等文体活动日常化开展，部分村更是在重阳节搭起自娱自乐节目的舞台，乡村文体基础设施不断改善，乡村文化逐步繁荣。

社会治安治理稳步推进。扎实推进“平安分水”创建，开展大手牵小手活动，家长和学生同参加建设“平安分水”知识问答卷活动1500份，平安建设宣传资料22000份；多种形式落实“七五”普法工作，张贴法制宣传标语达1300多张，发放宣传单17000余份；加大对不稳定因素的排查化解，排查各类矛盾纠纷75起，成功调处68起，调解成功率90.7%；进一步强化“村为主”治安防控职责，推行义务巡防队伍24支，逐步构建专群结合的社会治安防控网络；积极开展严打整治专项斗争，全年出警巡逻45次，破获刑事案件案36起，调处治安案件38起，训诫14人。

按照“思想上不能有丝毫地松懈麻痹、程序上一个环节不能少、标准要求上一点不能降低、组织意图确保充分实现”的工作要求，圆满完成党委、政府、人大、政协换届选举，实现“会前精心组织、会中秩序井然、会后风平浪静”；并统筹做好乡妇联、商会等的换届；年初，将23个建制村合并成15个村，配强配优支部书记和临时工委主任、副主任；重点加强支部书记、机关党员干部队伍建设，充分发挥他们在引领发展、服务群众、建设美丽乡村中的作用。党政班子团结协作，号召力、战斗力、凝聚力进一步增强，确保各项工作稳步快速推进。

2016年分水乡各行政村基本情况一览表

表23

村名	人数	户数	行政区面积（平方千米）	农村经济总收入（万元）	农村经济总费用（万元）	农村经济净收入（万元）	农民人均纯收入（元）
旗山	2636	704	7.5	4730.40	1841.45	2888.95	21951
永红	2942	803	6.8	5040.00	2053.69	2986.31	21528
湾头	2420	680	8.0	4748.40	1810.98	2937.42	22251
大垅	1943	542	3.8	3164.40	1226.56	1937.84	11023
大冲垅	3667	994	7.0	6348.60	2554.93	3793.67	21585
合家	1673	465	3.8	3036.60	1327.16	1709.44	10133
虎形山	4609	1136	7.3	7462.80	3142.86	4319.94	20864
分水	4277	1095	8.8	7668.00	833.15	1317.85	11028
彭何	3224	855	7.5	5396.40	2107.49	3288.91	21945
晓冲	2174	638	3.5	3663.00	1411.27	2251.73	11065
较场	2523	671	3.0	4789.80	1980.58	2809.22	10557
石桥	2641	740	4.1	4564.80	1940.04	2624.76	10350
珍鸽	2045	561	4.9	3643.20	1605.23	2037.97	10069
新山	1999	545	4.8	3490.20	1391.81	2098.39	10822
槐北	1856	573	4.5	3128.40	1368.50	1759.90	10126

【曹炯芳到分水乡走访调研】 10月13日，市委书记、市人大常委会主任曹炯芳到分水乡走访，分水乡全体在乡党政负责人陪同。走访过程中，曹书记详细了解分水乡的基本情况，询问县乡两级人大换届、分水乡干部队伍建设、精准扶贫等工作开展情况。同时对次年村级换届工作做重点强调。曹炯芳要求，分水乡要提前谋划，早部署，做到心中有数。曹书记指出，分水乡作为湘潭市偏远乡镇，工作条件艰苦，来往市县路程较远，交通不便。对于干部工作的艰辛感同身受。同时，勉励分水乡干部克服困难，扎根基层，提升个人素质，更好的服务好群众。

【李江南到分水乡虎形山村督查精准扶贫工作】 8月30日，市人大常委会党组书记、常务副主任李江南再次到联系点——分水乡虎形山村就精准扶贫工作开展情况进行专项督查指导。李江南一行查看虎形山村便民服务中心和村级活动场所规范化建设情况。与乡、村干部就虎形山村精准扶贫进行座谈，详细了解虎形山村基础设施建设、贫困人口脱贫、村级集体经济发展和产业发展情况。“要更加注重自身造血，注重增强贫困户内生动力”“帮扶不仅要在感情上连起来，还要在思路上连起来”“脱贫承诺要一户一户兑现”“在产业扶贫要多下工夫，整合资源优势、找准致富门道，实现贫困户脱贫和村级集体经济发展同步”，李江南听取乡村的工作汇报，不时提出工作建议。李江南对合并以来虎形山村呈现的可喜变化给予肯定。他希望虎形山村保持合并以来的良好势头，合村、合心、合力，发挥好村“两委”班子的领头带动作用，将扶贫工作做实做细，加大产业扶贫工作力度，实现贫困户稳定脱贫和省定贫困村年底摘帽，用脱贫成效赢得群众认可。

【廖桂生到分水乡调研精准扶贫工作】 7月12日，市委常委、组织部长廖桂生，县委副书记周艳希一行来到偏远的分水乡虎形山村双凤冲片调研指导精准扶贫工作，看望慰问贫困户。廖桂生走访贫困户肖志威，详细了解他家的生活状况，收入来源以及面临的困难。廖桂生鼓励他们要照顾好自己的生活，努力靠自己的勤劳脱贫，叮嘱他们有什么困难和问题可随时联系，将尽全力给予帮助。在走访贫困户后，廖桂生一行来到虎形山村村部，检查翻阅精准扶贫建档立卡的资料台账，询问党员干部“一对一”帮扶情况，了解该村当前帮扶产业发展状况。廖桂生指出，精准扶贫工作既是政治任务又是民生实事,党员干部要真正深入实际，到困难群众身边去，与群众加强联系、增进沟通，了解他们的需要，帮助他们解决困难。

【傅国平到分水乡走访调研】 12月15日，县委书记傅国平一行到分水乡走访调研，该乡全体党政负责人参加调研会。该乡主要负责人对分水乡工作情况进行汇报。傅国平听取该乡工作情况汇报，并不时提出问题，详细了解该乡实际情况。他指出，分水乡为偏远乡镇，条件较其他乡镇艰苦，但是，该乡党政班子愿意扎根基层，不畏艰难，这份精神难能可贵。傅国平为该乡以后工作开展提出了五点意见：要把经济发展作为首要目标。他指出，财政收入是地方发展的一个标志，要努力在财政增收和百姓增收上做好文章；要把生态农业作为产品特色。他强调，分水乡发展最大的优势在于生态优势，在以后工作中要把生态农业作为发展的重中之重，要积极扶持现有种养殖大户，提高种养殖大户发展信心，努力促进种养殖产业向规模化、集约化发展；要把精准扶贫作为重要任务。他强调，精准扶贫工作是一项重要政治任务，要充分利用现有产业扶贫、金融扶贫、教育扶贫等政策，打好扶贫攻坚战；要把民生实事作为应尽之责。他要求，基层机关干部要牢固树立服务意识，想法设法为百姓做好服务、办好实事，认真做好低保、医保等惠民工程；要把基层党建作为基本保障。他要求，要做好合并村党建工作，合理配备合并村村级班子，高度关注合并村班子成员内部关系，提前介入，积极引导，努力打造团结统一的村级班子关系。

【分水乡第六届人民代表大会第一次会议】 10月28日，分水乡第六届人民代表大会第一次会议开幕。会议应到代表67名，实到65名，因事因病请假2名，符合法定人数，50余名代表列席会议。会议听取上届政府工作报告和人大主席团工作报告。10月29日，分水乡第六届人民代表大会第一次会议闭幕，会议审议通过《政府工作报告》《主席团工作报告》《财政预决算报告》。明确未来五年分水的发展目标。经过投票选举，当天会议产生了新一届分水乡人大及政府领导班子。刘新军当选为分水乡人大主席，胡铁庚当选为分水乡人大副主席；陈万春当选为分水乡乡长，马亮、冯俊军、章金标、樊超当选为分水乡副乡长。

【分水乡首届中老年广场舞友谊赛】 11月24日，由分水乡党委、政府主办，乡老年人保健协会承办，以"舞动激情·魅力分水"为主题的分水乡首届中老年广场舞友谊赛在该乡文化广场隆重举行。全乡6支代表队、100余名参赛队员参加比赛。为保证比赛公正，主办方邀请县里专业人士现场打分评判。分水村的《最炫民族风》《火火的中国》获得大赛一等奖。评委们分别为获得一、二、三等奖代表队颁奖。此次广场舞大赛的成功举办，为分水乡舞蹈爱好者提供一个很好的展示和交流平台，大大丰富群众的文化娱乐生活，推动全乡群众文化活动的蓬勃开展。

【网上招商结"新果"】 2016年，分水乡党委政府坚持把招商引资作为提升全乡经济的重点工作来抓，通过互联网，宣传招商引资的奖励办法及自身优势，使企业解分水，促进企业资金与优势项目对接，一些优势项目落户分水。引进的建军食品和洪运食品投入生产，投资达800万，解决周边就业近800人，翠峰农业投资超过1000万，乡域经济基础逐步夯实。

【分水乡合并行政村】 2016年，分水乡党委政府落实县委县政府的安排部署，开展行政村合并工作。将分水坳村、长丰村、沙洲村合并设立分水村，合并后分水村辖48个村民小组，村民委员会办公地点设在杨泗组；将双凤冲村、虎形山村合并设立虎形山村，合并后虎形山村辖53个村民小组，村民委员会办公地点设在虎形组；将广林村、彭何村合并设立彭何村，合并后彭何村辖30个村民小组，村民委员会办公地点设在公石组；将白沙村、永红村合并设立永红村，合并后永红村辖31个村民小组，村民办公地点设在红故场；将石江村、旗山村合并设立旗山村，合并后旗山村辖28个村民小组，村民委员会办公地点设在兰伏组；将同合村、湾头村合并设立湾头村，合并后湾头村辖24个村民小组，村民委员会办公地点设在铁铺组；将天垅村、大冲垅村合并设立大冲垅村，合并后大冲垅村辖33个村民小组，村民委员会办公地点设在竹山组。其中晓冲村、合家村、大垅村、新山村、珍鸽村、槐北村、较场村、石桥村保留不变。行政村合并工完成后，该乡将23个行政村合并为15个。

（周　旭）

石鼓镇

【概况】 石鼓镇位于湘潭县西南边陲，有着"湘潭西藏"之称，与湘乡市、双峰县接壤，东南毗邻青山桥镇，东北接分水乡，拥有湘军古道、石龙寺、曾国藩稍息亭等丰富的人文资源，昌山、曹家坳瀑布、铜梁水库等自然资源和大理石等多样的矿产资源，总面积为96.05平方千米。耕地面积为2584.82公顷，其中，水田2343.97公顷、旱土240.85公顷；水域面积为452.38公顷。2016年，全镇辖有16个行政村、1个居委会，13156户，总人口50857人，其中非农业人口4637人。人口自然增长率0.2%。全镇有学校17所，内含高中1所，初中2所，小学11所，在校学生2381名，在校老师154人。幼儿园3所。

2016年，实现工农总产值4.8亿元，同比增长8%。其中，农业总产值3.2亿元，同比增长10%；工业总产值完成1.6亿元，同比增长6%。农民人均纯收入11750元，同比增长8%；实现财政总收入3120万元。

水稻播种面积4534.5公顷，粮食总产量为69245吨。其中，早稻2196公顷，晚稻2310公顷，一季稻29.3公顷。优质稻面积3653.3公顷，完成早稻集中示范面积33.3公顷，辐射面积66.7公顷。建立道贯村66.7公顷双季高产连片示范片和13.3公顷的双超示范片基地，实施耕地修复治理，在万家和珠联村发放石灰240吨、有机肥86吨、叶面肥17万毫升；在珠联村建立绿肥示范基地。全年养猪1.2万头，出栏1.05万头，其中300头以上的大型养殖户10家；饲养家禽12万羽，出笼7.6万羽。全镇拥有农机总数6500台，全年补贴农机具160台，补贴资金26万元。认真抓好造林绿化工作，全镇森林覆盖率达56.6%，完成长防林工程建设任务26.7公顷，封山育林40公顷，退耕还林坡耕地造林1.67公顷；完成路边绿化10千米，庭院绿化50户，水边绿化11千米，栽植苗木40000余株。培育新增专业合作组织4家，新增家庭农场6户。扶植农业产业基地，引导农业发展特色化，在珠联、石鼓等村建立133.3公顷连片的绿肥示范基地，以顶峰旅游景区和山花线沿线为主建立万亩连片的油菜高产示范基地，海云西瓜、葡萄基地、兴旺红枣、橙子种植基地初步建成。

2016年，石鼓油纸伞成功列为省级非遗项目，年内全镇产销伞300余万把，实现产值2500多万元。新招商引进的湘潭德源石材和伍子醉槟榔加工厂。昌山风电项目总投资4.67亿元，装22台风机，预计年发电量为9000万千瓦时，整个项目的建设周期为18个月。

3月，成功举办第二届“无限风光在顶峰—石鼓·顶峰之旅”活动，吸引5万余名游客前来石鼓踏春旅游，实现旅游收入1000万元。完成5千米旅游干线环湖路段8米宽的路基建设，9月底启动旅游干线全线硬化工程，实现全线6米宽的沥青硬化；完成精品区2千米道路硬化及顶峰公路的安全防护工程，完成顶峰游步道入口建设；做好油菜、紫云英、桃花、苗圃基地的管护工作。顶峰村成功申报国家级传统村落保护项目，并完成项目的规划编制。全面推行垃圾分类处理，建立24个垃圾分类回收站，新设立农药废弃包装物回收点，全年回收玻璃瓶、农药瓶30多吨。评选3个美丽屋场，50户美丽庭院，打造亮点特色工程，农村环境卫生整治工作全年保持在全县先进行列。

4月，重建飞跃桥，解决6个村近1万余人出行难的问题；维修村道、乡道路面11处，护坡1处，补板880多个平方，完成10.82千米的农村公路硬化；完成顶峰盘山公路2千米道路硬化和安全防护栏工程；全线拉通歇马村至铜梁村旅游专线及环铜梁水库旅游公路。投入水利建设资金820万元，完成各类水利工程920处，完成劳动工日130万个，完成骨干塘建设43口，完成断面尺寸1.5米以上高标准砼渠道28.3千米，完成渠道清淤扫障122千米，完成6座河坝的除险保安，完成9个村的“五小”水利项目建设，恢复面上重点水毁工程3处，完成土石方130万方。为配合乡村旅游，建设3个停车场和3个公厕所。完成石鼓农贸市场给排水工程、停车场和文化广场等配套设施建设。11月，石鼓马路市场成功搬进新农贸市场。

4月和9月，开展2次民调大走访活动，采取领导包片、干部包村的方式，组织召开村民小组户主会，倾听群众呼声，解决群众困难，民调取得全县第2、全市第10的较好成绩。强化安全生产监管，狠抓事故隐患排查整改，召开安全专题会议6次，开展安全大检查6次，下发整改通知36份。6月，开展安全生产宣传月，发放资料袋1000个，资料20000余份。开展省级安全生产示范县创建工作，完善相关制度和资料，通过宣传栏、横幅等积极开展宣传，圆满通过省、市、县三级验收。全面落实人口计生政策，提供优质服务。全镇出生575人，政策外出生32人，符合政策生育率94.43%，符合政策生育率多孩16人，多孩率2.78%，性别比109.85。落实长效节育措施506例，补救措施156例，完成社会抚养费征收115万元，免费孕前检查完成278对。积极开展计生服务活动，大力推动免费孕前优生健康检查，完成孕前优生检查278对。慰问计生贫困家庭、留守儿童等68人，发放慰问金1.5万余元；发放各类奖扶资金16.13万元。农村低保对象1067户1997人，城镇低保对象43户54人，“五保”对象361人，镇内有1所敬老院，入住老人55位。全年累计退出低保138户193人，其中整户取消55户。取消“五保”20人，新增低保户97户231人。临时救助128户，救助金额38万余元。“6·15”洪灾期间，发放救灾救济款28万余元，为39户唯一住房全倒户申请灾后重建，解决重点特困户建房对象8户，发放棉被120床。帮助6户贫困残疾人完成家庭无障碍改造，帮助4名贫困儿童进行抢救性康复训练，认真组织疑似白内障患者到爱尔医院进行筛查，为筛查出的近80名白内障患者实施复明手术。完成农村劳动力转移新增就业182人，完成全年任务的101%，城镇新增就业人员124人，完成全年任务的103%，下岗失业人员再就业15人，圆满完成年度任务。就业困难人员再就业5人，完成全年目标任务的100%。完成城乡居民养老保险参保缴费16194人，年内领取养老保险费8962人，总金额为896.34万元。新型农村合作医疗参合46783人，参合率82.97%，报销各类医疗费用2100余万元。2016年计划脱贫1201人，3个省扶贫村在年内实现摘帽。全镇有8户24人实行分散安置，有20户62人实行集中安置。集中安置点选址位于歇马村，安置房占地0.8公顷，总建筑面积1684平方米。

2016年石鼓镇各行政村基本情况一览表

表24

村名	面积（平方千米）	户数（户）	人口（人）	农村经济总收入（万元）	农村经济总费用（万元）	农村经济净收入（万元）	农民人均纯收入（元）
大桥居委会	2.80	812	3670	6743.63	1651.50	5092.13	13875
歇马村	8.60	1220	3540	5364.52	1593.00	3771.52	10654
沿红村	4.60	808	2845	4377.32	1280.25	3097.07	10886
路口村	4.90	792	2920	4512.28	1314.00	3198.28	10953
高家坪村	3.40	400	1650	2534.90	742.50	1792.40	10863

续表 24

村名	面积（平方千米）	户数（户）	人口（人）	农村经济总收入（万元）	农村经济总费用（万元）	农村经济净收入（万元）	农民人均纯收入（元）
西冲村	5.20	733	2593	3989.59	1166.85	2822.74	10886
石鼓村	8.40	1000	3885	7023.30	1748.25	5275.05	13578
将军村	5.50	881	3465	5210.32	1559.25	3651.07	10537
安乐村	6.20	672	2472	3729.26	1112.40	2616.86	10586
七家坪村	3.00	37	1780	2739.42	801.00	1938.42	10890
四路村	5.55	860	2580	4060.15	1161.00	2899.15	11237
铜梁村	5.00	794	3062	4547.99	1377.90	3170.09	10353
福霄村	4.30	570	2680	4133.36	1206.00	2927.36	10923
海南村	9.90	1462	4853	7936.11	2183.85	5752.26	11853
栗梅村	5.80	423	2896	4603.19	1303.20	3299.99	11395
明道村	6.20	912	2980	4942.93	1341.00	3601.93	12087
珠联村	6.70	780	2986	4734.90	1343.70	3391.20	11357

【第二届“无限风光在顶峰——石鼓·顶峰”之旅】 3月9日，石鼓镇举办以“登湘潭西藏、走湘军古道，品非遗文化、赏万亩菜花”为主题的第二届“无限风光在顶峰—石鼓·顶峰之旅”活动。县委常委、宣传部长刘耀奇主持启动仪式。县领导胡亚湘、陈卫兵，以及市、县旅游局和石鼓镇相关负责人，及来自县内外的近千名游客齐聚石鼓镇兴旺村油菜基地，徜徉油菜花海、征服“湘潭西藏”、领略非遗文化，共同感受湖湘文化的厚重与深邃。此次活动，吸引5万余名游客前来石鼓踏春旅游，实现旅游收入1000万元，“石鼓·顶峰”之旅活动已成为石鼓乡村旅游的一张重要名片。

【石鼓镇易地扶贫搬迁集中安置】 2016年，石鼓镇易地扶贫集中安置原双河、铜梁、沿红、山田、安乐、兴旺等6村20户62人，总投资641.87万元。集中安置点选址在歇马村李家组，总计占用农田0.53公顷，旱地0.27公顷，总建筑面积达1684平方米。8月26日，石鼓镇易地扶贫搬迁集中安置点项目启动，历时3个月，顺利完成主体工程并配套好水、电等基础设施，合理规划并建设绿化区、活动场地。2017年1月17日，第一户贫困对象搬入新居。易地扶贫搬迁集中安置区建成后,解决石鼓镇部分地方“一方水土养不活一方人”的问题，保障贫困户的住房安全，提高贫困户的归属感和幸福指数。

【新农贸市场建设】 2016年，石鼓镇投资510万元，建设新农贸市场。石鼓新农贸大市场占地约3.33公顷，其中农贸市场占地面积5400平方米，设立固定摊位270个，流动摊位60余个，一楼设有生鲜农贸产品交易区，二楼设有百货日杂交易区，农产品丰富，吃穿用样样俱全。农贸市场分六条通道出入，内设文化广场、停车场，功能齐全，设施完善，并于11月10日正式投入使用。项目建成后可解决500人就业，能提供4000人左右进行交易，促进石鼓镇农产品、林特、水产品、农副产品的交流，同时改变石鼓镇以路为市、以街为市、占道经营、人车混乱的局面，镇区交通阻塞，人行不畅的问题也得以解决。

【石鼓镇合并行政村】 根据《湘潭县人民政府关于同意石鼓镇建制村合并调整方案的批复》（潭县政函〔2016〕27号），2016年，石鼓镇完成行政村合并工作。该镇将铜梁峰村、双河村合并设立铜梁村，大坪台村、歇马村、山田村合并设立歇马村，花楼村、西冲村合并设立西冲村，沿红村、竹塘村合并设立沿红村，云霞村、路口村合并设立路口村，石湖塘村、福霄冲村合并设立福霄村，石鼓村、万家村合并设立石鼓村，将军村、兴旺村合并设立将军村，珠山村、海云村、欧冲村合并设立海南村，森梅村、栗山村合并设立栗梅村，道贯村、垅塅村合并设立明道村，向阳村、珠联村合并设立珠联村，四路村、五家咀村合并设立四路村。高家坪村、安乐村、七家坪村保留不变。5月26日，13个合并新村举行挂牌仪式。行政村合并工作完成后，石鼓镇辖16个村、1个居委会。

【旅游干线建设】 2015年下半年开始，石鼓镇启动旅游干线建设项目，总投资1500余万元，将铜梁环湖路段4千米公路新建拓宽至8米，按四级公路标准实施6米沥青路面硬化；对顶峰段2.7千米盘山公路进行硬化，并实施安保工程。2016年年底，各项工程任务已全面完成，旅游干线路段已竣工通车。旅游干线的修建，大幅缩短石鼓镇区到核心景区铜梁的时间，解决以往车辆通行缓慢、景区交通拥堵的问题，旅游基础设施得到进一步完善，加快乡村旅游发展的步伐。

(刘晓元)

青山桥镇

【概况】 青山桥镇位于湖南省湘潭县的西南边陲，北连湘乡市，西与双峰县接壤，南抵衡山县，东邻本县分水、排头、龙口三乡，距县城70千米，素有“皮鞋之乡”、“唢呐艺术之乡”之美誉。总面积104.6平方千米。耕地面积2230公顷，其中，水田面积2110公顷、旱土面积120公顷，山地面积5756公顷，水域面积650公顷，林地面积5651公顷，森林覆盖率达56.75%。2016年，辖18个村1个社区。总人口48529人，其中，农业人口45166人，占93.07%；其中，男性25638人，占52.83%；女性22891人，占47.17%。镇区人口18380万人。人口以汉族为主，其他苗族、土家族、布依族、哈尼族、水族、回族 、侗族、瑶族、彝族、黎族、壮族等11个少数民族103人，占0.21%。出生604人，人口出生率1.24%，死亡291人，人口死亡率0.60%，人口自然增长率0.64%。

2016年，实现工农业总产值18.21亿元，其中，农业总产值4.32亿元，工业总产值13.89亿元；规模企业实现利润3580万元、能耗下降幅度为18%；工业固定资产投资完成7.9亿元；社会消费品零售总额3.95亿元，农民人均纯收入14850元。完成财政收入5611万元。其中，国税260万元、地税208万元。

完成农业总产值4.32亿元。水稻种植播种面积4267公顷，投入资金800余万元，完成8个村的“五小水利项目”建设、20口高标准骨干塘建设、122处水毁工程恢复；完成标准渠道建设12.6千米、小型河坝改造6座、渠道清淤扫障120千米；完成高架渡槽一处82米以及机埠改造3座计32千瓦等重点水利项目建设；抓好青山集中供水工程、晓南集中供水和四境等六村分散供水工程的扫尾验收工作。全年完成坡耕地造林7.53公顷、长防林封山育林33.33公顷、退耕还林荒山造林6.67公顷、县域经济特色产业油茶新造4.27公顷、油茶低改15.33公顷、油茶抚育5.33公顷、中央财政补贴造林10.27公顷、森林抚育34.8公顷、巩固退耕还林后续产业楠竹低效林改造5.33公顷；新建2个市级示范片区，新阳村林相提质改造示范点和天塘才33.33公顷楠竹低改示范点；完成11千米县道绿化、100户庭院绿化、3千米水边绿化；完成4个村村级森林防火器材标准化建设，培训护林防火员5次。出栏牲猪4.8万头，年末存栏牲猪2.2万头，其中能繁母猪1779头。存栏家禽为11.23万羽，存栏牛为562头，存栏羊为2245只。全镇水域面积为650公顷，水产品总量为1361吨。全镇规模化养殖不断发展壮大，其中常年存栏牲猪50头以上的85户、100头以上的有26户，300头以上的有7户。全镇经济作物种植面积448.8公顷，镇域主要种植水稻、薯类、豆类、麻类、蔬菜等，以一年一熟为主。

工业总产值13.89亿元；规模企业实现利润3580万元、产销率达99.99%、能耗下降幅度为18%，全镇86家皮鞋生产企业都经工商注册，有16家拥有自主品牌与商标，其中省、市级品牌有“百舌鸟”“花之王”“着意乐”“红玫瑰”等；工业固定资产投资完成7.9亿元；招商引资到位资金5200万元；小城镇建设逐步成为一座独具特色，以皮鞋产业为支柱产业和农机制造业为主导的综合工贸城镇。

以皮鞋工业园建设为主战场，按照“加快土地征收、完善基础设施、提升服务效能、突出招商引资、拓宽产品市场、推进综合开发、狠抓安全生产、强化技能培训、加大技改投入、拓展电子商务”的十条工作举措，工业园在运行、建设等方面保持快速发展的良好势头。全年累计生产销售各类皮鞋680万双，安排就业人员3400余人，发放各类工资1.32亿元，实现年产值6.45亿元，确保湘潭东达鞋业、湘潭志高缘鞋业、湖南爱丽丝鞋业、湖南豪友鞋业等4家企业全部建成投产，实现新建厂房1.58万平方米、新增流水生产线4条、新安排就业人员520余人、新增投资0.76亿元。

园区累计投入基础设施建设资金2460万元：按照省级工业集中区标准制定完善园区发展整体规划；完成土地征收8公顷；完成房屋征拆8栋、迁坟150座；完成清表6.8万平方米、土方23万立方米；完成下水管网建设2780米；完成挡土墙建设1930立方米；完成道路路基建设450米；完成3个消防取水点建设。园区整体基础不断夯实，行业影响逐步彰显。

进一步加大服务企业的力度，不断提升服务企业水平与效果。全程帮助企业代办各类手续26件；积极帮助企业协调各类矛盾纠纷152起；帮助企业办理园区就业证2000余份；帮助企业向上争取各类项目13个，争取资金150万元，帮助湘潭东达鞋业等4家企业成功申报规模企业；帮助企业与天易农商银行对接搭桥，采取以入园协议为依据、园区管委会担保的方式先期帮助企业融集资金1200万元；引导协会完善用工、定价、板师等规章制度，对新进企业由老企业实行定点帮扶，实现整个产业良性竞争和抱团发展。

坚持以“富农惠民”为出发点，突出抓好民生实事工程落实，大力推进社会事业健康发展。进一步完善城乡医疗卫生体系，新型农村合作医疗参合率为95%，大病兑付59人，重大慢性疾病门诊220例；做好低保“五保”审核，审批新增农村低保108户159人、“五保”户新增11人，清退农村低保160人、“五保”20人。2016年年底，有农村低保户1145户2015人，城镇低保户60户84人，领取低保金288.34万元；有分散供养“五保”户346人，全镇有霞岭、晓南2所敬老院，76人入住敬老院，分散供养365人。并通过“一门式”救助平台，联合社保站、规划站、合管站、医院、学校积极进行就业、住房、医疗、助学救助，对递交救助申请的对象根据实际情况通过社会化发放的方式进行资金救助。完成新型农村养老保险收缴16184人，城镇居民医疗保险500人。参加农村合作医疗37832人。农合补偿4850人，补偿金额1818万。农村养老保险享受人数7879人，年领养老金780万。新增农村劳动力转移就业410人（超额完成10人）、城镇新增就业267（超额完成17人）、下岗失业人员再就业30人、困难对象再就业5人。完成农村危房改造89户、特困户建房6户。新硬化村组公路17.2千米。推进环境卫生整治工作，进一步完善村级环境卫生整治机制，推行垃圾分类处理方式，大力整治水域、路面、房前屋后的垃圾乱丢、乱倒现象，倡导农村居民改厨改厕。

有中心校1所，有幼儿园（所）10所，在园幼儿1000人，专任教师40人；另有小学12所，在校学生2419人，专任教师97人，小学适龄儿童入学率100%；有初中4所，在校学生1100人，专任教师80人，初中适龄人口入学率100%，小升初升学率100%，九年义务教育覆盖率达100%。

2016年青山桥镇各行政村基本情况一览表

表25

村名	面积（平方千米）	耕地面积（公顷）	户数（户）	村民小组（个）	人口（人）	农村经济总收入（万元）	农村经济总费用（万元）	农村经济净收入（万元）	农民人均纯收入（元）
青山社区	2.7	0	570	18	1911	2433.9	1236.9	1197.0	12736.3
青山桥村	6.6	206.4	1028	33	3812	4389.6	2230.8	2158.8	35037.5
高屯村	3.5	122.4	577	19	2116	2463.8	1252.1	1211.7	11643.6
马栏坝村	7.0	197.5	1002	44	3786	4289.0	2174.4	2114.6	33987.5
观元村	6.6	173.0	822	35	3119	3509.9	1783.8	1726.1	33577.4
三富村	8.9	237.4	970	36	3636	4141.9	2104.9	2037.0	34233.1
松柏村	5.0	137.5	482	17	1795	2058.2	1046	1012.2	23599.3
龙舞村	5.2	54.0	360	12	1313	1537.2	781.2	756.0	23627.1
大兴塘村	7.6	98.4	533	21	2008	2275.9	1156.6	1109.3	34103.8
霞岭村	4.9	84.5	487	15	1795	2079.5	1056.8	1022.7	23240.7
福门村	6.6	121.5	525	25	2578	2822.4	1434.3	1388.1	22063.6
天塘村	7.6	77.9	469	28	1657	2002.7	1017.8	9849.0	36263.3
桥头铺村	5.4	117.2	622	22	3843	2656.0	1349.8	1306.2	22070.0
高强村	5.6	169.3	534	39	2139	2280.2	1158.8	1121.4	21479.7
新铺村	2.7	127.4	488	18	2001	2083.8	1059.0	1024.8	10413.6
高山寺村	2.6	127.6	540	20	2291	2305.8	1171.8	1134.0	10064.6
晓南村	4.6	220.3	917	37	3835	3915.6	1990	1925.6	20599.9
四境村	7.4	246.6	724	32	2875	3091.4	1571	1520.4	32246.4
扶冲村	4.1	138.8	500	24	2019	2135	1085	1050.0	21129.2

【青山桥镇合并行政村】 2016年，青山桥镇开展行政村合并工作，将青山桥村与和坪村合并为青山桥村，新阳村、马栏坝村、龙书村合并为马栏坝村，观元村与观山村合并为观元村，富石村、富晓村、三富村合并为三富村，晓南村与上方村合并为晓南村，四境村与沙河村合并为四境村，高屯村、松柏村、龙舞村、大兴塘村、霞岭村、福门村、天塘村、桥头铺村、高强村、新铺村、高山寺村、扶冲村12个村、青山社区1个社区保留不变，合并后，青山桥镇由26个村、1个社区减少至18个村 1个社区，村民小组495个。

【青山桥镇人民政府与天易农商银行、青山皮鞋行业协会成为战略合作伙伴】 9月12日，青山桥镇人民政府、天易农商银行、青山皮鞋行业协会达成三方战略合作协议签约仪式举行。县领导段伟长、周贤、唐仁光、荣虎成、胡自庚参加签约仪式。湘潭天易农商银行本着互惠互利实现赢的目标，与青山桥人民政府和青山桥皮鞋行业协会建立战略合作关系，成为战略合作伙伴。天易农商银行将为青山桥皮鞋行业提供全方位金融服务支持，优先向青山桥皮鞋行业协会单位成员提供授信融资服务，并给予最大的信贷政策优惠措施，从根本上解决青山桥皮鞋发展融资难题。达成战略合作的政银企三方：乡镇要进一步发挥主政一方、发展一方、致富一方的主体责任，在服务经济发展环境、搞好战略研究和市场分析等方面发挥主导作用；银行一方要积极创新金融产品，在服务企业和实体经济方面多做思考、多做贡献；企业应当真正按市场规律办事，防控和掌握风险，做大企业，增加效益，真正让政银企三方的合作解除束缚。

【青山桥镇第六届人民代表大会第一次会议】 10月27日，青山桥镇第六届人民代表大会第一次会议召开。会议应到代表71名，因事因病请假2名，实到代表69名，符合法定人数。县委副书记周艳希、县纪委正科级督察员曾静美等出席会议。会议审议通过《政府工作报告》《主席团工作报告》《财政预决算报告》，选举产生人民代表大会主席陈耀武、副主席谭庆，镇人民政府镇长张宏及4位副镇长谭铁权、胡志勇、杨毅、任志文。

【湖南省2016年皮鞋设计与制作职工职业技能竞赛在青山皮鞋工业园举行】 11月14日，湖南省2016年皮鞋设计与制作职工职业技能竞赛在天易示范区青山皮鞋工业园举行。本次竞赛由湖南省劳动竞赛委员会办公室主办，湖南省鞋业协会、湘潭县劳动竞赛委员会、湖南华高文化传播有限公司承办。旨在激励和引导全省皮鞋行业职工进一步规范操作，提高从业人员的业务素养，在行业内部营造钻研技能、崇尚技能、尊重技能人才的良好氛围，带动全省皮鞋行业技能人才培养和综合素质提升，助推经济发展。竞赛分理论考试和技能操作两个部分。理论考试成绩占20%，操作技能考核占80%，比赛内容均参照《国家职业技能鉴定》标准，理论考试与技能操作综合成绩优胜者，根据《国家职业技能鉴定》标准，由相关职能部门分别评定职称。最终，来自湘潭红玫瑰鞋业有限公司的何花、赵牡，湖南远美鞋业有限公司的李超梅、谢爱华获得一等奖。湖南省总工会生产部部长、副巡视员王湘静，县委副书记周艳希为获得湖南省2016年皮鞋设计与制作职工职业技能竞赛制帮缝帮一等奖的选手颁奖。县领导韩炎、唐仁光，市、县总工会相关负责人到场观赛。

（丁 侣）

易俗河镇

【概况】 易俗河镇古称洛口，是湘潭县城关镇，坐落于湘江和涓水汇合处，正处在长沙、株洲、湘潭“金三角”一体化的核心区。交通十分便利，有107国道和320国道贯穿其中。2016年经合镇并村后，镇域面积212.41平方千米（城区面积17.3平方千米、美丽乡村示范片19.5平方千米、天易示范区规划建设区99平方千米）。耕地面积6344.6公顷（水田5946.7公顷、旱地397.9公顷），林地面积7705公顷，水域面积3186.1公顷。全镇分7个管区，辖31个村和13个社区，976个村（居）民小组，常住人口129512人。其中，男性66181人，占51.1%。农业人口79135人，占总人口的61.1%；另有流动人口92618人。年内，全镇出生人口1517人，人口出生率11.5‰。人口自然增长率3.2‰，政策内出生1498人，政策外出生19人，符合政策生育率98.7%。

2016年，完成税收收入5850万元；完成规模工业总产值52.8亿元，规模企业18家，实现规模工业增加值14.78亿元；规模工业企业实现产品销售收入总额为52.69亿元，产销率达99.41%；工业总产值52.7亿元，工业项目实现技术改造投入25.5亿元。实现农村经济总收入213343.29万元，农民人均净收入16758元。积极调处企业各类矛盾纠纷，依法维护企业合法权益，为企业解决各类问题矛盾35起；全力配合拆迁安置和矛盾纠纷排查稳控工作，签订土地征收协议46个，面积涉及56.47公顷，签订房屋征收合同205户（其中国有土地上115户），安全拆除193户，迁坟814冢。

落实粮食播种面积11700公顷，实现粮食总产量82496吨。完成机插秧面积866.67公顷，农民购置补贴农机72台套，发放补贴资金17.817万元；完成治理重金属镉超标耕地2969.9公顷；开展农业技术培训和各种惠农政策宣传工作，累计发放惠农补贴33项计2794.2万元；完成营造林任务217.67公顷，完成义务植树21.5万株；严格落实汛期防汛人员备勤、物资储备，投入900万元完成水利工程874处，在“6·15”暴雨灾害中，全镇及县城未发生大的灾情。生猪存栏数8.34万头，出栏数18.08万头；家禽存圈23.73万羽，出圈34.09万羽。对26个活禽交易摊贩进行监管，在春、秋季防疫工作中，免疫猪口蹄疫6.87万头、猪蓝耳6.87万头，免疫家禽22.29万羽；完成竹木经营（加工）许可证年检年审23个，拆除非法捕鸟网2面。

有九年义务制学校20所，其中包括初中7所，小学13所，在校教师821人，在校初中学生1573人，在校小学生1795人。全镇有“五保”人数886人，有敬老院4所，入住老人数212人。

有城市低保1691户，2995人；农村低保1690户，3014人。取消农村低保115户、232人，城镇低保280户、529人；落实城镇居民医保参保17943人，参保率占城镇总人口的13.9%（不含职工医疗保险）。新型农村合作医疗参保人数为68782人，参保率达98%。领取养老保险人数13349人，领取养老保险金1202万元。完成城乡居民养老保险参保缴费人数18031人，完成目标任务的73%；城镇职工养老保险参保缴费人数118人，完成目标任务的120%；新增城镇就业2132人，新增农村劳动力转移就业310人，组织350人参加“春风行动”专场招聘会，其中106人与用人单位达成就业意向。为320名城乡低保困难家庭孕妇提供免费产前筛查，举办孕产妇孕产期健康知识讲座一场，计300余名孕产妇及家属参加。

全镇50个建制村合并调整为31个，即将35个建制村合并调整为16个，15个建制村保持不变。调整后建制村平均面积6.89平方千米，平均人口2516人。各合并村支村主要负责人文化层次相对提高、年龄结构相对优化、组织能力相对较强、女性所占比例提高。完成涉并村资产清理、财务合并和审计工作，累计审计村级资金 2.73 亿元。

投资 130 万元对背街小巷、次干道等公区域下水、道路进行维护维修，启动背街小巷和老旧小区提质改造工作；完成金霞山公园内山峰游步道提质改造，架设路灯 227 盏，新建休息亭、公厕所、蓄水池、增压泵房，新增各类标示牌 220 个。打造高桥、梅林桥、新塘 3 个村 50 户农户为“美丽屋场”；完成梅林示范片投资 3680 万元，农村土地整治项目完成进度达 60%；完成高标准农田项目完成山塘整修 12 处，建设高标准渠道 6.9 千米，完成基础道路建设 7.7 千米；城市棚户区改造完成 190 户；成功启动“游美丽梅林花海，登生态晓霞高峰”湘潭县乡村休闲一日游都市后花园开园仪式、飞行小镇启动仪式、徒步毅行活动、半程马拉松比赛和场地越野车比赛等系列文体活动。

组织镇村干部与县直机关干部深入开展大走访活动，走访住户 19 万人次；4 月 20 日开始开展“百日攻坚”活动，接待上访群众 223 批次 312 人次；全面启动“七五”普法宣传，累计接受社区矫正对象 382 人，解除 300 人，现有在册矫正对象 82 人，镇村两级调委会受理矛盾纠纷 453 起，调处成功 449 起，调处成功率 99.1%，达成协议金额 561.1 万元。开展烟花爆竹“打非”清剿行动，下发责令整改通知书 114 份；开展安全监管执法年行动，检查企业 112 家，排查安全隐患 233 处；开展百日安全隐患清零攻坚行动，计检查单位 246 家（次），发现安全隐患 600 处，实现隐患“清零”。

严格落实党员发展“2233 制”，新吸收预备党员 17 名，预备党员转正 39 名。组织召开党代会，选举县党代表 23 名；加强软弱涣散村（社区）党组织的整顿，选派 5 名党员到村担任村党支部第一书记；按照“七有五统一”标准，提质改造谷洪村、高桥村、云龙社区三个基层服务阵地示范点；深入开展“干群一家亲，党群心连心”结对帮扶活动，全镇基本形成城乡党建工作的联动格局。落实党风廉政建设责任制，签订《党风廉政建设责任书》322 份，细化党风廉政建设工作，制定《易俗河镇“纠‘四风’、治陋习”专项整治工作方案》《易俗河镇开展“雁过拔毛”式腐败问题专项整治工作方案》，出台《易俗河镇干部签到表》和《易俗河镇干部去向报备表》制度，组织专项督查 40 次，印发督查通报 8 期，立案 7 起（其中政纪立案 1 起，党纪立案 6 起）。

2016 年易俗河镇各行政村基本情况一览表

表 26

村名	面积（平方千米）	户数（户）	人口数（人）	农村经济总收入（万元）	农村经济总费用（万元）	农村经济净收入（万元）	农民人均纯收入（元）
烟塘村	3.90	803	3200	6348.87	1638.55	4710.32	19065
山塘村	3.50	339	1348	2855.32	1005.54	1849.78	18154
金霞村	3.41	483	1687	3975.12	1178.73	2796.39	18957
赤湖村	6.49	518	2865	6212.23	1955.25	4256.98	19012
八角村	5.76	599	2484	5517.54	1736.38	3781.16	18256
青光村	8.23	867	3025	6745.32	2655.63	4089.69	18129
水竹村	5.67	467	2856	5765.38	1635.44	4129.94	18867
京竹村	2.31	553	2515	5512.85	1473.75	4039.10	21785
樟树村	3.46	413	1624	3852.24	1045.68	2806.56	19876
赋江村	6.54	804	3025	5512.65	2336.35	3176.30	16743
杉荫村	7.76	655	2451	6845.92	3366.45	3479.47	16143
银塘村	7.39	1035	4131	7874.47	3335.45	4539.02	18856
万荷村	6.60	740	2862	8365.35	4085.88	4279.47	15379
安联村	6.10	686	2516	7985.65	4265.36	3720.29	16169
麦子石村	10.90	900	3216	12008.32	6255.85	5752.47	16325
石壁村	5.40	605	2481	5556.32	2804.75	2751.57	15580
双梅村	9.30	651	2282	7824.56	4503.25	3321.31	16305
黄竹村	6.30	526	2112	5655.34	3755.35	1899.99	15245
梅林村	11.20	918	3565	9665.38	5215.35	4450.03	17150
谷洪村	5.80	581	2320	9105.85	5155.38	3950.47	16750
高桥村	8.70	709	2895	8355.67	5337.35	3018.32	16150
宝塔村	6.40	434	1692	4752.35	2803.58	1948.77	15750
友谊村	5.60	396	1520	4632.28	2703.35	1928.93	15650

续表 26

村名	面积（平方千米）	户数（户）	人口数（人）	农村经济总收入（万元）	农村经济总费用（万元）	农村经济净收入（万元）	农民人均纯收入（元）
白云村	8.50	540	2178	4620.28	1028.42	3591.86	16150
飞龙桥村	5.70	724	2800	8657.45	4610.28	4047.17	17145
新虎村	4.50	444	1850	4832.28	2703.36	2128.92	15420
新塘村	8.20	1087	4260	12101.2	6925.73	5175.47	16475
踏龙村	6.00	448	1680	5252.23	3020.28	2231.95	15350
高岭村	8.00	634	2165	8875.27	4812.45	4062.82	15280
皂杨村	5.70	656	2480	8723.35	4553.23	4170.12	15253
郭家桥村	6.30	808	3050	9356.25	4720.35	4635.90	15465

2016 年易俗河镇社区居委会基本情况一览表

表 27

社区名称	面积（平方千米）	居民小组数	党员人数	户籍人口数	流动人口数	总人口数	服务用房面积（平方米）	公活动场所（处）
合计	1645	88	940	50377	92618	142995	4582.4	24
富豪阁社区	14	5	63	2983	3886	6869	280.0	2
吴家巷社区	371	3	31	3757	23323	27080	316.0	1
城塘社区	42	12	117	5233	2109	7342	300.0	1
百花社区	78	9	193	8439	7568	16007	300.0	0
牛头岭社区	250	5	117	6200	4000	10200	260.0	2
砚井社区	121	10	135	6342	6126	12468	300.0	1
云龙社区	154	9	41	3392	9656	13048	980.0	4
赵家洲社区	109	6	35	1420	11780	13200	368.4	0
凤形山社区	97	8	103	4200	678	4878	500.0	0
大湖塘社区	110	8	8	26	2964	2990	230.0	1
瓦屋湾社区	82	4	18	920	10580	11500	228.0	2
花果山社区	96	6	62	2765	6948	9713	300.0	11
晓木塘社区	118	3	17	4700	3000	7700	220.0	1

【易俗河镇合并建制村】 2016 年 4 月，易俗河镇按要求开展建制村合并工作，将上马村、青光村合并设立青光村；赋江村、青狮村合并设立赋江村；杨溪村、河洲村、银塘村合并设立银塘村；杉荫村、王家冲村合并设立杉荫村；划香村、飞龙桥村合并设立飞龙桥村；石梅村、梅市村合并设立双梅村；荷佳村、万利村合并设立万荷村；金盆洲村、竹山村、千江村合并设立麦子石村；安云村、联云村合并设立安联村；新长村、新堤村、新湖村合并设立新塘村；郭家桥村、鹧鸪村合并设立郭家桥村；杨柳村、皂塘村合并设立皂杨村；合龙村、城塘村合并设立高岭村；谷塘村、洪塘村合并设立谷洪村；梅林桥村、京广村合并设立梅林桥村；谷丰村、高桥村合并设立高桥村。全镇 50 个建制村合并调整为 31 个，即将 35 个建制村合并调整为 16 个，另外 15 个建制村保持不变。调整后建制村平均面积 6.89 平方千米，平均人口 2516 人。

【易俗河镇“欢乐潇湘—幸福湘潭”文艺会演举行】 5 月 9 日，易俗河镇“欢乐潇湘·幸福湘潭”大型群众文艺会演在梅林桥村农贸市场上演，100 余名演员为群众带来一场本土文艺大餐。本次会演选送 12 个优秀节目，形式多样，内容丰富，精彩纷呈，赢得现场观众的欢迎。由安联村推送的舞蹈《中国美》获得本次会演的一等奖。

2017年7月24日，由湘潭县梅林桥美丽乡村示范片建设指挥部主办，易俗河镇人民政府、越野e族湘潭分队8341俱乐部承办的第二届“梅林山莊杯”汽车场地越野挑战赛竞赛举行。　　（易俗河镇　提供）

【金霞山公园义务监督员启动仪式举行】　6月18日，湘潭县金霞山公园“我爱金霞山”义务监督员启动仪式举行，107名义务监督员在金霞广场前宣誓，他们将利用业余时间履行监督职责，为守护金霞山公园做出应有贡献。天易示范区党工委委员、管委会副主任杨欣荣、县城管执法局、易俗河镇政府、县金霞山公园管理处负责人参加活动启动仪式。

【湘潭首届“易俗河·梅林桥”毅行活动举行】　6月25日，由县人民政府指导，梅林桥美丽乡村建设指挥部、易俗河镇人民政府主办的2016年湘潭首届“易俗河·梅林桥”毅行活动举行。来自湘潭市各级政府机关和企事业单位的公务员、法官、律师、私营业主等300多位朋友参加本次16.5千米的徒步挑战。早晨7点30分，300多人的毅行队伍从县政府出发，途经天易示范区、碧桂园、向东渠、安埠桥、高桥等地，最后到达梅林桥文化广场。参加本次比赛年纪最小的仅为7岁，年纪最大的已有60多岁。

【第二届“梅林山莊杯”汽车场地越野挑战赛竞赛举行】　7月24日，由湘潭县梅林桥美丽乡村示范片建设指挥部主办，易俗河镇人民政府、越野e族湘潭分队8341俱乐部承办的第二届“梅林山莊杯”汽车场地越野挑战赛竞赛举行。县领导黄铁华参加活动。比赛现场汇集无数的越野“发烧友”，参赛越野车达61辆，参赛选手来自江西、湖北、湖南三省。活动吸引千余名车迷现场欢呼、呐喊、助威，活动现场更聚集大量群众观看比赛。　（李欣忆）

谭家山镇

【概况】　谭家山镇位于湘潭县东部中段，距县城15千米，南与中路铺镇、西与射埠镇、北与易俗河镇接壤，东与株洲市天元区雷打石镇、三门镇、株洲县古岳峰毗邻，总面积100.45平方千米。辖14个村，农业人口户数13013户，38847人；3个社区，城镇居民4943户，11421人；总户数17974户，人口总数50268人，其中，男性26029人，占比51.78%，女性24239人，占比48.22%。绝大部分为汉族，有土家、苗、侗、壮等16个少数民族161人。耕地面积2556.93公顷，其中水田2393.09公顷，旱地161.6公顷，山塘1690口，山林面积5306.67公顷，森林覆盖率52.83%。境内107国道纵贯南北、313省道横穿东部、武广高铁从东部边缘穿过，东距京广澳高速铁篱笆入口仅3千米。

2016年，完成工农业总产值5.3亿元，其中，工业总产值2.3亿元，农业总产值3亿元。完成税收收入924万元，其中，国税802万元，地税122万元。农民人均纯收入12010元。有规模企业3家，规模企业总产值1.4亿元。3家规模企业分别是湘潭县通用离心机有限公司主要产品有活塞推料、螺旋卸料、离心卸料、刮刀卸料、上悬式、三足式、平板式离心机及转鼓真空过滤机等八大系列，一百余种规格型号的离心机、过滤机，全生产总值4700万元；湖南宏信农业发展有限公司是湘潭市农业产业化龙头企业，主要产品为野生纯茶油，茶籽醇香调和油，茶籽花生调和油，全年产值4000万元；湖南瑞兴锌业有限公司主要生产和销售氧化锌，全年总值5300万元。实现招商引资到位资金2500万元，分别为湖南和顺化工有限公司湘潭万里加油站、湘潭湘鸿生态农业有限公司和茅亭槟榔厂3个项目，湘潭腾丽烟花爆竹有限公司在建，石坝口水库光伏发电项目在洽谈中。

早稻种植面积2053公顷，产量1.386万吨，一季稻195公顷，产量0.158万吨，晚稻2138公顷，产量1.652万吨；种植玉米265公顷，产量0.219万吨；种植甘薯103公顷，产量852吨；马铃薯33.3公顷，产量1250吨；花生40公顷，产量90吨；油菜320公顷，产量400吨；棉花18公顷，产量9.6吨。蔬菜种植1066公顷，西瓜种植130公顷，莲藕26.7公顷，茶叶34.7公顷，梨园28公顷，柑桔园74.7公顷，葡萄园47公顷。年底存栏生猪18272头，存栏牛148头，羊6807头，禽类存笼129151羽。存栏生猪100头以上23户，存栏羊50头以上32户，存笼禽类300羽以上43户。全年出栏生猪3.8万头、出笼禽类20.8万羽。年内，新增12家家庭农场和8个专业合作社，全镇有58家合作社和21家家庭农场。

完成耕地修复撒施石灰1467公顷，发放低镉种子3.9万公斤，发放绿肥种子、镉阻隔剂等修复治理物资，实施休耕100公顷，指导专业合作社落实长株潭结构调整棉花种植示范片35公顷，并在全镇重金属耕地修复治理村开展深翻耕治理，至年底，已完成任务的二分之一。食品安全巡查100%。全年义务植树10万株。

投入水利建设资金300多万元，

动工水利工程716处，完工351处，完成土石方55万立方米，完成劳动工55万个，其中，完成骨干山塘建设186处，完成高标准渠10千米。发放移民直补资金80余万元，申报16个村18个移民项目，落实项目资金122万元。计划总投资900万元的千亿斤粮食产能工程，花门已硬化水渠400米，陈家垅硬化水渠100米，新泉硬化水渠100米，泉丰、石洪两村水渠正在整修中。同时启动、推进C140道路建设，已投入建设资金100万，完成公路全线护坡工程，对硬化路面完成技术交底。启动、推进Y195道路建设，已投入建设资金50万元，正在实施破砼工程。

全镇有建档立卡贫困人口818户1798人，其中2016年预脱贫户为273户560人。镇党委、政府多措并举，助力扶贫。送上慰问金和慰问品；对120户特困户进行临时救济，发放救济金5万余元；对2014–2016年度的81户建档立卡危房改造户的身份证信息、一卡通帐号、改造类型等进行核实，确保扶贫补助资金按时足额发放到位；组织相关人员召开扶贫小额信贷工作推进会，对所有贫困户进行评级授信；配合天易农商银行扎实推进扶贫小额信贷工作，累计两批发放小额信贷105户，发放贷款241万；组织70户贫困户举办精准扶贫养羊技术培训班，会后有41名户主与湘潭县白泉养羊专业合作社签订养羊协议，由合作社为每户免费提供5只种羊，帮助他们脱贫致富。

完成农村危房改造116户。积极落实惠民政策，全年发放耕地地力保护补贴、农机购置补贴、“五保”户分散供养补贴、危房改造、农村低保等35种补贴资金1431.8万元。城镇低保225户，336人，领取补助金额94万元；农村低保764户，1328人，领取补助220万元；农村“五保”382人，领取补助487万元，其中集中供养51人，有敬老院1所。优待抚恤对象534人，领取优抚补助金299万元。城镇居民医保参保2300人。新型农村合作医疗参合32041人，参合率85.2%，参合农民7749人享受住院补偿，补偿金额1930.77万元，8911人享受门诊补偿，补偿金额9.55万元，409人享受意外伤害补偿，补偿金额109.2万元。基本养老保险缴缴费人数11668人，享受基本养老保险待遇人数7253人，年领取金额738万元。完成全国残疾人基本服务状况和需求专项调查的入户调查和信息录入工作，圆满完成0—6岁儿童残疾筛查工作，组织湘潭市爱尔眼科的医生到镇卫生院进行免费白内障筛查。投资450万元的湘潭县精神卫生服务中心投入使用，完成干部周转房20套的修缮工作。11月20日，谭家山镇新建36套干部周转性住房项目开工建设，总面积2233.7平方米，投资规模425万元，政府院内投资20万元，新造生态停车坪400平方米，新铺沥青坪350平方。分路口社区服务大楼，主体工程已完成，同时已启动文体广场提质改造工程，计划完成硬化2000平方米，绿化1000平方米。全镇出生559人，计划生育率86.52%，人口自然增长率为4.25‰，多孩率控制在3.04%，生育秩序不断规范。全镇12所中小学全面完成合格创建，在校学生2340人，教师192人。14所幼儿园全部依法依程序办证教学，入园幼儿数1003人。输送新兵22人。

对各类违法犯罪行为保持严打高压态势。全年破获各类刑事案件84起，查处治安21起，及时处理网上信访事件2起，全镇社会大局稳定，治安秩序良好，群众满意度显著提升。打击榜塘村非法生产摔炮作坊等非法生产经营单位27家，关闭非法洗铁厂7家、非法经营液化气2家、非法洗沙、采石厂5家，查获非法存储烟花鞭炮、柴油等仓库12个，收缴并销毁非法生产、存储烟花鞭炮3000余箱。

2016年谭家山镇各行政村基本情况一览表

表28

村名	面积（平方千米）	户数（户）	人口（人）	农村经济总收入（万元）	农村经济总费用（万元）	农村经济净收入（万元）	农民人均纯收入（元）
高丰村	5.7	938	2815	5038	1653	3385	12024.9
茶金村	2.8	625	1830	3164	956	2208	12065.5
龙亭村	7.7	966	2852	4782	1642	3140	11009.8
谭家山村	5.3	825	2492	4493	1478	3015	12098.7
铁竹村	6.9	871	2657	4905	1730	3175	11949.6
紫竹村	8.8	1159	3422	6416	2269	4147	12118.6
霞峰村	7.7	1060	3096	5629	1882	3747	12102.7
花塘村	6.6	851	2683	4782	1587	3195	11908.3
红星村	8.5	990	3086	5482	1802	3680	11924.8
棠霞村	5.6	937	2646	4816	1628	3188	12048.4
长岭村	4.5	748	2118	3838	1289	2549	12034.9

续表 28

村名	面积（平方千米）	户数（户）	人口（人）	农村经济总收入（万元）	农村经济总费用（万元）	农村经济净收入（万元）	农民人均纯收入（元）
石垅村	9.8	1033	3180	5660	1855	3805	11965.4
月仙村	8.4	1093	3181	5733	1906	3827	12030.8
石荷村	10.0	935	2789	5037	1702	3335	11957.7
土地庙社区	—	3144	7456	—	—	—	—
佐塘社区	—	1799	3965	—	—	—	—

【谭家山镇合并行政村】 2016年，谭家山镇开展行政村合并工作，将紫竹村与肖冲村合并为紫竹村，榜塘村与坪塘村合并为谭家山村，高山与泉丰村合并为高丰村，响垅村与茅亭村合并为龙亭村，月塘村与仙娥村合并为月仙村，荷叶坝村与石龙村合并为石荷村，石坝口村与陈家垅村合并为石垅村，长塘村与南泉村合并为霞峰村，石洪村与并新泉村合并为红星村，花门村与高塘村合并为花塘村，铁炉村与竹霞村合并为铁竹村，棠霞村、长岭村维持原状，从土地庙社区拆出谭煤原机修厂家属区、原水泥厂家属区，在分路口安置区新成立分路口社区。合并后，该镇由原来的25个村、3个社区减少至14个村，3个社区。

【矿区治理】 2016年，9个矿区村实施治理项目40个，建设资金824万元。启动四矿排水改造工程，供应附近5个村33个组农田用水及部分谭煤职工家属区的生活用水。转供电改网工作已完成原坪塘、榜塘、长塘、紫竹四村（不含商居户）的割接转网工作。

【特高压项目】 2016年3月，启动湘潭—古亭500KV输电线路工程特高压项目，途经谭家山镇7个村31个村民小组，全长9.5千米左右。全线征地0.9公顷，拆迁房屋53栋涉及到28户，已完成12户，迁移坟墓3座。青苗设施补偿款已发放180多万元，涉及到400多户，开出的单据1600多张；全线塔基、塔架已经全部峻工，架线已全面完成。

【谭家山镇现代农业精品工程推介会暨精榜乌梅基地开园】 6月8日，谭家山镇现代农业精品工程推介会暨精榜乌梅基地开园仪式举行，副县长陈卫兵、县委宣传部、县文旅体局及谭家山镇负责人等参加开园仪式。谭家山镇精榜乌梅基地位于谭家山镇石坝口水库四页坳山上，总面积32公顷，1999年起，实行土地流转，开工建设。2001年栽种，有杨梅树14400株，该基地的杨梅因个大、肉嫩、质甜和绿色无公害等特点，每年吸引周边县市的顾客争相采购。谭家山镇全力打造现代农业精品工程，形成精榜乌梅、湘鸿蔬菜、榜塘蚕桑、林泉山苗圃、宏信百里醇、朝连油茶、荷叶坝肉兔、力和乌鸡、茶园螃蟹、高山湘莲十大基地。

【成功捣毁非法烟花爆竹作坊】 10月28日，群众举报在谭家山镇谭家山村经常有陌生人出入。谭家山镇人民政府高度重视，决定由分管负责人带领镇安监站工作人员、管区干部对该村进行全面摸排。最终在谭家山村政法组某栋房屋中发现有人非法生产烟花爆竹。镇主要负责人立即安排派出所、安监站、管区对现场进行突击检查。在现场，发现存有赤磷50斤，沙子和凝固剂多袋，俨然就是一个小规模的烟花爆竹制作工厂。为确保安全，谭家山镇立即联系县安监局、县治安大队，由其指派专业技术人员在现场对原材料进行销毁。（马晓忠）

中路铺镇

【概况】 中路铺镇位于湘潭县境东南部，距湘潭市区35千米，县城28千米。东与株洲县接壤，南靠白石，西与花石、射埠毗连，北接谭家山。古为驿站，因居长沙至衡阳古驿道中点而得名中路铺。辖区总面积183.6平方千米，是湘潭县面积最大的乡镇。耕地面积3918.4公顷，其中，水田面积3383公顷，旱土面积535.6公顷，林地面积10820公倾，森林覆盖率48.3%，水面面积1518公倾。辖20个行政村和1个社区居民委员会，603个村民小组，17030户，总人口62323人。其中，男性32165人，占比51.61%，女性30158人，占比48.39%；城镇人口3381人，占比5.42%；少数民族178人，占比0.29%，主要是苗族和土家族。城镇区面积2.55平方千米，镇区形成两纵五横的街道，有各类店铺1180个，中型超市5家，大型连锁药店3家，综合性农贸市场1个，菜食品专业市场1个。中路铺镇区域交通优势明显，107国道贯穿全镇南北，中碧公路连接株洲，韶井公路途经全镇10多个村，通往射埠、石潭、楠竹山，直达韶山。

2016年，全镇财税收入1141.8万元，其中国税710万元，地税441.8万元。工农业总产值6.05亿元，其中工业总产值4.8亿元，农业总产值1.25亿元。

全镇有工业企业14个，从业人数560人，主要产品为玻璃制造、矽沙、搪瓷，工业总产值4.8亿元。其中规模工业企业3家，分别是湘潭皓月玻璃有限公司、湘潭电焊条辅料有限公司、湖南佳盛搪瓷有限公司。完成规模工业总产值3.49亿元，完成招商引资2亿元，实现固定资产投资4.89亿元，投入技改资金3.65亿元。

年内流转耕地面积1335公顷，粮食种植面积6534公顷，总产量

49.98吨。2公顷以上种粮大户276户，全镇优质稻面积达种植面积的70%以上，种植小籽花生134公倾，西瓜69公倾，湘莲种植面积增加至400公顷以上。全镇推广插秧机6台，机插秧面积660公顷。重金属修复治理面积达135公顷。生猪饲养量8.9万头，出栏数12.66万头，家禽饲养量32万只，出笼数32万只，春秋两季动物防疫达标率100%，100头以上规模养殖户达98户。机插秧面积660公顷，购机补贴资金合计53万元。完成新造油茶55公顷，新造长防林350公顷，裸露山地补植补造440公顷，森林抚育100公顷，退耕还林工程3.5公顷，森林覆盖率48.3%，完成60株古树名木的资料完善工作。

"6·15"强降雨灾害发生后，造成中路铺镇受灾作物面积867公顷，绝收7.5公顷，山体滑坡6处，主干道路中断1条，倒塌房屋6间，直接经济损失2000余万元。该镇组织干部群众抗灾救灾，敬老院集中安置"五保"户9户，分散安置"五保"户11户，救助灾对象32户，发放春灾生活困难款27000元。紧急转移安置群众2299人，其中，分散安置2213人，集中安置86人，无人员伤亡事故。该镇获得全市防汛先进集体荣誉。

完成镇区2.9平方千米的控制性详细规划。镇容镇貌优化项目全面启动，镇区湘中路沿线所有广告招牌统一建设完成，道路景观改造工程完成规划、设计，街心绿岛开工建设，启动镇区"两纵五横"道路管网提质改造建设及路灯亮化建设。建成镇区环保厕所1处，全面改善污水处理设施；完成湘中路交警队处的交通监控安装并投入使用，完成湘中路三医院路口、邮政路口监控安装的前期准备工作；改造建设邮政路路段排水排污管道建设项目，完成劳动保障平台主体建设。

投入移民后扶资金557万元，完成各类项目40处，24个移民后扶项目完成验收。完成五小水利建设村9个，完成危房改造43户。完成枧卫公路大湾桥村路段的提质改造，完成辖区范围内乡村道路换补板3020平方米和清灌缝31.5千米。5月23日，作为全省唯一一家乡镇代表在全省农村公路现场会上做典型发言。率先引进浙江省商达环保有限公司，分别在竹冲村、镇区、龙凤庄园、中心卫生院试点开展农村污水治理工作，由公司统一整体打包治理，统一设计、提供设备并承担污水设施的运营工作，项目全部完工，运行良好。

7月1日，中路铺镇通过省、市的国省道专项整治工作验收，取得县农村环境综合整治工作二季度一类乡镇。完成火距路7千米绿化，全镇乡村道路绿化率达78%以上，基本形成一路一景一特色格局。申报并建设完成美丽屋场13个。农村生活垃圾分类实现全镇覆盖，全面启动农药废弃包装物回收试点，成效良好。

有学校10所，内含初中4所，小学6所，在校学生3662人，在校教师239人，幼儿园13所，入园幼儿1630人。设有农村书屋39个、文化活动室40个，均免费开放。"欢乐潇湘·幸福湘潭·莲乡大舞台"群众文艺活动深入人心；枧桥农村文化广场建成投入使用；卫星电视"户户通"广播"村村响"工程全面完成。落实长效节育措施530例，流引产45例，征收社会抚养费112.76万元，发放独生子女费1047人，完成免费孕前检查308对。成功举办一期大型"春风行动"招聘会，56家企业参加招聘。农村劳动力新增转移就业577人，城镇新增就业491人。失业人员实现再就业人数50人，就业困难人员实现就业13人。有农村淘宝服务站7家。完成精准脱贫退出316户805人，省定贫困村成功摘帽。

新增"五保"对象18人，年末"五保"对象679人，其中入住敬老院161人，镇内有敬老院4所；新增低保户33户，新增55人，取消175人，年末有低保户940户1826人，发放低保金259万元。城乡临时救助620户，发放临时医疗救助资金18.13万元；走访慰问优抚对象825户，发放慰问款29.14万元，有优抚对象1653人，领取优抚补助金87.67万元。

年内开展非煤矿山、危险化学品、工贸企业和烟花鞭炮经营户执法检查，立案3起（安监），取缔烟花鞭炮经营户13家，行政拘留3人；停业整顿网吧2家，校园和校车专项检查行动4次，排查车辆120余次，查处违法校车6台次，拘留1人，取消园车驾驶资格1人。加大禁赌力度，全镇范围内麻将馆基本关闭。年内接待来访群众643人，电话23批次，信访案件办结率为98%。无新增上访人员，进京非访1次，总量明显下降，成功化解一批信访积案。

年内，出生727人，人口出生率1.17%；死亡359人，人口死亡率0.58%；人口自然增长率0.59%。政策内出696人，政策外出生27人，符合政策生育率96.27%，多孩率1.65%，性别比107。

是年，中路铺镇党委辖20个党总支，60个党支部。其中，农业党支部40个，机关事业党支部17个，非公有制企业党支部3个。有党员2360名。其中，农村党员1987名。各机关党支部到村开展建活动45余次，帮扶慰问困难群众160余户。发展新党员10名。全年组织139次集中学习，59次专题学习讨论，10次书记大讲堂，镇党校开办各类教育培训4期，参训人数1600余人次。

年内，组织党风廉政建设专题学习4次，开展作风督查8次，镇村干部遵纪廉政谈话120人（次），通报批评违反工作纪律或财经纪律镇村干部15人（次），诫勉谈话3人（次），党内警告处分1人，全镇未出现一起因镇村干部纪律作风问题引发的群众上访。

2016年中路铺镇各行政村基本情况一览表

表29

村名	总面积（平方千米）	耕地面积（公顷）	户数（户）	村民小组（个）	人口（人）	农村经济总收入（万元）	农村经济总费用（万元）	农村经济净收入（万元）	农民人均纯收入（元）
竹冲村	10.8.	191.7	876	35	3180	9084	3771	5313	16708
柳桥村	14.00	456.7	1450	70	5655	15854	6123	9731	17208
柱塘村	8.30	242.3	810	35	3091	8381	3323	5058	16364
凤形山村	6.00	116.7	519	18	2360	6055	2119	3936	16678
碧云村	8.30	256.6	806	24	3008	8537	3403	5134	17068
潭湖村	11.60	433.2	1229	44	4724	12915	5182	7733	16370
中路铺村	3.40	135.9	483	18	1746	4957	2017	2940	16838
金银村	7.10	142.9	626	25	2314	6473	2686	3787	16366
茅塘村	5.90	152.7	485	17	1818	5328	2263	3065	16859
荷塘村	6.40	130.3	600	20	2485	6829	2889	3940	15855
天螺村	5.80	120.8	618	23	2326	6376	2555	3821	16427
石狮村	7.61	201.3	764	30	3052	8733	3674	5059	16576
拗柴村	8.60	181.3	836	26	3248	8266	2863	5403	16635
水口桥村	6.70	165.7	650	23	2414	6609	2594	4015	16632
响鼓村	6.60	162.7	668	30	2416	6588	2554	4095	16950
金石村	17.80	125.3	891	36	3465	9155	3686	5469	15784
菱角村	13.00	156.4	727	36	3260	8536	3341	5195	15936
群力村	7.90	103.7	567	20	2378	6099	2179	3920	16484
大湾桥村	9.80	161.3	716	29	2651	7490	3348	4142	15624
石潭坝村	15.44	280.9	1199	44	4576	12877	5041	7836	17124
凤形社区	2.55	—	1510	—	2156	6924	3393	3531	16378

【中路铺镇合并行政村】 2016年，中路铺镇开展行政村合并工作，将原柳桥村和原南冲村合并为柳桥村，原贺塘村和原柱塘村合并为柱塘村，原双云村和原碧云村合并为碧云村，原杨家湾村、原潭湖村和原双江坝村合并为潭湖村，原石狮村和原佛祖村合并为石狮村，原拗才村和原太坪村合并成拗才村，原水口桥村和原银泉村合并为水口桥村，原上田冲村和原响鼓村合并为响鼓村，原金石村和原卫星村合并为金石村，原蛇形村和原菱角村合并为菱角村，原永红村和原大湾桥村合并为大湾桥村，原中南村、原枧桥村和原桃树村合并为石潭坝村，竹冲村、凤形山村、中路铺村、金银村、茅塘村、荷塘村、天螺村、群力村不变。由原34个行政村村变为20个村。

【湖南工学院行知团队到中路铺镇开展社会实践活动】 7月26日，湖南工学院行知团队志愿者一行到中路铺镇开展为期6天的“以中路铺镇为例调查乡土社会中的人际关系格局现状”社会实践活动。志愿者团队深入石潭坝地区，走访解“黎氏八骏”传统家风和齐白石、晓霞山人文历史文化。调研经济发展以及社会转型背景下中国农村的人际关系变迁、农村社会问题变化。

【李新连考核中路铺镇移民工作】 11月23日，省水库移民开发管理局党组书记、局长李新连率考核组到中路铺镇考核2016年度移民工作任务完成情况。先后实地查看库区村的绿化亮化工程、大塘及配套渠系建设、朝阳渠整修、道路硬化与拓宽、小籽花生基地建设、油茶新造与低改等美丽库区建设工程。

【禹尚良到中路铺镇调研建制村合并新村工作】 8月13日，湘潭市民政局局长禹尚良率调研组来中路铺镇调研建制村合并新村的运行工作，中路铺镇相关负责人、民政所所长、合并村原支部书记参与调研座谈会。调研组听取水口桥村并村相关工作情况汇报，详细解该村合村后的班子建设情况、新村村务管理、便民服务情况、村级活动场所建设等方面的情况，并听取新村运行中存在的主要问题和建议。

【市总工会“送党课下基层”】 9月10日，湘潭市总工会“送党课下基层”到中路铺镇。市总工会党组成员、副主席阳四军为该镇的200余名党员干部、村支两委成员上一堂精彩的党课。阳主席详细地解读开展“两学一做”学习教育的背景、目的和意义，结合当前形势和具体实践阐述党员干部应如何立足本职工作践行“两学一做”学习教育。他表示，党员干部要带头贯彻党的方针政策、要带头树立正确的价值观，地方经济社会的发展需要一群有责任、有担当、有纪律的干部队伍，真正做到心系于民，在自己的本职岗位上实实在在为老百姓办实事、谋福利。

【举办“一户一产业工人”培养工程中路铺育婴师培训班】 11月23日，中路铺镇举办为期7天的育婴师集中培训班，全镇各村的85名妇女参加此次育婴知识培训。此次培训内容包括育婴师的基本要求与职业道德、孕产妇护理、婴幼儿健康喂养、日常护理及预防疾病、常见疾病的预防与护理、婴幼儿早期行为教育和培养孩子能力等专业知识。此次培训结束后，学员将到医院进行实践操作，随后进行考试，通过考试者将发放育婴师职业资格证书，成绩优秀者可推荐上岗。本期培训是总工会落实精准扶贫、创业扶贫，开展“一户一产业工人”的职业技能培训，通过免费提供职业就业指导服务的方式，有力地解决农村闲置劳动力问题。

（张曼琳）

白石镇

【概况】 白石镇地处湘潭县东南部，毗邻株洲县、衡山县、衡东县，距湘潭市48千米，近瞰湘江，远眺南岳，属于长株潭衡的“金三角”。境内有世界文化名人齐白石故居和台湾地区领导人马英九的祖籍地，武广高速铁路、107国道贯穿全境，青山绿水，有得天独厚的自然生态环境。镇域面积100.4平方千米，耕地2617.8公顷，其中，水田2351.1公顷，旱地266.7公顷。林业用地5680公顷。辖13个行政村，331个村民小组，9402户。总人口40695人，其中，农业人口37791人。男性21323人，占总人口53.2%；女性19372人，占总人口46.8%。全年出生546人，出生率1.36%，其中政策内出生523人，政策外出生23人，符合政策生育率95.79%，男孩283人，女孩263人，性别比119.56。年内死亡376人，死亡率0.94%。人口自然增长率为0.42%。2016年，累计完成税收630万元，其中国税收入229万元，地税收入401万元，农民人均纯收入15500元。

完成工农业总产值7.47亿元。其中，农业总产值4.67亿元，工业总产值2.8亿元，工业企业实现利润4500万元。规模工业总产值2.2亿元。技术改造投入2.8亿元，能耗下降18%。实现固定资产投入3.5亿元。湘潭县众翼电子科技有限公司固定资产投入400多万于2月建成投产，主要生产数据连接线，湘潭县白石镇黄茅食品加工厂于7月初投入资金100多万进行企业扩建和提质改造，当前在谈项目4个。

实现农业总产值4.67亿元，经济作物种植有湘莲、西瓜、柑橘、花生、凉薯等。其中，湘莲种植面积1000公顷，年产180吨；西瓜470公顷，年产6500吨，经济收入1950万元；柑橘种植1330公顷，年产170吨，经济收入680万元；花生470公顷，年产70吨，经济收入140万元；凉薯种植67公顷，年产50吨，经济收入25万。落实水稻播种面积47200公顷，旱粮面积4920公顷，推广水稻集中育秧面积948公顷；粮食总产量34855吨，其中，水稻总产量32149吨。走“企业+基地+农户”订单生产模式，与湘潭市聚宝米业公司签订合同2200公顷；推进农业耕作机械化，机插秧面积累计达800公顷；实现土地流转1万余公顷；农业合作社总数已达30家，注册资金总计近1200余万元，家庭农场总数达到25家。存栏生猪21860头，出栏生猪53721头，养牛542头，养牛户18户；养羊2636头，养羊户38户。野鸡、青蛙、香猪等特种养殖已具一定规模，野鸡1160余只，饲养户3户；青蛙养殖户2户；香猪养殖户16户，养香猪700余头。全年完成各类幼林抚育近2000公顷；各类造林近873.3公顷，稳固“白竹马油”传统优势产业，完成潭口示范片“三边”绿化12.6千米，杏花环线补植补造、白石村道2.8千米绿化。

全面发展文化旅游产业，完善齐白石故居周边建设规划，硬化景区距107国道道路500米，并增设城区至景区公交车的停靠站；在景区修（扩）建超3000平方米停车场；新建设施齐全、功能完善的游客接待中心和国家标准三星级以上的星级旅游厕所，改造升级主要游步道、垃圾箱、标示标牌等景点设施。在景区立有特色石碑；建立齐白石旅游景区网站，同时依托湘潭县旅游网开展网上宣传；制作齐白石文化旅游景区风光片，在湘潭市、县电视台播放；设立书法美术教育基地、成立齐白石书画班等，以教促旅、以学活旅，多种形式宣传让齐白石文化旅游景区品牌进一步放大。12月23日，齐白石文化旅游区通过市旅游局国家AAA级景区验收，全年接待游客18万余人次。

成功应对“6·15”特大暴雨，修复水损水毁工程650处，维护、抢修多处重大水利设施，实现防汛“零死亡”，抗旱“零纠纷”；启动2016—2017冬春水利建设，将投入1400余万完成各类水利工程600处。完成农村公路硬化8.7千米，道路拓宽10.4千米，补板、清缝灌浆17千米。完成总投入200万的国家电网白石分所建设项目，建成建筑面积达700平方米办公场所；白石中心卫生院正实施改扩建，完成农村危房改造90户；围绕“精美白石”，实施并完成白石大道路面提质改造项目，并对镇区排污管网建设进行方案设计。农村环境卫生整治投入223多万元，新购垃圾箱300余个，修缮损坏，修建垃圾池60多个，投入5多万元新建垃圾分类站一个；对白石镇区实行市场化运营管理，107国道天天保洁；打造7个美丽屋场，完善镇、村、组三级一体的网格化管理机制，积极开展公共区域的专项治理。

加强综治维稳工作。开展民情“大走访”活动，收集各类问题76

个，即时解决处理70个，交办处理6个；刑事立案69起，已破案66起；接待上访人员35次86人，调解矛盾纠纷29例。构建好综治维稳防线，开展好“三官一律”进社区、法制宣传，做到“两抢”案件、重大恶性案件零发案，非法赴京零发生，没有发生重大交通、消防、公安全责任事故。开展土地动态巡查115次，查处制止土地违法行为5宗，下达《责令停止土地违法行为通知书》2宗，配合县局土地执法监察大队查处土地违法案件1起，组织打非拆违行动3次；针对建筑市场进行安全巡查48次，对存在严重安全隐患的在建项目当场下达停建通知书24份。严格落实安全生产“党政同责、一岗双责”制度，定期组织开展对非煤矿山、烟花爆竹企业、学校、幼儿园等重点单位的安全执法检查，及时开展安全隐患专项、治超限载专项整治行动，镇内实现较大的安全生产事故零发生。开展土地动态巡查115次，查处制止土地违法行为5宗，下达《责令停止土地违法行为通知书》2宗，配合县局土地执法监察大队查处土地违法案件1起，组织打非拆违行动3次；针对建筑市场进行安全巡查48次，对存在严重安全隐患的在建项目当场下达停建通知书24份；整治马路市场，镇区秩序明显好转。

完成农村劳动力转移就业265人，城镇就业65人，失业人员实现再就业11人，扶助就业困难对象实现再就业2人，成功举办“精准扶贫”专场招聘会1场。城乡居民养老保险工作参保14684人，完成参保缴费任务的96.6%。领取养老保险人数6957人，领取金额685.1万元。新型农村合作医疗参保人数达36242人，参保率达96.8%，参合农户累计补偿13449人次，累计补偿金额1724.7万元，参合农民受益面为37.9%。

严格开展低保、“五保”年审程序。新增低保61人，年末有低保人数1357人，其中，农村低保1327人，城镇低保30人。新增“五保”4人，年末有“五保”对象356人，其中入住敬老院74人。“6·15”特大暴雨洪涝灾害发生后，临时转移安置79户，救助房屋维修124户，对16户纳入因灾倒房恢复重建救助。以省级贫困村湖田村为重点，大力推进精准扶贫，实现178户509人成功脱贫，省定贫困村提前脱贫“摘帽”。通过政府出资、企业爱心人士及干部职工捐款等形式筹集资金5万余元资助74名困难学生，优抚、社会救助、社会福利事业全面到位。临时转移安置79户，救助房屋维修124户，对16户纳入因灾倒房恢复重建救助。12项为民办实事任务全部完成。以省级贫困村湖田村为重点。

设有农村书屋26个、文化活动室23个，实行免费开放。发展文艺队伍12支，业余文艺人员800余人，举办“欢乐潇湘·幸福湘潭·莲乡大舞台”大型群众文艺会演；为纪念中国共产党成立95周年，组织合唱团参加湘潭县“红旗颂”大合唱比赛，演唱的《在灿烂的阳光下》和《青春舞曲》获得乡镇专场一等奖。

该镇党委辖4个党总支，30个党支部。其中，农业党支部13个，占所有党支部的43.3%。有党员1327名。其中，农村党员1080名。发展党员17名，预备党员转正16名，34名入党积极分子参加培训。召开党建工作及骨干党员示范培训大会4次，参训人数600余人次。党建指导员进村指导党建工作100余次，开展书记大讲堂4次，各负责人到所联系支部上党课计40次，指导各支部结合实际以“两学一做”为契机推动精准扶贫、农村环境卫生整治、“6·15”抗洪救灾和灾后重建等中心工作的开展。

在全体党员中推行“亮分制管理”，查处党员干部违纪违规案件，立案9件，处理9件，3人处以党内严重警告处分，4人处以党内警告处分，1人行政记过，1人开除党籍。查办“雁过拔毛”式腐败专项整治问题7件，对1名镇干部和10名村干部予以提醒谈话，收缴违纪违规所得1200元；查办“纠‘四风’治陋习”专项整治问题5例，4人处以党内警告处分，2人处以党内严重警告处分，1人开除党籍，收缴违纪违规所得820元，对10个建制村存在违规发放的各类津补贴和不合理开支计143939元全部予以收缴。

2016年白石镇各行政村基本情况一览表

表30

村名	面积（平方千米）	户数（户）	人口（人）	农村经济总收入（万元）	农村经济总费用（万元）	农村经济净收入（万元）	农民人均纯收入（元）
白石村	10.2	886	4100	9153.09	4008.02	5145.07	15478
杏花村	3.2	568	2423	2469.67	1114.98	1354.69	15719
深溪村	10.6	778	3429	7314.87	3059.90	4255.02	15412
莲花村	14.9	848	3623	5175.37	2251.49	2923.88	15765
潭口村	10.1	942	4324	9061.18	3567.55	3752.71	15428
马家堰村	5.1	720	3508	7873.12	3428.94	4443.21	15416
龙凤村	11.1	964	4147	8404.68	3672.80	4732.27	15607
湖田村	7.9	826	3660	8398.33	3968.36	5429.97	15606

续表 30

村名	面积（平方千米）	户数（户）	人口（人）	农村经济总收入（万元）	农村经济总费用（万元）	农村经济净收入（万元）	农民人均纯收入（元）
昭金村	10.8	1020	4159	9331.92	4043.39	5288.53	15252
双新村	5.0	532	1880	4989.12	2163.56	2925.56	15705
友爱村	6.9	528	2146	4925.24	2143.06	2782.18	14885
黄毛村	6.8	512	2370	5234.51	2256.51	2978.00	15628
团山村	2.5	192	926	1915.54	787.67	1127.87	15279

【白石镇合并建制村】 3月—5月，白石镇开展建制村合并工作，对白石镇23个村进行合并。将昭公村和金虎村合并为昭金村；潭口村和湘河村合并为潭口村；双龙村和永安村合并为龙凤村；堰湖村与田桥村合并为马家堰村；深溪村和水口村合并为深溪村；烟墩村和湖田村合并为湖田村；杏花村与谭家垅村合并为杏花村；白石村和象天村合并为白石村；尹家冲村、广桥村和莲花村合并为莲花村。友爱村、黄毛村、团山村、双新村原区域不变，合并后全镇为13个村。

【齐白石旅游景区创国家AAA级景区】 2016年，按照国家A级景区创建标准，白石镇对齐白石文化旅游景区全面编制规划，完善基础设施，修缮故居景点，新建游客服务中心、生态停车场、厕所等。该景区于12月23日迎市旅游局创建国家AAA级旅游景区专家组的检查验收并顺利通过，有效地提高景区的对外知名度，吸引更多游客赴景区游观。年内赴景区游客达12万人次，较上年增加80%，门票收入达27万余元。 （殷　帅）

茶恩寺镇

【概况】 茶恩寺镇位于湘潭县南端，东临湘江，与衡东县隔江相望，南与衡山县交界，西与本县花石镇接壤，西北与本县中路铺镇毗邻，北与本县白石镇相连。全镇总面积13713公顷，耕地面积2058.97公顷，其中，水田面积1923.78公顷，旱土面积135.19公顷；林业用地面积9294.3公顷，有林面积8832.8公顷。辖17个村，1个居委会，374个村民小组、2个居民小组。总人口49258人，新出生人口644人，出生率千分之12.07；死亡人口389人，死亡率千分之7.90；人口自然增长率为千分之4.98。

2016年，工农业总产值12.50亿元。其中，工业总产值9.5亿元，农业总产值3.0亿元。完成财税收入238万元。其中，国税收入60万元，地税收入178万元。

在工业总产值中，实现竹木工业总产值8.1亿元。其中园区工业总产值7亿。竹木产业企业完成招商引资2606万元。完成3个招商引资项目，分别为湖南明珠竹业有限公司的竹制品加工、茶恩槟榔加工厂的槟榔加工、恒源金属制品有限公司的金属制品加工。全镇有竹木企业69家，园区内40家，从业人员7500人，规模以上企业6家。其中华钢竹业、润竹竹业、福鑫木业为市级农业产业化龙头。

完成农业总产值3亿元。种植粮食3733公顷，粮食总产量为3.2万吨，其中早稻面积为1600公顷，种植晚稻面积为2133公顷。推广早稻集中育秧160公顷，推广插秧机56台，其中高速插秧机8台，建立上丰村和青坪村2个机插秧示范片。发放农机购置总补贴20.7万元。春、秋防工作坚持“五个不漏”和“七个100%”的防疫要求，加强检疫检测，完善动物集中免疫工作。生猪出栏30820头，产值6164万元，家禽出笼34.4万羽，产值2752万元，有21户规模生猪养殖大户获得生猪奖励扶持资金132万元。

新修各类水利工程70余处，其中新农村水利工程28处、镇重点工程11处，疏通河道6000米，巩固河坝2800余米，山塘清淤加固18处，累计投入资金195万元。投入130万元，用于环境整治，在镇村组建环卫队伍146人。完成107国道沿线的提质改造和排水排污工程；在镇区示范片新建2个垃圾运转站，新建各类垃圾池30余处。完善镇区供水排水建设、道路整修；启动“精美乡村”建设，开展民居美化工程150栋，完成108盏太阳能路灯的安装；启动自来水管网整修项目。新硬化公路8.5千米，公路拓宽19千米。茶恩寺镇森林面积为9299.67公顷，森林覆盖率为67.82%。完成义务植树及村庄“四旁”绿化12.2万株，完成防火林带建设1千米；完成长江防护林人工造林14.67公顷，退耕还林人工造林10公顷，中幼林抚育100公顷。义务植树50万余株；发放退耕还林补助54万元，公益林补偿资金278万元，切实将各项林业惠民资金发放到位。乱砍滥伐林木、非法占用林地案件的查处率达到100%。

新型农村养老保险参保15480人，60岁以上享受养老保险人数为8001人，年平均领取金额992.92元/人。低保对象981户，1999人，年发放低保金298.22万元；“五保”

分散供养297人，集中供养33人，年发生活费99.79万元，有敬老院1个。年内优抚对象1066人，年领取优抚补助金252.86万元。参加农村合作医疗人数为15809人，缴费1849480元，其中省补337526元，县补144654元，代缴60320元；住院补偿7504人次，补偿2009.6万元，门诊补偿4.23万人次，补偿金额21万余元；特殊门诊385人，补偿金额12.4万余元。发放临时救济金302200元。新增"五保"、低保对象15人，退出"五保"、低保对象143人。新增农村劳动力转移就业308人，新增城镇就业人数103人。

新出生644人，落实结扎手术39例，流引产28例，上环537例。征收社会抚养费108.2万余元，超额完成任务10.2万元。完成11个村2016年的健身路径村；开辟建设棠花写生基地；5月16日，举办"欢乐潇湘·幸福湘潭·莲乡大舞台"大型文艺会演；开办镇文化成果展览，丰富百姓的业余生活。有学校12所。其中，中学3所，小学9所。有在校学生3786人，在编教师180人，代课教师62人。

镇安委会定期组织联席会议，强化安全责任意识，实施"省级安全生产示范县"创建。对企业、经营店下达检查记录157份、责令限期整改57份、整改复查意见书57份。取缔、关停无证经营烟花鞭炮店8家，收缴烟花20余箱，收缴罚款900元。加强水上交通安全管理，深入开展非法采砂洗砂集中整治行动。全年安全生产实现"零伤亡、零事故"。

茶花、双花、熊市3个省定贫困村全部实现脱贫摘帽。全镇有精准扶贫建档立卡贫困户1056户，2793人。完成产业扶贫392人，社会兜底帮扶321人，危房改造帮扶42户，异地搬迁2户，金融帮扶280户，政府还组织对贫困户开展慰问帮扶活动。

2016年茶恩寺镇各行政村基本情况一览表

表31

村名	面积（平方千米）	户数（户）	人口（人）	农村经济总收入（万元）	农村经济总费用（万元）	农村经济净收入（万元）	农民人均纯收入（元）
上丰村	4.40	479	1788	4754.21	2691.57	2062.64	11536
双凤村	10.72	733	2815	8424.95	4956.15	3468.80	12321
晓花村	4.06	430	1786	4651.36	2491.78	1959.58	12092
金坪村	7.76	860	3204	9173.15	5168.44	4005.17	12547
柏棠村	8.21	862	3414	8567.13	4848.20	3718.93	10893
千家村	11.10	1123	4373	9691.95	4836.31	4855.64	11082
吴家村	4.40	369	1500	4350.24	2518.35	1831.89	12212
茶花村	8.24	666	2827	6301.27	2873.30	3427.97	12125
花桥村	9.33	767	3318	8427.13	7053.59	3743.00	11289
东三村	16.06	1262	4856	12740.33	7083.05	5657.28	11662
青坪村	5.23	514	2160	4857.26	2508.16	2349.80	10878
桥市村	7.72	714	2976	9010.65	5198.63	3812.02	12854
双花村	9.22	490	1844	4635.27	2535.92	2099.35	11384
茶恩村	6.31	436	1959	5543.54	2915.13	2628.41	13417
宁桥村	8.93	681	2932	8851.87	5109.81	4242.35	12761
樊田村	6.77	518	2438	5861.20	2687.16	3174.04	13019
双阳村	8.66	726	2946	13694.16	5198.54	4259.65	12747

【茶恩寺镇合并行政村】 2016年，茶恩寺镇开展行政村合并工作，将樟树村和荷月村合并成宁桥村；扶桥村和熊市村合并成桥市村；双阳村和弄子村合并成双阳村；双凤村和回龙村合并成双凤村；金坪村和复兴村合并成金坪村；花桥村和泉坪村合并成花桥村；湘衡村、东山村和星月村合并成东三村；柏塘村和棠花村合并成柏塘村；千家村和杨溪村合并成千家村；其中上丰村、晓花村、吴家村、茶花村、青坪村、、双花村、茶恩村、樊田村和富茶居委会不变。该镇由原有的27个村和1个居委会合并成17个村和1个居委会。

2017年5月16日，“欢乐潇湘·幸福湘潭·莲乡大舞台”大型群众文艺会演茶恩寺专场上演。 (胡朝霞 摄)

2017年8月24日，湘潭县人民政府主办，联合中国邮政集团公司湘潭市分公司等多家单位，在茶恩寺镇省定贫困村茶花村联合开展“精准扶贫·电商同行”大型系列活动。 (何 磊 摄)

【茶恩寺镇第六次党代会召开】 5月5日，中国共产党茶恩寺镇第六次代表大会召开，105名党代表、55位列席代表出席会议。会议听取和审议关于党委工作报告的决议、关于纪委工作报告的决议、党费收缴、使用和管理情况报告，选举产生茶恩寺镇新的党委领导班子，尹忠任书记。

【茶恩寺镇第六届人大一次会议召开】 10月29日，茶恩寺镇第六届人大一次会议召开，64位人大代表和87位列席代表参加会议，副县长陈义和人大常委会副主任李西文出席此次会议。会议听取和审议该镇《政府工作报告》《人大主席团报告》和《财政预决算报告》，选举产生新一届人大、政府领导班子，蔡雄当选镇人大主席，刘江华当选镇长。

【“欢乐潇湘·幸福湘潭”大型群众文艺会演茶恩寺专场】 5月16日，“欢乐潇湘·幸福湘潭·莲乡大舞台”大型群众文艺会演茶恩寺专场在茶恩寺镇镇汽车站后坪上演。参演节目有唱歌、舞蹈、小品等19个，表演群众198人。晓花村代表队《赶上好时候》的获得一等奖，棠花村代表《新农村喜事多》获得二等奖。各代表队都获得优秀奖。整场演出，组织严密有序，群众热情高涨，得到一致好评。

【“精准扶贫·电商同行”专场活动】 8月24日，由湘潭县人民政府主办，联合中国邮政集团公司湘潭市分公司等多家单位，在茶恩寺镇省定贫困村茶花村联合开展“精准扶贫·电商同行”大型系列活动。在后盾单位和各界爱心人士支持下，茶花村白薯再次大卖，该村贫困村民销售白薯12万斤，贫困农户增收24万元。 (何孝满)

(责任编校 杨 柳)

人物·荣誉录

中国最美清洁环卫工

【陈菊泉】

男性，汉族，1952年出生，湖南省湘潭县人，中共党员。陈菊泉退伍后，曾先后在在湘潭县市政、园林绿化等基层岗位上工作。2007年4月，他得知县城严重缺少环卫工人，决心当一名城市清洁卫士。成为一名环卫工人后，他对待工作更加认真、积极、热情,爱岗敬业、吃苦耐劳,不怕脏、不怕累,默默地在自己的工作岗位上奉献光和热，受到同事和领导的一致好评。特别是担任湖南湘楚人力资源公司湘潭县环卫项目部人工清扫队队长后,更是没日没夜地忘我工作。他主要负责管理湘潭县城区凤凰西路、玉兰路18万多平方米的道路清扫、保洁，这两条道路的环卫工作是湘潭县的难点和重点，也是最复杂的地段，商业铺面密集，行人多，车流量大，且是乡村客运车辆必经之道，乡村客运车辆上乘客环境保护意识不强，随意向窗外抛洒杂物的现象比较普遍。陈菊泉担任队长后，平均每天工作时间都达到10小时以上，他坚持以身作则，总是第一个到岗，最后一个离岗。同时，他创新工作方式，主动与乡村客运线路司机协调沟通，积极宣传环卫知识，有效地减少车窗乱扔的现象。现在凤凰西路、玉兰路的环卫质量明显地提高，成为湘潭县环卫质量最好的路段之一。从事环卫工作8年来，他多次获得市、县城管系统表彰的先进环卫工作者、优秀班组长、优秀党员。在2014年第十九个环卫工人节中，获得湘潭县举办的“中国梦·劳动美·我与文明同行”环卫工人技能大赛第一名，2010年在第十五个环卫工人节中，荣获湖南省先进环卫工作者荣誉称号，2016年，中国清洁（环卫）行业获得第二届中国最美清洁环卫工荣誉称号。

全国绿化奖章获得者

【李运其】

男，汉族，1961年8月出生，湖南省湘潭县人，农艺师，省劳动模范，市党代表，县政协委员，现任湖南农其科技开发有限公司总经理和射埠镇月塘村支部书记。1996年，他回乡开荒造林，带领村民建成南竹、油茶、金银花、白杨、桉树、板栗、花卉苗木七大林业基地733.33公顷，成为全市首屈一指的“造林明星”。他的基地被确定为湘潭林业科技示范园核心区，在林业部门的指导下，引进种植的湘林系列新品种油茶66.67公顷，被省林科院认定为油茶新品种示范基地。通过对新品种油茶的培育管理，总结新品种油茶的配套栽培技术，在全县乃至全省进行推广，大幅提高油茶的产量和数量。2007年，他抓住国家加快油茶发展的良机，依托湘潭县丰富的油茶资源和自有的333.33公顷油茶基地，注册500万元成立湘潭市农其农业综合开发有限公司（后更名为湖南农其科技开发有限公司），主营油茶基地建设和茶油深加工。2008年11月，公司正式投产，“天子山”牌精炼茶籽油经质量技术监督部门和卫生监督部门检测，达到国家一级油标准，填补湘潭市“精炼茶油”的空白。累计投资1500万元，建成全市种类最齐、规模最大的林业基地，创建一个年产3000吨精炼茶籽油的生产厂，安置劳动力就业2000余人，带动近1000户农民增收。作为一名农民企业家和基层党支部书记，他坚持以科技致富，发挥典型引路作用，通过“公司+基地+农户”的订单种植模式，为油茶种植户提供种苗和资金，举办油茶技术培训班，推广普及新品种和新技术，带出一帮技术骨干和致富能手，得到群众和领导的一致好评。他创建的公司被评为“湘潭市农业产业化龙头企业”。他本人先后被评为“全省十佳造林模范”“湘潭市科技示范户”“湘潭县十佳县域精神实践者”“湘潭县农村致富带头人十佳标兵”“国家级绿色小康户”。2016年，全国绿化委员会授予他“全国绿化奖章”。

湖南省最可爱乡村教师

【廖艳红】

女，汉族，1974年出生，大学本科学历，中学语文高级教师，花石镇盐埠中学教师。在盐埠中学任教22年，担任班主任17年。2000年至2017年，先后分别荣获县级师德标兵、县级优秀班主任、市级优秀班主任、湖南省最可爱乡村教师等殊荣。撰写的论文有28篇，分别获省、市、县级奖。辅导学生参加各类竞赛，有100余人次获得国家、省、市、县级奖励，多次获得“优秀指导老师奖”。任教的九年级语文、政治在毕业会考中人均分多次超过全市人均分。

湘潭市教育教学能手

【周海波】

男，汉族，1977年6月出生，大学本科文化，中共党员，中学生物高级教师，现任湘潭县五中常务副校长。1998年至2002年，在湘潭市七中任教，一直担任班主任。2002年至2007年，在湘潭县九中先后担任教务主任、政教主任兼高三年级组长。2007年至今，担任县五中副校长、常务副校长。周海波从事学校行政管理工作13年，连续17年执教高三生物教学。他曾被评为校优秀班主任、先进教育工作者，优秀党员，县级优秀班主任，县级优秀教师，县级优秀德育工作者，县优秀党员，县高考十连冠“为国育才个人贡献奖”、湘潭县第六届生物学科带头人，省生物赛课二等奖，湘潭市优秀教师、市生物骨干教师，市生物学科带头人，湘潭市首届“新天地园丁奖”，湖南省未来教育家培训对象等荣誉。他是县五中国家级课题《整合优质教育资源，提高青年教师业务能力》的牵头人、市级课题《微课对高中生物教与学的影响》的主要参与者，论文多次获国家、省、市奖励，湘潭县生物学会副理事长，其优秀事迹入选教育局的《师德风采》，2016年，周海波被市教育局评为湘潭市教育教学能手。

荣誉录

2016年度湘潭县获中央部委级表彰的先进集体名录

表32

获奖单位	获奖名称	授奖单位
湘潭县	湘潭县以项目建设攻坚助推经济增长的典型经验做法获国务院表彰	国务院办公厅
湘潭县	结合新型城镇化开展支持农民工等人员返乡创业试点县	国家发展和改革委员会
中共湘潭县委政法委员会	全国维护妇女儿童权益先进集体	中华全国妇女联合会
湘潭县公安局	全国公安机关执法示范单位	公安部
湘潭县文化馆	国家一级文化馆	文化部
湘潭县天易金霞小学	全国青少年校园足球特色学校	教育部
湘潭县总工会	全国安康杯竞赛优秀组织单位	中华全国总工会 国家安监总局
射埠镇中心卫生院 杨嘉桥镇卫生院	群众满意的乡镇卫生院	国家卫生和计划生育委员会
谭家山镇工会联合会	模范职工之家	中华全国总工会

2016年度湘潭县获省厅级表彰的先进集体名录

表33

获奖单位	获奖名称	授奖单位
湘潭县	全省人口和计划生育工作优秀单位	中共湖南省委办公厅 湖南省人民政府办公厅
湘潭县	全省安全生产先进单位	中共湖南省委办公厅 湖南省人民政府办公厅
湘潭县	2016年度全省安全生产示范县	湖南省人民政府办公厅
湘潭县	全省粮食生产先进标兵县	湖南省人民政府
湘潭县	脱贫攻坚先进县（全省二类先进县第2名）	湖南省人民政府
湘潭县	全省创新创业带动就业典型示范县	湖南省人社厅 湖南省财政厅
湘潭县	全省劳动人事争议处理效能建设示范县	湖南省人社厅
湘潭县	全省福彩销售先进县	湖南省民政厅
湘潭县	省级妇幼健康优质服务示范县	湖南省卫生和计划生育委员会
湘潭县	湖南省知识产权工作试点示范县	湖南省知识产权局
湘潭县	湖南省工业经济运行监测协调先进单位	湖南省经济和信息化委员会
湘潭县	湖南省一县一品特色体育项目县	湖南省体育局
湘潭县安监局	湖南省安全生产先进集体	湖南省人民政府
湘潭县乌石镇人民政府	省级安全生产示范乡镇	湖南省人民政府
湘潭县中路铺镇人民政府	湖南省文明村镇	湖南省文明办
湘潭县林业局	湖南省绿化先进集体	湖南省林业厅
湘潭县农业局	湖南省“超级杂交稻‘种三产四’丰产工程”先进示范基地	国家杂交水稻工程技术研究中心 湖南杂交水稻研究中心
中共湘潭县委办公室	全省党委信息工作先进单位	中共湖南省委办公厅
中共湘潭县委督查室	全省党委督查工作先进基层单位	中共湖南省委办公厅
湘潭县史志办	全省“以史铸魂”先进集体	中共湖南省委党史研究室
湘潭县妇联	湖南省巾帼建功先进集体	湖南省妇联
湘潭县文学艺术界联合会	全省文联系统先进单位	湖南省文学艺术界联合会
湘潭县公安局	全省公安机关“210工程”建设成绩突出集体	湖南省公安厅
湘潭县公安局	全省公安思想政治工作成绩突出集体	湖南省公安厅
湘潭县公安局	全省公安机关“四项建设”队伍正规化示范单位	湖南省公安厅
湘潭县公安局	2016年度全省公安机关“三实”信息集中采集专项行动采集突出单位	湖南省公安厅
湘潭县公安局	2016年度全省公安机关收缴整治枪爆物品专项行动先进突出单位	湖南省公安厅

续表 33

获奖单位	获奖名称	授奖单位
湘潭县公安局	2015—2016 年度全省公安警务督察工作成绩突出集体	湖南省公安厅
湘潭县司法局	全省司法行政系统先进集体	湖南省人力资源和社会保障厅湖南省司法厅
湘潭县司法局	全民创业专项法律服务通报表扬集体	湖南省司法厅
湘潭县安监局	2016—2018 年全省依法办事示范窗口单位	中共湖南省委法治湖南建设领导小组办公室
湘潭县交通运输局	全省交通运输行政执法评议考核优秀单位	湖南省交通运输厅
牛头岭社区	省级同心社区	中共湖南省委统战部
中路铺镇凤形社区妇女之家	省级示范“妇女之家”	湖南省妇联
中路铺镇凤形社区妇女之家	档案工作规范化管理省一级单位	湖南省档案局
湘潭县计生协	2016 年度湖南省计生协“模范单位”	湖南省计生协
湘潭县地税局第五税务分局	2016—2018 年度全省依法办事示范窗口单位	中共湖南省委法治湖南建设领导小组办公室
湘潭县图书馆	2016 年全省少年儿童“光荣与梦想——纪念建党 95 周年暨红军长征胜利 80 周年”读书活动优秀组织奖	中共湖南省委宣传部 湖南省文明办 湖南省文化厅 湖南省教育厅
湘潭县农业科技园区	湖南省农业科技园区	湖南省科技厅
湘潭县中小企业服务中心	湖南省中小微企业核心服务机构	湖南省经济和信息化委员会
湘潭县文化旅游体育市场综合执法大队	湖南省依法办事示范性窗口	湖南省文化厅
湘潭县文化旅游体育局	湖南省第三届“新康·金沙绿岛”杯县域业余、乒乓球团体比赛体育道德风尚奖	湖南省体育局
湘潭县文化旅游体育局	“一县一品”特色体育项目区	湖南省体育局
湘潭县文化旅游体育局	湖南省第三届“新康·金沙绿岛”杯县域业余乒乓球团体比赛男子甲组第五名	湖南省体育局
湘潭县唢呐艺术团	2016 年“欢乐潇湘”全省群众文艺会演优秀文艺团队	“欢乐潇湘”全省群众文艺会演组委会
湘潭县唢呐艺术团表演的吹打乐《彩虹贯日》	2016 年“欢乐潇湘”全省群众文艺会演一等奖	“欢乐潇湘”全省群众文艺会演组委会
湘潭县农业综合开发办公室	全省农业综合开发宣传信息工作先进单位	湖南省农业综合开发办公室
湘潭县水务局 湘潭县安监局 湘潭县乌石镇人民政府 湘潭县第一中学 湘潭县第八中学	省级文明卫生单位	湖南省爱国卫生运动委员会
湘潭县水务局	省级园林单位	湖南省住房建设厅
湘潭县农机局	全省农机工作先进单位	湖南省农机局
湘潭县农机局	全省农机安全生产目标管理先进单位	湖南省农机局
湘潭县移民局	湖南省移民工作先进单位	湖南省移民局

续表 33

获奖单位	获奖名称	授奖单位
县公路局吴家巷中心养护站	2016 年度“十佳养护站”	湖南省公路管理局
县公路局吴家巷中心养护站	模范职工小家	湖南省交通运输工会
湘潭县第八中学	湖南省学校心理健康教育先进单位	湖南省教育学会 学校心理教育专业委员会
湘潭江声实验学校	湖南省空军青少年航空学校建设工作先进单位	湖南省教育厅/空军招飞局
湘潭江声实验学校	湖南省中学数学教师解题比赛团体奖	湖南省教育协会中数教学研究专业委员会
湘潭凤凰中学	湖南省“全民健康生活方式行动健康学校”	湖南省全民健康生活方式行动领导小组
湘潭县第一中学	清华大学生源基地	清华大学
湘潭县第一中学	空军招飞工作先进单位	广州空军招飞中心
湘潭县第一中学	全国创新英语大赛优秀生源基地	全国创新英语竞赛委员会
湘潭县第一中学	全国创新英语大赛人才培养基地	全国创新英语竞赛委员会
湘潭江声实验学校	中央电视台“希望之星”英语风采大赛优秀组织奖	中央电视台“希望之星”英语风采大赛湖南赛区组委会

2016 年度湘潭县获中央部委级表彰的先进个人名录

表 34

姓名	单位与职务	获奖名称	授奖单位
陈菊泉	湘潭县环卫工	中国最美清洁环卫工	中国清洁（环卫）行业
李运其	湖南农其科技开发有限公司总经理和射埠镇月塘村支部书记	“全国绿化奖章”获得者	全国绿化委员会
肖正章	湘潭江声实验学校校长	“全国科教先进校长”称号	中国地理学会
谭文辉	湘潭江声实验学校副校长	“全国科教先进校长”称号	中国地理学会
楚立志	湘潭县绿化委员会办公室专职副主任	全国绿化先进工作者	全国绿化委员会 人力资源社会保障部 国家林业局
黄桂英	排头乡辰山村村民	全国五好文明家庭	中华全国妇女联合会
张凌君	湘潭江声实验学校教师	《英语课前值日报告对学生口语促进之成见》获一等奖	中国教育发展基金会
赵志玲	湘潭凤凰中学教师	《探讨“以练导学”的高效课堂教学模式在学考复习中的应用》一等奖	中国教育发展基金会
胡雅娟	湘潭凤凰中学教师	《如何破解高考中的语法填空》一等奖	中国教育学会《基础教育参考》杂志编辑部

2016 年度湘潭县获省厅级表彰的先进个人名录

表 35

姓名	单位与职务	获奖名称	授奖单位
李洪运	中路铺镇党委书记	湖南省优秀党委书记	中国湖南省委
仇　桂	县公路局河口中心养护站站长	全省优秀共产党员	中国湖南省委

续表 35

姓名	单位与职务	获奖名称	授奖单位
刘立新	县委宣传部副部长	湖南省“书香家庭”	湖南省妇女联合会
冯　镭	县委办公室干部	全省党委信息工作 先进个人	中共湖南省委办公厅
许　智 马奕涵	县委机要局干部	先进机要工作者	湖南省委机要局
张建兵	县文化馆 馆长（代）	2016 年" 欢乐潇湘" 全省群众文艺 会演组织工作先进个人	“欢乐潇湘”全省群众文艺 会演组委会
刘巍民	湘潭鑫田国际大酒店 餐饮部/营销部经理	全省旅游行业文明旅游先进个人	湖南省旅游发展委员会 湖南省文明办
李月华	云湖桥镇良湖中学教师	湖南省“最美湘女”	湖南省妇女联合会
郭　勇	县司法局办公室主任	全省司法行政系统青年岗位能手	湖南省司法厅
刘仙桃	湘潭县农业综合开发办公室主任	全省农业综合开发宣传信息工作先进个人	湖南省农业综合开发办公室
余　艳	县公安局干部	2016 年春运道路交通安全保卫工作 成绩突出个人	湖南省公安厅
陈关平	县公安局干部	全省公安机关“210 工程”建设成绩 突出个人	湖南省公安厅
肖　波	县公安局干部	全省公安队伍建设工作成绩突出个人	湖南省公安厅
张徐俪	县公安局干部	2016 年度全省公安机关“三实”信息集中 采集专项行动采集突出个人	湖南省公安厅
陈国栋	县公安局干部	信访工作成绩突出个人	湖南省公安厅
张正炎	县公安局干部	2015—2016 年度全省公安纪检监察成绩突 出个人	湖南省公安厅
胡晔婧	县交警大队宣传干事	2016 年全省“感动湖南·道路礼仪之星”	湖南省道路交通安全委员会
郑艳娇	湘潭凤凰中学教师	《高中语文小组合作学习之我见》一等奖	湖南省基础教育学会
文　新	湘潭凤凰中学教师	《构建和谐课堂，拒绝隐性伤害》一等奖	湖南省基础教育学会
文　新	湘潭凤凰中学教师	《以课堂教学为突破口，让生命在数学课堂 中诗意栖居》一等奖	湖南省教育学会
郑艳娇	湘潭凤凰中学教师	人教版高中语文选修《将进酒》课堂实录及 评析一等奖	新课程编辑部
郑艳娇	湘潭凤凰中学教师	《高中语文小组合作学习之我见》一等奖	新课程编辑部

（责任编校　杨红艳）

2016年湘潭县国民经济主要指标一览表

表 36

指　　标	单位	2016年	2015年
一、综合			
地区生产总值（按当年价格计算）	亿元	364.3	329.8
第一产业	亿元	61.7	58.7
第二产业	亿元	184.3	170.4
第三产业	亿元	118.3	100.7
人均地区生产总值	元	42403	38565
三次产业结构比	%	16.9:50.6:32.5	17.8:51.7:30.5
二、农业			
农业总产值	亿元	105.6	100.1
粮食种植面积	万公顷	10.65	10.75
粮食总产量	万吨	74.47	75.15
蔬菜种植面积	万公顷	2.57	2.39
蔬菜产量	万吨	78.12	72.54
水产品产量	万吨	4.53	4.11
禽蛋产量	万吨	2.02	2.02
出栏肉猪	万头	202.59	207.59
三、工业			
规模工业企业个数	个	218	206
规模工业企业总产值	亿元	535.2	484

续表 36

指　　标	单位	2016 年	2015 年
规模工业增加值	亿元	138.6	136.6
规模工业企业实现主营业务收入	亿元	505.6	463.9
规模工业企业实现利润	亿元	15.5	14.0
四、建设领域			
（一）固定资产投资	亿元	214.4	200.4
按经济类型分			
国有投资	亿元	60.16	52.7
非国有投资	亿元	154.27	147.7
按投资方向分			
产业投资	亿元	112.1	102.7
基础设施投资	亿元	52.8	48.4
房地产开发投资	亿元	20.2	16.9
施工项目	个	400	422
其中：新开工项目	个	299	394
（二）建筑业			
具有资质等级的总承包和专业承包建筑业企业个数	个	20	21
具有资质等级的总承包和专业承包建筑业企业总产值	亿元	24.1	24.5
具有资质等级的总承包和专业承包建筑业企业利润总额	亿元	1.13	1.19
具有资质等级的总承包和专业承包建筑业企业完成房屋施工面积	万平方米	200.6	199.3
具有资质等级的总承包和专业承包建筑业企业完成房屋竣工面积	万平方米	120.1	115.3
五、贸易			
社会消费品零售总额	亿元	83.6	74.8
其中：批发和零售业	亿元	61.5	53.4
住宿和餐饮业	亿元	22.1	21.4

（县统计局　提供）

2016年湘潭县预算内财政收入情况一览表

表37

单位：万元

项　　目	2015年	2016年
财政总收入	243999	254902
一、地方财政收入	190802	189512
（一）税收收入	78083	73674
1. 国内增值税（25%）	7372	14950
2. 营业税	21555	10868
3. 企业所得税40%部分	5220	7205
4. 企业所得税退税	—	—
5. 个人所得税40%部分	1562	2714
6. 城市维护建设税	3256	3157
7. 耕地占用税	2823	2338
8. 契税	22368	14796
9. 房产税	1565	1619
10. 印花税	665	623
11. 资源税	288	86
12. 固定资产投资方向调节税	—	—
13. 城镇土地使用税	4541	9948
14. 土地增值税	5621	4016
15. 车船税	1247	1354
16. 其他税收收入	—	—
（二）非税收入	112719	115838
1. 专项收入	8677	7053
2. 行政事业性收费收入	9335	5197
3. 罚没收入	5117	5882
4. 国有资本经营收入	1000	—
5. 国有资源（资产）有偿使用收入	9835	1014
6. 其他收入	78755	96692
二、上划收入	53197	65390

2016年湘潭县预算内财政支出情况一览表

表 38　　　　单位:万元

项　目	2015年	2016年
一般预算支出合计	436116	495561
其中,一般公共服务	65641	72830
外交	—	—
国防	629	450
公共安全	15143	23211
教育	76489	78165
科学技术	5296	4300
文化体育与传媒	4055	5346
社会保障和就业	66877	76708
医疗卫生	52296	60529
节能环保	7510	7791
城乡社区事务	9154	11197
农林水事务	90466	101368
交通运输	15245	20136
资源勘探电力信息等事务	5296	5300
商业服务业等事务	4123	5208
金融监管等事务支出	—	—
援助其他地区支出	—	—
地震灾后恢复重建支出	—	—
国土资源气象等事务	4836	6575
住房保障支出	9150	9200
粮油物资管理事务	2061	1391
债务付息支出	1824	5653
其他支出(类)	25	203

(县财政局　提供)

2016年湘潭县农村住户抽样调查情况一览表

表 39

项　　目	单位	2015年	2016年
一、调查户数	户	90	90
二、调查户常住人口	人	307	288
三、人均可支配收入	元	14539	15718
1. 工资性收入	元	7541	7756
2. 经营净收入	元	4361	4991
3. 财产净收入	元	271	273
4. 转移净收入	元	2366	2698
四、生活消费支出	元	11023	12427
1. 食品烟酒	元	3615	3891
2. 衣着	元	514	519
3. 居住	元	1923	2087
4. 生活用品及服务	元	685	702
5. 交通通信	元	1064	1328
6. 教育文化娱乐	元	1571	2015
7. 医疗保健	元	1343	1575
8. 其他用品和服务	元	308	310
六、住户面积	平方米	57	53
七、全年人均总收入	元	19893	20970
八、全年人均现金收入	元	18385	18190
九、全年人均总支出	元	20784	21771
十、全年人均现金支出	元	18524	18388

（县国调队　提供）

（责任编校　杨红艳）

文献文摘

湘潭县人民检察院工作报告

——2016年11月27日在湘潭县第十六届人民代表大会第一次会议上

代检察长 胡湘晖

过去四年检察工作回顾

2013年以来，在县委和上级检察机关的正确领导下，在县人大及其常委会的有力监督和县政府、县政协及社会各界的关心支持下，我院紧紧围绕工作大局，忠实履行宪法和法律赋予的职责，着力强化法律监督、强化自身监督、强化队伍建设，各项检察工作取得新进展。在检察机关基层院建设综合考核中连年名列全市前茅；反贪、反渎、侦监、公诉等多项业务工作位居省市前列；先后多次获得省、市先进基层检察院荣誉称号；检务保障工作、基层基础建设分别获得省、市检察机关表彰；被评为省级文明卫生单位；涌现出全省检察机关侦查办案能手、全省刑事申诉检察业务能手、市“巾帼建功标兵”“检察职业道德标兵”“最美群众贴心人”等一批先进个人。

一、围绕中心，服务大局，促进经济持续健康发展

四年来，我院自觉把检察工作摆到经济社会发展全局中谋划和推进，着力为经济建设提供司法保障。

优化经济发展环境。加强对县域经济的司法保护力度，制定我院服务经济发展实施方案。积极参与整顿和规范市场经济秩序，依法打击合同诈骗、信用卡诈骗、非法经营、非法吸收公众存款等破坏市场经济秩序的犯罪，共起诉131人。坚决惩治破坏经济环境职务犯罪，着力查办招商引资、税收征管、社会保障、惠农资金管理使用等领域职务犯罪案件，共立案46件。设立园区检察室，构建服务平台，发挥检察职能，为园区经济保驾护航。发挥行贿档案查询功能，提供查询1208次，有效促进重点工程建设、医疗设备采购等活动的廉洁公正开展。

服务社会管理创新。坚持以监督促管理，对执法办案中发现的社会管理中的突出问题，及时向有关部门提出对策建议，取得良好效果。依法履行民事行政检察职能，就占道经营、非法营运、违章停车等违法违规现象及时依法发出检察建议，督促相关部门依法履职，切实整改，提升城市管理水平。依法履行刑事执行监督职能，积极参与对特殊人群的教育管理。开展对社区服刑人员日常监管情况专项检察活动，审查社区矫正评估意见1240份，督促相关职能人员依法履职，使矫治教育形成合力，跟踪帮扶形成常态。选取全县农村危房改造项目实施情况、新农合领域资金的运行和管理情况等课题，开展预防调查，提出检察建议，帮助相关职能部门堵塞漏洞、整章建制，切实服务社会主义新农村建设。

妥善办理涉企案件。重视依法保障各种所有制经济健康发展，平等保护各类市场主体合法权益。依法妥善办理涉及企业案件，重视改进办案方式方法，坚持“三个慎重”，即慎重拘留、逮捕涉嫌犯罪的企业管理者和关键岗位人员；慎重查封、扣押、冻结涉案财物，避免引发或加剧企业经营风险；慎重考虑办案方式和时机，维护企业形象和声誉。注意发现县域社会经济发展中的新情况新问题，正确把握法律政策界限，严厉打击损害企业权益的犯罪。如被告人罗险峰销售假冒注册商标的商品一案，在“零口供”的情形下，我院主动引导侦查，形成证据锁链，罗险峰被依法判处有期徒刑十一个月，有效打击侵犯知识产权犯罪，依法维护企业的合法权益。

二、惩治犯罪，化解矛盾，着力维护社会和谐稳定

四年来，我院认真履行批捕、起诉等检察职责，全面贯彻宽严相济的刑事政策，努力提高维护社会和谐稳定的能力。

依法打击各类刑事犯罪。深入开展食品药品安全、盗抢机动车辆等专项治理，严厉打击涉黑涉恶、“两抢一盗”、涉枪涉暴等严重刑事犯罪。受理公安机关提请批准逮捕案件1353件1880人，审查后批准逮捕1118件1556人，不批准逮捕235件324人，审结率为100%；受理侦查机关移送审查起诉案件2001件2956人，审查后提起公诉1673件2448人，不起诉177件241人，审结率为94.3%。坚持“严打”方针，采取重点案件专人办理、一般案件提速办理、轻微案件限期办结等措施，确保检察环节严打整治力度，如以张湘、何庆松、陈理乾等为首的多个重特大涉恶犯罪团伙受到法律制裁，有力打击犯罪分子的嚣张气焰，切实增强人民群众的安全感。

贯彻宽严相济刑事政策。积极按照最高检部署，严格贯彻宽严相济的刑事司法政策。对累犯、教唆犯、特殊再犯以及严重刑事犯罪分子坚持快捕快诉，从严打击，依法对提起公诉的86人提出从重、加重处罚的量刑建议；对未成年犯、初犯、偶犯和过失犯坚持慎捕慎诉，注重和解，并依法对174人作出构罪不捕决定，对201人作出不起诉处理。坚持“教育、感化、挽救”原则，对涉罪未成年人严格限制适用逮捕措施，坚持分案起诉、诉前引导、案后帮教、合适成年人到场等方式，依法维护未成年犯合法权益。如依法对涉嫌盗窃的赵某、涉嫌故意伤害的李某等17名未成年犯作出附条件不起诉处理，取得良好社会效果。

有效化解社会矛盾纠纷。建立执法办案风险评估预警机制，及时研判和化解执法中的不稳定因素。建立法律文书说理制度，对不批捕、不起诉、不抗诉等案件加强释法说理，促进案结事。成立一站式检务中心，形成案件进出、交办督办、会谈约见、提示回复、查询公开、信息统计一条龙工作格局。探索和完善坐班接访、下乡走访、联合接访相结合的工作方式，进一步畅通群众诉求表达渠道。坚持检察长接待制度，妥善处理群众来信来访276件。严格依法依程序办结刑事申诉案件7件、国家赔偿案件8件。加强刑事被害人合法权益保护，对确有困难的被害人或其近亲属申请司法救助，有效化解矛盾纠纷。推行领导包案，加强部门协作，推动息诉工作与司法调解、行政调解的有效衔接，保持连续10年涉检进京零上访记录。

三、深入查办，源头预防，积极推动反腐倡廉建设

四年来，我院认真贯彻标本兼治、惩防并举、综合治理、注重预防方针，加大查办和预防职务犯罪工作力度。

严肃查办贪污贿赂等案件。坚决贯彻中央反腐败决策部署，坚持有腐必惩、有贪必肃。运用“侦查一体化”机制，加强上下协调，整合办案资源，形成反腐合力，集中查处大要案件，立案侦查贪污贿赂案件51件61人，其中涉案金额百万元以上案件11件，副科级以上领导干部11人；判决41件47人（含积案）；为国家挽回经济损失3000余万元。积极查办重点行业、重点领域职务犯罪案件，加大对财贸、建设、教育等领域职务犯罪的查处力度，先后查办县政府办原副主任朱修仁受贿案，天易示范区征拆大队原副队长周广贪污、受贿案，乌石镇财政所总会计唐永梁挪用公款案等一系列有影响、有震动的案件。加大对农村基层组织工作人员的监督力度，积极查办发生在群众身边损害群众切身利益的职务犯罪案件，在征地拆迁、社会保障等领域依法查办的案件中，25名被告人分别被判处1至12年不等有期徒刑。坚持查办行贿犯罪与查办受贿犯罪同等重视、同步查处，加大惩处力度，立案查办行贿犯罪嫌疑人13人，其中4人被判处5年以上有期徒刑。积极参与省纪委、省检察院交办的厅级干部重大职务犯罪案件的办理，如参与侦查中南林业科技大学原校长周先雁受贿系列案。

着力加强反渎职侵权工作。围绕群众关心、社会关注的热点问题，严肃查办重点部门、重点领域的渎职侵权犯罪；着眼于保障人民群众生命财产安全，积极介入重大生产安全责任事故的调查，深挖隐藏在事故背后渎职犯罪案件。立案侦查渎职侵权犯罪案件10件12人，提起公诉9件11人，判决11件13人（含积案）。加大对执法不公背后的渎职犯罪案件的查处力度，依法查办湘潭市第一强制隔离戒毒所原管教民警孙上四滥用职权帮助他人逃避处罚案，湘乡市人民法院法警大队副大队长潘俊在执行判决、裁定过程中收受当事人巨额贿赂等大要案件。在查办林业贷款贴息和淘汰落后产能两个专项资金领域背后的渎职犯罪过程中，结合办案，帮助发案单位发现和查找工作中的漏洞和薄弱环节，督促整章建制，有效促进行政执法部门严格执法、依法行政，实现执法办案中政治效果、法律效果、社会效果的有机统一。

始终注重职务犯罪预防。贯彻惩防结合原则，预防职务犯罪。开展预防专项调查活动11次，组织警示教育活动49场，提供行贿犯罪档案查询1208次，犯罪分析、案例剖析17件，开展个案预防35件，发出预防检察建议35份。积极创新预防模式，制作职务犯罪预防专刊，利用“三官一律”进社区、“送法下乡”等活动的开展，将廉政意识送到千家万户。围绕依法查办的本辖区内典型案件，通过介绍案情、剖析原因、展示图片等方式，持续开展警示教育宣讲活动，增强法制观念，树立廉政意识。充分发挥检察机关在服务和保障换届选举工作中的积极作用，创造性地开展村级行贿犯罪档案查询，防止“带病参选”“带病提拔”“带病上岗”等现象的发生，依法保障全县各级换届选举工作的顺利进行。

四、依法履职，加强监督，着力维护社会公平正义

四年来，我院加强对执法不严、司法不公问题的监督，努力适应人民群众对司法公正和权益保障的新期待。

加强刑事诉讼监督。在依法惩治犯罪的同时，切实注重保障人权。对应当立案而不立案的，督促侦查机关立案20件；对不应当立案而立案的，督促撤案8件；对应当逮捕而未提请逮捕的，纠正漏捕55人；对应当移送起诉而未移送的，纠正

漏诉28人。落实审查逮捕阶段讯问犯罪嫌疑人制度规定，严格排除非法证据；保障律师依法执业，依法维护诉讼当事人合法权益，对侦查活动中的违法情况提出纠正意见178件次。开展刑事审判监督活动，对确有错误的刑事裁判提出抗诉9件，对刑事审判中的违法情况提出纠正意见90份。如我院提出抗诉的一名诈骗案被告人，一审法院判处其有期徒刑3年，抗诉后二审法院改判为有期徒刑6年。

加强刑罚执行和监管活动监督。加强和规范监管场所检察建设，规范履职行为，加大监督力度，驻所检察工作被评为全国派驻监管场所二级规范化单位。积极开展脱管、漏管专项检察活动，实现社区矫正工作"四清"，即人员底数清、脱管漏管情况清、又犯罪情况清、刑罚变更执行情况清，依法纠正并收监减刑、假释、暂予监外执行不当15人。开展集中清理判处实刑罪犯未执行刑罚专项活动，着力解决审前未羁押判处实刑罪犯未依法交付执行刑罚"收押难""送监难"等突出问题，共收监17人，其中一名被依法收监执行的罪犯刑期长达23年零6个月。会同有关部门开展监管场所监管执法、事故隐患等专项检查，排查解决"牢头狱霸"等问题，促进依法文明安全监管。

加强民事行政诉讼监督。认真落实修改后民事诉讼法的新规定，切实贯彻人民检察院民事诉讼监督规则。办理审判程序违法行为监督案件17件，办理民事执行活动监督案件51件，办理督促履职、支持起诉案件15件，共发出检察建议37份，全部整改并落实到位。加强和规范对民事诉讼、行政诉讼活动的法律监督。通过帮助固定证据，支持提起诉讼，依法为21名农民工追回被拖欠的全部工资。加强协调沟通，督促法院退还因改判和执行不当造成的当事人刘某的经济损失20余万元。对裁判正确的民事行政申诉案件，认真做好释法说理、服判息诉工作，切实维护司法权威。

五、接受监督，形成合力，保障检察权依法正确行使

四年来，我院不断强化监督者更要接受监督的意识，自觉接受外部监督，切实加强内部监督。

自觉接受人大监督。认真贯彻人大会议精神，切实落实人大代表建议、批评和意见。对人大常委会关于加强检察机关法律监督工作的决议或决定，积极贯彻，落到实处。积极配合开展代表视察、专题调研和执法检查，主动向人大及其常委会报告重要工作，先后向人大常委会专题报告法律监督、职务犯罪查处、基层基础建设等工作，就落实审议意见情况进行书面汇报。健全代表联络工作机制，赠阅检察刊物、发送手机报，邀请视察、评议检察工作，主动接受监督，促进廉洁公正执法。

自觉接受民主监督和社会监督。邀请政协委员参加座谈、视察、专题调研，认真听取意见，完善联系机制。自觉接受民主监督，为人民监督员和特约检察员依法履职创造条件，促进检察工作。把互联网等媒体作为听民声、察民意的重要渠道，及时主动回应社会关切。深化检务公开，推进检察门户网站、微信、微博建设，完善公开审查、公开听证等制度，广泛开展检察开放日活动。开展送法下乡、大宣传、大走访等活动，提供法律咨询，解答法律疑难，调处矛盾纠纷；解读法律政策，宣传检察职能，提高公民法律意识；收集群众意见建议，改进自身工作，密切与人民群众的血肉联系。

强化内部监督制约。加强对自身执法活动的监督制约，防止检察权的滥用。依托案件管理平台，建立源头管理、统一分流、预警管控和集中评查的案件管理机制，实现多渠道、多角度、全方位的内部监督管理。坚持依法取证、文明办案，认真执行"审、录、看"三分离制度，积极落实两录"三全"规定，突出规范职务犯罪侦查行为。完善执法质量考评办法，开展执法质量季度讲评，抓问题、究原因、促整改，狠抓案件质量管理。对捕后存疑不诉案件开展集中评查，促进案件质量全面提升。推动全案回访工作的持续开展，以职务犯罪、不捕不诉、未成年人犯等六类案件为重点进行全面回访，及时发现问题，作出纠正处理，促进廉洁公正执法。连续四年执法质量在全市检察机关考评中名列第一。

六、加强队伍建设，提升整体素能，推动司法体制改革顺利进行

四年来，我院坚持不懈地加强对检察队伍的教育、管理和监督，提升队伍素质，确保队伍稳定，顺应司改需要。

突出抓好队伍素质建设。认真学习党的十八大和十八届三中、四中、五中、六中全会精神和习近平总书记系列重要讲话精神，深入开展党的群众路线教育、"三严三实"专题教育、"两学一做"等一系列学习教育活动，切实增强干警的政治意识、大局意识、责任意识、法律意识和廉洁意识。狠抓班子建设，突出表率作用，认真贯彻民主集中制，开展交心谈心，做团结的表率；到一线办案，出庭支持公诉，做务实的表率；落实"从优待检"，为干警办实事、解难事，做服务的表率。选送干警参加晋升培训、专项业务培训和资格培训，从不同层面、不同范围、不同角度提升干警业务能力。成立青年工作委员会，组织开展公益活动，参加岗位技能比武、业务竞赛，激发青年干警爱民、爱县、爱岗的情怀。重视队伍管理创新，实行中层正副职全员公开竞选、普通岗位全面双向选择，实现用人所长、各尽所能。

切实加强作风纪律建设。强化党委主体责任和纪检监督责任的落实，结合"反四风"的深入，着力查摆队伍思想作风、工作作风和生活作风中存在的突出问题，切实整改，确保"打铁自身硬"。全员签订《党风廉政建设责任状》，建立中层干部电子廉政档案，严格三公经费开支，清理、整改办公用房，完善公车管理规定。开展集体廉政谈话，组织全体干警到党风廉政教育基地参观，观摩受贿案件庭审，接受廉政教育和精神洗礼。加强日常督查，对干警作风、纪律上的问题早提醒、早纠正，发现问题不护短，确保队伍风清气正、高效廉洁，对1名违纪干警给予党内严重警告处分，对1名办案人员依法追究过错责任。自觉接受省检察院巡视监督，针对巡视组提出的领导班子及检察工作存在的问题，认真分类，狠抓整改，促进班子素能和纪律作风双提升。

着力推动司法体制改革。认真贯彻习近平总书记“凡进入员额的法官检察官，要在一线办案，对案件终身负责”的重要指示，根据省院司改办的部署，集中三天时间在全省率先完成首次员额检察官入额遴选考核工作，成为此阶段全省基层检察院唯一示范院，并已作为经验在全省予以推广；组织申报入额干警参加按全省统一标准和程序组织实施的遴选考试，遴选工作即将全面完成。目前，全院干警思想稳定，继续保持高昂的改革热情和良好的工作状态。

各位代表，四年来检察工作的成绩，是县委和上级检察机关正确领导的结果，是县人大及其常委会有力监督的结果，是县政府、县政协和社会各界关心、支持的结果。在此，我代表全院干警向大家表示衷心的感谢并致以崇高的敬意！

我们清醒地认识到，检察工作仍然存在一些问题：一是服务县域经济社会发展力度不大，方法不多，融入地方发展大局不够；二是检察职能作用发挥得还不够充分，惩治和预防犯罪、监督纠正违法的力度和效果与党和人民期待还有一定的差距；三是少数检察干警服务大局、执法为民意识不强，就案办案、机械执法、不善于化解矛盾、不注重执法效果等问题仍然存在；四是宣传力度不大，群众知晓度不高，以致少数群众对于如何使用法律武器、借助检察职能依法维护自身合法权益、有效解决突出信访问题不甚解；五是办案力量存在不足，青年骨干流出比例大，作为基层检察机关培养并留住人才困难；六是司法改革进入深水区,相关配套保障制度亟待跟上,思想观念、管理理念、办法制度等尚需完善等等。这些问题与不足，我院将在以后的工作中努力加以解决。

今后五年的工作思路

今后五年，我院检察工作的指导思想是：全面贯彻党的十八大和十八届三中、四中、五中、六中全会精神，以邓小平理论、“三个代表”重要思想、科学发展观为指导，深入学习贯彻习近平总书记系列重要讲话精神，紧紧围绕“五位一体”总体布局和“四个全面”战略布局，牢固树立和贯彻落实新发展理念，主动适应经济发展新常态，坚持以县委决策部署统领检察工作，切实履行好维护社会大局稳定、促进社会公平正义、保障人民安居乐业的职责使命，切实为“十三五”规划顺利实施提供有力司法保障。

一、更新执法理念，在服务经济发展大局、服务民生上谋求更新突破

紧紧围绕主题主线，找准检察工作服务经济发展大局的切入点、着力点，转变执法思想，提高执法能力。依法惩治经济犯罪，规范市场经济秩序。突出打击涉众型经济犯罪，切实维护群众合法权益；突出打击合同诈骗、职务侵占等犯罪，促进形成公平有序市场环境；突出打击商业贿赂犯罪，保障社会经济健康发展。深入开展优化经济发展环境专项侦查监督活动、破坏环境资源犯罪专项立案监督活动和危害食品药品安全犯罪专项立案监督活动，形成对侦查权和行政权的常态化监督，推动生态环境司法保护。依法妥善处理深化改革中出现的新类型案件，依法保障非公有制经济发展，依法支持实体经济和小微企业发展，保证各种所有制经济同等受到法律保护。

二、改进执法方式，在支持改革、履行检察职能上取得更新进步

依法惩治各类刑事犯罪，坚持宽严相济刑事政策，突出打击严重危害社会治安和公共安全的犯罪，增强人民群众安全感。推进以审判为中心的诉讼制度改革，全面贯彻证据裁判规则，确保侦查、起诉的案件事实清楚、证据确实充分。认真贯彻实施修改后刑事诉讼法和民事诉讼法，强化公正、程序、证据、效率意识，全面加强对侦查、审判、执行等活动的法律监督，切实尊重和保障人权，维护司法公正。坚持把化解矛盾贯穿于执法办案始终，依法公正对待群众诉求，加大依法受理、纠错、赔偿、救助力度。围绕人民群众关注的突出问题，集中开展查办和预防发生在群众身边、损害群众利益职务犯罪专项工作，让反腐倡廉持续发力，引向深入。

三、规范执法行为，在提高公信力和执法能力上取得更新成绩

加强内外监督，建立健全各项机制，把执法规范化建设作为一项基础性工作，常抓不懈。做到提高执行力与注重执行实效相结合、提高执法规范自觉性与加强制度约束力相结合、提高执法能力与完善执法规范化建设相结合，强化作风教育，狠抓岗位目标责任管理，加大检务督察力度，规范干警执法办案行为，切实提高执法水平。以解决影响司法公正和制约司法能力的深层次问题为重点，深化司法体制和工作机制改革，健全检察权运行制约和监督体系，推进检察权运行公开化、规范化，不断提高执法公信力。

四、锤炼执法队伍，在从严治检、打造过硬团队上取得更新发展

深入践行“三严三实”要求，切实增强政治意识、大局意识、核心意识、看齐意识。扎实推进教育培训和岗位练兵，以提高业务素质为核心，改进培训方式，丰富培训内容，拓宽培训途径，着力打造一支政治思想可靠、法律素养过硬、专业技能扎实的检察队伍。继续巩固党的群众路线教育实践活动成果，坚持不懈抓好党风廉政建设和机关作风建设，突出加强机关党的建设和领导班子建设，为检察业务建设提供有力的组织保障。面对司法体制改革，将坚定不移地支持改革，积极踊跃地参与改革，理性地面对改革的各种结果，一边推进改革，一边研究和解决改革不断发展变化当中的一些具体问题，落实配套措施，促进检察事业的发展。

五、强化基础建设，在推进检察信息化进程上取得更新进展

完善检察机关统一业务应用系统建设，实现与上级院、兄弟院之间数据互通、信息共享，把执法管理和监督制约的触角深入到每一起案件、每一个执法环节,为检察权的依法正确行使提供有效的信息化支撑和机制保障。加大资金投入力度，实现接待窗口前移，先后设置和完善案件管理室、群众接待室等专用场所，为来访群众提供更为方便、舒适的服务。加大“两房”建设力度，按照“规范设置，理顺关系，

加强保障，激发活力”的思路，统筹规划，长远考虑，把技侦和办案专业技术用房建设成符合时代发展要求的现代化技术用房。

各位代表，我们将在县委和上级院的正确领导下，在县人大及其常委会的有力监督下，在县政府和县政协及社会各界的大力支持关心下，锐意进取，真抓实干，开拓前进，全面完成本次大会确定的各项检察工作目标任务，为促进县域经济社会健康快速发展，为我县挺进“全国百强县”、创“全国文明城市”做出新的更大的贡献！

湘潭县人民法院工作报告

——2016 年 11 月 27 日在湘潭县第十六届人民代表大会第一次会议上

湘潭县人民法院代院长　余清华

过去四年工作回顾

自县十五届人大一次会议以来，我院在县委的正确领导、县人大及其常委会的有力监督和县政府、县政协及社会各界的大力支持与上级法院的精心指导下，紧紧围绕“努力让人民群众在每一个司法案件中感受到公平正义”的工作目标，牢牢把握“司法为民、公正司法”工作主线，认真履行审判职能，全力维护社会稳定，积极服务经济发展，各项工作取得明显成效。共受理案件 18164 件，审执结案件 17303 件，同比分别上升 66.6%和 62.5%，结案标的 35.5 亿元。司法绩效考评一直名列全市基层法院前茅，法官队伍整体形象得到有效提升，人民群众满意度不断提高，先后被评为“全国法院系统立案信访窗口建设先进集体”“全国法院有效实施失信被执行人名单制度示范法院”“全省文明卫生单位”“全省法院立案信访工作先进集体”“全省法院执行工作先进单位”，花石人民法庭被最高人民法院授予“全国法院人民法庭工作先进集体”荣誉称号，司法警察大队被评为“全国法院司法警察大队先进集体”、中路铺法庭被评为“全省法院先进集体”，另有 92 人次受到省、市、县表彰奖励。

一、认真履行审判职能，为全县工作大局提供有力的司法保障

依法惩治刑事犯罪，全力维护社会稳定。共受理刑事案件 1725 件，审结 1707 件，判处罪犯 2499 人。认真落实量刑规范化要求，做到罚当其罪，刑事案件被重大改判、发回重审率仅 2.3%。积极参与社会治安综合治理。对犯故意杀人、故意伤害致人重伤或者死亡、强奸、抢劫、贩卖毒品、放火、爆炸、投毒八类严重犯罪坚持严打方针，对盗窃、寻衅滋事、非法拘禁、容留他人吸毒、危害食品药品安全等多发性侵犯公民财产或健康的犯罪保持高压态势。稳妥审理非法吸收公众存款、合同诈骗等涉众型经济犯罪案件 15 件，判处罪犯 20 人，涉受害人近 700 人，犯罪金额达 5 亿元。大力推进反腐败斗争，审理国家公职人员贪污受贿渎职等职务犯罪 39 人，审理村组等基层干部贪污侵占等犯罪 21 人。依法治理“非访”，维护国家机关工作秩序，判处“非访”过程中寻衅滋事、扰乱国家机关工作秩序等犯罪 10 人。在审理刑事案件过程中，对具有法定从轻、减轻处罚情节的依法从宽处理，附带民事诉讼案件着重抓调解兑现，力促刑事和解。对判处缓刑、管制的罪犯，认真做好移交社区矫正工作。先后开展清理规范暂予监外执行专项活动、集中清理判处实体刑罪犯未执行刑罚的专项活动。对于历年来暂予监外执行情形消失的、曾因病或吞食异物被拒收的 48 名罪犯依法予以收押。

调判结合化解民商事纠纷，依法调处经济社会关系。受理各类民商事案件 10560 件，审结 10090 件。将定分止争、案结事理念贯穿案件审理全过程，53.7%的民商事案件以调解或撤诉方式结案。妥善审理婚姻家庭、继承纠纷 3021 件，维护公序良俗。审理涉财产损害赔偿纠纷、提供劳务者受害责任纠纷、劳动争议等案件 453 件，平等保护各类民事主体合法权益。加大对拖欠农民工工资案件的审理力度，审理拖欠农民工工资案件 123 件，为农民工追回工资欠款 178.6 万元。与交警、保险、医疗等部门建立诉调对接机制，快立、快审、快执机动车交通事故责任纠纷 1570 件，及时给受害者兑现经济赔偿款 2 亿元。依法保护合法的民间借贷和企业融资行为，制裁高利贷等不法行为，审理借款合同纠纷案件 2639 件，诉讼标的 12.5 亿元，有效增强公民诚信守法意识。为湘潭县农村信用合作联社改制等工作开通绿色通道，结案 482 件，结案标的 5.3 亿元。审结县造纸厂、民政服装厂、和信宏泰贸易公司、瑞鸿置业有限公司、湘潭县机械化施工公司破产案和县玻璃灯饰厂破产清算案、金鸿石灰石有限公司解散案，全力做好龙畅六公司破产财产处置工作，促进县域经济健康有序发展。

积极履职化解行政争议，努力促进依法行政。认真贯彻新修改的《行政诉讼法》，解决“民告官难”问题。共受理行政诉讼案件 421 件，审结 411 件。坚持合法性审查标准，审查非诉行政执行案件 1060 件，其中判决撤销、变更行政处理决定、确认行政处罚违法共 69 件。坚持法治引导，积极推动行政机关负责人出庭应诉，落实行政机关败诉案件通报制度，针对行政执法突出问题及时发出司法建议，邀请行政机关工作人员旁听行政诉讼案件审理，促进行政机关依法行政。公开审理吴某等 5 人诉韶山市政府确认信息公开答复违法系列案、离心机厂综合楼 10 户居民状告行政机关不予颁发国土证案、冯某等 53 人诉县教育局教育行政管理及行政赔偿案等群体性案件，取得较好的法律效果与社会效果。组织 42 次集中强制拆迁行动，协调拆迁腾地非诉行政执行案件 80 余起，确保芙蓉大道、云龙东路、大鹏西路延长线、湘江沿江风光带、梅林山庄等重点工程建设顺利推进。严厉打击非法采砂、违章建房等违法行为，依法强制关闭 4 家塑料污染作坊，支持行政机关依法行政。强制征收社会抚养费 854 万元，着力推进全县计划生育工作顺利进行。

多措并举破解执行难题，努力维护司法权威。执结各类案件 4035 件，执结标的 13.9 亿元，结案数和执结标的同比分别增长 96.1%和 412%。推进执行规范化和信息化建

设，建成集远程视频监控、被执行人财产信息查询、失信被执行人信用惩戒、执行人员统一调度等功能于一体的执行指挥中心，大幅提升执行工作效率和案件执结率。采取执行听证、执行裁判文书上网、执行流程网上公开、重要执行行为告知、邀请人大代表、政协委员见证执行等方式，不断增强执行工作公开透明度。召开执行听证会112场、执行兑现大会7次，当场兑现执行款1941万元。其中2015年10月30日，在原龙口乡召开执行兑现大会，为当地166名牲猪养殖户和4名债权人当场兑现执行款181万余元，省市多家媒体均对此进行现场报道。加大对规避执行行为的打击曝光力度，共对637名拒不履行生效法律文书义务的“老赖”采取罚款、司法拘留等措施，将1241名被执行人列入失信被执行人名单，通过湘潭县法院微信公众号、同丰中央广场和全县各乡镇的银行网点电子显示屏对外公布，促使被执行人主动履行义务。对拒不履行人民法院裁判的被执行人，加大刑事制裁力度，并将1名涉嫌犯拒不执行判决、裁定罪的被执行对象依法移送公安机关查办；公开审理全市首起拒不执行判决、裁定刑事自诉案件，对被告人林某判处有期徒刑一年，起到强有力的震慑作用。开展“涉民生案件专项执行”、“百日集中执行”、“执行大会战”等活动，化解一大批执行积案和难案，被市中级法院评为全市法院“百日集中执行活动”先进集体。

二、积极回应群众诉求，把司法为民落到实处

牢记为民服务宗旨，深化便民司法。充实立案窗口力量，认真抓好诉讼服务中心建设，开通12368热线、建立网上立案平台。按立案登记制改革要求，对符合立案条件的，一律当场予以立案，对不符合当场立案条件的，工作人员进行释明并一次性书面告知当事人所需的诉讼材料，杜绝有案不立、拖延立案、年底不立案等现象，当场立案率达96%。加快法庭物质装备建设，高标准建设的数字化法庭石潭法庭、青山桥法庭相继投入使用，为辖区群众提供更加高效便捷的司法服务。对标的额在8000元（之后先后调整为13000元、14000元）以下且事实清楚、权利义务关系明确、双方争议不大的民事案件实行小额速裁，一审终审，减轻当事人诉累。组织在职党员开展到社区报到和“双联共建”活动，派出44名法官进驻全县22个“三官一律”社区（村）工作室，为群众提供零距离的司法服务。

畅通群众诉访渠道，提供贴心司法。接待来访群众1200余人次，处理群众来信297件，做到“件件有答复，事事有反馈”。认真落实班子成员包案、信访督办等制度和每周一的法庭庭长接待日制度，综合运用法律服务、行政协调等途径，有效办结信访案件60余起。坚持实行诉前信访风险评估制度，在立案时确定信访风险等级，随案移送审执部门，进行提示和预防。在审判和执行阶段，大力推行判后答疑制度，从源头上控制信访案件的发生。对已生效但确有错误的29件案件，依法予以再审，及时纠正确有错误的裁判。

积极开展司法救助，彰显温情司法。依法为762名特困当事人缓、减、免交诉讼费、执行费340余万元，为困难当事人、未成年人、聋哑人等指定辩护人、代理人163人次，充分保障他们行使诉讼权利。拓宽司法救助领域，为122名具有特殊困难的刑事被害人、申请执行人、申诉信访人发放司法救助资金160余万元，促进矛盾纠纷化解。关注弱势群体，干警自发捐款20余万元，扶助全县119名困难群众、特困学生及“双联共建”帮扶对象，组织全体党员干警进村开展“一进二访”和精准扶贫等工作，彰显司法的人文关怀。

三、管理队伍更加严格，努力营造风清气正、公正高效廉洁司法的良好局面

抓住关键少数，提高队伍整体素质。全力加强院班子思想政治和纪律作风建设，提高班子凝聚力和感召力。健全党组议事规则和决策程序，落实党组集中学习、定期召开民主生活会和“三重一大”事项集体决策等制度，认真落实院党组主体责任。深入开展党的群众路线教育实践、“三严三实”专题教育和“两学一做”学习教育，增强司法为民意识。认真落实中央八项规定和省委、市委九项规定，研究制定25条整改措施，增强干警政治意识、大局意识、核心意识和看齐意识。组织全院干警系统学习修订后的民事诉讼法、刑事诉讼法和行政诉讼法及相应的司法解释，举办法官论坛，开展法警集中轮训和书记员业务培训与竞赛活动，有效提升法官执法办案能力和司法辅助人员业务技能。加强司法理论研究，1篇案例被最高人民法院公布为全国法院指导性案例，3篇案例入选中国法院年度案例，1篇法学论文荣获全国法院第27届学术研讨会二等奖。

着力严抓细管，不断提高案件质量。运用数字法院管理系统，对审判流程各个环节进行精细化管理，对司法绩效实行严格监管。坚持让审理者裁判，让裁判者负责，在民事审判线积极推行主审法官办案责任制，由主审法官签发法律文书，并对办案质量终身负责；落实办案期限临界预警，严格审限延长审批权限。通过这些举措，使全院民事案件平均审理天数缩短8天。强化案件质量三级评查，定期召开讲评大会公开亮丑。建立法官办案质量台帐和执法档案，将其作为考核奖罚的主要依据。认真落实党风廉政建设“两个责任”，坚决查处违纪违法行为，对69案承办法官予以司法问责，其中党纪政纪处分6人次，并有一名副庭长被免去职务，有效提高办案人员工作责任心。

四、大力推进司法公开，阳光司法有新突破

全面打造阳光司法，以公开促公正。着力推进裁判文书公开、审判流程公开、执行信息公开三大平台建设。在互联网上公开发布生效裁判文书6965份，深入乡镇、村组、学校等地巡回开庭162场，开展庭审网络图文直播61案，实现执行信息公开平台与各类征信平台对接。严格规范对外委托鉴定、评估、拍卖程序，对委托的854件司法鉴定、评估、拍卖案件，从程序到结果，全部公开，操作过程全程接受监督。举办6次法院开放日活动，邀请人大代表、政协委员和社区群众参观法院审判场所，旁听庭审，感受司法公开。落实人民陪审员倍增计划，新选任人民陪审员90名，人民陪审员参审率100%。

大力加强法制宣传，通过司法裁判弘扬社会主义核心价值观。在中央、省市报刊发表文章和案例3221篇，邀请省市电视媒体录制新闻168次，在县电视台制作播放巡回开庭、百日集中执行专栏，开展集市普法132场，让人民群众对审判执行工作有更加生动直观的感知和解。印发《莲乡审判》，编发手机报，建立新闻发言人制度，开通官方微博和微信公众号，司法的影响力不断提高。仅今年10月份，我院官方微信点击率近4万，通过案例剖析、公开失信被执行人名单等，有力促进依法治县进程。

自觉接受监督，扎紧权力的笼子。自觉接受人大监督，主动向县人大及其常委会报告工作，积极落实县人大及其常委会有关决议，邀请代表、委员视察法院工作14次，观摩庭审220余场，上门办理代表建议9件，办结率、代表满意率均为100%。认真办理市政协开展的立案视察工作，积极配合县委巡视工作、县人大常委会对刑罚判决执行工作、涉众型经济案件审理、执行工作、立案工作及审判管理工作的审议和视察，虚心接受县政协驻法院民主监督小组对立案登记制与人民陪审等工作开展民主监督。全面开展走访群众和回访案件当事人活动，累计走访群众1.5万余人次，回访当事人8000余人次。正视舆论监督，正确对待媒体和网民意见，凡涉我院的网络舆情均一一正面回复，赢得网民的尊重。

各位代表，这些成绩的取得，是县委正确领导、县人大有力监督、县政府、县政协和社会各界关心支持的结果，在此，我代表县人民法院，向大家表示衷心的感谢并致以崇高的敬意！

在法院工作不断取得发展进步的同时，我们也清醒地认识到，面对新形势和新任务，法院工作还存在不少问题和困难：一是法院适应经济发展新常态、应对司法环境新变化的能力有待进一步提升，部分法官驾驭庭审、认定事实、适用法律、裁判说理的能力与司法改革要求尚有一定差距。二是案件数量持续快速增长，新类型案件大量增加，办案压力和难度越来越大，一些法官长期超负荷工作。三是仍有一些案件裁判不公、效率不高，并且执行难问题依然存在，影响司法的权威。对此，我们将采取更加有力的措施，切实加以解决。

今后五年工作设想

今后五年我院工作总的指导思想是：高举中国特色社会主义伟大旗帜，全面贯彻落实党的十八大和十八届三中、四中、五中、六中全会精神，在以习近平同志为核心的党中央领导下，忠实履行宪法和法律赋予的职责，维护社会大局稳定和经济发展秩序，促进社会公平正义，保障人民安居乐业，以创新、协调、绿色、开放、共享的发展理念，公正司法、为民司法，为我县挺进“全国百强县”、创建“全国文明城市”提供强有力的司法保障。

一是始终坚持党的领导，牢牢把握法院工作坚定正确的政治方向。党的领导是法院各项工作不断取得发展进步的根本政治保证。县法院将毫不动摇地坚持党对法院工作的领导，确保政治上坚定、组织上坚强、行动上坚决。一要进一步加强对马克思主义基本原理、中国特色社会主义理论体系和习近平总书记系列重要讲话精神的学习，补精神之钙、固思想之元、培为政之本，做到政治信仰不变、政治立场不移、政治方向不偏，切实打牢法院队伍高举旗帜、听党指挥、忠诚使命的思想基础。二要加强法院党组建设。认真学习贯彻党章和《关于新形势下党内政治生活若干准则》、《中国共产党党内监督条例》，严格按照党内政治生活准则和党的各项规定办事。进一步健全规范党组议事规则和决策程序，强化党内监督，用好批评和自我批评武器，形成领导法院工作的强大合力，从而强化党组抓大事、谋大局的能力，善于把握法院工作中的新情况、新问题、新挑战，充分发挥核心作用，积极应对复杂局面，统筹协调利益关系，保证中央、省市县委重大决策部署在法院工作中得到不折不扣执行。

二是认真履行职责，在维护社会稳定、促进经济发展上下功夫。严格依法惩处危害国家政治安全、经济安全和社会稳定的各类刑事犯罪。严惩煽动颠覆国家政权等犯罪和暴力恐怖犯罪；严惩杀人、绑架、毒品、涉黑涉恶、涉枪涉爆等治安犯罪和“两抢一盗”、诈骗等多发性犯罪以及拐卖妇女儿童、性侵未成年人犯罪，重拳打击强揽工程等涉企犯罪和非法集资犯罪，维护社会稳定和人民群众合法权益。认真落实轻刑快判政策，对非法上访触及法律底线及其他轻刑犯罪，快审快判，提高打击效率。按刑法修正案（九）的规定，加大职务犯罪案件审判力度，促进反腐败斗争深入开展。坚持定分止争和规范指引并重，认真审理涉婚姻家庭、食品药品、劳动就业、人身损害、社会保障以及涉军、涉港澳台等案件，促进改善民生。主动适应经济发展新常态，依法审理公司诉讼、股权转让、企业破产重整、互联网金融创新等领域案件，坚持制裁违法行为与规范市场秩序并重、采取强制措施与激发企业活力并重，促进县域经济健康有序发展。依法履行行政审判职能，助推法治政府建设。支持行政机关依法行政。对行政机关依法作出的涉腾地拆迁、拆违控违以及其他行政处罚决定，坚决予以支持。对违法的行政行为，坚决依法予以纠正，有效保障相对人合法权益。推动行政机关负责人出庭应诉常态化，促进行政争议的实质性解决。进一步加大执行工作力度，确保生效的裁判得到有效执行。规范执行行为，强化执行措施，加强信用惩戒，提高执行信息化水平，多措并举让失信被执行人寸步难行。

三是稳妥推进改革，在维护公平正义、提升司法公信力上下功夫。坚定司法改革的信心和决心，有序推进审判权运行机制内部改革，按照“让审理者裁判、由裁判者负责”的原则，全面推行主审法官、合议庭办案责任制，解决审判权运行中的行政化问题，确保法官依法独立公正办案。推进以审判为中心的诉讼制度改革。健全审判委员会议事规则，推进院庭长办案常态化。加强审判管理，完善审判质量评估体系，健全案件评查机制，提高审判质量，促进司法公正。大力推进律师作为第三方参与和代理涉诉信访化解矛盾工作，坚持诉访分离，确保涉法涉诉信访问题在法治轨道上得到有效解决。

四是坚持共享发展，在落实为民举措、提高群众满意度上下功夫。加快基层法庭建设步伐，努力为人民群众打造一个文明、安全、高效、方便的诉讼场所。继石潭法庭、青山桥法庭新建投入使用后，射埠法庭新建项目将于2017年投入使用，中路铺法庭新建项目将力争在2018年投入使用。积极组织开展巡回审判，就地化解矛盾纠纷，全面延伸司法服务的广度和深度。畅通司法救助通道，对困难当事人予以司法救助，确保困难群众打得起官司。继续完善审判流程、裁判文书、执行信息三大公开平台建设，让依法应该公开的裁判文书一律网上公布，涉案财产的拍卖一律在淘宝网等网上公开进行，努力构建开放、动态、透明、便民的阳光司法机制，保障人民群众知情权与监督权。

五是狠抓队伍建设，在提升司法能力、强化作风建设上下功夫。抓好法院工作，队伍建设是关键。我们将切实加强司法能力、司法作风、党风廉政建设，努力培养造就铁一般信仰、铁一般信念、铁一般纪律、铁一般担当的法院队伍。在强化司法能力建设上，重点强化教育培训，以提升服务大局、公正司法、做群众工作、司法警务保障、司法政务后勤保障等能力。在强化司法纪律作风建设上，自觉接受人大及其常委会和社会各界监督，大力整治关系案、人情案，严格执行法院内部人员干预过问案件的记录、通报和责任追究的规定，为法官办案营造良好的环境。在强化党风廉政建设和反腐败工作上，坚持从严治院，严格落实“两个责任”，完善廉政风险防控体系，严肃查处违法违纪行为，坚决查处法院干警充当诉讼掮客、以案谋私等违法违纪行为，斩断司法腐败的“利益链”，并坚持“一案双查”，在查处违纪违法干警的同时，倒查追究相关领导责任。

各位代表，面对发展的新起点、改革的新课题和人民的新期待，我们决心在县委正确领导下，在县人大及其常委会的有力监督和县政府、县政协的大力支持下，锐意进取，敢于担当、扎实工作、奋力拼搏，为我县挺进“全国百强县”、创建“全国文明城市”做出新的更大的贡献！

关于湘潭县2016年国民经济和社会发展计划执行情况与2017年国民经济和社会发展计划（草案）的报告

——2016年11月26日在湘潭县第十六届人民代表大会第一次会议上

县发展和改革局局长　易继辉

一、2016年国民经济和社会发展计划执行情况

2016年是“十三五”规划开局之年,在县委、县政府的坚强领导下，在县人大、县政协的监督支持下，全县上下紧紧围绕“现代壮县、幸福莲乡”主题，强力实施“强工壮县、惠农富民”举措，努力克服经济下行压力，全县经济社会持续稳定发展，实现“十三五”良好开局。预计全年完成地区生产总值360亿元；固定资产投资213亿元；社会消费品零售总额83.5亿元；规模工业增加值139亿元;财政收入25.81亿元；城乡居民人均可支配收入分别达到2.99万元、1.58万元。

1.产业结构不断优化。预计全县三次产业结构由去年的17.8:51.7:30.5调整为17.5:50.5:32，第三产业占比同比提高1.5个百分点。现代农业稳步发展。预计全年完成第一产业增加值63亿元，增长7%左右；完成粮食种植面积10.8万公顷，粮食总产量80.5万吨，生猪出栏201.5万头,畜禽养殖和水产业经济效益稳定增长;预计全年实现农业产业化产值242亿元。工业经济总体平稳。预计全年实现规模工业增加值139亿元，增长9.6%左右；园区规模工业增加值占比将达到73%以上;高新技术产业发展较快，预计全年实现高新技术产业产值264亿元，高新技术产业增加值占GDP比重超过20%。现代服务业发展加速。预计全年完成第三产业增加值115亿元，增长14%左右。旅游业持续升温，预计全年接待游客728.7万人次,实现旅游综合收入48.2亿元。

2.内需动力稳步增强。投资继续平稳增长。预计全年完成固定资产投资213亿元，增长15%左右。投资结构进一步优化，产业投资占全部投资的比重达到55%,比上年提升4个百分点；非国有投资占全部投资的比重提升至73%以上。重点项目建设进展良好，全县91个重点项目预计全年完成投资145亿元以上，其中完成投资过亿元的项目达到25个。新兴消费支撑加强。预计全年完成社会消费品零售总额83.5亿元，增长11.6%左右。电子商务快速发展，淘宝特色中国湘潭县馆入驻企业200余家，1—10月销售额突破1亿元；69个农村淘宝村级服务站点运营开业，销售额突破4800万元。同时，组织一系列大型旅游和节会主题活动，为释放消费潜力和增加消费需求创造条件。争资争项成效显著。预计全年直接利用外资8000万美元以上；争取到位国省预算内资金9.5亿元，国家专项建设基金1.08亿元；深入开展“招商突破年”活动，预计全年共引进项目50个以上，其中过亿元项目17个，到位资金50亿元以上。

3.园区经济加快发展。天易示范区预计全年完成技工贸收入652亿元，规模工业总产值375亿元，固定资产投资165亿元，财税总收入16.8亿元。主导产业不断壮大，先进装备制造、食品医药、新材料三大产业产值占园区规模工业总产值的比重在94%以上。招商引资实现新突破，1—10月新签约项目19个，其中投资过亿元项目14个，到位资金31.2亿元；重点项目稳步推进，滨江风光带（取水口—金桂路）、县一中艺体馆等20个项目竣工，飞山奇铝合金模板、意歌科技等3个产业项目建成投产，预计全年可投产产业类项目16个。“一区多园”加快发展，杨河、青山、茶恩等三个乡镇工业园预计全年签约落户项目7个，完成规模工业总产值57亿元。

4.城乡建设统筹推进。全面启动

“精美莲乡”建设，努力提升县城综合承载能力，大力推进小城镇和美丽乡村建设。城镇扩容提质加快推进。不断完善城市基础设施，县城第二污水处理厂（一期）和花石、石潭、青山桥3个乡镇污水处理站启动建设；潭花复线河口段、凤凰东路等项目顺利完工，湘莲大道、文体公园、背街小巷提质改造二期、二大桥和五大桥桥头公园等项目加快推进。农村基础设施不断完善。完成农村公路建设300千米、拓改160.9千米、安保113.7千米，危桥改造10座、渡改桥1座，土地综合整治和综合开发继续加强，“五小”水利工程、饮水安全、病险水库除险加固和“6·15”重点水毁工程等项目顺利推进。美丽乡村建设扎实推进。3个新农村示范片、8个美丽乡村、110个帮扶村基础设施建设稳步推进；全面实施农村环境综合整治整县推进项目，行政村垃圾分类减量处理率达到100%，创建“美丽屋场”200处，农村环境显著提升。花石镇获评省级美丽宜居小镇,石鼓镇顶峰村入选第四批中国传统村落名录。

5.改革攻坚突破前行。按照县委全面深化改革的实施意见和2016年工作要点，积极推进重点领域改革。行政体制改革全面推进。全面完成乡镇区划调整改革和建制村合并工作；加强行政类事业单位改革，成功申报“承担行政职能事业单位改革试点”，剥离15个事业单位行政职能回归行政机关；积极开展行业协会商会脱钩试点；整合部分行政单位职能，加强城市管理综合执法能力。财税体制改革稳步推进。深化预算管理制度改革，完善“四本预算”互补的预算体系；建筑安装、房地产、金融保险和生活性服务业营改增扩围改革和消费税改革运行平稳有序。投融资体制改革不断深化。发布《湘潭县政府核准的投资项目目录（2016年本）》；大力推进PPP模式，县城第二污水处理厂（一期）进入全省第三批PPP示范项目；天易农村商业银行和湘潭湘淮村镇银行正式营业。公共资源交易体制改革加快推进。成立公共资源交易中心，与湘潭市公共资源交易平台有效整合。公车改革有序推进。制定湘潭县公务用车制度改革“1+7”方案,11月底实现封车。

6.社会民生持续改善。创业就业形势稳中向好。1—10月新增就业1.42万人，城镇登记失业率稳定控制在4.5%以内。新增返乡人员创业园1家，成功获评省级“创新创业带动就业示范县”。社会保障水平继续提高。城乡居民大病保险制度实现全覆盖，城乡居民基本医疗保险制度实现整合，城乡居民养老保险和企业职工养老保险制度有效衔接。开工建设保障性住房和棚户区改造350套（户），竣工322套。社会事业统筹发展。创建合格学校12所，公办幼儿园3所，高考各项评价指标连续十八年蝉联全市第一；县中医院内科住院楼和白石镇卫生院提质改造项目顺利推进，县人民医院再次获评“全国百姓放心百佳示范医院”称号，射埠、杨嘉桥卫生院成功创建湖南省“建设群众满意的乡镇卫生院”。精准扶贫扎实推进，以“五大工程”和“五大活动”为重点，聚集合力，分类实策，28个省定贫困村完成基础设施投入8000万元，生产生活条件明显改善，全年脱贫1.52万人。生态环境日益改善。大力推进湘江保护和治理，湘江湘潭县段、涓水、涟水水质持续保持国家Ⅲ类水质标准。多措并举开展大气污染防治，全年预计环境空气质量达标率78.5%。启动三年禁伐减伐行动，森林覆盖率保持在45%以上。

虽然全县2016年经济社会发展取得一定成绩，但仍存在一些困难和问题：一是产业结构有待优化。主要体现在二三产业占比提升缓慢，尤其是现代服务业发展依然乏力。二是项目质量有待加强。大项目、好项目不多，尤其是产业项目不多，项目落地率和项目质量还须进一步提升。三是发展后劲有待增强。投资仍然是拉动经济增长的主动力，消费拉动经济增长的作用还不明显；四是财政结构亟待调整。收入规模不大、可用财力不强、结构不优、增长乏力。针对这些问题，我们必须切实采取有效措施逐步加以解决。

二、2017年经济社会发展主要预期目标

综合分析判断，2017年，经济发展面临的国内外宏观环境比2016年更复杂、面临的困难更多、稳增长的压力更大。从外部环境来看，世界经济复苏仍然乏力，不确定、不稳定因素增多，国内供给侧结构性矛盾凸显，经济仍处于探底阶段。特别是工业品价格低迷、企业盈利能力持续下降等影响，短期还难以走出低谷。从内部来看，2017年我县经济增长压力依然较大，但我县转型升级、稳定向好的基本态势没有改变，机遇迸发、大有作为的基本格局没有改变。综合考虑我县发展需要，2017年全县国民经济和社会发展主要预期目标建议如下：

——地区生产总值增长11%；

——财政总收入增长8%；

——规模工业增加值增长15%；

——固定资产投资增长23%；

——社会消费品零售总额增长12%；

——城乡居民人均可支配收入分别增长8%、8.5%；

——城镇化率达到43%。

三、2017年经济社会发展主要任务

2017年我县的经济社会发展工作，将紧扣“挺进全国百强县、创建全国文明城市”的发展目标，坚持“强工壮县、惠农富民”发展举措，稳中求进、改革创新，努力推动全县经济社会持续健康稳定发展。重点抓好6个方面的工作：

1.着力推进产业转型,促进结构调整。加快发展现代农业。着力抓好粮食生产和生猪养殖，确保粮食总产稳定在80万吨，生猪出栏200万头左右。积极扶持发展特色基地和农产品精深加工业，大力培育农业产业化龙头企业，力争全年实现农业产业化产值260亿元以上。加快推进新型工业化。积极对接“中国制造2025”，全力推动信息化与工业化深度融合。做大做强先进装备制造、食品医药和新材料三大产业，加快推进动力配件园、海泡石产业园等重大项目建设。落实涉企收费减免和税收优惠政策，降低企业税费成本。加快重点领域服务业发展。突出抓好现代物流、金融服务、信息服务等生产性服务业，以及商贸流通业、家政养老服务业等生活性服务业，大力发展旅游休闲业。加

快推进服务业集聚区建设，推进基础设施和配套公共服务设施建设，落地一批引领性产业项目。

2.着力推进有效投资,增强发展后劲。全年计划完成固定资产投资262亿，增长23%，拟安排100个重点工程项目建设，计划投资150亿元以上。着力优化投资结构。紧紧抓住国省各项政策机遇，稳定投资规模、优化投资结构、提升投资效益，加大强链型产业项目投资、成网型基础设施投资、扩面型生态环保投资以及补短型社会民生投资。着力强化重点项目建设。组织开展以乡镇为主体的项目建设竞赛，补齐项目建设的“短板”。进一步健全项目建设推进机制，做好做实前期工作，着力加快晓南互通及其连接线、瑞泰科技产业园等一批重大新、续建项目推进力度。着力破解要素瓶颈。积极对接国省各项支持政策，组织开展以县直部门为主体的争资争项竞赛，力争全年到位国省预算内资金10亿元以上。继续推广PPP模式，推动民间资本参与重点公共领域建设。深入开展“大招商招大商”活动，力争全年引进过亿元项目15个以上，实现到位资金60亿元以上。优化用地结构，着力攻克征拆难题，确保重点项目用地需求。坚决打击恶意阻工，优化项目建设环境。

3.着力推进园区发展,强化支撑作用。充分发挥天易示范区龙头带动作用，全力推进“一区多园”建设，强化园区经济对全县经济社会稳定发展的支撑作用。做大做强天易示范区。以建成“千亿园区”、迈进国家级经开区为目标，全力打造天易示范区。力争全年技工贸总收入增长12%，规模工业增加值增长16%，固定资产投资增长25%，财税总收入增长10%。做优做专乡镇园区。坚持“一区多园”发展模式，完善乡镇工业园与天易示范区协调发展格局，合力推进各项资源要素的流动和共享，加速建设杨河、青山皮鞋、茶恩竹木3个乡镇工业园；积极推进花石、中路铺、云湖桥等乡镇设立产业园，不断壮大“一区多园”规模,力争多园规模工业总产值占全县85%以上。

4.着力推进城乡统筹,建设宜居幸福城。以全国文明城市（县城）为标准,以县城为中心,以特色城镇为重点,以“精美莲乡”建设为抓手,大力推进城乡建设,打造宜居幸福莲乡。提升城镇综合承载能力。以全域旅游为契机，统筹推进全县各乡镇镇区主干道提质改造、污水处理、电网改造等配套基础设施建设；完善城乡交通体系，加快推进潭花复线、醴娄高速、韶山至乌石旅游快速公路建设，推动武广高铁连接线马景坳至七里铺段、天易公路三期及S337白马公路提质改造等项目建设，构建便捷发达的交通网络。大力建设精美县城。加强基础设施配套建设，提质改造县城市政设施，完善县城地下管廊，启动公共自行车租赁系统建设，扎实推进第二污水厂、滨江风光带（至凤凰西路）、凤凰西路、玉兰北路及背街小巷提质改造项目建设。抓好县城绿化亮化工程，加快文体公园、金霞山公园二期、二大桥及五大桥桥头公园等城市公园建设步伐，创建“省级园林县城”。加快特色城镇和美丽乡村建设。加强省特色镇及国家级重点镇建设，着力改善镇区基础设施建设、环境整治、绿化景观改造。加大对示范片和历史名人村落的建设力度。抓好农村环境综合整治整县推进项目，全域推进“美丽屋场”建设。加大生态环境治理。启动涓水流域生态综合治理，加强大气污染综合防治，围绕“两水”“三带”“五片”加大造林绿化力度，森林覆盖率达到46%以上。加强对绿心地区的保护与有序开发，深入开展各领域“两型”示范创建工作，争创“两型综合示范片区”。

5.着力推进改革创新,破解发展瓶颈。深化行政体制改革。抓好中央和省市下放权力的衔接落实，进一步精简行政审批事项。稳步推进行业商会协会与行政机关脱钩、供销体制改革等工作，优化天易示范区与政府部门职能职责，切实提高工作效率。深化投融资体制改革。在现有投融资平台的基础上，盘活整合政府性资产资源，组建多类型投融资公司。积极拓展民间投资，探索实行特许经营、投资补贴、购买服务等方式，继续推广PPP模式，引导民间资本参与重点公共领域建设。深化重点领域改革。深化商事制度改革，全面实行“五证合一、一照一码”等登记制度改革。积极引导和推动农村土地依法有序流转，全面推进农村土地承包经营权确权登记颁证。加强生态文明机制建设，加快建立有利于资源节约和环境保护的体制机制。

6.着力推进民生改善，提升群众幸福感。加大民生投入，全力推进民生实事工程，提升人民群众幸福指数。持续稳定和扩大就业。深入推进“双创”工程，建设好创业孵化中心和农民工返乡创业园。完善社会保障体系。继续抓好各项社会保险扩面提标，全面实施全县统一的城乡居民医保制度，健全社会救助体系，加大对特困家庭的救助，做好公租房、棚户区和农村危旧房改造。巩固精准扶贫成果，全面完成脱贫攻坚任务。加强公共卫生和计划生育工作。提升医疗卫生服务水平，加快县人民医院内科住院楼及门诊医技综合楼建设，县妇幼保健院整体搬迁项目建设，完成云湖桥、乌石卫生院数字化门诊建设。强化计划生育国策意识，全面落实“全面二孩”政策。加快教育文体事业发展。全面完成中小学校危旧房改造，完成17所标准化学校建设。加快推进全民教育中心、文体创业产业园建设。创新社会管理。全面完成基层服务阵地提质改造任务。继续抓好重点行业和重点领域安全生产工作，加强隐患排查治理，确保不发生较大以上生产安全事故。完善法律援助，强化依法治访，严厉打击各类违法犯罪，维护社会和谐稳定。

各位代表，2017年我们将在县委、县政府的坚强领导下，在县人大、县政协的监督支持下，坚持稳中求进，锐意改革创新，坚定信心，扎实工作，以“挺进全国百强县、创建全国文明城市”为目标，奋力推动全县经济社会持续健康稳定发展。

关于湘潭县2016年财政预算执行情况和2017年财政预算（草案）的报告

——2016年11月26日在湘潭县第十六届人民代表大会第一次会议上

县财政局局长　胡自庚

一、2016年全县财政预算执行情况（预计）

（一）一般公共预算执行情况 2016年，全县预计完成财政总收入25.81亿元。

2016年，一般公共预算收入预计完成60.82亿元，其中，县级地方公共预算收入19.91亿元,上级补助收入25.3亿元，调入资金0.04亿元，债务转贷收入14.22亿元，调入预算稳定调节基金1.35亿元；一般公共预算支出预计完成60.82亿元，其中，一般公共预算支出47.3亿元，上解支出1.05亿元，债务还本支出12.47亿元。

一般公共预算支出分科目预计完成情况：一般公共服务支出7.18亿元，国防支出0.06亿元，公共安全支出1.82亿元，教育支出8亿元，科学技术支出0.52亿元，文化体育与传媒支出0.51亿元，社会保障和就业支出8.28亿元，医疗卫生支出5.94亿元，节能环保支出0.78亿元，城乡社区事务支出1.36亿元，农林水事务支出8.33亿元，交通运输支出1.77亿元，资源勘探电力信息等事务支出0.49亿元，商业服务业等事物支出0.41亿元，国土海洋气象等事务支出0.66亿元，住房保障支出0.81亿元，粮油物资储备事务支出0.14亿元，债务付息支出0.19亿元，其他支出0.05亿元。

（二）政府性基金预算执行情况

2016年，政府性基金收入预计完成6.62亿元，其中，县本级政府性基金收入4.2亿元，上级补助收入0.68亿元，地方政府债券转贷收入1.74亿元；支出预计完成6.62亿元，其中，政府性基金支出4.88亿元，地方政府专项债务转贷支出1.74亿元。

（三）国有资本经营预算执行情况

2016年，国有资本经营收入预计完成0.05亿元，支出预计完成0.05亿元，其中调出0.04亿元到一般公共预算。

（四）社会保险基金预算执行情况

2016年，社会保险基金收入预计完成9.81亿元，社会保险基金支出预计完成8.76亿元，当年结余1.05亿元。

（五）2016年财政主要工作情况

1.财税收入有增长。2016年，受经济下行压力加大、政策性减收冲击加大及产业转型升级任务加剧等因素叠加影响，我县财税增收的压力非常大。面对严峻的形势，全县收入征管部门迎难而上，始终坚持收入征管调度不放松，确保财税收入的总体增长，预计全年完成财政总收入25.81亿元，比上年增长1.41亿元。

2.服务发展有成效。2016年以来，我们在发挥积极财政政策作用上下功夫，通过抓对接、转方式、强园区，有力推动县域经济转型发展。一是争取政策资金支持。积极争取上级在转移支付、专项补助、重大项目、债务置换等方面的支持，预计全年争取上级转移支付和专项补助资金25亿元以上，置换存量债务15亿元以上。二是转变服务发展方式。转变财政投入方式，从以直接投入为主，逐步向贴息、以奖代投、支持中小企业贷款担保平台建设等多种扶持方式并重转变。同时，努力拓宽融资渠道，发挥财政资金杠杆效应，积极推广运用PPP模式。三是支持园区经济发展。认真落实“一区多园”战略，全力支持天易示范区融资，大力支持乡镇工业发展，整合部分工业类资金支持乡镇工业园建设。

3.保障水平有提升。2016年，我们将精准供给作为预算管理的基点，增强支出安排与政策决策的对接，加大对财政资金的统筹使用力度，加快预算执行进度，着力保障各类重点支出。预计全年财政总支出（不含债务还本支出）47.3亿元，比去年增长4.1亿元，其中关乎民生的支出占总支70%以上。同时，通过预算安排、平台融资、财政担保等多种措施，多渠道筹集建设资金，确保重大基础设施项目有序推进。通过大力整合资金，助推精美莲乡、美丽乡村、精准扶贫等民生升温工程顺利实施。

4.改革创新有亮点。2016年，我们进一步加大财税体制改革的推进力度，各项改革呈现出加速、提质、增效的显著特点。一是预算管理更加精细。进一步细化四本预算，加强全口径预算的统筹协调。进一步推进预算决算公开，全县78家部门预算单位除涉密单位外，全部公开2015年、2016年部门预算和2015年部门决算情况。加强绩效评价结果的运用，启动部门整体支出预算绩效管理。二是资金监管更加严格。通过进一步规范专项资金管理，提高专项资金分配的透明度。通过落实结余结转资金定期清理机制，加强对存量资金的监管。通过推行村级财务规范化管理，清理整顿村级财务问题和“三资”问题。三是内控体系更加完善。在不断完善财政系统内部控制体系的基础上，努力将内部控制建设延伸到部门预算单位，在全县范围内推进行政事业单位内部控制建设。

总的来说，过去五年，面对复杂多变的经济形势，面对各种矛盾和困难，全县上下团结一心，奋力拼搏，努力促使预算执行科学化水平不断提高，较好地完成各项财税工作任务。五年来，我们通过支持园区建设、扶持实体经济、促进产业升级、淘汰落后产能等一系列举措，不断夯实县域经济发展基础；通过推进全口径预算管理、国库集中支付、预算绩效管理等一系列改革，不断提高现代财政管理水平。通过努力，我县财政收入从2011年的13亿元增长到2016年的25.81亿元；财政支出从2011年的25.7亿元增长到2016年的47亿元，民生支出从2011年的14亿元增长到2016年的33亿元，民生支出占比从55%增长到70%。

在看到成绩的同时，我们也认识到，当前财税工作还面临着一些难题和不足，如清理规范财税优惠政策后，如何更加有效发挥财政

"四两拨千斤"作用，助推我县经济发展转型；在财政收入增速放缓的新常态下，如何更加有力地保障社会民生共享发展，确保财政收支平衡；在新预算法实施，财经纪律执行越来越严格的背景下，如何更加有效地强化预算管理，提升财政管理科学化、规范化、信息化水平等，这些问题都需要我们花大力气去研究解决。

二、2017年财政预算安排（草案）

（一）一般公共预算安排情况

2017年，全县财政总收入目标为27.88亿元，比上年增加2.07亿元，其中，地方公共预算收入21.36亿元，上划收入6.52亿元。

2017年，县级地方公共预算收入21.36亿元，加上上级补助26.53亿元，调入资金0.34亿元，可安排使用收入总计48.23亿元；安排一般公共预算支出46.55亿元，债券还本0.53亿元，上解上级支出1.15亿元，支出总计48.23亿元，当年收支平衡。

一般公共预算支出安排如下：一般公共服务支出6.51亿元，国防支出0.06亿元，公共安全支出1.85亿元，教育支出8.06亿元，科学技术支出0.4亿元，文化体育与传媒支出0.51亿元，社会保障和就业支出8.3亿元，医疗卫生支出6.01亿元，节能环保支出0.6亿元，城乡社区事务支出1.48亿元，农林水事务支出8.42亿元，交通运输支出1.56亿元，资源勘探电力信息等事务支出0.35亿元，商业服务业等事物支出0.38亿元，国土海洋气象等事务支出0.48亿元，住房保障支出0.6亿元，粮油物资储备事务支出0.14亿元，债务付息支出0.2亿元，其他支出0.04亿元，预备费0.6亿元。
以上安排数包括上级转移支付安排的支出，共计46.55亿元。

（二）政府性基金预算安排情况

根据《财政部关于取消、停征和整合部分政府性基金项目等有关问题的通知》（财税〔2016〕11号）文件的要求，停征价格调节基金，将散装水泥专项资金并入新型墙体材料专项基金。2017年纳入县本级政府性基金预算编制范围的基金项目为7项，基金收入预算为5.1亿元；安排政府性基金支出预算5.09亿元（其中城市基础设施配套费调入公共财政预算支出统筹使用0.3亿元），结余0.01亿元。

（三）国有资本经营预算安排情况

国有资本经营预算按照收支平衡的原则编制，不列赤字，并安排资金调入一般公共预算。2017年，国有资本经营收入预算为0.05亿元；安排支出0.05亿元，其中，国有资本经营支出预算为0.01亿元，调出资金0.04亿元。

（四）社会保险基金预算安排情况

根据《财政部、人力资源社会保障部、国家卫生计生委关于编报2017年社会保险基金预算的通知》安排，机关事业单位养老保险基金项目纳入社会保险基金预算编制范围，2017年社会保险基金项目为7项，收入预算为12.4亿元；安排社会保险基金支出预算为11.68亿元，当年结余0.72亿元。

三、2017年财政工作重点

（一）做到精细管理

一方面，认真组织收入。进一步加强国税、地税、财政部门的合作，促进依法征税。进一步盘活国有资产，确保国有资产保值增值。进一步加大对非税收入的清查力度，努力做到财政收入应收尽收。另一方面，严格控制成本。在深化改革过程中，主动把握改革趋势，精心测算改革收益和成本，针对改革对财力的影响做好应对预案。同时，统筹各项改革政策，发挥财政综合部门优势，协同推进各项改革，凝聚改革合力。在推动发展过程中，既要统筹用好财政的投入资金，又要充分撬动社会的投入资本，推动我县经济社会又好又快发展。

（二）做到精准发力

一方面，在服务县域经济发展上精准发力。充分发挥财政资金的引导放大作用，全力支持实体经济发展，通过贴息、担保等方式为中小企业广筹资金，围绕招商引资、园区建设、项目建设，努力培植新的收入增长点。另一方面，在深化财税体制改革上精准发力。着重在深化预算改革和投融资体制改革上发力。进一步细化全口径预算管理，规范预算公开工作，加强一般公共预算资金的统筹使用。加快PPP项目"落地生根"，引导社会资本参与重大基础设施建设。积极支持政府投融资平台市场化转型，进一步拓宽投融资渠道。

（三）做到精确控制

一方面，严格控制刚性支出。牢固树立过"紧日子"的思想，从严控制一般性支出和"三公经费"支出，严格预算追加，坚决杜绝不合理开支。另一方面，严格控制债务风险。严控新增债务，坚决制止非法集资、违规担保和以BT形式举借政府性债务。积极争取代发地方政府债券，最大限度地用债券置换债务，减轻还本付息压力。

（四）做到精心监管

一方面，进一步加强资金监管。落实专项资金管理办法，严格财政专项资金管理，推进专项资金实质性整合。严格政府投资项目监管，强化重点资金使用的绩效评价，提高财政资金使用效益。完善国库资金管理机制，加强对结余结转资金、财政间歇性资金的管理力度。另一方面，进一步完善制度体系。重点加强内控体系建设。进一步加强财政内部控制，全县所有行政事业单位都要按上级要求建立内控制度，并有效实施内部控制。

各位代表，各位委员，做好2017年的财政工作任务艰巨、责任重大。我们将在县委的坚强领导下，在县人大、县政协的监督指导下，认真贯彻落实好本次大会的各项决议，真抓实干，积极作为，确保预算收支目标与各项工作任务圆满完成，为挺进"全国百强县"、建设"幸福莲乡"提供坚强财力保障。

文件目录

中共湘潭县委重要文件目录

1. 潭县发〔2016〕1号，《关于全面落实基层党建"连心惠民"工程的实施意见》；

2. 潭县发〔2016〕3号，《关于加强和改进县委督促检查工作的实施意见》；

3. 潭县发〔2016〕5 号，《关于认真做好乡镇党委换届工作的通知》；

4. 潭县发〔2016〕6 号，《关于做好中国共产党湘潭县第十二次代表大会选举工作的通知》；

5. 潭县发〔2016〕7 号，《关于坚决打赢脱贫攻坚战的实施意见》；

6. 潭县发〔2016〕13 号，《关于成立湘潭县纪念彭德怀同志诞辰 120 周年筹备委员会的通知》；

7. 潭县发〔2016〕16 号，转发《县委宣传部、县司法局关于在全县公民中深入开展法治宣传教育第七个五年规划（2016—2020 年)》的通知。

湘潭县人民政府重要文件目录

1.潭县政函〔2016〕10 号，关于认真落实《政府工作报告》重点工作任务的通知；

2.潭县政函〔2016〕122 号，关于认真完成《政府工作报告》重点工作任务的通知；

3.潭县政发〔2016〕1 号，《关于公布县人民政府工作部门权利清单和责任清单的通知》；

4.潭县政发〔2016〕4 号，关于印发《湘潭县加快推进畜牧业绿色发展意见》的通知；

5.潭县政发〔2016〕9 号，《关于 2016 年稳定发展粮食生产的意见》；

6. 潭县政发〔2016〕10 号，《关于加强食品安全工作的决定》；

7. 潭县政发〔2016〕11 号，《关于取消承接和调整一批经济社会管理权限的通知》；

8. 潭县政发〔2016〕12 号，《关于第一批清理规范 53 项县政府部门行政审批中介服务事项的决定》。

中共湘潭县委办公室重要文件目录

1.潭县办发〔2016〕1 号，关于印发《湘潭县社会治安防控体系建设的实施方案》的通知；

2.潭县办发〔2016〕2 号，关于印发《湘潭县建制村合并调整工作方案》的通知；

3.潭县办发〔2016〕3 号，关于印发《乡镇纪委书记、副书记提名考察办法（试行)》《县纪委派驻纪检组组长、副组长提名考察办法（试行)》的通知；

4.潭县办发〔2016〕4 号，关于印发《湘潭县开展“招商突破年”十大主题活动实施方案》的通知；

5.潭县办发〔2016〕5 号，印发《关于在全县党员中开展“学党章党规、学系列讲话，做合格党员”学习教育实施方案》的通知；

6.潭县办发〔2016〕6 号，关于印发《湘潭县“精美莲乡”行动实施方案（2016—2017 年)》的通知；

7.潭县办发〔2016〕7 号（湘潭县关于强力推进全面建成小康社会工作的实施意见)；

8.潭县办发〔2016〕9 号，关于印发《湘潭县推进行业协会商会与行政机关脱钩的实施方案》的通知；

9. 潭县办发〔2016〕15 号，《关于加强和改进非公有制经济组织和社会组织党的建设工作的实施意见》；

10.潭县办发〔2016〕17 号，关于印发《中共湘潭县委贯彻落实“三重一大”事项集体决策制度的实施办法》的通知；

11.潭县办发〔2016〕18 号，关于印发《湘潭县减负惠农综合治理工作方案》的通知；

12.潭县办〔2016〕9 号关于印发《党组（党委）向县委报告工作的制度》的通知。

湘潭县人民政府办公室重要文件目录

1.潭县政办函〔2016〕6 号，《关于落实 2016 年固定资产投资责任目标的通知》；

2.潭县政办函〔2016〕14 号，《关于明确 2016 年全县“两型”社会建设综合配套改革试验区重点改革试验任务责任分工的通知》；

3.潭县政办函〔2016〕16 号，《关于认真落实 2016 年全县就业和社会保障工作目标任务的通知》；

4.潭县政办函〔2016〕21 号，关于印发《湘潭县实施湘潭市创建全国质量强市示范城市工作方案》的通知；

5.潭县政办函〔2016〕41 号，关于印发《加快推进湘潭县出口湘莲质量安全示范区和湘莲生态原产地产品保护示范区建设方案》的通知；

6.潭县政办函〔2016〕45 号，关于印发《湘潭县推进农村信用体系建设实施方案》的通知；

7.潭县政办函〔2016〕46 号，关于印发《湘潭县创新创业三年行动计划（2016—2018 年)》的通知；

8.潭县政办函〔2016〕47 号，《关于提高农村五保供养标准和城乡低保救助标准的通知》；

9.潭县政办函〔2016〕48 号，关于印发《湘潭县整合涉农项目资金推进精准扶贫实施方案》的通知；

10.潭县政办函〔2016〕60 号，关于印发《湘潭县去存量土地专项工作实施方案》的通知；

11.潭县政办函〔2016〕81 号，关于印发《湘潭县 2016 年“两型”社会示范创建工作实施方案》的通知；

12.潭县政办函〔2016〕89 号，关于印发《湘潭县最严格水资源管理制度实施方案》的通知；

13.潭县政办函〔2016〕104 号，关于印发《湘潭县首届电商年货节实施方案》的通知；

14.潭县政办函〔2016〕109 号，关于印发《湘潭县深化医药卫生体制综合改革试点方案》的通知；

15.潭县政办函〔2016〕111 号，《关于开展 2017 年度国有建设用地供应计划和土地储备计划编制工作的通知》；

16.潭县政办发〔2016〕2 号，关于印发《湘潭县公共租赁住房和廉租住房并轨运行办法（试行)》的通知；

17.潭县政办发〔2016〕3 号，关于印发《湘潭县被征地农民社会保障实施办法》的通知；

18.潭县政办发〔2016〕8 号，关于印发《湘潭县农村宅基地管理办法》的通知；

19.潭县政办发〔2016〕9 号，关于印发《湘潭县政府购买服务管理办法（试行）》的通知；

20.潭县政办发〔2016〕11号，《关于积极化解商品房库存促进房地产市场平稳健康发展的若干意见》；

21.潭县政办发〔2016〕13号，关于印发《湘潭县产业扶贫引导资金管理办法（暂行）》的通知；

22.潭县政办发〔2016〕14号，关于印发《湘潭县困难残疾人生活补贴和重度残疾人护理补贴实施方案》的通知；

23.潭县政办发〔2016〕15号，关于印发《湘潭县落实粮食安全责任制考核办法》的通知

24.潭县政办发〔2016〕16号，关于印发《湘潭县基层应急管理规范化建设实施方案》的通知；

25.潭县政办发〔2016〕18号，关于印发《湘潭县实行最严格水资源管理制度考核办法》的通知；

26.潭县政办发〔2016〕20号，关于印发《湘潭县乡村教师支持计划（2016—2020年）实施办法》的通知；

27.潭县政办发〔2016〕22号，关于印发《湘潭县部门行政权利清单责任清单管理暂行办法》的通知。

2016年出席湖南省、湘潭市、湘潭县党代会代表名单

2016年湘潭县出席湖南省第十一次党代会代表名单

表40

时间	代表姓名
2016年11月15–19日	傅国平

2016年湘潭县出席湘潭市第十二次党代会代表名单

表41

时间	代表姓名							
2016年9月27—30日	王文娟（女）	尹明忠	邓新辉（女）	刘奇志	刘铁强	刘耀奇	齐瑾伟（女）	李罗莹
	张　燕（女）	张红波（女）	陈文静（女）	陈虎彪	陈金红	林　洁（女）	罗刚强	周　湘
	周艳希（女）	官红荣（女）	胡天真	胡亚湘	胡明伟	胡定伟	胡建伟	胡勇星
	钟金盆（女）	段伟长	莫柏槐	唐　伟	唐剑恒	唐智锋	黄香莲（女）	曹铁光
	符　乐（女）	彭均赞	韩　炎	傅国平	楚立志	谭捍卫		

2016年出席湘潭县第十二次党代会代表名单

表42

时间	代表姓名							
2016年9月1—3日	马　立	马月娥（女）	马伟硕	马述初	马铁光	马海泉	马新龙	王　军
	王　鑫	王大罗	王长安	王文彪	王冬高	王亚平（女）	王壮光	王建华
	王格律	王铁钢	王海峰	王惠芳（女）	王富强	王新其（女）	王蔚然	尤　姜（女）
	仇　桂	文仕放	尹　忠	尹红高	尹明忠	尹明亮	邓　梁	邓建波
	邓高燕	艾加友	左　华	左才伟	左和平	左映平（女）	左新军	叶立成
	田建国	史艳平（女）	付英德	冯　攀	冯锡光	冯德君	圣耀芝（女）	朱立娟（女）
	朱红美（女）	朱金凤（女）	朱艳香（女）	朱新年	伍泽兵	任俭琳	向　前	向海军
	刘　纲	刘　超	刘　颖（女）	刘义军（女）	刘天星	刘本忠	刘石根	刘旦平（女）
	刘汉云	刘永林	刘会琴（女）	刘江华	刘志芳（女）	刘奇志	刘泽贤	刘铁光

续表 42

时间	代表姓名							
2016年9月1—3日	刘铁强	刘培军	刘彩霞（女）	刘智勇	刘耀奇	齐　铿	齐瑾伟（女）	汤立新
	汤有良	汤先辉	许　帅	许伟成	许利民	阳良军	苏征锋	苏思远
	李　哲	李少辉（女）	李日方	李西文	李先国	李应军	李奉先	李学军
	李建军	李美林（女）	李洪运	李银建（女）	李清银（女）	李淑群（女）	李豪雄	杨　林
	杨　琴（女）	杨　琼（女）	杨习光	杨坚勇	杨希平	杨欣荣（女）	杨建军	杨美君（女）
	杨瑜海	肖　军	肖　敏	肖　锋	肖云祥	肖建祥	吴　能	吴玉林
	吴治国	吴铁强	邱伶俐（女）	何　妍（女）	何正知	何金强	何海军	余清华
	谷　巍（女）	谷述良	言志强	宋春秀（女）	宋霞林（女）	张　旭	张　宏	张　莎（女）
	张　瑛（女）	张　攀	张小红	张汉兵	张先辉	张自德	张灼峰	张纲耀
	张拥军	张国湘	张国富	张金爱（女）	张恩奇	张海花（女）	张海泉	张雀平
	张密湘（女）	陈　义	陈　远	陈　良	陈　迪	陈　建	陈　艳（女）	陈　超
	陈　赞	陈大伟	陈万春	陈卫兵（女）	陈文静（女）	陈永红	陈永林	陈名勋
	陈欢秀（女）	陈志敏	陈奇清（女）	陈虎彪	陈金红	陈泽锋	陈建强	陈建新
	陈鹏湘	陈鹤松	林　洁（女）	林亚平	林炎芝（女）	欧阳发明	欧阳运德	欧阳钧
	欧建美	易剑光	易继辉	易朝晖	罗　莉（女）	罗义彬	罗刚强	罗星喜（女）
	罗剑钢	周　文	周　贤	周　波	周　湘	周小皇（女）	周再林	周向荣
	周艳希（女）	周海洋	庞　军	郑　萍（女）	赵　为	赵　珊	赵　赛（女）	赵元湘
	赵长安	赵风华（女）	赵龙江（女）	赵宇梅（女）	赵迎新	赵国政	赵罗海	赵佩安（女）
	赵勇光	荣虎成	玥　卫（女）	胡　丹（女）	胡　利（女）	胡　庚	胡小敏（女）	胡天真
	胡玉光	胡玉祥	胡亚湘	胡自庚	胡孝泉	胡明伟	胡定伟	胡建伟
	胡春根	胡秋莲（女）	胡理芬（女）	胡跃祥	胡湘晖	胡强文	胡新国	胡端清（女）
	段伟长	段德明	俞铭丹（女）	姜正其	姜定安	贺　博	贺卫文	贺斗志
	贺玉良	贺建新（女）	贺朝霞（女）	贺磊军	袁　勇	袁谷红（女）	袁枚香（女）	莫巧玲（女）
	莫亚丽（女）	莫柏槐	晏树立	徐　文（女）	徐应霞（女）	奚勇军	郭　勇	郭问利（女）
	唐　春（女）	唐　群	唐仁光	唐双娟（女）	唐争耀	唐治健	唐剑恒	唐晓坤
	唐智锋	宾铁南	宾博韦	陶冰锋（女）	黄友明	黄少春	黄旭术	黄忠德
	黄香莲（女）	盛　铁	盛建湘	符　蔚	符念龙	章建新	梁迎新（女）	梁星星
	彭　灿（女）	彭　瑛（女）	彭　静	彭卫星	彭仁俊	彭世辉	彭光宇	彭进高
	彭均赞	彭俊文	彭积春	董　娟（女）	蒋中军	韩　云	韩　炎	韩小林（女）
	韩铁军	傅国平	曾力真	曾小玲（女）	曾正新	曾金华	曾洪波	曾耀辉
	谢　鑫	谢水清（女）	谢启文	谢定龙	楚仕龙	楚荣光	楚艳琼（女）	楚辉炎（女）
	虞　也	蔡海光	谭卫兵	谭书龙	谭成文	谭何龙	谭学文	谭捍卫
	谭海涛	谭望存	谭鸿斌	谭登高	熊　伟（女）	熊小春	熊幸如	黎　敏（女）
	潘青云（女）	戴　勇	戴智林					

2016年出席湘潭市、湘潭县人民代表大会代表名单

2016年湘潭县出席湘潭市第十五届人民代表大会代表名单

表43

时间	代表姓名							
2017年1月6—10日	马 列	马 嫩（女）	王 武	王小玲（女）	王富强	文细英（女）	方小山	左华兰（女）
	左述初（女）	付杰伟	冯美林（女）	冯雪林	刘 蔚（女）	刘江华	刘建平	刘宪安
	齐建球（女）	汤红军	许风奇（女）	许慧娟（女）	苏思远	李合高	李劲青（女）	李洪运
	肖经炎	肖荷南（女）	吴 美（女）	吴成英（女）	余清华	张 鸣	张 慧（女）	张环球
	张意平（女）	张聪勇	陆 枫	陈 宜	陈升根	陈江娥（女）	陈忠红	陈建强
	欧阳钧	罗 伟	罗自力	罗安云（女）	罗志军	罗勇辉	周 晋（女）	周 湘
	周 毅	周石光	周冬林	周再林	周明华	赵 欢（女）	赵 锦（女）	赵应和
	赵罗海	胡 卫（女）	胡书华（女）	胡运庚	胡晨曦	胡湘晖	段伟长	钟高明
	姜正其	贺昌泰	聂必强	莫柏槐	徐枚秀（女）	郭秋元（女）	郭铁球	唐文利（女）
	唐建良	唐剑恒	黄忠德	曹来军（女）	曹炯芳	符利辉（女）	梁永丽（女）	梁永丽（女）
	彭 瑛（女）	彭 婷（女）	彭子玉	彭水平（女）	彭进文（女）	彭碧辉（女）	董湘瑞	蒋建军
	韩 晓	傅国平	游志华	谢小慧（女）	谢英姿（女）	鄢彩梅（女）	楚荣光	蔡 茁
	谭俊岳	颜集成						

2016年出席湘潭县第十六届人民代表大会代表名单

表44

时间	代表姓名							
2016年11月24—29日	马云辉	马 列	马志光	马志刚	马建湘（女）	马勇根	马 嫩（女）	王大罗
	王卫国	王月平	王 平	王华栋	王壮光	王兵连（女）	王作明	王层林
	王 武	王和平	王佳洪	王建军（女）	王亮山	王美坤（女）	王桂良	王铁强
	王 彬	王彩玉（女）	王湘平	王 勤	王端付	王 鑫	文正泉	方 亮
	方继前	方 鑫	尹立仁	尹 忠	尹建红（女）	邓新辉（女）	左正良	左伏良
	左明清	石水泉	龙万林	龙建武	田海兵	付学军	冯少多	冯正坤
	冯伟斌（女）	冯旭辉	冯美芝（女）	冯 美（女）	冯 敏（女）	冯 镝	成 军	成 秀（女）
	朱麦秋	朱秋华（女）	朱 亮	朱起光	伍 谷	任建军	刘 义	刘天星
	刘旦平（女）	刘四满	刘立秋	刘光辉	刘江华	刘红辉（女）	刘运安	刘利平（女）
	刘奇志	刘国安	刘国新	刘明勋	刘和平	刘建军	刘俊文	刘 莉（女）
	刘桂花（女）	刘铁庚	刘绵晖	刘路江	刘锦风	刘新军	刘 蔚（女）	刘德田
	刘德纯（女）	刘耀奇	齐正良	齐怀义	齐浪苹	关泽江	汤 红	汤孝安
	许伟成	许利民	许利君（女）	许国和	苏征锋	李小军	李令村	李西文
	李 宇	李志平	李沛和	李茂松	李昌雄	李映红（女）	李洪运	李海龙
	李锡田	杨日兵	杨 巧（女）	杨立明	杨必武	杨伟军	杨伏秋	杨 庆（女）
	杨 坚	杨 林	杨林平	杨和平	杨金花（女）	杨海坤	杨 静（女）	肖小年
	肖白云（女）	肖伏清	肖建平	肖经炎	肖重阳	吴成英（女）	吴湘宇（女）	邱伶俐（女）
	何乐为	何伟	何金强	闵邓宇	沈学斌	张大力	张少雄	张杨佑

续表 44

时间	代表姓名							
2016 年 11 月 24—29 日	张沛泉	张纲耀	张国泉	张学军	张宗明	张建龙	张革文	张铁根
	张爱军（女）	张继红（女）	张新明	张意平（女）	张　毅	张赞君（女）	陈水兵	陈升根
	陈　龙	陈北球	陈北球	陈立清	陈利明	陈沛君	陈虎彪	陈建强
	陈竟成	陈　赞	陈耀武	武秋程	林碧军	欧阳钧	易铁乔	罗光强
	罗同春	罗刚强	罗伟娟（女）	罗自力	罗建兵	罗度平	罗勇辉	罗朝辉
	罗新和	周万清	周小夫	周卫东	周正祥	周　平	周冬林	周立田
	周果平（女）	周明华	周　波	周春花（女）	周厚田	周勇超	周艳希（女）	周海洋
	周最强	周　湘	周碧炎（女）	赵文科	赵文超	赵龙江（女）	赵伏平	赵延章
	赵　军	赵应和	赵国政	赵　盼	赵秋云	赵炳炎	赵海彬	赵　翔
	赵锦炎	赵　静（女）	胡　卫（女）	胡汉良	胡亚湘	胡西玲（女）	胡光良	胡自庚
	胡运庚	胡国祥	胡咏新	胡佩林	胡建伟	胡建明	胡厚浪	胡新华（女）
	胡新军	茹文超	钟高明	段伟长	侯建荣	姜云松	姜建强	贺卫文
	贺文杰	贺玉良	贺　师	贺新民	袁谷红（女）	莫江明	莫　明	夏锦春
	倪　波（女）	徐枚秀（女）	徐铁光	徐湘琼（女）	郭　宁	郭争光	郭放辉	郭秋连（女）
	郭铁球	唐水明	唐　令	唐声亮	唐　杏（女）	唐建光	唐剑恒	唐晓坤
	唐智锋	唐新堤	黄杨林	黄宏伟	黄忠德	黄学文（女）	曹铁光	崔湘红
	符念龙	彭水平（女）	彭均赞	彭积春	董辉安	粟仁桂	程密群（女）	傅国平
	曾国平	曾绍军	曾耀辉	谢小慧（女）	谢水清（女）	谢方文	谢新民	鄢永红
	楚少奇	楚清云	蔡　茁	蔡春和	蔡　雄	裴新亮	廖红霞（女）	谭冰封
	谭俊岳	谭校成	谭　敏	谭绪玉	谭蒲元	谭赣湘	熊志军	熊炼秋
	颜美亮	颜姣兰（女）						

2016 年出席湘潭市、湘潭县政协全体会议委员名单

2016 年湘潭县出席政协湘潭市第十二届全体会议委员名单

表 45

时间	委员姓名							
2017 年 1 月 5—10 日	王惠芳（女）	邓述东	冯铁光	刘铁强	齐延龄	张继升	李　芳（女）	李运其
	杨跃军	陈卫兵（女）	陈艳霞（女）	罗剑波	唐　峥	唐　星	章金标	黄学文（女）
	彭红娟（女）	曾　平	熊炼秋					

2016 年出席政协湘潭县九届全体会议委员名单

表 46

时间	委员姓名							
2016 年 11 月 23—27 日	丁铁它	马　亮	马剑雄	马勇军	马新国	尹松林	方　麦（女）	方　婷（女）
	方欠西（女）	王　龙	王　伟	王　建	王　勇	王　强	王　群（女）	王　璧（女）
	王三文	王必文	王立芳	王建军	王迪清	王银亮	王惠芳（女）	王雷明
	邓中华	邓宏英（女）	冯秋红（女）	冯雅彬	叶　波	叶金凤（女）	叶彦彤（女）	左大杰

2016 年出席政协湘潭县九届全体会议委员名单

续表 46

时间	委员姓名							
2016 年 11 月 23—27 日	龙显清	龙湘军	任志文	任俭琳	刘　胜	刘　智	刘　辉	刘兀出
	刘卫东	刘仁平	刘文进	刘四明	刘术光	刘石美	刘立新	刘冰薇（女）
	刘红霞（女）	刘应龙（小龙王食品）	刘应龙（路桥公司）	刘宪安	刘峻峰	刘晓年	刘　海	刘素文（女）
	刘铁强	刘新玉	向平建	成巧云（女）	许　旦（女）	阳旭东	何　丹（女）	何　洪
	何小梅（女）	何灿辉	何晓春（女）	余成武	吴　可	吴　美（女）	吴兴远	吴展昭
	吴碧峰	宋志龙	宋敏波	张　平	张　术	张　军	张　进	张　勇
	张　袒	张　炯	张　浩	张　鹏	张　慧（女）	张　燕（女）	张少富	张文忠
	张宁波（女）	张正铁	张自然（女）	张岳龙	张铁军（杨嘉桥镇）	张铁军（唐盛臻品）	张斌文	张意忠
	李　伟	李　言	李宗翰	李泽英（女）	李映红（女）	李德中	杨　志	杨　果
	杨　敏（女）	杨立新	杨志强	杨艳辉（女）	杨跃鹏	杨智辉（女）	杨湘波	沈文慧（女）
	肖　平	肖　靓（女）	肖云祥	肖伟丽（女）	肖华辉	肖和平	肖荷南（女）	苏新波
	谷　巍（女）	谷述良	陆　红（女）	陈　伟	陈　明	陈　娜（女）	陈　娟（女）	陈　勖
	陈天凯	陈发扬	陈光益	陈宏望	陈连生	陈金红	陈晓雷	陈艳霞（女）
	陈森彪	周　令（女）	周　芳（女）	周　勇	周　峰	周　毅	周立理（女）	周红霞（女）
	周自伦	周达闻	周丽君（女）	周杏安（女）	周佳文	周欣荣	周荣国	周理湘
	周湘林	易　文（女）	易新军（女）	林亚科	欧阳红梅（女）	欧建美	武智勇	罗　超
	罗爱武（女）	罗露利	俞铭丹（女）	姜　能	姜正其	段　晖（女）	段立辉	胡　丹
	胡　兴	胡　芳（女）	胡　俊	胡　绘（女）	胡文彬	胡仲平	胡伟娟（女）	胡利平（女）
	胡坚源	胡志高	胡学军	胡征慧（女）	胡金娥（女）	胡雨雪	胡海军	胡素琼（女）
	胡银球（女）	胡晶晶	贺　杏（女）	贺　群（女）	贺松兰	赵　胜	赵　滔	赵　露
	赵志恒	赵科明	赵倩瑜（女）	赵晓红（女）	赵清田	钟伟文	倪赤炎	唐　丽（女）
	唐　波	唐　彪	唐　荣	唐　虹	唐　滚	唐义芳	唐见良	唐立荣
	唐齐光	唐晓昆	唐艳平（女）	唐艳林（女）	唐高明	唐湘鹏	唐筱毅（女）	唐赞华（女）
	夏建良	宾子双	宾益衡	宾鸿涛	徐　江	徐　彬	徐　颖（女）	徐鑫成
	莫丽君（女）	莫金明	莫智敏	郭淼泉	郭锡亮	郭鹏飞	陶大学	陶贤清
	康安定	梁伏兴	梁伟胜	盛瑾瑜	符小乔（女）	符利辉（女）	萧经耀	黄　丹（女）
	黄文斌	黄旭术	黄志明	黄明强	黄赛芝（女）	彭　坤	彭义波	彭大江
	彭东桂	彭伟强	彭红光	彭利红	彭进文（女）	彭银香（女）	曾　鹏	曾换新
	谢　伟	谢　辉（女）	谢启军	谢英姿（女）	释唯静（女）	释寂瑞	韩　炎	赖正宇
	廖　玲（女）	廖　跃	廖　湘（女）	廖永红（女）	熊杰明	熊梦娜（女）	蔡子辉（女）	蔡支援（女）
	蔡剑锋	谭　照（女）	谭建杰	谭金丹	谭甚昭（女）	谭晓辉（女）	谭海涛	谭铁权
	谭静江	颜正云	颜雷明	黎　辉（女）	薛志辉			

索 引

说 明

一、本索引采用分析索引方法，按索引条目第一字汉语拼音（同音字按声调）顺序排列。第一字湘同，按第二字音序排列，以此类推。

二、部类用蓝体字标明。标引调后的阿拉伯数字表示内容所在页码。

数字首

A

B

C

D

F

X